Java Challenge

Dipl.-Inform. Michael Inden ist Oracle-zertifizierter Java-Entwickler. Nach seinem Studium in Oldenburg hat er bei diversen internationalen Firmen in verschiedenen Rollen etwa als Softwareentwickler und -architekt, als Consultant, Teamleiter, CTO und Leiter Academy sowie Trainer gearbeitet. Zurzeit ist er freiberuflich in Zürich tätig.

Michael Inden hat über zwanzig Jahre Berufserfahrung beim Entwurf komplexer Softwaresysteme gesammelt, an diversen Fortbildungen und mehreren Java-One-Konferenzen teilgenommen. Sein besonderes Interesse gilt dem Design qualitativ hochwertiger Applikationen mit ergonomischen GUIs sowie dem Coaching. Sein Wissen gibt er gerne als Trainer in internen und externen Schulungen und auf Konferenzen weiter, etwa bei der Java User Group Switzerland, bei der JAX/W-JAX, ch.open und den IT-Tagen.

Michael Inden

Java Challenge

Fit für das Jobinterview und die Praxis – mit mehr als 100 Aufgaben und Musterlösungen

Michael Inden
michael_inden@hotmail.com

Lektorat: Dr. Michael Barabas
Review: Torsten Horn, Aachen
Copy-Editing: Ursula Zimpfer, Herrenberg
Satz: Michael Inden
Herstellung: Stefanie Weidner
Umschlaggestaltung: Helmut Kraus, *www.exclam.de*
Druck und Bindung: mediaprint solutions GmbH, 33100 Paderborn

Bibliografische Information der Deutschen Nationalbibliothek
Die Deutsche Nationalbibliothek verzeichnet diese Publikation in der Deutschen Nationalbibliografie; detaillierte bibliografische Daten sind im Internet über *http://dnb.d-nb.de* abrufbar.

ISBN:
Print 978-3-86490-756-2
PDF 978-3-96910-028-8
ePub 978-3-96910-029-5
mobi 978-3-96910-030-1

1. Auflage 2020

Wieblinger Weg 17
69123 Heidelberg

Hinweis:
Dieses Buch wurde auf PEFC-zertifiziertem Papier aus nachhaltiger Waldwirtschaft gedruckt. Der Umwelt zuliebe verzichten wir zusätzlich auf die Einschweißfolie.

Schreiben Sie uns:
Falls Sie Anregungen, Wünsche und Kommentare haben, lassen Sie es uns wissen: hallo@dpunkt.de.

5 4 3 2 1 0

Inhaltsverzeichnis

II Fortgeschrittenere und kniffligere Themen 359

Vorwort

Zunächst einmal bedanke ich mich bei Ihnen, dass Sie sich für dieses Buch entschieden haben. Hierin finden Sie eine Vielzahl an Übungsaufgaben zu den unterschiedlichsten Themengebieten, die kurzweilige Unterhaltung durch Lösen und Implementieren der Aufgaben bieten und Sie so entweder auf Bewerbungsgespräche einstimmen oder aber einfach Ihre Problemlösungsfähigkeiten verbessern.

Übung macht den Meister

Wir alle kennen das Sprichwort: »Übung macht den Meister.« Im Handwerk und in diversen Bereichen des realen Lebens wird viel geübt und der Ernstfall ist eher selten, etwa im Sport, bei Musikern und in anderen Bereichen. Merkwürdigerweise ist dies bei uns Softwareentwicklern oftmals deutlich anders. Wir entwickeln eigentlich fast die gesamte Zeit und widmen uns dem Üben und Lernen bzw. Einstudieren eher selten, teilweise gar nicht. Wie kommt das?

Vermutlich liegt das neben dem in der Regel vorherrschenden Zeitdruck auch daran, dass nicht so viel geeignetes Übungsmaterial zur Verfügung steht – es gibt zwar Lehrbücher zu Algorithmen sowie Bücher zu Coding, aber meistens sind diese entweder zu theoretisch oder zu Sourcecode-lastig und beinhalten zu wenig Erklärungen der Lösungswege. Das will dieses Buch ändern.

Wieso dieses Buch?

Wie kam ich dazu, dieses Buchprojekt in Angriff zu nehmen? Das hat mehrere Gründe. Zum einen wurde ich immer wieder per Mail oder persönlich von Teilnehmern meiner Workshops gefragt, ob es nicht ein Übungsbuch als Ergänzung zu meinem Buch »Der Weg zum Java-Profi« [2] geben würde. Dadurch kam die erste Idee auf.

Wirklich ausgelöst hat das Ganze, dass ein Recruiter von Google, mit einer Jobanfrage recht überraschend auf mich zukam. Als Vorbereitung für die dann bevorstehenden Jobinterviews und zur Auffrischung meiner Kenntnisse machte ich mich auf die Suche nach geeigneter Lektüre und entwickelte selbst schon einige Übungsaufgaben. Dabei entdeckte ich das großartige, aber auch teilweise recht anspruchsvolle Buch »Cracking the coding interview« von Gayle Laakmann McDowell [5], das mich weiter inspirierte, sodass ich ein paar der dort vorgestellten Ideen aufgreife.

An wen richtet sich dieses Buch?

Dieses Buch ist kein Buch für Programmierneulinge, sondern richtet sich an Leser, die bereits recht gutes Java-Know-how besitzen und dieses mithilfe von Übungen weiter vertiefen wollen. Anhand kleiner Programmieraufgaben erweitern Sie auf unterhaltsame Weise Ihr Wissen rund um Java, Algorithmen und gutes OO-Design.

Dieses Buch richtet sich im Speziellen an zwei Zielgruppen:

1. Zum einen sind dies engagierte Hobbyprogrammierer und Informatikstudierende, aber auch Berufseinsteiger, die Java als Sprache schon ganz gut beherrschen, und nun ihr Wissen anhand von Übungen vertiefen wollen.
2. Zum anderen ist das Buch für erfahrene Softwareentwickler und -architekten bestimmt, die ihr Wissen ergänzen oder auffrischen wollen, um einige althergebrachte Denkmuster aufzubrechen und neue Ideen zu entwickeln. Insbesondere zur Lösungsfindung und zu Algorithmen und Datenstrukturen sollte es das eine oder andere Aha-Erlebnis geben.

Generell verwende ich die maskuline Form, um den Text leichter lesbar zu halten. Natürlich beziehe ich damit alle weiblichen Leserinnen mit ein und freue mich über diese ganz besonders.

Was vermittelt dieses Buch?

Dieses Buch enthält einen bunten Mix an Übungsaufgaben zu verschiedenen Themengebieten. Mitunter gibt es auch einige Knobelaufgaben, die zwar nicht direkt für die Praxis wichtig sind, aber indirekt doch, weil Sie Ihre Fähigkeiten zur Kreativität und zur Lösungsfindung verbessern.

Neben Übungsaufgaben und dokumentierten Lösungen war es mir wichtig, dass jeder im Buch behandelte Themenbereich mit einer kurzen Einführung startet, damit auch diejenigen Leser abgeholt werden, die in einigen Gebieten vielleicht noch nicht so viel Know-how aufgebaut haben. Damit können Sie sich dann an die Aufgaben bis etwa zum mittleren Schwierigkeitsgrad wagen. In jedem Themengebiet finden sich immer auch einige leichtere Aufgaben zum Einstieg. Mit etwas Übung sollten Sie sich auch an etwas schwierigere Probleme wagen. Mitunter gibt es herausfordernde Knacknüsse, an denen sich dann Experten versuchen können oder solche, die es werden wollen.

Tipps und Hinweise aus der Praxis

Dieses Buch ist mit diversen Praxistipps gespickt. In diesen werden interessante Hintergrundinformationen präsentiert oder es wird auf Fallstricke hingewiesen.

Tipp: Praxistipp

In derart formatierten Kästen finden sich im späteren Verlauf des Buchs immer wieder einige wissenswerte Tipps und ergänzende Hinweise zum eigentlichen Text.

Schwierigkeitsgrad im Überblick

Für ein ausgewogenes, ansprechendes Übungsbuch bedarf es selbstverständlich einer Vielzahl an Aufgaben verschiedener Schwierigkeitsstufen, die Ihnen als Leser die Möglichkeit bieten, sich schrittweise zu steigern und Ihre Kenntnisse auszubauen. Dabei setze ich zwar ein gutes Java-Grundwissen voraus, allerdings erfordern die Lösungen niemals ganz tiefes Wissen über ein Themengebiet oder ganz besondere Sprachfeatures.

Damit der Schwierigkeitsgrad einfach und direkt ersichtlich ist, habe ich die von anderen Bereichen bekannte Sternekategorisierung genutzt, deren Bedeutung in diesem Kontext in nachfolgender Tabelle etwas genauer erläutert wird.

Sterne (Bedeutung)	Einschätzung	Zeitaufwand
★☆☆☆☆ (sehr leicht)	Die Aufgaben sollten ohne große Vorkenntnisse mit einfachem Java-Wissen in wenigen Minuten lösbar sein.	< 15 min
★★☆☆☆ (leicht)	Die Aufgaben erfordern ein wenig Nachdenken, sind aber dann direkt zu lösen.	< 30 min
★★★☆☆ (mittel)	Die Aufgaben sind mit etwas Nachdenken, ein wenig Strategie und manchmal durch die Betrachtung verschiedener Rahmenbedingungen gut schaffbar.	~ 30 – 45 min
★★★★☆ (schwierig)	Erprobte Problemlösungsstrategien, gutes Wissen zu Datenstrukturen und fundierte Java-Kenntnisse sind zur Lösung nötig.	~ 45 – 90 min
★★★★★ (sehr schwierig)	Die Aufgaben sind wirklich knifflig und schwierig zu lösen. Das sind erst dann Kandidaten, nachdem die anderen Aufgaben Ihnen keine größeren Schwierigkeiten mehr bereiten.	> 60 min

Dies sind jeweils nur Einschätzungen von meiner Seite und eher grobe Einordnungen. Bedenken Sie bitte, dass die von jedem Einzelnen wahrgenommene Schwierigkeit auch sehr von seinem Background und Wissensstand abhängt. Ich habe schon erlebt, dass sich Kollegen mit Aufgaben schwergetan haben, die ich als recht einfach empfand. Aber auch das Gegenteil kenne ich: Während andere eine Aufgabe anscheinend spielend lösen, ist man selbst am Verzweifeln, weil der Groschen einfach nicht fällt. Manchmal hilft dann eine Pause mit einem Kaffee oder ein kleiner Spaziergang. Lassen Sie sich auf keinen Fall demotivieren – jeder hat irgendwann mit irgendeiner Art von Aufgabe zu kämpfen.

Hinweis: Mögliche Alternativen zu den Musterlösungen

Beachten Sie bitte, dass es für Problemstellungen nahezu immer einige Varianten gibt, die für Sie vielleicht sogar eingängiger sind. Deswegen werde ich ab und an als Denkanstoß interessante Alternativen zur (Muster-)Lösung präsentieren.

Aufbau dieses Buchs

Nachdem Sie eine grobe Vorstellung über den Inhalt dieses Buchs haben, möchte ich die Themen der einzelnen Kapitel kurz vorstellen.

Wie bereits angedeutet, sind die Übungsaufgaben thematisch gruppiert. Dabei bilden die sechs Kapitel nach der Einleitung die Grundlage und die darauffolgenden drei Kapitel behandeln fortgeschrittenere Themengebiete.

Kapitel 1 – Einleitung Dieses Kapitel beschreibt den grundsätzlichen Aufbau der folgenden Kapitel mit den Abschnitten Einführung, Aufgaben und Lösungen. Zudem wird ein Grundgerüst für die oftmals zur Prüfung der Lösungen genutzten Unit Tests vorgestellt. Abschließend gebe ich Hinweise zum Ausprobieren der Beispiele und Lösungen.

Kapitel 2 – Mathematische Aufgaben Das zweite Kapitel widmet sich mathematischen Operationen sowie Aufgaben zu Primzahlen und dem römischen Zahlensystem. Darüber hinaus präsentiere ich ein paar Ideen zu Zahlenspielereien.

Kapitel 3 – Rekursion Rekursion ist ein wichtiger Basisbaustein bei der Formulierung von Algorithmen. Dieses Kapitel gibt einen kurzen Einstieg und die diversen Übungsaufgaben sollten dabei helfen, Rekursion zu verstehen.

Kapitel 4 – Strings Strings sind bekanntermaßen Zeichenketten, die eine Vielzahl an Methoden bieten. Ein solides Verständnis ist elementar wichtig, da nahezu kein Programm ohne Strings auskommt. Deswegen werden wir in diesem Kapitel die Verarbeitung von Zeichenketten anhand verschiedener Übungsaufgaben kennenlernen.

Kapitel 5 – Arrays Neben Strings sind Arrays ebenfalls Grundbausteine beim Programmieren. Arrays sind – wie Sie wissen – einfache Datenstrukturen zur Speicherung von Werten, allerdings ohne allzu viel Komfort. In der Praxis empfiehlt sich deswegen oftmals, auf die Datenstrukturen des Collections-Frameworks zurückzugreifen. Diese behandelt dann Kapitel 7 eingehend.

Kapitel 6 – Datumsverarbeitung Mit Java 8 wurde das JDK um einige Funktionalitäten zur Datumsverarbeitung erweitert. Diese sollte jeder Java-Entwickler kennen. Die Übungsaufgaben verschaffen Ihnen einen guten Einstieg in die Thematik, sodass der Transfer in die Praxis leichtfallen sollte.

Kapitel 7 – Basisdatenstrukturen: Listen, Sets und Maps Im Collections-Framework werden Listen, Mengen und Schlüssel-Wert-Abbildungen durch verschiedene Containerklassen realisiert. Für den Programmieralltag ist ein sicherer Einsatz von großem Vorteil, was durch die Übungsaufgaben trainiert wird.

Kapitel 8 – Rekursion Advanced Kapitel 3 hat das Thema Rekursion einleitend behandelt. In diesem Kapitel beschäftigen wir uns mit einigen fortgeschritteneren Aspekten rund um das Thema Rekursion. Wir starten mit der Optimierungstechnik namens Memoization. Im Anschluss schauen wir uns Backtracking als eine Problemlösungsstrategie an, die auf Versuch-und-Irrtum beruht und mögliche Lösungswege durchprobiert. Damit lassen sich diverse Algorithmen ziemlich verständlich und elegant halten.

Kapitel 9 – Bäume Baumstrukturen spielen in der Informatik sowohl in der Theorie als auch der Praxis eine wichtige Rolle. In vielen Anwendungskontexten lassen sich Bäume gewinnbringend einsetzen, etwa für die Verwaltung eines Dateisystems, die Darstellung eines Projekts mit Teilprojekten und Aufgabenpaketen oder eines Buchs mit Kapiteln, Unterkapiteln und Abschnitten.

Kapitel 10 – Suchen und Sortieren Suchen und Sortieren sind zwei elementare Themen der Informatik im Bereich der Algorithmen und Datenstrukturen. Das Collections-Framework setzt beide um und nimmt einem dadurch viel Arbeit ab. Jedoch lohnt sich auch ein Blick hinter die Kulissen, etwa auf verschiedene Sortierverfahren und deren spezifische Stärken und Schwächen.

Kapitel 11 – Schlusswort und ergänzende Literatur In diesem Kapitel fasse ich das Buch zusammen und gebe vor allem einen Ausblick auf ergänzende Literatur. Um Ihr Können zu erweitern, ist neben dem Programmiertraining auch das Studium von weiteren Büchern empfehlenswert. Eine Auswahl an hilfreichen Titeln bildet den Abschluss des Hauptteils dieses Buchs.

Anhang A – Schnelleinstieg JShell In diesem Buch werden diverse Beispiele direkt auf der Konsole ausprobiert. Der Grund ist vor allem, dass Java seit Version 9 die interaktive Kommandozeilenapplikation JShell als REPL (Read Evaluate Print Loop) bietet, die wir in diesem Anhang kurz kennenlernen wollen.

Anhang B – Schnelleinsteg JUnit Zum Prüfen kleinerer Programmbausteine haben sich Unit Tests bewährt. Mit JUnit 5 ist das Ganze insbesondere beim Formulieren von Testfällen für mehrere Eingabekombinationen ziemlich komfortabel. Weil viele der hier im Buch erstellten Lösungen mit Unit Tests geprüft werden, gibt dieser Anhang einen Einstieg in die Thematik.

Anhang C – Schnelleinstieg O-Notation In diesem Buch verwende ich manchmal zur Abschätzung des Laufzeitverhaltens und zur Einordnung der Komplexität von Algorithmen die sogenannte O-Notation. Dieser Anhang stellt Wesentliches dazu vor.

Konventionen und ausführbare Programme

Verwendete Zeichensätze

Im gesamten Text gelten folgende Konventionen bezüglich der Schriftart: Der normale Text erscheint in der vorliegenden Schriftart. Dabei werden wichtige Textpassagen *kursiv* oder ***kursiv und fett*** markiert. Englische Fachbegriffe werden eingedeutscht groß geschrieben. Zusammensetzungen aus englischen und deutschen (oder eingedeutschten) Begriffen werden mit Bindestrich verbunden, z. B. Plugin-Manager. Sourcecode-Listings sind in der Schrift `courier` gesetzt, um zu verdeutlichen, dass dieser Text einen Ausschnitt aus einem Java-Programm wiedergibt. Auch im normalen Text werden Klassen, Methoden, Konstanten und Übergabeparameter in dieser Schriftart dargestellt.

Verwendete Abkürzungen

Im Buch verwende ich die in der nachfolgenden Tabelle aufgelisteten Abkürzungen. Weitere Abkürzungen werden im laufenden Text in Klammern nach ihrer ersten Definition aufgeführt und anschließend bei Bedarf genutzt.

Abkürzung	Bedeutung
API	Application Programming Interface
ASCII	American Standard Code for Information Interchange
(G)UI	(Graphical) User Interface
IDE	Integrated Development Environment
JDK	Java Development Kit
JLS	Java Language Specification
JRE	Java Runtime Environment
JSR	Java Specification Request
JVM	Java Virtual Machine

Verwendete Java-Version(en)

Nahezu alle Programme nutzen Java 11 als Basis, da dies die letzte LTS-Version (Long Term Support) ist, die mittlerweile eine gute Verbreitung besitzt. Die neueren Java-Versionen bringen einige hilfreiche Syntaxänderungen und API-Erweiterungen, die jedoch zur Lösung der Aufgaben nicht von Bedeutung sind – außer für ganz spezielle Aufgaben zu `switch` mit Java 14.

Verwendete Klassen aus dem JDK

Werden Klassen des JDKs zum ersten Mal im Text erwähnt, so wird deren voll qualifizierter Name, d. h. inklusive der Package-Struktur, angegeben: Für die Klasse `String` würde dann etwa `java.lang.String` notiert. Dies erleichtert ein Auffinden im JDK. Im darauffolgenden Text wird zur besseren Lesbarkeit auf diese Angabe verzichtet und nur der Klassenname genannt. Zudem sind aus Platzgründen in den Listings nur selten `import`-Anweisungen abgebildet.

Im Text beschriebene Methodenaufrufe enthalten in der Regel die Typen der Übergabeparameter, etwa `substring(int, int)`. Sind die Parameter in einem Kontext nicht entscheidend, wird auf deren Angabe aus Gründen der besseren Lesbarkeit verzichtet oder aber durch die Zeichenfolge `...` abgekürzt.

Download, Sourcecode und ausführbare Programme

Der Sourcecode der Beispiele steht auf der Webseite

`www.dpunkt.de/java-challenge`

zum Download bereit und ist in ein Eclipse-Projekt integriert. Weil dies ein Buch zum Mitmachen ist, sind einige der Programme mithilfe von Gradle-Tasks ausführbar. Deren Name wird in Kapitälchenschrift, etwa LOCALEEXAMPLE, angegeben – alternativ ist natürlich eine Ausführung in der IDE bzw. als Unit Test möglich.

Viele Codeschnipsel lassen sich aber auch hervorragend in der JShell ausprobieren. Um das zu gewährleisten, sind mitunter bereits entwickelte Methoden an geeigneter Stelle nochmals abgebildet.

Nacharbeiten nach Projekt-Import Nach dem erstmaligen Import müssen die Abhängigkeiten auf die externen Bibliotheken im Eclipse-Projekt mit dem Kommando `gradle cleanEclipse eclipse` neu initialisiert und auf Ihren Rechner aktualisiert werden.

Danksagung

Ein Fachbuch zu schreiben ist eine schöne, aber arbeitsreiche und langwierige Aufgabe. Alleine kann man dies kaum bewältigen. Daher möchte ich mich an dieser Stelle bei allen bedanken, die direkt oder indirekt zum Gelingen des Buchs beigetragen haben. Insbesondere konnte ich bei der Erstellung des Manuskripts auf ein starkes Team an Korrekturlesern zurückgreifen. Es ist hilfreich, von den unterschiedlichen Sichtweisen und Erfahrungen profitieren zu dürfen.

Zunächst einmal möchte ich mich bei Michael Kulla, der als Trainer für Java SE und Java EE bekannt ist, für sein mehrmaliges, gründliches Review vieler Kapitel, die fundierten Anmerkungen und den tollen Einsatz ganz herzlich bedanken. Ebenfalls bin ich Prof. Dr. Dominik Gruntz für eine Vielzahl an Verbesserungsvorschlägen sehr dankbar. Zudem erhielt ich die eine oder andere hilfreiche Anregung von Jean-Claude Brantschen, Prof. Dr. Carsten Kern und Christian Heitzmann. Wieder einmal hat auch Ralph Willenborg ganz genau gelesen und so diverse Tippfehler gefunden. Vielen Dank dafür!

Ebenso geht ein Dankeschön an das Team des dpunkt.verlags (Dr. Michael Barabas, Martin Wohlrab, Anja Weimer und Birgit Bäuerlein) für die tolle Zusammenarbeit. Außerdem möchte ich mich bei Torsten Horn für die fundierte fachliche Durchsicht sowie bei Ursula Zimpfer für ihre Adleraugen beim Copy-Editing bedanken.

Abschließend geht ein lieber Dank an meine Frau Lilija für ihr Verständnis und die Unterstützung, vor allem auch für etliche Stupser, um auf das Fahrrad zu steigen und eine Runde zu drehen, anstatt nur am Buch zu arbeiten.

Anregungen und Kritik

Trotz großer Sorgfalt und mehrfachen Korrekturlesens lassen sich missverständliche Formulierungen oder sogar Fehler leider nicht vollständig ausschließen. Falls Ihnen etwas Derartiges auffallen sollte, so zögern Sie bitte nicht, mir dies mitzuteilen. Gerne nehme ich auch Anregungen oder Verbesserungsvorschläge entgegen. Kontaktieren Sie mich bitte per Mail unter:

`michael_inden@hotmail.com`

Zürich, im Juni 2020
Michael Inden

1 Einleitung

Herzlich willkommen zu diesem Übungsbuch! Bevor Sie loslegen, möchte ich kurz darstellen, was Sie bei der Lektüre erwartet.

Dieses Buch behandelt verschiedene praxisrelevante Themengebiete und deckt diese durch Übungsaufgaben unterschiedlicher Schwierigkeitsstufen ab. Die Übungsaufgaben sind (größtenteils) voneinander unabhängig und können je nach Lust und Laune oder Interesse in beliebiger Reihenfolge gelöst werden.

Neben den Aufgaben finden sich die jeweiligen Lösungen inklusive einer kurzen Beschreibung des zur Lösung verwendeten Algorithmus sowie dem eigentlichen, an wesentlichen Stellen kommentierten Sourcecode.

1.1 Aufbau der Kapitel

Jedes Kapitel ist strukturell gleich aufgebaut, sodass Sie sich schnell zurechtfinden werden.

Einführung

Ein Kapitel beginnt jeweils mit einer Einführung in die jeweilige Thematik, um auch diejenigen Leser abzuholen, die mit dem Themengebiet vielleicht noch nicht so vertraut sind, oder aber, um Sie auf die nachfolgenden Aufgaben entsprechend einzustimmen.

Aufgaben

Danach schließt sich ein Block mit Übungsaufgaben und folgender Struktur an:

Aufgabenstellung Jede einzelne Übungsaufgabe besitzt zunächst eine Aufgabenstellung. Dort werden in wenigen Sätzen die zu realisierenden Funktionalitäten beschrieben. Oftmals wird auch schon eine mögliche Methodensignatur als Anhaltspunkt zur Lösung angegeben.

Beispiele Ergänzend finden sich fast immer Beispiele zur Verdeutlichung mit Eingaben und erwarteten Ergebnissen. Nur für einige recht einfache Aufgaben, die vor allem zum Kennenlernen eines APIs dienen, wird mitunter auf Beispiele verzichtet.

Oftmals werden in einer Tabelle verschiedene Wertebelegungen von Eingabeparameter(n) sowie das erwartete Ergebnis dargestellt, etwa wie folgt:

Eingabe A	Eingabe B	Ergebnis
[1, 2, 4, 7, 8]	[2, 3, 7, 9]	[2, 7]

Für die Angaben gelten folgende Notationsformen:

- "AB" – steht für textuelle Angaben
- true / false – repräsentieren boolesche Werte
- 123 – Zahlenangaben
- [value1, value2, ...] – steht für Collections wie Sets oder Listen, aber auch Arrays
- { key1 : value1, key2 : value3, ... } – beschreibt Maps

Lösungen

Auch der Teil der Lösungen besitzt die nachfolgend beschriebene Struktur.

Aufgabenstellung und Beispiele Zunächst finden wir nochmals die Aufgabenstellung, sodass wir nicht ständig zwischen Aufgaben und Lösungen hin- und herblättern müssen, sondern das Ganze in sich abgeschlossen ist.

Algorithmus Danach folgt eine Beschreibung des gewählten Algorithmus zur Lösung. Aus Gründen der Didaktik zeige ich bewusst auch einmal einen Irrweg oder eine nicht so optimale Lösung, um daran dann Fallstricke aufzudecken und iterativ zu einer Verbesserung zu kommen. Tatsächlich ist die eine oder andere Brute-Force-Lösung manchmal sogar schon brauchbar, bietet aber Optimierungspotenziale. Exemplarisch werde ich immer wieder entsprechende, mitunter verblüffend einfache, aber oft auch sehr wirksame Verbesserungen vorstellen.

Prüfung Teilweise sind die Aufgaben recht leicht oder dienen nur dem Kennenlernen von Syntax oder API-Funktionalität. Dafür scheint es mir oftmals ausreichend, ein paar Aufrufe direkt in der JShell auszuführen. Deshalb verzichte ich hierfür auf Unit Tests. Gleiches gilt auch, wenn wir bevorzugt eine grafische Aufbereitung einer Lösung, etwa die Darstellung eines Sudoku-Spielfelds zur Kontrolle nutzen und der korrespondierende Unit Test vermutlich schwieriger verständlich wäre.

Je komplizierter allerdings die Algorithmen werden, desto mehr lauern auch Fehlerquellen, wie falsche Indexwerte, eine versehentliche oder unterbliebene Negation oder ein übersehener Randfall. Deswegen bietet es sich an, Funktionalitäten mithilfe von Unit Tests zu überprüfen – in diesem Buch kann das aus Platzgründen natürlich nur exemplarisch für wichtige Eingaben geschehen. Insgesamt existieren jedoch über 90 Unit Tests mit rund 750 Testfällen. Ein ziemlich guter Anfang. Trotzdem sollte in der Praxis das Netz an Unit Tests und Testfällen wenn möglich noch umfangreicher sein.

1.2 Grundgerüst des Eclipse-Projekts

Auch das mitgelieferte Eclipse-Projekt orientiert sich in seinem Aufbau an demjenigen des Buchs und bietet für die Kapitel mit Übungsaufgaben jeweils ein eigenes Package pro Kapitel, z. B. ch02_math oder ch08_recursion_advanced. Dabei weiche ich ausnahmsweise von der Namenskonvention für Packages ab, weil ich die Unterstriche in diesem Fall für eine lesbare Notation halte.

Einige der Sourcecode-Schnipsel aus den jeweiligen Einführungen finden sich in einem Subpackage intro. Die bereitgestellten (Muster-)Lösungen werden in jeweils eigenen Subpackages namens solutions gesammelt und die Klassen sind gemäß Aufgabenstellung wie folgt benannt: Ex<Nr>_<Aufgabenstellung>.

Das gesamte Projekt folgt dem Maven-Standardverzeichnisaufbau und somit finden siche die Sourcen unter src/main/java und die Tests unter src/test/java.

Sourcen – src/main/java Nachfolgend ist ein Ausschnitt für das Kapitel 2 gezeigt:

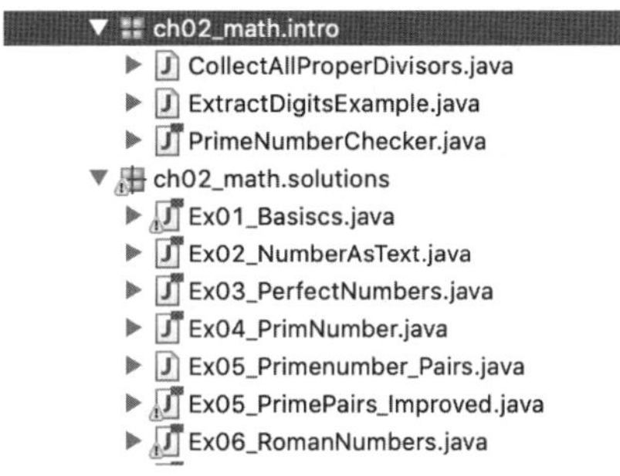

Test-Klassen – src/test/java Exemplarisch hier einige dazugehörige Tests:

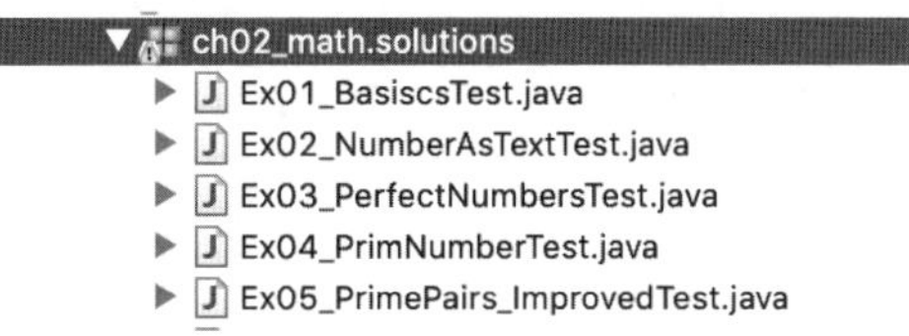

Utility-Klassen Alle in den jeweiligen Kapiteln entwickelten nützlichen Utility-Methoden sind im bereitgestellten Eclipse-Projekt in Form von Utility-Klassen enthalten. Beispielsweise implementieren wir in Kapitel 5 einige hilfreiche Methoden, unter anderem swap() und find() (alle in Abschnitt 5.1.1). Diese kombinieren wir dann in einer Klasse ArrayUtils, die in einem eigenen Subpackage util liegt – für das Kapitel zu Arrays im Subpackage ch05_arrays.util. Gleiches gilt für die anderen Kapitel und Themengebiete.

1.3 Grundgerüst für die Unit Tests

Um den Rahmen des Buchs nicht zu sprengen, zeigen die abgebildeten Unit Tests jeweils nur die Testmethoden, jedoch nicht die Testklasse und die Imports. Damit Sie ein Grundgerüst haben, in das Sie die Testmethoden einfügen können sowie als Ausgangspunkt für eigene Experimente, ist nachfolgend eine typische Testklasse gezeigt:

```
import static org.junit.jupiter.api.Assertions.assertEquals;
import static org.junit.jupiter.api.Assertions.assertTrue;

import java.time.LocalDate;

import org.junit.jupiter.api.Test;
import org.junit.jupiter.params.ParameterizedTest;
import org.junit.jupiter.params.provider.CsvSource;
import org.junit.jupiter.params.provider.ValueSource;
import org.junit.jupiter.params.provider.MethodSource;

public class SomeUnitTests
{
    @ParameterizedTest(name = "value at pos {index} ==> {0} should be perfect")
    @ValueSource(ints = { 6, 28, 496, 8128 } )
    void testIsPerfectNumberSimple(int value)
    {
        assertTrue(Ex03_PerfectNumbers.isPerfectNumberSimple(value));
    }

    @ParameterizedTest
    @CsvSource({"2017-01-01, 2018-01-01, 53", "2019-01-01, 2019-02-07, 5"})
    void testAllSundaysBetween(LocalDate start, LocalDate end, int expected)
    {
        var result = Ex09_CountSundaysExample.allSundaysBetween(start, end);

        assertEquals(expected, result.count());
    }

    @ParameterizedTest(name = "calcPrimes({0}) = {1}")
    @MethodSource("argumentProvider")
    void testCalcPrimesBelow(int n, List<Integer> expected)
    {
        List<Integer> result = Ex04_PrimNumber.calcPrimesBelow(n);

        assertEquals(expected, result);
    }

    // Parameter sind Listen von Werten => Stream<Arguments>
    static Stream<Arguments> argumentProvider()
    {
        return Stream.of(Arguments.of(2, List.of(2)),
                         Arguments.of(3, List.of(2, 3)),
                         Arguments.of(10, List.of(2, 3, 5, 7)),
                         Arguments.of(15, List.of(2, 3, 5, 7, 11, 13)));
    }
}
```

Neben den Imports und den ausgiebig genutzten parametrisierten Tests, die das Prüfen mehrerer Wertkombinationen auf einfache Weise erlauben, ist hier die Bereitstellung der Testeingaben über `@CsvSource` und `@MethodSource` in Kombination mit einem `Stream<Arguments>` gezeigt. Für Details schauen Sie bitte in Anhang B.

1.4 Anmerkung zum Programmierstil

In diesem Abschnitt möchte ich noch vorab etwas zum Programmierstil sagen, weil in Diskussionen ab und an einmal die Frage aufkam, ob man gewisse Dinge nicht kompakter gestalten sollte.

Gedanken zur Sourcecode-Kompaktheit

In der Regel sind mir beim Programmieren und insbesondere für die Implementierungen in diesem Buch vor allem eine leichte Nachvollziehbarkeit sowie eine übersichtliche Strukturierung und damit später eine vereinfachte Wartbarkeit und Veränderbarkeit wichtig. Deshalb sind die gezeigten Implementierungen möglichst verständlich programmiert und vermeiden etwa den ?-Operator für komplexere Ausdrücke. Dadurch ist vielleicht nicht jedes Konstrukt maximal kompakt, dafür aber in der Regel gut verständlich. Diesem Aspekt möchte ich in diesem Buch den Vorrang geben. Auch in der Praxis kann man damit oftmals besser leben als mit einer schlechten Wartbarkeit, dafür aber einer kompakteren Programmierung.

Beispiel 1

Schauen wir uns zur Verdeutlichung ein kleines Beispiel an. Zunächst betrachten wir die lesbare, gut verständliche Variante zum Umdrehen des Inhalts eines Strings, die zudem sehr schön die beiden wichtigen Elemente des rekursiven Abbruchs und Abstiegs verdeutlicht:

```
static String reverseString(final String input)
{
    // rekursiver Abbruch
    if (input.length() <= 1)
        return input;

    final char firstChar = input.charAt(0);
    final String remaining = input.substring(1);

    // rekursiver Abstieg
    return reverseString(remaining) + firstChar;
}
```

Die folgende deutliche kompaktere Variante bietet diese Vorteile nicht:

```
static String reverseStringShort(final String input)
{
    return input.length() <= 1 ? input :
           reverseStringShort(input.substring(1)) + input.charAt(0);
}
```

Überlegen Sie kurz, in welcher der beiden Methoden Sie sich sicher fühlen, eine nachträgliche Änderung vorzunehmen. Und wie sieht es aus, wenn Sie noch Unit Tests ergänzen wollen: Wie finden Sie passende Wertebelegungen und Prüfungen?

Außerdem sollte man bedenken, dass die obere Variante entweder bereits während der Kompilierung (Umwandlung in den Bytecode) oder später während der Ausführung und Optimierung automatisch in etwas Ähnliches wie die untere Variante konvertiert wird – eben mit dem Vorteil der besseren Lesbarkeit beim Programmieren.

Beispiel 2

Lassen Sie mich noch ein weiteres Beispiel anbringen, um meine Aussage zu verdeutlichen. Nehmen wir folgende Methode `countSubstrings()`, die die Anzahl der Vorkommen eines Strings in einem anderen zählt und für die beiden Eingaben "halloha" und "ha" das Ergebnis 2 liefert.

Zunächst implementieren wir das einigermaßen geradeheraus wie folgt:

```
static int countSubstrings(final String input, final String valueToFind)
{
    // rekursiver Abbruch
    if (input.length() < valueToFind.length())
        return 0;

    int count;
    String remaining;

    // startet der Text mit der Suchzeichenfolge?
    if (input.startsWith(valueToFind))
    {
        // Treffer: Setze die Suche nach dem gefundenen
        // Begriff nach der Fundstelle fort
        remaining = input.substring(valueToFind.length());
        count = 1;
    }
    else
    {
        // entferne erstes Zeichen und suche erneut
        remaining = input.substring(1);
        count = 0;
    }

    // rekursiver Abstieg
    return countSubstrings(remaining, valueToFind) + count;
}
```

Schauen wir uns an, wie man dies kompakt zu realisieren versuchen könnte:

```
static int countSubstringsShort(final String input, final String valueToFind)
{
    return input.length() < valueToFind.length() ? 0 :
           (input.startsWith(valueToFind) ? 1 : 0) +
           countSubstringsShort(input.substring(1), valueToFind);
}
```

Würden Sie lieber in dieser Methode oder der zuvor gezeigten ändern?

Übrigens: Die untere enthält noch eine subtile funktionale Abweichung! Bei den Eingaben von "XXXX" und "XX" »konsumiert« die erste Variante immer die Zeichen und findet zwei Vorkommen. Die untere bewegt sich aber jeweils nur um ein Zeichen weiter und findet somit drei Vorkommen.

Und weiter: Die Integration der oben realisierten Funktionalität des Weiterschiebens um den gesamten Suchstring in die zweite Variante wird zu immer undurchsichtigerem Sourcecode führen. Dagegen kann man oben das Weiterschieben um nur ein Zeichen einfach durch Anpassen des oberen `substring(valueToFind.length())`-Aufrufs umsetzen und diese Funktionalität dann sogar aus dem `if` herausziehen.

Gedanken zu `final` und `var`

Normalerweise bevorzuge ich, unveränderliche Variablen als `final` zu markieren. In diesem Buch verzichte ich mitunter darauf, vor allem in Unit Tests, um diese so kurz wie möglich zu halten. Ein weiterer Grund ist, dass die JShell das Schlüsselwort `final` nicht überall unterstützt, glücklicherweise aber an den wichtigen Stellen, nämlich für Parameter und lokale Variablen.

Local Variable Type Inference – `var` Seit Java 10 existiert die sogenannte Local Variable Type Inference, besser bekannt als `var`. Diese erlaubt es, auf die explizite Typangabe auf der linken Seite einer Variablendefinition zu verzichten, sofern sich der konkrete Typ für eine lokale Variable anhand der Definition auf der rechten Seite der Zuweisung vom Compiler ermitteln lässt:

```
var name = "Peter";                // var => String
var chars = name.toCharArray();    // var => char[]

var mike = new Person("Mike", 47); // var => Person
var hash = mike.hashCode();        // var => int
```

Insbesondere im Zusammenhang mit generischen Containern spielt die Local Variable Type Inference ihre Vorteile aus:

```
// var => ArrayList<String>
var names = new ArrayList<String>();
names.add("Tim");
names.add("Tom");
names.add("Jerry");

// var => Map<String, Long>
var personAgeMapping = Map.of("Tim", 47L, "Tom", 12L,
                              "Michael", 47L, "Max", 25L);
```

Konvention: `var` falls lesbarer Sofern die Verständlichkeit darunter nicht leidet, werde ich `var` an geeigneter Stelle verwenden, um den Sourcecode kürzer und klarer zu halten. Ist jedoch eine Typangabe für das Nachvollziehen von größerer Wichtigkeit, bevorzuge ich den konkreten Typ und vermeide `var` – die Grenzen sind aber fließend.

Konvention: `final` oder `var` Eine weitere Anmerkung noch: Zwar kann man `final` und `var` kombinieren, ich finde dies jedoch stilistisch nicht schön und verwende entweder das eine oder das andere.

Anmerkungen zu Methodensichtbarkeiten

Vielleicht fragen Sie sich, wieso die vorgestellten Methoden nicht als `public` markiert sind. Die in diesem Buch vorgestellten Methoden sind oftmals ohne Sichtbarkeitsmodifier dargestellt, da sie vor allem in demjenigen Package und Kontext aufgerufen werden, wo sie definiert sind. Dadurch sind sie sowohl für die begleitenden Unit Tests als auch für Experimente in der JShell problemlos aufrufbar. Manchmal extrahiere ich aus der Implementierung der Übungsaufgabe zur besseren Strukturierung und Lesbarkeit einige Hilfsmethoden. Diese sind dann in der Regel `private`, um diesen Umstand entsprechend auszudrücken.

Tatsächlich fasse ich die wichtigsten Hilfsmethoden in speziellen Utility-Klassen zusammen, wo diese für andere Packages natürlich `public` und `static` sind, um den Zugriff zu ermöglichen.

Blockkommentare in Listings

Beachten Sie bitte, dass sich in den Listings diverse Blockkommentare finden, die der Orientierung und dem besseren Verständnis dienen. In der Praxis sollte man derartige Kommentierungen mit Bedacht einsetzen und lieber einzelne Sourcecode-Abschnitte in Methoden auslagern. Für die Beispiele des Buchs dienen diese Kommentare aber als Anhaltspunkte, weil die eingeführten oder dargestellten Sachverhalte für Sie als Leser vermutlich noch neu und ungewohnt sind.

```
// Prozess erzeugen
final String command = "sleep 60s";
final String commandWin = "cmd timeout 60";
final Process sleeper = Runtime.getRuntime().exec(command);
//    ...

// Process => ProcessHandle
final ProcessHandle sleeperHandle = ProcessHandle.of(sleeper.pid()).
                                    orElseThrow(IllegalStateException::new);
//    ...
```

Gedanken zur Formattierung

Die in den Listings genutzte Formatierung weicht leicht von den Coding Conventions von Oracle[1] ab. Ich orientiere mich an denjenigen von Scott Ambler[2], der insbesondere (öffnende) Klammern in jeweils eigenen Zeilen vorschlägt. Dazu habe ich ein spezielles Format namens `Michaelis_CodeFormat` erstellt. Dieses ist im Projekt-Download integriert.

[1] http://www.oracle.com/technetwork/java/codeconv-138413.html

[2] http://www.ambysoft.com/essays/javaCodingStandards.html

1.5 Ausprobieren der Beispiele und Lösungen

Grundsätzlich verwende ich möglichst nachvollziehbare Konstrukte und keine ganz besonders ausgefallenen Syntax- oder API-Features spezieller Java-Versionen. Sofern nicht explizit im Text erwähnt, sollten Sie die Beispiele und Lösungen daher mit der aktuellen LTS-Version Java 11 ausprobieren können. In wenigen Ausnahmen setze ich allerdings Syntaxerweiterungen aus Java 14 ein, weil diese das tägliche Programmiererleben deutlich einfacher und angenehmer gestalten.

Besonderheiten für Java-14-Previews Durch die mittlerweile kurzen Abstände von 6 Monaten zwischen den Java-Releases werden der Entwicklergemeinde einige Features als Previews vorgestellt. Möchte man diese nutzen, so sind in den IDEs und Build-Tools gewisse Parametrierungen sowohl beim Kompilieren als auch beim Ausführen nötig, etwa wie im folgenden Beispiel:

```
java --enable-preview -cp build/libs/Java14Examples.jar \
     java14.RecordExamples
```

Weitere Details rund um Java 14 stelle ich in meinem Buch »Java – die Neuerungen in Version 9 bis 14: Modularisierung, Syntax- und API-Erweiterungen« [3] vor.

Ausprobieren mit JShell, Eclipse und als JUnit-Test Vielfach können Sie die abgebildeten Sourcecode-Schnipsel einfach in die JShell kopieren und ausführen. Alternativ finden Sie alle relevanten Sourcen in dem zum Buch mitgelieferten Eclipse-Projekt. Dort lassen sich die Programme durch eine `main()`-Methode starten oder – sofern vorhanden – durch korrespondierende Unit Tests überprüfen.

Los geht's: Entdeckungsreise Java Challenge

So, nun ist es genug der Vorrede und Sie sind bestimmt schon auf die ersten Herausforderungen durch die Übungsaufgaben gespannt. Deshalb wünsche ich Ihnen nun viel Freude mit diesem Buch sowie einige neue Erkenntnisse beim Lösen der Übungsaufgaben und beim Experimentieren mit den Algorithmen.

Wenn Sie zunächst eine Auffrischung Ihres Wissens zu JUnit, zur JShell oder der O-Notation benötigen, bietet sich ein Blick in die Anhänge an.

Teil I

Grundlagen

2 Mathematische Aufgaben

In diesem Kapitel lernen wir zunächst Grundlegendes zu einigen mathematischen Operationen und zu Primzahlen, aber auch zum römischen Zahlensystem kennen. Darüber hinaus präsentiere ich ein paar Ideen zu Zahlenspielereien. Mit diesem Wissen sollten Sie für die Vielzahl an Übungsaufgaben gut gewappnet sein.

2.1 Einführung

Kurzeinführung Division und Modulo

Neben Multiplikation und Division wird auch die Modulo-Operation (%) recht häufig verwendet. Sie dient dazu, den Rest einer Division zu ermitteln. Veranschaulichen wir uns dies wie folgt für Ganzzahlen, bei denen Divisionsreste unter den Tisch fallen:

$$\begin{aligned}(\mathbf{5} * 7 + 3)\,/\,7 &= 38\,/\,7 = 5\\(5 * 7 + \mathbf{3})\,\%\,7 &= 38\,\%\,7 = 3\end{aligned}$$

Selbst mit diesen wenigen Operationen lassen sich diverse Aufgabenstellungen lösen. Wir rufen uns folgende Dinge für Aktionen auf Zahlen in Erinnerung:

- $n\,\%\,10$ – Ermittelt den Rest einer Division durch 10 und somit die letzte Ziffer.
- $n\,/\,10$ – Teilt offensichtlich durch den Wert 10 und erlaubt es dadurch, die letzte Ziffer abzuschneiden – auch hier wieder nur bei Ganzzahlen.

Extraktion von Ziffern Zur Extraktion der Ziffern einer Zahl kombinieren wir Modulo und Division so lange, wie der verbleibende Wert größer als 0 ist:

```
static void extractDigits(final int startValue)
{
    int remainingValue = startValue;
    while (remainingValue > 0)
    {
        final int digit = remainingValue % 10;
        System.out.print(digit + " ");

        remainingValue = remainingValue / 10;
    }
    System.out.println();
}
```

Wir rufen diese Methode einmal auf, um deren Arbeitsweise zu verstehen – bitte beachten Sie, dass die Ziffern in umgekehrter Reihenfolge ausgegeben werden:

```
jshell> extractDigits(123)
3 2 1
```

Anzahl Ziffern ermitteln Statt einzelne Ziffern zu extrahieren, kann man mithilfe einer wiederholten Division auch die Anzahl der Ziffern einer Dezimalzahl ermitteln, indem man einfach so lange durch 10 teilt, bis kein Rest mehr übrigbleibt:

```
static int countDigits(final int number)
{
    int count = 0;

    int remainingValue = number;
    while (remainingValue > 0)
    {
        remainingValue = remainingValue / 10;
        count++;
    }

    return count;
}
```

Kurzeinführung Teiler

Nachfolgend schauen wir uns an, wie man alle echten Teiler einer Zahl, also diejenigen ohne die Zahl selbst, ermitteln kann. Der Algorithmus ist recht einfach: Wir durchlaufen alle Zahlen bis zur Hälfte des Werts (alle höheren Werte können keine ganzzahligen Teiler sein, weil ja die 2 bereits ein Teiler ist) und prüfen, ob diese die gegebene Zahl ohne Rest teilen. Ist das der Fall, so ist diese Zahl ein Teiler und wird in eine Ergebnisliste aufgenommen. Das Ganze implementieren wir wie folgt:

```
static List<Integer> findProperDivisors(final int value)
{
    final List<Integer> divisors = new ArrayList<>();

    for (int i = 1; i <= value / 2; i++)
    {
        if (value % i == 0)
        {
            divisors.add(i);
        }
    }

    return divisors;
}
```

Rufen wir diese Methode einmal auf, um deren Arbeitsweise zu verstehen und dies durch die erwartungskonforme Ausgabe zu bestätigen:

```
jshell> findProperDivisors(6);
   ...> findProperDivisors(24);
   ...> findProperDivisors(7);
$5 ==> [1, 2, 3]
$6 ==> [1, 2, 3, 4, 6, 8, 12]
$7 ==> [1]
```

Kurzeinführung Primzahlen

Eine Primzahl ist eine natürliche Zahl, die größer als 1 und ausschließlich durch sich selbst und durch 1 teilbar ist. Es gibt zwei recht einfach zu verstehende Algorithmen, um zu prüfen, ob eine gegebene Zahl eine Primzahl ist, bzw. um Primzahlen bis zu einem vorgegebenen Maximalwert zu berechnen.

Brute-Force-Algorithmus für Primzahlen Ob eine Zahl eine Primzahl ist oder nicht, lässt sich wie folgt bestimmen: Man schaut für die zu prüfende Zahl ausgehend von der 2 bis maximal zur Hälfte der Zahl, ob die momentane Zahl ein Teiler der ursprünglichen Zahl ist.[1] In dem Fall ist es keine Primzahl, ansonsten muss weiter geprüft werden. In Java lässt sich das folgendermaßen formulieren:

```
static boolean isPrime(final int potentiallyPrime)
{
    // prüfe für alle relevanten Zahlen, ob diese einen Teiler darstellen
    for (int i = 2; i <= potentiallyPrime / 2; i++)
    {
        if (potentiallyPrime % i == 0)
            return false;

        return true;
    }
}
```

Zum Ausprobieren führen wir die Methode in einer Schleife aus und ermitteln alle Primzahlen bis zu 25 – die Programmausgaben zeigen uns, dass die Funktionalität korrekt arbeitet:

```
jshell> var primes = new ArrayList<>();
   ...> for (int i = 2; i < 25; i++)
   ...> {
   ...>     if (isPrime(i))
   ...>         primes.add(i);
   ...> }
   ...> System.out.println("Primes < 25: " + primes);
primes ==> []
Primes < 25: [2, 3, 5, 7, 11, 13, 17, 19, 23]
```

[1]Optimiert muss man tatsächlich nur bis zur Wurzel berechnen. Darauf gehe ich kurz im nachfolgenden Praxistipp »Mögliche Optimierungen« ein.

Optimierung: Sieb des Eratosthenes Der Algorithmus zur Bestimmung der Primzahlen bis zu einem vorgegebenen Maximalwert nennt sich das ***Sieb des Eratosthenes*** und geht auf den gleichnamigen griechischen Mathematiker zurück.

Das Ganze funktioniert wie folgt: Initial werden alle Zahlen startend bei zwei bis zu dem vorgegebenen Maximalwert aufgeschrieben, etwa:

$$2, 3, 4, 5, 6, 7, 8, 9, 10, 11, 12, 13, 14, 15$$

Alle Zahlen gelten zunächst als potenzielle Kandidaten für Primzahlen. Nun werden schrittweise diejenigen Zahlen gestrichen, die keine Primzahlen sein können. Man nimmt die kleinste unmarkiert Zahl, hier zunächst die 2. Diese entspricht der ersten Primzahl. Nun streicht man alle Vielfachen davon, also im Beispiel $4, 6, 8, 10, 12, 14$:

$$2, 3, \cancel{4}, 5, \cancel{6}, 7, \cancel{8}, 9, \cancel{10}, 11, \cancel{12}, 13, \cancel{14}, 15$$

Weiter geht es mit der Zahl 3. Das ist die zweite Primzahl. Nun werden wieder die Vielfachen gestrichen, nachfolgend $6, 9, 12, 15$:

$$2, 3, \cancel{4}, 5, \cancel{6}, 7, \cancel{8}, \cancel{9}, \cancel{10}, 11, \cancel{12}, 13, \cancel{14}, \cancel{15}$$

Die nächste unmarkierte Zahl und somit eine Primzahl ist die 5. Das Verfahren wiederholt man so lange,wie es noch nicht durchgestrichene Zahlen nach der aktuellen Primzahl gibt:

$$2, 3, \cancel{4}, 5, \cancel{6}, 7, \cancel{8}, \cancel{9}, \cancel{10}, 11, \cancel{12}, 13, \cancel{14}, \cancel{15}$$

Damit verbleibt dann als Ergebnis für alle Primzahlen kleiner 15:

$$2, 3, 5, 7, 11, 13$$

Prüfen Sie Ihren Algorithmus mit folgenden Werten:

Grenzwert	Resultat
15	[2, 3, 5, 7, 11, 13]
25	[2, 3, 5, 7, 11, 13, 17, 19, 23]
50	[2, 3, 5, 7, 11, 13, 17, 19, 23, 29, 31, 37, 41, 43, 47]

Tipp: Mögliche Optimierungen

Wie man sieht, werden oftmals Zahlen mehrfach durchgestrichen. Wenn man mathematisch etwas bewanderter ist, lässt sich zeigen, dass mindestens ein Primfaktor einer zusammengesetzten Zahl immer kleiner gleich der Wurzel der Zahl selbst sein muss. Der Grund ist, dass wenn x ein Teiler größer als $sqrt(n)$ ist, dann gilt, dass $p = n/x$ kleiner als $sqrt(n)$ ist und somit dieser Wert bereits ausprobiert worden ist. Dadurch kann man das Streichen der Vielfachen optimieren: Zum einen kann man das Streichen mit dem Quadrat der Primzahl beginnen, weil alle kleineren Vielfachen bereits gestrichen sind. Zum anderen muss die Berechnung nur bis zur Wurzel der oberen Grenze erfolgen.

2.1.1 Römische Zahlen

Das römische Zahlensystem arbeitet mit speziellen Buchstaben und Kombinationen daraus, um Zahlen zu repräsentieren. Dabei gilt folgende Grundabbildung:[2]

Römische Ziffer	I	V	X	L	C	D	M
Wert	1	5	10	50	100	500	1000

Der jeweilige Wert ergibt sich normalerweise aus der Addition der Werte der einzelnen Ziffern von links nach rechts, wobei normalerweise (siehe die nachfolgenden Regeln) links die größte und rechts die kleinste Zahl steht, beispielsweise XVI für den Wert 16.

Regeln

Die römischen Zahlen werden nach bestimmten Regeln zusammengesetzt:

1. **Additionsregel**: Gleiche Ziffern nebeneinander werden addiert, etwa XXX = 30 Ebenso gilt dies für kleinere Ziffern nach größeren, z. B. XII = 12.
2. **Wiederholungsregel**: Es dürfen maximal drei gleiche Ziffern aufeinanderfolgen. Nach Regel 1 könnte man die Zahl 4 als IIII schreiben, was diese Regel 2 verbietet. Hier kommt die Subtraktionsregel ins Spiel.
3. **Subtraktionsregel**: Steht ein kleineres Zahlzeichen vor einem größeren, so wird der entsprechende Wert subtrahiert. Schauen wir nochmals auf die 4: Diese kann man als Subtraktion $5 - 1$ realisieren. Das wird im römischen Zahlensystem als IV notiert. Für die Subtraktion gelten folgende Regeln:
   - I steht nur vor V und X
   - X steht nur vor L und C
   - C steht nur vor D und M

Beispiele

Zum besseren Verständnis und zur Verdeutlichung der obigen Regeln schauen wir uns einige Notationen römischer Zahlen und die korrespondierenden Werte an:

$$\begin{aligned} VII &= 5+1+1 &&= 7 \\ MDCLXVI &= 1000+500+100+50+10+5+1 &&= 1666 \\ MMXVIII &= 1000+1000+10+5+1+1+1 &&= 2018 \\ MMXIX &= 1000+1000+10-1+10 &&= 2019 \end{aligned}$$

[2] Interessanterweise gibt es bei den römischen Zahlen den Wert 0 nicht.

Bemerkenswertes

Die bei uns heute verbreiteten arabischen Zahlen nutzen das Zehnersystem, bei dem die Position der Ziffern über deren Wert entscheidet: Somit kann die 7 einmal die Zahl selbst sein, aber auch für 70 oder 700 stehen. Im römischen Zahlensystem steht die V aber immer für eine 5, unabhängig von der Position.

Aufgrund dieses besonderen Aufbaus der römischen Zahlen sind viele mathematische Operationen aufwendig, selbst eine einfache Addition kann schon eine stärkere oder manchmal gar eine komplette Veränderung der Zahl bewirken: Das sieht man sehr schön für die Zahlen 2018 und 2019 oder für die Addition III + II = V. Schlimmer noch: Deutlich komplexer ist eine Multiplikation oder Division – es gibt Vermutungen, dass dies einer der Faktoren war, warum das römische Weltreich untergegangen ist.

Hinweis: Größere Zahlen

Für die Darstellung größerer römischer Zahlen (im Bereich von zehntausend und mehr) gibt es spezielle Schreibweisen, weil keine vier oder mehr M aufeinander folgen dürfen. Dies ist für die Aufgaben dieses Buchs nicht von Relevanz und kann vom Leser bei Interesse im Internet oder anderen Quellen nachgeschaut werden.

2.1.2 Zahlenspielereien

Nachfolgend schauen wir uns ein paar spezielle Zahlenkonstellationen an:

- Vollkommene oder perfekte Zahlen
- Armstrong-Zahlen
- Prüfsummen

Bei vielen der nachfolgend genutzten Algorithmen untergliedert man Zahlen in ihre Ziffern, um entsprechende Zahlenspielereien machen zu können.

Vollkommene oder perfekte Zahlen

Laut Definition wird eine Zahl als »vollkommene Zahl« oder auch »perfekte Zahl« bezeichnet, wenn ihr Wert gleich der Summe ihrer echten Teiler ist (also ohne sich selbst). Klingt etwas merkwürdig, ist aber ganz einfach. Betrachten wir als Beispiel die Zahl 6: Sie hat als echte Teiler die Zahlen 1, 2 und 3. Interessanterweise gilt nun:

$$1 + 2 + 3 = 6$$

Schauen wir uns noch ein Gegenspiel an: die Zahl 20. Diese besitzt die echten Teiler 1, 2, 4, 5 und 10, deren Summe ist jedoch 22 und nicht 20:

$$1 + 2 + 4 + 5 + 10 = 22$$

Armstrong-Zahlen

Im Folgenden betrachten wir sogenannte Armstrong-Zahlen: Das sind Zahlen, deren einzelne Ziffern zunächst mit der Anzahl der Ziffern in der Zahl potenziert und danach summiert werden. Wenn diese Summe dann mit dem Wert der ursprünglichen Zahl übereinstimmt, so spricht man von einer Armstrong-Zahl. Um das Ganze etwas einfacher zu halten, schauen wir uns den Spezialfall einer dreistelligen Zahl an. Als Armstrong-Zahl muss für diese Zahl folgende Gleichung erfüllt sein:

$$xyz = x^3 + y^3 + z^3$$

Dabei sind die Ziffern der Zahl als x, y und z modelliert und jeweils alle dem Wertebereich von 0 bis 9 entstammen.

Betrachten wir zwei Beispiele, für die diese Formel erfüllt ist:

$$\begin{aligned} 153 = 1^3 + 5^3 + 3^3 &= 1 + 125 + 27 = 153 \\ 371 = 3^3 + 7^3 + 1^3 &= 27 + 343 + 1 = 371 \end{aligned}$$

Abwandlung Als Abwandlung ist es auch ganz interessant, für welche Ziffern bzw. Zahlen folgenden Gleichung erfüllt sind:

$$xyz = x^1 + y^2 + z^3$$

oder

$$xyz = x^3 + y^2 + z^1$$

Für die erste Gleichung gibt es folgende Lösungen:

$$[135, 175, 518, 598]$$

Für die zweite Gleichung existiert für x, y, z im Bereich bis 100 keine Lösung. Wenn Sie mögen, können Sie das beim Implementieren des Bonusteils von Aufgabe 9 selbst nachvollziehen – oder einfach in die Lösungen schauen.

Algorithmus für eine einfache Prüfsumme

In diverse Zahlen ist eine Prüfsumme hineincodiert, sodass die Validität ermittelt werden kann. Das gilt etwa für Kreditkartennummern und bei Datenübertragungen über spezielle Protokolle.

Nehmen wir an, es wäre eine Prüfsumme für eine Zahl mit vier Ziffern (nachfolgend als a bis d modelliert) zu berechnen. Dann könnte man positionsbasiert folgende Rechnung vornehmen:

$$abcd \Rightarrow (a * 1 + b * 2 + c * 3 + d * 4) \,\%\, 10$$

Auch hier möchte ich die Berechnung anhand von Beispielen verdeutlichen:

Eingabe	Positionsberechnung	Wert	Prüfsumme
1111	1 * 1 + 1 * 2 + 1 * 3 + 1 * 4	1 + 2 + 3 + 4 = 10	10 % 10 = 0
1234	1 * 1 + 2 * 2 + 3 * 3 + 4 * 4	1 + 4 + 9 + 16 = 30	30 % 10 = 0
4321	4 * 1 + 3 * 2 + 2 * 3 + 1 * 4	4 + 6 + 6 + 4 = 20	20 % 10 = 0
7271	7 * 1 + 2 * 2 + 7 * 3 + 1 * 4	7 + 4 + 21 + 4 = 36	36 % 10 = 6
0815	0 * 1 + 8 * 2 + 1 * 3 + 5 * 4	0 + 16 + 3 + 20 = 39	39 % 10 = 9
5180	5 * 1 + 1 * 2 + 8 * 3 + 0 * 4	5 + 2 + 24 + 0 = 31	31 % 10 = 1

2.2 Aufgaben

2.2.1 Aufgabe 1: Grundrechenarten (★☆☆☆☆)

Aufgabe 1a: Grundrechenarten (★☆☆☆☆)

Schreiben Sie eine Methode `int calc(int, int)`, die zwei Variablen m und n vom Typ `int` multipliziert, das Produkt dann halbiert und den Rest bezüglich der Division durch 7 ausgibt.

Beispiele

m	n	m * n	m * n / 2	Resultat ((n * m / 2) % 7)
6	7	42	21	0
3	4	12	6	6
5	5	25	12	5

Als kleiner Hinweis zur Erinnerung hier nochmals: Bei einer Ganzzahldivision wird der Rest abgeschnitten, deswegen ergibt $25/2$ als Ergebnis den Wert 12.

Aufgabe 1b: Statistik (★★☆☆☆)

Ermitteln Sie die Anzahl sowie die Summe der natürlichen Zahlen, die durch 2 oder 7 teilbar sind, bis zu einem gegebenen Maximalwert (exklusiv) und geben Sie diese auf der Konsole aus. Schreiben Sie eine Methode `void calcSumAndCountAllNumbersDivBy_2_Or_7(int)`. Erweitern Sie das Ganze, sodass statt der Konsolenausgabe eine Rückgabe der beiden Werte erfolgt.

Beispiele

			Resultat	
Maximalwert	Teilbar durch 2	Teilbar durch 7	Anzahl	Summe
3	2	-/-	1	2
8	2, 4, 6	7	4	19
15	2, 4, 6, 8, 10, 12, 14	7, 14	8	63

Aufgabe 1c: Gerade oder ungerade Zahl (★☆☆☆☆)

Erstellen Sie die Methoden `isEven(n)` und `isOdd(n)`, die prüfen, ob die übergebene Ganzzahl gerade bzw. ungerade ist.

2.2.2 Aufgabe 2: Zahl als Text (★★☆☆☆)

Schreiben Sie eine Methode `String numberAsText(int)`, die für eine gegebene positive Zahl die jeweiligen Ziffern in korrespondierenden Text umwandelt.

Starten Sie mit folgendem Fragment für die letzte Ziffer einer Zahl:

```
static String numberAsText(final int n)
{
    final int remainder = n % 10;
    String valueAsText = "";

    if (remainder == 0)
        valueAsText = "ZERO";
    if (remainder == 1)
        valueAsText = "ONE";

    // ...

    return valueAsText;
}
```

Beispiele

Eingabe	Resultat
7	"SEVEN"
42	"FOUR TWO"
24680	"TWO FOUR SIX EIGHT ZERO"
13579	"ONE THREE FIVE SEVEN NINE"

2.2.3 Aufgabe 3: Vollkommene Zahlen (★★☆☆☆)

Laut Definition wird eine natürliche Zahl als »vollkommene / perfekte Zahl« bezeichnet, wenn ihr Wert gleich der Summe ihrer echten Teiler ist. Das gilt etwa für die 6 oder die 28:

$$\begin{aligned} 1+2+3 &= 6 \\ 1+2+4+7+14 &= 28 \end{aligned}$$

Schreiben Sie eine Methode `List<Integer> calcPerfectNumbers(int)`, die die perfekten Zahlen bis zu einem Maximalwert, z. B. 10.000, errechnet.

Beispiele

Eingabe	Resultat
1000	[6, 28, 496]
10000	[6, 28, 496, 8128]

2.2.4 Aufgabe 4: Primzahlen (★★☆☆☆)

Schreiben Sie eine Methode `List<Integer> calcPrimesUpTo(int)` zur Berechnung aller Primzahlen bis zu einem vorgegebenen Wert. Zur Erinnerung: Eine Primzahl ist eine natürliche Zahl, die größer als 1 und ausschließlich durch sich selbst und durch 1 teilbar ist. Zur Berechnung existiert das sogenannte Sieb des Eratosthenes, was zuvor schon beschrieben wurde.

Beispiele Prüfen Sie Ihren Algorithmus mit folgenden Werten:

Eingabe	Resultat
15	[2, 3, 5, 7, 11, 13]
25	[2, 3, 5, 7, 11, 13, 17, 19, 23]
50	[2, 3, 5, 7, 11, 13, 17, 19, 23, 29, 31, 37, 41, 43, 47]

2.2.5 Aufgabe 5: Primzahlpaare (★★☆☆☆)

Berechnen Sie alle Paare von Primzahlen mit einem Abstand von 2 (Zwilling), 4 (Cousin) und 6 (sexy) bis zu einer oberen Grenze für n. Für Zwillinge gilt dann:

$$isPrime(n) \ \&\& \ isPrime(n+2)$$

Beispiele Folgende Ergebnisse werden für den Grenzwert 50 erwartet:

Art	Resultat
Zwilling	3=5, 5=7, 11=13, 17=19, 29=31, 41=43
Cousin	3=7, 7=11, 13=17, 19=23, 37=41, 43=47
Sexy	5=11, 7=13, 11=17, 13=19, 17=23, 23=29, 31=37, 37=43, 41=47, 47=53

2.2.6 Aufgabe 6: Prüfsumme (★★☆☆☆)

Erstellen Sie eine Methode `int calcChecksum(String)`, die zu einer beliebig langen als String vorliegenden Zahl für deren Prüfsumme positionsbasiert folgende Rechnung vornimmt, dabei seien die n Ziffern als z_1 bis z_n modelliert:

$$z_1 z_2 z_3 \dots z_n \Rightarrow (1 * z_1 + 2 * z_2 + 3 * z_3 + \dots + n * z_n) \, \% \, 10$$

Beispiele

Eingabe	Summe	Resulat
"11111"	1 + 2 + 3 + 4 + 5 = 15	15 % 10 = 5
"87654321"	8 + 14 + 18 + 20 + 20 + 18 + 14 + 8 = 120	120 % 10 = 0

2.2.7 Aufgabe 7: Römische Zahlen (★★★★☆)

Aufgabe 7a: Römische Zahlen → Dezimalzahlen (★★★☆☆)

Schreiben Sie eine Methode `int fromRomanNumber(String)`, die aus einer textuell vorliegenden, gültigen römischen Zahl die korrespondierende Dezimalzahl errechnet.[3]

Aufgabe 7b: Dezimalzahlen → Römische Zahlen (★★★★☆)

Schreiben Sie eine Methode `String toRomanNumber(int)`, die eine Dezimalzahl in eine (gültige) römische Zahl umwandelt.

Beispiele

Arabisch	Römisch
17	"XVII"
444	"CDXLIV"
1971	"MCMLXXI"
2020	"MMXX"

2.2.8 Aufgabe 8: Kombinatorik (★★☆☆☆)

Aufgabe 8a: Berechnung von $a^2 + b^2 = c^2$

Berechnen Sie alle Kombinationen der Werte a, b und c (jeweils startend ab 1 und kleiner 100), für die folgende Formel gilt:

$$a^2 + b^2 = c^2$$

Bonus (★★★☆☆) Reduzieren Sie die Laufzeit von $O(n^3)$ auf $O(n^2)$. Konsultieren Sie bei Bedarf den Anhang C für eine Einführung in die O-Notation.

Aufgabe 8b: Berechnung von $a^2 + b^2 = c^2 + d^2$

Berechnen Sie alle Kombinationen der Werte a, b, c und d (jeweils startend ab 1 und kleiner 100), für die folgende Formel gilt:

$$a^2 + b^2 = c^2 + d^2$$

Bonus (★★★☆☆) Reduzieren Sie die Laufzeit von $O(n^4)$ auf $O(n^3)$.

[3] Für syntaktisch ungültige römische Zahlen, wie IXD, darf ein falsches Ergebnis, hier 489, errechnet werden – durch zweimal Subtraktionsregel hintereinander: $0 - 1 - 10 + 500$.

2.2.9 Aufgabe 9: Armstrong-Zahlen (★★☆☆☆)

Diese Übung behandelt dreistellige Armstrong-Zahlen. Per Definition versteht man darunter Zahlen, für deren Ziffern x, y und z von 1 bis 9 folgende Gleichung erfüllt ist:

$$xyz = x^3 + y^3 + z^3$$

Schreiben Sie eine Methode `List<Integer> calcArmstrongNumbers()` zur Berechnung aller Armstrong-Zahlen für x, y und z (jeweils < 10).

Beispiele

$$\begin{aligned} 153 = 1^3 + 5^3 + 3^3 &= 1 + 125 + 27 = 153 \\ 371 = 3^3 + 7^3 + 1^3 &= 27 + 343 + 1 = 371 \end{aligned}$$

Bonus Finden Sie eine generische Variante mit Lambdas und probieren Sie dann folgende drei Formeln aus:

$$\begin{aligned} xyz &= x^3 + y^3 + z^3 \\ xyz &= x^1 + y^2 + z^3 \\ xyz &= x^3 + y^2 + z^1 \end{aligned}$$

2.2.10 Aufgabe 10: Max Change Calculator (★★★★☆)

Nehmen wir an, wir hätten eine Sammlung von Münzen unterschiedlicher Werte. Schreiben Sie eine Methode `calcMaxPossibleChange(values)`, die für positive Ganzzahlen ermittelt, welche Beträge damit ausgehend vom Wert 1 *nahtlos* erzeugt werden können. Als Ergebnis soll der Maximalwert zurückgeliefert werden.

Beispiele

Eingabe	Mögliche Werte	Maximum
1	1	1
1, 1	1, 2	2
1, 5	1	1
1, 2, 4	1, 2, 3, 4, 5, 6, 7	7
1, 2, 3, 7	1, 2, 3, 4, 5, 6, 7, 8, 9, 10, 11, 12, 13	13
1, 1, 1, 1, 5, 10, 20, 50	1, 2, 3, 4, 5, 6, ..., 30, ..., 39	39

2.2.11 Aufgabe 11: Befreundete Zahlen (★★☆☆☆)

Zwei Zahlen n_1 und n_2 heißen befreundet, wenn die Summe ihrer Teiler der jeweils anderen Zahl entsprechen:

$$sum(divisors(n_1)) = n_2$$

$$sum(divisors(n_2)) = n_1$$

Schreiben Sie eine Methode `Map<Integer, Integer> calcFriends(int)` zur Berechnung aller befreundeten Zahlen bis zu einem übergebenen Maximalwert.

Beispiele

Eingabe	Teiler
$\sum(divisors(220)) = 284$	div(220) = 1, 2, 4, 5, 10, 11, 20, 22, 44, 55, 110
$\sum(divisors(284)) = 220$	div(284) = 1, 2, 4, 71, 142
$\sum(divisors(1184)) = 1210$	div(1184) = 1, 2, 4, 8, 16, 32, 37, 74, 148, 296, 592
$\sum(divisors(1210)) = 1184$	div(1210) = 1, 2, 5, 10, 11, 22, 55, 110, 121, 242, 605

2.2.12 Aufgabe 12: Primfaktorzerlegung (★★★☆☆)

Jede natürliche Zahl größer 1 lässt sich als eine Multiplikation von Primzahlen darstellen – denken Sie daran, die 2 ist auch eine Primzahl. Schreiben Sie eine Methode `List<Integer> calcPrimeFactors(int)`, die eine Liste mit Primzahlen liefert, deren Multiplikation die gegebene Zahl ergeben.

Beispiele

Eingabe	Primfaktoren	Resultat
8	2 * 2 * 2	[2, 2, 2]
14	2 * 7	[2, 7]
42	2 * 3 * 7	[2, 3, 7]
1155	3 * 5 * 7 * 11	[3, 5, 7, 11]
2222	2 * 11 * 101	[2, 11, 101]

2.3 Lösungen

2.3.1 Lösung 1: Grundrechenarten (★☆☆☆☆)

Lösung 1a: Grundrechenarten (★☆☆☆☆)

Schreiben Sie eine Methode `int calc(int, int)`, die zwei Variablen m und n vom Typ `int` multipliziert, das Produkt dann halbiert und den Rest bezüglich der Division durch 7 ausgibt.

Beispiele

m	n	m * n	m * n / 2	Resultat ((n * m / 2) % 7)
6	7	42	21	0
3	4	12	6	6
5	5	25	12	5

Als kleiner Hinweis zur Erinnerung hier nochmals: Bei einer Ganzzahldivision wird der Rest abgeschnitten, deswegen ergibt $25/2$ als Ergebnis den Wert 12.

Algorithmus Die Implementierung folgt einfach der mathematischen Operationen:

```
public int calc(final int m, final int n)
{
    return (m * n / 2) % 7;
}
```

Lösung 1b: Statistik (★★☆☆☆)

Ermitteln Sie die Summe sowie die Anzahl der natürlichen Zahlen, die durch 2 oder 7 teilbar sind, bis zu einem gegebenen Maximalwert (exklusiv) und geben Sie diese auf der Konsole aus. Schreiben Sie eine Methode `void calcSumAndCountAllNumbersDivBy_2_Or_7(int)`. Erweitern Sie das Ganze, sodass eine Rückgabe der beiden Werte erfolgt.

Beispiele

			Resultat	
Maximalwert	Teilbar durch 2	Teilbar durch 7	Anzahl	Summe
3	2	-/-	1	2
8	2, 4, 6	7	4	19
15	2, 4, 6, 8, 10, 12, 14	7, 14	8	63

Algorithmus Die Implementierung ist ein klein wenig komplexer als zuvor und nutzt zwei Variablen für Anzahl und Summe sowie eine Schleife. Dabei wird mit Modulo geprüft, ob die Teilbarkeit gegeben ist – der besseren Lesbarkeit halber wird eine sogenannte Explaining Variable `divisibleBy2or7` definiert – hier ist das o bewusst klein geschrieben, um es von der Ziffer 0 unterscheiden zu können:

```
public void calcSumAndCountAllNumbersDivBy_2_Or_7(final int max)
{
    int count = 0;
    int sum = 0;

    for (int i = 1; i < max; i++)
    {
        final boolean divisibleBy2or7 = i % 2 == 0 || i % 7 == 0;
        if (divisibleBy2or7)
        {
            count++;
            sum += i;
        }
    }

    System.out.println("count: " + count);
    System.out.println("sum: " + sum);
}
```

Verbleibt noch der etwas trickreichere Teil und Wunsch nach der Rückgabe der beiden Werte. Leider erlaubt Java keine Tupel als Rückgabe, aber seit Java 14 ist die Nutzung von Records[4] als leichtgewichtigere Alternative möglich. Was können wir bis inklusive Java 13 tun?

Es ist etwas Fantasie gefragt: Neben der Definition einer Klasse `Pair` kann man hier auch einfach eine Map mit zwei fixen Keys zurückgeben – das ist ein wichtiger Schritt, um die Methode mit Unit Tests prüfbar zu machen.

```
enum ReturnCode { SUM, COUNT }

static Map<ReturnCode, Integer>
       calcSumAndCountAllNumbersDivBy_2_Or_7(final int max)
{
    int count = 0;
    int sum = 0;

    for (int i = 1; i < max; i++)
    {
        final boolean divisibleBy2or7 = i % 2 == 0 || i % 7 == 0;
        if (divisibleBy2or7)
        {
            count++;
            sum += i;
        }
    }

    return Map.of(ReturnCode.SUM, sum, ReturnCode.COUNT, count);
}
```

[4]Bitte konsultieren Sie mein Buch »Java – die Neuerungen in Version 9 bis 14: Modularisierung, Syntax- und API-Erweiterungen« [3] für einen Überblick über viele relevante Neuerungen in den aktuellen Java-Versionen.

Lösung 1c: Gerade oder ungerade Zahl (★☆☆☆☆)

Erstellen Sie die Methoden `isEven(n)` und `isOdd(n)`, die prüfen, ob die übergebene Ganzzahl gerade bzw. ungerade ist.

Algorithmus Die Implementierung nutzt jeweils den Modulo-Operator. Eine Zahl ist gerade, sofern eine Division durch 2 keinen Rest besitzt, andernfalls ist sie ungerade:

```
static boolean isEven(final int n)
{
    return n % 2 == 0;
}

static boolean isOdd(final int n)
{
    return n % 2 != 0;
}
```

Tipp: Besonderheiten Modulo

Während die Implementierung von `isEven()` sehr einfach und ohne Fallstricke ist, gibt es bei der Prüfung auf ungerade Zahlen doch eine Besonderheit zu beachten. Man könnte meinen, dass man einfach auf den Rest 1 prüfen kann. Mathematisch gesehen ist das zwar korrekt, aber der Modulo-Operator betrachtet auch das Vorzeichen, sodass die nachfolgende Methode für negative Zahlen nicht korrekt arbeitet:

```
static boolean isOdd_WRONG(final int n)
{
    return n % 2 == 1; // FALSCHE IMPLEMNTIERUNG
}
```

Prüfung

Zum Test der Aufgabe 1a nutzen wir einen parametrisierten Test und für die Angabe der Eingabewerte für m und n sowie das Ergebnis eine kommaseparierte Aufzählung mit `@CsvSource` – zum Auffrischen Ihres Wissens zu JUnit 5 empfiehlt sich ein Blick in Anhang B.

```
@ParameterizedTest
@CsvSource({ "6, 7, 0", "3, 4, 6", "5, 5, 5" })
void calc(int m, int n, int expected)
{
    int result = Ex01_Basiscs.calc(m, n);

    assertEquals(expected, result);
}
```

Zur Kontrolle des Aufgabenteils 1b eignet sich ein Aufruf in der JShell:

```
jshell> calcSumAndCountAllNumbersDivBy_2_Or_7(8)
count: 4
sum: 19
```

Generell ist es aber besser und im Sinne vom professionellen Programmieren zu bevorzugen, Unit Tests zu erstellen. Dazu haben wir als Erstes die Hürde des kombinierten Rückgabewerts gemeistert. Nun müssen wir diese Map noch geeignet prüfen können. Dazu bietet sich seit JUnit 5 der Einsatz einer `@MethodSource` in Kombination mit einem `Stream<Arguments>` wie folgt an:

```
@ParameterizedTest(name = "sum and count for {0} = {1}")
@MethodSource("argumentProvider")
void calcSumAndCountAllNumbersDivBy_2_Or_7(int max,
      Map<Ex01_Basiscs.ReturnCode, Integer> expected)
{
   var result = Ex01_Basiscs.calcSumAndCountAllNumbersDivBy_2_Or_7(max);

   assertEquals(expected, result);
}

private static Stream<Arguments> argumentProvider()
{
   return Stream.of(Arguments.of(3, Map.of(Ex01_Basiscs.ReturnCode.SUM, 2,
                                    Ex01_Basiscs.ReturnCode.COUNT, 1)),
                    Arguments.of(8, Map.of(Ex01_Basiscs.ReturnCode.SUM, 19,
                                    Ex01_Basiscs.ReturnCode.COUNT, 4)),
                    Arguments.of(15, Map.of(Ex01_Basiscs.ReturnCode.SUM, 63,
                                     Ex01_Basiscs.ReturnCode.COUNT, 8)));
}
```

Die Prüfung der Aufgabe 1c auf gerade oder ungerade ist so einfach, dass wir uns hier mit zwei exemplarischen Aufrufen in der JShell begnügen:

```
jshell> isEven(2)
$7 ==> true

jshell> isOdd(7)
$8 ==> true
```

2.3.2 Lösung 2: Zahl als Text (★★☆☆☆)

Schreiben Sie eine Methode `String numberAsText(int)`, die für eine gegebene positive Zahl die jeweiligen Ziffern in korrespondierenden Text umwandelt.

Beispiele

Eingabe	Resultat
7	"SEVEN"
42	"FOUR TWO"
24680	"TWO FOUR SIX EIGHT ZERO"
13579	"ONE THREE FIVE SEVEN NINE"

Algorithmus Berechne immer den Rest (also die letzte Ziffer), gib diesen aus und teile dann durch zehn. Wiederhole dies, bis kein Rest mehr existiert. Beachte, dass die Repräsentation der Ziffer vorne an den Text angehängt werden muss, weil immer die letzte Ziffer extrahiert wird und ansonsten die Texte der Ziffern in der falschen Reihenfolge geliefert würden:

```
static String numberAsText(final int n)
{
    String value = "";
    int remainingValue = n;

    while (remainingValue > 0)
    {
        String remainderAsText = digitAsText(remainingValue % 10);
        value = remainderAsText + " " + value;

        remainingValue /= 10;
    }

    return value.trim();
}
```

Die Abbildung von Ziffer auf Text realisieren wir mit einer Lookup-Map wie folgt:

```
static Map<Integer, String> valueToTextMap =
       Map.of(0, "ZERO", 1, "ONE", 2, "TWO", 3, "THREE", 4, "FOUR",
              5, "FIVE", 6, "SIX", 7, "SEVEN", 8, "EIGHT", 9, "NINE");

static String digitAsText(final int n)
{
    return valueToTextMap.get(n % 10);
}
```

Tipp: Anmerkungen zu Stringkonkatenationen

Bedenken Sie bitte, dass die +-Verknüpfung auf Strings zum Teil nicht so performant sein kann – das spielt jedoch nur bei extrem vielen Aufrufen eine Rolle. Hier dürfte es unwichtig sein und das + ist oftmals besser zu lesen.

Prüfung

Zum Test nutzen wir einen parametrisierten Test, der mit JUnit 5 elegant zu formulieren ist:

```
@ParameterizedTest
@CsvSource({ "7, SEVEN", "42, FOUR TWO", "7271, SEVEN TWO SEVEN ONE",
             "24680, TWO FOUR SIX EIGHT ZERO",
             "13579, ONE THREE FIVE SEVEN NINE"})
void numberAsText(int number, String expected)
{
    String result = Ex02_NumberAsText.numberAsText(number);

    assertEquals(expected, result);
}
```

2.3.3 Lösung 3: Vollkommene Zahlen (★★☆☆☆)

Laut Definition wird eine natürliche Zahl als »vollkommene / perfekte Zahl« bezeichnet, wenn ihr Wert gleich der Summe ihrer echten Teiler ist. Das gilt etwa für die 6 oder die 28:

$$
\begin{aligned}
1 + 2 + 3 &= 6 \\
1 + 2 + 4 + 7 + 14 &= 28
\end{aligned}
$$

Schreiben Sie eine Methode `List<Integer> calcPerfectNumbers(int)`, die die perfekten Zahlen bis zu einem Maximalwert, z. B. 10.000, errechnet.

Beispiele

Eingabe	Resultat
1000	[6, 28, 496]
10000	[6, 28, 496, 8128]

Algorithmus Die einfachste Variante besteht darin, alle Zahlen von 2 bis zur Hälfte des gewünschten Maximalwerts zu prüfen, ob diese einen Teiler der ursprünglichen Zahl darstellen. In dem Fall wird die Summe der Teiler um genau den Wert erhöht. Die Summe startet mit dem Wert 1, weil dies immer ein gültiger Teiler ist. Zum Abschluss muss man nur noch die ermittelte Summe mit der eigentlichen Zahl vergleichen:

```
static boolean isPerfectNumberSimple(final int number)
{
    // immer durch 1 teilbar
    int sumOfMultipliers = 1;

    for (int i = 2; i <= number / 2; i++)
    {
        if (number % i == 0)
            sumOfMultipliers += i;
    }

    return sumOfMultipliers == number;
}
```

Basierend darauf ist die eigentliche Methode sehr leicht zu implementieren:

```
static List<Integer> calcPerfectNumbers(final int maxExclusive)
{
    final List<Integer> results = new ArrayList<>();

    for (int i = 2; i < maxExclusive; i++)
    {
        if (isPerfectNumberSimple(i))
            results.add(i);
    }

    return results;
}
```

Prüfung

Zum Test nutzen wir folgende Eingaben, die die korrekte Funktionsweise für dedizierte Zahlen zeigen:

```
@ParameterizedTest(name = "{0} should be perfect")
@ValueSource(ints = { 6, 28, 496, 8128 })
void isPerfectNumberSimple(int value)
{
    boolean result = Ex03_PerfectNumbers.isPerfectNumberSimple(value);

    assertTrue(result);
}
```

Damit haben wir den Basisbaustein der Prüfung getestet, allerdings sollten wir noch sicherstellen, dass keine anderen Werte als vollkommene Zahlen geliefert werden, sondern wirklich nur diese – für die Tests also die ersten drei bzw. vier vollkommenen Zahlen, nämlich die Zahlen 6, 28, 496 und 8128:

```
@ParameterizedTest(name = "calcPerfectNumbers({0}) = {1}")
@MethodSource("maxAndPerfectNumbers")
void calcPerfectNumbers(int maxExclusive, List<Integer> expected)
{
    List<Integer> result = Ex03_PerfectNumbers.calcPerfectNumbers(maxExclusive);

    assertEquals(expected, result);
}

private static Stream<Arguments> maxAndPerfectNumbers()
{
    return Stream.of(Arguments.of(1000, List.of(6, 28, 496)),
                     Arguments.of(10000, List.of(6, 28, 496, 8128)));
}
```

Optimierung der Implementierung

Basierend auf der bereits in der Einführung dieses Kapitels vorgestellten Methode `findProperDivisors(int)`, die alle echten Teiler ermittelt, kann man die Prüfung wie folgt vereinfachen:

```
static boolean isPerfectNumberBasedOnProperDivisors(final int number)
{
    final List<Integer> divisors = findProperDivisors(number);

    return sum(divisors) == number;
}
```

Wir benötigen noch eine Hilfsmethode zum Summieren der Elemente einer Liste. Am einfachsten lässt sich dies durch Verwendung des Stream-APIs folgendermaßen lösen:

```
static int sum(final List<Integer> values)
{
    return values.stream().mapToInt(n -> n).sum();
}
```

2.3.4 Lösung 4: Primzahlen (★★☆☆☆)

Schreiben Sie eine Methode `List<Integer> calcPrimesUpTo(int)` zur Berechnung aller Primzahlen bis zu einem vorgegebenen Wert. Zur Erinnerung: Eine Primzahl ist eine natürliche Zahl, die größer als 1 und ausschließlich durch sich selbst und durch 1 teilbar ist. Zur Berechnung existiert das sogenannte Sieb des Eratosthenes, was zuvor schon beschrieben wurde.

Beispiele Prüfen Sie Ihren Algorithmus mit folgenden Werten:

Eingabe	Resultat
15	[2, 3, 5, 7, 11, 13]
25	[2, 3, 5, 7, 11, 13, 17, 19, 23]
50	[2, 3, 5, 7, 11, 13, 17, 19, 23, 29, 31, 37, 41, 43, 47]

Algorithmus Der Algorithmus folgt dem Sieb des Eratosthenes. Zunächst wird ein Array mit `booleans` erzeugt und mit `true` initialisiert, weil alle Zahlen als potenzielle Primzahlen angesehen werden: Gedanklich ist dies analog dazu, dass initial die Zahlen $2, 3, 4, \ldots$ bis zu einem vorgegebenen Maximalwert aufgeschrieben werden, z. B.:

$$2, 3, 4, 5, 6, 7, 8, 9, 10, 11, 12, 13, 14, 15$$

Nun wird startend bei dem Wert 2 mit dem »Sieben« begonnen: Weil die Zahl 2 nicht durchgestrichen ist, wird sie in die Liste der Primzahlen aufgenommen. Dann wird jedes Vielfache davon gestrichen, da diese keine Primzahlen sein können:

$$2, 3, \not{4}, 5, \not{6}, 7, \not{8}, 9, \not{10}, 11, \not{12}, 13, \not{14}, 15$$

Iterativ schaut man nach der nächsten nicht aussortierten Zahl. Hier ist dies die 3. Das ist die zweite Primzahl. Nun werden wieder alle Vielfachen davon gestrichen:

$$2, 3, \not{4}, 5, \not{6}, 7, \not{8}, \not{9}, \not{10}, 11, \not{12}, 13, \not{14}, \not{15}$$

Dieses Vorgehen wiederholt sich, bis man die Hälfte des Maximalwerts erreicht hat. Die Primzahlberechnung wird in Java wie folgt implementiert:

```
static List<Integer> calcPrimesUpTo(final int maxValue)
{
    // initial alle Werte als potenzielle Primzahl markieren
    final boolean[] isPotentiallyPrime = new boolean[maxValue+1];
    Arrays.fill(isPotentiallyPrime, true);

    // Durchlaufe alle Zahlen startend bei 2, Optimierung nur bis zur Hälfte
    for (int i = 2; i <= maxValue / 2; i++)
    {
        if (isPotentiallyPrime[i])
            eraseMultiplesOfCurrent(isPotentiallyPrime, i);
    }

    return buildPrimesList(isPotentiallyPrime);
}
```

Die Funktionalität des Durchstreichens bzw. Ausradierens der Vielfachen lagern wir in folgende Hilfsmethode `eraseMultiplesOfCurrent()` aus – dabei nutzen wir als Trick zum einen die Schrittweite von i sowie zum anderen, dass das erste Vielfache durch Addition des Startwerts ermittelt wird. Bei ersten Versuchen kann die auskommentierte Konsolenausgabe zum Nachvollziehen hilfreich sein:

```
private static void eraseMultiplesOfCurrent(final boolean[] values, final int i)
{
    for (int n = i + i; n < values.length; n = n + i)
    {
        values[n] = false;
        // System.out.println("Eliminating " + n);
    }
}
```

Schließlich müssen wir aus dem `boolean[]` noch eine Liste von Zahlen rekonstruieren:

```
private static List<Integer> buildPrimesList(final boolean[] isPotentiallyPrime)
{
    final List<Integer> primes = new ArrayList<>();
    for (int i = 2; i < isPotentiallyPrime.length; i++)
    {
        if (isPotentiallyPrime[i])
            primes.add(i);
    }
    return primes;
}
```

Prüfung

Zum Test nutzen wir folgende Eingaben, die die korrekte Funktionsweise zeigen. Um jeweils eine Liste mit Ergebnissen bereitstellen zu können, greifen wir auf `Stream<Arguments>` zurück:

```
@ParameterizedTest(name = "calcPrimes({0}) = {1}")
@MethodSource("argumentProvider")
void calcPrimesUpTo(int n, List<Integer> expected)
{
    List<Integer> result = Ex04_PrimeNumber.calcPrimesUpTo(n);

    assertEquals(expected, result);
}

static Stream<Arguments> argumentProvider()
{
    return Stream.of(Arguments.of(2, List.of(2)),
                     Arguments.of(3, List.of(2, 3)),
                     Arguments.of(10, List.of(2, 3, 5, 7)),
                     Arguments.of(15, List.of(2, 3, 5, 7, 11, 13)),
                     Arguments.of(25, List.of(2, 3, 5, 7, 11, 13,
                                              17, 19, 23)),
                     Arguments.of(50, List.of(2, 3, 5, 7, 11, 13,
                                              17, 19, 23, 29, 31,
                                              37, 41, 43, 47)));
}
```

2.3.5 Lösung 5: Primzahlpaare (★★☆☆☆)

Berechnen Sie alle Paare von Primzahlen mit einem Abstand von 2 (Zwilling), 4 (Cousin) und 6 (sexy) bis zu einer oberen Grenze für n. Für Zwillinge gilt dann:

$$isPrime(n) \ \&\& \ isPrime(n+2)$$

Beispiele Folgende Ergebnisse werden für den Grenzwert 50 erwartet:

Art	Resultat
Zwilling	3=5, 5=7, 11=13, 17=19, 29=31, 41=43
Cousin	3=7, 7=11, 13=17, 19=23, 37=41, 43=47
Sexy	5=11, 7=13, 11=17, 13=19, 17=23, 23=29, 31=37, 37=43, 41=47, 47=53

Algorithmus In einem ersten Schritt gilt es, die Bedingungen für Paare zu definieren. Das lässt sich explizit über `if`-Abfragen oder aber eleganter durch die Definition passender Prädikate bewerkstelligen. Nun kann man für alle Zahlen startend bei 2 bis zu einer gewünschten Obergrenze jeweils prüfen, ob die Zahl selbst und die entsprechende andere um 2, 4 oder 6 erhöhte Zahl eine Primzahl darstellen. Dazu greift man auf eine Methode `isPrime(int)` zurück, die wiederum die zuvor geschriebene Methode zur Ermittlung der Primzahlen aufruft. Weitere Details zu Primzahlzwillingen finden Sie unter `https://de.wikipedia.org/wiki/Primzahlzwilling`.

```java
public static void main(final String[] args)
{
    final Predicate<Integer> isTwinPair = n -> isPrime(n) && isPrime(n + 2);
    final Predicate<Integer> isCousinPair = n -> isPrime(n) && isPrime(n + 4);
    final Predicate<Integer> isSexyPair = n -> isPrime(n) && isPrime(n + 6);

    final Map<Integer, Integer> twinPairs = new TreeMap<>();
    final Map<Integer, Integer> cousinPairs = new TreeMap<>();
    final Map<Integer, Integer> sexyPairs = new TreeMap<>();

    for (int i = 1; i < 50; i++)
    {
        if (isTwinPair.test(i))
            twinPairs.put(i, i+2);

        if (isCousinPair.test(i))
            cousinPairs.put(i, i+4);

        if (isSexyPair.test(i))
            sexyPairs.put(i, i+6);
    }

    System.out.println("Twins: " + twinPairs);
    System.out.println("Cousins: " + cousinPairs);
    System.out.println("Sexy: " + sexyPairs);
}
```

```
private static boolean isPrime(int n)
{
    // nicht optimale Aufrufe
    return Ex04_PrimeNumber.calcPrimesUpTo(n).contains(n);
}
```

Die hier gezeigte Realisierung nutzt zwar bereits implementierte Funktionalitäten – was prinzipiell zu bevorzugen ist –, besitzt aber zwei Schwachstellen:

1. Es werden jedes Mal wieder alle Primzahlen bis zum vorgegebenen Maximalwert berechnet. Das lässt sich optimieren, wenn man die Berechnung nur einmal durchführt und die Ergebnisse geeignet zwischenspeichert.
2. Momentan sind die Prüfungen noch alle miteinander verwoben. Übersichtlicher ist eine Prüfmethode, die jeweils nur eine Bedingung überprüft und auch nur ein Ergebnis zurückliefert.

Optimierung der Implementierung

Schwachstelle 1: Wiederholte Aufrufe Zunächst einmal sollten wir die Primzahlen bis zu dem Maximalwert nur einmal berechnen – dabei müssen wir den Grenzwert um 6 nach oben verschieben, damit wir alle Paare korrekt abbilden können:

```
public static void calcPrimePairs(final int maxValue)
{
    final List<Integer> primes = Ex04_PrimeNumber.calcPrimesUpTo(maxValue + 6);

    final Predicate<Integer> isTwinPair = n -> isPrime(primes, n) &&
                                               isPrime(primes, n + 2);
    final Predicate<Integer> isCousinPair = n -> isPrime(primes, n) &&
                                                 isPrime(primes, n + 4);
    final Predicate<Integer> isSexyPair = n -> isPrime(primes, n) &&
                                               isPrime(primes, n + 6);

    final Map<Integer, Integer> twinPairs = new TreeMap<>();
    final Map<Integer, Integer> cousinPairs = new TreeMap<>();
    final Map<Integer, Integer> sexyPairs = new TreeMap<>();

    for (int i = 1; i < maxValue; i++)
    {
        if (isTwinPair.test(i))
            twinPairs.put(i, i + 2);

        if (isCousinPair.test(i))
            cousinPairs.put(i, i + 4);

        if (isSexyPair.test(i))
            sexyPairs.put(i, i + 6);
    }

    System.out.println("Twins: " + twinPairs);
    System.out.println("Cousins: " + cousinPairs);
    System.out.println("Sexy: " + sexyPairs);
}
```

Das Berechnen der Primzahlen erfolgt einmalig am Anfang der Methode und somit erreicht man eine deutliche Verbesserung der Performance.

Schließlich lagern wir die Prüfung auf eine Primzahl in folgende Methode aus:

```
static boolean isPrime(final List<Integer> primes, final int n)
{
    return primes.contains(n);
}
```

Schwachstelle 2: Unübersichtliche Programmstruktur Wie schon zuvor, wollen wir eher allgemeingültige Methoden schreiben. Die Grundbausteine haben wir schon gelegt. Es sollte jedoch die Ermittlung der Paare in eine Methode `calcPairs()` ausgegliedert werden. Auf diese Weise lässt sich das Ganze noch übersichtlicher und verständlicher wie folgt schreiben:

```
public static void calcPrimePairsImproved(final int maxValue)
{
    final Map<Integer, Integer> twinPairs = calcPairs(maxValue, 2);
    final Map<Integer, Integer> cousinsPairs = calcPairs(maxValue, 4);
    final Map<Integer, Integer> sexyPairs = calcPairs(maxValue, 6);

    System.out.println("Twins: " + twinPairs);
    System.out.println("Cousins: " + cousinsPairs);
    System.out.println("Sexy: " + sexyPairs);
}

static Map<Integer, Integer> calcPairs(final int maxValue, final int distance)
{
    final List<Integer> primes =
                        Ex04_PrimeNumber.calcPrimesUpTo(maxValue + distance);

    final Map<Integer, Integer> resultPairs = new TreeMap<>();
    for (int n = 1; n < maxValue; n++)
    {
        if (isPrime(primes, n) && isPrime(primes, n + distance))
        {
            resultPairs.put(n, n + distance);
        }
    }
    return resultPairs;
}
```

Dieser Umbau legt auch den Grundstock, um das Ganze mit Unit Tests prüfen zu können.

Prüfung

Rufen wir die Methode mit dem Maximalwert 50 auf, so erhalten wir dieses Ergebnis:

```
Twins: {3=5, 5=7, 11=13, 17=19, 29=31, 41=43}
Cousins: {3=7, 7=11, 13=17, 19=23, 37=41, 43=47}
Sexy: {5=11, 7=13, 11=17, 13=19, 17=23, 23=29, 31=37, 37=43, 41=47, 47=53}
```

Erstellen wir nun noch einen Unit Test mit jeweils einer Testmethode pro Spezialfall:

```
int maxValue = 50;

@ParameterizedTest(name = "primepairs({0}, {1}) = {2}")
@MethodSource("distanceAndExpectd")
void calcPairs(int distance, String info,
               Map<Integer, Integer> expected)
{
    var result = Ex05_PrimePairs_Improved.calcPairs(maxValue, distance);

    assertEquals(expected, result);
}

private static Stream<Arguments> distanceAndExpectd()
{
    return Stream.of(Arguments.of(2, "twin",
                                  Map.of(3, 5, 5, 7, 11, 13, 17,
                                         19, 29, 31, 41, 43)),
                     Arguments.of(4, "cousin",
                                  Map.of(3, 7, 7, 11, 13, 17,
                                         19, 23, 37, 41, 43, 47)),
                     Arguments.of(6, "sexy",
                                  Map.of(5, 11, 7, 13, 11, 17, 13,
                                         19, 17, 23, 23, 29, 31, 37,
                                         37, 43, 41, 47, 47, 53)));
}
```

2.3.6 Lösung 6: Prüfsumme (★★☆☆☆)

Erstellen Sie eine Methode `int calcChecksum(String)`, die zu einer beliebig langen als String vorliegenden Zahl für deren Prüfsumme positionsbasiert folgende Rechnung vornimmt, dabei seien die n Ziffern als z_1 bis z_n modelliert:

$$z_1 z_2 z_3 \dots z_n \Rightarrow (1 * z_1 + 2 * z_2 + 3 * z_3 + \dots + n * z_n) \,\%\, 10$$

Beispiele

Eingabe	Summe	Resulat
"11111"	1 + 2 + 3 + 4 + 5 = 15	15 % 10 = 5
"87654321"	8 + 14 + 18 + 20 + 20 + 18 + 14 + 8 = 120	120 % 10 = 0

Algorithmus Durchlaufe alle Ziffern von vorne bis zur letzten Position, extrahiere die Ziffer an der gegebenen Position und multipliziere deren Zahlenwert mit der aktuellen Position. Addiere diesen zur Summe hinzu. Schlussendlich wird durch die Modulo-Operation die Summe auf eine Ziffer abgebildet:

```
static int calcChecksum(final String input)
{
    int crc = 0;
    for (int i= 0; i < input.length(); i++)
    {
        final char currentChar = input.charAt(i);

        if (Character.isDigit(currentChar))
        {
            final int pos = i + 1;
            final int value = (currentChar - '0') * pos;

            crc += value;
        }
        else
            throw new IllegalArgumentException("illegal char: " + currentChar);
    }

    return crc % 10;
}
```

Prüfung Zum Test nutzen wir folgende Eingaben, die die korrekte Funktionsweise zeigen:

```
@ParameterizedTest(name="checksum({0}) = {1}")
@CsvSource({ "11111, 5", "22222, 0", "111111, 1",
             "12345678, 4", "87654321, 0" })
void testCalcChecksum(String input, int expected)
{
    final int result = Ex10_CheckSumCalculator.calcChecksum(input);

    assertEquals(expected, result);
}
```

2.3.7 Lösung 7: Römische Zahlen (★★★★☆)

Lösung 7a: Römische Zahlen → Dezimalzahlen (★★★☆☆)

Schreiben Sie eine Methode `int fromRomanNumber(String)`, die aus einer textuell vorliegenden, gültigen römischen Zahl die korrespondierende Dezimalzahl errechnet.[5]

Beispiele

Arabisch	Römisch
17	"XVII"
444	"CDXLIV"
1971	"MCMLXXI"
2020	"MMXX"

Algorithmus Wir müssen vor allem die in Abschnitt 2.1.1 beschriebene Additionsregel beachten: Der jeweilige Wert ergibt sich normalerweise aus der Addition der Werte der einzelnen Ziffern von links nach rechts, wenn ein größeres Zeichen vor einem kleineren steht. Steht jedoch ein kleineres Zahlzeichen vor einem größeren, so wird der entsprechende Wert subtrahiert.

Mit diesem Wissen laufen wir die Zeichen von rechts nach links ab und schauen den jeweiligen Wert in einer Lookup-Map nach. Um zwischen Addition oder Subtraktion entscheiden zu können, speichern wir das letzte relevante Zeichen:

```
static int fromRomanNumber(final String romanNumber)
{
    int value = 0;
    int lastDigitValue = 0;

    for (int i = romanNumber.length() - 1; i >= 0; i--)
    {
        final char romanDigit = romanNumber.charAt(i);
        final int digitValue = valueMap.getOrDefault(romanDigit, 0);

        final boolean addMode = digitValue >= lastDigitValue;
        if (addMode)
        {
            value += digitValue;
            lastDigitValue = digitValue;
        }
        else
            value -= digitValue;
    }
    return value;
}

static Map<Character, Integer> valueMap =
                        Map.of('I', 1, 'V', 5, 'X', 10, 'L', 50,
                               'C', 100, 'D', 500, 'M', 1000);
```

[5]Für syntaktisch ungültige römische Zahlen, wie IXD, darf ein falsches Ergebnis, hier 489, errechnet werden – durch zweimal Subtraktionsregel hintereinander: $0 - 1 - 10 + 500$.

Lösung 7b: Dezimalzahlen → Römische Zahlen (★★★★☆)

Schreiben Sie eine Methode `String toRomanNumber(int)`, die eine Dezimalzahl in eine (gültige) römische Zahl umwandelt.

Algorithmus Bei der Umwandlung einer Dezimalzahl in eine römische Zahl verwenden wir wiederum eine Abbildungs-Map. Diese sortieren wir absteigend, sodass der größte Wert, also die 1000, am Anfang steht. Der momentane Zahlenwert wird durch diesen Faktor geteilt. Damit erhält man die Anzahl der benötigten Wiederholungen dieses Werts. Nun wird der Rest per Modulo ermittelt. Das wiederholt man, bis alle Werte geprüft sind und der Rest noch größer 0 ist. Nachfolgend ist der Ablauf exemplarisch für die Zahl 7 gezeigt:

```
7 =>  7 / 1000 => 0 => 0 x 'M'
        ...
          7 / 5 = 1 => 1 x 'V'
          7 % 5 = 2
          2 / 1 = 2 => 2 x 'I'
          2 % 1 = 0
     => 'VII'
```

Das Verfahren wird in Java wie folgt realisiert:

```java
static String toRomanNumber(final int value)
{
    String result = "";
    int remainder = value;

    // absteigende Sortierung
    final Comparator<Integer> reversed = Comparator.reverseOrder();
    final Map<Integer, String> sortedIntToRomanDigit = new TreeMap<>(reversed);
    sortedIntToRomanDigit.putAll(intToRomanDigitMap);

    // mit größtem Wert starten
    var it = sortedIntToRomanDigit.entrySet().iterator();
    while (it.hasNext() && remainder > 0)
    {
        final Map.Entry<Integer, String> entry = it.next();

        final int multiplier = entry.getKey();
        final char romanDigit = entry.getValue();

        final int times = remainder / multiplier;
        remainder = remainder % multiplier;

        result += repeatCharSequence(romanDigit, times);
    }
    return result;
}

static Map<Integer, String> intToRomanDigitMap =
                            Map.of(1, "I", 5, "V", 10, "X", 50, "L",
                                   100, "C", 500, "D", 1000, "M");
```

Die Umwandlung ist allerdings noch nicht 100 % korrekt, da sie die Dreierregel nicht beachtet, sondern Ziffern auch viermal wiederholt.

Um das zu beheben, kann man die nachfolgend nur angedeutete Spezialbehandlungen implementieren:

```
final int multiplier = entry.getKey();
final char romanDigit = entry.getValue();

if (remainder >= 900 && romanDigit == 'D')
{
    result += "CM";
    remainder -= 900;
}
// ...
else if (remainder >= 4 && romanDigit == 'I')
{
    result += "IV";
    remainder -= 4;
}
else
{
    final int times = remainder / multiplier;
    remainder = remainder % multiplier;
    result += repeatChar(romanDigit, times);
}
```

Das wird jedoch schnell unübersichtlich. Eleganter ist das Einfügen weiterer Lookup-Werte für die Spezialfälle. wozu wir allerdings nicht mehr auf die `of()`-Methoden zurückgreifen, weil diese nur bis 10 Parameterpaare definiert sind.

```
static Map<Integer, String> intToRomanDigitMap = new TreeMap<>()
{{
     put(1, "I");
     put(4, "IV");
     put(5, "V");
     put(9, "IX");
     put(10, "X");
     put(40, "XL");
     put(50, "L");
     put(90, "XC");
     put(100, "C");
     put(400, "CD");
     put(500, "D");
     put (900, "CM");
     put(1000, "M");
}};
```

Tipp: Wiederholen von Zeichenfolgen

Zum Wiederholen von Zeichenfolgen kann man seit Java 11 die Methode `String.repeat()` nutzen – für ältere Java-Versionen dient diese Hilfsmethode:

```
static String repeatCharSequence(final String value, final int times)
{
    final StringBuilder result = new StringBuilder();
    for (int i = 0; i < times; i++)
        result.append(value);

    return result.toString();
}
```

Prüfung

Beginnen wir den Unit Test mit verschiedenen Werten, die die korrekte Umwandlung, insbesondere auch für die vier Werte 17, 444, 1971 und 2020 aus dem Beispiel zeigen:

```
@ParameterizedTest(name = "fromRomanNumber(''{1}'') => {0}")
@CsvSource({ "1, I", "2, II", "3, III", "4, IV", "5, V", "7, VII", "9, IX",
             "17, XVII", "40, XL", "90, XC", "400, CD", "444, CDXLIV", "500, D",
             "900, CM", "1000, M", "1666, MDCLXVI", "1971, MCMLXXI",
             "2018, MMXVIII", "2019, MMXIX", "2020, MMXX", "3000, MMM"})
void fromRomanNumber(int arabicNumber, String romanNumber)
{
    int result = Ex06_RomanNumbers.fromRomanNumber(romanNumber);

    assertEquals(arabicNumber, result);
}
```

Schauen wir uns nun noch an, wie das Austesten der Gegenrichtung geschieht:

```
@ParameterizedTest(name = "toRomanNumber(''{0}'') => {1}")
@CsvSource({ "1, I", "2, II", "3, III", "4, IV", "5, V", "7, VII", "9, IX",
             "17, XVII", "40, XL", "90, XC", "400, CD", "444, CDXLIV", "500, D",
             "900, CM", "1000, M", "1666, MDCLXVI", "1971, MCMLXXI",
             "2018, MMXVIII", "2019, MMXIX", "2020, MMXX", "3000, MMM"})
void toRomanNumber(int arabicNumber, String romanNumber)
{
    String result = Ex06_RomanNumbers.toRomanNumber(arabicNumber);

    assertEquals(romanNumber, result);
}
```

Wir finden hier eine Dopplung der Angaben in `@CsvSource`, weil wir diese als bidirektionale Abbildung sehen. Zur Vermeidung der Duplikation könnte man die Werte auch aus einer Datei einlesen:

```
@ParameterizedTest(name = "toRomanNumber(''{0}'') => {1}")
@CsvFileSource(resources = "arabicroman.csv", numLinesToSkip = 1)
void toRomanNumber(int arabicNumber, String romanNumber)
{
    String result = Ex06_RomanNumbers.toRomanNumber(arabicNumber);

    assertEquals(romanNumber, result);
}
```

Die CSV-Datei sieht dann auszugsweise wie folgt aus:

```
arabic,roman
1, I
2, II
3, III
4, IV
5, V,
7, VII
9, IX
17, XVII
40, XL
90, XC
...
```

2.3.8 Lösung 8: Kombinatorik (★★☆☆☆)

Lösung 8a: Berechnung von $a^2 + b^2 = c^2$

Berechnen Sie alle Kombinationen der Werte a, b und c (jeweils startend ab 1 und kleiner 100), für die folgende Formel gilt:

$$a^2 + b^2 = c^2$$

Algorithmus Die Brute-Force-Lösung besteht darin, drei ineinander geschachtelte Schleifen zu nutzen und dann zu prüfen, ob die obige Formel erfüllt ist. Zur Quadrierung bietet die einfache Multiplikation eine bessere Lesbarkeit als die im Kommentar angedeutete Verwendung von `Math.pow()`:

```
// brute force, drei verschachtelte Schleifen
for (int a = 1; a < 100; a++)
{
    for (int b = 1; b < 100; b++)
    {
        for (int c = 1; c < 100; c++)
        {
            if (a * a + b * b == c * c)
            // if ((Math.pow(a,2)) + Math.pow(b,2) == Math.pow(c,2))
            {
                System.out.println("a = " + a + " / b = " + b + " / c = " + c);
            }
        }
    }
}
```

Bonus: Reduzieren Sie die Laufzeit von $O(n^3)$ auf $O(n^2)$ (★★★☆☆)

In der oberen Lösung finden wir drei ineinander geschachtelte Schleifen, was zu einer Laufzeit von $O(n^3)$ führt. Das wollen wir auf $O(n^2)$ reduzieren. Dabei machen wir uns folgende Umformung (Auflösen nach c) zunutze:

$$c = \sqrt{a * a + b * b}$$

Basierend auf dieser Umformung bzw. Auflösung der Gleichung nach c können wir die Quadratwurzel berechnen und danach dann die Formel prüfen:

```
public void solveQuadratic()
{
    for (int a = 1; a < 100; a++)
    {
        for (int b = 1; b < 100; b++)
        {
            final int c = (int) Math.sqrt(a * a + b * b);
            if (a * a + b * b == c * c)
            {
                System.out.println("a = " + a + " / b = " + b + " / c = " + c);
            }
        }
    }
}
```

Prüfung

Zum Test rufen wir die Methode `solveQuadratic()` auf und vollziehen die Rechnung für einige Werte nach:

```
jshell> solveQuadratic()
a = 3 / b = 4 / c = 5
a = 4 / b = 3 / c = 5
a = 5 / b = 12 / c = 13
a = 6 / b = 8 / c = 10
a = 7 / b = 24 / c = 25
a = 8 / b = 6 / c = 10
a = 8 / b = 15 / c = 17
a = 9 / b = 12 / c = 15
a = 9 / b = 40 / c = 41
a = 10 / b = 24 / c = 26
a = 11 / b = 60 / c = 61
a = 12 / b = 5 / c = 13
a = 12 / b = 9 / c = 15
a = 12 / b = 16 / c = 20
a = 12 / b = 35 / c = 37
...
```

Hinweis: Wieso funktioniert die Berechnung überhaupt?

Wenn man nur kurz auf die Umwandlung schaut, könnte man sich fragen, wieso die Berechnung nicht für alle Werte einen erfolgreichen Vergleich liefert. Tatsächlich wäre dies rein mathematisch der Fall, da wir ja c aus a und b herleiten. Allerdings nutzen wir auch einen Cast auf einen `int`:

```
final int c = (int) Math.sqrt(a * a + b * b);
if (a * a + b * b == c * c)
{
    System.out.println("a = " + a + " / b = " + b + " / c = " + c);
}
```

Dadurch werden die Nachkommastellen abgeschnitten. Das führt wiederum dazu, dass der Vergleich nur für ausgewählte Werte erfolgreich ist.

Lösung 8b: Berechnung von $a^2 + b^2 = c^2 + d^2$

Berechnen Sie alle Kombinationen der Werte a, b, c und d (jeweils startend ab 1 und kleiner 100), für die folgende Formel gilt:

$$a^2 + b^2 = c^2 + d^2$$

Algorithmus Analog zum vorherigen Aufgabenteil besteht die Brute-Force-Lösung darin, vier ineinander geschachtelte Schleifen zu nutzen und dann zu prüfen, ob die obige Formel erfüllt ist. Wiederum gilt, dass die einfache Multiplikation besser lesbar ist als die Verwendung von `Math.pow()`:

```java
public void solveCubicEquationSimple()
{
    // brute force, drei verschachtelte Schleifen
    for (int a = 1; a < 100; a++)
    {
        for (int b = 1; b < 100; b++)
        {
            for (int c = 1; c < 100; c++)
            {
                for (int d = 1; d < 100; d++)
                {
                    if (a * a + b * b == c * c + d * d)
                    {
                        System.out.println("a = " + a + " / b = " + b +
                                           " / c = " + c + " / d = " + d);
                    }
                }
            }
        }
    }
}
```

Bonus: Reduzieren Sie die Laufzeit von $O(n^4)$ auf $O(n^3)$ (★★★☆☆)

Wie man leicht sieht, verwendet die Lösung vier ineinander geschachtelte Schleifen, was zu einer Laufzeit von $O(n^4)$ führt. Das wollen wir auf $O(n^3)$ reduzieren. Dabei machen wir uns Umformungen zunutze. Zunächst separieren wir nach d:

$$a * a + b * b - c * c = d * d$$

Dann lösen wir nach d auf:

$$d = \sqrt{a * a + b * b - c * c}$$

Basierend auf dieser Umformung bzw. Auflösung der Gleichung nach d können wir die Quadratwurzel berechnen und danach dann die Formel prüfen:

```java
public void solveCubicEquation()
{
    for (int a = 1; a < 100; a++)
    {
        for (int b = 1; b < 100; b++)
        {
            for (int c = 1; c < 100; c++)
            {
                final int d = (int)Math.sqrt(a * a + b * b - c * c);

                if (a * a + b * b == c * c + d * d)
                {
                    System.out.println("a = " + a + " / b = " + b +
                                       " / c = " + c + " / d = " + d);
                }
            }
        }
    }
}
```

Prüfung

Zum Test nutzen wir einen Methodenaufruf und kontrollieren einige der Werte:

```
jshell> solveCubicEqutation()
a = 1 / b = 1 / c = 1 / d = 1
a = 1 / b = 2 / c = 1 / d = 2
a = 1 / b = 2 / c = 2 / d = 1
a = 1 / b = 3 / c = 1 / d = 3
a = 1 / b = 3 / c = 3 / d = 1
...
```

2.3.9 Lösung 9: Armstrong-Zahlen (★★☆☆☆)

Diese Übung behandelt dreistellige Armstrong-Zahlen. Per Definition versteht man darunter Zahlen, für deren Ziffern x, y und z von 1 bis 9 folgende Gleichung erfüllt ist:

$$xyz = x^3 + y^3 + z^3$$

Schreiben Sie eine Methode `List<Integer> calcArmstrongNumbers()` zur Berechnung aller Armstrong-Zahlen für x, y und z (jeweils < 10).

Beispiele

$$\begin{aligned} 153 = 1^3 + 5^3 + 3^3 &= 1 + 125 + 27 = 153 \\ 371 = 3^3 + 7^3 + 1^3 &= 27 + 343 + 1 = 371 \end{aligned}$$

Algorithmus Durchlaufe alle Kombinationen dreistelliger Zahlen mithilfe dreier ineinander geschachtelter Schleifen. Der Zahlenwert wird basierend auf der Position durch die Formel $x * 100 + y * 10 + z$ ermittelt. Berechne zudem die dritte Potenz für jede Ziffer, summiere diese und prüfe, ob die Summe mit der Zahl übereinstimmt:

```
static List<Integer> calcArmstrongNumbers()
{
    final List<Integer> results = new ArrayList<>();

    for (int x = 1; x < 10; x++)
    {
        for (int y = 1; y < 10; y++)
        {
            for (int z = 1; z < 10; z++)
            {
                final int numericValue = x * 100 + y * 10 + z;
                final int cubicValue = (int) (Math.pow(x, 3) + Math.pow(y, 3) +
                                              Math.pow(z, 3));

                if (numericValue == cubicValue)
                    results.add(numericValue);
            }
        }
    }
    return results;
}
```

Hinweis: Wieso starten die Schleifen nicht bei 0?

Zwar könnte man auch den Wert 0 verwenden, jedoch ist dieser ungewöhnlich an erster Stelle und dient dann oftmals zur Kennzeichnung von Oktanzahlen, weswegen wir hier darauf verzichten.

Prüfung

Zum Test rufen wir obige Methode auf und schauen, ob die beiden als Beispiel angegebenen Wertekombinationen in der Ergebnisliste enthalten sind:

```
@Test
public void calcArmstronglNumbers()
{
    final List<Integer> result = Ex09_SpecialNumbers.calcArmstrongNumbers();

    assertEquals(List.of(153, 371), result);
}
```

Bonus (★★★☆☆)

Finden Sie eine generische Variante mit Lambdas und probieren Sie dann folgende drei Formeln aus:

$$xyz = x^3 + y^3 + z^3$$
$$xyz = x^1 + y^2 + z^3$$
$$xyz = x^3 + y^2 + z^1$$

Algorithmus Statt der konkreten Berechnung fügen wir zur Berechnung einen Aufruf an über ein Functional Interface `CubicFunction` ein:

```
static List<Integer> calcNumbers(final CubicFunction func)
{
    final List<Integer> results = new ArrayList<>();

    for (int x = 1; x < 10; x++)
    {
        for (int y = 1; y < 10; y++)
        {
            for (int z = 1; z < 10; z++)
            {
                final int numericValue = x * 100 + y * 10 + z;
                final int cubicValue = func.calc(x, y, z);

                if (numericValue == cubicValue)
                    results.add(numericValue);
            }
        }
    }
    return results;
}
```

Wir definieren nun ein passendes Functional Interface, um die Berechnungen zu abstrahieren:

```
@FunctionalInterface
interface CubicFunction
{
    int calc(int x, int y, int z);
}
```

Damit lässt sich die Berechnung als Lambda formulieren:

```
CubicFunction special = (x, y, z) -> (int) (Math.pow(x, 3) +
                                            Math.pow(y, 3) +
                                            Math.pow(z, 3));
```

Basierend auf dieser allgemeineren Lösung kann kann man jetzt ohne viel Mühe andere Varianten von Berechnungsvorschriften einfach ausprobieren:

```
CubicFunction special2 = (x, y, z) -> (int) (Math.pow(x, 1) +
                                             Math.pow(y, 2) +
                                             Math.pow(z, 3));
```

Ebenso definieren wir schließlich noch Folgendes:

```
CubicFunction special3 = (x, y, z) -> (int) (Math.pow(x, 3) +
                                             Math.pow(y, 2) +
                                             Math.pow(z, 1));
```

Prüfung

Zum Test rufen wir obige Methode mit verschiedenen Berechnungsvorschriften auf und schauen für diejenige der Armstrong-Zahlen, ob die beiden als Beispiel angegebenen Wertekombinationen in der Ergebnisliste enthalten sind:

```
jshell> CubicFunction special = (x, y, z) -> (int) (Math.pow(x, 3) +
   ...>                                             Math.pow(y, 3) +
   ...>                                             Math.pow(z, 3));
   ...> List<Integer> calcSpecialNumbers = calcNumbers(special);
calcSpecialNumbers ==> [153, 371]

jshell> CubicFunction special2 = (x, y, z) -> (int) (Math.pow(x, 1) +
   ...>                                              Math.pow(y, 2) +
   ...>                                              Math.pow(z, 3));
   ...> List<Integer> specialNumbers2 = calcNumbers(special2);
specialNumbers2 ==> [135, 175, 518, 598]


jshell> CubicFunction special3 = (x, y, z) -> (int) (Math.pow(x, 3) +
   ...>                                              Math.pow(y, 2) +
   ...>                                              Math.pow(z, 1));
jshell> List<Integer> specialNumbers3 = calcNumbers(special3)
specialNumbers3 ==> []
```

2.3.10 Lösung 10: Max Change Calculator (★★★★☆)

Nehmen wir an, wir hätten eine Sammlung von Münzen unterschiedlicher Werte. Schreiben Sie eine Methode `calcMaxPossibleChange(values)`, die für positive Ganzzahlen ermittelt, welche Beträge damit ausgehend vom Wert 1 *nahtlos* erzeugt werden können. Als Ergebnis soll der Maximalwert zurückgeliefert werden.

Beispiele

Eingabe	Mögliche Werte	Maximum
1	1	1
1, 1	1, 2	2
1, 5	1	1
1, 2, 4	1, 2, 3, 4, 5, 6, 7	7
1, 2, 3, 7	1, 2, 3, 4, 5, 6, 7, 8, 9, 10, 11, 12, 13	13
1, 1, 1, 1, 5, 10, 20, 50	1, 2, 3, 4, 5, 6, ..., 30, ..., 39	39

Algorithmus Man könnte das Ganze lösen, indem man eine Abbildung auf alle Permutationen der Summe der Zahlen errechnet – zweckmäßigerweise sortiert man die Werte zunächst zur leichteren Handhabung:

Eingabe	Mögliche Zahlen	Max Change
1, 2, 3, 7	1, 2, 3, 4, 5, 6, 7, 8, 9, 10, 11, 12, 13	13
1, 2, 3, 8	1, 2, 3, 4, 5, 6, => _ <= , 8, 9, 10, 11, 12, 13, 14	6

Wenn man sich die beiden Beispiele anschaut, sieht man für die Fälle $1, 2, 3, 7$ und $1, 2, 3, 8$ den Schlüssel, um die Berechnung entscheidend vereinfachen zu können. Statt immer aufwendig alle Permutationen zu errechnen und dann auf eine Lücke, hier durch einen Unterstrich (_) angedeutet, im Zahlenstrahl zu prüfen, kann man alternativ bei der ersten Zahl starten, immer die Summe der Zahlen zu der vorherigen Summe bilden und dies iterativ wiederholen, bis $nextNumber > sum + 1$ gilt.

Übertragen wir dies auf Java: Sortiere zunächst die Eingabewerte. Beginne mit der Annahme, dass zunächst nichts zu wechseln ist, also $maxPossibleChange = 0$. Prüfe nun für jeden Wert die nachfolgende Bedingung. Falls $currentValue > maxPossibleChange + 1$ gilt, so kann man nicht mehr wechseln. Ansonsten addiert man den aktuellen Wert zu $maxPossibleChange$. Das Ganze wiederholt man, bis alle Werte geprüft sind oder vorher die Abbruchbedingung erfüllt ist. Das ergibt folgende Implementierung:

```
static int calcMaxPossibleChange(final List<Integer> values)
{
    // Wrapping nötig, falls Eingabewerte per List.of() erzeugt werden
    final List<Integer> sortedNumbers = new ArrayList<>(values);
    sortedNumbers.sort(Integer::compareTo);

    int maxPossibleChange = 0;

    for (int currentValue : sortedNumbers)
    {
        if (currentValue > maxPossibleChange + 1)
            break;

        maxPossibleChange += currentValue;
    }

    return maxPossibleChange;
}
```

Prüfung

Zum Test nutzen wir folgende Eingaben, die die korrekte Funktionsweise zeigen:

```
@ParameterizedTest(name = "calcMaxPossibleChange({0}) = {1}")
@MethodSource("inputsAndMaxChange")
void calcMaxPossibleChange(List<Integer> values, int expected)
{
    int result = Ex11_MaxChangeCalculator.calcMaxPossibleChange(values);

    assertEquals(expected, result);
}

private static Stream<Arguments> inputsAndMaxChange()
{
    return Stream.of(Arguments.of(List.of(1), 1),
                     Arguments.of(List.of(1,1), 2),
                     Arguments.of(List.of(1, 5), 1),
                     Arguments.of(List.of(1, 2, 4), 7),
                     Arguments.of(List.of(1, 2, 3, 7), 13),
                     Arguments.of(List.of(1, 2, 3, 8), 6),
                     Arguments.of(List.of(1, 1, 1, 1, 5, 10, 20, 50), 39));
}
```

2.3.11 Lösung 11: Befreundete Zahlen (★★☆☆☆)

Zwei Zahlen n_1 und n_2 heißen befreundet, wenn die Summe ihrer Teiler der jeweils anderen Zahl entsprechen:

$$sum(divisors(n_1)) = n_2$$

$$sum(divisors(n_2)) = n_1$$

Schreiben Sie eine Methode `Map<Integer, Integer> calcFriends(int)` zur Berechnung aller befreundeten Zahlen bis zu einem übergebenen Maximalwert.

Beispiele

Eingabe	Teiler
$\sum(divisors(220)) = 284$	div(220) = 1, 2, 4, 5, 10, 11, 20, 22, 44, 55, 110
$\sum(divisors(284)) = 220$	div(284) = 1, 2, 4, 71, 142
$\sum(divisors(1184)) = 1210$	div(1184) = 1, 2, 4, 8, 16, 32, 37, 74, 148, 296, 592
$\sum(divisors(1210)) = 1184$	div(1210) = 1, 2, 5, 10, 11, 22, 55, 110, 121, 242, 605

Algorithmus Ob zwei Zahlen befreundet sind, kann man leicht prüfen, indem man für jede Zahl deren Teiler und daraus deren Summe ermittelt. Nun lassen sich von dieser wieder die Teiler ermitteln und summieren. Ist diese zweite Summe gleich der originalen Zahl, so handelt es sich um befreundete Zahlen:

```
public static Map<Integer, Integer> calcFriends(final int max)
{
    final Map<Integer, Integer> friends = new TreeMap<>();

    for (int i = 2; i < max; i++)
    {
        final List<Integer> divisors = findProperDivisors(i);
        final int sumDiv = sum(divisors);

        final List<Integer> divisors2 = findProperDivisors(sumDiv);
        final int sum2 = sum(divisors2);

        if (i == sum2 && sumDiv != sum2)
        {
            friends.put(i, sumDiv);
        }
    }

    return friends;
}

static int sum(final List<Integer> values)
{
    return values.stream().mapToInt(n -> n).sum();
}
```

Die Ergebnisse werden durch die `TreeMap<K,V>`. sortiert aufbereitet. Bei der Implementierung greifen wir zudem auf die bereits in der Einleitung vorgestellte Methode `findProperDivisors()` zum Ermitteln aller echten Teiler zurück. Ebenso verwenden wir zur Summierung das Stream-API und keine eigene Implementierung mit einer Schleife über alle Elemente. Ein weiteres Mal zeigt sich der Vorteil des Untergliederns von Software in kleinere, in sich abgeschlossene Funktionalitäten.

Prüfung

Zum Test nutzen wir folgende Eingaben, die die korrekte Funktionsweise zeigen. In diesem Fall nutzen wir wieder `Stream<Arguments>`, der sowohl den Maximalwert als auch eine Map mit den beiden Zahlen liefert:

```
@ParameterizedTest(name = "calcFriends({0}) = {1}")
@MethodSource("upperBoundAndExpectedFriends")
void calcFriends(int maxValue, Map<Integer, Integer>  expected)
{
    Map<Integer, Integer> result = Ex12_BefreundeteZahlen.calcFriends(maxValue);

    assertEquals(expected, result);
}

private static Stream<Arguments> upperBoundAndExpectedFriends()
{
    return Stream.of(Arguments.of(250, Map.of(220, 284)),
                     Arguments.of(300, Map.of(220, 284,
                                              284, 220)),
                     Arguments.of(2_000, Map.of(220, 284,
                                                284, 220,
                                                1184, 1210,
                                                1210,1184)));
}
```

2.3.12 Lösung 12: Primfaktorzerlegung (★★★☆☆)

Jede natürliche Zahl größer 1 lässt sich als eine Multiplikation von Primzahlen darstellen – denken Sie daran, die 2 ist auch eine Primzahl. Schreiben Sie eine Methode `List<Integer> calcPrimeFactors(int)`, die eine Liste mit Primzahlen liefert, deren Multiplikation die gewünschte Zahl ergeben.

Beispiele

Eingabe	Primfaktoren	Resultat
8	2 * 2 * 2	[2, 2, 2]
14	2 * 7	[2, 7]
42	2 * 3 * 7	[2, 3, 7]
1155	3 * 5 * 7 * 11	[3, 5, 7, 11]
2222	2 * 11 * 101	[2, 11, 101]

Algorithmus Teile die Zahl zunächst so lange durch 2, wie die Zahl gerade und größer als 2 ist. Dann kommt man irgendwann zu einer ungeraden Zahl. Ist dies die 1, so ist man fertig (siehe Fall für die Zahl 8). Ansonsten prüft man, ob die ungerade Zahl eine Primzahl ist, und nimmt diese auf. Falls ja, ist man fertig (Beispiel für die Zahl 14). Wenn nicht, muss man die ungerade Zahl weiter teilen. Nehmen wir als Beispiel die 50: Zunächst teilen wir durch 2, es verbleibt die 25, die keine Primzahl ist. Für diese prüfen wir für alle Primzahlen, ob diese einen Teiler darstellen. Das Ganze führen wir so lange durch, bis wir bei der 1 angekommen sind, was bedeutet, dass alle Teiler aufgesammelt wurden. Weitere Infos finden Sie etwa unter `https://de.wikipedia.org/wiki/Primfaktorzerlegung`.

```
static List<Integer> calcPrimeFactors(final int n)
{
    final List<Integer> allPrimes = Ex04_PrimeNumber.calcPrimesUpTo(n);
    final List<Integer> primeFactors = new ArrayList<>();

    int remainingValue = n;

    // solange gerade, immer wieder durch 2 teilen
    while (remainingValue % 2 == 0 && remainingValue >= 2)
    {
        remainingValue = remainingValue / 2;
        primeFactors.add(2);
    }

    // prüfe Rest auf Primzahl
    if (isPrime(allPrimes, remainingValue))
    {
        primeFactors.add(remainingValue);
    }
    else
    {
        // Rest ist keine Primzahl, weitere Prüfung
        while (remainingValue > 1)
        {
            for (final Integer currentPrime : allPrimes)
            {
                if (remainingValue % currentPrime == 0)
                {
                    remainingValue = remainingValue / currentPrime;
                    primeFactors.add(currentPrime);
                    // starte nochmal von vorne, weil jeder Teiler
                    // mehrfach vorkommen kann
                    break;
                }
            }
        }
    }

    return primeFactors;
}

static boolean isPrime(final List<Integer> allPrimes, final int n)
{
   return allPrimes.contains(n);
}
```

Optimierter Algorithmus Wenn man den gerade entwickelten Algorithmus anschaut, könnte man sich an den ganzen Spezialbehandlungen stören. Mit etwas Nachdenken kommt man darauf, dass man die 2 nicht gesondert prüfen muss, da sie ja auch eine Primzahl ist. Somit ist dies durch die `while`-Schleife abgedeckt. Statt des `break` zur wiederholten Prüfung der gleichen Zahl, lässt sich dies stilistisch schöner mit einer `while`-Schleife ausdrücken. Mit diesen Vorüberlegungen kommen wir zu folgender Implementierung:

```
static List<Integer> calcPrimeFactorsOptimized(final int n)
{
    final List<Integer> allPrimes = calcPrimesUpTo(n);
    final List<Integer> primeFactors = new ArrayList<>();

    int remainingValue = n;
    while (remainingValue > 1)
    {
        for (final Integer currentPrime : allPrimes)
        {
            while (remainingValue % currentPrime == 0)
            {
                remainingValue = remainingValue / currentPrime;
                primeFactors.add(currentPrime);
            }
        }
    }
    return primeFactors;
}
```

Prüfung

Zum Test nutzen wir folgende Eingaben, die die korrekte Funktionsweise zeigen:

```
@ParameterizedTest(name = "calcPrimeFactors({0}) = {1}")
@MethodSource("valueAndPrimeFactors")
void calcPrimeFactors(int value, List<Integer> expected)
{
    var result = Ex13_PrimeFactors.calcPrimeFactors(value);

    assertEquals(expected, result);
}

@ParameterizedTest(name = "calcPrimeFactorsOptimized({0}) = {1}")
@MethodSource("valueAndPrimeFactors")
void calcPrimeFactorsOpt(final int value, final List<Integer> expected)
{
    var result = Ex13_PrimeFactors.calcPrimeFactorsOptimized(value);

    assertEquals(expected, result);
}

private static Stream<Arguments> valueAndPrimeFactors()
{
    return Stream.of(Arguments.of(8, List.of(2, 2, 2)),
                     Arguments.of(14, List.of(2, 7)),
                     Arguments.of(42, List.of(2, 3, 7)),
                     Arguments.of(1155, List.of(3, 5, 7, 11)),
                     Arguments.of(2222, List.of(2, 11, 101)));
}
```

3 Rekursion

In der Natur und in der Mathematik findet man das Thema ***Selbstähnlichkeit*** bzw. sich wiederholende Strukturen, etwa für Schneeflocken oder Fraktale und Julia-Mengen, die interessante grafische Gebilde sind. Man spricht in diesem Zusammenhang von ***Rekursion***, und meint damit, dass Dinge sich wiederholen oder ähneln. Bezogen auf Methoden bedeutet dies, dass diese sich selbst aufrufen. Wichtig dabei ist eine Abbruchbedingung in Form spezieller Eingabewerte, die zum Ende der Selbstaufrufe führt.

3.1 Einführung

Diverse Berechnungen lassen sich hervorragend als rekursive Funktion beschreiben. Ziel dabei ist es, einen komplexeren Sachverhalt in mehrere einfachere Teilaufgabenstellungen herunterzubrechen.

3.1.1 Mathematische Beispiele

Nachfolgend schauen wir uns mit der Fakultät, der Summenbildung und den Fibonacci-Zahlen drei einführende Beispiele zur rekursiven Definition an.

Beispiel 1: Fakultät

Mathematisch ist die ***Fakultät*** für eine positive Zahl n als das Produkt (also die Multiplikation) aller natürlichen Zahlen von 1 bis einschließlich n definiert. Zur Notation wird das Ausrufezeichen der entsprechenden Zahl nachgestellt. Beispielsweise steht 5! für die Fakultät der Zahl 5:

$$5! = 5 * 4 * 3 * 2 * 1 = 120$$

Dies lässt sich wie folgt verallgemeinern:

$$n! = n * (n-1) * (n-2) * ... * 2 * 1$$

Basierend darauf ergibt sich die rekursive Definition:

$$n! = \begin{cases} 1, & n = 0, n = 1 \\ n \cdot (n-1)!, & \forall n > 1 \end{cases}$$

Dabei steht das umgedrehte »A« ($\forall$) für »für alle« .

Es ergibt sich für die ersten n folgender Werteverlauf:

n	1	2	3	4	5	6	7	8
n!	1	2	6	24	120	720	5040	40320

Berechnung der Fakultät in Java Schauen wir uns kurz an, wie sich die rekursive Berechnungsvorschrift der Fakultät in eine ebensolche Methode transferieren lässt:

```
public static int factorial(final int n)
{
    if (n < 0)
        throw new IllegalArgumentException("n must be >= 0");

    // rekursiver Abbruch
    if (n == 0 || n == 1)
        return 1;

    // rekursiver Abstieg
    return n * factorial(n - 1);
}
```

Verdeutlichen wir uns, was diese rekursive Definition an Aufrufen erzeugt:

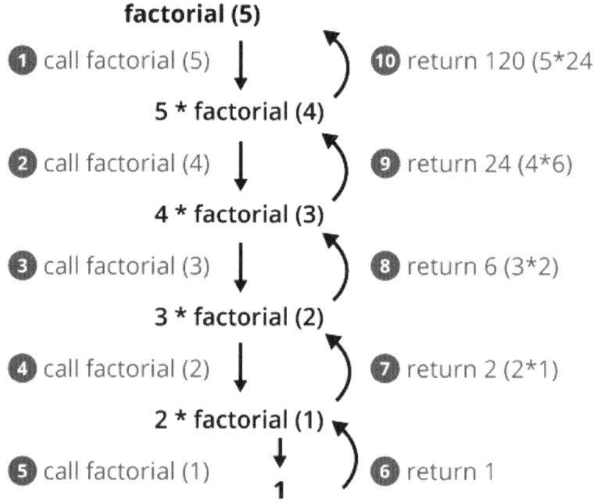

***Abbildung 3-1** Rekursive Aufrufe bei* `factorial(5)`

Beispiel 2: Berechnung der Summe der Zahlen bis n

Mathematisch ist die ***Summe*** für eine Zahl n als die Addition aller natürlichen Zahlen von 1 aufsteigend bis einschließlich n definiert:

$$\sum_{1}^{n} i = n + n - 1 + n - 2 + ... + 2 + 1$$

Das kann man folgendermaßen rekursiv definieren:

$$\sum_{1}^{n} i = \begin{cases} 1, & n = 1 \\ n + \sum_{1}^{n-1} i, & \forall n > 1 \end{cases}$$

Es ergibt sich für die ersten n folgender Werteverlauf:

n	1	2	3	4	5	6	7	8
sum(n)	1	3	6	10	15	21	28	36

Berechnung der Summe in Java Erneut überführen wir die rekursive Berechnungsvorschrift der Summation in eine rekursive Methode:

```
public static int sum(final int n)
{
    if (n <= 0)
        throw new IllegalArgumentException("n must be >= 1");

    // rekursiver Abbruch
    if (n == 1)
        return 1;

    // rekursiver Abstieg
    return n + sum(n - 1);
}
```

Achtung: Beschränkte Aufruftiefe

Bitte bedenken Sie, dass zur Summenbildung immer wieder Selbstaufrufe geschehen. Deswegen kann man hier nur einen Wert um die 10.000 – 20.000 übergeben. Bei größeren Werten kommt es zu einem `StackOverflowError`. Für andere rekursive Methoden gelten ähnliche Beschränkungen bezüglich der Anzahl an Selbstaufrufen.

Beispiel 3: Fibonacci-Zahlen

Auch die ***Fibonacci-Zahlen*** lassen sich hervorragend rekursiv definieren, wobei die Formel schon ein klein wenig komplexer ist:

$$fib(n) = \begin{cases} 1, & n = 1 \\ 1, & n = 2 \\ fib(n-1) + fib(n-2), & \forall n > 2 \end{cases}$$

Es ergibt sich für die ersten n folgender Werteverlauf:

n	1	2	3	4	5	6	7	8
fib(n)	1	1	2	3	5	8	13	21

Wenn man sich die Berechnungsvorschrift grafisch verdeutlicht, dann wird schnell klar, wie weit sich der Baum der Selbstaufrufe potenziell aufspannt – für größere n wäre der Aufrufbaum viel ausladender, wie es durch die gestrichelten Pfeile angedeutet ist:

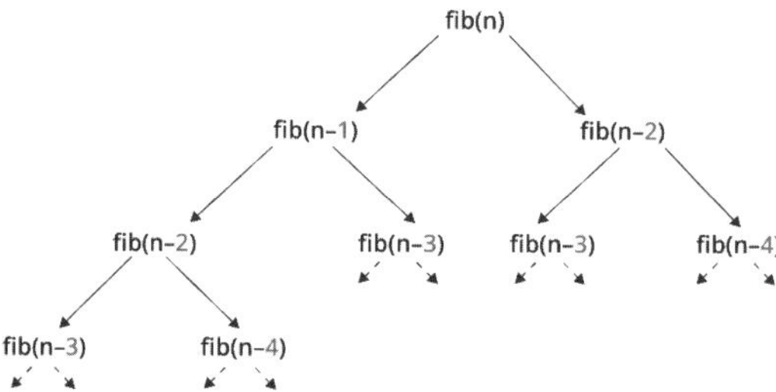

Abbildung 3-2 *Fibonacci rekursiv*

Selbst bei diesem exemplarischen Aufruf erkennt man, dass diverse Aufrufe mehrmals erfolgen, etwa für $fib(n-4)$ und $fib(n-2)$, aber insbesondere dreimal für $fib(n-3)$. Das führt sehr schnell zu aufwendigen und langwierigen Berechnungen. Wie wir dies optimieren können, lernen wir später in Abschnitt 8.1 kennen.

Tipp: Abweichende Definition mit null als Startwert

Es sei noch angemerkt, dass es eine Abwandlung gibt, die beim Wert 0 startet. Dann gilt $fib(0) = 0$ und $fib(1) = 1$ und danach gemäß der rekursiven Definition $fib(n) = fib(n-1) + fib(n-2)$. Dies produziert die gleiche Zahlenfolge wie die obige Definition, nur um den Wert für die 0 ergänzt.

3.1.2 Algorithmische Beispiele

Zur Einführung haben wir uns mathematische Beispiele angeschaut. Darüber hinaus eignet sich Rekursion aber auch sehr gut für algorithmische Aufgabenstellungen, beispielsweise um für ein Array zu prüfen, ob die dort hinterlegten Werte ein Palindrom bilden. Unter einem Palindrom versteht man ein Wort, das sich von vorne und hinten gleich liest, etwa OTTO oder ABBA. Hier ist gemeint, dass die Elemente jeweils paarweise vorne und hinten übereinstimmen. Das gilt z. B. für ein `int[]` mit folgenden Werten: `{ 1, 2, 3, 2, 1 }`.

Beispiel 1: Palindrom – rekursive Variante

Die Prüfung auf Palindrom-Eigenschaft lässt sich rekursiv recht einfach lösen. Schauen wir uns dies als Programm an, nachdem ich kurz den Algorithmus beschrieben habe.

Algorithmus Wenn das Array die Länge 0 oder 1 hat, dann ist es per Definition ein Palindrom. Ist die Länge zwei und größer, dann wird jeweils das äußere linke und äußere rechte Element auf Übereinstimmung geprüft und danach eine Kopie des Arrays verkürzt um je eine Position vorne und hinten erzeugt. Die weitere Prüfung erfolgt im Anschluss auf dem verbliebenen Teilstück, wie es nachfolgendes Listing zeigt:

```
static boolean isPalindromeSimpleRecursive(final int[] values)
{
    // rekursiver Abbruch
    if (values.length <= 1)
        return true;

    int left = 0;
    int right = values.length - 1;

    if (values[left] == values[right])
    {
        // Achtung: copyOfRange, exklusive End
        final int[] remainder = Arrays.copyOfRange(values, left + 1, right);

        // rekursiver Abstieg
        return isPalindromeSimpleRecursive(remainder);
    }

    return false;
}
```

Das beschriebene und realisierte Vorgehen führt jedoch zu relativ vielen Kopien und Extraktionen von Teilarrays. Diesen Aufwand kann man vermeiden, wenn man zwar die Idee beibehält, den Algorithmus jedoch mithilfe eines Tricks minimal abwandelt.

Optimierter Algorithmus Statt der Kopien nutzt man weiterhin das Originalarray und verwendet zwei Positionsmarkierungen `left` und `right`, die initial das gesamte Array umfassen. Nun prüft man, ob der durch diese Positionen referenzierte linke und rechte Wert übereinstimmen. Ist das der Fall, verkleinert man den Prüfbereich auf beiden Seiten um eine Position und ruft das Ganze rekursiv auf. Das wird so lange wiederholt, bis der linke Positionszeiger den rechten überspringt.

Die Implementierung ändert sich wie folgt:

```
static boolean isPalindromeRecursive(final int[] values)
{
    return isPalindromeRecursive(values, 0, values.length - 1);
}

static boolean isPalindromeRecursive(final int[] values,
                                     final int left, final int right)
{
    // rekursiver Abbruch
    if (left >= right)
        return true;

    if (values[left] == values[right])
    {
        // rekursiver Abstieg
        return isPalindromeRecursive(values, left + 1, right - 1);
    }

    return false;
}
```

Vielleicht fragen Sie sich, wieso ich das Ganze nicht kompakter schreibe und weniger `return`-Anweisungen verwende. Bei der Darstellung dieser Algorithmen geht es mir vor allem um Verständlichkeit. Mehrere `returns` sind eigentlich nur dann ein Problem, wenn die Methode sehr lang und unübersichtlich ist.

Tipp: Hilfsmethoden zur Rekursionserleichterung

Die Idee von Positionszeigern in Arrays oder Strings ist bei Lösungen zur Rekursion ein gebräuchliches Mittel zur Optimierung und Vermeidung etwa von Array-Kopien. Damit das Ganze für Aufrufer nicht unkomfortabel wird, bietet sich eine High-Level-Methode an, die eine Hilfsmethode aufruft, die weitere Parameter besitzt. Dadurch ist es möglich, beim rekursiven Abstieg gewisse Informationen mitzugeben. In diesem Beispiel sind es die linke und rechte Grenze, sodass man auf potenziell aufwendige Kopien verzichten kann. Viele nachfolgende Beispiele werden von der generellen Idee Gebrauch machen.

Beispiel 1: Palindrom – iterative Variante

Obwohl eine rekursive Definition eines Algorithmus mitunter ziemlich elegant ist, produziert diese doch durch den rekursiven Abstieg in Form der Selbstaufrufe potenziell einiges an Overhead. Praktischerweise lässt sich jeder rekursive Algorithmus in einen iterativen umwandeln. Schauen wir uns dies für die Palindrom-Berechnung an. Für die iterative Umsetzung verwenden wir zwei Positionszeiger – statt des rekursiven Abstiegs nutzen wir eine `while`-Schleife. Diese bricht ab, wenn alle Elemente geprüft wurden oder falls zuvor eine Abweichung festgestellt wurde:

```
private static boolean isPalindromeIter(int[] values)
{
    int left = 0;
    int right = values.length - 1;
    boolean sameValue = true;

    while (left < right && sameValue)
    {
        sameValue = values[left] == values[right];

        left++;
        right--;
    }

    return sameValue;
}
```

Auch hier noch eine Anmerkung zur Kompaktheit: Diese Methode könnte man wie folgt schreiben, indem man auf die Hilfsvariable verzichtet:

```
static boolean isPalindromeIterativeCompact(final int[] values)
{
    int left = 0;
    int right = values.length - 1;

    while (left < right && values[left] == values[right])
    {
        left++;
        right--;
    }
    // left >= right || values[left] != values[right]
    return left >= right;
}
```

Der Rückgabewert ergibt sich aus der als Kommentar angedeuteten Bedingung, falls $left >= right$ gilt, dann ist `values` kein Palindrom. Bei dieser Variante muss man aber deutlich mehr über die Rückgabe nachdenken – ich bevorzuge erneut Verständlichkeit und Wartbarkeit gegenüber Kürzte oder Performance.

Beispiel 2: Fraktal als Beispiel

Wie eingangs erwähnt, lassen sich mit Rekursion auch Grafiken erzeugen. Nachfolgend wird eine grafisch simple Variante ausgegeben, die den Unterteilungen eines Lineals nachempfunden ist:

```
-
==
-
===
-
==
-
```

Tatsächlich lässt sich das unter Zuhilfenahme von Java-11-Bordmitteln (`repeat(n)`) leicht rekursiv wie folgt formulieren, wobei zweimal ein rekursiver Abstieg erfolgt:

```
static void fractalGenerator(final int n)
{
    if (n < 1)
        return;

    if (n == 1)
        System.out.println("-");
    else
    {
        fractalGenerator(n - 1);
        System.out.println("=".repeat(n));
        fractalGenerator(n - 1);
    }
}
```

Steht Java 11 und damit die Methode `repeat()` nicht zur Verfügung, dann schreibt man sich einfach eine Hilfsmethode `repeatCharSequence()` (vgl. Abschnitt 2.3.7).

Verwendet man statt ASCII-Zeichen etwas aufwendigere Zeichenfunktionen, so kann man mithilfe von Rekursion interessante und ansprechende Gebilde erzeugen, eingebettet in eine Swing-Applikation etwa folgende Schneeflocke.

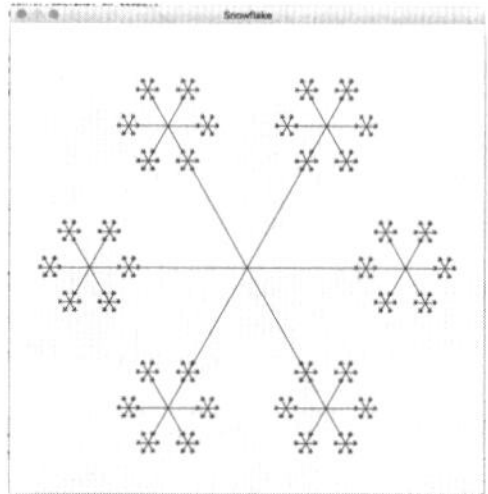

***Abbildung 3-3** Rekursive Grafik mit* `drawSnowflake()`

Diese stilisierte Darstellung einer Schneeflocke lässt sich wie folgt implementieren:

```
public static void drawSnowflake(final Graphics graphics,
                                 final int startX, final int startY,
                                 final int length, final int depth)
{
    for (int degree = 0; degree < 360; degree += 60)
    {
        final double rad = degree * Math.PI / 180;
        final int endX = (int) (startX + Math.cos(rad) * length);
        final int endY = (int) (startY + Math.sin(rad) * length);

        graphics.drawLine(startX, startY, endX, endY);

        // rekursiver Abstieg
        if (depth > 0)
        {
            drawSnowflake(graphics, endX, endY, length / 4, depth - 1);
        }
    }
}
```

3.1.3 Ablauf beim Multiplizieren der Ziffern einer Zahl

Zum Abschluss der algorithmischen Beispiele möchte ich nochmals die einzelnen Schritte und Selbstaufrufe verdeutlichen. Als artifizielles Beispiel nutzen wir dazu das Multiplizieren der Ziffern einer Zahl, auch Querprodukt genannt, etwa für den Wert $257 \Rightarrow 2 * 5 * 7 = 10 * 7 = 70$. Mithilfe von Modulo lassen sich die Extraktion der einzelnen Ziffern und deren Multiplikation recht einfach wie folgt implementieren:

```
static int multiplyAllDigits(final int value)
{
    final int remainder = value / 10;
    final int digitValue = value % 10;

    System.out.printf("multiplyAllDigits: %-10d | remainder: %d, digit: %d%n",
                      value, remainder, digitValue);

    if (remainder > 0)
    {
        final int result = multiplyAllDigits(remainder);

        System.out.printf("-> %d * %d = %d%n",
                          digitValue, result, digitValue * result);
        return digitValue * result;
    }
    else
    {
        System.out.println("-> " + value);
        return value;
    }
}
```

Betrachten wir die Ausgaben für die zwei Zahlen 1234 und 257:

```
jshell> multiplyAllDigits(1234)
multiplyAllDigits: 1234       | remainder: 123, digit: 4
multiplyAllDigits: 123        | remainder: 12, digit: 3
multiplyAllDigits: 12         | remainder: 1, digit: 2
multiplyAllDigits: 1          | remainder: 0, digit: 1
-> 1
-> 2 * 1 = 2
-> 3 * 2 = 6
-> 4 * 6 = 24
$2 ==> 24

jshell> multiplyAllDigits(257)
multiplyAllDigits: 257        | remainder: 25, digit: 7
multiplyAllDigits: 25         | remainder: 2, digit: 5
multiplyAllDigits: 2          | remainder: 0, digit: 2
-> 2
-> 5 * 2 = 10
-> 7 * 10 = 70
$3 ==> 70
```

Es ist gut ersichtlich, wie die rekursiven Aufrufe mit einer immer kürzeren Zahlenfolge geschehen und schließlich das Ergebnis auf Basis der letzten Ziffer in anderer Richtung konstruiert bzw. berechnet wird.

3.1.4 Typische Probleme

Rekursion erlaubt es oftmals, Problemstellungen auf verständliche Weise zu formulieren und zu implementieren. Dabei gibt es jedoch zwei Dinge zu beachten, auf die ich im Folgenden eingehe.

Endlose Aufrufe und `StackOverflowError`

Ein wissenswertes Detail ist, dass die Selbstaufrufe dazu führen, dass diese auf dem Stack zwischengespeichert werden. Für jeden Methodenaufruf wird ein sogenannter Stackframe mit Informationen zur aufgerufenen Methode und deren Parametern auf dem Stack abgelegt. Der Stack ist allerdings in seiner Größe beschränkt und somit können nur eine endliche Zahl an verschachtelten Methodenaufrufen erfolgen – in der Regel aber weit über 10.000. Das hatte ich bereits in einem Praxistipp kurz thematisiert.

Bei sehr vielen rekursiven Aufrufen kann es zu einem `StackOverflowError` kommen. Teilweise tritt die Problematik aber auch auf, weil keine Abbruchbedingung in der Rekursion vorgesehen wurde oder diese falsch formuliert ist:

```
// Achtung: Zur Demonstration bewusst falsch
static void infiniteRecursion(final String value)
{
    infiniteRecursion(value);
}

static int factorialNoAbortion(final int number)
{
    return number * factorialNoAbortion(number - 1);
}
```

Mitunter ist auch einfach der Aufruf falsch, weil kein verringerter Wert übergeben wird:

```
// Achtung: Zur Demonstration bewusst falsch
static int factorialWrongCall(final int n)
{
    if (n == 0)
        return 1;
    if (n == 1)
        return 1;

    return n * factorialWrongCall(n);
}
```

Während man einen direkten endlosen Selbstaufruf noch recht gut optisch erkennen kann, wird dies mit zunehmender Anzahl Zeilen schwieriger: Die fehlende Abbruchbedingung in der Methode `factorialNoAbortion()` mag – spätestens mit etwas Erfahrung und Übung bezüglich Rekursion – auch noch gut erkennbar sein. In der Methode `factorialWrongCall()` ist das nicht mehr so leicht zu ermitteln. Hier muss man schon genauer wissen, wie die Logik sein sollte.

Aus den Beispielen sollten wir zwei Dinge mitnehmen:

1. **Abbruchbedingung** – Eine rekursive Methode muss immer auch mindestens einen Abbruch beinhalten. Aber selbst bei korrekter Definition kann es sein, dass beispielsweise der nicht erlaubte negative Wertebereich nicht überprüft wird. Für `factorial(int)` würde dann ein Aufruf mit einem negativen Wert zu einem `StackOverflowError` führen.
2. **Komplexitätsreduktion** – Eine rekursive Methode muss immer das ursprüngliche Problem in ein oder mehrere kleinere Teilprobleme untergliedern – manchmal ist dies bereits durch den um 1 reduzierten Wert eines Parameters gegeben.

Unerwartete Parameterwerte

Ein ziemlich fieser, weil leicht begangener und nur schwierig ersichtlicher Fehler kann bei Methodenaufrufen, insbesondere auch rekursiven, auftreten, wenn man Parameterwerte um eins erhöhen oder reduzieren möchte. Aus Gewohnheit ist man dazu verleitet, Postinkrement bzw. -dekrement (++ bzw. --) zu verwenden, wie im folgenden Beispiel für die rekursive (leicht ungeschickte) Berechnung der Länge eines Strings, wobei der Parameter `count` die aktuelle Länge enthalten soll:

```
static int calcLengthParameterValues(final String value, int count)
{
    if (value.length() == 0)
        return count;

    System.out.println("Count: " + count);
    final String remaining = value.substring(1);

    return calcLengthParameterValues(remaining, count++);
}
```

Beim Betrachten der Ausgaben für den Aufruf

```
final int length = calcLengthParameterValues("ABC", 0);
System.out.println("length: " + length);
```

sind wir vermutlich überrascht: Statt des um 1 erhöhten Werts, bleibt dieser gleich:

```
Count: 0
Count: 0
Count: 0
length: 0
```

Eine mögliche vorgegebene Maximalzahl kann somit nicht sichergestellt werden. In diesem Beispiel führt nur die Verkürzung der Eingabe zum Abbruch der Rekursion.

Interessanterweise lässt sich der Denkfehler schneller aufdecken, wenn man der guten Programmiertradition folgt und den Parameter `final` deklariert. Dadurch produziert der Compiler direkt eine Fehlermeldung und merkt an, dass die Variable nicht veränderlich ist. Daraufhin kommt man vielleicht eher auf die Idee, als Übergabe den Ausdruck `count + 1` zu wählen. Mit diesem Wissen fällt die Korrektur leicht:

```
static int calcLengthParameterValues(final String value, final int count)
{
    if (value.length() == 0)
        return count;

    System.out.println("Count: " + count);
    final String remaining = value.substring(1);
    return calcLengthParameterValues(remaining, count + 1);
}
```

Gravierendere Auswirkungen Durch die gute Angewohnheit, Parameter als `final` zu definieren, lassen sich die vorgestellte Probleme entschärfen. Nehmen wir trotzdem einmal an, wir hätten bei der schon vorgestellten rekursiven Palindrom-Prüfung auf das `final` verzichtet und zudem etwas sorglos ++ bzw. -- genutzt:

```
static boolean isPalindromeRecursive(int[] values, int left, int right)
{
    // rekursiver Abbruch
    if (left >= right)
        return true;

    if (values[left] == values[right])
    {
        // rekursiver Abstieg
        return isPalindromeRecursive(values, left++, right-);
    }
    return false;
}
```

Die Auswirkungen sind noch schlimmer als im vorherigen Beispiel, dass wenigstens terminiert, aber einen falschen Wert liefert. Bei der Palindrom-Prüfung erhalten wir stattdessen nach einiger Zeit einen `StackOverflowError`.

3.2 Aufgaben

3.2.1 Aufgabe 1: Fibonacci (★★☆☆☆)

Aufgabe 1a: Fibonacci rekursiv (★☆☆☆☆)

Schreiben Sie eine Methode `long fibRec(int)`, die die Fibonacci-Zahlen rekursiv basierend auf folgender Definition berechnet:

$$fib(n) = \begin{cases} 1, & n = 1 \\ 1, & n = 2 \\ fib(n-1) + fib(n-2), & \forall n > 2 \end{cases}$$

Beispiel Prüfen Sie die Implementierung beispielsweise mit folgendem Werteverlauf:

Eingabe	1	2	3	4	5	6	7	8
fib(n)	1	1	2	3	5	8	13	21

Aufgabe 1b: Fibonacci iterativ (★★☆☆☆)

Die rekursive Berechnung der Fibonacci-Zahlen ist nicht effizient und die Laufzeit nimmt ab etwa der 40. – 50. Fibonacci-Zahl enorm zu. Schreiben Sie eine iterative Variante zur Berechnung: Was muss man dabei für die 1000. Fibonacci-Zahl beachten?

3.2.2 Aufgabe 2: Ziffern verarbeiten (★★☆☆☆)

Aufgabe 2a: Ziffern zählen (★★☆☆☆)

Schreiben Sie eine rekursive Methode `int calcDigits(int)`, die die Anzahl an Ziffern in einer positiven natürlichen Zahl ermittelt.

Aufgabe 2b: Quersumme (★★☆☆☆)

Berechnen Sie rekursiv die Quersumme einer Zahl. Diese ist definiert als die Summe ihrer Ziffern. Schreiben Sie dazu eine rekursive Methode `int calcSumOfDigits(int)`.

Beispiele

Eingabe	Anzahl Ziffern	Quersumme
1234	4	1 + 2 + 3 + 4 = 10
1234567	7	1 + 2 + 3 + 4 + 5 + 6 + 7 = 28

3.2.3 Aufgabe 3: ggT / GCD (★★☆☆☆)

Aufgabe 3a: ggT rekursiv (★☆☆☆☆)

Schreiben Sie eine Methode `int gcd(int, int)`, die den größten gemeinsamen Teiler (ggT) berechnet.[1] Im Englischen heißt dieser Greatest Common Divisor (GCD) und lässt sich mathematisch rekursiv wie folgt für zwei natürliche Zahlen a und b definieren:

$$gcd(a,b) = \begin{cases} a, & b = 0 \\ gcd(b, a\,\%\,b), & b \neq 0 \end{cases}$$

Beispiele

Eingabe 1	Eingabe 2	Resultat
42	7	7
42	28	14
42	14	14

Aufgabe 3b: ggT iterativ (★★☆☆☆)

Erstellen Sie eine iterative Variante für die GCD-Berechnung.

Aufgabe 3c: kgV / LCM (★☆☆☆☆)

Schreiben Sie eine Methode `int lcm(int, int)`, die das kleinste gemeinsame Vielfache (kgV) berechnet. Im Englischen wird dies Least Common Multiplier (LCM) genannt. Für zwei natürliche Zahlen a und b kann man dies basierend auf dem ggT / GCD mithilfe folgender Formel berechnen:

$$lcm(a,b) = a * b \,/\, gcd(a,b);$$

Beispiele

Eingabe 1	Eingabe 2	Resultat
2	7	14
7	14	14
42	14	42

[1] Umgangssprachlich ist damit die größte natürliche Zahl gemeint, durch die sich zwei ganze Zahlen ohne Rest teilen lassen.

3.2.4 Aufgabe 4: Reverse String (★★☆☆☆)

Schreiben Sie eine rekursive Methode `String reverseString(String)`, die die Buchstaben des übergebenen Eingabetexts umkehrt.

Beispiel

Eingabe	Resultat
"A"	"A"
"ABC"	"CBA"
"abcdefghi"	"ihgfedcba"

3.2.5 Aufgabe 5: Array Sum (★★☆☆☆)

Schreiben Sie eine Methode `int sum(int[])`, die die Summe der Werte des übergebenen Arrays rekursiv errechnet.

Beispiel

Eingabe	Resultat
[1, 2, 3]	6
[1, 2, 3, -7]	-1

3.2.6 Aufgabe 6: Array Min (★★☆☆☆)

Schreiben Sie eine Methode `int min(int[])`, die per Rekursion das Minimum der Werte des übergebenen Arrays ermittelt. Für ein leeres Array soll der Wert `Integer.MAX_VALUE` geliefert werden.

Beispiele

Eingabe	Resultat
[7, 2, 1, 9, 7, 1]	1
[11, 2, 33, 44, 55, 6, 7]	2
[1, 2, 3, -7]	-7

3.2.7 Aufgabe 7: Konvertierungen (★★☆☆☆)

Aufgabe 7a: Binärzahlen (★★☆☆☆)

Schreiben Sie eine Methode `String toBinary(int)`, die die gegebene positive Ganzzahl rekursiv in eine textuelle Binärdarstellung umwandelt.

Beispiele

Eingabe	Resultat
5	"101"
7	"111"
22	"10110"
42	"101010"
256	"100000000"

Aufgabe 7b: Oktal- und Hexadezimalzahlen (★★☆☆☆)

Schreiben Sie Konvertierungen in Oktal- und Hexadezimalzahlen mit den korrespondierenden Methoden `String toOctal(int)` und `String toHex(int)`.

Beispiele

Eingabe	System	Resultat
7	oktal	"7"
8	oktal	"10"
42	oktal	"52"
15	hexadezimal	"F"
77	hexadezimal	"4D"

3.2.8 Aufgabe 8: Exponentialfunktion (★★☆☆☆)

Aufgabe 8a: Zweierpotenz (★★☆☆☆)

Schreiben Sie eine rekursive Methode `boolean isPowerOf2(int)`, die die gegebene positive Ganzzahl prüft, ob diese eine Zweierpotenz ist.

Beispiele

Eingabe	Resultat
2	true
10	false
16	true

Aufgabe 8b: Potenzierung rekursiv (★★☆☆☆)

Schreiben Sie eine rekursive Methode `long powerOf(int, int)`, die die gegebene positive Ganzzahl mit der als Zweites angegebenen positiven Zahl potenziert. Beispielsweise sollte der Aufruf `powerOf(4, 2)` das Quadrat von 4 ermitteln, also $4^2 = 16$ berechnen.

Aufgabe 8c: Potenzierung iterativ (★★☆☆☆)

Schreiben Sie eine iterative Variante dieser Potenzierfunktionalität.

Beispiele

Eingabe Basis	Eingabe Exponent	Resultat
2	2	4
2	8	256
4	4	256

3.2.9 Aufgabe 9: Pascal'sches Dreieck (★★☆☆☆)

Schreiben Sie eine Methode `void printPascal(int)`, die das Pascal'sche Dreieck ausgibt. Für den Wert 5 sollte die folgende Ausgabe erzeugt werden:

```
[1]
[1, 1]
[1, 2, 1]
[1, 3, 3, 1]
[1, 4, 6, 4, 1]
```

Jede Zeile ergibt sich aus der vorhergehenden mithilfe einer Addition, wie es in der letzten Zeile der nachfolgenden Definition gezeigt ist. Diese Werte werden pro Zeile vorne und hinten von einer 1 flankiert. Da es sich um eine zweidimensionale Struktur handelt, ist die rekursive Definition ein wenig komplexer:

$$pascal(row, col) = \begin{cases} 1, & row = 1 \text{ und } col = 1 \text{ (Spitze)} \\ 1, & \forall row \in \{1, n\} \text{ und } col = 1 \\ 1, & \forall row \in \{1, n\} \text{ und } col = row \\ pascal(row-1, col) + & \\ pascal(row-1, col-1), & \text{sonst (basierend auf Vorgänger)} \end{cases}$$

3.2.10 Aufgabe 10: Zahlenpalindrome (★★★★☆)

Ein Palindrom ist ein Wort, das sich von vorne und von hinten gleich liest. Diese Definition kann man auf die Ziffern einer Zahl ausweiten. Schreiben Sie eine rekursive Methode `boolean isNumberPalindrome(int)`, allerdings ohne auf Funktionalitäten aus der Klasse `String` zurückzugreifen.

Beispiele

Eingabe	Resultat
7	true
13	false
171	true
47742	false

3.2.11 Aufgabe 11: Permutationen (★★★☆☆)

Berechnen Sie alle Permutationen einer als String gegebenen Folge von Buchstaben, also alle möglichen Kombinationen aus diesen Buchstaben. Implementieren Sie diese Berechnung in einer Methode `Set<String> calcPermutations(String)`. Bedenken Sie auch den Fall von doppelten Buchstaben.

Beispiele

Eingabe	Resultat
"A"	"A"
"AA"	"AA"
"AB"	"AB", "BA"
"ABC"	"ABC, "BAC", "ACB", "CAB", "CBA", "BCA"
"AAC"	"AAC", "ACA", "CAA"

3.2.12 Aufgabe 12: Count Substrings (★★☆☆☆)

Schreiben Sie eine Methode `int countSubstrings(String, String)`, die in der Eingabe alle Vorkommen des übergebenen Teilstrings zählt. Dabei soll bei Auffinden eines Musters, dieses »konsumiert« werden, also nicht nochmals für Treffer verfügbar sein, wie es die nachfolgende Tabelle als letzten Fall zeigt.

Beispiele

Eingabe	Suchtext	Resultat
"xhixhix"	"x"	3
"xhixhix"	"hi"	2
"mic"	"mic"	1
"haha"	"ho"	0
"xxxxyz"	"xx"	2

3.2.13 Aufgabe 13: Lineal (★★☆☆☆)

In der Einführung habe ich gezeigt, wie man eine simple Form eines Lineals sowie eine stilisierte Schneeflocke (vgl. Abbildung 3-3) mithilfe von Rekursion zeichnen kann. In dieser Aufgabe wollen wir ein Lineal im englischen Stil nachahmen. Dabei wird ein Bereich von einem Inch in 1/2 und 1/4 sowie 1/8 unterteilt. Dabei nimmt die Länge der Striche jeweils um eins ab.

Beispiele Die Ausgabe sollte in etwa wie folgt aussehen:

```
---- 0
-
--
-
---
-
--
-
---- 1
-
--
-
---
-
--
-
---- 2
```

3.3 Lösungen

3.3.1 Lösung 1: Fibonacci (★★☆☆☆)

Lösung 1a: Fibonacci rekursiv (★☆☆☆☆)

Schreiben Sie eine Methode `long fibRec(int)`, die die Fibonacci-Zahlen rekursiv basierend auf folgender Definition berechnet:

$$fib(n) = \begin{cases} 1, & n = 1 \\ 1, & n = 2 \\ fib(n-1) + fib(n-2), & \forall n > 2 \end{cases}$$

Beispiel Prüfen Sie die Implementierung beispielsweise mit folgendem Werteverlauf:

Eingabe	1	2	3	4	5	6	7	8
fib(n)	1	1	2	3	5	8	13	21

Algorithmus Die Umsetzung in Java erfolgt exakt aus der mathematischen Definition:

```
static long fibRec(final int n)
{
    if (n <= 0)
        throw new IllegalArgumentException("n must be >= 1");

    // rekursiver Abbruch
    if (n == 1 || n == 2)
        return 1;

    // rekursiver Abstieg
    return fibRec(n - 1) + fibRec(n - 2);
}
```

Lösung 1b: Fibonacci iterativ (★★☆☆☆)

Die rekursive Berechnung der Fibonacci-Zahlen ist nicht besonders effizient und die Laufzeit nimmt ab etwa der 40. – 50. Fibonacci-Zahl enorm zu. Schreiben Sie eine iterative Variante zur Berechnung: Was muss man dabei für die 1000. Fibonacci-Zahl beachten?

Algorithmus Ebenso wie die rekursive Variante prüft die iterative Umsetzung zunächst die Eingabe auf Gültigkeit und dann die Spezialfälle für den Aufruf mit den Werten 1 oder 2. Danach verwendet man zwei Hilfsvariablen und eine Schleife, die von 2 bis n läuft und dann zunächst die korrespondierende Fibonacci-Zahl aus der Summe der beiden Hilfsvariablen errechnet. Danach werden die beiden Hilfsvariablen passend zugewiesen. Damit ergibt sich folgende Implementierung:

```
static long fibIterative(final int n)
{
    if (n <= 0)
        throw new IllegalArgumentException("n must be >= 1");

    if (n==1 || n == 2)
        return 1;

    long fibN_2 = 1;
    long fibN_1 = 1;

    for (int count = 2; count < n; count++)
    {
        long fibN = fibN_1 + fibN_2;

        // um eins "weiterschieben"
        fibN_2 = fibN_1;
        fibN_1 = fibN;
    }

    return fibN;
}
```

Fibonacci für größere Zahlen Wenn Sie beispielsweise die 1000. Fibonacci-Zahl berechnen wollen, so reicht der Wertebereich eines `long` bei Weitem nicht mehr aus. Als Abhilfe muss die Berechnung mithilfe der Klasse `BigInteger` erfolgen.

Prüfung

Zum Test nutzen wir folgende Eingaben, die die korrekte Funktionsweise zeigen:

```
@ParameterizedTest(name = "fibRec({0}) = {1}")
@CsvSource({ "1, 1", "2, 1", "3, 2", "4, 3", "5, 5", "6, 8", "7, 13", "8, 21" })
void fibRec(int n, long expectedFibN)
{
    long result1 = Ex01_Fibonacci.fibRec(n);

    assertEquals(expectedFibN, result1);
}

@ParameterizedTest(name = "fibIterative({0}) = {1}")
@CsvSource({ "1, 1", "2, 1", "3, 2", "4, 3", "5, 5", "6, 8", "7, 13", "8, 21" })
void fibIterative(int n, long expectedFibN)
{
    long result = Ex01_Fibonacci.fibIterative(n);

    assertEquals(expectedFibN, result);
}
```

3.3.2 Lösung 2: Ziffern verarbeiten (★★☆☆☆)

Lösung 2a: Ziffern zählen (★★☆☆☆)

Schreiben Sie eine rekursive Methode `int calcDigits(int)`, die die Anzahl an Ziffern in einer positiven natürlichen Zahl ermittelt. Wie man Ziffern extrahieren kann, haben wir bereits im vorherigen Kapitel in Abschnitt 2.1 besprochen.

Beispiele

Eingabe	Anzahl Ziffern	Quersumme
1234	4	1 + 2 + 3 + 4 = 10
1234567	7	1 + 2 + 3 + 4 + 5 + 6 + 7 = 28

Algorithmus Wenn die Zahl kleiner als 10 ist, dann liefere den Wert 1, weil dies einer Ziffer entspricht. Ansonsten berechne den restlichen Wert, indem die Zahl durch 10 geteilt wird. Damit ruft man die Zählmethode rekursiv wie folgt auf:

```
static int calcDigits(final int value)
{
    if (value < 0)
        throw new IllegalArgumentException("value must be >= 0");

    // rekursiver Abbruch
    if (value < 10)
        return 1;

    final int remainder = value / 10;

    // rekursiver Abstieg
    return calcDigits(remainder) + 1;
}
```

Lösung 2b: Quersumme (★★☆☆☆)

Berechnen Sie rekursiv die Quersumme einer Zahl. Diese ist definiert als die Summe ihrer Ziffern. Schreiben Sie dazu eine rekursive Methode `int calcSumOfDigits(int)`.

Algorithmus Basierend auf der Lösung zur ersten Teilaufgabe variieren wir lediglich die Rückgabe bei der Ziffer sowie die Addition und den Selbstaufruf wie folgt:

```
static int calcSumOfDigits(final int value)
{
    if (value < 0)
        throw new IllegalArgumentException("value must be >= 0");

    // rekursiver Abbruch
    if (value < 10)
        return value;
```

```
    final int remainder = value / 10;
    final int lastDigit = value % 10;

    // rekursiver Abstieg
    return calcSumOfDigits(remainder) + lastDigit;
}
```

Prüfung

Zum Test nutzen wir folgende Eingaben, die die korrekte Funktionsweise zeigen:

```
@ParameterizedTest(name = "calcDigits({0}) = {1}")
@CsvSource({ "1234, 4", "1234567, 7" })
void calcDigits(int number, int expected) throws Exception
{
    long result = Ex02_CalcDigits.calcDigits(number);

    assertEquals(expected, result);
}

@ParameterizedTest(name = "calcSumOfDigits({0}) = {1}")
@CsvSource({ "1234, 10", "1234567, 28" })
void calcSumOfDigits(int number, int expected) throws Exception
{
    long result = Ex02_CalcDigits.calcSumOfDigits(number);

    assertEquals(expected, result);
}
```

3.3.3 Lösung 3: ggT / GCD (★★☆☆☆)

Lösung 3a: ggT rekursiv (★☆☆☆☆)

Schreiben Sie eine Methode `int gcd(int, int)`, die den größten gemeinsamen Teiler (ggT) berechnet.[2] Im Englischen heißt dieser Greatest Common Divisor (GCD) und lässt sich mathematisch rekursiv wie folgt für zwei natürliche Zahlen a und b definieren:

$$gcd(a,b) = \begin{cases} a, & b = 0 \\ gcd(b, a \,\%\, b), & b \neq 0 \end{cases}$$

Beispiele

Eingabe 1	Eingabe 2	Resultat
42	7	7
42	28	14
42	14	14

[2]Umgangssprachlich ist damit die größte natürliche Zahl gemeint, durch die sich zwei ganze Zahlen ohne Rest teilen lassen.

Algorithmus Die Berechnung des größten gemeinsamen Teilers lässt sich ziemlich direkt aus der mathematischen Definition in Java programmieren:

```
static int gcd(final int a, final int b)
{
    // rekursiver Abbruch
    if (b == 0)
        return a;

    // rekursiver Abstieg
    return gcd(b, a % b);
}
```

Lösung 3b: ggT iterativ (★★☆☆☆)

Erstellen Sie eine iterative Variante für die GCD-Berechnung.

Algorithmus Man wandelt den Selbstaufruf in eine Schleife, die so lange ausgeführt wird, bis die Bedingung des rekursiven Abbruchs erfüllt ist. Der Trick besteht darin, die Variablen so neu zu belegen, wie es durch die rekursive Definition vorgegeben ist:

```
static int gcdIterative(int a, int b)
{
    while (b != 0)
    {
        final int remainder = a % b;

        a = b;
        b = remainder;
    }

    // hier gilt b == 0
    return a;
}
```

Prüfung

Zum Test nutzen wir folgende Eingaben, die die korrekte Funktionsweise zeigen:

```
@ParameterizedTest(name = "gcd({0}, {1}) = {2}")
@CsvSource({ "42, 7, 7", "42, 28, 14", "42, 14, 14" })
void gcd(int a, int b, int expected)
{
    int result = Ex03_GCD.gcd(a, b);

    assertEquals(expected, result);
}

@ParameterizedTest(name = "gcdIterative({0}, {1}) = {2}")
@CsvSource({ "42, 7, 7", "42, 28, 14", "42, 14, 14" })
void gcdIterative(int a, int b, int expected)
{
    int result = Ex03_GCD.gcdIterative(a, b);

    assertEquals(expected, result);
}
```

Lösung 3c: kgV / LCM (★☆☆☆☆)

Schreiben Sie eine Methode `int lcm(int, int)`, die das kleinste gemeinsame Vielfache (kgV) berechnet. Im Englischen wird dies Least Common Multiplier (LCM) genannt. Für zwei natürliche Zahlen a und b kann man dies basierend auf dem ggT / GCD mithilfe folgender Formel berechnen:

$$lcm(a, b) = a * b \,/\, gcd(a, b);$$

Beispiele

Eingabe 1	Eingabe 2	Resultat
2	7	14
7	14	14
42	14	42

Algorithmus Auch die Berechnung des kleinsten gemeinsamen Vielfachen lässt sich direkt aus der mathematischen Definition herunterprogrammieren, sofern man die Funktionalität für den GCD bereits realisiert hat:

```
static int lcm(final int a, final int b)
{
    return a * b / gcd(a, b);
}
```

Prüfung

Zum Test nutzen wir folgende Eingaben, die die korrekte Funktionsweise zeigen:

```
@ParameterizedTest(name = "lcm({0}, {1}) = {2}")
@CsvSource({ "2, 7, 14", "7, 14, 14", "42, 14, 42" })
void lcm(int a, int b, int expected)
{
    int result = Ex03_GCD.lcm(a, b);

    assertEquals(expected, result);
}
```

3.3.4 Lösung 4: Reverse String (★★☆☆☆)

Schreiben Sie eine rekursive Methode `String reverseString(String)`, die die Buchstaben des übergebenen Eingabetexts umkehrt.

Beispiel

Eingabe	Resultat
"A"	"A"
"ABC"	"CBA"
"abcdefghi"	"ihgfedcba"

Algorithmus Extrahiere so lange das erste Zeichen, bis wir einen String der Länge 1 haben, füge das Gesamte dann in umgekehrter Reihenfolge aneinander.

```
static String reverseString(final String input)
{
    // rekursiver Abbruch
    if (input.length() <= 1)
        return input;

    final char firstChar = input.charAt(0);
    final String remaining = input.substring(1);

    // rekursiver Abstieg
    return reverseString(remaining) + firstChar;
}
```

Prüfung

Folgende Eingaben zeigen die korrekte Funktionsweise:

```
@ParameterizedTest(name = "reverseString({0}) => {1}")
@CsvSource({ "A, A", "ABC, CBA", "abcdefghi, ihgfedcba" })
void reverseString(String input, String expected)
{
    String result = Ex04_ReverseString.reverseString(input);

    assertEquals(expected, result);
}
```

3.3.5 Lösung 5: Array Sum (★★☆☆☆)

Schreiben Sie eine Methode `int sum(int[])`, die die Summe der Werte des übergebenen Arrays rekursiv errechnet.

Beispiel

Eingabe	Resultat
[1, 2, 3]	6
[1, 2, 3, -7]	-1

Algorithmus Bilde so lange die Teilsumme mit der rekursiven Definition

$$\begin{aligned} sum(values(0)) &= values[0] \\ sum(values(0 \ldots n)) &= values[0] + sum(values(1 \ldots n)) \end{aligned}$$

bis nur noch ein Element vorhanden ist. Wie schon in der Einleitung erwähnt, bietet sich eine Hilfsmethode an, die die eigentliche Verarbeitung und Logik enthält. Hier wird der aktuelle Wert im Array zu dem rekursiv ermittelten Ergebnis hinzu addiert:

```
static int sum(final int[] values)
{
    return sum(values, 0);
}

static int sum(final int[] values, final int pos)
{
    // rekursiver Abbruch
    if (pos >= values.length)
        return 0;

    int value = values[pos];

    // rekursiver Abstieg
    return value + sum(values, pos + 1);
}
```

Alternativ ist es genauso möglich, den `pos`-Zähler von `length - 1` bis 0 laufen zu lassen, d. h., die Rekursion kehrt sich zu

$$sum(values(0 \ldots n)) = sum(values(0 \ldots n-1)) + values[n]$$

um. Dies wird in Form der Methode `sumTail(int[], int)` wie folgt implementiert:

```
static int sumTail(final int[] values, final int pos)
{
    if (pos < 0)
        return 0;

    int value = values[pos];

    // rekursiver Abstieg
    return sumTail(values, pos - 1) + value;
}
```

Prüfung

Zum Test nutzen wir die Annotation `@MethodSource` und dem Verweis auf die Methode `valuesAndResult()`, um gewünschte Eingaben und Resultate aufzubereiten:

```
@ParameterizedTest(name="sum({0}) = {1}")
@MethodSource("valuesAndResult")
void sum(int[] values, int expected)
{
    int result = Ex05_ArraySum.sum(values);

    assertEquals(expected, result);
}
```

Neben der bisher genutzten Annotation `@CsvSource` ist `@MethodSource` eine weitere Möglichkeit, Daten an den Testfall zu übergeben. Dies wird nötig, da man mit `@CsvSource` kein `int[]` übergeben kann, was wir hier jedoch benötigen. Dazu kann man einen `Stream<Arguments>` nutzen:

```
private static Stream<Arguments> valuesAndResult()
{
    return Stream.of(Arguments.of(new int[] { 1 }, 1),
                     Arguments.of(new int[] { 1, 2, 3 }, 6),
                     Arguments.of(new int[] { 1, 2, 3, -7 }, -1));
}
```

3.3.6 Lösung 6: Array Min (★★☆☆☆)

Schreiben Sie eine Methode `int min(int[])`, die per Rekursion das Minimum der Werte des übergebenen Arrays ermittelt. Für ein leeres Array soll der Wert `Integer.MAX_VALUE` geliefert werden.

Beispiele

Eingabe	Resultat
[7, 2, 1, 9, 7, 1]	1
[11, 2, 33, 44, 55, 6, 7]	2
[1, 2, 3, -7]	-7

Algorithmus Prüfe das Array ausgehend vom ersten Element und vergleiche es mit einem initial auf `Integer.MAX_VALUE` gesetzten Minimum. Ist das aktuelle Element kleiner, wird es zum neuen Minimum. Rufe diese Prüfung so lange für das um eine Position verkürzte Array auf, bis die Position am Ende des Arrays angekommen ist.

```
static int min(final int[] values)
{
    return min(values, 0, Integer.MAX_VALUE);
}
```

```
static int min(final int[] values, final int pos, int currentMin)
{
    // rekursiver Abbruch
    if (pos >= values.length)
        return currentMin;

    final int current = values[pos];
    if (current < currentMin)
        currentMin = current;

    // rekursiver Abstieg
    return min(values, pos + 1, currentMin);
}
```

Prüfung

Zum Test nutzen wir folgende Eingaben, die die korrekte Funktionsweise zeigen:

```
@ParameterizedTest(name="min({0}) = {1}")
@MethodSource("valuesAndMinimum")
void min(int[] input, int expected)
{
    int result = Ex06_ArrayMin.min(input);

    assertEquals(expected, result);
}

private static Stream<Arguments> valuesAndMinimum()
{
    return Stream.of(Arguments.of(new int[] { 7, 2, 1, 9, 7, 1 }, 1),
                     Arguments.of(new int[] { 11, 2, 33, 44, 55, 6, 7 }, 2),
                     Arguments.of(new int[] { 1, 2, 3, -7 }, -7),
                     Arguments.of(new int[] { }, Integer.MAX_VALUE));
}
```

3.3.7 Lösung 7: Konvertierungen (★★☆☆☆)

Lösung 7a: Binärzahlen (★★☆☆☆)

Schreiben Sie eine Methode `String toBinary(int)`, die die gegebene positive Ganzzahl rekursiv in eine textuelle Binärdarstellung umwandelt.

Beispiele

Eingabe	Resultat
5	"101"
7	"111"
22	"10110"
42	"101010"
256	"100000000"

Algorithmus Die Umwandlung basiert auf der bereits kennengelernten Extraktion der letzten Ziffer und der Ermittlung des verbleibenden Rests, wie es in Abschnitt 2.1 vorgestellt wurde. Zur Umwandlung einer Dezimalzahl in eine Binärzahl prüft man, ob die übergebene Zahl sich durch eine einzelne Ziffer im Binärsystem darstellen lässt, also kleiner als 2 ist. Ansonsten extrahiert man zunächst die letzte Ziffer mithilfe einer Modulo-Operation sowie den Rest. Für diesen ruft man die Methode rekursiv auf und konkateniert dann die Stringrepräsentation der letzten Ziffer. Damit ergibt sich für den Wert 22 folgender Ablauf:

Aufruf	Ablauf	Ergebnis
toBinary(22)	toBinary(22/2) + valueOf(22%2) => toBinary(11) + "0"	"10110"
toBinary(11)	toBinary(11/2) + valueOf(11%2) => toBinary(5) + "1"	"1011"
toBinary(5)	toBinary(5/2) + valueOf(5%2) => toBinary(2) + "1"	"101"
toBinary(2)	toBinary(2/2) + valueOf(2%2) => toBinary(1) + "0"	"10"
toBinary(1)	toBinary(1/2) + valueOf(1%2) => toBinary(0) + "1"	"1"

Implementieren wir das Ganze nun in Java wie folgt:

```
static String toBinary(final int n)
{
    if (n < 0)
        throw new IllegalArgumentException("n must be >= 0");

    // rekursiver Abbruch: prüfe auf Ziffer im Binärsystem
    if (n <= 1)
        return String.valueOf(n);

    final int lastDigit = n % 2;
    final int remainder = n / 2;

    // rekursiver Abstieg
    return toBinary(remainder) +lastDigit;
}
```

Lösung 7b: Oktal- und Hexadezimalzahlen (★★☆☆☆)

Schreiben Sie Konvertierungen in Oktal- und Hexadezimalzahlen mit den korrespondierenden Methoden `String toOctal(int)` und `String toHex(int)`.

Beispiele

Eingabe	System	Resultat
7	oktal	"7"
8	oktal	"10"
42	oktal	"52"
15	hexadezimal	"F"
77	hexadezimal	"4D"

Algorithmus Der Algorithmus ist prinzipiell wieder der Gleiche. Man prüft, ob die übergebene Zahl sich durch eine einzelne Ziffer des gewünschten Zahlensystems darstellen lässt, also für das Beispiel kleiner als 8 (oktal) bzw. 16 (hexadezimal) ist. Ansonsten extrahiert man zunächst die letzte Ziffer mithilfe einer Modulo-Operation sowie den Rest. Für diesen ruft man die Methode rekursiv auf und konkateniert dann die Stringrepräsentation der letzten Ziffer:

```
public String toOctal(final int n)
{
    if (n < 0)
        throw new IllegalArgumentException("n must be >= 0");

    // rekursiver Abbruch: prüfe auf Ziffer im Oktalsystem
    if (n < 8)
        return String.valueOf(n);

    final int lastDigit = n % 8;
    final int remainder = n / 8;

    // rekursiver Abstieg
    return toOctal(remainder) + String.valueOf(lastDigit);
}

public String toHex(final int n)
{
    if (n < 0)
        throw new IllegalArgumentException("n must be >= 0");

    // rekursiver Abbruch: prüfe auf Ziffer im Hexadezimalsystem
    if (n <= 15)
        return asHexDigit(n);

    final int lastDigit = n % 16;
    final int remainder = n / 16;

    // rekursiver Abstieg
    return toHex(remainder) + asHexDigit(lastDigit);
}

// einfachere Handhabung der Hexadezimalumwandlung
static String asHexDigit(final int n)
{
    if (n < 0)
        throw new IllegalArgumentException("n must be >= 0");

    if (n < 9)
        return String.valueOf(n);

    if (n <= 15)
        return Character.toString(n - 10 + 'A');

    throw new IllegalArgumentException("value not in range 0 - 15, " +
                                       "but is: " + n);
}
```

Tipp: Mögliche Optimierungen

Obwohl die gezeigte Implementierung zur Umwandlung einer einzelnen hexadezimalen Ziffer in einen String ziemlich direkt ist, gibt es doch eine verblüffend elegante Variante, die zudem gut lesbar und verständlich ist und in einer vorgegebenen Zeichenmenge mit `charAt(int)` prüft:

```
static String asHexDigit(final int n)
{
    if (n < 0)
        throw new IllegalArgumentException("n must be >= 0");

    if (n <= 15)
    {
        final char hexdigit = "0123456789ABCDEF".charAt(n);
        return String.valueOf(hexdigit);
    }

    throw new IllegalArgumentException("value not in range 0 - 15, " +
                                       "but is: " + n);
}
```

Die Umwandlung in die umgekehrte Richtung von einem Zeichen in eine Zahl erfolgt mithilfe von `Character.getNumericvalue(char)`. Das lernen wir in Abschnitt 4.1.3 kennen.

Prüfung

Zum Test nutzen wir folgende Eingaben, die die korrekte Funktionsweise zeigen:

```
@ParameterizedTest(name = "toBinary({0}) => {1}")
@CsvSource({ "5, 101", "7, 111", "22, 10110", "42, 101010", "256, 100000000" })
void toBinary(int value, String expected)
{
    String result = Ex07_NumberConversions.toBinary(value);

    assertEquals(expected, result);
}

@ParameterizedTest(name = "toOctal({0}) => {1}")
@CsvSource({ "42, 52", "7, 7", "8, 10" })
void toOctal(int value, String expected)
{
    String result = Ex07_NumberConversions.toOctal(value);

    assertEquals(expected, result);
}

@ParameterizedTest(name = "toHex({0}) => {1}")
@CsvSource({ "77, 4D", "15, F", "16, 10" })
void toHex(int value, String expected)
{
    String result = Ex07_NumberConversions.toHex(value);

    assertEquals(expected, result);
}
```

3.3.8 Lösung 8: Exponentialfunktion (★★☆☆☆)

Lösung 8a: Zweierpotenz (★☆☆☆☆)

Schreiben Sie eine rekursive Methode `boolean isPowerOf2(int)`, die die gegebene positive Ganzzahl prüft, ob diese eine Zweierpotenz ist.

Beispiele

Eingabe	Resultat
2	true
10	false
16	true

Algorithmus Sofern die übergebene Zahl kleiner als der Wert 2 ist, entspricht nur der Wert 1 einer Potenz, nämlich der 0-ten, also 2^0. Prüfe nun, ob es sich um eine ungerade Zahl handelt. Wenn dies der Fall ist, kann sie kein Vielfaches von 2 sein. Ist die Zahl gerade, dann prüfe rekursiv mit der durch 2 geteilten Zahl:

```
static boolean isPowerOf2(final int n)
{
    // rekursiver Abbruch
    if (n < 2)
        return n == 1;

    if (n % 2 != 0)
        return false;

    // rekursiver Abstieg
    return isPowerOf2(n / 2);
}
```

Bei der initialen Prüfung nutzen wir einen kleinen Trick mit `return n==1`, der sich wie folgt auswirkt:

$n < 0:$ `false` (negative Zahl, also niemals der Wert 1)
$n = 0:$ `false` $(0 \neq 1)$
$n = 1:$ `true` $(1 = 1)$

Schauen wir uns eine Kurzvariante der Implementierung an – für mein Empfinden ist die obere verständlicher. Zudem ist in der ersten Variante wieder sowohl der rekursive Abbruch als auch der Abstieg viel klarer ersichtlich:

```
static boolean isPowerOf2Short(final int n)
{
    return n == 1 || n > 0 && n % 2 == 0 && isPowerOf2(n / 2);
}
```

Lösung 8b: Potenzierung rekursiv (★★☆☆☆)

Schreiben Sie eine rekursive Methode `long powerOf(int, int)`, die die gegebene positive Ganzzahl mit der als Zweites angegebenen positiven Zahl potenziert. Beispielsweise sollte der Aufruf `powerOf(4, 2)` das Quadrat von 4 ermitteln, also $4^2 = 16$ berechnen.

Algorithmus Rufen Sie die Methode so lange rekursiv auf und multiplizieren Sie die Zahl mit dem Ergebnis des Selbstaufrufs, bis der Exponent 0 oder 1 erreicht ist. Reduzieren Sie zudem bei jedem Aufruf den Exponenten um 1:

```
static long powerOf(int value, int exponent)
{
    if (exponent < 0)
        throw new IllegalArgumentException("exponent must be >= 0");

    // rekursiver Abbruch
    if (exponent == 0)
        return 1;

    if (exponent == 1)
        return value;

    // rekursiver Abstieg
    return value * powerOf(value, exponent - 1);
}
```

Diese Variante hat einen Aufwand von $O(n)$. Das kann man aber relativ einfach optimieren und auf $O(log(n))$ reduzieren.

Optimierter Algorithmus Zur Optimierung nutzt man den Trick, dass man den Werte quadriert und dadurch den Exponenten halbieren kann. Dann verbleibt nur noch die Spezialbehandlung eines ungeraden Exponenten, die eine weitere Multiplikation erfordert. Um einen Wertebereichsüberlauf zu vermeiden, muss der Typ des Werts von `int` auf `long` gewechselt werden:

```
static long powerOfOptimized(final long value, final int exponent)
{
    if (exponent < 0)
        throw new IllegalArgumentException("exponent must be >= 0");

    // rekursiver Abbruch
    if (exponent == 0)
        return 1;

    if (exponent == 1)
        return value;

    // rekursiver Abstieg
    final long result = powerOfOptimized(value * value, exponent / 2);
    if (exponent % 2 == 1)
        return value * result;

    return result;
}
```

Lösung 8c: Potenzierung iterativ (★★☆☆☆)

Schreiben Sie eine iterative Variante dieser Potenzierfunktionalität.

Beispiele

Eingabe Basis	Eingabe Exponent	Resultat
2	2	4
2	8	256
4	4	256

Algorithmus Wie bei der rekursiven Variante startet man vermutlich mit den zwei Prüfungen. Zudem konvertiert man den Selbstaufruf in eine Schleife und multipliziert die Zahl mit dem bisherigen Zwischenergebnis. Außerdem reduziert man in jedem Durchlauf den Exponenten. Ein scharfer Blick zeigt dann aber schnell, dass die beiden initialen Prüfungen durch den allgemeinen Fall bereits abgedeckt sind und deshalb im Listing nicht mehr gezeigt sind:

```
long powerOfIterative(int value, int exponent)
{
    long result = 1;
    while (exponent > 0)
    {
        result *= value;
        exponent--;
    }

    return result;
}
```

Prüfung

Zum Test nutzen wir folgende Eingaben, die die korrekte Funktionsweise zeigen:

```
@ParameterizedTest(name = "isPowerOf2({0}) => {1}")
@CsvSource({ "2, true", "3, false", "4, true", "10, false", "16, true" })
void isPowerOf2(int number, boolean expected)
{
    boolean result = Ex08_Exponentation.isPowerOf2(number);

    assertEquals(expected, result);
}

@ParameterizedTest(name = "powerOf({0}) => {1}")
@CsvSource({ "2, 2, 4", "4, 2, 16", "16, 2, 256", "4, 4, 256", "2, 8, 256" })
void powerOf(int number, int exponent, long expected)
{
    long result = Ex08_Exponentation.powerOf(number, exponent);

    assertEquals(expected, result);
}
```

```
@ParameterizedTest(name = "powerOfIterative({0}) => {1}")
@CsvSource({ "2, 2, 4", "4, 2, 16", "16, 2, 256", "4, 4, 256", "2, 8, 256" })
void powerOfIterative(int number, int exponent, long expected)
{
    long result = Ex08_Exponentation.powerOfIterative(number, exponent);

    assertEquals(expected, result);
}
```

3.3.9 Lösung 9: Pascal'sches Dreieck (★★☆☆☆)

Schreiben Sie eine Methode `void printPascal(int)`, die das Pascal'sche Dreieck ausgibt. Für den Wert 5 sollte die folgende Ausgabe erzeugt werden:

```
[1]
[1, 1]
[1, 2, 1]
[1, 3, 3, 1]
[1, 4, 6, 4, 1]
```

Jede Zeile ergibt sich aus der vorhergehenden mithilfe einer Addition, wie es in der letzten Zeile der nachfolgenden Definition gezeigt ist. Diese Werte werden pro Zeile vorne und hinten von einer 1 flankiert. Da es sich um eine zweidimensionale Struktur handelt, ist die rekursive Definition ein wenig komplexer:

$$pascal(row, col) = \begin{cases} 1, & row = 1 \text{ und } col = 1 \text{ (Spitze)} \\ 1, & \forall row \in \{1, n\} \text{ und } col = 1 \\ 1, & \forall row \in \{1, n\} \text{ und } col = row \\ pascal(row-1, col) + & \\ pascal(row-1, col-1), & \text{sonst (basierend auf Vorgänger)} \end{cases}$$

Algorithmus Die rekursive Definition implementieren als Methode wie folgt:

```
static int calcPascal(final int row, final int col)
{
    // rekursiver Abbruch: Spitze
    if (col == 1 && row == 1)
        return 1;

    // rekursiver Abbruch: Ränder
    if (col == 1 || col == row)
        return 1;

    // rekursiver Abstieg
    return calcPascal(row - 1, col) + calcPascal(row - 1, col - 1);
}
```

Eigentlich benötigt es für die Spitze keine separate Abbruchbedingung. Dies wird hier zum besseren Verständnis trotzdem aufgeführt – das ist aber Geschmackssache.

Zur Berechnung des Pascal'schen Dreiecks muss die vorherige Methode nun für jede Position im Dreieck mithilfe zweier verschachtelter Schleifen für alle Zeilen und Spalten aufgerufen werden:

```
static void printPascal(final int n)
{
    for (int row = 1; row <= n; row++)
    {
        for (int col = 1; col <= row; col++)
            System.out.print(calcPascal(row, col));

        System.out.println();
    }
}
```

Zum Test nutzen wir folgende Eingaben, die die korrekte Funktionsweise zeigen:

```
jshell> printPascal(4)
[1]
[1, 1]
[1, 2, 1]
[1, 3, 3, 1]
```

Optimierter Algorithmus Bei der rein rekursiven Definition kommt es zu ziemlich vielen Berechnungen. Leichter verständlich und besser nachvollziehbar sowie auch performanter wird das Ganze, wenn man zeilenweise arbeitet.

Ausgangsbasis bildet die erste Zeile, die lediglich den Wert 1 enthält. Für andere Werte muss einfach n-mal die Methode selbst aufgerufen werden, um dann in der Hilfsmethode `calcLine(List<Integer>)` die neue Zeile zu berechnen. Um aber nicht die Berechnung und die Konsolenausgabe zu mixen, fügen wir einen Parameter hinzu, der Aktionen ausführen kann, etwa Zwischenschritte auf den Konsole protokollieren:

```
static List<Integer> calcPascal(final int n,
                                final Consumer<List<Integer>> action)
{
    // rekursiver Abbruch
    if (n == 1)
    {
        action.accept(List.of(1));
        return List.of(1);
    }
    else
    {
        // rekursiver Abstieg
        final List<Integer> previousLineValues = calcPascal(n - 1, action);

        final List<Integer> newLine = calcLine(previousLineValues);

        action.accept(newLine);
        return newLine;
    }
}
```

Etwas mehr Komplexität findet sich in der Hilfsmethode `calcLine(List<Integer>)` zur Berechnung der Werte der neuen Zeile auf Basis der vorherigen. Hierbei muss man beachten, dass die Vorgängerzeile mindestens zwei Werte enthält und dass man nicht bis zum letzten, sondern nur bis zum vorletzten Element summiert:

```
static List<Integer> calcLine(final List<Integer> previousLine)
{
    final List<Integer> currentLine = new ArrayList<>();
    currentLine.add(1);

    for (int i = 0; i < previousLine.size() - 1; i++)
    {
        // Wert ergibt sich aus den zwei Werten der Vorgängerzeile
        final int newValue = previousLine.get(i) + previousLine.get(i + 1);
        currentLine.add(newValue);
    }

    currentLine.add(1);
    return currentLine;
}
```

Prüfung

Zum Test nutzen wir folgenden Aufruf, der die korrekte Funktionsweise zeigt:

```
jshell> calcPascal(7, System.out::println)
[1]
[1, 1]
[1, 2, 1]
[1, 3, 3, 1]
[1, 4, 6, 4, 1]
[1, 5, 10, 10, 5, 1]
[1, 6, 15, 20, 15, 6, 1]
```

Etwas formaler kann man dann mit einem Unit Test prüfen:

```
@ParameterizedTest(name = "calcPascal({0}) = {1}")
@MethodSource("valuesAndResults")
void calcPascal(int n, List<Integer> expected)
{
    final Consumer<List<Integer>> NOOP = whatever -> { };
    List<Integer> result = Ex09_PascalTriangle.calcPascal(n, NOOP);

    assertEquals(expected, result);
}

private static Stream<Arguments> valuesAndResults()
{
    return Stream.of(Arguments.of(1, List.of(1)),
                     Arguments.of(2, List.of(1,1)),
                     Arguments.of(3, List.of(1,2,1)),
                     Arguments.of(4, List.of(1,3,3,1)),
                     Arguments.of(5, List.of(1,4,6,4,1)));
}
```

3.3.10 Lösung 10: Zahlenpalindrome (★★★★☆)

Ein Palindrom ist ein Wort, das sich von vorne und von hinten gleich liest. Diese Definition lässt sich auf die Ziffern einer Zahl ausweiten. Schreiben Sie eine rekursive Methode `boolean isNumberPalindrome(int)`, allerdings ohne auf Funktionalitäten aus der Klasse `String` zurückzugreifen.

Beispiele

Eingabe	Resultat
7	true
13	false
171	true
47742	false

Algorithmus Aufgrund der in der Aufgabenstellung geforderten Restriktion kann man nicht zeichenweise vergleichen. Allerdings bieten sich die Operationen Modulo und Division an, die wir schon für ähnliche Aufgaben eingesetzt haben. Beide verwenden wir, um die linke und die rechte Zahl zu separieren und zu vergleichen.

Nähern wir uns der Lösung anhand von Beispielen an:

```
#Ziffern        Wert            Berechnung
----------------------------------------------------------------------------------
1 Ziffer                        => Spezialfall, ist immer Palindrom

2 Ziffern       11              Divisor = 10
< 100                             1 % 10 = 1
                                 11 / 10 = 1     Palindrom
                13
                                  3 % 10 = 3
                                 13 / 10 = 1     X

3 Ziffern       171             Divisor = 100
< 1000                            1 % 10 = 1
                                171 / 100 =  1
                         Rest:    7 (171 / 10 = 17 % 10 = 7) => rekursiv prüfen


4 Ziffern       4774            Divisor = 1000
<10000                             4 % 10 = 4
                                4774 / 1000 = 4   ok
                         Rest:    77 (4774 / 10 = 477 % 100 = 77)   => rekursiv
                                prüfen
```

Es wird jeweils die rechte und die linke Ziffer einer Zahl extrahiert. Stimmen diese überein, so wird der neue Wert ermittelt, indem man zunächst durch 10 teilt (die letzte Ziffer abschneidet) und dann mithilfe einer Modulo-Operation mit der passend gewählten Anzahl an Stellen den Rest ermittelt, also die vordere Zahl abschneidet. Insbesondere muss man die Länge der Zahl als Zehnerpotenz berechnen, damit man den richtigen Teiler erhält.

```
static boolean isNumberPalindrome(final int number)
{
    if (number < 10)
        return true;

    final int factor = MathUtils.calcPowOfTen(number);
    final int divisor = (int)Math.pow(10, factor);

    if (number < divisor * 10)
    {
        final int leftNumber = number / divisor;
        final int rightNumber = number % 10;

        final int remainingNumber = (number / 10) % (divisor / 10);
        return leftNumber == rightNumber && isNumberPalindrome(remainingNumber);
    }

    return false;
}
```

Nachfolgend sehen wir die Berechnung der Zehnerpotenz sowie das Zählen von Ziffern als Hilfsmethoden, die aus der Utility-Klasse `MathUtils` stammen:

```
static int calcPowOfTen(final int number)
{
    return countDigits(number) - 1;
}

static int countDigits(int number)
{
    int count = 0;

    while (number > 0)
    {
        number = number / 10;
        count++;
    }

    return count;
}
```

Die gezeigte Lösung ist nicht wirklich optimal, da ständig die Faktoren ermittelt werden müssen und das Ganze im Sourcecode trotz der Extraktion von Hilfsmethoden immer noch recht schwierig nachvollziehbar ist.

Optimierter Algorithmus Als Optimierung implementieren wir folgende Variante: Separiere jeweils die letzte Ziffer, teile dann durch 10 und rufe die Methode mit den neuen Werten auf. Berechne zuvor noch aus dem aktuellen Wert und der letzten Ziffer den neuen Wert, indem der aktuelle Wert mit 10 multipliziert und die letzte Ziffer angehängt wird. Ist es ein Palindrom, dann gilt, dass der Originalwert dem berechneten Wert entspricht. Der rekursive Abbruch erfolgt, wenn entweder keine Ziffer mehr oder nur noch eine einzelne existiert. Der Trick ist, dass man die Zahl von hinten neu aufbaut und zum Schluss mit dem Originalwert vergleicht. Im Gegensatz zu den bislang vorgestellten anderen rekursiven Hilfsmethoden benötigt man hier zwei Zwischenspeicher, einen für den aktuellen Wert und einen für den verbleibenden Wert:

```
static boolean isNumberPalindromeRec(final int number)
{
    return isNumberPalindromeRec(number, 0, number);
}

static boolean isNumberPalindromeRec(final int origNumber,
                                     final int currentValue,
                                     final int remainingValue)
{
    // rekursiver Abbruch
    if (origNumber == currentValue)
        return true;

    // rekursiver Abbruch
    if (remainingValue < 1)
        return false;

    final int lastDigit = remainingValue % 10;
    final int newCurrent = currentValue * 10 + lastDigit;
    final int newRemaining = remainingValue / 10;

    System.out.println(String.format("lastDigit: %,4d, " +
                       "newCurrent: %,4d, newRemaining: %,4d",
                       lastDigit, newCurrent, newRemaining));

    // rekursiver Abstieg
    return isNumberPalindromeRec(origNumber, newCurrent, newRemaining);
}
```

Dabei kann man sich die Aufrufe für den Wert 121 wie folgt verdeutlichen:

```
isNumberPalindromeRec(121, 0, 121) =>
lastDigit:    1, newCurrent:    1, newRemaining:   12
isNumberPalindromeRec(121, 1, 12) =>
lastDigit:    2, newCurrent:   12, newRemaining:    1
isNumberPalindromeRec(121, 12, 1) =>
lastDigit:    1, newCurrent:  121, newRemaining:    0
isNumberPalindromeRec(121, 121, 0)
true
```

Interessant ist sicher auch, wie sich das Ganze für eine Zahl, etwa 123, verhält, die kein Palindrom ist:

```
isNumberPalindromeRec(123, 0, 123) =>
lastDigit:    3, newCurrent:    3, newRemaining:   12
isNumberPalindromeRec(123, 3, 12) =>
lastDigit:    2, newCurrent:   32, newRemaining:    1
isNumberPalindromeRec(123, 32, 1) =>
lastDigit:    1, newCurrent:  321, newRemaining:    0
isNumberPalindromeRec(123, 321, 0)
false
```

Prüfung

Zum Test nutzen wir folgende Eingaben, die die korrekte Funktionsweise zeigen:

```
@ParameterizedTest(name = "isNumberPalindrome({0}) => {1}")
@CsvSource({ "7, true", "13, false", "171, true", "47742, false",
             "123321, true", "1234554321, true" })
void isNumberPalindrome(int number, boolean expected)
{
    boolean result = Ex11_NumberPalindrome.isNumberPalindrome(number);

    assertEquals(expected, result);
}
```

3.3.11 Lösung 11: Permutationen (★★★☆☆)

Berechnen Sie alle Permutationen einer als String gegebenen Folge von Buchstaben, also alle möglichen Kombinationen aus diesen Buchstaben. Implementieren Sie diese Berechnung in einer Methode `Set<String> calcPermutations(String)`. Bedenken Sie auch den Fall von doppelten Buchstaben.

Beispiele

Eingabe	Resultat
"A"	"A"
"AA"	"AA"
"AB"	"AB", "BA"
"ABC"	"ABC, "ACB", "BAC", "BCA", "CAB", "CBA"
"AAC"	"AAC", "ACA", "CAA"

Algorithmus Die Berechnung aller Permutationen für einen gegebenen String kann man am besten dadurch lösen, dass man sich die rekursive Definition anschaut und diese dann implementiert:

$$\begin{aligned}
A \Rightarrow \quad & perm(A) && = A \\
AA \Rightarrow \quad & A + perm(A) \cup A + perm(A) && = AA \cup AA = AA \\
AB \Rightarrow \quad & A + perm(B) \cup B + perm(A) && = AB \cup BA \\
ABC \Rightarrow \quad & A + perm(BC) \cup B + perm(AC) \cup C + perm(AB) && = ABC \cup ACB \cup \ldots
\end{aligned}$$

Man erkennt, dass für ein einzelnes Zeichen die Permutationen aus dem Zeichen selbst bestehen. Bei mehreren Zeichen berechnen sich die Permutationen, indem man für jedes Zeichen die Permutationen des verbliebenen Strings ohne das Zeichen selbst berechnet und später wieder mit dem Zeichen geeignet kombiniert – später dazu mehr. Das ursprüngliche Problem wird von einer Zeichenfolge der Länge n auf n Probleme für die Zeichenfolgen der Länge $n - 1$ reduziert. Damit ergibt sich für die Zeichenfolge ABC der in Abbildung 3-4 visualisierte Berechnungsvorgang.

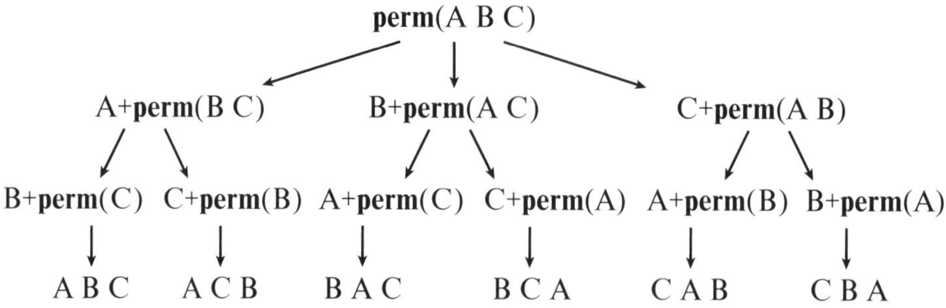

Abbildung 3-4 *Berechnung der Permutationen von ABC*

Mit diesem Wissen im Hinterkopf fällt die Implementierung gleich deutlich leichter und wir wandeln folgende Schritte in Java um.

- Wähle und extrahiere i-tes Zeichen
- Bilde den restlichen String und berechne dafür die Permutationen
- Füge das Ganze wieder zusammen

Das implementieren wir wie folgt:

```
static Set<String> calcPermutations(final String input)
{
    // rekursiver Abbruch
    if (input.isEmpty() || input.length() == 1)
        return Set.of(input);

    final Set<String> combinations = new HashSet<>();
    for (int i = 0; i < input.length(); i++)
    {
        // Extrahiere i-tes Zeichen als neues erstes Zeichen
        final String newFirst = "" + input.charAt(i);

        // Rest ohne i-tes Zeichen
        final String newInput = input.substring(0, i) + input.substring(i + 1);

        // rekursiver Abstieg
        final Set<String> permutations = calcPermutations(newInput);

        // Hinzufügen des extrahierten Zeichens zu allen Teillösungen
        for (final String perm : permutations)
        {
            combinations.add(newFirst + perm);
        }
    }
    return combinations;
}
```

Die gerade gezeigte Umsetzung führt dazu, dass recht viele Strings und auch Sets als Zwischenspeicher erzeugt werden. Wie kann man dies verbessern?

Optimierter Algorithmus Für kürzere Strings sind die beschriebenen Nachteile vernachlässigbar. Je länger jedoch der String wird, desto stärker fallen die ganzen temporären Objekte und die Stringaktionen ins Gewicht. Wie kann man das vermeiden?

Hier greifen wieder die Ideen auf, die wir schon in anderen Lösungen gesehen haben. Anstatt die Strings jeweils zusammenzubauen, können wir diese auch geschickt als Parameter übergeben. Dabei definiert der eine die verbliebene Zeichenfolge und der andere das derzeit schon berechnete Präfix.

```
static Set<String> calcPermutationsMiniOpt(final String input)
{
    return calcPermutationsMiniOptImpl(input, "");
}

static Set<String> calcPermutationsMiniOptImpl(final String remaining,
                                               final String prefix)
{
    if (remaining.length() == 0)
        return Set.of(prefix);

    final Set<String> candidates = new HashSet<>();

    for (int i = 0; i < remaining.length(); i++)
    {
        final String newPrefix = prefix + remaining.charAt(i);
        final String newRemaining = remaining.substring(0, i) +
                                    remaining.substring(i + 1);

        candidates.addAll(calcPermutationsMiniOptImpl(newRemaining, newPrefix));
    }

    return candidates;
}
```

Lassen Sie mich noch ein paar Anmerkungen zur Optimierung machen: Während der Aufruf `calcPermutations("abcdefghij")` mit meinem iMac (i7 4 Ghz) ca. 7 bis 8 Sekunden benötigt, ist `calcPermutationsMiniOpt("abcdefghij")` bereits nach rund 4 Sekunden fertig – das liegt an der sehr großen Anzahl an Aufrufen, wofür sich kleinere Optimierungen lohnen können. Fügt man jedoch nur ein weiteres Zeichen hinzu, so wächst der Aufwand enorm auf rund 111 Sekunden und optimiert auf rund 85 Sekunden. Derartige Zuwächse in der Laufzeit sind natürlich absolut unerwünscht: Nach Lektüre des Kapitels 8 zu den fortgeschritteneren Rekursionstechniken können Sie sich das Berechnen der Permutationen nochmals anschauen und sich dann mithilfe von Memoization an eine Verbesserung wagen. Das geht dann aber zulasten des benötigten Speichers.

Prüfung

Zum Test nutzen wir folgende Eingaben, die die korrekte Funktionsweise zeigen:

```
@ParameterizedTest(name = "calcPermutations({0}) = {1}")
@MethodSource("inputAndPermutations")
void calcPermutations(String input, Set<String> expected)
{
    Set<String> result = Ex12_Permutations.calcPermutations(input);

    assertEquals(expected, result);
}

private static Stream<Arguments> inputAndPermutations()
{
    return Stream.of(Arguments.of("A", Set.of("A")),
                     Arguments.of("AA", Set.of("AA")),
                     Arguments.of("AB", Set.of("AB", "BA")),
                     Arguments.of("ABC", Set.of("ABC", "BAC", "ACB",
                                                "CAB", "CBA", "BCA")),
                     Arguments.of("AAC", Set.of("AAC", "ACA", "CAA")));
}
```

3.3.12 Lösung 12: Count Substrings (★★☆☆☆)

Schreiben Sie eine Methode `int countSubstrings(String, String)`, die in der Eingabe alle Vorkommen des übergebenen Teilstrings zählt. Dabei soll bei Auffinden eines Musters, dieses »konsumiert« werden, also nicht nochmals für Treffer verfügbar sein, wie es die nachfolgende Tabelle als letzten Fall zeigt.

Beispiele

Eingabe	Suchtext	Resultat
"xhixhix"	"x"	3
"xhixhix"	"hi"	2
"mic"	"mic"	1
"haha"	"ho"	0
"xxxxyz"	"xx"	2

Algorithmus Zunächst wird geprüft, ob die ersten Zeichen vom Ausgangstext und die Suchzeichenfolge übereinstimmen. Ist dies der Fall, so wird die Anzahl erhöht und die Suche nach der Fundstelle fortgesetzt. Gibt es keine Übereinstimmung, dann wird der Ausgangstext um das erste Zeichen verkürzt und rekursiv der gerade beschriebene Ablauf weiterverfolgt. Als Abbruchkriterium gilt, dass die Länge der gegebenen Eingabe kleiner als die des Suchtexts ist:

```
static int countSubstrings(final String input, final String valueToFind)
{
    // rekursiver Abbruch
    if (input.length() < valueToFind.length())
        return 0;

    final int count;
    final String remaining;

    // startet der Text mit der Suchzeichenfolge?
    if (input.startsWith(valueToFind))
    {
        // Treffer: Setze die Suche nach dem gefundenen
        // Begriff nach der Fundstelle fort
        remaining = input.substring(valueToFind.length());
        count = 1;
    }
    else
    {
        // entferne erstes Zeichen und suche erneut
        remaining = input.substring(1);
        count = 0;
    }

    // rekursiver Abstieg
    return countSubstrings(remaining, valueToFind) + count;
}
```

Tipp: Mögliche Abwandlung

Wir könnten uns vorstellen, dass als kleine Abwandlung der Anforderungen nun gewünscht wird, alle potenziellen Teilstrings zu finden und nicht nach dem Auffinden eines Teilstücks erst dahinter weiterzusuchen. Interessanterweise vereinfacht dies die Implementierung:

```
static int countSubstringV2(final String input, final String valueToFind)
{
    if (input.length() < valueToFind.length())
        return 0;

    int count = 0;
    if (input.startsWith(valueToFind))
        count = 1;

    // entferne erstes Zeichen und suche erneut
    final String remaining = input.substring(1);

    return countSubstringV2(remaining, valueToFind) + count;
}
```

Optimierter Algorithmus In dem ursprünglichen Algorithmus werden durch Aufrufe von `substring()` immer wieder neue Strings erzeugt. Für kurze Eingabewerte ist dies nicht so dramatisch. Gehen wir aber von einem sehr langen Text aus, so kann dies schon ungünstig sein.

Wie könnte eine Optimierung aussehen? Wir durchlaufen die Eingabe weiterhin von links nach rechts. Statt die Eingabe zu verkürzen, können wir auch einen Positionszeiger `left` nutzen. Das verursacht folgende Anpassungen:

1. Da der Text nicht kürzer wird, müssen wir jetzt initial von der Länge den Wert von `left` subtrahieren.
2. Zum Vergleich auf Übereinstimmung haben wir `startsWith()` genutzt, praktischerweise gibt es eine Variante, der man einen Offset mitgeben kann.
3. Bei einem Treffer müssen wir den Positionszeiger, um die Anzahl der Zeichen im Suchmuster bewegen, ansonsten um eine Position.

Damit ergibt sich folgende Implementierung:

```
static int countSubstringOpt(final String input, final String valueToFind)
{
    return countSubstringOpt(input, valueToFind, 0);
}

static int countSubstringOpt(final String input, final String valueToFind,
                             int left)
{
    if (input.length() - left < valueToFind.length())
        return 0;

    int count = 0;
    if (input.startsWith(valueToFind, left))
    {
        left += valueToFind.length();
        count = 1;
    }
    else
    {
        // überspringe Zeichen und suche erneut
        left++;
    }

    return countSubstringOpt(input, valueToFind, left) + count;
}
```

Prüfung

Folgende Eingaben zeigen die korrekte Funktionsweise für die drei Varianten:

```
@ParameterizedTest(name = "countSubstring({0}) = {1}")
@CsvSource({ "xhixhix, x, 3", "xhixhix, hi, 2", "mic, mic, 1",
             "haha, ho, 0", "xxxxyz, xx, 2", "xxxx, xx, 2",
             "xx-xxx-xxxx-xxxxx-xxxxxx, xx, 9",
             "xx-xxx-xxxx-xxxxx-xxxxxx, xxx, 5"})
void countSubstring(String input, String searchFor, int expected)
{
    int result = Ex13_CountSubstrings.countSubstring(input, searchFor);

    assertEquals(expected, result);
}

@ParameterizedTest(name = "countSubstringV2({0}) = {1}")
@CsvSource({ "xhixhix, x, 3", "xhixhix, hi, 2", "mic, mic, 1",
             "haha, ho, 0", "xxxxyz, xx, 3", "xxxx, xx, 3",
             "xx-xxx-xxxx-xxxxx-xxxxxx, xx, 15",
             "xx-xxx-xxxx-xxxxx-xxxxxx, xxx, 10"})
void countSubstringV2(String input, String searchFor, int expected)
{
    int result = Ex13_CountSubstrings.countSubstringV2(input, searchFor);

    assertEquals(expected, result);
}

@ParameterizedTest(name = "countSubstringOpt({0}) = {1}")
@CsvSource({ "xhixhix, x, 3", "xhixhix, hi, 2", "mic, mic, 1",
             "haha, ho, 0", "xxxxyz, xx, 2", "xxxx, xx, 2",
             "xx-xxx-xxxx-xxxxx-xxxxxx, xx, 9",
             "xx-xxx-xxxx-xxxxx-xxxxxx, xxx, 5"})
void countSubstringOpt(String input, String searchFor, int expected)
{
    int result = Ex13_CountSubstrings.countSubstringOpt(input, searchFor, 0);

    assertEquals(expected, result);
}
```

Wir finden hier im ersten und letzten Testfall die gleichen Angaben in `@CsvSource`. Diese könnte man auch in eine Datei auslagern und wie folgt referenzieren:

```
@ParameterizedTest(name="countSubstringOpt({0}) = {1}" )
@CsvFileSource(resources = "countsubstringinputs.csv", numLinesToSkip = 1)
void countSubstringOpt2(String input, String searchFor, int expected)
{
    int result = Ex13_CountSubstrings.countSubstringOpt(input, searchFor, 0);

    assertEquals(expected, result);
}
```

Die CSV-Datei sieht dann auszugsweise wie folgt aus:

```
# input,searchFor,expected
xhixhix,x,3
xhixhix,hi,2
mic,mic,1
...
```

3.3.13 Lösung 13: Lineal (★★☆☆☆)

In der Einführung habe ich gezeigt, wie man eine simple Form eines Lineals sowie eine stilisierte Schneeflocke (vgl. Abbildung 3-3) mithilfe von Rekursion zeichnen kann. In dieser Aufgabe wollen wir ein Lineal im englischen Stil nachahmen. Dabei wird ein Bereich von einem Inch in 1/2 und 1/4 sowie 1/8 unterteilt. Dabei nimmt die Länge der Striche jeweils um eins ab.

Beispiele Die Ausgabe sollte in etwa wie folgt aussehen:

```
---- 0
-
--
-
---
-
--
-
---- 1
-
--
-
---
-
--
-
---- 2
```

Algorithmus Das Zeichnen der vollen Inch-Markierungen erledigen wir in einer Schleife. Die Zwischenlinien erzeugen wir in einer Methode `drawInterval()`. Diese wiederum nutzt die rekursive Natur der Linien: Um die etwas längere Mittellinie wird jeweils eine kürze Linie gezeichnet. Dies wiederholt sich, solange die Linienlänge noch größer gleich 1 ist:

```
static void drawRuler(final int majorTickCount, final int maxLength)
{
    drawLine(maxLength, "0");

    for (int i = 1; i <= majorTickCount; i++)
    {
       drawInterval(maxLength - 1);
       drawLine(maxLength, "" + i);
    }
}
```

Schließlich benötigen wir noch zwei Hilfsmethoden zum Zeichnen eines Intervalls und einer Linie der übergebenen Länge inklusive einer optionalen Markierung (für die vollen Inch-Zahlen) – dabei nutzen wir die Java-11-Funktionalität `repeat()` aus der Klasse `String`:

```
static void drawInterval(final int centerLength)
{
    if (centerLength > 0)
    {
        drawInterval(centerLength - 1);
        drawLine(centerLength, "");
        drawInterval(centerLength - 1);
    }
}

static void drawLine(final int count, final String label)
{
    System.out.println("-".repeat(count) + " " + label);
}
```

Prüfung

Zum Test rufen wir die Methode `drawRuler()` wie folgt auf:

```
jshell> drawRuler(3, 4)
---- 0
-
--
-
---
-
--
-
---- 1
-
--
-
---
-
--
-
---- 2
-
--
-
---
-
--
-
---- 3
```

4 Strings

Strings sind Zeichenketten, die eine Vielzahl an Methoden bieten. In diesem Kapitel werden wir diese Thematik anhand verschiedener Übungsaufgaben kennenlernen.

4.1 Einführung

Zur Verarbeitung von Zeichenketten existieren die Klassen `String`, `StringBuffer` und `StringBuilder`. Alle drei erfüllen das Interface `java.lang.CharSequence`.

Das Interface `CharSequence`

Das Read-only-Interface `CharSequence` bietet hauptsächlich einen indizierten Zugriff auf einzelne Zeichen vom Typ `char` sowie auf Zeichenfolgen, die wiederum vom Typ `CharSequence` sind. Dazu sind vor allem folgende Methoden deklariert:

```
public interface CharSequence
{
    public char charAt(int index);
    public int length();
    public CharSequence subSequence(int start, int end);
    public String toString();
}
```

Das Interface `CharSequence` ermöglicht es also, Zeichenketten indiziert zu verarbeiten, ohne konkretes Wissen über den speziellen Typ zu besitzen. Dadurch lassen sich Schnittstellen allgemeiner halten.

Achtung: Wissenswertes zum Interface `CharSequence`

Das Interface `CharSequence` macht keine Aussagen zum Verhalten von `equals(Object)` und `hashCode()`. Dadurch ist das Ergebnis eines Vergleichs von zwei `CharSequence`-Instanzen per `equals(Object)` undefiniert. Sind etwa beide Instanzen vom Typ `String`, so ist das Ergebnis bei gleichen textuellen Inhalten `true`. Eine `CharSequence`-Instanz könnte allerdings auch vom Typ `StringBuffer` sein. Ein Vergleich der Typen `String` und `StringBuffer` liefert immer `false`. Seit Java 11 ist aber `CharSequence.compare(CharSequence, CharSequence)` nützlich, um zwei `CharSequence`s textuell zu vergleichen.

4.1.1 Die Klasse `String`

Die Klasse `java.lang.String` repräsentiert Zeichenfolgen, die bis Java 8 aus Unicode-Zeichen bestehen und ihren Inhalt in Form eines Arrays von `char` speichern. Seit Java 9 wird der Inhalt als `byte[]` modelliert und gemäß einem Encoding ausgewertet. Solche Zeichenfolgen lassen sich entweder durch einen Konstruktoraufruf der Klasse `String` erzeugen oder aber als Zeichenkette in Anführungszeichen, wie dies folgende zwei Zeilen zeigen:

```
final String stringObject = new String("New String Object");
final String stringLiteral = "Stringliteral";
```

Praxisrelevante Methoden

Wichtig für die Praxis und die Übungen sind vor allem folgende Methoden:

- `length()` – Ermittelt die Länge des Strings.
- `isEmpty()` – Prüft, ob der String leer ist.
- `trim()` – Entfernt Leerzeichen am Textanfang und -ende.
- `toUpperCase()` / `toLowerCase()` – Erzeugt einen neuen String, der ausschließlich aus Groß- bzw. Kleinbuchstaben besteht.
- `charAt(index)` – Ermöglicht den indexbasierten Zugriff auf einzelne Buchstaben.
- `toCharArray()` – Erzeugt aus dem String ein korrespondierendes `char[]`.
- `chars()` – Erzeugt aus dem String einen `IntStream`. Danach stehen die vielfältigen Möglichkeiten des Stream-API zur Verfügung.
- `substring(startIndexIncl)` – Extrahiert einen Teil in einen neuen String, der aus den Buchstaben des Originals ab dem übergebenen Index bis zum Ende des ursprünglichen Strings besteht.
- `substring(startIndexIncl, endIndexExcl)` – Extrahiert einen neuen Teilstring, der aus den Buchstaben des Originals ab dem übergebenen Index bis zu dem Endindex (exklusiv) besteht.
- `indexOf(String)` – Prüft, ob der übergebene (Teil-)String in dem (Haupt-)String enthalten ist, und liefert die Position zurück (bzw. den Wert -1 , sofern kein Vorkommen gefunden wird).

Java 11 bietet weitere interessante Methoden, die beispielsweise einen String n-mal wiederholen (`repeat(n)`), sowie auf Unicode-basierende Tests auf Leerzeichen (`isBlank()`) und auch Methoden zum Entfernen von Leerzeichen (`strip()`, `stripLeading()` und `stripTrailing()`).

4.1.2 Die Klassen `StringBuffer` und `StringBuilder`

Oftmals müssen beim Verarbeiten textueller Informationen auch Modifikationen an bestehenden Zeichenketten erfolgen. Allerdings ist dies für Instanzen der Klasse `String` aufgrund deren Unveränderlichkeit nur durch Tricks, wie die Konstruktion neuer Objekte, möglich. Möchte man dies vermeiden, so bietet sich für Stringmanipulationen der Einsatz der Klassen `StringBuffer` und `StringBuilder` an. Beide besitzen ein identisches API mit dem Unterschied, dass die Methoden der Klasse `StringBuffer` synchronisiert sind. Das gilt für die Methoden der Klasse `StringBuilder` nicht, was nicht stört, solange darauf nur ein Thread arbeitet.

Achtung: Stringkonkatenationen und Performance

Ein häufig anzutreffender Tipp ist, `StringBuffer` und `StringBuilder` statt des Operators '+' bei der Aufbereitung umfangreicher Textausgaben einzusetzen. Da sowohl der Java-Compiler als auch die JVM diverse Optimierungen automatisch vornehmen, sollte man der Lesbarkeit den Vorrang geben.[a] Einfache Stringkonkatenationen mit dem Operator '+', beispielsweise

```
String example = "text start" + "XXX" + "text end";
```

sind einfach deutlich besser zu lesen, als Konstrukte wie das Folgende:

```
final String example = new StringBuilder().append("text start").
                                          append("XXX").
                                          append("text end").toString();
```

Nur für wirklich Performance-kritische Abschnitte sollte man daher Stringkonkatenationen mithilfe eines `StringBuilder`-Objekts realisieren. Für dieses Buch werden wir Lesbarkeit und Verständlichkeit bevorzugen und daher eher selten mit `StringBuilder` arbeiten, vor allem, wenn spezielle in `String` nicht angebotene Funktionalitäten von Interesse sind.

[a] Für eine ausführlichere Behandlung möchte ich Sie an mein Buch »Der Weg zum Java-Profi« [2] verweisen.

Weitere Funktionalität und Vergleich mit der Klasse `String`

Praktisch ist, dass die beiden Klassen `StringBuffer` und `StringBuilder` Löschoperationen besitzen: Über die Methoden `deleteCharAt()` und `delete()` können Zeichen aus einer Stringrepräsentation entfernt werden. Analoge Methoden namens `insert()` erlauben es, Zeichen einzufügen. Allerdings haben sowohl der `StringBuilder` als auch der `StringBuffer` gewisse Nachteile, denn ihnen fehlen leider diverse Methoden, etwa `toLowerCase()` und `toUpperCase()` – dafür bieten sie jedoch die (weniger häufig benötigte) Methode `reverse()`, die den Inhalt in umgekehrter Reihenfolge liefert. Tabelle 4-1 zeigt einige wichtige Methoden der Klasse `String` und eine Abbildung auf diejenigen des `StringBuffers` bzw. `StringBuilders`.

Tabelle 4-1 *Abbildung wichtiger Stringmethoden*

String	**StringBuffer/-Builder**
`+, +=, concat()`	`append()`
`replace(), subString()`	`replace(), subString()`
`indexOf(), startsWith()`	`indexOf()`
`endsWith()`	`lastIndexOf()`
- ***keine Methode vorhanden!*** -	`reverse()`
- ***keine Methode vorhanden!*** -	`insert()`
- ***keine Methode vorhanden!*** -	`delete(), deleteCharAt()`
`toUpperCase()/toLowerCase()`	- ***keine Methode vorhanden!*** -

4.1.3 Die Klasse `Character`

Die Klasse `Character` abstrahiert ein einzelnes Zeichen und kann über verschiedene Hilfsmethoden gewisse Informationen bereitstellen, etwa, ob es sich um einen Buchstaben oder Whitespace handelt:

- `isLetter()` – Prüft, ob das Zeichen einen Buchstaben repräsentiert.
- `isDigit()` – Prüft, ob das Zeichen einer Dezimalziffer entspricht.
- `isUpperCase()` / `isLowerCase()` – Prüft, ob das Zeichen einen Groß- bzw. Kleinbuchstaben repräsentiert.
- `toUpperCase()` / `toLowerCase()` – Wandelt das übergebene Zeichen in einen Groß- bzw. Kleinbuchstaben um.
- `isWhiteSpace()` – Prüft, ob das Zeichen als Whitespace, also Leerzeichen, Tab usw. interpretiert wird.
- `getNumericValue()` – Ermittelt den numerischen Wert. Das ist recht praktisch für Ziffern, aber auch für Hexadezimalzahlen.

Beispiel

Schauen wir uns ein kleines Beispiel an:

```
System.out.println(Character.getNumericValue('0'));
System.out.println(Character.getNumericValue('7'));
System.out.println(Character.getNumericValue('9'));

System.out.println(Character.getNumericValue('A'));
System.out.println(Character.getNumericValue('a'));
System.out.println(Character.getNumericValue('F'));
System.out.println(Character.getNumericValue('f'));

System.out.println(Character.getNumericValue('Z'));
System.out.println(Character.getNumericValue('z'));
```

Die obigen Zeilen liefern folgende Ausgaben:

```
0
7
9
10
10
15
15
35
35
```

Wie man leicht sieht, ist die Methode `getNumericValue()` ziemlich praktisch, wenn man Umrechnungen zwischen verschiedenen Zahlensystemen durchführen muss bzw. den Zahlenwert zu einem Buchstaben ermitteln möchte.

4.1.4 Beispiele zu `Character` und `String`

Zum Abschluss der Einführung schauen wir uns noch zwei Beispiele zum Einsatz der Klassen `Character` und `String` an.

Umrechnungen mit `Character` selbst gemacht

Mithilfe der Klasse `Character` kann man Umrechnungen von textuellen Ziffern auf deren Zahlenwert vornehmen. Für dezimale Ziffern ist folgende Umrechnung gebräuchlich, Ähnliches kann man für die Buchstaben im Alphabet einsetzen:

```
int digitValue = digitAsChar - '0';
int posOfChar = currentChar - 'A';
```

Für Hexadezimalzahlen sind dann noch weitere Fallunterscheidungen erforderlich. Verdeutlichen wir uns die Vorteile von `getNumericValue()` am Beispiel der Umrechnung von hexadezimalen Zahlen in Dezimalzahlen. Nachfolgend zeige ich, welche Schritte notwendig sind – zum einen mit der Methode `getNumericValue()` und zum anderen mit der Eigenkreation `hexDigitToDecimal()` – beachten Sie bitte, dass diese Variante klein geschriebenen Hexadezimalzahlen nicht unterstützt!

```
static int convertToDecimal(final String hexDigits)
{
    int valueOldStyle = 0;
    int valueNewStyle = 0;

    for (int i = 0; i < hexDigits.length(); i++)
    {
        final char currentChar = hexDigits.charAt(i);

        // ALT und umständlich: Aufruf eigener Methode
        int digitValueOld = hexDigitToDecimal(currentChar);
        valueOldStyle = valueOldStyle * 16 + digitValueOld;

        // NEU und kurz und knackig: JDK-Methode
        int digitValue = Character.getNumericValue(currentChar);
        valueNewStyle = valueNewStyle * 16 + digitValue;
    }
```

```
    return valueNewStyle;
}

// ALT und umständlich: Implementierung eigener Methode
static int hexDigitToDecimal(final char currentChar)
{
    if (Character.isDigit(currentChar))
        return currentChar - '0';

    // "Optimistische" Annahme: A ... F
    return currentChar - 'A' + 10;
}
```

Die selbstgestrickte Umrechnung ist fragil und verlässt sich insbesondere auf korrekte Zeichen – somit sollte vorher idealerweise eine Gültigkeitsprüfung erfolgen.

Mögliche lesbare Alternative Zur Umwandlung eines Zeichens einer hexadezimalen Zahl in den Dezimalwert kann man `indexOf()` nutzen, um die Position in der vordefinierten Wertemenge zu ermitteln – die zuvor erwähnte Schwachstelle von Kleinbuchstaben als Ziffern ist allerdings noch gegeben:

```
static int hexDigitToDecimalAlternative(final char hexDigit)
{
    final int position = "0123456789ABCDEF".indexOf(hexDigit);
    if (position < 0)
        throw new IllegalArgumentException("invalid char: " + hexDigit);

    return position;
}
```

Weitere Besonderheiten Oftmals denken wir nur an die normalen Zeichen und vielleicht noch an Umlaute. Somit könnte man intuitiv davon ausgehen, dass `isDigit()` lediglich die ASCII-Zeichen in Form der Ziffern 0 bis 9 prüft. Dem ist aber nicht so, es gibt weitere (ausgefallenere) Ziffern, die korrekt umgewandelt werden. Hier wird der Vorteil von `getNumericValue()` deutlich:

```
System.out.println("\u0669");
System.out.println(Character.isDigit('\u0669'));
System.out.println(Character.getNumericValue('\u0669'));
System.out.println(hexDigitToDecimal('\u0669'));
```

Das führt zu dieser Ausgabe:

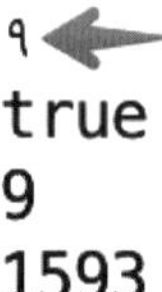

Abbildung 4-1 *Spezielle Darstellung von Ziffern*

Beispiel: Stringverarbeitung

Als Beispiel zur Klasse `String` wollen wir jeweils die Anzahl der Vorkommen von Buchstaben in einem String zählen und dabei Klein- und Großbuchstaben gleich behandeln. Für den Text »Otto« erwarten wir durch die Umwandlung in Kleinbuchstaben 2 x t und 2 x o. Eine solche Aufbereitung wird auch ***Histogramm*** genannt. Unter einem Histogramm versteht man eine Darstellung der Verteilung von Objekten, oftmals sind das numerische Werte. Man kennt es etwa aus der Fotografie für die Helligkeitsverteilung eines Bildes. Nachfolgend geht es um die Verteilung bzw. Ermittlung der Häufigkeiten von Buchstaben für einen Text:

```
static Map<Character, Integer> generateCharacterHistogram(final String word)
{
    final Map<Character, Integer> charCountMap = new TreeMap<>();

    final char[] chars = word.toLowerCase().toCharArray();
    for (char currentChar : chars)
    {
        if (Character.isLetter(currentChar))
        {
            // Trick, aber Achtung auf die Reihenfolge!
            charCountMap.putIfAbsent(currentChar, 0);
            charCountMap.computeIfPresent(currentChar,
                                          (key, value) -> value + 1);

            // Alternative
            // final int count = charCountMap.getOrDefault(currentChar, 0);
            // charCountMap.put(currentChar, count + 1);
        }
    }
    return charCountMap;
}
```

Probieren wir das Ganze einmal in der JShell aus:

```
jshell> generateCharacterHistogram("Otto")
$9 ==> {o=2, t=2}

jshell> generateCharacterHistogram("Hallo Micha")
$10 ==> {a=2, c=1, h=2, i=1, l=2, m=1, o=1}

jshell> generateCharacterHistogram("Java Challenge, Ihr Java-Training")
$11 ==> {a=6, c=1, e=2, g=2, h=2, i=3, j=2, l=2, n=3, r=2, t=1, v=2}
```

Hinweis: Hilfreiches in Java 8

Ganz nebenbei erfahren wir noch, dass in Java 8 das Interface `Map<K,V>` um verschiedene hilfreiche Methoden ergänzt wurde, nämlich unter anderem:

- `putIfAbsent()`
- `computeIfPresent()`

Diese erlauben es oftmals, Algorithmen einfacher zu schreiben. Bedenken Sie bitte, dass es auf die Reihenfolge der Aufrufe ankommt.

4.2 Aufgaben

4.2.1 Aufgabe 1: Zahlenumwandlungen (★★☆☆☆)

Implementieren Sie basierend auf einem String eine Prüfung auf eine Binärzahl, eine Umwandlung in eine solche sowie beides auch für Hexadezimalzahlen.

Hinweis Die Umwandlung lässt sich mit `Integer.parseInt(value, radix)` und der Basis 2 für Binärzahlen sowie der Basis 16 für Hexadezimalzahlen lösen. Nutzen Sie diese explizit nicht, sondern programmieren Sie dies selbst.

Beispiele

Eingabe	Methode	Resultat
"10101"	isBinaryNumber()	true
"111"	binaryToDecimal()	7
"AB "	hexToDecimal()	171

Aufgabe 1a (★☆☆☆☆)

Schreiben Sie eine Methode `boolean isBinaryNumber(String)`, die prüft, ob ein gegebener String nur aus den Zeichen 0 und 1 besteht, also eine Binärzahl repräsentiert.

Aufgabe 1b (★★☆☆☆)

Schreiben Sie eine Methode `int binaryToDecimal(String)`, die eine als String dargestellte (gültige) Binärzahl in die korrespondierende Dezimalzahl umwandelt.

Aufgabe 1c (★★☆☆☆)

Schreiben Sie das Ganze erneut, aber diesmal für Hexadezimalzahlen.

4.2.2 Aufgabe 2: Joiner (★☆☆☆☆)

Aufgabe 2a (★☆☆☆☆)

Schreiben Sie eine Methode `String join(List<String>, String)`, die eine Liste von Strings mit der übergebenen Trennzeichenfolge verbindet und als einen String zurückliefert. Implementieren Sie dies ohne Verwendung spezieller JDK-Funktionalität zunächst selbst.

Aufgabe 2b (★★☆☆☆)

Realisieren Sie das Zusammenfügen von Strings mit geeigneten Methoden aus dem Stream-API in einer Methode `String joinStrings(List<String>, String)`.

Beispiele

Eingabe	Separator	Resultat
["hello", "world", "message"]	" +++ "	"hello +++ world +++ message"
["Micha", "Zürich"]	" likes "	"Micha likes Zürich"

4.2.3 Aufgabe 3: Reverse String (★★☆☆☆)

Schreiben Sie eine Methode `String reverse(String)`, die die Buchstaben in einem String umdreht und als Ergebnis liefert. Realisieren Sie dies selbst, also ohne Verwendung spezieller JDK-Funktionalität, etwa der `reverse()`-Methode aus der Klasse `StringBuilder`.

Beispiele

Eingabe	Resultat
"ABCD"	"DCBA"
"OTTO"	"OTTO"
"PETER	"RETEP"

4.2.4 Aufgabe 4: Palindrom (★★★☆☆)

Aufgabe 4a (★★☆☆☆)

Schreiben Sie eine Methode `boolean isPalindrome(String)`, die überprüft, ob ein gegebener String unabhängig von Groß- und Kleinschreibung ein Palindrom ist. Ein Palindrom ist ein Wort, das sich von vorne und von hinten gleich liest.

Hinweis Die Prüfung lässt sich leicht mit `StringBuilder.reverse()` lösen. Nutzen Sie explizit keine JDK-Bausteine, sondern implementieren Sie die Funktionalität selbst.

Beispiele

Eingabe	Resultat
"Otto"	true
"ABCBX"	false
"ABCXcba"	true

Aufgabe 4b (★★★☆☆)

Schreiben Sie eine Erweiterung, die auch Leerzeichen und Satzzeichen nicht als maßgeblich ansieht, wodurch sich dann ganze Sätze prüfen lassen, etwa dieser:

```
Dreh mal am Herd.
```

4.2.5 Aufgabe 5: No Duplicate Chars (★★★☆☆)

Finden Sie heraus, ob ein gegebener String keine doppelten Buchstaben enthält. Dabei sollen Groß- und Kleinbuchstaben keinen Unterschied machen. Schreiben Sie dazu eine Methode `boolean checkNoDuplicateChars(String)`.

Beispiele

Eingabe	Resultat
"Otto"	false
"Adrian"	false
"Micha"	true
"ABCDEFG"	true

4.2.6 Aufgabe 6: Doppelte Buchstaben entfernen (★★★☆☆)

Schreiben Sie eine Methode `String removeDuplicates(String)`, die in einem gegebenen Text jeden Buchstaben nur einmal behält, also alle späteren doppelten unabhängig von Groß- und Kleinschreibung löscht. Dabei soll aber die ursprüngliche Reihenfolge der Buchstaben beibehalten werden.

Beispiele

Eingabe	Resultat
"bananas"	"bans"
"lalalamama"	"lam"
"MICHAEL	"MICHAEL"

4.2.7 Aufgabe 7: Capitalize (★★☆☆☆)

Aufgabe 7a (★★☆☆☆)

Schreiben Sie eine Methode `String capitalize(String)`, die einen gegebenen Text in das Format eines englischen Titels überführt, bei dem jedes Wort mit einem Großbuchstaben beginnt.

Beispiele

Eingabe	Resultat
"this is a very special title"	"This Is A Very Special Title"
"effective java is great"	"Effective Java Is Great"

Aufgabe 7b: Abwandlung (★★☆☆☆)

Nehmen wir an, als Eingabe diene nun eine Liste von Strings und es soll ein Liste von Strings zurückgegeben werden, wobei die einzelnen Wörter dann mit einem Großbuchstaben anfange. Beginnen Sie mit folgender Signatur:

```
List<String> capitalize(List<String> words)
```

Aufgabe 7c: Sonderbehandlung (★★☆☆☆)

In Überschriften findet man in der Regel eine Sonderbehandlung von Wörtern wie »is« oder »a«, die nicht großgeschrieben werden. Implementieren Sie dies als Methode `List<String> capitalizeSpecial(List<String>, List<String>)`, die als zweiten Parameter die Wörter erhält, die von der Umwandlung auszuschließen sind.

Beispiel

Eingabe	Ausnahmen	Resultat
["this", "is", "a", "title"]	["is", "a"]	["This", "is", "a", "Title"]

4.2.8 Aufgabe 8: Rotation (★★☆☆☆)

Gegeben seien zwei Strings `str1` und `str2`, wobei der erste String länger als der zweite sein soll. Finden Sie heraus, ob der erste den anderen enthält. Dabei dürfen die Buchstaben innerhalb des ersten Strings auch rotiert werden: Vom Anfang oder Ende können Zeichen an die jeweils gegenüberliegende Position verschoben werden (auch wiederholt). Erstellen Sie dazu eine Methode `boolean containsRotation(String, String)`, die Groß- und Kleinschreibung bei der Prüfung außer Acht lässt.

Beispiele

Eingabe 1	Eingabe 2	Resultat
"ABCD"	"ABC"	true
"ABCDEF	"EFAB"	true ("ABCDEF" $\leftarrow$ x 2 $\Rightarrow$ "CDEFAB" enthält "EFAB")
"BCDE"	"EC"	false
"Challenge"	"GECH"	true

4.2.9 Aufgabe 9: Wohlgeformte Klammern (★★☆☆☆)

Schreiben Sie eine Methode `boolean checkBraces(String)`, die prüft, ob die als String übergebene Folge von runden Klammern jeweils passende (sauber geschachtelte) Klammerpaare enthält.

Beispiele

Eingabe	Resultat	Kommentar
"(())"	true	
"()()"	true	
"(()))((())"	false	zwar gleich viele öffnende und schließende Klammern, aber nicht sauber geschachtelt
"((()"	false	keine passende Klammerung

4.2.10 Aufgabe 10: Anagramm (★★☆☆☆)

Als Anagramm bezeichnet man zwei Strings, die dieselben Buchstaben in der gleichen Häufigkeit enthalten. Dabei soll Groß- und Kleinschreibung keinen Unterschied machen. Schreiben Sie eine Methode `boolean isAnagram(String, String)`.

Beispiele

Eingabe 1	Eingabe 2	Resultat
"Otto"	"Toto"	true
"Mary	"Army"	true
"Ananas"	"Bananas"	false

4.2.11 Aufgabe 11: Morse Code (★★☆☆☆)

Schreiben Sie eine Methode `String toMorseCode(String)`, die einen gegebenen Text in Morsezeichen übersetzen kann. Diese bestehen aus Sequenzen von ein bis vier kurzen und langen Tönen pro Buchstabe, symbolisiert durch . oder -. Zur leichteren Unterscheidbarkeit soll zwischen jedem Ton ein Leerzeichen und zwischen jeder Buchstabentonfolge jeweils drei Leerzeichen Abstand sein – ansonsten würden sich S (...) und EEE (...) nicht voneinander unterscheiden lassen.

Beschränken Sie sich der Einfachheit halber auf die Buchstaben E, O, S, T, W mit folgender Codierung:

Buchstabe	Morsecode
E	.
O	- - -
S	. . .
T	-
W	. - -

Beispiele

Eingabe	Resultat
SOS	. . . - - - . . .
TWEET	- . - - . . -
WEST	. - - . . . . -

Bonus Experimentieren Sie ein wenig und ermitteln Sie für alle Buchstaben des Alphabets die korrespondierenden Morsezeichen, etwa, um Ihren Namen umzuwandeln. Dazu finden Sie unter `https://de.wikipedia.org/wiki/Morsezeichen` die notwendigen Hinweise.

4.2.12 Aufgabe 12: Pattern Checker (★★☆☆☆)

Schreiben Sie eine Methode `boolean matchesPattern(String, String)`, die einen mit Leerzeichen separierten String (2. Parameter) auf die Struktur eines Musters hin untersucht, das in Form einzelner Zeichen als erster Parameter übergeben wird.

Beispiele

Eingabe Muster	Eingabe Wörter	Resultat
"xyyx"	"tim mike mike tim"	true
"xyyx"	"tim mike tom tim"	false
"xyxx"	"tim mike mike tim"	false
"xxxx"	"tim tim tim tim"	true

4.2.13 Aufgabe 13: Tennis-Punktestand (★★★☆☆)

Schreiben Sie eine Methode `String tennisScore(String, String, String)`, die auf Basis eines textuell vorliegenden Punktestands für zwei Spieler PL1 und PL2 im Format <PL1-Punkte>:<PL2-Punkte>, eine Ansage im bekannten Stil wie »Fifteen Love«, »Deuce« oder »Advantage Player X« macht.

Dabei gelten für ein Spiel im Tennis folgende Zählregeln:

- Ein Spiel ist gewonnen (»Game <PlayerX>«), wenn ein Spieler 4 oder mehr Punkte erreicht und dazu einen Vorsprung von mindestens 2 Punkten hat.
- Punkte von 0 bis 3 werden mit den Bezeichnungen »Love», »Fifteen«, »Thirty« und »Forty« benannt.
- Bei mindestens 3 Punkten und Gleichstand heißt es »Deuce«.
- Bei mindestens 3 Punkten und einem Punkt Unterschied heißt es »Advantage <PlayerX>«, für denjenigen der einen Punkt mehr hat.

Beispiele

Eingabe	Punktestand
"1:0", "Micha", "Tim"	"Fifteen Love"
"2:2", "Micha", "Tim"	"Thirty Thirty"
"2:3", "Micha", "Tim"	"Thirty Forty"
"3:3", "Micha", "Tim"	"Deuce"
"4:3", "Micha", "Tim"	"Advantage Micha"
"4:4", "Micha", "Tim"	"Deuce"
"5:4", "Micha", "Tim"	"Advantage Micha"
"6:4", "Micha", "Tim"	"Game Micha"

4.2.14 Aufgabe 14: Versionsnummern (★★☆☆☆)

Schreiben Sie eine Methode `int compareVersions(String, String)`, die es ermöglicht, Versionsnummern im Format *MAJOR.MINOR.PATCH* miteinander zu vergleichen – dabei ist die Angabe von *PATCH* optional. Insbesondere soll der Rückgabewert kompatibel zur Methode `int compare(T, T)` aus dem Interface `Comparator<T>` sein.

Beispiele

Version 1	Version 2	Resultat
1.11.17	2.3.5	<
2.1	2.1.3	<
2.3.5	2.4	<
3.1	2.4	>
3.3	3.2.9	>
7.2.71	7.2.71	=

Bonus Realisieren Sie die Funktionalität mithilfe des Interface `Comparator<T>`.

4.2.15 Aufgabe 15: Konvertierung `strToLong` (★★☆☆☆)

Wandeln Sie einen String in einen `long`. Schreiben Sie dazu eine Methode `long strToLong(String)`.

Hinweis Die Umwandlung lässt sich mit `Long.parseLong(value)` problemlos lösen. Nutzen Sie diese explizit nicht, sondern implementieren Sie das Ganze selbst.

Beispiele

Eingabe	Resultat
"+123"	123
"-123"	-123
"7271"	7271
"ABC"	`IllegalArgumentException`
"0123"	83 (für Bonusaufgabe)
"-0123"	-83 (für Bonusaufgabe)
"0128"	`IllegalArgumentException` (für Bonusaufgabe)

Bonus Ermöglichen Sie das Parsing von Oktalzahlen.

4.2.16 Aufgabe 16: Print Tower (★★★☆☆)

Schreiben Sie eine Methode `void printTower(int)`, die als ASCII-Grafik einen Stab der Höhe $n + 1$ und n aufeinander gestapelte Scheiben, symbolisiert durch das Zeichen `#`, darstellt sowie eine untere Begrenzungslinie zeichnet.

Beispiel Ein Turm der Höhe 3 sollte in etwa wie folgt aussehen:

```
    |
   #|#
  ##|##
 ###|###
---------
```

4.3 Lösungen

4.3.1 Lösung 1: Zahlenumwandlungen (★★☆☆☆)

Implementieren Sie basierend auf einem String eine Prüfung auf eine Binärzahl, eine Umwandlung in eine solche sowie beides auch für Hexadezimalzahlen.

Hinweis Die Umwandlung lässt sich mit `Integer.parseInt(value, radix)` und der Basis 2 für Binärzahlen sowie der Basis 16 für Hexadezimalzahlen lösen. Nutzen Sie diese explizit nicht, sondern programmieren Sie dies selbst.

Beispiele

Eingabe	Methode	Resultat
"10101"	isBinaryNumber()	true
"111"	binaryToDecimal()	7
"AB "	hexToDecimal()	171

Lösung 1a (★☆☆☆☆)

Schreiben Sie eine Methode `boolean isBinaryNumber(String)`, die prüft, ob ein gegebener String nur aus den Zeichen 0 und 1 besteht, also eine Binärzahl repräsentiert.

Algorithmus Die Umsetzung in Java durchläuft den String zeichenweise vom Anfang bis zum Ende und prüft dabei, ob das aktuelle Zeichen 0 oder 1 ist. Wird ein anderes Zeichen erkannt, so bricht die Schleife ab und die Rückgabe ist `false`:

```
public static boolean isBinaryNumber(final String number)
{
    boolean isBinary = true;

    int i = 0;
    while (i < number.length() && isBinary)
    {
        final char currentChar = number.charAt(i);
        isBinary = (currentChar == '0' || currentChar == '1');

        i++;
    }

    return isBinary;
}
```

Lösung 1b (★★☆☆☆)

Schreiben Sie eine Methode `int binaryToDecimal(String)`, die eine als String dargestellte (gültige) Binärzahl in die korrespondierende Dezimalzahl umwandelt.

Algorithmus Man durchläuft den String zeichenweise von links nach rechts und verarbeitet jedes Zeichen als binäre Ziffer. Dabei errechnet sich der Wert auf Basis des aktuellen Zeichens, indem man den zuvor umgewandelten Wert mit 2 multipliziert und den aktuellen Wert addiert. Letzteres wird durch eine Subtraktion `number.charAt(i) - '0'` ermittelt, wie wir es in der Einleitung für Dezimalzahlen schon kennengelernt haben. Der Algorithmus lässt sich klar und ohne Sonderbehandlungen formulieren, weil durch die zuvor implementierte Methode `isBinaryNumber()` eine gültige Eingabe sichergestellt ist:

```
public static int binaryToDecimal(final String number)
{
    if (!isBinaryNumber(number))
        throw new IllegalArgumentException(number + " is not a binary number");

    int decimalValue = 0;
    for (int i = 0; i < number.length(); i++)
    {
        final int current = number.charAt(i) - '0';
        decimalValue = decimalValue * 2 + current;
    }

    return decimalValue;
}
```

Lösung 1c (★★☆☆☆)

Schreiben Sie das Ganze erneut, aber diesmal für Hexadezimalzahlen.

Algorithmus Für Hexadezimalzahlen muss zum einen der Faktor auf 16 geändert werden. Zum anderen bietet sich `getNumericValue()` für die Wertermittlung an:

```
public static int hexToDecimal(final String number)
{
    if (!isHexNumber(number))
        throw new IllegalArgumentException(number + " is not a hex number");

    int decimalValue = 0;
    for (int i = 0; i < number.length(); i++)
    {
        final char currentChar = number.charAt(i);
        final int value = Character.getNumericValue(currentChar);
        decimalValue = decimalValue * 16 + value;
    }

    return decimalValue;
}
```

Die Prüfung auf gültige Hexadezimalzahlen nutzt für Dezimalzahlen die in der Einführung vorgestellte Methode `isDigit()` und prüft die anderen Buchstaben manuell:

```
public static boolean isHexNumber(final String number)
{
    boolean isHex = true;

    final String upperCaseNumber = number.toUpperCase();

    int i = 0;
    while (i < upperCaseNumber.length() && isHex)
    {
        final char currentChar = upperCaseNumber.charAt(i);
        isHex = Character.isDigit(currentChar) ||
                currentChar >= 'A' && currentChar <= 'F';

        i++;
    }

    return isHex;
}
```

Bei dieser Aufgabe handelt es sich um ein Suchproblem, d. h., man sucht das erste Vorkommen eines Buchstabens im String der für Binärzahlen nicht 0 oder 1 und für Hexadezimalzahlen nicht im Bereich 0 bis F ist. Solche Suchprobleme kann man mit einer `while`-Schleife lösen – danach gilt dann `i >= length() || !condition`:

```
int i = 0;
while (i < input.length() && condition)
{
    // teste Bedingung
    i++;
}
```

Tipp: Mögliche Alternativen und Optimierungen

Obwohl die gezeigten Implementierungen ziemlich direkt sind, gibt es doch einige verblüffend elegante Varianten, die zudem gut lesbar und verständlich sind, nämlich die Buchstabenfolge A bis F auf Enthaltensein des Zeichens zu prüfen:

```
isHex = Character.isDigit(currentChar) || "ABEDEF".contains(currenctChar);
```

Das Ganze geht sogar noch kürzer basierend auf der letzten Idee:

```
isHex = "0123456789ABCDEF".indexOf(currentChar) >= 0;
```

Alternativ lässt sich sogar die gesamte Prüfung durch einen regulären Ausdruck deutlich kürzer gestalten:

```
static boolean isHexNumber(final String number)
{
    return number.matches("^[0-9a-fA-F]+$");
}
```

Prüfung

Zum Test nutzen wir folgende Eingaben, die die korrekte Funktionsweise zeigen:

```
@ParameterizedTest(name = "isBinaryNumber({0}) => {1}")
@CsvSource({ "10101, true", "222, false", "12345, false" })
public void isBinaryNumber(String value, boolean expected)
{
    boolean result = Ex01_BasicNumberChecks.isBinaryNumber(value);

    assertEquals(expected, result);
}

@ParameterizedTest(name = "binaryToDecimal({0}) => {1}")
@CsvSource({ "111, 7", "1010, 10", "1111, 15", "10000, 16" })
public void binaryToDecimal(String value, int expected)
{
    int result = Ex01_BasicNumberChecks.binaryToDecimal(value);

    assertEquals(expected, result);
}

@ParameterizedTest(name = "hexToDecimal({0}) => {1}")
@CsvSource({ "7, 7", "A, 10", "F, 15", "10, 16" })
public void hexToDecimal(String value, int expected)
{
    int result = Ex01_BasicNumberChecks.hexToDecimal(value);

    assertEquals(expected, result);
}
```

4.3.2 Lösung 2: Joiner (★☆☆☆☆)

Lösung 2a (★☆☆☆☆)

Schreiben Sie eine Methode `String join(List<String>, String)`, die eine Liste von Strings mit der übergebenen Trennzeichenfolge verbindet und als einen String zurückliefert. Implementieren Sie dies ohne Verwendung spezieller JDK-Funktionalität zunächst selbst.

Beispiele

Eingabe	Separator	Resultat
["hello", "world", "message"]	" +++ "	"hello +++ world +++ message"
["Micha", "Zürich"]	" likes "	"Micha likes Zürich"

Algorithmus Durchlaufe die Liste der Werte von vorne nach hinten. Füge jeweils den Text in einen `StringBuilder` ein, füge dann die Trennzeichenfolge hinzu und wiederhole dies bis zum letzten Wert. Als Spezialbehandlung darf nach diesem keine Trennzeichenfolge mehr hinzugefügt werden:

```
static String join(final List<String> values, final String delimiter)
{
    var sb = new StringBuilder();
    for (int i = 0; i < values.size(); i++)
    {
        sb.append(values.get(i));

        // no delimeter after last
        if (i < values.size() - 1)
        {
            sb.append(delimiter);
        }
    }
    return sb.toString();
}
```

Lösung 2b (★★☆☆☆)

Realisieren Sie das Zusammenfügen von Strings mit geeigneten Methoden aus dem Stream-API in einer Methode `String joinStrings(List<String>, String)`.

Algorithmus Mit dem Stream-API lässt sich die Aufgabenstellung schön kompakt, verständlich und ohne Spezialbehandlung wie folgt schreiben:

```
static String joinStrings(final List<String> values, final String delimiter)
{
    return values.stream().collect(Collectors.joining(delimiter));
}
```

Prüfung

Zum Test nutzen wir folgende Eingaben, die die korrekte Funktionsweise zeigen:

```
@Test
public void testJoinLowLevel()
{
    var result = Ex02_StringJoiner.join(List.of("hello", "world", "message"),
                                        " +++ ");

    assertEquals("hello +++ world +++ message", result);
}

@Test
public void testJoinStringsWithStream()
{
    var result = Ex02_StringJoiner.joinStrings(List.of("Micha", "Zürich"),
                                               " likes ");

    assertEquals("Micha likes Zürich", result);
}
```

4.3.3 Lösung 3: Reverse String (★★☆☆☆)

Schreiben Sie eine Methode `String reverse(String)`, die die Buchstaben in einem String umdreht und als Ergebnis liefert. Realisieren Sie dies selbst, also ohne Verwendung spezieller JDK-Funktionalität, etwa der `reverse()`-Methode aus der Klasse `StringBuilder`.

Beispiele

Eingabe	Resultat
"ABCD"	"DCBA"
"OTTO"	"OTTO"
"PETER	"RETEP"

Algorithmus Anfangs könnte man die Idee haben, den Originalstring zeichenweise vom Ende zu durchlaufen und das jeweilige Zeichen dem Resultat hinzuzufügen:

```
static String reverse(final String original)
{
    String reversed = "";

    for (int i = original.length() - 1; i >= 0; i--)
    {
        char currentChar = original.charAt(i);
        reversed += currentChar;
    }

    return reversed;
}
```

Allerdings existiert ein kleines Problem: Die Stringkonkatenationen mit += sind potenziell »teuer«, weil dadurch neue Stringobjekte entstehen. Daher sollte man für aufwendigere Aktionen besser mit einer Instanz eines `StringBuilder`s arbeiten. Auf weitere Möglichkeiten gehe ich dann im zweiten Teil der Lösung ein.

Optimierter Algorithmus Fragen wir uns kurz: Wie ginge es speichereffizienter, etwa wenn sehr lange Strings extrem häufig umgedreht werden sollen?

Die Idee dazu ist, den String mit `toCharArray()` in ein `char[]` zu wandeln und direkt auf dem `char[]` zu arbeiten. Zudem verwendet man zwei Positionszeiger $left$ und $right$, die zunächst auf das erste bzw. letzte Zeichen zeigen. Nun vertauscht man die jeweiligen Buchstaben und die Positionszeiger wandern nach innen. Das Ganze wiederholt man, solange $left < right$ gilt, bzw. bei $left >= right$ erfolgt der Abbruch. Verdeutlichen wir uns das Vorgehen für den Text `ABCD`, wobei in der Darstellung `l` für $left$ und `r` für $right$ steht:

```
A B C D
l     r

D B C A
  l r

 D C B A
   r l       => Ende
```

Das beschriebene Verfahren implementieren wir wie folgt:

```
static String reverseInplace(final String original)
{
    final char[] originalChars = original.toCharArray();

    int left = 0;
    int right = originalChars.length - 1;

    while (left < right)
    {
        final char leftChar = originalChars[left];
        final char rightChar = originalChars[right];

        // swap
        originalChars[left] = rightChar;
        originalChars[right] = leftChar;

        left++;
        right--;
    }

    return String.valueOf(originalChars);
}
```

Prüfung

Schreiben wir einen Unit Test, um die gewünschte Funktionsweise zu überprüfen:

```
@ParameterizedTest(name = "reverse({0}) => {1}")
@CsvSource({ "ABCD, DCBA", "OTTO, OTTO", "PETER, RETEP" })
void testReverse(final String input, final String expectedOutput)
{
    final String result = Ex03_ReverseString.reverse(input);

    assertEquals(expectedOutput, result);
}
```

Ähnliches könnten wir auch für die Inplace-Variante durchführen, hier begnügen wir uns aber mit zwei Aufrufen in der JShell:

```
jshell> reverseInplace("ABCD")
$29 ==> "DCBA"

jshell> reverseInplace("PETER")
$30 ==> "RETEP"
```

4.3.4 Lösung 4: Palindrom (★★★☆☆)

Lösung 4a (★★☆☆☆)

Schreiben Sie eine Methode `boolean isPalindrome(String)`, die überprüft, ob ein gegebener String unabhängig von Groß- und Kleinschreibung ein Palindrom ist. Ein Palindrom ist ein Wort, das sich von vorne und von hinten gleich liest.

Beispiele

Eingabe	Resultat
"Otto"	true
"ABCBX"	false
"ABCXcba"	true

Hinweis Die Prüfung lässt sich leicht mit `StringBuilder.reverse()` lösen. Nutzen Sie explizit keine JDK-Bausteine, sondern implementieren Sie die Funktionalität selbst.

Tipps für das Jobinterview:

Exemplarisch für ein Jobinterview nenne ich hier wieder einmal mögliche Fragen, die Sie stellen können, um die Aufgabenstellung zu präzisieren:

- Soll es case-sensitive sein? ANTWORT: nein beliebig
- Sind Leerzeichen relevant? ANTWORT: erstmal ja, später nein, dann ignorieren

Algorithmus Wie bei Aufgabe 3 »Reverse String« repräsentiert man den String als `char[]` und geht von links und rechts jeweils eine Position nach innen, solange die Zeichen übereinstimmen und die linke Position noch kleiner als die rechte ist:

```
static boolean isPalindrome(final String input)
{
    final char[] chars = input.toLowerCase().toCharArray();

    int left = 0;
    int right = chars.length-1;

    boolean isSameChar = true;
    while (left < right && isSameChar)
    {
        isSameChar = (chars[left] == chars[right]);

        left++;
        right--;
    }

    return isSameChar;
}
```

Algorithmus mit Rekursion Wie kann man das Palindrom-Problem ohne `char[]` als Hilfsdatenstruktur und rekursiv lösen? Nach Lektüre von Kapitel 3 und dem Bearbeiten einiger der dort vorgegebenen Übungsaufgaben zur Rekursion sollte es uns einigermaßen leicht fallen, das Ganze zu realisieren. Mit der Strategie bzw. dem Idiom der Hilfsmethode im Hinterkopf ergibt sich folgende rekursive Implementierung, die von außen startend immer zwei Zeichen prüft und, solange diese übereinstimmen und dabei die linke Position kleiner als die rechte ist, weiter nach innen geht:

```
public static boolean isPalindromeRec(final String input)
{
    return isPalindromeRec(input.toLowerCase(), 0, input.length() - 1);
}

static boolean isPalindromeRec(final String input,
                               final int left, final int right)
{
    if (left >= right)
        return true;

    if (input.charAt(left) == input.charAt(right))
    {
        return isPalindromeRec(input, left + 1, right - 1);
    }

    return false;
}
```

Eine Variante wäre, den String immer um die Zeichen zu verkürzen. Wieso ist diese logische Lösung praktisch nicht so gut? Die Antwort liegt auf der Hand: Es würden viele temporäre Stringobjekte entstehen und zudem müssten eine Vielzahl an Kopieraktionen stattfinden.

Lösung 4b (★★★☆☆)

Schreiben Sie eine Erweiterung, die auch Leerzeichen und Satzzeichen nicht als maßgeblich ansieht, wodurch sich dann ganze Sätze prüfen lassen, etwa dieser:

```
Dreh mal am Herd.
```

Algorithmus Man kann in den Algorithmus spezielle Prüfungen auf Leerzeichen einbauen, einfacher ist es jedoch, wenn man eine Variante der Methode erstellt und dort vor der eigentlichen Prüfung alle unerwünschten Satzzeichen und Leerzeichen ersetzt und dann die ursprüngliche Methode aufruft:

```
public static boolean isPalindrome(final String input,
                                   final boolean ignoreSpacesAndPunctuation)
{
    String adjustedInput = input.toLowerCase();
    if (ignoreSpacesAndPunctuation)
        adjustedInput = input.replaceAll(" |!|\\.", "");

    return isPalindromeRec(adjustedInput);
}
```

Beachten Sie bitte, dass hierbei in `replaceAll()` ein regulärer Ausdruck genutzt wird, um die zu ersetzenden Zeichen, konkret Leerzeichen, Ausrufezeichen und Punkt, aus dem zu prüfenden Text zu entfernen. Dabei ist der Punkt speziell zu maskieren, da dieser in einem regulären Ausdruck für jedes beliebige Zeichen steht.

Prüfung

Zur Überprüfung schreiben wir wieder einen Unit Test mit folgenden Eingaben, die die korrekte Funktionsweise zeigen:

```
@ParameterizedTest(name = "isPalindromeRec({0} => {1}")
@CsvSource({ "Otto, true",
             "ABCBX, false",
             "ABCXcba, true" })
void isPalindromeRec(String value, boolean expected)
{
    boolean result = Ex04_Palindrome.isPalindromeRec(value);

    assertEquals(expected, result);
}

@ParameterizedTest(name = "''{0}'' should be {1}")
@CsvSource( { "Dreh mal am Herd., true",
              "Das ist kein Palindrom!, false"} )
void isPalindrome(String value, boolean expected)
{
    boolean result = Ex04_Palindrome.isPalindrome(value, true);

    assertEquals(expected, result);
}
```

Erkenntnisse: Achten Sie auf Verständlichkeit

Während es für Strings aufgrund ihres APIs und des positions-/indexbasierten Zugriffs absolut natürlich ist, eine iterative Lösung zu wählen, wäre diese nicht mehr günstig, wenn man die Palindrom-Eigenschaft für die Ziffern einer Zahl bestimmen müsste. Das geht mithilfe von Rekursion und etwas Überlegen auch ohne den Umweg über die Konvertierung und wurde schon auf Seite ?? als Übungsaufgabe in Abschnitt ?? gezeigt. Nachdem in der Aufgabe zuvor die Funktionalität `reverse()` entwickelt wurde, können wir diese hier gewinnbringend wie folgt nutzen:

```
static boolean isPalindrome(final String input)
{
    final String upperInput = input.toUpperCase();

    return upperInput.equals(reverse(upperInput));
}
```

Man erkennt, dass durch eine problem- und kontextangepasste Programmierung verständliche, wartbare Lösungen entstehen können. Die Eigenschaften verständlich, wartbar und änderbar sind in der Praxis von großer Bedeutung, da Sourcecode normalerweise aufgrund sich wandelnder oder neuer Anforderungen viel häufiger modifiziert als komplett neu erstellt wird.

4.3.5 Lösung 5: No Duplicate Chars (★★★☆☆)

Finden Sie heraus, ob ein gegebener String keine doppelten Buchstaben enthält. Dabei sollen Groß- und Kleinbuchstaben keinen Unterschied machen. Schreiben Sie dazu eine Methode `boolean checkNoDuplicateChars(String)`.

Beispiele

Eingabe	Resultat
"Otto"	false
"Adrian"	false
"Micha"	true
"ABCDEFG"	true

Algorithmus Bei der Lösung der Aufgabe kommt man vielleicht auf die Idee, die einzelnen Zeichen in einem `Set<E>` zu speichern. Wir durchlaufen die Eingabe zeichenweise von vorne nach hinten. Für jedes Zeichen prüfen wir, ob es bereits im `Set<E>` vorhanden ist. Falls ja, sind wir auf einen doppelten Buchstaben gestoßen und brechen die Verarbeitung ab. Andernfalls fügen wir das Zeichen ins `Set<E>` ein und machen mit dem nächsten Zeichen weiter:

```
static boolean checkNoDuplicateChars(final String input)
{
    final char[] allCharsOfInput = input.toLowerCase().toCharArray();

    final Set<Character> containedChars = new HashSet<>();
    for (char currentChar : allCharsOfInput)
    {
        if (containedChars.contains(currentChar))
            return false;

        containedChars.add(currentChar);
    }
    return true;
}
```

Tipp: Mögliche Alternativen und Optimierungen

Obwohl die gezeigte Implementierung ziemlich klar ist, kann man weitere noch kompaktere Alternativen finden, wenn man ausnutzt, dass jeder String mithilfe der Methode `chars()` in einen `IntStream` gewandelt werden kann. Versucht man die Logik recht nahe am eigentlichen Algorithmus zu halten, entsteht vielleicht Folgendes – wobei man das `boxed()` benötigt, um die Werte von `int` in einen `Integer` zu wandeln. Nur so können die Werte in ein `Set<Integer>` eingefügt und Duplikate auf diese Weise entfernt werden. Existieren keine Duplikate, muss die Anzahl des `Set<Integer>` der Länge des Strings entsprechen:

```
static boolean checkNoDuplicateCharsStreamV1(final String input)
{
    return input.toLowerCase().chars().
                               boxed().
                               collect(Collectors.toSet()).
                               size() == input.length();
}
```

Das ist zwar kompakter, aber ggf. nicht ganz so verständlich wie die klassische Variante. Es gibt aber eine adäquate Abwandlung: Man kann mit `distinct()` alle Duplikate entfernen und mit `count()` die Anzahl der Elemente im Stream erfragen. Existieren keine Duplikate, muss die Anzahl der Länge des Strings entsprechen. Viele Worte, aber wenig Anweisungen ... das Ganze lässt sich mit einem Einzeiler wie folgt formulieren:

```
boolean checkNoDuplicateCharsWithStreamOpt(final String input)
{
    return input.toLowerCase().chars().distinct().count() == input.length();
}
```

Prüfung

Wir nutzen erneut einen Unit Test, um die gewünschte Funktionsweise zu überprüfen:

```
@ParameterizedTest(name = "checkNoDuplicateChars({0}) => {1}")
@CsvSource({ "Otto, false", "Adrian, false", "Micha, true", "ABCDEFG, true" })
void checkNoDuplicateChars(final String input, final boolean expected)
{
    var result = Ex05_CheckNoDuplicateChars.checkNoDuplicateChars(input);

    assertEquals(expected, result);
}
```

4.3.6 Lösung 6: Doppelte Buchstaben entfernen (★★★☆☆)

Schreiben Sie eine Methode `String removeDuplicates(String)`, die in einem gegebenen Text jeden Buchstaben nur einmal behält, also alle späteren doppelten unabhängig von Groß- und Kleinschreibung löscht. Dabei soll aber die ursprüngliche Reihenfolge der Buchstaben beibehalten werden.

Beispiele

Eingabe	Resultat
"bananas"	"bans"
"lalalamama"	"lam"
"MICHAEL	"MICHAEL"

Algorithmus Auch hier laufen wir zeichenweise durch den String und speichern die jeweiligen Buchstaben in einem `Set<E>` namens `alreadySeen`. Ist das aktuelle Zeichen dort noch nicht enthalten, so wird es sowohl in das `Set<E>` als auch in den Ergebnistext aufgenommen. Gibt es allerdings ein solches Zeichen schon, so fahren wir mit dem nächsten Zeichen der Eingabe fort:

```
static String removeDuplicates(final String input)
{
    var result = new StringBuilder();
    var alreadySeen = new HashSet<>();

    for (int i = 0; i < input.length(); i++)
    {
        final char currentChar = input.charAt(i);
        if (!alreadySeen.contains(currentChar))
        {
            alreadySeen.add(currentChar);
            result.append(currentChar);
        }
    }

    return result.toString();
}
```

Optimierter Algorithmus Das Ganze kann man mit Java-8-Bordmitteln sogar noch eleganter lösen. Hier profitieren wir davon, dass man Strings mithilfe der Methode `chars()` in einen `IntStream` umwandeln kann. Das Stream-API ermöglicht mit `distinct()` auf elegante Weise, Duplikate zu entfernen. Danach wandelt man die numerischen Werte zurück in den Typ `char` und schließlich in kurze Einzeichenstrings. Diese wiederum werden mit `joining()` zu einem Ergebnis zusammengefügt:

```
static String removeDuplicatesImproved(final String input)
{
    return input.chars().distinct().
                         mapToObj(i -> (char) i + "").
                         collect(Collectors.joining());
}
```

Prüfung

Das Entfernen doppelter Buchstaben überprüfen wir mithilfe des folgenden Unit Tests:

```
@ParameterizedTest(name = "removeDuplicates({0}) => {1}")
@CsvSource({ "bananas, bans", "lalalamama, lam", "MICHAEL, MICHAEL" })
void testRemoveDuplicates(final String input, final String expected)
{
    var result = Ex06_DuplicateCharsRemoval.removeDuplicates(input);

    assertEquals(expected, result);
}
```

Für die optimierte Variante geschieht dies analog.

4.3.7 Lösung 7: Capitalize (★★☆☆☆)

Lösung 7a (★★☆☆☆)

Schreiben Sie eine Methode `String capitalize(String)`, die einen gegebenen Text in das Format eines englischen Titels überführt, bei dem jedes Wort mit einem Großbuchstaben beginnt.

Beispiele

Eingabe	Resultat
"this is a very special title"	"This Is A Very Special Title"
"effective java is great"	"Effective Java Is Great"

Algorithmus Weil Strings unveränderlich sind, kopieren wir initial den Inhalt in ein `char[]` auf dem wir die Modifikationen vornehmen. Dieses Array durchlaufen wir von vorne nach hinten, auf der Suche nach einem neuen Wortanfang. Als Indikator nutzen wir ein boolesches Flag `capitalizeNextChar`. Dies zeigt an, dass der erste Buchstabe des nächsten Worts groß geschrieben werden muss. Initial ist dieses Flag `true`, sodass das aktuelle (erste) Zeichen in einen Großbuchstaben umgewandelt wird. Das geschieht nur für Buchstaben, nicht jedoch für Ziffern. Nach der Umwandlung wird das Flag zurückgesetzt und so lange Buchstaben übersprungen, bis ein Leerzeichen gefunden wird. Dann setzt man das Flag wieder auf `true`. Das Prozedere wird wiederholt, bis man am Ende des Arrays angekommen ist. Aus diesem wird dann schließlich ein neuer String erzeugt:

```
static String capitalize(final String input)
{
    final char[] inputChars = input.toCharArray();

    boolean capitalizeNextChar = true;
    for (int i = 0; i < inputChars.length; i++)
    {
        var currentChar = inputChars[i];
        if (Character.isWhitespace(currentChar))
        {
            capitalizeNextChar = true;
        }
        else
        {
            if (capitalizeNextChar && Character.isLetter(currentChar))
            {
                // convert to uppercase
                inputChars[i] = Character.toUpperCase(currentChar);
                capitalizeNextChar = false;
            }
        }
    }

    return new String(inputChars);
}
```

Probieren wir das Ganze einmal in der JShell aus:

```
jshell> capitalize("alles scheint in ordnung")
$18 ==> "Alles Scheint In Ordnung"
```

Nun kann man sich aber fragen, wie das Verhalten für Buchstaben nach Ziffern oder anderen Nichtbuchstaben sein soll:

```
jshell> capitalize("was passiert mit -a +b 1c")
$19 ==> "Was Passiert Mit -A +B 1C"
```

Tipp: Variante zur Spezialbehandlung

Gerade habe ich noch einen Spezialfall angesprochen. Es ist Definitionssache, wie man damit verfahren soll. Wenn die Buchstaben nach besonderen Zeichen nicht in Großbuchstaben gewandelt werden dürfen, dann kann man dies einfach erreichen. Der Unterschied zu vorher ist subtil: Wir entfernen die Prüfung `isLetter()` und rufen `toUpperCase()` in jedem Fall auf – das ist möglich, weil die Methode neben Buchstaben auch mit anderen Zeichen umgehen kann:

```
static String capitalize(final String input)
{
    // ...
        if (Character.isWhitespace(currentChar))
        {
            capitalizeNextChar = true;
        }
        else
        {
            if (capitalizeNextChar)
            {
                // convert to uppercase
                inputChars[i] = Character.toUpperCase(currentChar);
                capitalizeNextChar = false;
            }
        }
    // ...
}
```

Damit erhalten wir dann folgende Ausgaben:

```
jshell> capitalize("was passiert mit -a +b 1c")
$21 ==> "Was Passiert Mit -a +b 1c"
```

Lösung 7b: Abwandlung (★★☆☆☆)

Nehmen wir an, als Eingabe diene nun eine Liste von Strings und es soll ein Liste von Strings zurückgegeben werden, wobei die einzelnen Wörter dann mit einem Großbuchstaben anfangen. Beginnen Sie mit folgender Signatur:

```
List<String> capitalize(List<String> words)
```

Algorithmus Erzeuge zunächst eine Liste für die umgewandelten Wörter. Durchlaufe dann alle Elemente der übergebenen Liste und verarbeite jedes einzelne durch Aufruf der Methode `capitalizeWord()`. Um das erste Zeichen in einen Großbuchstaben zu wandeln, wird dieses mit `substring(0, 1)` abgetrennt. Die restlichen Zeichen liefert `substring(1)`. Aus beiden wird ein neues Wort gebildet und in das Resultat eingefügt. Um die Methode `capitalizeWord()` fehlertolerant zu machen, behandelt sie eine leere Eingabe mit einem Sanity-Check, um eine `StringIndexOutOfBoundsException` beim nachfolgenden Aufruf von `substring()` zu vermeiden.

```
static List<String> capitalize(final List<String> words)
{
    final List<String> capitalizedWords = new ArrayList<>();

    for (final String word: words)
        capitalizedWords.add(capitalizeWord(word));

    return capitalizedWords;
}

static String capitalizeWord(final String word)
{
    if (word.isEmpty())
       return "";

    final String upperCaseFirstChar = word.substring(0, 1).toUpperCase();
    final String remainingChars = word.substring(1);

    return upperCaseFirstChar + remainingChars;
}
```

Die Funktionalität kann man statt mit einer klassischen `for`-Schleife alternativ mit dem Stream-API formulieren – mitunter gewinnt der Sourcecode dadurch an Lesbarkeit. Dazu bevorzuge ich das »Pipeline«-Layout, bei dem die Stream-Methoden untereinander geschrieben werden, um den Verarbeitungsprozess in Streams zu reflektieren:

```
static List<String> capitalizeWithStream(final List<String> words)
{
    return words.stream().map(word -> capitalizeWord(word)).
                          collect(Collectors.toList());
}
```

Lösung 7c: Sonderbehandlung (★★☆☆☆)

In Überschriften findet man in der Regel eine Sonderbehandlung von Wörtern wie »is« oder »a«, die nicht großgeschrieben werden. Implementieren Sie dies als Methode `List<String> capitalizeSpecial(List<String>, List<String>)`, die als zweiten Parameter die Wörter erhält, die von der Umwandlung auszuschließen sind.

Beispiel

Eingabe	Ausnahmen	Resultat
["this", "is", "a", "title"]	["is", "a"]	["This", "is", "a", "Title"]

Algorithmus Die zuvor entwickelte Funktionalität erweitern wir um eine Liste mit Wörtern, die nicht konvertiert werden sollen. Beim Durchlaufen prüfen wir, ob das aktuelle Wort eines aus der Negativliste ist, und fügen es in dem Fall dem Ergebnis unverändert hinzu. Ansonsten führen wir die Aktionen wie zuvor aus:

```
static List<String> capitalizeSpecial(final List<String> words,
                                      final List<String> ignorableWords)
{
    final List<String> capitalizedWords = new ArrayList<>();

    for (final String word : words)
    {
        if (word.length() > 0)
        {
            if (ignorableWords.contains(word))
                capitalizedWords.add(word);
            else
                capitalizedWords.add(capitalizeWord(word));
        }
    }
    return capitalizedWords;
}
```

Prüfung

Zum Test nutzen wir folgende Eingaben, die die korrekte Funktionsweise zeigen:

```
@ParameterizedTest(name = "capitalize({0}) => {1}")
@CsvSource({ "this is a very special title, This Is A Very Special Title",
             "effective java is great, Effective Java Is Great" })
void capitalize(String input, String expected)
{
    var result = Ex07_Capitalize.capitalize(input);

    assertEquals(expected, result);
}

@Test
void capitalizeWithList()
{
    List<String> input = List.of("this", "is", "a", "special", "title");
    var result = Ex07_Capitalize.capitalize(input);

    assertEquals(List.of("This", "Is", "A", "Special", "Title"), result);
}

@Test
void capitalizeSpecial()
{
    List<String> input = List.of("this", "is", "a", "special", "title");
    var result = Ex07_Capitalize.capitalizeSpecial(input, List.of("is", "a"));

    assertEquals(List.of("This", "is", "a", "Special", "Title"), result);
}
```

4.3.8 Lösung 8: Rotation (★★☆☆☆)

Gegeben seien zwei Strings `str1` und `str2`, wobei der erste String länger als der zweite sein soll. Finden Sie heraus, ob der erste den anderen enthält. Dabei dürfen die Buchstaben innerhalb des ersten Strings auch rotiert werden: Vom Anfang oder Ende können Zeichen an die jeweils gegenüberliegende Position verschoben werden (auch wiederholt). Erstellen Sie dazu eine Methode `boolean containsRotation(String, String)`, die Groß- und Kleinschreibung bei der Prüfung außer Acht lässt.

Beispiele

Eingabe 1	Eingabe 2	Resultat
"ABCD"	"ABC"	true
"ABCDEF	"EFAB"	true ("ABCDEF" ↢ x 2 ⇒ "CDEFAB" enthält "EFAB")
"BCDE"	"EC"	false
"Challenge"	"GECH"	true

Tipps für das Jobinterview:

Exemplarisch für ein Jobinterview nenne ich hier wieder mögliche Fragen, die Sie stellen können, um die Aufgabenstellung zu präzisieren:

- Ist die Rotationsrichtung bekannt <- / ->? ANTWORT: nein, beliebig
- Soll die Rotationsprüfung case-sensitive sein? ANTWORT: nein, gleich behandeln

Idee 1: Brute Force Als erste Idee könnte man versuchen, alle Kombinationen auszuprobieren. Man startet nicht rotiert. Dann rotiert man den String `str1` nach links und prüft, ob dieser rotierte String in `str2` enthalten ist. Im schlechtesten Fall wiederholt man dieses Vorgehen bis zu n-mal. Das ist extrem ineffizient.

Idee 2: Prüfe erstmal, ob Rotation sinnvoll Eine weitere Idee zur Lösung wäre, zunächst einmal alle Zeichen in einem `Set<E>` pro String aufzusammeln und dann mittels `containsAll()`-Prüfung festzustellen, ob überhaupt alle benötigten Buchstaben enthalten sind. Aber auch das ist aufwendig und spiegelt das zu lösende Problem nicht wirklich gut wider.

3: Vorgehen in der Realität Wir überlegen eine Weile und schauen, wie wir das Problem vielleicht auf einem Blatt Papier lösen würden. Irgendwann kommt man auf die Idee, das Wort zweimal hintereinander zu schreiben:

```
ABCDEF        EFAB
ABCDEFABCDEF EFAB
```

Algorithmus Die Prüfung, ob der eine String durch Rotation im anderen vorhanden sein kann, lässt sich mit dem einfachen Trick des Hintereinanderschreibens des längeren Strings sehr effizient lösen. In der Kombination prüft man, ob der zu suchende String dort enthalten ist. Mit diesem Ansatz ist die Lösung sowohl überraschend kurz als auch extrem einfach:

```
static boolean containsRotation(final String str1, final String str2)
{
    final String newDoubledStr1 = (str1 + str1).toLowerCase();

    return newDoubledStr1.indexOf(str2.toLowerCase()) != -1;
}
```

Prüfung

Zum Test nutzen wir folgende Eingaben, die die korrekte Funktionsweise zeigen:

```
@ParameterizedTest(name = "{1} in {0}{0} => {2}")
@CsvSource({ "ABCD, ABC, true", "ABCDEF, EFAB, true", "BCDE, EC, false",
             "Challenge, GECH, true"})
void containsRotation(String value, String rotatedSub, boolean expected)
{
    boolean result = Ex08_RotationV2.containsRotation(value, rotatedSub);

    assertEquals(expected, result);
}
```

4.3.9 Lösung 9: Wohlgeformte Klammern (★★☆☆☆)

Schreiben Sie eine Methode `boolean checkBraces(String)`, die prüft, ob die als String übergebene Folge von runden Klammern jeweils passende (sauber geschachtelte) Klammerpaare enthält.

Beispiele

Eingabe	Resultat	Kommentar
"(())"	true	
"()()"	true	
"(()))((())"	false	zwar gleich viele öffnende und schließende Klammern, aber nicht sauber geschachtelt
"(()"	false	keine passende Klammerung

Algorithmus Ohne viel Nachdenken ist man vielleicht versucht, alle möglichen Kombinationen auszuprobieren. Nach etwas Überlegen kommt man vermutlich auf folgende Optimierung: Man zählt einfach die Anzahl öffnender Klammern und vergleicht diese geeignet mit der Anzahl schließender Klammern. Dabei muss man das Detail einer schließenden Klammer vor einer öffnenden beachten. Man geht wie folgt vor: Durchlaufe den String von vorne nach hinten. Ist das aktuelle Zeichen eine öffnende Klammer, so erhöhe den Zähler für öffnende Klammer um eins. Ist es eine schließende Klammer, so reduziere den Zähler um den Wert eins. Ist dieser kleiner 0, wurde eine schließende Klammer ohne zugehörige öffnende Klammer gefunden. Zum Schluss muss die Anzahl gleich 0 sein, damit es einer sauberen Klammerung entspricht:

```
static boolean checkBraces(final String input)
{
    int openingCount = 0;

    for (int i = 0; i < input.length(); i++)
    {
        final char ch = input.charAt(i);

        if (ch == '(')
        {
            openingCount++;
        }
        else if (ch == ')')
        {
            openingCount--;
            if (openingCount < 0)
                return false;
        }
    }

    return openingCount == 0;
}
```

Prüfung

Unsere gerade entwickelte Prüfung auf korrekte Klammerung testen wir mit folgenden Eingaben für einen parametrisierten Test – hierbei nutzen wir als Trick einen zusätzlichen Hinweisparameter, der nicht zur Prüfung, sondern nur zum Aufbereiten einer informativen JUnit-Ausgabe verwendet wird:

```
@ParameterizedTest(name="checkBraces(''{0}'') -- Hinweis: {2}" )
@CsvSource({ "(()), true, ok",
             "()(), true, ok",
             "(()))((()), false, nicht sauber geschachtelt",
             "((), false, keine passende Klammerung" })
void checkBraces(String input, boolean expected, String hint)
{
    boolean result = Ex09_SimpleBracesChecker.checkBraces(input);

    assertEquals(expected, result);
}
```

4.3.10 Lösung 10: Anagramm (★★☆☆☆)

Als Anagramm bezeichnet man zwei Strings, die dieselben Buchstaben in der gleichen Häufigkeit enthalten. Dabei soll Groß- und Kleinschreibung keinen Unterschied machen. Schreiben Sie eine Methode `boolean isAnagram(String, String)`.

Beispiele

Eingabe 1	Eingabe 2	Resultat
"Otto"	"Toto"	true
"Mary	"Army"	true
"Ananas"	"Bananas"	false

Algorithmus Die Aufgabenstellung liefert schon Hinweise, wie wir vorgehen können. Zunächst wandeln wir die Worte mit einer Methode `calcCharFrequencies(String)` in ein Histogramm: Dabei läuft man zeichenweise durch das jeweilige Wort und befüllt eine `Map<K,V>`. Das macht man für beide Worte. Danach lassen sich nun einfach die entstandenen beiden Maps miteinander vergleichen:

```
static boolean isAnagram(final String str1, final String str2)
{
    final Map<Character, Integer> charCounts1 = calcCharFrequencies(str1);
    final Map<Character, Integer> charCounts2 = calcCharFrequencies(str2);

    return charCounts1.equals(charCounts2);
}

static Map<Character, Integer> calcCharFrequencies(final String input)
{
    final Map<Character, Integer> charCounts = new TreeMap<>();

    for (char currentChar : input.toUpperCase().toCharArray())
    {
        charCounts.putIfAbsent(currentChar, 0);
        charCounts.computeIfPresent(currentChar, (key, value) -> value + 1);
    }

    return charCounts;
}
```

Prüfung

Zum Test nutzen wir folgende Eingaben, die die korrekte Funktionsweise zeigen:

```
@ParameterizedTest(name = "isAnagram({0}, {1}) => {2}")
@CsvSource({ "Otto, Toto, true", "Mary, Army, true",
             "Ananas, Bananas, false" })
void testIsAnagram(String value1, String value2, boolean expected)
{
    boolean result = Ex10_AnagramChecker.isAnagram(value1, value2);

    assertEquals(expected, result);
}
```

4.3.11 Lösung 11: Morse Code (★★☆☆☆)

Schreiben Sie eine Methode `String toMorseCode(String)`, die einen gegebenen Text in Morsezeichen übersetzen kann. Diese bestehen aus Sequenzen von ein bis vier kurzen und langen Tönen pro Buchstabe, symbolisiert durch . oder -. Zur leichteren Unterscheidbarkeit soll zwischen jedem Ton ein Leerzeichen und zwischen jeder Buchstabentonfolge jeweils drei Leerzeichen Abstand sein – ansonsten würden sich S (...) und EEE (...) nicht voneinander unterscheiden lassen.

Beschränken Sie sich der Einfachheit halber auf die Buchstaben E, O, S, T, W mit folgender Codierung:

Buchstabe	Morsecode
E	.
O	- - -
S	. . .
T	-
W	. - -

Beispiele

Eingabe	Resultat
SOS	. . . - - - . . .
TWEET	- . - - . . -
WEST	. - - . . . . -

Algorithmus Man durchläuft den String Zeichen für Zeichen und bildet das jeweils aktuelle auf den korrespondierenden Morsecode ab. Dazu dient die Methode `convertToMorseCode(char)`:

```java
static String toMorseCode(final String input)
{
    final StringBuilder convertedMsg = new StringBuilder();

    final String upperCaseInput = input.toUpperCase();
    for (int i = 0; i < upperCaseInput.length(); i++)
    {
        var currentChar = upperCaseInput.charAt(i);
        var convertedLetter = convertToMorseCode(currentChar);

        convertedMsg.append(convertedLetter);
        convertedMsg.append("   ");
    }

    return convertedMsg.toString().trim();
}
```

Die Abbildung einzelner Buchstaben lässt sich mit einem `switch` realisieren – hier mit der in Java 14 neu eingeführten Syntax erfolgt dies eleganter als früher.[1]

```
static String convertToMorseCode(char currentChar)
{
    return switch (currentChar)
    {
        case 'E' -> ".";
        case 'O' -> "- - -";
        case 'S' -> ". . .";
        case 'T' -> "-";
        case 'W' -> ". - -";
        default -> "?";
    };
}
```

Bonus

Experimentieren Sie ein wenig und ermitteln Sie für alle Buchstaben des Alphabets die korrespondierenden Morsezeichen, etwa, um Ihren Namen umzuwandeln. Dazu finden Sie unter `https://de.wikipedia.org/wiki/Morsezeichen` die notwendigen Hinweise.

Algorithmus Die `switch`-Anweisung ersetzen wir zweckmäßigerweise mit einer Lookup-Map und wandeln dann die Methode `convertToMorseCode()` in einen reinen Zugriff auf diese Map um:

```
static Map<Character, String> lookupMap = new HashMap<>()
{{
    put('A', ". -");
    put('B', "- . . .");
    put('C', "- . - .");
    put('D', "- . .");
    put('E', ".");
    put('F', ". . - .");
    put('G', "- - .");
    put('H', ". . . .");
    put('I', ". .");
    // ..
    put('R', ". - .");
    put('O', "- - -");
    put('S', ". . .");
    put('T', "-");
    put('W', ". - -");
    // ...
}};

static String convertToMorseCode(char currentChar)
{
    return lookupMap.getOrDefault(currentChar, "?");
}
```

[1]Details finden Sie in meinem Buch »Java – die Neuerungen in Version 9 bis 14: Modularisierung, Syntax- und API-Erweiterungen« [3].

Zum Experimentieren können Sie Ihre Versuche beispielsweise mithilfe folgender Seite im Internet prüfen: `https://gc.de/gc/morse/`. Dort können Sie sowohl normalen Klartet in Morsecode wandeln, aber vor allem auch umgekehrt einen Morsecode in Klartext wandeln lassen.

Prüfung

Prüfen wir wie folgt mithilfe eines Unit Tests:

```
@ParameterizedTest(name = "toMorseCode({0}) => ''{1}''")
@CsvSource({ "SOS, . . .   - - -   . . .", "TWEET, -   . - -   .   .   -",
             "OST, - - -   . . .   -", "WEST, . - -   .   . . .   -" })
void testToMorseCode(String input, String expected)
{
    var result = Ex11_MorseCode.toMorseCode(input);

    assertEquals(expected, result);
}
```

4.3.12 Lösung 12: Pattern Checker (★★☆☆☆)

Schreiben Sie eine Methode `boolean matchesPattern(String, String)`, die einen mit Leerzeichen separierten String (2. Parameter) auf die Struktur eines Musters hin untersucht, das in Form einzelner Zeichen als erster Parameter übergeben wird.

Beispiele

Eingabe Muster	Eingabe Wörter	Resultat
"xyyx"	"tim mike mike tim"	true
"xyyx"	"tim mike tom tim"	false
"xyxx"	"tim mike mike tim"	false
"xxxx"	"tim tim tim tim"	true

Tipps für das Jobinterview: Problemlösungsstrategien

Bei Aufgabenstellungen wie dieser sollten Sie immer auch ein paar Fragen stellen, um den Kontext abzugrenzen und ein besseres Verständnis zu gewinnen. Für dieses Beispiel ergeben sich unter anderem folgende mögliche Fragen:

1. Ist das Muster auf die Zeichen x und y beschränkt? ANTWORT: nein, aber je nur 1 Buchstabe als Platzhalter
2. Ist das Pattern immer nur 4 Zeichen lang? ANTWORT: nein, beliebig
3. Enthält das Pattern keine Spaces? ANTWORT: ja, niemals
4. Ist der Input immer mit genau einem Space separiert? ANTWORT: ja

Algorithmus Wie immer ist es wichtig, das Problem zunächst zu verstehen und geeignete Datenstrukturen zu identifizieren. Wir erkennen die Musterangabe als Folge von Zeichen und die Eingabewerte als Leerzeichen-separierte Wörter. Diese lassen sich mithilfe von `split()` in ein korrespondierendes Array einzelner Werte überführen. Initial prüfen wir, ob die Länge des Musters und des Arrays der Eingabewerte übereinstimmen. Nur in diesem Fall durchlaufen wir das Muster wie schon so oft Zeichen für Zeichen. Als Hilfsdatenstruktur nutzen wir eine `Map<K,V>`, die einzelne Zeichen des Musters auf Wörter abbildet. Nun prüfen wir noch, ob zuvor für ein Musterzeichen bereits ein anderes Wort eingefügt wurde. Mithilfe dieses Tricks decken wir ganz einfach Abbildungsfehler auf:

```
static boolean matchesPattern(final String pattern, final String input)
{
    // Vorbereitung
    final int patternLength = pattern.length();
    final String[] values = input.split(" ");
    final int valuesLength = values.length;

     if (valuesLength != patternLength ||
        (values.length == 1 && values[0].isEmpty()))
        return false;

    final Map<Character, String> placeholderToValueMap = new HashMap<>();

    // Durchlaufe alle Zeichen des Musters
    for (int i = 0; i< pattern.length(); i++)
    {
        final char patternChar = pattern.charAt(i);
        final String value = values[i];

        // füge hinzu, sofern noch nicht da
        placeholderToValueMap.putIfAbsent(patternChar, value);

        // stimmt gespeicherter Wert mit aktueller Zeichenfolge überein?
        final String assignedValue = placeholderToValueMap.get(patternChar);
        if (!assignedValue.equals(value))
            return false;
    }
    return true;
}
```

Im Listing müssen wir vor der eigentlichen Prüfung noch den Spezialfall einer leeren Eingabe explizit prüfen, da `"".split(" ")` ein Array der Länge 1 ergibt.

Die Implementierung erlaubt auch folgende Angaben, bei denen unterschiedlichen Platzhalterzeichen (nachfolgend y und z) der gleiche Wert (black(zugewiesen wird:

```
matchesPattern("xyzx", "red black black red") => true
```

Um derartige Sonderfälle korrekt zu behandeln, kann man folgende Abfrage hinter der erste Prüfung ausführen:

```
// Teste auf Eindeuitgkeit d for uniqueness of value
if (placeholderToValueMap.values().stream().
                                    filter(str -> str.equals(value)).count() > 1)
    return false;
```

Prüfung

Zum Test nutzen wir folgende Eingaben, die die korrekte Funktionsweise zeigen:

```
@ParameterizedTest(name = "pattern ''{0}'' matches ''{1}'' => {2}")
@CsvSource( {"xyyx, tim mike mike tim, true",
             "xyyx, time mike tom tim, false",
             "xyxx, tim mike mike tim, false",
             "xxxx, tim tim tim tim, true" })
void testInputMatchesPattern(String pattern, String input, boolean expected)
{
    boolean result = Ex12_PatternChecker.matchesPattern(pattern, input);

    assertEquals(expected, result);
}
```

4.3.13 Lösung 13: Tennis-Punktestand (★★★☆☆)

Schreiben Sie eine Methode `String tennisScore(String, String, String)`, die auf Basis eines textuell vorliegenden Punktestands für zwei Spieler PL1 und PL2 im Format <PL1-Punkte>:<PL2-Punkte>, eine Ansage im bekannten Stil wie »Fifteen Love«, »Deuce« oder »Advantage Player X« macht.

Dabei gelten für ein Spiel im Tennis folgende Zählregeln:

- Ein Spiel ist gewonnen (»Game <PlayerX>«), wenn ein Spieler 4 oder mehr Punkte erreicht und dazu einen Vorsprung von mindestens 2 Punkten hat.
- Punkte von 0 bis 3 werden mit den Bezeichnungen »Love», »Fifteen«, »Thirty« und »Forty« benannt.
- Bei mindestens 3 Punkten und Gleichstand heißt es »Deuce«.
- Bei mindestens 3 Punkten und einem Punkt Unterschied heißt es »Advantage <PlayerX>«, für denjenigen der einen Punkt mehr hat.

Beispiele

Eingabe	Punktestand
"1:0", "Micha", "Tim"	"Fifteen Love"
"2:2", "Micha", "Tim"	"Thirty Thirty"
"2:3", "Micha", "Tim"	"Thirty Forty"
"3:3", "Micha", "Tim"	"Deuce"
"4:3", "Micha", "Tim"	"Advantage Micha"
"4:4", "Micha", "Tim"	"Deuce"
"5:4", "Micha", "Tim"	"Advantage Micha"
"6:4", "Micha", "Tim"	"Game Micha"

Algorithmus In diesem Fall handelt es sich um einen zweistufigen Algorithmus:

1. Zunächst sollte aus der textuell vorliegenden Punkteangabe ein Punktestand in Form zweier `int`-Werte ermittelt werden.
2. Danach kann man dann anhand dieser Werte die entsprechenden textuellen Punktenamen generieren.

Beim Parsing des Punktestands kann man auf Standardfunktionalität des JDKs zurückgreifen, wie etwa `String.split()` sowie `Interger.parseInt()`. Zudem ist es für eine wiederverwendbare Funktionalität sinnvoll, gewisse Sicherheitsprüfungen zu integrieren. Zunächst sollten beide Punkte positiv sein. Danach sind die Besonderheiten bei den Punkteständen zu testen: Wer zuerst 4 Punkte erreicht, der hat das Spiel gewonnen, allerdings nur, falls er einen Vorsprung von mindestens 2 Punkten hat. Wenn beide Spieler 3 oder mehr Punkte haben, dann muss die Punktdifferenz kleiner 3 sein, da es sich ansonsten um keinen gültigen Stand beim Tennis handelt. Das Parsing mit den Prüfungen lagern wir in die Methode `extractPoints(String)` aus:

```
private static int[] extractPoints(final String score)
{
    final String[] values = score.trim().split(":");

    if (values.length != 2)
        throw new IllegalArgumentException("illegal format -- score has not
              format <points>:<points>, e.g. 7:6");

    final int score1 = Integer.parseInt(values[0]);
    final int score2 = Integer.parseInt(values[1]);

    // sanity check
    if (score1 < 0 || score2 < 0)
        throw new IllegalArgumentException("points must be > 0");

    // verhindert sowohl z. B. 6:3 aber auch 5:1
    if ((score1 > 4 || score2 > 4) && Math.abs(score1 - score2) > 2)
        throw new IllegalArgumentException("point difference must be < 3, " +
                                           "otherwise invalid score");

    return new int[] { score1, score2 };
}
```

Nachdem die zwei durch ':' getrennten Punktzahlen aus der Eingabe extrahiert sind, machen wir uns an die Umwandlung. Auch hier verwenden wir ein mehrstufiges Entscheidungsverfahren: Gemäß den Regeln kommt bei Punkten unter 3 eine einfache Abbildung zum Tragen, was sich hervorragend in Form einer Map beschreiben lässt. Ab 3 Punkten kann es zu Gleichstand, Vorteil oder Spielgewinn kommen. Zudem ist es möglich, dass ein Spieler mit 4 Punkten gewinnt, wenn der andere maximal 2 Punkte erzielt. Für die Gewinnnachricht ist nur noch zu ermitteln, welcher der beiden Spieler mehr Punkte hat. Die beschriebene Logik implementiert man wie folgt:

```
static String calculateScore(final String score,
                             final String player1Name,
                             final String player2Name)
{
    final int[] points = extractPoints(score);

    final int score1 = points[0];
    final int score2 = points[1];

    if (score1 >= 3 && score2 >= 3)
    {
        return generateInfo(score1, score2, player1Name, player2Name);
    }
    else if (score1 >= 4 || score2 >= 4)
    {
        var playerName = (score1 > score2 ? player1Name : player2Name);
        return "Game " + playerName;
    }
    else
    {
        // special naming
        var pointNames = Map.of(0, "Love", 1, "Fifteen",
                                2, "Thirty", 3, "Forty");

        return pointNames.get(score1) + " " + pointNames.get(score2);
    }
}
```

Es verbleibt nur noch ein letztes Detail, nämlich das Erzeugen des Hinweistextes für Vorteil oder Sieg:

```
static String generateInfo(final int score1,
                           final int score2,
                           final String player1Name,
                           final String player2Name)
{
   final int scoreDifference = Math.abs(score1 - score2);

   final String playerName =  (score1 > score2 ? player1Name : player2Name);

   if (score1 == score2)
       return "Deuce";
   if (scoreDifference == 1)
       return "Advantage " + playerName;
   if (scoreDifference == 2)
       return "Game " + playerName;

   throw new IllegalStateException("Unexpected difference: " + scoreDifference);
}
```

Prüfung

Prüfen wir die Tennis-Punktestand-Funktionalität mit einem imaginären Spielverlauf:

```
@ParameterizedTest(name = "''{0}'' => ''{1}''")
@CsvSource({ "1:0, Fifteen Love", "2:2, Thirty Thirty", "2:3, Thirty Forty",
             "3:3, Deuce", "4:3, Advantage Micha", "4:4, Deuce",
             "5:4, Advantage Micha", "6:4, Game Micha" }
void calculateScore(String score, String expected)
{
    String result = Ex13_TennisPoints.calculateScore(score, "Micha", "Tim");

    assertEquals(expected, result);
}
```

Dabei kommt es zu folgenden Ausgaben der Testausführung in Eclipse:

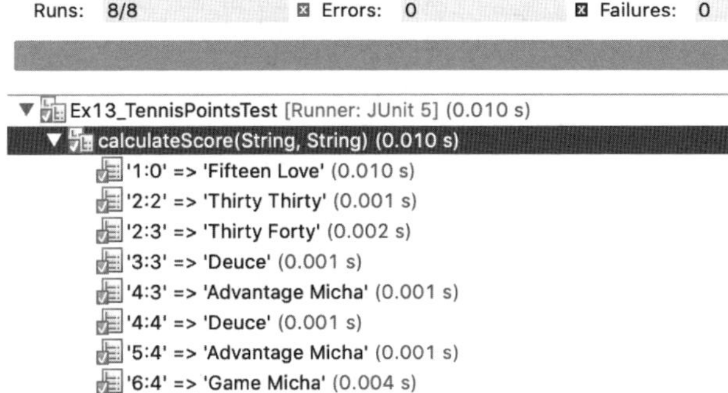

Abbildung 4-2 *Testausführung des Tennis-Punktestands in Eclipse*

Wir sollten weitere imaginäre Spielverläufe ergänzen, um auch die Randfälle eines knappen und eines ungefährdeten Siegs sauber abzubilden:

```
@ParameterizedTest(name = "''{0}'' => ''{1}''")
@CsvSource({ "1:0, Fifteen Love", "2:2, Thirty Thirty",
             "3:2, Forty Thirty", "4:2, Game Micha" })
void calculateScoreWin(String score, String expected)
{
    String result = Ex13_TennisPoints.calculateScore(score, "Micha", "Tim");

    assertEquals(expected, result);
}

@ParameterizedTest(name = "''{0}'' => ''{1}''")
@CsvSource({ "1:0, Fifteen Love", "2:0, Thirty Love",
             "3:0, Forty Love", "4:0, Game Micha"} )
void calculateScoreStraightWin(String score, String expected)
{
    String result = Ex13_TennisPoints.calculateScore(score, "Micha", "Tim");

    assertEquals(expected, result);
}
```

4.3.14 Lösung 14: Versionsnummern (★★☆☆☆)

Schreiben Sie eine Methode `int compareVersions(String, String)`, die es ermöglicht, Versionsnummern im Format $MAJOR.MINOR.PATCH$ miteinander zu vergleichen – dabei ist die Angabe von $PATCH$ optional. Insbesondere soll der Rückgabewert kompatibel zur Methode `int compare(T, T)` aus dem Interface `Comparator<T>` sein.

Beispiele

Version 1	Version 2	Resultat
1.11.17	2.3.5	<
2.1	2.1.3	<
2.3.5	2.4	<
3.1	2.4	>
3.3	3.2.9	>
7.2.71	7.2.71	=

Algorithmus Unterteile die textuell vorliegenden Versionsnummern durch Aufruf von `split()` in ein `String[]`, das Versionsnummernbestandteile enthält. Durchlaufe diese und wandle sie mit `Integer.valueOf()` in eine Versionsnummer um. Vergleiche dann paarweise mit `Integer.compare()` startend bei $MAJOR$, danach $MINOR$ und ggf. $PATCH$. Falls die eine Eingabe mehr Werte als die andere besitzt, dann wird die einzelne letzte Zahl nicht berücksichtigt, außer bei Übereinstimmung der Versionsnummer bis zu diesem Bestandteil, etwa für 3.1 und 3.1.7:

```
static int compareVersions(final String v1, final String v2)
{
    var v1Numbers = v1.split("\\."); // Achtung: Reg-Ex, deshalb
    var v2Numbers = v2.split("\\."); // stünde '.' für jedes Zeichen

    int pos = 0;
    int compareResult = 0;

    while (pos < v1Numbers.length &&
           pos < v2Numbers.length && compareResult == 0)
    {
        final int currentV1 = Integer.valueOf(v1Numbers[pos]);
        final int currentV2 = Integer.valueOf(v2Numbers[pos]);

        compareResult = Integer.compare(currentV1, currentV2);
        pos++;
    }

    if (compareResult == 0)  // Gleicher Beginn etwa 3.1 und 3.1.7
        return Integer.compare(v1Numbers.length, v2Numbers.length);

    return compareResult;
}
```

Fallstrick: Regulärer Ausdruck in `split()`

Vielleicht sind Sie auch anfangs beim Aufsplitten der Versionsnummern in einzelne Bestandteile darauf hereingefallen, bei `split()` nur '.' als Zeichen anzugeben. Das ist jedoch falsch, da die Angabe einen regulären Ausdrucks erwartet und dort '.' für jedes beliebige Zeichen steht.

Prüfung

Den Vergleich von Versionsnummern testen wir mit folgenden Eingaben für einen parametrisierten Test – hierbei wieder mit dem Trick eines zusätzlichen Hinweisparameters:

```
@ParameterizedTest(name = "''{0}'' {3} ''{1}''")
@CsvSource({ "1.11.17, 2.3.5, -1, <", "2.3.5, 2.4, -1, <",
             "2.1, 2.1.3, -1, <", "3.1, 2.4, 1, >",
             "3.3, 3.2.9, 1, >", "7.2.71, 7.2.71, 0, =" })
void compareVersions(String v1, String v2, int expected, String hint)
{
    int result = Ex14_VersionNumberComparator.compareVersions(v1, v2);

    assertEquals(expected, result);
}
```

Schauen wir uns die gut verständliche Ausgaben der Testausführung in Eclipse an.

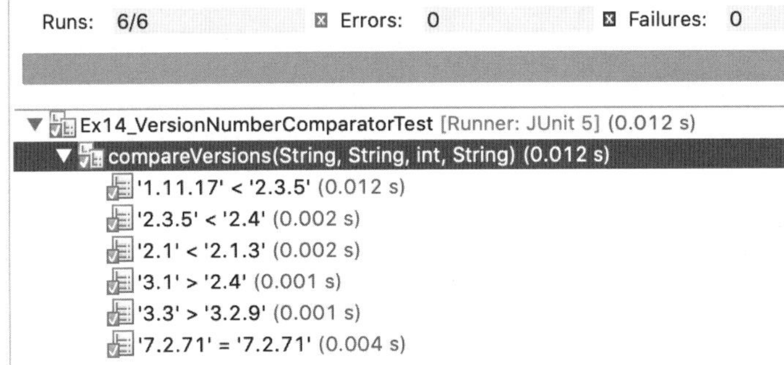

Abbildung 4-3 *Testausführung in Eclipse*

Bonus

Realisieren Sie die Funktionalität mithilfe des Interface `Comparator<T>`.

Algorithmus Die Vergleichsfunktionalität lässt sich nahezu eins zu eins in einen Komparator überführen:

```
static Comparator<String> versioNumberComparator =
                          (v1, v2) -> compareVersions(v1, v2);
```

4.3.15 Lösung 15: Konvertierung `strToLong` (★★☆☆☆)

Wandeln Sie einen String in einen `long`. Schreiben Sie dazu eine Methode `long strToLong(String)`.

Hinweis Die Umwandlung lässt sich mit `Long.parseLong(value)` problemlos lösen. Nutzen Sie diese explizit nicht, sondern implementieren Sie das Ganze selbst.

Beispiele

Eingabe	Wert
"+123"	123
"-123"	-123
"7271"	7271
"ABC"	`IllegalArgumentException`
"0123"	83 (für Bonusaufgabe)
"-0123"	-83 (für Bonusaufgabe)
"0128"	`IllegalArgumentException` (für Bonusaufgabe)

Algorithmus Prüfe das erste Zeichen auf +/- und setze dementsprechend ein Flag `isNegative`. Durchlaufe dann alle Zeichen und wandle diese in Ziffern um. Dabei wird der vorherige Wert jeweils mit 10 multipliziert und am Ende ergibt sich der korrespondierende Zahlenwert:

```
static long strToLongV1(final String number)
{
    final boolean isNegative = number.charAt(0) == '-';
    long value = 0;

    int pos = startsWithSign(number) ? 1 : 0;

    while (pos < number.length())
    {
        final int digitValue = number.charAt(pos) - '0';
        value = value * 10 + digitValue;

        pos++;
    }

    return isNegative ? -value : value;
}

static boolean startsWithSign(final String number)
{
    return number.charAt(0) == '-' || number.charAt(0) == '+';
}
```

Korrigierter Algorithmus Bereits ohne gründlichere Analyse ist klar, dass obige Variante nicht korrekt arbeitet, wenn man Buchstaben mit Ziffern mixt. Eine Reaktion mit einer `IllegalArgumentException` kann man in Form einer Prüfung mit `isDigit()` wie folgt ergänzen:

```
static long strToLongV2(final String number)
{
    final  boolean isNegative = number.charAt(0) == '-';
    long value = 0;

    int pos = startsWithSign(number) ? 1 : 0;

    while (pos < number.length())
    {
        if (!Character.isDigit(number.charAt(pos)))
            throw new IllegalArgumentException(number +
                                               " contains not only digits");

        final int digitValue = number.charAt(pos) - '0';
        value = value * 10 + digitValue;

        pos++;
    }

    return isNegative ? -value : value;
}
```

Prüfung

Um die Funktionalität zu prüfen, verwenden wir drei Zahlen, jeweils mit positivem und negativen Vorzeichen sowie ohne. Das positive Vorzeichen sollte bei der Umwandlung dann einfach nicht beachtet werden. Separat prüfen wir noch die Reaktion auf eine Eingabe mit Buchstaben statt Ziffern und erwarten eine Exception:

```
@ParameterizedTest(name = "strToLongV2(\"{0}\") => {1}")
@CsvSource({ "+123, 123", "-123, -123", "123, 123", "7271, 7271" })
void testStrToLongV2(String number, long expected)
{
    long result = Ex15_StrToLong.strToLongV2(number);

    assertEquals(expected, result);
}

@Test
void testStrToLongV2Error()
{
    assertThrows(IllegalArgumentException.class,
                 () -> Ex15_StrToLong.strToLongV2("ABC"));
}
```

Bonus: Ermöglichen Sie das Parsing von Oktalzahlen

Oktalzahlen sind in Java durch eine führende Null gekennzeichnet und haben gemäß dem Namen die Basis 8 und nicht die Basis 10. Zur Unterstützung von Oktalzahlen muss man zunächst einmal feststellen, ob eine führende Null existiert. In diesem Fall muss der Faktor für die Positionen im Zahlensystem auf 8 geändert werden. Schließlich sind bei der Basis 8 natürlich auch die beiden Ziffer 8 und 9 nicht mehr erlaubt. Daher ergänzen wir eine weitere Prüfung in der Schleife zur Verarbeitung der Werte. Insgesamt wird der Sourcecode ein wenig durch die Spezialbehandlungen aufgebläht – die Komplexität ist gerade noch gut handhabbar – insbesondere weil wir hier problemangepasste Hilfsmethoden mit sprechendem Namen einsetzen:

```
static long strToLongBonus(final String number)
{
    final boolean isNegative = number.charAt(0) == '-';
    final boolean isOctal = number.charAt(0) == '0' ||
                  (startsWithSign(number) && number.charAt(1) == '0');

    long value = 0;

    final int factor = isOctal ? 8 : 10;

    int pos = calcStartPos(number, isOctal);

    while (pos < number.length())
    {
        if (!Character.isDigit(number.charAt(pos)))
            throw new IllegalArgumentException(number + " contains not only
                  digits");

        final int digitValue = number.charAt(pos) - '0';
        if (isOctal && digitValue >= 8)
            throw new IllegalArgumentException(number + " found digit >= 8");

        value = value * factor + digitValue;

        pos++;
    }

    return isNegative ? -value : value;
}

private static int calcStartPos(final String number, final boolean isOctal)
{
    int pos = 0;
    if (startsWithSign(number) && isOctal)
    {
        pos = 2;
    }
    else if (startsWithSign(number) || isOctal)
    {
        pos = 1;
    }
    return pos;
}
```

Prüfung

Um die Funktionalität zu prüfen, verwenden wir drei Zahlen, jeweils mit positivem und negativen Vorzeichen sowie ohne. Das positive Vorzeichen sollte bei der Umwandlung dann einfach nicht beachtet werden. Ergänzend prüfen wir eine positive und negative Oktalzahl sowie in einen separaten Test, dass Ziffern größer gleich der 8 nicht in Oktalzahlen vorkommen dürfen:

```
@ParameterizedTest(name = "strToLongBonus(\"{0}\") => {1}")
@CsvSource({ "+123, 123", "-123, -123", "123, 123", "7271, 7271",
             "+077, 63", "-077, -63", "077, 63",
             "+0123, 83", "-0123, -83", "0123, 83" })
void testStrToLongBonus(String number, long expected)
{
    long result = Ex15_StrToLong.strToLongBonus(number);

    assertEquals(expected, result);
}

@Test
void strToLongBonus_should_raise_exception_for_invalid_octal_number()
{
    IllegalArgumentException ex = assertThrows(IllegalArgumentException.class,
                                  () -> Ex15_StrToLong.strToLongBonus("0128"));

    assertTrue(ex.getMessage().contains("found digit >= 8"));
}
```

4.3.16 Lösung 16: Print Tower (★★★☆☆)

Schreiben Sie eine Methode `void printTower(int)`, die als ASCII-Grafik einen Stab der Höhe $n + 1$ und n aufeinander gestapelte Scheiben, symbolisiert durch das Zeichen #, darstellt sowie eine untere Begrenzungslinie zeichnet.

Beispiel Ein Turm der Höhe 3 sollte in etwa wie folgt aussehen:

```
    |
   #|#
  ##|##
 ###|###
---------
```

Algorithmus Wir können das Zeichnen in drei Teilschritte untergliedern, nämlich den oberen Stab zu zeichnen, die Scheiben und danach die Bodenbegrenzung. Damit lässt sich der Algorithmus durch drei Methodenaufrufe beschreiben:

```
static void printTower(final int height)
{
    drawTop(height);
    drawSlices(height);
    drawBottom(height);
}
```

Das Zeichnen der einzelnen Bestandteile dieses Towers implementieren wir wie schon angedeutet in ein paar Hilfsmethoden:

```
static void drawTop(final int height)
{
    System.out.println(repeatCharSequence(" ", height + 1) + "|");
}

static void drawBottom(final int height)
{
    System.out.println(repeatCharSequence("-", (height + 1) * 2 + 1));
}
```

Insbesondere kommt hierbei die Hilfsmethode `repeatCharSequence()` zum Einsatz, die Zeichen wiederholt ausgibt.

Das Zeichnen der Scheiben des Turms ist durch deren unterschiedliche Größen und das dazu nötige Errechnen des Freiraums auf der linken und rechten Seite etwas komplexer:

```
static void drawSlices(final int height)
{
    for (int i = height - 1; i >= 0; i--)
    {
        final int value = height - i;
        final int padding = i + 1;

        final String line = repeatCharSequence(" ", padding) +
                            repeatCharSequence("#", value) +
                            "|" +
                            repeatCharSequence("#", value);

        System.out.println(line);
    }
}

static String repeatCharSequence(final String character, final int length)
{
    String str = "";
    for (int i = 0; i < length; i++)
    {
        str += character;
    }
    return str;
}
```

Man sieht gut, wie man das Problem in immer kleinere Teilprobleme zerlegen kann. Jede Methode wird dadurch für sich kurz und normalerweise (wenn keine Konsolenausgaben, sondern Berechnungen mit Rückgabe erfolgen) auch gut testbar.

Mit Java 11 kann man statt der obigen Methode `repeatCharSequence()` die Methode `String.repeat()` aus dem JDK verwenden. Um so wenig wie möglich zu ändern, empfiehlt sich folgendes Vorgehen: Zunächst ruft man statt der eigenen Implementierung die Methode `repeat()` innerhalb von `repeatCharSequence()` einfach wie folgt auf:

```
static String repeatCharSequence(final String character, final int length)
{
    return character.repeat(length);
}
```

Zum Bereinigen der unnötigen Delegation hilft dann das Refactoring INLINE. Dessen Anwendung entfernt die Methode `repeatCharSequence()` und an allen Stellen wird dann `repeat()` direkt aufgerufen.

Prüfung

Zum Überprüfen der Funktionalität nutzen wir ein weiteres Mal die JShell – hier für einen Turm der Höhe 4:

```
jshell> printTower(4)
      |
     #|#
    ##|##
   ###|###
  ####|####
-----------
```

Tipp: Abwandlung mit Rekursion

Interessanterweise kann man das Zeichen der einzelnen Scheiben des Turms auch rekursiv wie folgt formulieren:

```
private static void drawSlices(final int slice, final int height)
{
    if (slice > 1)
    {
        drawSlices(slice - 1, height);

        System.out.println(repeatCharSequence(" ", height - slice + 1) +
                           repeatCharSequence("#", slice) +
                           "|" +
                           repeatCharSequence("#", slice));
    }
}
```

Dann muss der Aufruf minimal abgewandelt werden:

```
static void printTower(final int height)
{
    drawTop(height);
    drawSlices(height, height);
    drawBottom(height);
}
```

5 Arrays

Arrays sind Datenstrukturen, die in einem zusammenhängenden Speicherbereich entweder Werte eines primitiven Datentyps oder Objektreferenzen speichern. Das ist nachfolgend für Zahlen vom Typ `int` sowie in zwei Varianten für Namen vom Typ `String` gezeigt. Dabei werden im letzteren Fall die Kurzschreibweise und syntaktische Besonderheit der direkten Initialisierung verwendet, bei der die Größe des Arrays automatisch vom Compiler durch die Anzahl der angegebenen Elemente bestimmt wird:

```
final int[] numbers = new int[100];                       // Definition ohne Daten
final String[] names1 = new String[] { "Tim", "Mike" }; // Normalschreibweise
final String[] names2 = { "Tim", "Mike" };               // Kurzschreibweise
```

5.1 Einführung

Ein Array stellt lediglich einen einfachen Datenbehälter bereit, dessen Größe durch die Initialisierung vorgegeben ist und sich über das Attribut `length` ermitteln lässt. Arrays bieten keinerlei Containerfunktionalität, d. h., es existieren weder Zugriffsmethoden, noch findet eine Datenkapselung statt. Diese Funktionalitäten müssen bei Bedarf in einer nutzenden Applikation selbst programmiert werden. Allerdings lauern gerade beim indizierten Zugriff Fallstricke. Wird versehentlich nicht mit einem Index aus dem Bereich 0 bis `length` - 1 zugegriffen, so löst das dann eine `ArrayIndexOutOfBounds-Exception` aus.

Trotz der genannten Einschränkungen sind Arrays ebenso wichtige wie gebräuchliche Datenstrukturen, die sich in diversen Situationen gewinnbringend nutzen lassen, da sie speichereffizient sind und eine maximale Performance beim indizierten Zugriff bieten. Außerdem sind nur Arrays in der Lage, primitive Typen direkt (ohne Umweg des Auto-Boxings) zu verwalten.

In dieser Einführung lernen wir nachfolgend sowohl eindimensionale als auch mehrdimensionale Arrays kennen.

5.1.1 Eindimensionale Arrays

Zur Einführung in die Verarbeitung von Daten mit Arrays und zum Aufbau von Wissen zu möglichen Interviewfragen betrachten wir einige Beispiele.

Textuelle Ausgaben

Arrays besitzen keine Methode `toString()`, weshalb man mitunter merkwürdige Ausgaben wie diese sieht:

```
jshell> String[] names = { "Tim", "Mike" }

jshell> names.toString()
$40 ==> "[Ljava.lang.String;@53bd815b"
```

Als Abhilfe bietet sich die Methode `Arrays.toString(values)` aus dem JDK an. Zum Einstieg implementieren wir aber die Ausgabe eines Arrays selbst:

```
static void printArray(final String[] values)
{
    for (int i = 0; i < values.length; i++)
    {
        final String str = values[i];
        System.out.println(str);
    }
}
```

Beide Varianten liefern verständliche Darstellungen:

```
jshell> Arrays.toString(names)
$43 ==> "[Tim, Mike]"

jshell> printArray(names)
Tim
Mike
```

Beispiel 1: Tauschen von Elementen

Eine gebräuchliche Funktionalität ist das Vertauschen von Elementen an zwei Positionen. Das lässt sich einfach und lesbar in einer Methode `swap(int[], int, int)` wie folgt schreiben:

```
public static void swap(final int[] values, final int first, final int second)
{
    final int value1 = values[first];
    final int value2 = values[second];

    values[first] = value2;
    values[second] = value1;
}
```

Selbstverständlich kann man das Ganze auch mit nur drei Zuweisungen und einer temporären Variablen lösen, jedoch finde ich die obige Variante noch ein klein wenig verständlicher:

```
public static void swap(final int[] values, final int first, final int second)
{
    final int tmp = values[first];

    values[first] = values[second];
    values[second] = tmp;
}
```

Hinweis: Bevorzuge Lesbarkeit und Verständlichkeit

Bedenken Sie bitte, dass die erste Version von `swap()` sowieso vermutlich nach einiger Zeit durch den in die JVM integrierten Just-in-Time-(JIT-)Compiler optimiert wird. Unabhängig davon sind Lesbarkeit und Verständlichkeit der Schlüssel zu Korrektheit und Wartbarkeit. Zudem erleichtert dies oftmals auch die Testbarkeit.

Während die Hilfsvariable zum Einsparen der einen Zuweisung ziemlich eingängig ist, gibt es durchaus aufwendiger nachvollziehbare Low-Level-Optimierungen. Diese sind dann meistens schwieriger lesbar und schlechter verständlich.

Beispiel 2: Grundlegende Funktionalitäten für Arrays

Nun wollen wir die Methode `find(T[], T)` schreiben, die in einem Array nach einem Wert suchen und dessen Position oder -1 für »nicht gefunden« liefern soll:

```
static <T> int find(final T[] values, final T searchFor)
{
    for (int i = 0; i < values.length; i++)
    {
        if (values[i].equals(searchFor))
            return i;
    }
    return -1;
}
```

Das Ganze kann man als typisches Suchproblem mit einer `while`-Schleife lösen – dabei ist die Bedingung am Ende der Schleife als Kommentar angegeben:

```
static <T> int find(final T[] values, final T searchFor)
{
    int pos = 0;
    while (pos < values.length && !values[pos].equals(searchFor))
    {
        pos++;
    }
    // i >= values.length || values[i].equals(searchFor)
    return pos >= values.length ? -1 : pos;
}
```

Beispiel 3: Duplikate entfernen

Gegeben sei ein sortiertes Array von positiven Zahlen:

```
int[] sortedNumbers = { 1, 2, 2, 3, 3, 3, 4, 4, 4, 4 };
```

Das Entfernen der Duplikate sollte folgendes Resultat liefern:

```
[ 1, 2, 3, 4 ]
```

Tipps für das Jobinterview: Problemlösungsstrategien

Bei Aufgabenstellungen wie dieser sollten Sie immer auch ein paar Fragen stellen, um den Kontext abzugrenzen und ein besseres Verständnis zu gewinnen. Für dieses Beispiel ergeben sich unter anderem folgende mögliche Fragen:

1. Muss die Reihenfolge / Sortierung der Nummern erhalten bleiben?
2. Darf ein neues Array erzeugt werden oder müssen die Aktionen inplace – also innerhalb des Originalarrays – erfolgen?
3. Für inplace stellen sich weitere Fragen:
   (a) Was soll genau beim Entfernen / Löschen passieren?
   (b) Welcher Wert repräsentiert »kein Eintrag«?

Lösung 1 für Beispiel 3: Neues Array und sortierte Eingabe Nehmen wir an, wir sollen bei der Eliminierung von Duplikaten ein neues Array als Ergebnis zurückliefern. Der Algorithmus unterteilt sich dann in zwei Stufen:

1. Man beginnt damit, die Zahlen in einem `TreeSet<E>` aufzusammeln. Auf diese Weise werden automatisch die Duplikate entfernt und auch die Sortierung sowie die ursprüngliche Reihenfolge bleiben erhalten.[1]
2. Als zweiter Schritt erfolgt dann das Aufbereiten eines neuen Arrays basierend auf dem `Set<E>`.

Dieses Vorgehen lässt sich ziemlich direkt wie folgt implementieren:

```
static int[] removeDuplicatesNewArray(final int[] sortedNumbers)
{
    final Set<Integer> uniqueValues = collectValues(sortedNumbers);

    return convertSetToArray(uniqueValues);
}
```

[1] Insgesamt sind ein paar Dinge für das `TreeSet<E>` zu beachten: Zum einen müssen die aufzusammelnden Werte vergleichbar sein, also das Interface `Comparable<T>` erfüllen, oder das `TreeSet<E>` muss mit einem Komparator konstruiert werden. Zum anderen würde für nicht sortierte Daten die Reihenfolge umgeordnet, was aber nicht gewünscht ist. In diesem Beispiel ist es, anwendbar, weil in der Aufgabenstellung explizit von sortierten Werten gesprochen wird.

Die Methode besteht aus lesbarem, direkt verständlichem Sourcecode, der keine unnötigen Details zeigt, sondern die Konzepte widerspiegelt.

Nun gilt es, die Implementierung mit den oben aufgerufenen zwei Hilfsmethoden zu vervollständigen – bei der Umwandlung des `Set<Integer>` in ein `int[]` muss man lediglich ein klein wenig tricksen, da ein `Set<E>` keinen indizierten Zugriff bietet:

```
static Set<Integer> collectValues(final int[] sortedNumbers)
{
    final Set<Integer> uniqueValues = new TreeSet<>();
    for (int i = 0; i < sortedNumbers.length; i++)
    {
        uniqueValues.add(sortedNumbers[i]);
    }
    return uniqueValues;
}

static int[] convertSetToArray(final Set<Integer> values)
{
    return values.stream().mapToInt(n -> n).toArray();
}
```

Hier sehen wir noch eine in der Praxis immer mal wieder auftretende Schwierigkeit: Zwar existiert in Java mit dem Auto-Boxing/-Unboxing eine automatische Konvertierung zwischen primitiven Typen und deren korrespondierenden Wrapper-Klassen, jedoch funktioniert dies für Arrays nicht: Deshalb kann man ein `int[]` nicht in ein `Integer[]` bzw. andersherum wandeln. Das ist der Grund, warum wir die Methode `convertSetToArray()` implementieren und nicht die vordefinierte `toArray()`-Methode des `Set<E>` verwenden, die in unserem Fall je nach Aufruf ein `Object[]` oder ein `Integer[]` liefern würde.

Diese Problematik haben wir geschickt mit dem Stream-API und den Methoden `mapToInt()` sowie `toArray()` adressieren und lösen können. Eine Alternative thematisiert der nachfolgende Praxishinweis.

Hinweis: Old School

Um ein gutes Verständnis für Algorithmen aufzubauen, kann man die Konvertierung eines `Set<Integer>` in ein `int[]` mithilfe eines `Iterator<E>`s realisieren:

```
static int[] convertSetToArray(final Set<Integer> uniqueValues)
{
    final int size = uniqueValues.size();
    final int[] noDuplicates = new int[size];
    int i = 0;

    // Set hat keinen Index
    final Iterator<Integer> it = uniqueValues.iterator();
    while (it.hasNext())
    {
        noDuplicates[i] = it.next();
        i++;
    }
    return noDuplicates;
}
```

Mit der for-each-Schleife kann man das sogar noch etwas kürzer schreiben:

```
static int[] convertSetToArray(final Set<Integer> uniqueValues)
{
    final int[] noDuplicates = new int[uniqueValues.size()];
    int i = 0;
    for (final Integer value : uniqueValues)
    {
        noDuplicates[i] = value;
        i++;
    }
    return noDuplicates;
}
```

Lösung 2 für Beispiel 3: Variante für unsortierte / beliebige Zahlen Die vorherige Aufgabenstellung der Duplikatentfernung in sortierten Zahlen war noch einfach mit JDK-Bordmitteln zu lösen. Wie müssten wir aber bei nicht sortierten Ausgangsdaten vorgehen, wenn die ursprüngliche Reihenfolge beibehalten werden muss? Konkret: Aus linken Wertefolge sollte dann das rechts gezeigte Ergebnis entstehen:

```
[1, 4, 4, 2, 2, 3, 4, 3, 4] => [1,4, 2, 3]
```

Interessanterweise wären in dem Fall weder ein `TreeSet<E>` noch ein `HashSet<E>` als Ergebnisdatenstruktur sinnvoll, weil beide die ursprüngliche Reihenfolge durcheinanderbringen würden. Wenn wir einen Moment überlegen, einen erfahrenen Kollegen fragen oder in einem Buch schmökern, dann werden wir vielleicht auf die Klasse `LinkedHashSet<E>` aufmerksam: Diese besitzt nahezu die Eigenschaften und die Performance eines `HashSet<E>`, ist aber in der Lage, die Einfügereihenfolge beizubehalten.

Beim Einsatz eines `LinkedHashSet<E>` müssen wir an unserem grundsätzlichen Algorithmus nichts ändern, besser noch: Diese Variante funktioniert ebenso gut mit bereits sortierten Daten. Somit tauschen wir in der Hilfsmethode lediglich die verwendete Datenstruktur aus und alles andere bleibt unverändert:

```
static Set<Integer> collectValues(final int[] numbers)
{
    final Set<Integer> uniqueValues = new LinkedHashSet<>();
    for (int i = 0; i < numbers.length; i++)
    {
        final int value = numbers[i];
        uniqueValues.add(value);
    }
    return uniqueValues;
}
```

Dieses Beispiel verdeutlicht die Vorteile, kleine Funktionalitäten zu programmieren, die jeweils in sich abgeschlossen sind, also dem SRP (Single Responsibility Principle) folgen. Mehr noch: Öffentliche Methoden verständlich zu halten und Details in (bevorzugt private) Hilfsmethoden zu verlagern, erlaubt es oftmals, nachträgliche Änderungen möglichst lokal zu halten. Übrigens: Sowohl auf das `LinkedHashSet<E>` als auch das SRP gehe ich ausführlich in meinem Buch »Der Weg zum Java-Profi« [2] ein.

Lösung 3 für Beispiel 3: Variante inplace Gegeben sei wieder ein sortiertes Array von positiven Zahlen:

```
int[] sortedNumbers = { 1, 2, 2, 3, 3, 3, 4, 4, 4, 4 };
```

Dort sollen alle Duplikate entfernt werden, allerdings ist es diesmal nicht erlaubt, ein neues Array zu erzeugen. Diese Umsetzung gestaltet sich etwas schwieriger, der Algorithmus dazu lautet: Laufe durch das Array, prüfe bei jedem Element, ob dieses schon existiert und es sich also um ein Duplikat handelt. Diese Prüfung lässt sich dadurch realisieren, dass man das aktuelle Element mit dem Vorgänger vergleicht. Diese Vereinfachung ist möglich, weil eine Sortierung existiert – ohne diese wäre das Ganze deutlich komplizierter zu lösen. Die Verarbeitung starten wir an der vordersten Position und gehen nun schrittweise weiter. Dabei sammeln wir auf der linken Seite des Arrays alle Zahlen ohne Duplikate. Damit wir wissen, wo wir im Array lesen bzw. schreiben müssen, nutzen wir jeweils Positionszeiger namens `readPos` und `writePos`. Findet man ein doppeltes Zeichen, so läuft der Lesezeiger weiter, der Schreibzeiger bleibt stehen:

```
static void removeDuplicatesFirstTry(final int[] sortedNumbers)
{
    int prevValue = sortedNumbers[0];
    int writePos = 1;
    int readPos = 1;

    while (readPos < sortedNumbers.length)
    {
        int currentValue = sortedNumbers[readPos];
        if (prevValue != currentValue)
        {
            sortedNumbers[writePos] = currentValue;
            writePos++;

            prevValue = currentValue;
        }
        readPos++;
    }
}
```

Diese Variante ist zwar funktional korrekt, jedoch ist das Ergebnis verwirrend:

```
[ 1, 2, 3, 4, 3, 3, 4, 4, 4, 4 ]
```

Das liegt daran, dass hier inplace gearbeitet wird und es keinen Hinweis gibt, wie sich das Ergebnis abgrenzen lässt, also bis wohin die Werte gültig sind und wo die ungültigen, »entfernten« Werte anfangen. Demnach wären zwei Dinge empfehlenswert:

1. Man gibt die Länge des gültigen Bereichs zurück.
2. Man löscht die Folgepositionen mit einem speziellen Wert, etwa -1 für primitive Zahlentypen oder für Referenztypen häufig `null`. Wichtig ist, dass dieser Wert nicht in der Wertemenge vorkommen darf, weil sonst Irritationen und Inkonsistenzen vorprogrammiert sind.

Folgende Modifikation setzt beide Punkte um und verwendet zudem eine `for`-Schleife, die das Ganze minimal eleganter und kürzer macht:

```
int removeDuplicatesImproved(final int[] sortedNumbers)
{
    int writeIndex = 1;

    for (int i = 1; i < sortedNumbers.length; i++)
    {
        final int currentValue = sortedNumbers[i];
        final int prevValue = sortedNumbers[writeIndex - 1];

        if (prevValue != currentValue)
        {
            sortedNumbers[writeIndex] = currentValue;
            writeIndex++;
        }
    }

    // Löschen der nicht mehr benötigten Positionen
    for (int i = writeIndex; i < sortedNumbers.length; i++)
    {
        sortedNumbers[i] = -1;
    }

    return writeIndex;
}
```

Ein Aufruf dieser Methode liefert die Länge des gültigen Bereichs (zusätzlich sind nach dem letzten gültigen Index im modifizierten Array alle Werte auf -1 gesetzt):

```
jshell> int[] sortedNumbers = { 1, 2, 2, 3, 3, 3, 4, 4, 4, 4 };

jshell> removeDuplicatesImproved(sortedNumbers)
$4 ==> 3

jshell> Arrays.toString(sortedNumbers)
$5 ==> "[1, 2, 3, 4, -1, -1, -1, -1, -1, -1]"
```

Zwischenfazit Das Beispiel verdeutlicht einige Problematiken. Zum einen, dass es oftmals komplexer ist, inplace – also ohne das Erzeugen neuer Arrays, sondern direkt innerhalb des Originalarrays – zu arbeiten, und zum anderen, wie man mit Veränderungen umgeht, wenn Werte zwar noch im Array verbleiben, aber nicht mehr Bestandteil des Ergebnisses sind: Man kann entweder einen Zähler zurückgeben oder die Werte mit einem neutralen, speziellen Wert auslöschen. Generell ist es aber oft verständlicher und daher empfehlenswert, die gezeigten Varianten zu nutzen, die ein neues Array erzeugen.

Tipps für das Jobinterview: Alternative Betrachtungsweisen

So einfach wie die Aufgabenstellung zunächst geklungen haben mag, sie birgt doch einiges an Potenzial für verschiedene Ansätze und Lösungsstrategien. Beim Duplikate entfernen könnte man auch auf die Idee kommen, Elemente durch »keinen Eintrag« – bei Objektreferenzen, etwa den Wert `null` – zu ersetzen:

```
[1,2,2,4,4,3,3,3,2,2,3,1] => [1,2,null,3,null,null,4,null,null,null,null]
```

Bei einem nicht sortierten Array könnte man auch in der Reihenfolge ihres ursprünglichen Auftretens die Werte beibehalten:

```
[1,2,2,4,4,3,3,3,2,2,3,1] => [1,2,4,3]
```

Alternativ wäre es möglich, jeweils nur aufeinanderfolgende Duplikate zu entfernen:

```
[1,2,2,4,4,3,3,3,2,2,3,1] => [1,2,4,3,2,3,1]]
```

Wie man sieht, ist selbst bei scheinbar einfachen Aufgaben mehr zu bedenken. Deswegen ist Requirements Engineering und das korrekte Abdecken von Anforderungen eine echte Herausforderung.

Beispiel 4: Rotation um eine oder mehrere Positionen

Wir wollen uns eine weitere Problemstellung anschauen, nämlich das Rotieren eines Arrays um n Positionen nach links bzw. rechts, wobei die Elemente dann zyklisch am Anfang bzw. Ende nachgeschoben werden sollen, wie es nachfolgend visualisiert ist, wobei das mittlere Array die Ausgangsbasis bildet:

2	3	4	1	$\Leftarrow$	1	2	3	4	$\Rightarrow$	4	1	2	3

Der Algorithmus für eine Rotation um ein Element nach rechts ist simpel: Merke dir das letzte Element und dann kopiere wiederholt jeweils das in Rotationsrichtung eins weiter vorne liegende Element in das dahinter. Abschließend wird das zwischengespeicherte letzte Element an vorderster Position eingefügt.

```
void rotateRight(final int[] values)
{
    if (values.length < 2)
        return values;

    final int endPos = values.length - 1;
    final int temp = values[endPos];

    for (int i = endPos; i > 0; i--)
        values[i] = values[i - 1];

    values[0] = temp;
}
```

Die Rotation nach links arbeitet analog:

```
void rotateLeft(final int[] values)
{
    if (values.length < 2)
        return values;

    final int endPos = values.length - 1;
    final int temp = values[0];

    for (int i = 0; i < endPos; i++)
        values[i] = values[i + 1];

    values[endPos] = temp;
}
```

Probieren wir das Ganze einmal in der JShell aus:

```
jshell> int[] numbers = { 1, 2, 3, 4, 5, 6, 7 };
numbers ==> int[7] { 1, 2, 3, 4, 5, 6, 7 }

jshell> rotateRight(numbers);
$16 ==> int[7] { 7, 1, 2, 3, 4, 5, 6 }

jshell> rotateLeft(numbers);
$17 ==> int[7] { 1, 2, 3, 4, 5, 6, 7 }
```

Rotation um n Positionen (simpel) Eine naheliegende Erweiterung ist das Rotieren um eine bestimme Anzahl an Positionen. Das kann man mit Brute Force dadurch lösen, dass man die gerade entwickelte Funktionalität n Mal aufruft:

```
static void rotateRightByN_Simple(final int[] values, final int n)
{
    for (int i = 0; i < n; i++)
        rotateRight(values);
}
```

Diese Lösung ist grundsätzlich akzeptabel, wenn auch durch die häufigen Kopieraktionen nicht performant. Wie geht es effizienter?

Tipp: Optimierung bei großen Werten für n

Zunächst gibt es noch eine kleine Besonderheit: Ist nämlich n größer als die Länge des Arrays, so muss man nicht ständig rotieren, sondern kann dies durch die Modulo-Operation `i < n % values.length` auf das tatsächlich benötige Maß begrenzen.

Rotation um n Positionen (tricky) Eine Alternative besteht darin, sich vorzustellen, das ursprüngliche Array würde um n Positionen ergänzt. Dazu wird ein unabhängiger Puffer verwendet, der die letzten n Elemente zwischenspeichert. Dies ist in der Methode `fillTempWithLastN()` implementiert. Diese erstellt zunächst ein passend großes Array und legt die letzten n Werte dort ab. Danach kopieren wir in einer Schleife die Werte wie zuvor, jedoch mit einem Versatz von n. Zum Abschluss müssen wir nur noch die Werte aus dem Puffer mithilfe von `copyTempBufferToStart()` zurück kopieren:

```
static int[] rotateRightByN(final int[] values, final int n)
{
    final int adjustedN = n % values.length;
    final int[] tempBuffer = fillTempWithLastN(values, adjustedN);

    // Kopiere n Positionen nach rechts
    for (int i = values.length - 1; i >= adjustedN; i--)
        values[i] = values[i - adjustedN];

    copyTempBufferToStart(tempBuffer, values);

    return values;
}

static int[] fillTempWithLastN(final int[] values, final int n)
{
    final int[] tempBuffer = new int[n];

    for (int i = 0; i < n; i++)
        tempBuffer[i] = values[values.length - n + i];

    return tempBuffer;
}

static void copyTempBufferToStart(final int[] tempBuffer, final int[] values)
{
    for (int i = 0; i < tempBuffer.length; i++)
        values[i] = tempBuffer[i];
}
```

Einen Hinweis möchte ich noch geben: Das gerade vorgestellte Verfahren zur Rotation kann speichertechnisch suboptimal werden, insbesondere, wenn der Wert n sehr groß und das Array an sich auch riesig ist – für unsere Beispiele spielt dies aber keine Rolle. Interessanterweise wäre dann die simple Variante speichertechnisch besser, wenn auch aufgrund der häufigen Kopieraktionen vermutlich ziemlich langsam.

5.1.2 Mehrdimensionale Arrays

In diesem Abschnitt wollen wir uns kurz mit mehrdimensionalen Arrays beschäftigen. Weil es in der Praxis häufiger vorkommt und man es sich auch visuell gut vorstellen kann, beschränken wir uns dabei auf zweidimensionale Arrays. Im Folgenden wird zudem oft eine rechteckige Form angenommen. Tatsächlich sind in Java mehrdimensionale Arrays als Arrays von Arrays realisiert und müssen somit nicht zwingend rechteckig sein. Sofern angebracht gibt es einige Aufgabenstellungen, die auch nicht rechteckige Arrays unterstützen, etwa das Füllen einer Fläche mit einem Muster.

Ein zweidimensionales rechteckiges Array kann man etwa zur Modellierung eines Spielfelds, eines Sudoku-Rätsels oder einer Landschaft, repräsentiert durch Zeichen, nutzen. Zum besseren Verständnis und Einstieg betrachten wir ein Beispiel: Nehmen wir an, # stünde für eine Begrenzungsmauer, $ für einen einzusammelnden Gegenstand und P für den Spieler sowie X für den Ausgang aus einem Level. Mit diesen Zeichen kann man ein Spielfeld wie folgt beschreiben:

```
################
##  P         ##
####   $ X  ####
###### $  ######
################
```

In Java lässt sich zur Verarbeitung ein `char[][]` nutzen:

```
public static void main(final String[] args)
{
    final char[][] world = { "################".toCharArray(),
                             "##  P         ##".toCharArray(),
                             "####   $ X  ####".toCharArray(),
                             "###### $  ######".toCharArray(),
                             "################".toCharArray() };

    printArray(world);
}

public static void printArray(final char[][] values)
{
    for (int y = 0; y < values.length; y++)
    {
        for (int x = 0; x < values[y].length; x++)
        {
            final char value = getAt(values, x, y);
            System.out.print(value + " ");
        }
        System.out.println();
    }
}
```

Listing 5.1 *Ausführbar als* 'TWODIMARRAYWORLDEXAMPLE'

Es gibt zwei Varianten, wie man beim Speichern die Koordinaten angeben kann: Zum einen [x][y], und zum anderen, wenn man eher zeilenorientiert denkt, [y][x]. Das kann zwischen unterschiedlichen Entwicklern zu Missverständnissen und Diskussionen führen. Eine kleine Abhilfe erreicht man, wenn man sich Zugriffsmethoden, etwa `getAt(char[][], int, int)`, schreibt und die jeweilige Präferenz dort berücksichtigt – ich werde diese Zugriffsmethode bevorzugt in der Einführung nutzen und später direkte Array-Zugriffe:

```
static char getAt(final char[][] values, final int x, final int y)
{
    return values[y][x];
}
```

Führen wir das Programm TWODIMARRAYWORLDEXAMPLE aus, um die Ausgabefunktionalität in Aktion zu erleben. Im Folgenden werden wir immer mal wieder auf Ähnliches zurückgreifen – neben dem Debugging ist eine Konsolenausgabe gerade bei mehrdimensionalen Arrays ziemlich hilfreich.

```
# # # # # # # # # # # # # # # #
# #     P                   # #
# # # #       $   X     # # # #
# # # # # #   $       # # # # #
# # # # # # # # # # # # # # # #
```

Einführendes Beispiel

Unsere Aufgabe besteht nun darin, ein Array um 90 Grad nach links bzw. rechts zu drehen. Schauen wir uns das Ganze beispielhaft für zwei Rechtsdrehungen an:

```
1111        4321        4444
2222  =>    4321  =>    3333
3333        4321        2222
4444        4321        1111
```

Versuchen wir, das Vorgehen ein wenig zu formalisieren. Am einfachsten lässt sich die Rotation realisieren, wenn man ein neues Array erzeugt und dann geeignet befüllt. Zur Ermittlung der Formeln nutzen wir konkrete Beispieldaten, die das Verständnis erleichtern (`xn` und `yn` stehen für die neuen Koordinaten – nachfolgend ist links die Drehung nach links und rechts die Drehung nach rechts zu sehen):

```
            x  0123
           y   ----
           0   ABCD
           1   EFGH

  xn  01                 xn  01
yn    --               yn    --
 0    DH                0    EA
 1    CG                1    FB
 2    BF                2    GC
 3    AE                3    HD
```

Wir sehen, dass aus einem 4 x 2-Array ein 2 x 4-Array wird.

Die Rotation beruht auf folgenden Berechnungsvorschriften, wobei `maxX` und `maxY` die jeweiligen maximalen Koordinaten sind:

```
                    Orig    ->   NewX      NewY
-----------------------------------------------
rotateLeft:         (x,y)   ->   y         maxX-x
rotateRight:        (x,y)   ->   maxY-y    x
```

Mit diesem Wissen machen wir uns an die Implementierung: Wir erzeugen zunächst ein passend großes Array und durchlaufen das Originalarray zeilenweise und dort dann positionsweise. Basierend auf den obigen Formeln lässt sich die Rotation wie folgt implementieren:

```
enum RotationDirection { LEFT_90, RIGHT_90 }

public static Object[][] rotate(Object[][] values, RotationDirection dir)
{
    int origLengthX = values[0].length;
    int origLengthY = values.length;

    final Object[][] rotatedArray = new Object[origLengthX][origLengthY];
//    Class<?> plainType = values.getClass().componentType().componentType();
//    T[][] rotatedArray = (T[][])Array.newInstance(plainType,
//                                                     origLengthX, origLengthY);

    for (int y = 0; y < values.length; y++)
    {
        for (int x = 0; x < values[0].length; x++)
        {
            int maxX = values[0].length - 1;
            int maxY = values.length - 1;

            Object origValue = values[y][x];

            if (dir == RotationDirection.LEFT_90)
            {
                int newX = y;
                int newY = maxX - x;

                rotatedArray[newY][newX] = origValue;
            }
            if (dir == RotationDirection.RIGHT_90)
            {
                int newX = maxY - y;
                int newY = x;

                rotatedArray[newY][newX] = origValue;
            }
        }
    }

    return rotatedArray;
}

static <T> T getAt(final T[][] values, final int x, final int y)
{
    return values[y][x];
}
```

Eine rein generische Implementierung ist hier komplizierter, da sich generische Arrays leider nicht mit `new T[][]` erzeugen lassen – dazu benötigt es Tricks und Reflection, wie es auskommentiert gezeigt ist. Weil eine detailliertere Behandlung den Rahmen sprengen würde, verweise ich Sie an mein Buch »Der Weg zum Java-Profi« [2].

Bevor wir die Funktionalität anschauen wollen, definieren wir noch eine Hilfsmethode zur Ausgabe von beliebigen Typen (außer Primitiven):

```
static <T> void printArray(final T[][] values)
{
    for (int y = 0; y < values.length; y++)
    {
        for (int x = 0; x < values[y].length; x++)
        {
            final T value = values[y][x];
            System.out.print(value + " ");
        }
        System.out.println();
    }
}
```

Tipp: Implementierungsvarianten

Statt der klassischen `for`-Schleife mit Indexvariablen sorgt gerade bei Arrays oftmals die seit Java 5 verfügbare kürzere Syntax der `for`-Schleife für mehr Lesbarkeit:

```
static <T> void printArray(final T[][] values)
{
    for (final T[] value : values)
    {
        for (final T v : value)
        {
            System.out.print(v + " ");
        }
        System.out.println();
    }
}
```

Eine Variante besteht darin, die Stringaufbereitung durch `Arrays.toString()` erledigen zu lassen. Das erzeugt dann eckige Klammern und eine kommaseparierte Darstellung:

```
static <T> void printArrayJdk(final T[][] values)
{
    for (int i = 0; i < values.length; i++)
    {
        System.out.println(Arrays.toString(values[i]));
    }
}
```

Schauen wir uns die Abläufe mal in der JShell an:

```
jshell> var inputArray = new String[][]
{
    { "A", "B", "C", "D" },
    { "E", "F", "G", "H" }
}

jshell> printArray(rotate(inputArray, RotationDirection.LEFT_90))
D H
C G
B F
A E
```

Schließlich zeigt der Aufruf von `printArrayJdk()` die im Praxistipp erwähnte Aufbereitung des um 90 Grad nach recht gedrehten Arrays:

```
jshell> printArrayJdk(rotate(inputArray, RotationDirection.RIGHT_90))
[E, A]
[F, B]
[G, C]
[H, D]
```

Modellierung von Richtungen

In einer Vielzahl von Anwendungsfällen begegnen uns Richtungen. Diese kann man selbstverständlich einfach über eine Aufzählung modellieren. Im Kontext von zweidimensionalen Arrays ist es äußerst praktisch und trägt deutlich zur Lesbarkeit und Verständlichkeit bei, wenn man in der Aufzählung alle wesentlichen Himmelsrichtungen und zudem Offsets in x- und y-Richtung definiert – da die Werte konstant sind, verzichte ich hier auf `get()`-Methoden:

```
public enum Direction
{
    N(0,-1), NE(1,-1),
    E(1,0), SE(1,1),
    S(0,1), SW(-1,1),
    W(-1,0), NW(-1,-1);

    public final int dx;
    public final int dy;

    private Direction(final int dx, final int dy)
    {
        this.dx = dx;
        this.dy = dy;
    }

    public static Direction provideRandomDirection()
    {
        final Direction[] directions = values();
        final int randomIndex = (int) (Math.random() * directions.length);

        return directions[randomIndex];
    }
}
```

Beispiel: Zufälliges Durchlaufen Um die Verarbeitung mit Richtungen etwas zu vertiefen, wollen wir für ein Spielfeld ein Durchlaufen entwickeln. Immer wenn wir an Array-Grenzen stoßen, wählen wir zufällig eine neue Richtung ungleich der alten:

```
public static void main(final String[] args)
{
    final char[][] world = { "ABCDEf".toCharArray(),
                             "GHIJKL".toCharArray(),
                             "MNOPQR".toCharArray(),
                             "abcdef".toCharArray(),
                             "ghijkl".toCharArray() };

    Direction dir = Direction.provideRandomDirection();
    System.out.println("Direction: " + dir);

    int posX = 0;
    int posY = 0;
    int steps = 0;

    while (steps < 25)
    {
        System.out.print(world[posY][posX] + " ");

        if (!isOnBoard(world, posX + dir.dx, posY + dir.dy))
        {
            dir = selectNewDir(world, dir, posX, posY);
            System.out.println("\nNew Direction: " + dir);
        }

        posX += dir.dx;
        posY += dir.dy;
        steps++;
    }
}

static Direction selectNewDir(final char[][] world, Direction dir,
                              final int posX, final  int posY)
{
    Direction oldDir = dir;
    do
    {
        dir = Direction.provideRandomDirection();
    }
    while (oldDir == dir || !isOnBoard(world, posX + dir.dx, posY + dir.dy));

    return dir;
}
```

Listing 5.2 *Ausführbar als* '**RANDOMTRAVERSALDIRECTIONEXAMPLE**'

Bei dieser Aufgabenstellung lernen wir gleich noch eine nützliche Methode kennen, nämlich die Prüfung, ob ein übergebener x-y-Wert für das Array gültig ist – hier unter der Annahme, dass das Array rechteckig ist.

```
static boolean isOnBoard(final char[][] values,
                         final int nextPosX, final int nextPosY)
{
    return nextPosX >= 0 && nextPosY >= 0 &&
           nextPosX < values[0].length && nextPosY < values.length;
}
```

Startet man das Programm RANDOMTRAVERSALDIRECTIONEXAMPLE, so kommt es etwa zu folgender Ausgabe, an der man die Richtungswechsel sehr schön nachvollziehen kann:

```
Direction: SE
A H O d k
New Direction: N
e Q K E
New Direction: SW
J O b g
New Direction: N
a M G A
New Direction: E
B C D E f
New Direction: SW
K P c
```

Tipp: Variante mit Pufferfeldern am Rand

Gerade bei zweidimensionalen Arrays und Zugriffen auf Nachbarfelder kann es zum Vermeiden von Spezialfällen sinnvoll sein, an den Rändern jeweils ein unbenutztes Element hinzuzufügen, nachfolgend mit einem X angedeutet:

```
XXXXXXX
X     X
X     X
X     X
X     X
XXXXXXX
```

Durch diesen Trick besitzen wir immer acht Nachbarfelder und müssen in unsere Programmen weniger Spezialbehandlungen einbauen. Das gilt etwa auch, wenn man durch das Array läuft. Statt einer Prüfung auf die Array-Grenzen kann man sich auf eine Prüfung auf den Inhalt des Grenzfelds beschränken. Manchmal ist es auch sinnvoll, ein neutrales Element wie z. B. den Wert 0 zu nutzen, da dies dann Berechnungen nicht beeinflusst.

5.1.3 Typische Fehler

Nicht nur bei der Programmierung von Array-Zugriffen, aber vor allem dort, findet man eine Vielzahl an potenziellen Fehlerquellen, insbesondere folgende:

- **Off-by-One** – Manchmal liegt man beim Zugriff um ein Element daneben, weil z. B. die Indexberechnung einen Fehler enthält, etwa durch eine Subtraktion von 1 zur Korrektur des Index oder durch Vergleiche auf Positionen mit <, <=, >, >=.
- **Array-Grenzen** – Ebenso werden die Grenzen des Arrays mitunter versehentlich missachtet, beispielsweise durch falschen Einsatz von <, <= oder >, >= bei Vergleichen auf Länge oder untere bzw. obere Grenze.[2]
- **Dimensionen** – Wie schon erwähnt, hängt es von der gewählten Variante ab, wie x und y repräsentiert werden. Dadurch kommt es schnell mal zu einem Vertauschen von x und y bei zweidimensionalen Arrays.
- **Rechteckeigenschaft** – Obwohl man bei einem n x m-Array annimmt, dass dieses rechteckig ist, muss dies in Java nicht gegeben sein. Man kann für jede neue Zeile eine abweichende Länge vorgeben – viele der nachfolgenden Beispiele nutzen jedoch rechteckige Arrays. In Jobinterviews sollte man dies durch eine Frage klären. Für Aufgabenstellungen, wo die Rechteckeigenschaft weniger wichtig ist, erlaube ich auch nicht rechteckige Arrays, etwa beim Füllen einer Fläche mit einem Muster.
- **Abstraktion** – Arrays bieten wenig Abstraktion. Vielfach werden im Sourcecode dann etwa Tests auf Bedingungen, das Tauschen von Elementen usw. direkt implementiert anstatt als Methoden ausgelagert.
- **Neutrales Element** – Was repräsentiert »kein Wert«. Ist es -1 oder `null`? Wie geht man damit um, wenn das mögliche Werte sind?
- **Stringausgabe** – Arrays besitzen keine überschriebene Variante der Methode `toString()`, weshalb die aus der Klasse `Object` geerbte Methode `toString()` verwendet wird, die den Typ sowie die Objektreferenz recht kryptisch ausgibt. Dadurch sieht man mitunter für Arrays Ausgaben wie diese:

  ```
  [I@4d591d15
  [I@65ae6ba4
  ```

  Als Abhilfe bieten sich folgende Aufrufe an:

  ```
  Arrays.toString(mySimpleArray);
  Arrays.deepToString(myMultiDimArray);
  ```

[2] Deshalb empfiehlt sich in beiden Fällen ein gründliches Testen sowie eine gute Auswahl an Testfällen. Wie man dies erzielt, beschreibe ich in meinem Buch »Der Weg zum Java-Profi« [2].

5.2 Aufgaben

5.2.1 Aufgabe 1: Gerade vor ungeraden Zahlen (★★☆☆☆)

Schreiben Sie eine Methode `void orderEvenBeforeOdd(int[])`. Diese soll ein gegebenes Array von `int`-Werten so umordnen, dass die geraden Zahlen zuerst auftreten und dahinter dann die ungeraden Zahlen. Die Reihenfolge innerhalb der geraden und ungeraden Zahlen ist nicht von Relevanz.

Beispiele

Eingabe	Resultat
[1, 2, 3, 4, 5, 6, 7, 8, 9, 10]	[2, 4, 6, 8, 10, 3, 7, 1, 9, 5]
[2, 4, 6, 1, 8]	[2, 4, 6, 8, 1]
[2, 4, 6, 8, 1]	[2, 4, 6, 8, 1]

5.2.2 Aufgabe 2: Flip (★★☆☆☆)

Schreiben Sie jeweils eine generische Methode, die ein zweidimensionales Array horizontal mit `void flipHorizontally(T[][])` bzw. vertikal mit `void flipVertically(T[][])` spiegelt. Dabei soll das Array rechteckig sein, also keine Zeile länger als eine andere.

Beispiele Nachfolgend ist verdeutlicht, wie diese Funktionalität arbeiten soll:

```
flipHorizontally()            flipVertically()
------------------            ----------------
123        321                1144        3366
456   =>   654                2255   =>   2255
789        987                3366        1144
```

5.2.3 Aufgabe 3: Palindrom (★★☆☆☆)

Schreiben Sie eine Methode `boolean isPalindrome(String[])`, die für ein Array von Strings prüft, ob dessen Werte ein Palindrom bilden.

Beispiele

Eingabe	Resultat
["Ein", "Test", " – ", "Test", "Ein"]	true
["Max", "Mike", "Mike", "Max"]	true
["Tim", "Tom", "Mike", "Max"]	false

5.2.4 Aufgabe 4: Inplace Rotate (★★★☆☆)

Aufgabe 4a: Iterativ (★★★☆☆)

In der Einleitung habe ich gezeigt, wie man Arrays rotieren kann. Nun soll dies inplace, also ohne das Erzeugen eines neuen Arrays, für ein zweidimensionales quadratisches Array um 90 Grad im Uhrzeigersinn erfolgen. Schreiben Sie dazu eine generische Methode `void rotateInplace(T[][])`, die dies iterativ umsetzt.

Beispiel Für ein 6 x 6-Array ist dies nachfolgend visualisiert:

```
1 2 3 4 5 6          F G H I J 1
J K L M N 7          E T U V K 2
I V W X O 8    =>    D S Z W L 3
H U Z Y P 9          C R Y X M 4
G T S R Q 0          B Q P O N 5
F E D C B A          A 0 9 8 7 6
```

Aufgabe 4b: Rekursiv (★★★☆☆)

Schreiben Sie eine rekursive Methode `void rotateInplaceRecursive(T[][])`, die die gewünschte Rotation um 90 Grad im Uhrzeigersinn implementiert.

5.2.5 Aufgabe 5: Jewels Board Init (★★★☆☆)

Aufgabe 5a: Initialisieren (★★★☆☆)

Initialisieren Sie ein zweidimensionales, rechteckiges Array mit zufallsbasierten Zahlen, die verschiedene Arten von Diamanten oder Juwelen als Zahlenwert repräsentieren. Dabei gilt die Randbedingung, dass initial keine drei gleichartigen Diamanten horizontal oder vertikal direkt aufeinanderfolgend platziert sein dürfen. Schreiben Sie eine Methode `int[][] initJewelsBoard(int, int, int)`, die ein gültiges Array der angegebenen Größe und Anzahl an unterschiedlichen Arten von Diamanten erzeugt.

Beispiel Eine zufällige Verteilung von durch Ziffern repräsentierten Diamanten kann für vier verschiedene Farben und Formen wie folgt aussehen:

```
2 3 3 4 4 3 2
1 3 3 1 3 4 4
4 1 4 3 3 1 3
2 2 1 1 2 3 2
3 2 4 4 3 3 4
```

Zur Veranschaulichung zeigt Abbildung 5-1 ein weiteres Beispiel.

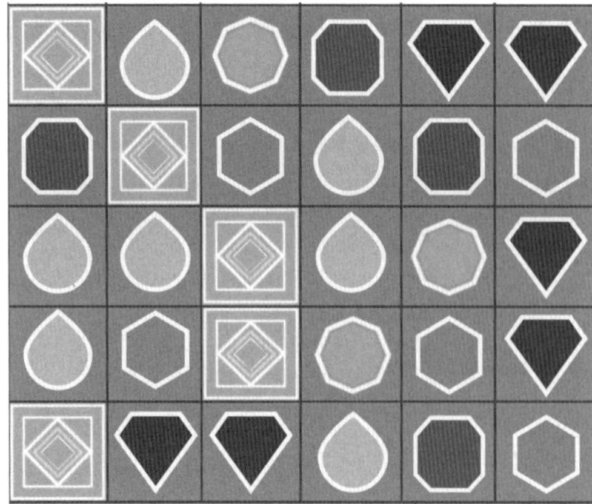

Abbildung 5-1 *Grafische Darstellung eines Jewels Boards*

Bonus: Diagonalenprüfung (★★★☆☆) Ergänzen Sie eine Prüfung auf Diagonalen. Dann sollte die Konstellation aus dem Beispiel unter anderem aufgrund der fett markierten Diagonalen mit der Ziffer 3 rechts unten nicht gültig sein.

Aufgabe 5b: Gültigkeitsprüfung (★★★☆☆)

In dieser Teilaufgabe soll ein bestehendes Spielfeld auf Gültigkeit geprüft werden. Als Herausforderung soll eine Liste mit gefundenen Verstößen zurückgegeben werden. Implementieren Sie eine Methode `List<String> checkBoardValidity(int[][])` für ein rechteckiges Array.

Beispiel Um die Gültigkeitsprüfung auszuprobieren, nutzen wir das Spielfeld aus der Einleitung – hier speziell markiert:

```
int[][] values = {
                    { 2, 3, 3, 4, 4, 3, 2 },
                    { 1, 3, 3, 1, 3, 4, 4 },
                    { 4, 1, 4, 3, 3, 1, 3 },
                    { 2, 2, 1, 1, 2, 3, 2 },
                    { 3, 2, 4, 4, 3, 3, 4 } };
```

Dieses sollte folgende Fehler aufgrund seiner Diagonalen produzieren:

```
[Invalid at x=3 y=2 tests: hor=false, ver=false, dia=true,
 Invalid at x=2 y=3 tests: hor=false, ver=false, dia=true,
 Invalid at x=4 y=4 tests: hor=false, ver=false, dia=true]
```

5.2.6 Aufgabe 6: Jewels Board Erase Diamonds (★★★★☆)

Die Aufgabe besteht darin, alle Ketten von drei oder mehr horizontal, vertikal oder diagonal zusammenhängenden Diamanten aus dem rechteckigen Spielfeld zu löschen und dann die entstehenden Leerstellen mit den darüber liegenden Diamanten aufzufüllen, also etwa so wie Gravitation in der Natur wirkt. Nachfolgend ist exemplarisch gezeigt, wie sich das Löschen und dann das Herunterfallen mehrmals wiederholen, bis keine Änderung mehr erfolgt – Leerstellen sind der besseren Sichtbarkeit als _ dargestellt:

```
Iteration 1:
1 1 1 2 4 4 3   erase   _ _ _ _ 4 4 _   fall down   _ _ _ _ _ _ _
1 2 3 4 2 4 3    =>     1 2 3 4 _ 4 _      =>       1 2 3 4 4 4 _
2 3 3 1 2 2 3           2 3 3 1 2 _ _               2 3 3 1 2 4 _

Iteration 2:
_ _ _ _ _ _ _   erase   _ _ _ _ _ _ _   fall down   _ _ _ _ _ _ _
1 2 3 4 4 4 _    =>     1 2 3 _ _ _ _      =>       1 2 3 _ _ _ _
2 3 3 1 2 4 _           2 3 3 1 2 4 _               2 3 3 1 2 4 _
```

Aufgabe 6a: Löschen (★★★★☆)

Schreiben Sie eine Methode `boolean eraseChains(int[][]))`, die aus einem rechteckigen Spielfeld-Array alle Reihen von drei oder mehr zusammenhängenden Diamanten in horizontaler, vertikaler und diagonaler Ausrichtung löscht.

Beispiele Ein Aufruf der Methode transformiert das auf der linken Seite gegebene Ausgangsarray in das rechts gezeigte Resultat:

```
Alle Ketten ohne Überlappung              Spezialfall: Überlappungen
1 2 3 3 3 4        0 0 0 0 0 0            1 1 1 2         0 0 0 2
1 3 2 4 2 4        0 3 0 4 2 0            1 1 3 4    =>   0 0 3 4
1 2 4 2 4 4   =>   0 0 4 0 4 0            1 2 1 3         0 2 0 3
1 2 3 5 5 5        0 0 3 0 0 0
1 2 1 3 4 4        0 0 1 3 4 4
```

Aufgabe 6b: Falling Down (★★★☆☆)

Schreiben Sie eine inplace arbeitende Methode `void fallDown(int[][])`, die die Diamanten von oben nach unten fallen lässt, sofern unter ihrer Position ein Leerraum ist.

Beispiel Ein Aufruf der Methode transformiert das auf der linken Seite gegebene Ausgangsarray in das rechts gezeigte Resultat:

```
0 1 3 3 0 0        0 0 0 0 0 0
0 1 0 0 0 0        0 0 0 0 0 0
0 0 3 3 0 0   =>   0 0 3 3 0 0
0 0 0 3 3 4        0 1 3 3 0 0
0 0 3 0 0 0        0 1 3 3 3 4
```

5.2.7 Aufgabe 7: Spiral-Traversal (★★★★☆)

Schreiben Sie eine generische Methode `List<T> spiralTraversal(T[][])`, die ein zweidimensionales rechteckiges Array spiralförmig durchläuft und als Liste aufbereitet. Der Start ist dabei links oben. Zunächst wird die äußere Schicht durchlaufen und dann die jeweils nächstinnere.

Beispiel Ein Beispiel zeigt Abbildung 5-2.

```
 1   2   3   4
12  13  14   5
11  16  15   6
10   9   8   7
```

Abbildung 5-2 *Grundsätzlicher Ablauf beim Spiral-Traversal*

Für die nachfolgenden beiden Arrays sollten die weiter unten aufgeführten Zahlen- bzw. Buchstabenfolgen aus dem spiralförmigen Durchlauf resultieren:

```
Integer[][] numbers = { { 1, 2, 3, 4 },
                        { 12, 13, 14, 5 },
                        { 11, 16, 15, 6 },
                        { 10, 9, 8, 7 } };

String[][] letterPairs = { { "AB", "BC", "CD", "DE" },
                           { "JK", "KL", "LM", "EF" },
                           { "IJ", "HI", "GH", "FG" } };
=>

[1, 2, 3, 4, 5, 6, 7, 8, 9, 10, 11, 12, 13, 14, 15, 16]

[AB, BC, CD, DE, EF, FG, GH, HI, IJ, JK, KL, LM]
```

5.2.8 Aufgabe 8: Add One to Array As Number (★★☆☆☆)

Gegeben sei ein Array von Zahlen, das die Ziffern einer Dezimalzahl darstellt. Schreiben Sie eine Methode `int[] addOne(int[])`, die eine Addition um den Wert 1 ausführt und zur Lösung nur Arrays als Datenstruktur nutzen darf.

Beispiele

Eingabe	Resultat
[1, 3, 2, 4]	[1, 3, 2, 5]
[1, 4, 8, 9]	[1, 4, 9, 0]
[9, 9, 9, 9]	[1, 0, 0, 0, 0]

5.2.9 Aufgabe 9: Sudoku-Checker (★★★☆☆)

In dieser Aufgabe prüfen wir ein Sudoku-Spielfeld, ob dieses eine gültige Lösung darstellt. Gegeben sei dazu ein Spielfeld als 9 x 9-Array mit `int`-Werten. Laut Sudoku-Regeln müssen in jeder Zeile und jeder Spalte jeweils alle Zahlen von 1 bis 9 vorkommen. Zudem müssen in jedem 3 x 3 Sub-Spielfeld wiederum alle Zahlen von 1 bis 9 auftreten. Schreiben Sie zur Prüfung eine Methode `boolean isSudokuValid(int[][])`.

Beispiel Nachfolgend ist eine gültige Lösung gezeigt.

1	2	3	4	5	6	7	8	9
4	5	6	7	8	9	1	2	3
7	8	9	1	2	3	4	5	6
2	1	4	3	6	5	8	9	7
3	6	5	8	9	7	2	1	4
8	9	7	2	1	4	3	6	5
5	3	1	6	4	2	9	7	8
6	4	2	9	7	8	5	3	1
9	7	8	5	3	1	6	4	2

Bonus Zwar ist es schon gut, ein vollständig mit Ziffern gefülltes Sudoku-Spielfeld auf dessen Gültigkeit prüfen zu können, besser ist es jedoch, für ein Spielfeld mit »Lücken«, also noch fehlenden Zahlen, vorhersagen zu können, ob daraus eine gültige Lösung entstehen kann. Das ist insbesondere dann von Interesse, wenn man einen Algorithmus zum Lösen eines Sudokus einwickeln möchte.

Beispiel Basierend auf dem Beispiel des gültigen Sudoku-Spielfelds habe ich an zufälligen Stellen die Ziffern gelöscht. Dadurch gibt es sicher eine valide Lösung.

1	2		4	5		7	8	9
	5	6	7		9		2	3
7	8		1	2	3	4	5	6
2	1	4		6		8		7
3	6		8		7	2	1	4
	9	7		1	4	3	6	
5	3	1	6		2	9		8
6		2	9	7	8	5	3	1
9	7			3	1	6	4	2

5.2.10 Aufgabe 10: Flood-Fill (★★☆☆☆)

Aufgabe 10a (★★☆☆☆)

Schreiben Sie eine Methode `void floodFill(char[], int, int)`, die in einem Array alle freien Felder mit einem bestimmten Wert befüllt.

Beispiel Nachfolgend ist der Füllvorgang für das Zeichen '*' gezeigt. Das Füllen beginnt an einer vorgegebenen Position, etwa in der linken oberen Ecke, und wird dann so lange in alle vier Himmelsrichtungen fortgesetzt, bis die Grenzen des Arrays oder eine Begrenzung in Form eines anderen Zeichens gefunden wird:

```
"   # "       "***# "         "   #      #"          "   #*******#"
"    #"       "****#"         "    #      #"         "    #*******#"
"#   #"   =>  "#***#"         "#   #     #"    =>    "#   #******#"
" # # "       " #*# "         " # #     #"           " # #******#"
"  #  "       "  #  "         "  #     #"            "  #******#"
```

Aufgabe 10b (★★☆☆☆)

Ergänzen Sie die Methode so, dass sie beliebige, als rechteckiges Array übergebene Muster füllen kann – Leerzeichen sind in der Musterangabe allerdings nicht erlaubt.

Beispiel

Nachfolgend sehen wir, wie eine Füllung mit einem Muster aussehen könnte. Dabei besteht das Muster aus verschiedenen Zeilen mit Zeichen:

```
.|.
-*-
.|.
```

Starten wir das Füllen mittig unten, so ergibt sich folgende Füllung:

```
      x           .|..|.x
    #  #          -*--#--#
   ###  #         .|.###.|#
#  ###  #    =>   #|.###.|#
#   #   #         #*--#--*#
 # #   #           #.#|..#
  #   #             #.|.#
```

5.2.11 Aufgabe 11: Array Merge (★★☆☆☆)

Gegeben seien zwei Arrays mit jeweils für sich aufsteigend sortierten Zahlen, die gemäß ihrer Reihenfolge geordnet in ein gemeinsames Array überführt werden sollen. Schreiben Sie eine Methode `int[] merge(int[], int[])`.

Beispiele

Eingabe 1	Eingabe 2	Resultat
[1, 4, 7, 12, 20]	[10, 15, 17, 33]	[1, 4, 7, 10, 12, 15, 17, 20, 33]
[2, 3, 5, 7]	[11, 13, 17]	[2, 3, 5, 7, 11, 13, 17]
[2, 3, 5, 7, 11]	[7, 11, 13, 17]	[2, 3, 5, 7, 7, 11 11, 13, 17]
[1, 2, 3]	$\emptyset$ = []	[1, 2, 3]

5.2.12 Aufgabe 12: Array Min und Max (★★☆☆☆)

Aufgabe 12a: Min und Max (★☆☆☆☆)

Schreiben Sie zwei Methoden `int findMin(int[])` und `int findMax(int[])`, die das Minimum bzw. Maximum aus einem gegebenen, nicht leeren Array mithilfe einer selbst implementierten Suche ermitteln – damit fallen `Math.min()`, `Arrays.sort()` und `Arrays.stream().min()` usw. aus :-)

Beispiel

Eingabe	Minimum	Maximum
[2, 3, 4, 5, 6, 7, 8, 9, 1, 10]	1	10

Aufgabe 12b: Min und Max Pos (★★☆☆☆)

Implementieren Sie zwei Hilfsmethoden `int findMinPos(int[], int, int)` und `int findMaxPos(int[], int, int)`, die für ein gegebenes, nicht leeres Array sowie einen Indexbereich in Form der linken und rechten Grenze die Position des Minimums bzw. Maximums suchen und zurückliefern. Bei mehreren gleichen Werten für Minimum oder Maximum soll jeweils das erste Auftreten zurückgegeben werden.

Schreiben Sie zur Ermittlung von Minimum bzw. Maximum zwei Methoden `int findMinByPos(int[], int, int)` und `int findMaxByPos(int[], int, int)`, die die Hilfsmethoden nutzen.

Beispiele

Methode	Eingabe	Bereich	Resultat	Position
findMinXyz()	[5, 3, 4, 2, 6, 7, 8, 9, 1, 10]	0, 10	1	8
findMinXyz()	[5, 3, 4, 2, 6, 7, 8, 9, 1, 10]	0, 7	2	3
findMinXyz()	[5, 3, 4, 2, 6, 7, 8, 9, 1, 10]	2, 7	2	3
findMaxXyz()	[1, 22, 3, 4, 5, 10, 7, 8, 9, 49]	0, 10	49	9
findMaxXyz()	[1, 22, 3, 4, 5, 10, 7, 8, 9, 49]	0, 7	22	1
findMaxXyz()	[1, 22, 3, 4, 5, 10, 7, 8, 9, 49]	2, 7	10	5

5.2.13 Aufgabe 13: Array Split (★★★☆☆)

Gegeben sei ein Array mit beliebigen Ganzzahlen. Als Ergebnis soll das Array neu geordnet werden, sodass alle Werte kleiner als ein spezieller Referenzwert links und alle Werte größer oder gleich dem Referenzwert rechts davon angeordnet werden. Die Reihenfolge innerhalb der Teilbereiche ist irrelevant und darf variieren.

Beispiele

Eingabe	Referenzelement	Resultatbeispiel
[4, 7, 1, 20]	9	[1, 4, 7, **9**, 20]
[3, 5, 2]	7	[2, 3, 5, **7**]
[2, 14, 10, 1, 11, 12, 3, 4]	7	[2, 1, 3, 4, **7**, 14, 10, 11, 12]
[3, 5, 7, 1, 11, 13, 17, 19]	11	[1, 3, 5, 7, **11**, 11, 13, 17, 19]

Aufgabe 13a: Array Split (★★☆☆☆)

Schreiben Sie eine Methode `int[] arraySplit(int[], int`, um die Funktionalität zu realisieren. Dabei dürfen neue Datenstrukturen, etwa Listen, erzeugt werden.

Aufgabe 13b: Array Split Inplace (★★★☆☆)

Schreiben Sie eine Methode `int[] arraySplitInplace(int[], int)`, die die beschriebene Funktionalität innerhalb des Ausgangsarrays, also inplace, umsetzt. Dabei ist es explizit nicht gewünscht, neue Datenstrukturen zu erzeugen. Um dann das Referenzelement in das Ergebnis aufnehmen zu können, ist einmalig das Erzeugen eines Arrays erlaubt. Weil dieses zurückgegeben werden muss, ist ausnahmsweise auch die Rückgabe eines Werts für eine »inplace«-Methode gestattet – sie operiert hier eben nur teilweise inplace.

Aufgabe 13c: Array Split Quick Sort Partition (★★★☆☆)

Für das Sortieren gemäß Quick Sort benötigt man eine Partitionierungsfunktionalität ähnlich zu der gerade entwickelten. Allerdings wird hier oftmals als Referenzelement das vorderste Element des Arrays verwendet.

Erstellen Sie auf Basis der beiden zuvor entwickelten Implementierungen mit expliziter Angabe eines Referenzelements entsprechende Varianten in Form der Methoden `int[] arraySplit(int[])` und `int[] arraySplitInplace(int[])`.

Beispiele

Eingabe	Referenzelement	Resultatbeispiel
[**9**, 4, 7, 1, 20]	9	[1, 4, 7, **9**, 20]
[**7**, 3, 5, 2]	7	[2, 3, 5, **7**]
[**7**, 2, 14, 10, 1, 11, 12, 3, 4]	7	[2, 1, 3, 4, **7**, 14, 10, 11, 12]
[**11**, 3, 5, 7, 1, 11, 13, 17, 19]	11	[1, 3, 5, 7, **11**, 11, 13, 17, 19]

5.2.14 Aufgabe 14: Minesweeper Board (★★★☆☆)

Vermutlich haben Sie auch schon einmal Minesweeper gespielt. Kurz zur Erinnerung: Das ist ein nettes kleines Ratespiel mit etwas Knobelanteil. Um was geht es? Auf einem Spielfeld werden Bomben verdeckt platziert. Der Spieler kann nun beliebige Felder des Spielfelds wählen. Wird ein Feld aufgedeckt, dann zeigt es eine Ziffer. Diese gibt an, wie viele Bomben in den Nachbarfeldern versteckt sind. Hat man jedoch Pech, so trifft man auf ein Bombenfeld und das Spiel ist verloren. In dieser Aufgabe geht es darum, ein solches Spielfeld zu initialisieren und für ein anschließendes Spiel vorzubereiten.

Aufgabe 14a (★★☆☆☆)

Schreiben Sie eine Methode `boolean[][] placeBombsRandomly(int, int, double)`, die ein über die ersten zwei Parameter in der Größe festgelegtes Spielfeld als `boolean[][]` erzeugt, zufällig mit »Bomben« füllt und dabei die als `double` übergebene Wahrscheinlichkeit von 0,0 bis 1,0 beachtet.

Beispiel Nachfolgend ist ein Spielfeld der Größe 16 x 7 gezeigt, wobei die Bomben zufällig platziert sind. Bomben werden durch '*' und Leerräume mit '.' dargestellt:

```
* * * . * * . * . * * . * . . .
. * * . * . . * . * * . . . . .
. . * . . . . . . . . . * * * *
. . . * . * * . * * . * * . . .
* * . . . . * . * . . * . . . *
. . * . . * . * * . . * . * * *
. * . * * . * . * * * . . * * .
```

Aufgabe 14b (★★★☆☆)

Schreiben Sie eine Methode `int[][] calcBombCount(boolean[][])`, die basierend auf den als `boolean[][]` übergebenen Bombenfeldern die Anzahl benachbarter Felder mit Bomben ermittelt und ein korrespondierendes Array zurückgibt.

Beispiele Eine Berechnung für Spielfelder der Größe 3 x 3 sowie der Größe 5 x 5 inklusive zufällig verteilter Bomben ergibt z. B. folgende Spielfelder:

```
* . .          B 2 1        . * * . .        2 B B 3 1
. . *    =>    1 3 B        * . * * .        B 6 B B 1
. . *          0 2 B        * * . . .   =>   B B 4 3 2
                            * . . * .        B 6 4 B 1
                            * * * . .        B B B 2 1
```

Aufgabe 14c (★★☆☆☆)

Schreiben Sie eine Methode `void printBoard(boolean[][], char, int[][])`, die ein Spielfeld als Punkte und Sterne sowie als Nummern und 'B' darstellen kann.

Beispiel Nachfolgend ist obiges Spielfeld der Größe 16 x 7 mit allen berechneten Werten für Bombennachbarn gezeigt:

```
B B B 4 B B 3 B 4 B B 3 B 1 0 0
3 B B 5 B 3 3 B 4 B B 4 3 4 3 2
1 3 B 4 3 3 3 3 4 4 4 4 B B B B
2 3 3 B 2 B B 4 B B 3 B B 4 4 3
B B 3 2 3 4 B 6 B 4 4 B 5 3 4 B
3 4 B 3 3 B 4 B B 5 4 B 4 B B B
1 B 3 B B 3 B 4 B B B 2 3 B B 3
```

5.3 Lösungen

5.3.1 Lösung 1: Gerade vor ungerade Zahlen (★★☆☆☆)

Schreiben Sie eine Methode `void orderEvenBeforeOdd(int[])`. Diese soll ein gegebenes Array von `int`-Werten so umordnen, dass die geraden Zahlen zuerst auftreten und dahinter dann die ungeraden Zahlen. Die Reihenfolge innerhalb der geraden und ungeraden Zahlen ist nicht von Relevanz.

Beispiele

Eingabe	Resultat
[1, 2, 3, 4, 5, 6, 7, 8, 9, 10]	[2, 4, 6, 8, 10, 3, 7, 1, 9, 5]
[2, 4, 6, 1, 8]	[2, 4, 6, 8, 1]
[2, 4, 6, 8, 1]	[2, 4, 6, 8, 1]

Algorithmus Durchlaufe das Array vom Anfang. Überspringe gerade Zahlen. Sobald eine ungerade Zahl gefunden wurde, suche im Arrayteil dahinter nach einer geraden Zahl. Wird eine solche gefunden, tausche diese mit der aktuellen ungeraden. Das Vorgehen wiederholt sich, bis man am Ende des Arrays angekommen ist:

```
void orderEvenBeforeOdd(final int[] numbers)
{
    int i = 0;
    while (i < numbers.length)
    {
        int value = numbers[i];
        if (isEven(value))
        {
            // gerade Zahle, also weiter mit nächster Nummer
        }
        else
        {
            // ungerade Zahl, springe über alle ungeraden,
            // bis zur ersten geraden
            int j = i + 1;
            while (j < numbers.length && !isEven(numbers[j]))
            {
                j++;
            }

            if (j < numbers.length)
                swap(numbers, i, j);
            else
                break; // keine weiteren Nummern
        }

        i++;
    }
}
```

Die Hilfsmethoden zur Prüfung und zum Tauschen von Elementen wurden bereits in früheren Kapiteln bzw. Abschnitten realisiert. Sie sind hier nochmals abgebildet, um das Ausprobieren der Beispiele in der JShell zu erleichtern:

```
boolean isEven(final int n)
{
    return n % 2 == 0;
}

void swap(final int[] values, final int first, final int second)
{
    final int tmp = values[first];
    values[first] = values[second];
    values[second] = tmp;
}
```

Hinweis: Variante ungerade vor gerade

Eine Variante wäre es, alle ungeraden Zahlen vor den geraden anzuordnen. Dazu kann man sich eine Methode `void orderOddBeforeEven(int[])` schreiben, wobei wiederum die Reihenfolge innerhalb der ungeraden und geraden Zahlen nicht von Bedeutung ist.

Der Algorithmus ist abgesehen von minimalen Abweichungen einer invertierten Prüfung mit der gezeigten identisch – diese Modifikation ist so einfach, dass die Methode hier nicht nochmals abgebildet ist.

Optimierter Algorithmus: Verbesserte Laufzeit

Wir erkennen, dass unsere Prüfungen quadratische Laufzeit, hier $O(n \cdot m)$, besitzen, weil wir zwei ineinander geschachtelte Schleifen nutzen. Obwohl das für reine Berechnungen nicht ganz so dramatisch ist, sollte man doch im Hinterkopf haben, die Laufzeit eines Algorithmus im besten Fall auf $O(1)$, möglichst $O(n)$ oder zumindest $O(n \cdot log(n))$ zu reduzieren – idealerweise ohne die Lesbarkeit und Verständlichkeit zu vermindern. Für einen Einstieg zur O-Notation konsultieren Sie bitte Anhang C.

In diesem Fall ist eine Reduktion der Laufzeit auf $O(n)$ tatsächlich ziemlich einfach möglich: Wie auch in vielen Lösungen zu anderen Problemstellungen verwendet man zwei Positionszähler, hier `nextEven` und `nextOdd`. Zu Beginn wird angenommen, dass das erste Element gerade und das letzte ungerade ist. Nun wird geprüft, ob das vordere Zeichen wirklich gerade ist und die Position nach rechts verschoben. Trifft man auf das erste ungerade Zeichen, so wird dieses mit dem letzten Element vertauscht. Selbst wenn die hintere Zahl ungerade war, wird diese im nächsten Schritt wieder getauscht.

Im Gegensatz zur vorherigen Lösung bleibt dadurch die Reihenfolge der geraden Zahlen nicht erhalten, auch die ungeraden Zahlen werden potenziell stärker durcheinander gewürfelt:

```
void orderEvenBeforeOddOptimized(final int[] numbers)
{
    int nextEven = 0;
    int nextOdd = numbers.length - 1;

    while (nextEven < nextOdd)
    {
        final int currentValue = numbers[nextEven];
        if (isEven(currentValue))
        {
            nextEven++;
        }
        else
        {
            swap(numbers, nextEven, nextOdd);

            nextOdd--;
        }
    }
}
```

Schauen wir uns einmal die Methoden für die unsortierten Zahlen (2, 4, 3, 6, 1) an – unten stehen `e` und `o` jeweils für die Positionszeiger für `nextEven` und `nextOdd`:

```
2 4 3 6 1
^       ^
e       o
  ^     ^
  e     o
    ^   ^
    e   o
--------- swap
    1 6 3
    ^ ^
    e o
--------- swap
    6 1 3
    ^
    eo
```

Zum Abschluss betrachten wir, was für bereits sortierte Zahlen (1, 2, 3, 4) passiert:

```
1 2 3 4
^     ^
e     o
-------- swap
4 2 3 1
^   ^
e   o
  ^ ^
  e o
    ^
    eo
```

Optimierter Algorithmus: Weniger Umkopieren

Die vorherige Optimierung kann man noch ein wenig weiterführen. Statt nur von links so lange die geraden zu überspringen, bis man auf eine ungerade Zahl trifft, kann man ausgehend von beiden Seiten so lange Werte überspringen, wie diese vorne gerade und hinten ungerade sind. Das erfordert zwar zwei zusätzliche `while`-Schleifen, jedoch bleiben wir weiter bei einer Laufzeit von $O(n)$, da wir über dieselben Elemente laufen und keine Schritte mehrmals ausführen (diese Erkenntnis benötigt etwas Erfahrung).

Folgende Implementierung setzt das Gesagte um und tauscht Elemente nur dann, wenn es wirklich nötig ist:

```
void orderEvenBeforeOddOptimizedV2(final int[] numbers)
{
    int left = 0;
    int right = numbers.length - 1;
    while (left < right)
    {
        // laufe bis zur ersten ungeraden Zahl oder zum Array-Ende
        while (left < numbers.length && numbers[left] % 2 == 0)
            left++;
        // laufe bis zur ersten geraden Zahl oder zum Array-Anfang
        while (right >= 0 && numbers[right] % 2 != 0)
            right--;

        if (left < right)
        {
            swap(numbers, left, right);
            left++;
            right--;
        }
    }
}
```

Prüfung

Zum Ausprobieren nutzen wir folgende Eingaben, die die Funktionsweise zeigen:

```
jshell> var values1 = new int[]{ 1, 2, 3, 4, 5, 6, 7 }

jshell> var values2 = new int[]{ 1, 2, 3, 4, 5, 6, 7 }

jshell> var values3 = new int[]{ 1, 2, 3, 4, 5, 6, 7 }

jshell> orderEvenBeforeOdd(values1)

jshell> orderEvenBeforeOddOptimized(values2)

jshell> orderEvenBeforeOddOptimizedV2(values3)

jshell> values1
values1 ==> int[7] { 2, 4, 6, 1, 5, 3, 7 }

jshell> values2
values2 ==> int[7] { 6, 2, 4, 5, 3, 7, 1 }

jshell> values3
values3 ==> int[7] { 6, 2, 4, 3, 5, 1, 7 }
```

5.3.2 Lösung 2: Flip (★★☆☆☆)

Schreiben Sie jeweils eine generische Methode, die ein zweidimensionales Array horizontal mit `void flipHorizontally(T[][])` bzw. vertikal mit `void flipVertically(T[][])` spiegelt. Dabei soll das Array rechteckig sein, also keine Zeile länger als eine andere.

Beispiele Nachfolgend ist verdeutlicht, wie diese Funktionalität arbeiten soll:

```
flipHorizontally()         flipVertically()
------------------         ----------------
123      321               1144      3366
456  =>  654               2255  =>  2255
789      987               3366      1144
```

Algorithmus für horizontales Flippen Laufe von links und rechts im Array nach innen. Dazu nutzt man zwei Positionsmarker $leftIdx$ und $rightIdx$. Tausche bei jedem Schritt jeweils die durch diese Positionen referenzierten Werte und gehe nach innen, bis sich die Positionen überschneiden: Der Abbruch erfolgt bei $leftIdx >= rightIdx$. Wiederhole das Vorgehen für alle Zeilen.

Folgender Ablauf zeigt die beschriebenen Aktionen für eine Zeile, wobei dort `l` für $leftIdx$ und `r` für $rightIdx$ stehen:

```
Schritt   Array-Werte
---------------------
1         1 2 3 4
          ^     ^
          l     r

2         4 2 3 1
            ^ ^
            l r

3         4 3 2 1
            ^ ^
            r l
```

Algorithmus für vertikales Flippen Laufe von oben und unten auf die Mitte zu, bis sich beide Positionen überschneiden. Tausche die Werte und wiederhole dies für alle Spalten. Die Implementierung durchläuft das Array in x-Richtung und arbeitet auf der Vertikalen mit zwei Positionsmarken. Nach jedem Tausch werden diese aufeinander zu bewegt, bis sie sich überkreuzen. Dann wird mit der nächsten x-Position weitergemacht:

Die Implementierung verwendet zwei Positionszeiger und tauscht so lange die jeweiligen Werte, bis sich die Positionszeiger überkreuzen:

```
static <T> void flipHorizontally(final T[][] values)
{
    for (int y = 0; y < values.length; y++)
    {
        final int endPos = values[y].length;

        int leftIdx = 0;
        int rightIdx = endPos - 1;

        while (leftIdx < rightIdx)
        {
            final T leftValue = values[y][leftIdx];
            final T rightValue = values[y][rightIdx];

            // swap
            values[y][leftIdx] = rightValue;
            values[y][rightIdx] = leftValue;

            leftIdx++;
            rightIdx--;
        }
    }
}
```

Schauen wir uns nun auch die korrespondierende Implementierung des vertikalen Flippens an:

```
static <T> void flipVertically(final T[][] values)
{
    for (int x = 0; x < values[0].length; x++)
    {
        final int endPos = values.length;

        int topIdx = 0;
        int bottomIdx = endPos - 1;

        while (topIdx < bottomIdx)
        {
            final T topValue = values[topIdx][x];
            final T bottomValue = values[bottomIdx][x];

            // swap
            values[topIdx][x] = bottomValue;
            values[bottomIdx][x] = topValue;

            topIdx++;
            bottomIdx--;
        }
    }
}
```

Abgewandelter Algorithmus Tatsächlich lässt sich die Implementierung für das Flippen noch ein klein wenig vereinfachen. In beiden Fällen kann man die Anzahl Schritte direkt berechnen: Sie beträgt Breite / 2 bzw. Höhe / 2. Bei ungeraden Längen wird das mittlere Element nicht berücksichtigt, was aber eine korrekte Spiegelung ergibt.

Mit diesen Vorüberlegungen zeige ich exemplarisch die Umsetzung für das horizontale Flippen mit einer `for`-Schleife:

```
static <T> void flipHorizontallyV2(final T[][] values)
{
    for (int y = 0; y < values.length; y++)
    {
        final T[] row = values[y];
        final int rowLength = row.length;

        for (int x = 0; x < rowLength / 2; x++)
        {
            ArrayUtils.swap(row, x, rowLength - x - 1);
        }
    }
}
```

Optimierter Algorithmus Während die bislang gezeigten Lösungen jeweils auf Ebene einzelner Elemente die Vertauschungen vorgenommen haben, können wir beim vertikalen Flippen davon profitieren, ganze Zeilen umzuhängen. Das ist von der Komplexität und vom Aufwand als auch vom Umfang des Sourcecodes deutlich geringer und die Verständlichkeit steigt enorm:

```
static <T> void flipVerticallySimplified(final T[][] values)
{
    for (int y = 0; y < values.length / 2; y++)
    {
        // zeilenbasiert tauschen
        ArrayUtils.swap(values, y, values.length - y - 1);
    }
}
```

Prüfung

Zum Test der Funktionalität nutzen wir die Eingaben aus dem einführenden Beispiel, die die korrekte Funktionsweise zeigen:

```
@Test
void flipHorizontally()
{
    final Integer[][] horiNumbers = { { 1, 2, 3 },
                                      { 4, 5, 6 },
                                      { 7, 8, 9 }};

    final Integer[][] expected = { { 3, 2, 1 },
                                   { 6, 5, 4 },
                                   { 9, 8, 7 } };

    Ex02_Flip.flipHorizontally(horiNumbers);

    assertArrayEquals(expected, horiNumbers);
}

@Test
void flipVertically()
{
    final Integer[][] vertNumbers = { { 1, 1, 4, 4 },
                                      { 2, 2, 5, 5 },
                                      { 3, 3, 6, 6 } };

    final Integer[][] expected = { { 3, 3, 6, 6 },
                                   { 2, 2, 5, 5 },
                                   { 1, 1, 4, 4 } };

    Ex02_Flip.flipVertically(vertNumbers);

    assertArrayEquals(expected, vertNumbers);
}
```

Die beiden anderen Methoden werden exakt wie die vorherigen getestet, weshalb dies zugehörenden Testmethoden hier nicht nochmals gezeigt werden.

5.3.3 Lösung 3: Palindrom (★★☆☆☆)

Schreiben Sie eine Methode `boolean isPalindrome(String[])`, die für ein Array von Strings prüft, ob dessen Werte ein Palindrom bilden.

Beispiele

Eingabe	Resultat
["Ein", "Test", " – ", "Test", "Ein"]	true
["Max", "Mike", "Mike", "Max"]	true
["Tim", "Tom", "Mike", "Max"]	false

Algorithmus Die Palindrom-Prüfung lässt sich leicht rekursiv formulieren. Man nutzt wieder zwei Positionszeiger, die initial am Anfang und Ende des Arrays stehen, und prüft, ob die beiden dadurch referenzierten Werte gleich sind. Ist das der Fall, so prüft man rekursiv weiter und geht bei jedem Rekursionsschritt auf beiden Seiten eine Position weiter in die Mitte, bis sich die Positionen überlappen:

```
static boolean isPalindromeRec(final String[] values)
{
    return isPalindromeRec(values, 0, values.length - 1);
}

static boolean isPalindromeRec(final String[] values,
                               final int left,
                               final int right)
{
    // rekursiver Abbruch
    if (left >= right)
        return true;

    // Prüfe links == rechts
    if (values[left].equals(values[right]))
    {
        // rekursiver Abstieg
        return isPalindromeRec(values, left + 1, right - 1);
    }

    return false;
}
```

Fallstrick: Postinkrement und Postdekrement in Methodenaufrufen

Ich möchte nochmals explizit auf einen »beliebten« Flüchtigkeitsfehler beim rekursiven Abstieg hinweisen. Potenziell wäre beim Aufruf der Methode ein Postinkrement oder Postdekrement lesbarer. Allerdings ist dies semantisch falsch! Wieso? Die beiden Operationen werden erst nach dem Aufruf durchgeführt, sodass die Werte nicht erhöht oder verringert werden. Schauen Sie doch noch einmal das Kapitel zu Rekursion an. Dort gehe ich auf die Problematik in Abschnitt 3.1.4 ein.

Optimierter Algorithmus Die Palindrom-Prüfung kann man ohne viel Mühe auf Basis der rekursiven Lösung in eine iterative Variante umwandeln:

```
static boolean isPalindromeIterative(final String[] values)
{
    int left = 0;
    int right = values.length - 1;

    boolean sameValue = true;
    while (left < right && sameValue)
    {
        // Prüfe links == rechts und wiederhole bis Unterschied auftritt
        sameValue = values[left].equals(values[right]);

        left++;
        right--;
    }
    return sameValue;
}
```

Neben dieser Variante kann man auch ausnutzen, dass die maximale Anzahl an Schritten bekannt ist und man direkt bei einer Verletzung der Palindrom-Eigenschaft die Schleife abbricht:

```
static boolean isPalindromeShort(final String[] values)
{
    for (int i = 0; i < values.length / 2; i++)
    {
        if (!values[i].equals(values[values.length - 1 - i]))
            return false;
    }
    return true;
}
```

Prüfung

Zum Unit-Testen (hier wieder nur auszugsweise für die rekursive Variante gezeigt) nutzen wir die Eingaben aus dem obigen Beispiel:

```
@ParameterizedTest(name="isPalindromeRec({0}) => {1}")
@MethodSource("createInputArraysAndExpected")
void isPalindromeRec(String[] values, boolean expected)
{
    boolean result = Ex03_Palindrome.isPalindromeRec(values);

    assertEquals(expected, result);
}

private static Stream<Arguments> createInputArraysAndExpected()
{
    String[] inputsOk1 = { "Ein", "Test", " -- ", "Test", "Ein" };
    String[] inputsOk2 = { "Max", "Mike", "Mike", "Max" };
    String[] inputsWrong = { "Tim", "Tom", "Mike", "Max" };

    return Stream.of(Arguments.of(inputsOk1, true),
                     Arguments.of(inputsOk2, true),
                     Arguments.of(inputsWrong, false));
}
```

5.3.4 Lösung 4: Inplace Rotate (★★★☆☆)

Lösung 4a: Iterativ (★★★☆☆)

In der Einleitung habe ich gezeigt, wie man Arrays rotieren kann. Nun soll dies in-place, also ohne das Erzeugen eines neuen Arrays, für ein zweidimensionales quadratisches Array um 90 Grad im Uhrzeigersinn erfolgen. Schreiben Sie dazu eine generische Methode `void rotateInplace(T[][])`, die dies iterativ umsetzt.

Beispiel Für ein 6 x 6-Array ist dies nachfolgend visualisiert:

```
1  2  3  4  5  6        F  G  H  I  J  1
J  K  L  M  N  7        E  T  U  V  K  2
I  V  W  X  O  8   =>   D  S  Z  W  L  3
H  U  Z  Y  P  9        C  R  Y  X  M  4
G  T  S  R  Q  0        B  Q  P  O  N  5
F  E  D  C  B  A        A  0  9  8  7  6
```

Algorithmus Definiere vier Eckpositionen LO, RO, RU und LU, die den jeweiligen Ecken entsprechen. Laufe von links nach rechts und von oben nach unten und kopiere jeweils logisch wie folgt:

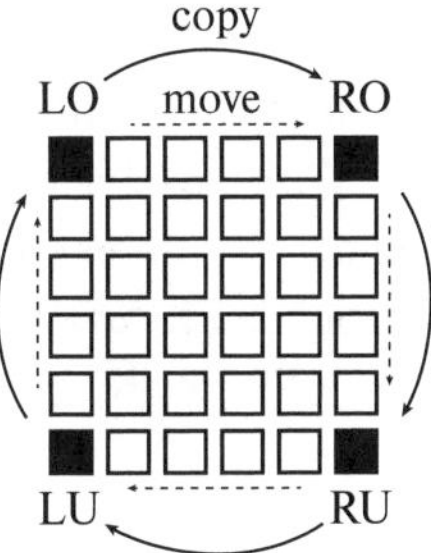

Abbildung 5-3 *Ablauf beim Inplace-Rotate*

Wiederhole das Vorgehen schichtweise für alle Nachbarn von LO, bis RO erreicht wird (analog für die Nachbarn der anderen Ecken). Gehe danach jeweils 1 Position nach innen bis LO und RO sich überkreuzen. Verdeutlichen wir uns den Ablauf nochmals schrittweise.

Ausgangsbasis Gegeben sei folgendes Array:

```
1  2  3  4  5  6
J  K  L  M  N  7
I  V  W  X  O  8
H  U  Z  Y  P  9
G  T  S  R  Q  0
F  E  D  C  B  A
```

Schritt 1: Zunächst wird die äußere Lage rotiert, indem alle Werte wie in der Abbildung auf die jeweilige Zielposition kopiert werden:

```
F  G  H  I  J  1
E  K  L  M  N  2
D  V  W  X  O  3
C  U  Z  Y  P  4
B  T  S  R  Q  5
A  0  9  8  7  6
```

Schritt 2: Weiter geht es mit einer Ebene weiter innen:

```
F  G  H  I  J  1
E  T  U  V  K  2
D  S  W  X  L  3
C  R  Z  Y  M  4
B  Q  P  O  N  5
A  0  9  8  7  6
```

Schritt 3: Das wird fortgesetzt, bis die innerste Ebene erreicht ist:

```
F  G  H  I  J  1
E  T  U  V  K  2
D  S  Z  W  L  3
C  R  Y  X  M  4
B  Q  P  O  N  5
A  0  9  8  7  6
```

Für die gezeigten Verarbeitungsschritte legt eine Variable `offset` fest, in welcher »Schicht« man sich befindet – es sind Breite / 2 Schritte nötig. Basierend auf der Schicht ergibt sich die Anzahl zu kopierender Positionen, wozu man eine innere Schleife einsetzt. Die korrespondierenden Positionen im Array errechnen sich aufgrund ihrer Lage, wie es in der Grafik angedeutet ist. Auch das Kopieren gestaltet sich durch den Einsatz von Hilfsvariablen problemlos:

```
static <T> void rotateInplace(final T[][] values)
{
    final int height = values.length - 1;
    final int width = values[0].length - 1;

    int offset = 0;
    while (offset <= width / 2)
    {
        final int currentWidth = width - offset * 2;
        for (int idx = 0; idx < currentWidth; idx++)
        {
            final int loX = offset + idx;
            final int loY = offset;

            final int roX = width - offset;
            final int roY = offset + idx;

            final int ruX = width - offset - idx;
            final int ruY = height - offset;

            final int luX = offset;
            final int luY = height - offset - idx;
```

```
            final T lo = values[loY][loX];
            final T ro = values[roY][roX];
            final T ru = values[ruY][ruX];
            final T lu = values[luY][luX];

            values[roY][roX] = lo;
            values[ruY][ruX] = ro;
            values[luY][luX] = ru;
            values[loY][loX] = lu;
        }

        offset++;
    }
}
```

Alternativ kann man auf die Hilfsvariablen verzichten und nur den Wert der linken oberen Position zwischenspeichern. Das Kopieren wird dann aber etwas tricky, weil die Reihenfolge in der Implementierung genau andersherum sein muss. Diese Variante des ringförmigen Tauschs realisiert die Methode `rotateElements()` – nach meinem Geschmack ist die vorherige Variante verständlicher:

```
static <T> void rotateInplaceV2(final T[][] values)
{
    int sideLength = values.length;
    int start = 0;
    while (sideLength > 0)
    {
        for (int i = 0; i < sideLength - 1; i++)
        {
            rotateElements(values, start, sideLength, i);
        }
        sideLength = sideLength - 2;
        start++;
    }
}

static <T> void rotateElements(final T[][] array,
                               final int start, final int len, final int i)
{
    final int end = start + len - 1;
    final T tmp = array[start][start + i];

    array[start][start + i] = array[end - i][start];
    array[end - i][start] = array[end][end - i];
    array[end][end - i] = array[start + i][end];
    array[start + i][end] = tmp;
}
```

Lösung 4b: Rekursiv (★★★☆☆)

Schreiben Sie eine rekursive Methode `void rotateInplaceRecursive(T[][])`, die die gewünschte Rotation um 90 Grad im Uhrzeigersinn implementiert.

Algorithmus Wir haben zuvor schon gesehen, dass man Schicht für Schicht rotiert und dabei von außen immer weiter nach innen geht. Das schreit förmlich nach einer rekursiven Lösung, deren Bestandteil »Schicht kopieren« identisch wie zuvor ist. Nur die `while`-Schleife wird durch rekursive Aufrufe ersetzt:

```
static <T> void rotateInplaceRecursive(final T[][] values)
{
    rotateInplaceRecursive(values, 0, values.length - 1);
}

static <T> void rotateInplaceRecursive(final T[][] values,
                                       final int left, final int right)
{
    if (left >= right)
        return;

    final int rotCount = right - left;
    for (int i = 0; i < rotCount; i++)
    {
        final T lo = values[left + i][left];
        final T ro = values[right][left + i];
        final T ru = values[right - i][right];
        final T lu = values[left][right - i];

        values[left + i][left] = ro;
        values[right][left + i] = ru;
        values[right - i][right] = lu;
        values[left][right - i] = lo;
    }
    rotateInplaceRecursive(values, left + 1, right - 1);
}
```

Prüfung

Wir definieren das eingangs gezeigte zweidimensionale Array, führen dann die Rotation aus und vergleichen das Ergebnis mit der Erwartung:

```
@Test
void rotateInplace()
{
    final Character[][] board = { {'1', '2', '3', '4', '5','6' },
                                  {'J', 'K', 'L', 'M', 'N', '7'},
                                  {'I', 'V', 'W', 'X', 'O', '8'},
                                  {'H', 'U', 'Z', 'Y', 'P', '9'},
                                  {'G', 'T', 'S', 'R', 'Q', '0'},
                                  {'F', 'E', 'D', 'C', 'B', 'A'} };

    Ex04_Rotate_Inplace.rotateInplace(board);

    final Character[][] expectedBoard = { { 'F','G','H','I','J','1'},
                                          { 'E','T','U','V','K','2'},
                                          { 'D','S','Z','W','L','3'},
                                          { 'C','R','Y','X','M','4'},
                                          { 'B','Q','P','O','N','5'},
                                          { 'A','0','9','8','7','6'}};

    assertArrayEquals(expectedBoard, board);
}
```

5.3.5 Lösung 5: Jewels Board Init (★★★☆☆)

Lösung 5a: Initialisieren (★★★☆☆)

Initialisieren Sie ein zweidimensionales, rechteckiges Array mit zufallsbasierten Zahlen, die verschiedene Arten von Diamanten oder Juwelen als Zahlenwert repräsentieren. Dabei gilt die Randbedingung, dass initial keine drei gleichartigen Diamanten horizontal oder vertikal direkt aufeinanderfolgend platziert sein dürfen. Schreiben Sie eine Methode `int[][] initJewelsBoard(int, int, int)`, die ein gültiges Array der angegebenen Größe und Anzahl an unterschiedlichen Arten von Diamanten erzeugt.

Beispiel Eine zufällige Verteilung von durch Ziffern repräsentierten Diamanten kann für vier verschiedene Farben und Formen wie folgt aussehen:

```
2 3 3 4 4 3 2
1 3 3 1 3 4 4
4 1 4 3 3 1 3
2 2 1 1 2 3 2
3 2 4 4 3 3 4
```

Zur Veranschaulichung zeigt Abbildung 5-4 ein weiteres Beispiel.

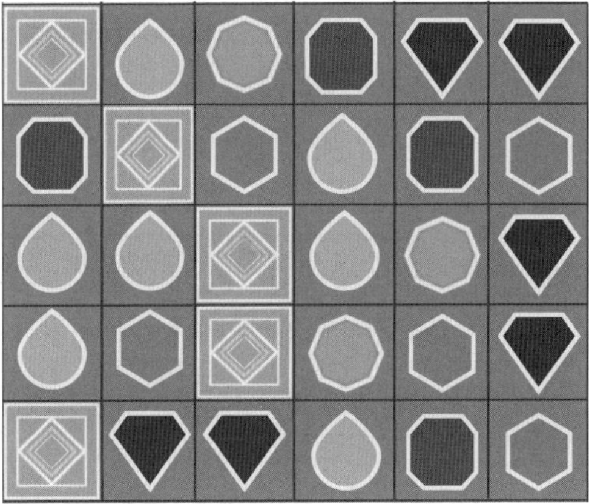

Abbildung 5-4 *Grafische Darstellung eines Jewels Boards*

Algorithmus Zunächst erzeugt man ein passend dimensioniertes Array. Danach füllt man es Reihe für Reihe und Position für Position mit zufallsbasierten Werten, hier durch eine Methode `int selectValidJewel()`, die als Rückgabe den Zahlenwert für die Art des Diamanten liefert. In dieser Methode muss man sicherstellen, dass mit der gerade gewählten Zufallszahl nicht schon horizontal oder vertikal eine Dreierreihe entsteht:

```
int[][] initJewelsBoard(final int width, final int height,
                        final int numOfColors)
{
    final int[][] board = new int[height][width];

    for (int y = 0; y < height; y++)
    {
        for (int x = 0; x < width; x++)
        {
            board[y][x] = selectValidJewel(board, x, y, numOfColors);
        }
    }

    return board;
}

int selectValidJewel(final int[][] board, final int x, final int y,
                     final int numOfColors)
{
    int nextJewelNr = -1;

    boolean isValid = false;

    while (!isValid)
    {
        nextJewelNr = 1 + (int) (Math.random() * numOfColors);

        isValid = !checkHorizontally(board, x, y, nextJewelNr) &&
                  !checkVertically(board, x, y, nextJewelNr);
    }

    return nextJewelNr;
}
```

Tipp: Zufallszahlen

Um eine Zufallszahl größer gleich 0.0 und kleiner als 1.0 zu erhalten, verwenden wir den Aufruf `Math.random()`. Wollten wir beispielsweise die Zahlen eines Würfels simulieren, so könnte man dies wie folgt implementieren:

```
int würfelAugen = (int)((Math.random()) * 6 + 1);
```

Alternativ existiert die Klasse `Random()`. Hiermit kann man unter anderem Zufallszahlen im Wertebereich 0 bis zu einem gewissen Maximalwert (exklusiv) für den Typ `int` erzeugen – für die anderen primitiven Zahlentypen gibt es nur die Variante `nextXyz()`, die eine Zufallszahl aus dem jeweiligen gesamten Wertebereich liefert:

```
Random random = new Random();

// Ganzahlige Zufallszahl zwischen 0 (inklusiv) und 10 (exklusiv)
int zufallsZahl = random.nextInt(10);

// Zufallszahl im Bereich Double.MIN_VALUE bis Double.MAX_VALUE
double randomNumber = random.nextDouble();
```

Achtung: Wissenswertes zur Initialisierung

Die Methode `selectValidJewel()` sollte noch optimiert werden. Momentan könnten wir nicht feststellen, dass sich für eine Position keine gültige Nummer finden lässt, etwa für folgende Konstellation mit nur zwei Typen und die Position *, für die weder 1 noch 2 als Wert gültig sind, da beide zu einer Dreierreiher führen würden:

```
1221
2122
11*
```

Dass aber eine gültige Verteilung selbst für nur zwei Werte problemlos möglich ist, sieht man an der alternierenden Verteilung der weißen und schwarzen Felder eines Schachbretts. Eine Möglichkeit, die gerade benannte Schwachstelle zu beheben, besteht in der Wahl eines mächtigeren Algorithmus, in diesem Fall etwa eines solchen, der Backtracking benutzt.

Es gibt noch eine weitere Schwachstelle: Die Erzeugung von Zufallszahlen aus einem kleinen Wertebereich produziert häufiger auch mehrmals die gleiche Zahl, die aber vermutlich schon geprüft wurde. Das gilt es zu vermeiden. Dazu können alle bisher gewählten Zufallszahlen in einem Set gespeichert werden. Ergänzend müsste man auch noch prüfen, ob bereits alle erwarteten und möglichen Zahlen ausprobiert wurden. An dieser kurzen Aufstellung wird klar, dass das Ganze doch deutlich mehr Komplexität mit sich bringt, als man dies initial erwarten würde.

Kommen wir nun zum Prüfen der Horizontalen und Vertikalen: Zunächst könnte man annehmen, dass man von der aktuellen Position ausgehend jeweils nach links und rechts sowie oben und unten prüfen müsste. Liest man die Aufgabenstellung nochmals genauer, so wird dort gefordert, keine Ketten der Länge drei oder länger zuzulassen. Weil wir das Spielfeld neu befüllen und dabei von oben nach unten und von links nach rechts vorgehen, können rechts und unterhalb der aktuellen Position noch keine zu prüfenden Diamanten existieren. Dadurch können wir uns auf eine Prüfung nach links und nach oben beschränken. Weiterhin müssen wir nicht auf längere Ketten prüfen, da diese gar nicht auftreten können, wenn wir eine Dreierkette identifiziert haben.

Mit diesen Vorüberlegungen können wir die beiden Hilfsmethoden zum horizontalen und vertikalen Prüfen der jeweiligen Nachbarfelder einfach implementieren, indem wir prüfen, ob alle den gleichen Wert wie das Ausgangsfeld haben:

```
boolean checkHorizontally(final int[][] board, final int x, final int y,
                          final int jewelNr)
{
    final int top1 = getAt(board, x, y - 1);
    final int top2 = getAt(board, x, y - 2);

    return top1 == jewelNr && top2 == jewelNr;
}
```

```
boolean checkVertically(final int[][] board, final int x, final int y,
                        final int jewelNr)
{
    final int left1 = getAt(board, x - 1, y);
    final int left2 = getAt(board, x - 2, y);

    return left1 == jewelNr && left2 == jewelNr;
}
```

Beim Zugriff auf das Array können die negativen Offsets zu ungültigen Array-Indizes führen. Daher realisieren wir eine Methode `getAt()`, die vor allem auch für die Prüfung der Grenzen zuständig ist und den Wert -1 für »nicht mehr auf dem Spielfeld liegend« zurückgibt. Dieser Wert kann nie auf dem Feld auftreten und somit wird er beim Vergleich als keine Kette gewertet:

```
int getAt(final int[][] board, final int x, final int y)
{
    if (x < 0 || x >= board[0].length || y < 0 || y >= board.length)
        return -1;

    return board[y][x];
}
```

Achtung: Wenig Sourcecode vs. kleine, aber viele Methoden

Auch in diesem Beispiel verfolge ich die Strategie, kleine Hilfsmethoden zu definieren, wodurch sich zwar die Menge an Sourcecode erhöht. Meistens lassen sich, aber Funktionalitäten dadurch sehr gut isoliert beschreiben und testen. Zudem erlaubt dieses Vorgehen, den Sourcecode oft auf einer verständlichen und konzeptionellen Ebene formulieren zu können. Auch Erweiterungen kann man vielfach leicht integrieren. So schön kompakt nachfolgende Lösung auch ist, aber was machen Sie, wenn nun eine Diagonalenprüfung benötigt wird?

```
static int[][] initJewelsBoardCompact(final int width, final int height,
                                      final int numbers)
{
    final Random r = new Random();
    final int[][] board = new int[height][width];
    for (int y = 0; y < height; y++)
    {
        for (int x = 0; x < width; x++)
        {
            do
            {
                board[y][x] = r.nextInt(numbers);
            }
            while (x >= 2 && board[y][x] == board[y][x - 1] &&
                             board[y][x] == board[y][x - 2]
                   || y >= 2 && board[y][x] == board[y - 1][x] &&
                                board[y][x] == board[y - 2][x]);
        }
    }
    return board;
}
```

Lösung zur Bonus-Aufgabe: Diagonalenprüfung (★★★☆☆)

Ergänzen Sie eine Prüfung auf Diagonalen. Dann sollte die Konstellation aus dem Beispiel (siehe Seite 207) unter anderem aufgrund der fett markierten Diagonalen mit der Ziffer 3 rechts unten nicht gültig sein.

Algorithmus Das Prüfen der vier Diagonalen von einer Position aus scheint deutlich aufwendiger als jenes der Horizontalen und der Vertikalen. Theoretisch wären für jede Position vier Richtungen zu prüfen. Wie fast immer ist es ein gute Idee, über ein Problem etwas länger nachzudenken. Wenn man diesem Rat folgt, so kommt man vielleicht zu der Lösung, dass in unserem Fall ausgehend von einer Position eine Prüfung nur diagonal nach links und rechts oben ausreichend ist, da dies aus der Sicht darüber liegender Positionen einer Prüfung nach diagonal links und rechts unten entspricht, wie dies nachfolgend angedeutet ist:

```
X       X
 X     X
  X   X
```

Damit lässt sich die Diagonalenprüfung mit je zwei Hilfsvariablen für die Positionen der Himmelsrichtungen Nordwest und Nordost folgendermaßen implementieren und in der Methode `selectValidJewel()` aufrufen:

```
boolean checkDiagonally(final int[][] board, final int x, final int y,
                        final int jewelNr)
{
    final int nw1 = getAt(board, x - 1, y - 1);
    final int nw2 = getAt(board, x - 2, y - 2);

    final int ne1 = getAt(board, x + 1, y - 1);
    final int ne2 = getAt(board, x + 2 , y - 2);

    return (nw1 == jewelNr && nw2 == jewelNr) ||
           (ne1 == jewelNr && ne2 == jewelNr);
}
```

Prüfung

Zum Nachvollziehen, dass nun korrekte Spielfelder erzeugt werden, lassen wir uns eines der Größe 5 x 3 mit vier Arten von Diamanten wie folgt generieren und ausgeben:

```
jshell> var board = initJewelsBoard(5, 3, 4)

jshell> printArray(board)
1 2 1 1 2
2 4 2 1 2
3 3 2 4 4
```

Hierbei nutzen wir die bereits vorgestellte, hier aber zum einfacheren Ausprobieren nochmals gezeigte Methode `printArray(int[][])`:

```
private static void printArray(final int[][] values)
{
    for (int y = 0; y < values.length; y++)
    {
        for (int x = 0; x < values[y].length; x++)
        {
            final int value = values[y][x];
            System.out.print(value + " ");
        }
        System.out.println();
    }
}
```

Zur Erinnerung zeige ich nochmal eine kompaktere Implementierung:

```
private static void printArrayJdk(final int[][] values)
{
    for (int i = 0; i < values.length; i++)
    {
        System.out.println(Arrays.toString(values[i]));
    }
}
```

Diese produziert folgendes Resultat:

```
[1, 2, 1, 1, 2]
[2, 4, 2, 1, 2]
[3, 3, 2, 4, 4]
```

Lösung 5b: Gültigkeitsprüfung (★★★☆☆)

In dieser Teilaufgabe soll ein bestehendes Spielfeld auf Gültigkeit geprüft werden. Als Herausforderung soll eine Liste mit gefundenen Verstößen zurückgegeben werden. Implementieren Sie eine Methode `List<String> checkBoardValidity(int[][])` für ein rechteckiges Array.

Beispiel Um die Gültigkeitsprüfung auszuprobieren, nutzen wir das Spielfeld aus der Einleitung zu dieser Aufgabe – hier speziell markiert:

```
int[][] values = { { 2, 3, 3, 4, 4, 3, 2 },
                   { 1, 3, 3, 1, 3, 4, 4 },
                   { 4, 1, 4, 3, 3, 1, 3 },
                   { 2, 2, 1, 1, 2, 3, 2 },
                   { 3, 2, 4, 4, 3, 3, 4 } };
```

Dieses sollte folgende Fehler aufgrund seiner Diagonalen produzieren:

```
[Invalid at x=3 y=2 tests: hor=false, ver=false, dia=true,
 Invalid at x=2 y=3 tests: hor=false, ver=false, dia=true,
 Invalid at x=4 y=4 tests: hor=false, ver=false, dia=true]
```

Algorithmus Die Gültigkeitsprüfung lässt sich basierend auf unseren bisher implementierten Methoden problemlos entwickeln. Für jede Position auf dem Spielfeld prüfen wir auf horizontale, vertikale und diagonale Dreierreihe. Wird eine solcher Verstoß gefunden, so erzeugen wir eine entsprechende Fehlermeldung:

```
List<String> checkBoardValidity(final int[][] board)
{
    final List<String> errors = new ArrayList<>();

    for (int y = 0; y < board.length; y++)
    {
        for (int x = 0; x < board[0].length; x++)
        {
            final int currentJewel = board[y][x];

            boolean invalidHor = checkHorizontally(board, x, y, currentJewel);
            boolean invalidVer = checkVertically(board, x, y, currentJewel);
            boolean invalidDia = checkDiagonally(board, x, y, currentJewel);

            if (invalidHor || invalidVer || invalidDia)
            {
                errors.add(String.format("Invalid at x=%d y=%d " +
                                  "tests: hor=%b, ver=%b, dia=%b\n",
                                  x, y, invalidHor, invalidVer, invalidDia));
            }
        }
    }
    return errors;
}
```

Prüfung

Um die Gültigkeitsprüfung auszuprobieren, nutzen wir zunächst das Spielfeld aus der Einleitung, das folgende Fehler aufgrund seiner Diagonalen produzieren sollte:

```
jshell> int[][] values = { { 2, 3, 3, 4, 4, 3, 2 },
                           { 1, 3, 3, 1, 3, 4, 4 },
                           { 4, 1, 4, 3, 3, 1, 3 },
                           { 2, 2, 1, 1, 2, 3, 2 },
                           { 3, 2, 4, 4, 3, 3, 4 } };

jshell> checkBoardValiditiy(values)
$37 ==> [Invalid at x=3 y=2 hor=false, ver=false, dia=true
, Invalid at x=2 y=3 hor=false, ver=false, dia=true
, Invalid at x=4 y=4 hor=false, ver=false, dia=true]
```

Nachfolgend ersetzen wir die problematischen Stellen mit einer noch unbenutzten Ziffer, etwa der 5, und prüfen die Methode erneut und erwarten keine Konflikte:

```
jshell> int[][] values2 = { { 2, 3, 3, 4, 4, 3, 2 },
                            { 1, 3, 3, 1, 3, 4, 4 },
                            { 4, 1, 4, 5, 3, 1, 3 },
                            { 2, 2, 5, 1, 2, 3, 2 },
                            { 3, 2, 4, 4, 5, 3, 4 } };

jshell> checkBoardValiditiy(values2)
$44 ==> []
```

5.3.6 Lösung 6: Jewels Board Erase Diamonds (★★★★☆)

Die Aufgabe besteht darin, alle Ketten von drei oder mehr horizontal, vertikal oder diagonal zusammenhängenden Diamanten aus dem rechteckigen Spielfeld zu löschen und dann die entstehenden Leerstellen mit den darüber liegenden Diamanten aufzufüllen, also etwa so wie Gravitation in der Natur wirkt. Nachfolgend ist exemplarisch gezeigt, wie sich das Löschen und das anschließende Herunterfallen mehrmals wiederholen, bis keine Änderung mehr erfolgt – Leerstellen sind der besseren Sichtbarkeit als _ dargestellt:

```
Iteration 1:
1 1 1 2 4 4 3   erase    _ _ _ _ 4 4 _   fall down    _ _ _ _ _ _ _
1 2 3 4 2 4 3    =>      1 2 3 4 _ 4 _      =>        1 2 3 4 4 4 _
2 3 3 1 2 2 3            2 3 3 1 2 _ _                2 3 3 1 2 4 _

Iteration 2:
_ _ _ _ _ _ _   erase    _ _ _ _ _ _ _   fall down    _ _ _ _ _ _ _
1 2 3 4 4 4 _    =>      1 2 3 _ _ _ _      =>        1 2 3 _ _ _ _
2 3 3 1 2 4 _            2 3 3 1 2 4 _                2 3 3 1 2 4 _
```

Lösung 6a: Löschen (★★★★☆)

Schreiben Sie eine Methode `boolean eraseChains(int[][]))`, die aus einem rechteckigen Spielfeld-Array alle Reihen von drei oder mehr zusammenhängenden Diamanten in horizontaler, vertikaler und diagonaler Ausrichtung löscht.

Beispiele Ein Aufruf der Methode transformiert das auf der linken Seite gegebene Ausgangsarray in das rechts gezeigte Resultat:

```
Alle Ketten ohne Überlappung                Spezialfall: Überlappungen
1 2 3 3 3 4          0 0 0 0 0 0            1 1 1 2        0 0 0 2
1 3 2 4 2 4          0 3 0 4 2 0            1 1 3 4   =>   0 0 3 4
1 2 4 2 4 4    =>    0 0 4 0 4 0            1 2 1 3        0 2 0 3
1 2 3 5 5 5          0 0 3 0 0 0
1 2 1 3 4 4          0 0 1 3 4 4
```

Algorithmus: Vorüberlegungen Als erste Brute-Force-Variante könnte man die Werte direkt beim Auffinden »ausradieren«. Dabei sucht man eine Kette der Länge 3 oder mehr und löscht dann direkt diese Felder. Allerdings hat das eine entscheidende Schwachstelle: Wie im oberen Beispiel gezeigt, können einzelne Diamanten nämlich durchaus auch Bestandteil mehrerer Ketten sein. Wenn man sofort löscht, so lassen sich nicht alle Vorkommen auffinden – je nachdem, welche der Prüfungen als Erstes erfolgen, schlagen die anderen beiden in nachfolgender Konstellation fehl:

```
XXX
XX
X X
```

Eine zweite Idee wäre, den Algorithmus minimal abzuwandeln, indem man statt des Löschens eine Zwischenrepräsentation findet, die den Löschwunsch symbolisiert, etwa negative Zahlen. Nachdem alle Einträge im Array bearbeitet wurden, findet dann in einem separaten Durchgang das Löschen statt: Konkret entfernt man alle negativen Werte aus dem Array, indem diese durch den Zahlenwert 0 ersetzt werden.

Algorithmus Die Implementierung von Idee 2 beginnt mit der Markierung aller zu löschender Felder durch die Methode `markElementsForRemoval(int[][])`. Danach werden genau diese mithilfe der Methode `eraseAllMarked(int[][])` gelöscht. Für beide Methoden arbeitet man Position für Position: Zunächst muss man Ketten der Länge 3 oder mehr erkennen. Dafür ist die Methode `List<Direction> findChains(int[][], int, int)` zuständig. Hat man eine Kette gefunden, so wird diese durch den Aufruf von `void markDirectionsForRemoval(int[][], int, int, List<Direction>)` markiert. Als nächste Aktion wird für jedes Feld geschaut, ob dieses zum Löschen markiert ist. In dem Fall ersetzt man den gespeicherten Wert mit dem Wert 0.

```
public static boolean eraseChains(final int[][] values)
{
    markElementsForRemoval(values);

    return eraseAllMarked(values);
}

static void markElementsForRemoval(final int[][] values)
{
    for (int y = 0; y < values.length; y++)
    {
        for (int x = 0; x < values[y].length; x++)
            markDirectionsForRemoval(values, x, y, findChains(values, x, y));
    }
}

static boolean eraseAllMarked(final int[][] values)
{
    boolean erasedSomething = false;

    for (int y = 0; y < values.length; y++)
    {
        for (int x = 0; x < values[y].length; x++)
        {
            if (isMarkedForRemoval(values[y][x]))
            {
                values[y][x] = 0;
                erasedSomething = true;
            }
        }
    }
    return erasedSomething;
}

static boolean isMarkedForRemoval(final int value)
{
    return value < 0;
}
```

Kommen wir nun zu den beiden kniffligeren Implementierungen und beginnen mit dem Aufsammeln und Erkennen von Ketten von drei oder mehr gleichartigen Diamanten. Dazu prüfen wir für alle relevanten Richtungen, ob es eine Kette gibt (wieder mit der Optimierung, dass wir diagonal lediglich nach rechts und links unten prüfen müssen). Dazu laufen wir die Felder ab, zählen die gleichartigen Elemente und stoppen bei einer Abweichung. Haben wir drei oder mehr gleiche Werte, dann wird diese Richtung in die `List<Direction> dirsWithChains` aufgenommen. Als Besonderheit prüfen wir zu Beginn der Methode, ob das aktuelle Feld leer ist – wir wollen ja keine Ketten von Leerstellen sammeln:

```
static List<Direction> findChains(final int[][] values,
                                  final int startX, final int startY)
{
    final int origValue = values[startY][startX];
    if (origValue == 0) // ACHTUNG an solche Spezialfälle denken
        return Collections.emptyList();

    final List<Direction> dirsWithChains = new ArrayList<>();

    var relevantDirs = EnumSet.of(Direction.S, Direction.SW,
                                  Direction.E, Direction.SE);

    for (Direction currentDir : relevantDirs)
    {
        int nextPosX = startX + currentDir.dx;
        int nextPosY = startY + currentDir.dy;

        int length = 1;

        while (isOnBoard(values, nextPosX, nextPosY) &&
               isSame(origValue, values[nextPosY][nextPosX]))
        {
            nextPosX += currentDir.dx;
            nextPosY += currentDir.dy;

            length++;
        }

        if (length >= 3)
        {
            dirsWithChains.add(currentDir);
            break;
        }
    }
    return dirsWithChains;
}

static boolean isOnBoard(final int[][] values,
                         final int nextPosX, final int nextPosY)
{
    return nextPosX >= 0 && nextPosY >= 0 &&
           nextPosX < values[0].length && nextPosY < values.length;
}

static boolean isSame(final int val1, final int val2)
{
    return Math.abs(val1) == Math.abs(val2);
}
```

Wir haben es tatsächlich fast geschafft, es fehlt nur noch die Methode zum Markieren fürs Löschen – hätten Sie anfangs gedacht, dass die Aufgabenstellung so komplex ist, vermutlich eher nicht :-) Machen wir uns ans Werk. Wir laufen nun alle Ketten ab und konvertieren den Originalwert in einen zur Löschung markierten. Dabei stützen wir uns auf eine Hilfsmethode `int markForRemoval(int)`, die lediglich den Wert in einen negativen Wert konvertiert (beim Typ `char` kann man beispielsweise eine Umwandlung in Kleinbuchstaben nutzen):

```
static void markDirectionsForRemoval(final int[][] values,
                                     final int startX, final int startY,
                                     final List<Direction> dirsWithChains)
{
    final int origValue = values[startY][startX];

    for (final Direction currentDir : dirsWithChains)
    {
        int nextPosX = startX;
        int nextPosY = startY;

        while (isOnBoard(values, nextPosX, nextPosY) &&
               isSame(origValue, values[nextPosY][nextPosX]))
        {
            values[nextPosY][nextPosX] = markForRemoval(origValue);

            nextPosX += currentDir.dx;
            nextPosY += currentDir.dy;
        }
    }
}

static int markForRemoval(final int value)
{
    return value > 0 ? -value : value;
}
```

Bevor wir uns an die Prüfung machen, möchte ich noch darauf hinweisen, dass die Funktionalitäten in Form von Seiteneffekten gelöst sind, weil hier direkt auf den übergebenen Daten operiert wird. In dieser Aufgabe ist das nicht schlimm, weil die Daten nicht weiter nach außen gehen, sondern alles interne Funktionalitäten sind.

Prüfung

Nach dieser anstrengenden Implementierung wollen wir nun aber das Löschen auch in Aktion erleben:

```
@Test
void eraseChains()
{
    int[][] board = { { 1, 1, 1, 2, 4, 4, 3 },
                      { 1, 1, 3, 4, 2, 4, 3 },
                      { 1, 3, 1, 1, 2, 2, 3 } };

    boolean deleted = EX06_JewelsEraseDiamonds.eraseChains(board);

    int[][] expectedBoard = { { 0, 0, 0, 0, 4, 4, 0 },
                              { 0, 0, 3, 4, 0, 4, 0 },
                              { 0, 3, 0, 1, 2, 0, 0 } };
```

```
        assertTrue(deleted);
        assertArrayEquals(expectedBoard, board);
    }

    @Test
    void eraseChainsOtherBoard()
    {
        int[][] board = { { 1, 1, 3, 3, 4, 5 },
                          { 1, 1, 0, 0, 4, 5 },
                          { 1, 2, 3, 3, 4, 5 },
                          { 1, 2, 0, 3, 3, 4 },
                          { 1, 2, 3, 4, 4, 4 } };

        boolean deleted = EX06_JewelsEraseDiamonds.eraseChains(board);

        int[][] expectedBoard = { { 0, 1, 3, 3, 0, 0 },
                                  { 0, 1, 0, 0, 0, 0 },
                                  { 0, 0, 3, 3, 0, 0 },
                                  { 0, 0, 0, 3, 3, 4 },
                                  { 0, 0, 3, 0, 0, 0 } };

        assertTrue(deleted);
        assertArrayEquals(expectedBoard, board);
    }
```

Lösung 6b: Falling Down (★★★☆☆)

Schreiben Sie eine inplace arbeitende Methode `void fallDown(int[][])`, die die Diamanten von oben nach unten fallen lässt, sofern unter ihrer Position ein Leerraum ist.

Beispiel Ein Aufruf der Methode transformiert das auf der linken Seite gegebene Ausgangsarray in das rechts gezeigte Resultat:

```
0 1 3 3 0 0       0 0 0 0 0 0
0 1 0 0 0 0       0 0 0 0 0 0
0 0 3 3 0 0  =>   0 0 3 3 0 0
0 0 0 3 3 4       0 1 3 3 0 0
0 0 3 0 0 0       0 1 3 3 3 4
```

Algorithmus Zunächst scheint die Aufgabe relativ einfach lösbar zu sein – allerdings nimmt die Komplexität durch ein paar Besonderheiten zu.

Schauen wir uns eine mögliche Umsetzung an: Beginnen wir mit einer Brute-Force-Lösung. Von links nach rechts wird für alle x-Positionen in der Vertikalen Folgendes geprüft: Ausgehend von der untersten Zeile bis zur zweitobersten testet man, ob diese jeweils einen Leerraum darstellen. In diesem Fall wird der Wert aus der darüber liegenden Zeile mit dem Leerraum (hier als _ symbolisiert, im Modell mit dem Wert 0 repräsentiert) getauscht:

```
1        1        _
2   =>   _   =>   1
_        2        2
```

Das Vorgehen kann man wie folgt implementieren:

```
static void fallDownFirstTry(final int[][] values)
{
    for (int x = 0; x < values[0].length; x++)
    {
        for (int y = values.length - 1; y > 0; y--)
        {
            final int value = values[y][x];
            if (isBlank(value))
            {
                // runterfallen
                values[y][x] = values[y - 1][x];
                values[y - 1][x] = 0;
            }
        }
    }
}

static boolean isBlank(final int value)
{
    return value == 0;
}
```

Das funktioniert ziemlich passabel, aber für folgenden Spezialfall leider nicht ganz:

```
1       _
_  =>   1
_       _
```

Wir sehen, dass die Propagation fehlt.

Als nächste Idee könnte man das Fallen von oben starten, aber auch das funktioniert nicht in jedem Fall! Während damit der gerade problematische Fall

```
1       _
_  =>   _
_       1
```

gelöst ist, kommt es nun für die erste Konstellation zu Problemen, die bei der Variante davor nicht auftraten:

```
1       1
2  =>   _
_       2
```

Wir haben nun erkennen müssen, dass beide besprochenen Varianten noch nicht ganz korrekt arbeiten – zudem war sehr wichtig, das richtige Set an Testdaten zu nutzen, um genau diese spezifischen Probleme aufdecken zu können.

Zur Korrektur müssen wir das kontinuierliche Weiterfallen von Steinen realisieren, damit wir pro Spalte immer alle Werte bewegen. Dazu dient die `while`-Schleife:

```
static void fallDown(final int[][] values)
{
    for (int x = 0; x < values[0].length; x++)
    {
        for (int y = values.length - 1; y > 0; y--)
        {
            int currentY = y;

            // so lange runterfallen, bis darunter keine Leerraum mehr existiert
            while (currentY < values.length && isBlank(values[currentY][x]))
            {
                // runterfallen
                values[currentY][x] = values[currentY - 1][x];
                values[currentY - 1][x] = 0;

                currentY++;
            }
        }
    }
}
```

Prüfung

Nehmen wir nun das zuvor erhaltene Ergebnis der Löschung als Ausgangsbasis für das Fallen:

```
@Test
void fallDown()
{
    int[][] board = { { 0, 1, 3, 3, 0, 0 },
                      { 0, 1, 0, 0, 0, 0 },
                      { 0, 0, 3, 3, 0, 0 },
                      { 0, 0, 0, 3, 3, 4 },
                      { 0, 0, 3, 0, 0, 0 } };

    EX06_JewelsEraseDiamonds.fallDown(board);

    int[][] expectedBoard = { { 0, 0, 0, 0, 0, 0 },
                              { 0, 0, 0, 0, 0, 0 },
                              { 0, 0, 3, 3, 0, 0 },
                              { 0, 1, 3, 3, 0, 0 },
                              { 0, 1, 3, 3, 3, 4 } };

    assertArrayEquals(expectedBoard, board);
}
```

Gesamtprüfung

Um unsere Methoden in Aktion zu erleben, nutzen wir neben dem Beispiel aus der Einleitung ein präpariertes `char[][]`, woran man verschiedene Löschungen und Iterationen sehr schön nachvollziehen kann – Sie müssen allerdings einige der Methoden für der Typ `char` bzw. `char[][]` neu schreiben (vgl. folgenden Praxistipp):

```
jshell> int[][] exampleBoard = { { 1, 1, 1, 2, 4, 4, 3 },
   ...>                          { 1, 2, 3, 4, 2, 4, 3 },
   ...>                          { 2, 3, 3, 1, 2, 2, 3 } };
   ...>
   ...> printArray(exampleBoard);
   ...> while (eraseChains(exampleBoard))
   ...> {
   ...>     System.out.println("--------------------------------");
   ...>     fallDown(exampleBoard);
   ...>     printArray(exampleBoard);
   ...> }
1 1 1 2 4 4 3
1 2 3 4 2 4 3
2 3 3 1 2 2 3
--------------------------------
0 0 0 0 0 0 0
1 2 3 4 4 4 0
2 3 3 1 2 4 0
--------------------------------
0 0 0 0 0 0 0
1 2 3 0 0 0 0
2 3 3 1 2 4 0

jshell> char[][] jewelsTestDeletion = { "AACCDE".toCharArray(),
   ...>                                 "AA  DE".toCharArray(),
   ...>                                 "ABCCDE".toCharArray(),
   ...>                                 "AB CCD".toCharArray(),
   ...>                                 "ABCDDD".toCharArray(), };
   ...>
   ...> printArray(jewelsTestDeletion);
   ...>
   ...> while (eraseChains(jewelsTestDeletion))
   ...> {
   ...>     System.out.println("--------------------------------");
   ...>     fallDown(jewelsTestDeletion);
   ...>     printArray(jewelsTestDeletion);
   ...> }
A A C C D E
A A     D E
A B C C D E
A B   C C D
A B C D D D
--------------------------------


    C C
  A C C
  A C C C D
--------------------------------



  A
  A       D
```

Tipp: Varianten mit Typ `char`

Einige Leser werden sich vielleicht schon gefragt haben, wieso ich verschiedene Hilfsmethoden implementiere, wo diese doch sehr einfach scheinen. Der Grund ist, dass es auf diese Weise möglich wird, die Algorithmen nahezu unverändert für andere Typen statt `int` zu nutzen, indem man die entsprechenden Hilfsmethoden neu definiert, beispielsweise diese:

```
static boolean isMarkedForRemoval(final char value)
{
    return Character.isLowerCase(value);
}

static boolean isBlank(final char value)
{
    return value == '_' || value == ' ';
}

static boolean isSame(final char char1, final char char2)
{
    return Character.toLowerCase(char1) == Character.toLowerCase(char2);
}
```

Die eher konzeptionellen Methoden für die Aktionen, etwa das Ermitteln der zu löschenden Ketten, das eigentliche Löschen sowie das Fallen der Diamanten, müssen dann entsprechend überladen und an den gewünschten Typ angepasst werden. Nachfolgend ist das für die Methode `void fallDown(char[][])` und deren Ausrichtung auf ein `char[][]` gezeigt:

```
static void fallDown(char[][] values)
{
    for (int y = values.length - 1; y > 0; y--)
    {
        for (int x = 0; x < values[0].length; x++)
        {

            int currentY = y;
            // so lange runterfallen, bis darunter keine Leerraum mehr
                existiert
            while (currentY < values.length && isBlank(values[currentY][x]))
            {
                // runterfallen
                values[currentY][x] = values[currentY - 1][x];
                values[currentY - 1][x] = '_';

                currentY++;
            }
        }
    }
}
```

Ohne ganz genau hinzuschauen, fällt der Unterschied zur anfangs in der Aufgabe entworfenen Methode nicht auf. Dies gilt ebenso für die anderen Methoden, wird aber hier nicht dargestellt.

5.3.7 Lösung 7: Spiral-Traversal (★★★★☆)

Schreiben Sie eine generische Methode `List<T> spiralTraversal(T[][])`, die ein zweidimensionales rechteckiges Array spiralförmig durchläuft und als Liste aufbereitet. Der Start ist dabei links oben. Zunächst wird die äußere Schicht durchlaufen und dann die jeweils nächstinnere.

Beispiel Ein Beispiel zeigt Abbildung 5-5.

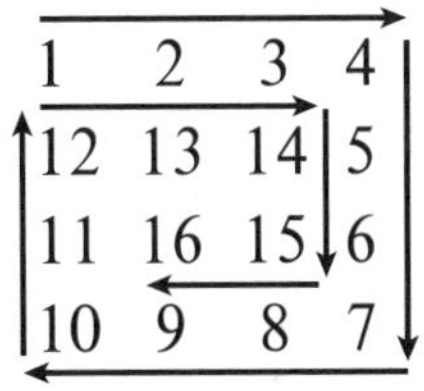

1	2	3	4
12	13	14	5
11	16	15	6
10	9	8	7

Abbildung 5-5 *Grundsätzlicher Ablauf beim Spiral-Traversal*

Für die nachfolgenden beiden Arrays sollten die weiter unten aufgeführten Zahlen- bzw. Buchstabenfolgen aus dem spiralförmigen Durchlauf resultieren:

```
Integer[][] numbers = { { 1, 2, 3, 4 },
                        { 12, 13, 14, 5 },
                        { 11, 16, 15, 6 },
                        { 10, 9, 8, 7 } };

String[][] letterPairs = { { "AB", "BC", "CD", "DE" },
                           { "JK", "KL", "LM", "EF" },
                           { "IJ", "HI", "GH", "FG" } };
=>

[1, 2, 3, 4, 5, 6, 7, 8, 9, 10, 11, 12, 13, 14, 15, 16]

[AB, BC, CD, DE, EF, FG, GH, HI, IJ, JK, KL, LM]
```

Tipps für das Jobinterview: Annahmen klären

Bevor Sie mit einer Lösung beginnen, sollten Sie unbedingt Randbedingungen oder Besonderheiten durch Fragen klären – in diesem Fall, dass es sich bei den Ausgangsdaten, um ein rechteckiges Array handelt. Das soll hier der Fall sein.

Algorithmus Beginnen wir mit einer Idee: Für eine spiralförmige Bewegung muss man zunächst nach rechts bis zur Grenze gehen, dann die Richtung nach unten wechseln und wieder bis zur Begrenzung voranschreiten. Dann nach links und schließlich nach oben bis zur Grenze. Damit sich die Spirale verengt, müssen die jeweiligen Grenzen bei jedem Richtungswechsel passend verringert werden. Die Endbedingung korrekt zu formulieren, ist nicht ganz einfach, wenn man nur auf Richtungswechseln und Grenzen operiert. Um das Abbruchkriterium festzustellen, hilft folgende Beobachtung: Die

Gesamtzahl der Schritte ergibt sich aus Breite * Höhe - 1, für ein 4 * 3 Array also $4 * 3 - 1 = 12 - 1 = 11$. Mit diesen Vorüberlegungen implementieren wir den Spiraldurchlauf wie folgt:

```
enum Direction
{
    RIGHT, DOWN, LEFT, UP;
}

static <T> List<T> spiralTraversal(final T[][] values)
{
    int posX = 0;
    int posY = 0;

    int minX = 0;
    int maxX = values[0].length;
    int minY = 1;
    int maxY = values.length;

    final List<T> results = new ArrayList<>();

    Direction dir = Direction.RIGHT;
    int steps = 0;

    while (steps < maxX * maxY)
    {
        // Aktion
        results.add(values[posY][posX]);

        if (dir == Direction.RIGHT)
        {
            if (posX < maxX - 1)
                posX++;
            else
            {
                dir = Direction.DOWN;
                maxX--;
            }
        }
        if (dir == Direction.DOWN)
        {
            if (posY < maxY - 1)
                posY++;
            else
            {
                dir = Direction.LEFT;
                maxY--;
            }
        }
        if (dir == Direction.LEFT)
        {
            if (posX > minX)
                posX--;
            else
            {
                dir = Direction.UP;
                minX++;
            }
        }
        if (dir == Direction.UP)
        {
            if (posY > minY)
                posY--;
```

```
            else
            {
                dir = Direction.RIGHT;
                minY++;
                // Möglicher Fehler: Man muss jetzt eine!
                // Position weiter rechts starten!
                posX++;
            }
        }

        steps++;
    }

    return results;
}
```

Nach einem vollständigen Durchlauf einer »Schicht« muss man den Positionszeiger um eine Position in Richtung Mitte bewegen. Das wird leicht vergessen.

Der vorgestellte Algorithmus funktioniert zwar, aber es sind doch ziemlich viele Sonderbehandlungen vorhanden. Zudem würde sich vielleicht ein `switch` anbieten, wenn die einzelnen Aktionsblöcke nicht so umfangreich wären. Schauen wir uns nochmal die Grafik an und überlegen dann ein wenig.

Optimierter Algorithmus Wir erkennen, dass initial das gesamte Array als Bewegungsraum möglich ist, bei jeder Iteration ist die äußere Schicht abgearbeitet und man mach weiter innen weiter. Nun kann man den gültigen Bereich wie schon zuvor durch vier Positionsmarker beschrieben. Allerdings gehen wir beim Aktualisieren geschickter vor.

Man sieht das nach dem Bewegen nach rechts, die oberste Linie abgearbeitet ist, deswegen kann man den Zähler `miny` um eins erhöhen. Wenn man nach unten gelaufen ist, dann ist die rechteste Seite durchlaufen und der Zähler `maxx` wird um eins vermindert. Bewegt man sich nach links, ist damit die unterste Zeile verarbeitet und der Zähler `maxy` wird um eins vermindert. Schließlich wird beim Bewegen nach oben dann der Zähler `minx` um eins erhöhen. Damit wir jeweils den Zeitpunkt zum Erhöhen erkennen, implementieren wir eine Hilfsmethode `isOutside()` zur Bereichsprüfung.

Zudem können wir noch ausnutzen, dass wir die Richtungskonstanten gemäß der Reihenfolge im Spiraldurchlauf definieren und im `enum` dann eine Methode `next()` implementieren, die die jeweils nachfolgende Richtung angibt. Ebenso definieren wir dort die Offsetwerte `dx` und `dy`:

```
enum Direction
{
    RIGHT(1, 0), DOWN(0, 1), LEFT(-1, 0), UP(0, -1);

    int dx;
    int dy;

    Direction(final int dx, final int dy)
    {
        this.dx = dx;
        this.dy = dy;
    }
```

```
    Direction next()
    {
        return values()[(this.ordinal() + 1) % 4];
    }
}
```

Mit diesen Gedanken und Vorarbeiten können wir dann die Implementierung des spiralförmigen Durchlaufens lesbar und verständlich wie folgt schreiben:

```
static <T> List<T> spiralTraversalOptimized(final T[][] board)
{
    int minX = 0;
    int maxX = board[0].length;
    int minY = 0;
    int maxY = board.length;

    int x = 0;
    int y = 0;
    Direction dir = Direction.RIGHT;

    final List<T> result = new ArrayList<>();

    int steps = 0;
    final int allSteps = maxX * maxY;
    while (steps < allSteps)
    {
        result.add(board[y][x]);

        if (isOutside(x + dir.dx, y + dir.dy, minX, maxX, minY, maxY))
        {
            switch (dir)
            {
                case RIGHT -> minY++;
                case DOWN -> maxX--;
                case LEFT -> maxY--;
                case UP -> minX++;
            }
            dir = dir.next();
        }

        x += dir.dx;
        y += dir.dy;
        steps++;
    }
    return result;
}

private static boolean isOutside(final int x, final int y,
                                 final int minX, final int maxX,
                                 final int minY, final int maxY)
    {
        return !(x >= minX && x < maxX && y >= minY && y < maxY);
    }
}
```

Im Listing nutzen wir schon die neue Java-14-Syntax bei `switch`, was das gesamte Konstrukt noch kürzer und eleganter macht.[3]

[3]Die Neuerungen in Java 14 behandle ich detailliert in meinem Buch »Java – die Neuerungen in Version 9 bis 14: Modularisierung, Syntax- und API-Erweiterungen« [3].

Prüfung

Prüfen wir einmal, ob unser Algorithmus sowie dessen optimierte Variante für die Eingaben aus dem obigen Beispiel die erwartete Traversierung durch das Array realisiert:

```
@ParameterizedTest(name="spiralTraversal({0}) => {1}")
@MethodSource("createArrayAndExpected")
void spiralTraversal(Object[][] values, List<Object> expected)
{
    var result = Ex07_SpiralTraversal.spiralTraversal(values);

    assertEquals(expected, result);
}

@ParameterizedTest(name="spiralTraversalOptimized({0}) => {1}")
@MethodSource("createArrayAndExpected")
void spiralTraversalOptimized(Object[][] values, List<Object> expected)
{
    var result = Ex07_SpiralTraversal.spiralTraversalOptimized(values);

    assertEquals(expected, result);
}

private static Stream<Arguments> createArrayAndExpected()
{
    String[][] letters = { { "A", "B", "C", "D" },
                           { "J", "K", "L", "E" },
                           { "I", "H", "G", "F" } };

    Integer[][] numbers = { { 1, 2, 3, 4 },
                            { 12, 13, 14, 5 },
                            { 11, 16, 15, 6 },
                            { 10, 9, 8, 7 } };

    return Stream.of(Arguments.of(letters,
                              List.of("A","B", "C", "D", "E", "F",
                                      "G", "H", "I", "J", "K", "L")),
                     Arguments.of(numbers,
                              List.of(1, 2, 3, 4, 5, 6, 7, 8, 9, 10,
                                      11, 12, 13, 14, 15, 16)));
}
```

5.3.8 Lösung 8: Add One to Array As Number (★★☆☆☆)

Gegeben sei ein Array von Zahlen, das die Ziffern einer Dezimalzahl darstellt. Schreiben Sie eine Methode `int[] addOne(int[])`, die eine Addition um den Wert 1 ausführt und zur Lösung nur Arrays als Datenstruktur nutzen darf.

Beispiele

Eingabe	Resultat
[1, 3, 2, 4]	[1, 3, 2, 5]
[1, 4, 8, 9]	[1, 4, 9, 0]
[9, 9, 9, 9]	[1, 0, 0, 0, 0]

Algorithmus Wir erinnern uns vielleicht an die Schulzeit und nutzen eine ziffernorientierte Verarbeitung: Durchlaufe das Array von hinten nach vorne. Addiere zu dem jeweiligen Ziffernwert den Wert des Überlaufs der letzten Addition dazu – initial startet man mit der Annahme, es gäbe einen Overflow, Falls wieder der Wert 10 erreicht ist, dann muss der Überlauf weiter propagiert werden. Im Spezialfall, dass sich der Übertrag bis ganz nach vorne ausbreitet, muss das Array um eine Position vergrößert werden, um die neue führende 1 aufnehmen zu können:

```
static int[] addOne(final int[] values)
{
    if (values.length == 0)
        throw new IllegalArgumentException("must be a valid non empty array");

    final int[] result = Arrays.copyOf(values, values.length);

    int overflow = 1;
    int pos = values.length - 1;
    while (overflow == 1 && pos >= 0)
    {
        int currValue = result[pos];
        currValue++;
        result[pos] = currValue % 10;

        if (currValue >= 10)
            overflow = 1;
        else
            overflow = 0;

        pos--;
    }

    return handleOverflowAtTop(result, overflow);
}
```

Zur Spezialbehandlung des Übertrags an vorderster Stelle implementieren wir folgende Methode:

```
static int[] handleOverflowAtTop(final int[] result, final int overflow)
{
    if (overflow == 1)
    {
        // neues Array und vorne eine 1
        final int[] newValues = new int[result.length + 1];
        newValues[0] = 1;
        for (int i = 0; i < result.length; i++)
            newValues[1 + i] = result[i];

        return newValues;
    }

    return result;
}
```

Prüfung

Zum Überprüfen unserer Implementierung nutzen wir die drei Wertekombinationen aus den einführenden Beispielen – die drei wesentlichen Fälle »keine Propagation«, »Propagation um eine Stelle« und »Propagation über alle Stellen« abdecken. Zusätzlich ergänzen wir noch die Propagation für zwei Stellen:

```
@ParameterizedTest(name = "addOne({0}) => {1}")
@MethodSource("intArrays")
void addOne(int[] input, int[] expected)
{
    int[] result = Ex08_AddOneToAnArrayOfNumbers.addOne(input);

    assertArrayEquals(expected, result);
}

private static Stream<Arguments> intArrays()
{
    int[] values1 = { 1, 3, 2, 4 };
    int[] expected1 = { 1, 3, 2, 5 };

    int[] values2 = { 1, 4, 8, 9 };
    int[] expected2 = { 1, 4, 9, 0 };

    int[] values3 = { 1, 3, 9, 9 };
    int[] expected3 = { 1, 4, 0, 0 };

    int[] values4 = { 9, 9, 9, 9 };
    int[] expected4 = { 1, 0, 0, 0, 0 };

    return Stream.of(Arguments.of(values1, expected1),
                     Arguments.of(values2, expected2),
                     Arguments.of(values3, expected3),
                     Arguments.of(values4, expected4));
}
```

5.3.9 Lösung 9: Sudoku-Checker (★★★☆☆)

In dieser Aufgabe prüfen wir ein Sudoku-Spielfeld, ob dieses eine gültige Lösung darstellt. Gegeben sei dazu ein Spielfeld als 9 x 9-Array mit `int`-Werten. Laut Sudoku-Regeln müssen in jeder Zeile und jeder Spalte jeweils alle Zahlen von 1 bis 9 vorkommen. Zudem müssen in jedem 3 x 3 Sub-Spielfeld wiederum alle Zahlen von 1 bis 9 auftreten. Schreiben Sie zur Prüfung eine Methode `boolean isSudokuValid(int[][])`.

Beispiel Nachfolgend ist eine gültige Lösung gezeigt.

1	2	3	4	5	6	7	8	9
4	5	6	7	8	9	1	2	3
7	8	9	1	2	3	4	5	6
2	1	4	3	6	5	8	9	7
3	6	5	8	9	7	2	1	4
8	9	7	2	1	4	3	6	5
5	3	1	6	4	2	9	7	8
6	4	2	9	7	8	5	3	1
9	7	8	5	3	1	6	4	2

Algorithmus Beim Sudoku müssen drei verschiedene Arten von Prüfungen erfolgen. Dies lässt sich sehr gut in drei korrespondierende Methoden unterteilen. Zum einen sind dies `checkHorizontally()` und `checkVertically()`, die horizontal und vertikal sicherstellen, dass in einer Zeile bzw. Spalte immer alle Ziffern von 1 bis 9 exakt einmal auftreten. Dazu sammeln wir alle in der jeweiligen Ausrichtung gespeicherten Ziffern in einer Liste auf und vergleichen diese in der Methode `allDesiredNumbers()`, ob sie die gewünschten Zahlen enthalten:

```
boolean checkHorizontally(final int[][] board)
{
    for (int row = 0; row < 9; row++)
    {
        // Alle Werte einer Zeile in einer Liste aufsammeln
        final List<Integer> rowValues = new ArrayList<>();
        for (int x = 0; x < 9; x++)
        {
            rowValues.add(board[row][x]);
        }

        if (!allDesiredNumbers(rowValues))
        {
            return false;
        }
    }
    return true;
}
```

```
boolean checkVertically(final int[][] board)
{
    for (int x = 0; x < 9; x++)
    {
        // Alle Werte einer Spalte in einer Liste aufsammeln
        final List<Integer> columnValues = new ArrayList<>();
        for (int row = 0; row < 9; row++)
        {
            columnValues.add(board[row][x]);
        }

        if (!allDesiredNumbers(columnValues))
        {
            return false;
        }
    }
    return true;
}
```

Man könnte sich fragen, ob man die Werte nicht alternativ in einem `Set<E>` aufsammeln sollte. Obwohl dies naheliegend ist und für vollständig gefüllte Sudoku-Spielfelder gut funktioniert, erschwert die Datensammlung in einem `Set<E>` jedoch die spätere Prüfung, wenn wir auch Leerfelder erlauben.

Unabhängig davon, stützen sich beide Prüfungen auf folgende Hilfsmethode ab:

```
boolean allDesiredNumbers(final Collection<Integer> values)
{
    if (values.size() != 9)
        throw new IllegalStateException("implementation problem");

    final Set<Integer> oneToNine = Set.of(1, 2, 3, 4, 5, 6, 7, 8, 9);
    final Set<Integer> valuesSet = new TreeSet<>(values);

    return oneToNine.equals(valuesSet);
}
```

Ich möchte nochmal explizit auf die Eleganz der Hilfsmethode `allDesiredNumbers()` hinweisen. Sie vereinigt in ihrer Kürze diverse Dinge: Eigentlich müssen wir prüfen, ob die aufgesammelten Werte keine Duplikate enthalten und es exakt neun sind. Aufgrund unserer Implementierung müssen wir diese Länge nicht prüfen, machen es aber trotzdem, um uns mit einer Exception gegen Flüchtigkeitsfehler zu wappnen. Durch die Umwandlung in ein Set und den Vergleich mit dem Set aus den erwarteten Werten ist das Ganze schön und kurz.

Als Nächstes müssen wir für jedes der 9 Subfelder der Größe 3 x 3 eine Prüfung vornehmen. Das klingt zunächst schwierig. Doch überlegen wir ein wenig: Man kann zwei ineinander geschachtelte Schleifen nutzen, um die 3 x 3-Kästen abzulaufen. Zwei weitere ineinander geschachtelte Schleifen laufen die jeweiligen x- und y-Werte ab. Die entsprechenden Indexwerte im Originalarray ergeben sich durch simple Multiplikationen und Additionen. Folgt man nun wieder der zuvor präsentierten Idee des Aufsammelns der Werte in eine Liste, die schließlich gegen die erwartete Zielmenge der Ziffern 1 bis 9 geprüft wird, verliert die Implementierung ihren möglicherweise initial vorhandenen Schrecken:

```
public static boolean checkBoxes(final int[][] board)
{
    // 3 x 3-Boxen
    for (int yBox = 0; yBox < 3; yBox ++)
    {
        for (int xBox = 0; xBox < 3; xBox ++)
        {
            // Werte pro Box
            final List<Integer> boxValues = collectBoxValues(board, yBox, xBox);

            if (!allDesiredNumbers(boxValues))
            {
                return false;
            }
        }
    }
    return true;
}

private static List<Integer> collectBoxValues(final int[][] board,
                                              final int yBox, final int xBox)
{
    final List<Integer> boxValues = new ArrayList<>();

    // innerhalb der Boxen jeweils 3 x 3 Felder
    for (int y=0; y < 3; y++)
    {
        for (int x = 0; x < 3; x++)
        {
            // Tatsächliche Index-Werte
            final int realY = yBox * 3 + y;
            final int realX = xBox * 3 + x;

            boxValues.add(board[realY][realX]);
        }
    }
    return boxValues;
}
```

Für eine vollständige Sudoku-Prüfung müssen wir diese Werte dann alle miteinander per AND kombinieren:

```
boolean isSudokuValid(final int[][] board)
{
    return checkHorizontally(board) &&
           checkVertically(board) &&
           checkBoxes(board);
}
```

Prüfung

Wir definieren zunächst das Sudoku-Spielfeld, wie ich es einleitend gezeigt habe, danach prüfen wir alle drei Varianten.

```
jshell> int[][] board = new int[9][9];
   ...> board[0] = new int[]{ 1, 2, 3, 4, 5, 6, 7, 8, 9 };
   ...> board[1] = new int[]{ 4, 5, 6, 7, 8, 9, 1, 2, 3 };
   ...> board[2] = new int[]{ 7, 8, 9, 1, 2, 3, 4, 5, 6 };
   ...> board[3] = new int[]{ 2, 1, 4, 3, 6, 5, 8, 9, 7 };
```

```
...> board[4] = new int[]{ 3, 6, 5, 8, 9, 7, 2, 1, 4 };
...> board[5] = new int[]{ 8, 9, 7, 2, 1, 4, 3, 6, 5 };
...> board[6] = new int[]{ 5, 3, 1, 6, 4, 2, 9, 7, 8 };
...> board[7] = new int[]{ 6, 4, 2, 9, 7, 8, 5, 3, 1 };
...> board[8] = new int[]{ 9, 7, 8, 5, 3, 1, 6, 4, 2 };

jshell> System.out.println("V: " + checkVertically(board));
   ...> System.out.println("H: " + checkHorizontally(board));
   ...> System.out.println("B: " + checkBoxes(board));
V: true
H: true
B: true

jshell> isSudokuValid(board)
$72 true
```

Bonus

Zwar ist es schon gut, ein vollständig mit Ziffern gefülltes Sudoku-Spielfeld auf dessen Gültigkeit prüfen zu können, besser ist es jedoch, für ein Spielfeld mit »Lücken«, also noch fehlenden Zahlen, vorhersagen zu können, ob daraus eine gültige Lösung entstehen kann. Das ist insbesondere dann von Interesse, wenn man einen Algorithmus zum Lösen eines Sudokus einwickeln möchte.

Beispiel Basierend auf dem Beispiel des gültigen Sudoku-Spielfelds habe ich an zufälligen Stellen die Ziffern gelöscht. Dadurch gibt es sicher eine valide Lösung.

1	2		4	5		7	8	9
	5	6	7		9		2	3
7	8		1	2	3	4	5	6
2	1	4		6		8		7
3	6		8		7	2	1	4
	9	7		1	4	3	6	
5	3	1	6		2	9		8
6		2	9	7	8	5	3	1
9	7			3	1	6	4	2

Algorithmus Ein teilbefülltes Spielfelds lässt sich ziemlich einfach auf Gültigkeit prüfen, wenn man die vorherige Implementierung als Basis nimmt. Zunächst benötigen wir eine Modellierung für die leeren Felder. In diesem Fall bietet sich der Wert 0 an. Damit können wir die Implementierung zum Aufsammeln der Werte horizontal, vertikal und in den Boxen so belassen. Nur die finale Prüfung, ob alle Werte von 1 bis 9 enthalten sind, müssen wir leicht abwandeln: Zunächst entfernen wir aus den aufgesammelten Werten den Wert 0, sofern vorhanden. Danach stellen wir sicher, dass keine Duplikate enthalten sind, und schließlich prüfen wir, ob die aufgesammelten Werte eine Teilmenge von 1 bis 9 sind:

```
static boolean allDesiredNumbers(final Collection<Integer> allCollectedValues)
{
    // irrelevante Leerfelder entfernen
    final List<Integer> relevantValues = new ArrayList<>(allCollectedValues);
    relevantValues.removeIf(val -> val == 0);

    // keine Duplikate?
    final Set<Integer> valuesSet = new TreeSet<>(relevantValues);
    if (relevantValues.size() != valuesSet.size())
        return false;

    // nur 1 bis 9?
    final Set<Integer> oneToNine = Set.of(1, 2, 3, 4, 5, 6, 7, 8, 9);

    return oneToNine.containsAll(valuesSet);
}
```

Das Allerbeste kommt zum Schluss: Diese Methode funktioniert sowohl für vollständig ausgefüllte Sudoku-Spielfelder als auch für solche, die Leerstellen enthalten!

Hinweis: Löschen von Elementen aus Listen

Manchmal klingt eine Aufgabenstellung viel einfacher, als sie tatsächlich ist: Im obigen Beispiel sollen wir aus einer `List<Integer>` alle Zahlen mit dem Wert 0 herauslöschen. Dabei kommt man recht schnell auf Versuche wie die beiden folgenden:

```
// ACHTUNG: falsche Versuche
values.remove(0); // Achtung INDEX
values.remove(Integer.valueOf(0)); // NUR erstes Vorkommen
```

Warum ist das Ganze so schwierig bzw. tricky? Das liegt am API, das uns zum einen einen positionsbasierten Zugriff bietet und zum anderen die Möglichkeit, einen Wert zu löschen. Wollen wir allerdings mehrere gleiche Elemente löschen, dann gibt es zwar die Methode `removeAll()`, aber dieser müssen wir eine Liste von Werten übergeben – etwas umständlich, aber mit einer einelementigen Liste kommen wir zum Ziel:

```
values.removeAll(List.of(0));
```

Tatsächlich geht es noch ein wenig eleganter. Seit Java 8 kann man die Methode `removeIf()` nutzen und dieser ein passendes `Predicate<T>` übergeben. Dadurch wird der Algorithmus am besten ausgedrückt:

```
values.removeIf(value -> value == 0);
```

Prüfung

Wir definieren wieder das Sudoku-Spielfeld mit Leerstellen, wie ich es zuvor gezeigt habe. Danach prüfen wir noch ein leicht modifiziertes Spielfeld, wo in der ersten Zeile an Position 3 direkt noch eine 2 eingefügt wurde, was das Spielfeld ungültig macht:

```
@Test
void isSudokuValid()
{
    final int[][] board = createInitializedBoard();

    final boolean validSudoku = Ex09_SudokuChecker.isSudokuValid(board);

    assertTrue(validSudoku);
}

@Test
void isSudokuValidForInvalidBoard()
{
    final int[][] board = createInitializedBoard();

    board[0][2] = 2;
    ArrayUtils.printArray(board);

    final boolean validSudoku = Ex09_SudokuChecker.isSudokuValid(board);

    assertFalse(validSudoku);
}

private int[][] createInitializedBoard()
{
    final int[][] board = new int[9][9];
    board[0] = new int[] { 1, 2, 0, 4, 5, 0, 7, 8, 9 };
    board[1] = new int[] { 0, 5, 6, 7, 0, 9, 0, 2, 3 };
    board[2] = new int[] { 7, 8, 0, 1, 2, 3, 4, 5, 6 };
    board[3] = new int[] { 2, 1, 4, 0, 6, 0, 8, 0, 7 };
    board[4] = new int[] { 3, 6, 0, 8, 9, 7, 2, 1, 4 };
    board[5] = new int[] { 0, 9, 7, 0, 1, 4, 3, 6, 0 };
    board[6] = new int[] { 5, 3, 1, 6, 0, 2, 9, 0, 8 };
    board[7] = new int[] { 6, 0, 2, 9, 7, 8, 5, 3, 1 };
    board[8] = new int[] { 9, 7, 0, 0, 3, 1, 6, 4, 2 };

    return board;
}
```

Das fehlerhafte Spielfeld des zweiten Testfalls sieht wie folgt aus – der problematische Werte ist fett markiert:

```
1 2 2 4 5 0 7 8 9
0 5 6 7 0 9 0 2 3
7 8 0 1 2 3 4 5 6
2 1 4 0 6 0 8 0 7
3 6 0 8 9 7 2 1 4
0 9 7 0 1 4 3 6 0
5 3 1 6 0 2 9 0 8
6 0 2 9 7 8 5 3 1
9 7 0 0 3 1 6 4 2
```

5.3.10 Lösung 10: Flood-Fill (★★☆☆☆)

Lösung 10a (★★☆☆☆)

Schreiben Sie eine Methode `void floodFill(char[], int, int)`, die in einem Array alle freien Felder mit einem bestimmten Wert befüllt.

Beispiel Nachfolgend ist der Füllvorgang für das Zeichen '*' gezeigt. Das Füllen beginnt an einer vorgegebenen Position, etwa in der linken oberen Ecke, und wird dann solange in alle vier Himmelsrichtungen fortgesetzt, bis die Grenzen des Arrays oder eine Begrenzung in Form eines anderen Zeichens gefunden wird:

```
"   # "       "***# "          "   #      #"          "   #******#"
"    #"       "****#"          "    #      #"         "    #******#"
"#   #"   =>  "#***#"          "#   #     #"    =>   "#   #*****#"
" # # "       " #*# "          " # #     #"           " # #*****#"
"  #  "       "  #  "          "  #     #"            "  #*****#"
```

Algorithmus Prüfe rekursiv die Nachbarfelder in den vier Himmelsrichtungen. Ist ein Feld leer, fülle es und prüfe wiederum dessen vier Nachbarn. Erreichen wir die Array-Grenzen oder ein gefülltes Feld, so stoppen wir. Das lässt sich wunderbar rekursiv formulieren:

```
static void floodFill(final char[][] values, final int x, final int y)
{
    // rekursiver Abbruch
    if (x < 0 || y < 0 || y >= values.length || x >= values[y].length)
        return;

    if (values[y][x] == ' ')
    {
        values[y][x] = '*';

        // rekursiver Abstieg: fülle in alle 4 Richtungen
        floodFill(values, x, y-1);
        floodFill(values, x+1, y);
        floodFill(values, x, y+1);
        floodFill(values, x-1, y);
    }
}
```

Die hier gezeigte Version kann durch die geschickte Prüfung der Breite pro Zeile auch mit nicht rechteckigen Arrays umgehen und diese passend füllen.

Prüfung

Nun wollen wir das einleitend gezeigte Array als Ausgangsbasis definieren, dann eine Füllung mit Start in der linken oberen Ecke vornehmen und zur Kontrolle das Array (ausnahmsweise als Bestandteil des Unit Tests auch auf der Konsole) ausgeben. Zudem zeige ich noch ein nicht rechteckiges Array mit einer Füllung, ausgehend von unten in der Mitte:

```
@ParameterizedTest(name = "{0}, {4}")
@MethodSource("createWorldAndExpectedFills")
public void testFloodFill2(char[][] world, char[][] expected,
                           int startX, int startY, String hint)
{
    Ex10_FloodFillExample.floodFill(world, startX, startY);
    ArrayUtils.printArray(world);

    assertArrayEquals(expected, world);
}

private static Stream<Arguments> createWorldAndExpectedFills()
{
    return Stream.of(Arguments.of(firstWorld(), firstFilled), 0, 0, "rect"),
                     Arguments.of(nonRectWorld(), nonRectFilled(), 4, 4,
                                  "no rect"));
}

private static Stream<Arguments> createWorldAndExpectedFills()
{
    return Stream.of(Arguments.of(firstWorld(), firstFilled(), 0, 0, "rect"),
                     Arguments.of(nonRectWorld(), nonRectFilled(), 4, 4,
                                  "no rect"));
}

private static char[][] firstWorld()
{
    return new char[][] { "   # ".toCharArray(),
                          "    #".toCharArray(),
                          "#   #".toCharArray(),
                          " # # ".toCharArray(),
                          "  #  ".toCharArray()};
}

private static char[][] firstFilled()
{
    return new char[][] { "***# ".toCharArray(),
                          "****#".toCharArray(),
                          "#***#".toCharArray(),
                          " #*# ".toCharArray(),
                          "  #  ".toCharArray()};
}

private static char[][] nonRectWorld()
{
    return new char[][] { "   #      #".toCharArray(),
                          "    #      #".toCharArray(),
                          "#   #     #".toCharArray(),
                          " # #     #".toCharArray(),
                          "  #     #".toCharArray()};
}

private static char[][] nonRectFilled()
{
    return new char[][] { "   #******#".toCharArray(),
                          "    #******#".toCharArray(),
                          "#   #*****#".toCharArray(),
                          " # #*****#".toCharArray(),
                          "  #*****#".toCharArray()};
}
```

Lösung 10b (★★☆☆☆)

Ergänzen Sie die Methode so, dass sie beliebige, als rechteckiges Array übergebene Muster füllen kann – Leerzeichen sind in der Musterangabe allerdings nicht erlaubt.

Beispiel

Nachfolgend sehen wir, wie eine Füllung mit einem Muster aussehen könnte. Dabei besteht das Muster aus verschiedenen Zeilen mit Zeichen:

```
.|.
-*-
.|.
```

Starten wir das Füllen mittig unten, so ergibt sich folgende Füllung:

```
      x           .|..|.x
    #  #          -*--#--#
   ###  #         .|.###.|#
#  ###  #    =>   #|.###.|#
#   #   #         #*--#--*#
 # #   #           #.#|..#
  #   #             #.|.#
```

Algorithmus Zunächst einmal muss man das gewünschte Muster an die Methode übergeben. Interessanterweise bleibt der Füllalgorithmus nahezu gleich und wird nur bezüglich der Ermittlung des Füllzeichens abgewandelt. Statt eines fixen Werts wird hier eine Hilfsmethode `findFillChar()` aufgerufen, die das für die Position relevante Füllzeichen ermittelt. Der rekursive Abstieg wird alternativ zu den vier einzelnen Aufrufen durch den Einsatz der Aufzählung für die Richtungen elegant formuliert:

```
static void floodFill(final char[][] values, final int x, final int y,
                      final char[][] pattern)
{
    // rekursiver Abbruch
    if (x < 0 || y < 0 || y >= values.length || x >= values[y].length)
        return;

    if (values[y][x] == ' ')
    {
        // Ermittle passendes Füllzeichen
        values[y][x] = findFillChar(x, y, pattern);

        final EnumSet<Direction> directions = EnumSet.of(Direction.N,
                                                         Direction.E,
                                                         Direction.S,
                                                         Direction.W);

        // rekursiver Abstieg in 4 Richtungen
        for (final Direction dir : directions)
        {
            floodFill(values, x + dir.dx, y + dir.dy, pattern);
        }
    }
}
```

Kommen wir nun zum Ermitteln des Füllzeichens auf Basis einer einfachen Modulo-Berechnung aus der momentanen Position in Bezug auf die Breite bzw. die Höhe des Arrays mit den Musterzeichen:

```
static char findFillChar(final int x, final int y, final char[][] pattern)
{
    final int adjustedX = x % pattern[0].length;
    final int adjustedY = y % pattern.length;

    return pattern[adjustedY][adjustedX];
}
```

Damit das Ganze funktioniert, darf im Füllmuster jedoch kein Leerzeichen angegeben werden.

Prüfung

Analog zu vorher wollen wir das einleitend gezeigte Array mit Begrenzungszeichen mit dem zuvor gezeigten Muster füllen. Dazu erzeugen wir zunächst das Muster mithilfe der folgenden Methode:

```
private static char[][] generatePattern()
{
    return new char[][] { ".|.".toCharArray(),
                          "-*-".toCharArray(),
                          ".|.".toCharArray() };
}

private static char[][] generatePattern2()
{
    return new char[][] { "---".toCharArray(),
                          "~~~".toCharArray(),
                         "===.".toCharArray() };
}

private static char[][] generateBigWorld()
{
    return new char[][] {
     "          #   |".toCharArray(),
     "      ##   #   |".toCharArray(),
     "   #####    #  __".toCharArray(),
     "      ###   #    |".toCharArray(),
     " ###   #    #     |".toCharArray(),
     "    #  #    #    |".toCharArray(),
     "    # #    #   --".toCharArray(),
     "     #    #    |".toCharArray() };
}
```

Zur Prüfung erzeugen wir das Ausgangsmuster und füllen von oben links mit dem ersten und im rechten Teil mit dem zweiten Muster:

```
jshell> char[][] bigworld = generateBigWorld()

jshell> floodFill(bigworld,1,1, generatePattern())

jshell> floodFill(bigworld, 14, 4, generatePattern2())
```

Zur Kontrolle lassen wir uns nun das Array ausgeben. Dadurch können wir die Füllung mit dem jeweiligen Muster begutachten:

```
jshell> printArray(bigworld)
.|..|..|..|#---|
-*--*--##-*-#~~~|
.|..#####.|..#===__
.|..|..###|..#-----|
-###*--*#-*--#~~~~~~|
.|..#..|#.|..#=====|
.|..|#.#..|.#------
-*--*-#*--*#~~~~|
```

Zur Erinnerung ist hier nochmals die Methode zur Ausgabe eines zweidimensionalen Arrays abgebildet – hier in der Abwandlung, die Zeichen direkt aneinander auszugeben:

```
static void printArray(final char[][] values)
{
    for (int y= 0; y < values.length; y++)
    {
        for (int x = 0; x < values[y].length; x++)
        {
            final char value = values[y][x];
            System.out.print(value + "");
        }
        System.out.println();
    }
}
```

5.3.11 Lösung 11: Array Merge (★★☆☆☆)

Gegeben seien zwei Arrays mit jeweils für sich aufsteigend sortierten Zahlen, die gemäß ihrer Reihenfolge geordnet in ein gemeinsames Array überführt werden sollen. Schreiben Sie eine Methode `int[] merge(int[], int[])`.

Beispiele

Eingabe 1	Eingabe 2	Resultat
[1, 4, 7, 12, 20]	[10, 15, 17, 33]	[1, 4, 7, 10, 12, 15, 17, 20, 33]
[2, 3, 5, 7]	[11, 13, 17]	[2, 3, 5, 7, 11, 13, 17]
[2, 3, 5, 7, 11]	[7, 11, 13, 17]	[2, 3, 5, 7, 7, 11 11, 13, 17]
[1, 2, 3]	$\emptyset$ = []	[1, 2, 3]

Algorithmus Zunächst erzeugen wir ein passend großes Ergebnis-Array. Danach werden die beiden Arrays durchlaufen, die jeweiligen Werte verglichen und das kleinere Element in das Ergebnis übertragen. Als Hilfe nutzt man zwei Positionszeiger, die auf den jeweiligen Wert verweisen. Wird ein Wert aus Array 1 in das Ergebnis übertragen, dann wird der Positionszeiger von Array 1 erhöht, ebenso verfährt man für Array 2. Wird zwischenzeitlich das Ende des einen oder anderen Arrays erreicht, so können die verbliebenen Werte aus dem jeweils anderen Array einfach übertragen werden:

```
static int[] merge(final int[] first, final int[] second)
{
    final int length1 = first.length;
    final int length2 = second.length;

    final int[] result = new int[length1 + length2];

    int pos1 = 0;
    int pos2 = 0;
    int idx = 0;

    // Durchlaufe, solange die beiden Positionszeiger unter der
    // Länge ihres Arrays sind
    while (pos1 < length1 && pos2 < length2)
    {
        int value1 = first[pos1];
        int value2 = second[pos2];

        if (value1 < value2)
        {
            result[idx] = value1;

            idx++;
            pos1++;
        }
        else
        {
            result[idx] = value2;

            idx++;
            pos2++;
        }
    }

    // Sammle die verbliebenen Elemente auf
    while (pos1 < length1)
    {
        result[idx] = first[pos1];

        idx++;
        pos1++;
    }

    while (pos2 < length2)
    {
        result[idx] = second[pos2];

        idx++;
        pos2++;
    }

    return result;
}
```

Mini-Optimierung Wie man recht deutlich sieht, unterscheidet sich der Sourcecode zum Hinzufügen des Rests aus Array 1 und Array 2 zum Ergebnis kaum. Es bietet sich an, diese Funktionalität in folgende Hilfsmethode auszulagern:

```
static void addRemaining(final int[] values, final int[] result,
                         int pos, int idx)
{
    while (pos < values.length)
    {
        result[idx] = values[pos];

        idx++;
        pos++;
    }
}
```

Dadurch vereinfacht sich das Aufsammeln der Elemente wie folgt:

```
// Sammle die verbliebenen Elemente auf
addRemaining(first, result, pos1, idx);
addRemaining(second, result, pos2, idx);
```

Das schöne daran ist, dass man nicht unterscheiden muss, ob man den Rest des einen oder anderen Arrays anhängen muss. Man ruft diese Hilfsmethode einfach für beide Arrays auf und es erfolgen dann automatisch die richtigen Aktionen.

Prüfung

Zum Überprüfen der Funktionalität nutzen wir wie gewöhnlich die Eingaben aus der Einführung:

```
@ParameterizedTest(name="{0} + {1} = {2}")
@MethodSource("createInputArraysAndExpected")
public void merge(int[] values1, int[] values2, int[] expected)
{
    int[] result = Ex12_MergeArrays.merge(values1, values2);

    assertArrayEquals(expected, result);
}

private static Stream<Arguments> createArraysAndExpected()
{
    int[] values1a = { 1, 4, 7, 12, 20 };
    int[] values1b = { 10, 15, 17, 33 };
    int[] result1 = { 1, 4, 7, 10, 12, 15, 17, 20, 33 };

    int[] values2a = { 2, 3, 5, 7 };
    int[] values2b = { 11, 13, 17 };
    int[] result2 = { 2, 3, 5, 7, 11, 13, 17 };

    int[] values3a = { 2, 3, 5, 22 };
    int[] values3b = { 7, 11, 13, 17 };
    int[] result3 = { 2, 3, 5, 7, 11, 13, 17, 22 };

    return Stream.of(Arguments.of(values1a, values1b, result1),
                     Arguments.of(values2a, values2b, result2),
                     Arguments.of(values3a, values3b, result3));
}
```

Hinweis: Kompaktheit vs. Verständlichkeit

Mir ist es beim Programmieren vor allem wichtig, kleine, möglichst verständliche und wiederverwendbare Bausteine zu entwickeln. Oftmals sind diese durch ihre Klarheit gut nachvollziehbar und somit sinkt die Wahrscheinlichkeit für Fehler. Besser noch: Meistens lassen sich diese Bausteine auch gut durch Unit Tests prüfen. Allerdings geht das Ganze teilweise zulasten einer kompakten Schreibweise. Diese ist aber für häufig genutzte Bibliotheken durchaus erstrebenswert, um Algorithmenanalysen zu erleichtern.

Betrachten wir jetzt einen kompakten Implementierungsstil:

```
public static int[] mergeCompact(final int[] first, final int[] second)
{
    final int[] result = new int[first.length + second.length];

    int idx1 = 0;
    int idx2 = 0;
    int destIdx = 0;

    while (idx1 < first.length && idx2 < second.length)
    {
        if (first[idx1] < second[idx2])
            result[destIdx++] = first[idx1++];
        else
            result[destIdx++] = second[idx2++];
    }

    while (idx1 < first.length)
        result[destIdx++] = first[idx1++];

    while (idx2 < second.length)
        result[destIdx++] = second[idx2++];

    return result;
}
```

Wow, das ist ziemlich kompakt. Allerdings muss man bei der Analyse schon ein wenig genauer hinschauen. Mit der Lösungsherleitung im Kopf ist das Ganze aber recht gut verständlich. Allerdings erschweren die in den Zuweisungen »versteckten« Postinkrements das Nachvollziehen. Generell ist das für Business-Methoden eher unschön, für Algorithmen jedoch durchaus tolerabel. Während Unit Tests nahezu immer empfehlenswert sind, gilt dies bei derartigen Implementierungen umso mehr. Dadurch sollten sich Flüchtigkeitsfehler gut entdecken lassen.

5.3.12 Lösung 12: Array Min und Max (★★☆☆☆)

Lösung 12a: Min und Max (★☆☆☆☆)

Schreiben Sie zwei Methoden `int findMin(int[])` und `int findMax(int[])`, die das Minimum bzw. Maximum aus einem gegebenen, nicht leeren Array mithilfe einer selbst implementierten Suche ermitteln – damit fallen `Math.min()`, `Arrays.sort()` und `Arrays.stream().min()` usw. aus :-)

Beispiele

Eingabe	Minimum	Maximum
[2, 3, 4, 5, 6, 7, 8, 9, 1, 10]	1	10

Algorithmus Durchlaufe das Array vom Start. In beiden Fällen nimmt man an, dass das erste Element das Minimum bzw. Maximum ist. Danach durchläuft man das Array und beim Auffinden eines kleineren bzw. größeren Elements wird das Minimum bzw. Maximum neu zugewiesen:

```
public static int findMin(final int[] values)
{
    if (values.length == 0)
        throw new IllegalArgumentException("values must not be empty");

    int min = values[0];
    for (int i = 1; i < values.length; i++)
    {
        if (values[i] < min)
            min = values[i];
    }
    return min;
}

public static int findMax(final int[] values)
{
    if (values.length == 0)
        throw new IllegalArgumentException("values must not be empty");

    int max = values[0];
    for (int i = 1; i < values.length; i++)
    {
        if (values[i] > max)
            max = values[i];
    }
    return max;
}
```

Durch die Randbedingung eines nicht leeren Ausgangsarrays können wir immer mit dem ersten Element als Minimum bzw. Maximum starten.

Lösung 12b: Min und Max Pos (★★☆☆☆)

Implementieren Sie zwei Hilfsmethoden `int findMinPos(int[], int, int)` und `int findMaxPos(int[], int, int)`, die für ein gegebenes, nicht leeres Array sowie einen Indexbereich in Form der linken und rechten Grenze die Position des Minimums bzw. Maximums suchen und zurückliefern. Bei mehreren gleichen Werten für Minimum oder Maximum soll jeweils das erste Auftreten zurückgegeben werden.

Schreiben Sie zur Ermittlung von Minimum bzw. Maximum zwei Methoden `int findMinByPos(int[], int, int)` und `int findMaxByPos(int[], int, int)`, die die Hilfsmethoden nutzen.

Beispiele

Methode	Eingabe	Bereich	Resultat	Position
findMinXyz()	[5, 3, 4, 2, 6, 7, 8, 9, 1, 10]	0, 10	1	8
findMinXyz()	[5, 3, 4, 2, 6, 7, 8, 9, 1, 10]	0, 7	2	3
findMinXyz()	[5, 3, 4, 2, 6, 7, 8, 9, 1, 10]	2, 7	2	3
findMaxXyz()	[1, 22, 3, 4, 5, 10, 7, 8, 9, 49]	0, 10	49	9
findMaxXyz()	[1, 22, 3, 4, 5, 10, 7, 8, 9, 49]	0, 7	22	1
findMaxXyz()	[1, 22, 3, 4, 5, 10, 7, 8, 9, 49]	2, 7	10	5

Algorithmus Auf Basis der ermittelten Position des Minimums bzw. des Maximums ist die korrespondierende Rückgabe des entsprechenden Elements trivial zu implementieren:

```
public static int findMinByPos(final int[] values, int start, int end)
{
    final int minPos = findMinPos(values, start, end);

    return values[minPos];
}

public static int findMaxByPos(int[] values, int start, int end)
{
    int maxPos = findMaxPos(values, start, end);

    return values[maxPos];
}
```

Zur Komplettierung fehlt noch das Ermitteln der Position von Minimum bzw. Maximum. Dazu gehen wir folgendermaßen vor: Um die jeweilige Position von Minimum und Maximum zu finden, durchlaufen wir alle Elemente, vergleichen mit dem gerade aktuellen Wert für Minimum bzw. Maximum und aktualisieren die Position, sofern der Wert kleiner oder größer ist:

```
static int findMinPos(final int[] values, final int startPos, final int endPos)
{
    int minPos = startPos;
    for (int i = startPos + 1; i < endPos; i++)
    {
        if (values[i] < values[minPos])
            minPos = i;
    }
    return minPos;
}

static int findMaxPos(final int[] values, final int startPos, final int endPos)
{
    int maxPos = startPos;
    for (int i = startPos + 1; i < endPos; i++)
    {
        if (values[i] > values[maxPos])
            maxPos = i;
    }
    return maxPos;
}
```

Prüfung

Die Funktionalität prüfen wir wie gewöhnlich mit den Eingaben aus der Einführung:

```
@Test
void findMinAndMax()
{
    final int[] values = { 2, 3, 4, 5, 6, 7, 8, 9, 1, 10 };

    assertAll(() -> assertEquals(1, Ex12_ArraysMinMax.findMin(values)),
              () -> assertEquals(10, Ex12_ArraysMinMax.findMax(values)));
}

@ParameterizedTest(name = "findMinPos([5, 3, 4, 2, 6, 7, 8, 9, 1, 10], " +
                         "{0}, {1}) => {1}")
@CsvSource({ "0, 10, 8, 1", "2, 7, 3, 2", "0, 7, 3, 2" })
void findMinxPos(int lower, int upper, int expectedPos, int expectedValue)
{
    final int[] values = { 5, 3, 4, 2, 6, 7, 8, 9, 1, 10 };

    int resultPos = Ex12_ArraysMinMax.findMinPos(values, lower, upper);

    assertEquals(expectedPos, resultPos);
    assertEquals(expectedValue, values[resultPos]);
}

@ParameterizedTest(name = "findMaxPos([1, 22, 3, 4, 5, 10, 7, 8, 9, 49], " +
                         "{0}, {1}) => {1}")
@CsvSource({ "0, 10, 9, 49", "2, 7, 5, 10", "0, 7, 1, 22" })
void findMaxPos(int lower, int upper, int expectedPos, int expectedValue)
{
    final int[] values = { 1, 22, 3, 4, 5, 10, 7, 8, 9, 49 };

    int resultPos = Ex12_ArraysMinMax.findMaxPos(values, lower, upper);

    assertEquals(expectedPos, resultPos);
    assertEquals(expectedValue, values[resultPos]);
}
```

5.3.13 Lösung 13: Array Split (★★★☆☆)

Gegeben sei ein Array mit beliebigen Ganzzahlen. Als Ergebnis soll das Array neu geordnet werden, sodass alle Werte kleiner als ein spezieller Referenzwert links und alle Werte größer oder gleich dem Referenzwert rechts davon angeordnet werden. Die Reihenfolge innerhalb der Teilbereiche ist irrelevant und darf variieren.

Beispiele

Eingabe	Referenzelement	Resultatbeispiel
[4, 7, 1, 20]	9	[1, 4, 7, **9**, 20]
[3, 5, 2]	7	[2, 3, 5, **7**]
[2, 14, 10, 1, 11, 12, 3, 4]	7	[2, 1, 3, 4, **7**, 14, 10, 11, 12]
[3, 5, 7, 1, 11, 13, 17, 19]	11	[1, 3, 5, 7, **11**, 11, 13, 17, 19]

Lösung 13a: Array Split (★★☆☆☆)

Schreiben Sie eine Methode `int[] arraySplit(int[], int)`, um die Funktionalität zu realisieren. Dabei dürfen neue Datenstrukturen, etwa Listen, erzeugt werden.

Algorithmus Um ein Array bezogen auf ein Referenzelement in zwei Hälften mit Werten kleiner als bzw. größer oder gleich dem Referenzwert zu unterteilen, definiert man zwei Ergebnislisten `lesser` und `biggerOrEqual`. Im Anschluss durchläuft man das Array und befüllt pro Element jeweils eine der zwei Listen, je nach Ausgang des Vergleichs des aktuellen Elements mit dem Referenzelement. Zum Abschluss muss man nur noch die Listen und das Referenzelement geeignet zu einer Ergebnisliste kombinieren und in ein `int[]` konvertieren:

```
static int[] arraySplit(final int[] values, final int referenceElement)
{
    final List<Integer> lesser = new ArrayList<>();
    final List<Integer> biggerOrEqual = new ArrayList<>();

    for (int i = 0; i < values.length; i++)
    {
        final int current = values[i];
        if (current < referenceElement)
            lesser.add(current);
        else
            biggerOrEqual.add(current);
    }

    final List<Integer> result = new ArrayList<>();
    result.addAll(lesser);
    result.add(referenceElement);
    result.addAll(biggerOrEqual);

    return result.stream().mapToInt(i -> i).toArray();
}
```

Lösung 13b: Array Split Inplace (★★★☆☆)

Schreiben Sie eine Methode `int[] arraySplitInplace(int[], int)`, die die beschriebene Funktionalität innerhalb des Ausgangsarrays, also inplace, umsetzt. Dabei ist es explizit nicht gewünscht, neue Datenstrukturen zu erzeugen. Um dann das Referenzelement in das Ergebnis aufnehmen zu können, ist einmalig das Erzeugen eines Arrays erlaubt. Weil dieses zurückgegeben werden muss, ist ausnahmsweise auch die Rückgabe eines Werts für eine »inplace«-Methode gestattet – sie operiert hier eben nur teilweise inplace.

Algorithmus Nachdem wir mit der einfacheren Variante begonnen haben und dies unser Verständnis für die Abläufe verbessert hat, wagen wir uns an die Inplace-Version. Hierbei können wir keine Hilfsdatenstrukturen nutzen, sondern realisieren die Logik durch ggf. mehrfaches Vertauschen von Elementen. Zwei Positionsmarker zeigen uns jeweils an, welche Elemente getauscht werden sollen. Dabei wird der erste Positionsmarker so lange erhöht, wie wir ausgehend vom Anfang kleinere Werte als das Referenzelement finden. Ebenso verfahren wir mit dem Positionsmarker für den oberen Teil: Solange die Werte größer als das Referenzelement sind, verringern wir die Position. Schließlich tauschen wir die beiden Werte an den gefundenen Indexpositionen, allerdings nur, falls sich die Positionsmarker noch nicht überkreuzt haben. In dem Fall haben wir keine weiteren unpassenden Elemente mehr gefunden. Als Letztes muss dann basierend auf dem neu angeordneten Array eine Integration des Referenzelements an korrekter Stelle erfolgen:

```
static int[] arraySplitInplace(final int[] values, final int referenceElement)
{
    int low = 0;
    int high = values.length - 1;

    while (low < high)
    {
        while (low < high && values[low] < referenceElement)
            low++;

        while (high > low && values[high] >= referenceElement)
            high--;

        if (low < high)
            swap(values, low, high);
    }

    return integrateReferenceElement(values, high, referenceElement);
}
```

Zur Integration des Referenzelements schreiben wir eine Methode `int[] integrateReferenceElement(int[], int, int)`. Dort müssen wir zunächst ein um ein Element größeres Array erzeugen. Dieses wird so lange aus dem Originalarray befüllt, wie die übergebene Position noch nicht erreicht ist. An der Position selbst wird das Referenzelement eingefügt und danach werden ggf. noch verbliebene Werte aus dem Originalarray kopiert. Das ergibt folgende Implementierung:

```
static int[] integrateReferenceElement(final int[] values,
                                       final int pos, final int referenceElement
                                             )
{
    final int[] result = new int[values.length + 1];

    // kopiere unteren Teil rein
    for (int i = 0; i < pos; i++)
        result[i] = values[i];

    // Referenzelement
    result[pos] = referenceElement;

    // Nachfolgeelement, sofern vorhanden
    for (int i = pos + 1; i < values.length + 1; i++)
        result[i] = values[i - 1];

    return result;
}
```

Lösung 13c: Array Split Quick Sort Partition (★★★☆☆)

Für das Sortieren gemäß Quick Sort benötigt man eine Partitionierungsfunktionalität ähnlich zu der gerade entwickelten. Allerdings wird hier oftmals als Referenzelement das vorderste Element des Arrays verwendet.

Erstellen Sie auf Basis der beiden zuvor entwickelten Implementierungen mit expliziter Angabe eines Referenzelements entsprechende Varianten in Form der Methoden `int[] arraySplit(int[])` und `int[] arraySplitInplace(int[])`.

Beispiele

Eingabe	Referenzelement	Resultatbeispiel
[**9**, 4, 7, 1, 20]	9	[1, 4, 7, **9**, 20]
[**7**, 3, 5, 2]	7	[2, 3, 5, **7**]
[**7**, 2, 14, 10, 1, 11, 12, 3, 4]	7	[2, 1, 3, 4, **7**, 14, 10, 11, 12]
[**11**, 3, 5, 7, 1, 11, 13, 17, 19]	11	[1, 3, 5, 7, **11**, 11, 13, 17, 19]

Algorithmus 1 Als Abwandlung muss bei der Implementierung mit zwei Ergebnislisten lediglich darauf geachtet werden, dass an Position 0 das Referenzelement gespeichert ist und dadurch die Verarbeitung an Index 1 beginnt:

```
static int[] arraySplit(final int[] values)
{
    final List<Integer> lesser = new ArrayList<>();
    final List<Integer> biggerOrEqual = new ArrayList<>();

    final int referenceValue = values[0];
    for (int i = 1; i < values.length; i++)
    {
        final int current = values[i];
        if (current < referenceValue)
            lesser.add(current);
        else
            biggerOrEqual.add(current);
    }

    final List<Integer> result = new ArrayList<>();
    result.addAll(lesser);
    result.add(referenceValue);
    result.addAll(biggerOrEqual);

    return result.stream().mapToInt(i -> i).toArray();
}
```

Algorithmus 2 Auch die Inplace-Variante arbeitet wie zuvor mit zwei Positionsmarkern sowie dem ggf. auch mehrfachem Vertauschen von Elementen. Das wiederholt sich, solange sich die Positionsmarker noch nicht überkreuzt haben. In dem Fall haben wir keine weiteren unpassenden Elemente mehr gefunden. Als Letztes muss dann nur noch das Referenzelement von seiner Position 0 zum Überkreuzungspunkt, also der passenden Position, bewegt werden:

```
static void arraySplitInplace(final int[] values)
{
    final int referenceValue = values[0];

    int low = 1;
    int high = values.length - 1;

    while (low < high)
    {
        while (values[low] < referenceValue && low < high)
            low++;

        while (values[high] >= referenceValue && high >= low)
            high--;

        if (low < high)
            swap(values, low, high);
    }
    // wichtig für 1,2 => dann wäre 1 Pivot, nicht tauschen!
    if (referenceValue > values[high])
        swap(values, 0, high);
}
```

Ein wenig stört noch der letzte Spezialfall. Mitunter sind Spezialbehandlungen ein Hinweis, dass man es noch besser machen kann. Tatsächlich ist das wie folgt möglich:

```
static void arraySplitInplaceShorter(final int[] values)
{
    final int referenceValue = values[0];

    int left = 0;
    int right = values.length - 1;

    while (left < right)
    {
        while (values[left] < referenceValue && left < right)
            left++;
        while (values[right] > referenceValue && right > left)
            right--;

        swap(values, left, right);
    }
}
```

Der Unterschied besteht vor allem darin, dass der rechte Positionsmarker nur im Falle von echt größer und nicht bei größer gleich bewegt wird.

Prüfung

Die Funktionalität prüfen wir wie gewöhnlich mit den Eingaben aus der Einführung:

```
jshell> int[] values = {2, 14, 10, 1, 11, 12, 3, 4}

jshell> arraySplit(values, 7)
$56 ==> int[9] { 2, 1, 3, 4, 7, 14, 10, 11, 12 }

jshell> arraySplitInplace(values, 7)
$60 ==> int[9] { 2, 4, 3, 1, 7, 11, 12, 10, 14 }
```

Betrachten wir noch die Quicksort-Varianten in Aktion:

```
jshell> int[] values2 = {7, 2, 14, 10, 1, 11, 3, 12, 4}

jshell> arraySplit(values2)
$68 ==> int[9] { 2, 1, 3, 4, 7, 14, 10, 11, 12 }

jshell> arraySplitInplace(values2)

jshell> values2
values2 ==> int[9] { 1, 2, 4, 3, 7, 11, 10, 12, 14 }

jshell> int[] values3 = {7, 2, 14, 10, 1, 11, 3, 12, 4}

jshell> arraySplitInplaceShorter(values3)
```

Aufgrund der leicht anderen Algorithmik verbleiben die Elemente in der ersten Variante in der Reihenfolge, wie sie in dem Originalarray auftreten. Die Inplace-Varianten vertauschen Elemente und somit kommt es zu einer Durchwürfelung, aber immer noch finden sich alle kleineren Werte links vom Referenzelement und alle größeren zu dessen rechter Seite.

5.3.14 Lösung 14: Minesweeper Board (★★★☆☆)

Vermutlich haben Sie auch schon einmal Minesweeper gespielt. Kurz zur Erinnerung: Das ist ein nettes kleines Ratespiel mit etwas Knobelanteil. Um was geht es? Auf einem Spielfeld werden Bomben verdeckt platziert. Der Spieler kann nun beliebige Felder des Spielfelds wählen. Wird ein Feld aufgedeckt, dann zeigt es eine Ziffer. Diese gibt an, wie viele Bomben in den Nachbarfeldern versteckt sind. Hat man jedoch Pech, so trifft man auf ein Bombenfeld und das Spiel ist verloren. In dieser Aufgabe geht es darum, ein solches Spielfeld zu initialisieren und für ein anschließendes Spiel vorzubereiten.

Lösung 14a (★★☆☆☆)

Schreiben Sie eine Methode `boolean[][] placeBombsRandomly(int, int, double)`, die ein über die ersten zwei Parameter in der Größe festgelegtes Spielfeld als `boolean[][]` erzeugt, zufällig mit »Bomben« füllt und dabei die als `double` übergebene Wahrscheinlichkeit von 0,0 bis 1,0 beachtet.

Beispiel Nachfolgend ist ein Spielfeld der Größe 16 x 7 gezeigt, wobei die Bomben zufällig platziert sind. Bomben werden durch '*' und Leerräume mit '.' dargestellt:

```
* * * . * * . * . * * . * . . .
. * * . * . . * . * * . . . . .
. . * . . . . . . . . . * * * *
. . . * . * * . * * . * * . . .
* * . . . . * . * . . * . . . *
. . * . . * . * * . . * . * * *
. * . * * . * . * * * . . * * .
```

Algorithmus Der Algorithmus zum Platzieren von zufällig verteilten Bomben in einem Spielfeld arbeitet wie folgt: Für jede Position wird über eine mit `Math.random()` erzeugte Zufallszahl und eine gegebene Wahrscheinlichkeit bestimmt, ob eine Bombe im Feld platziert werden soll. Als Ergebnis wird ein passendes `boolean[][]` erzeugt – hier findet sich die Besonderheit, nämlich das in alle Richtungen um jeweils eine Position erweiterte Spielfeld, wie es im nachfolgenden Praxistipp thematisiert wird.

```java
static boolean[][] placeBombsRandomly(final int width, final int height,
                                      final double probability)
{
    final boolean[][] bombs = new boolean[height + 2][width + 2];

    for (int i = 1; i < bombs.length - 1; i++)
    {
        for (int j = 1; j < bombs[0].length - 1; j++)
        {
            bombs[i][j] = (Math.random() < probability);
        }
    }
    return bombs;
}
```

Hinweis: Spielfeld mit Rand

Für viele zweidimensionale Algorithmen muss man an den Rändern spezielle Prüfungen ausführen. In einigen Fällen ist es hilfreich, einen Rand von einer Position um das eigentliche Spielfeld zu legen. Dadurch lassen sich insbesondere Berechnungen mit Nachbarfeldern in allen Himmelsrichtungen vereinfachen, wie hier mit den Bomben. Dann muss den Randfeldern aber ein neutraler Wert zugewiesen werden. Hier ist dies einfach der Wert 0. Manchmal kann man bei `char`-basierten Spielfeldern aber auch spezielle Zeichen wie `#` nutzen.

Einige Berechnungen werden durch dieses künstliche Randfeld leichter. Allerdings muss man dann beachten, dass die Grenzen von 1 bis `length - 1` gehen – ein zusätzlicher Stolperstein zu den tückischen Off-by-one-Fehlern, die man »gerne« bei Arrays macht.

Prüfung

Auf ein explizites Testen und Ausprobieren verzichten wir hier, da zum einen mit Zufallszahlen gearbeitet wird und sich dafür ein Unit Test nicht direkt anbietet. Zum anderen ist der Algorithmus ziemlich einfach und die Funktionalität wird später indirekt geprüft.

Lösung 14b (★★★☆☆)

Schreiben Sie eine Methode `int[][] calcBombCount(boolean[][])`, die basierend auf den als `boolean[][]` übergebenen Bombenfeldern die Anzahl benachbarter Felder mit Bomben ermittelt und ein korrespondierendes Array zurückgibt.

Beispiele Eine Berechnung für Spielfelder der Größe 3 x 3 sowie der Größe 5 x 5 inklusive zufällig verteilter Bomben ergibt z. B. folgende Spielfelder:

```
* . .           B 2 1          . * * . .          2 B B 3 1
. . *     =>    1 3 B          * . * * .          B 6 B B 1
. . *           0 2 B          * * . . .    =>    B B 4 3 2
                               * . . * .          B 6 4 B 1
                               * * * . .          B B B 2 1
```

Algorithmus Zum Berechnen der Anzahl an Nachbarfeldern mit Bomben betrachtet man wieder jedes Feld nacheinander. Dabei profitieren wir von dem speziellen Rand, sodass wir keine Bereichsprüfungen und Spezialbehandlungen vornehmen müssen. Zunächst initialisieren wir ein `int[][]` passender Größe mit dem Wert 0 als Annahme, es gäbe keine Bomben in der Nachbarschaft. Stellt ein Feld eine Bombe dar, so nutzen wir den Wert 9 als Indikator. Enthält es keine, so müssen wir alle acht Nachbarfelder prüfen, ob diese eine Bombe beheimaten. In dem Fall wird der Zähler jeweils um eins erhöht.

Dabei erleichtert die Verwendung der bereits bekannten Aufzählung für die Himmelsrichtungen sowie deren Delta-Werte in x- und y-Richtung die Positionsberechnung:

```
static int[][] calcBombCount(final boolean[][] bombs)
{
    final int[][] bombCount = new int[bombs.length][bombs[0].length];

    for (int y = 1; y < bombs.length - 1; y++)
    {
        for (int x = 1; x < bombs[0].length - 1; x++)
        {
            if (!bombs[y][x])
            {
                for (final Direction currentDir : Direction.values())
                {
                    if (bombs[y + currentDir.dy][x + currentDir.dx])
                        bombCount[y][x]++;
                }
            }
            else
                bombCount[y][x] = 9;
        }
    }
    return bombCount;
}
```

Zum besseren Nachvollziehen ist hier nochmal die `enum`-Aufzählung `Direction` gezeigt:

```
enum Direction
{
    N(0, -1), NE(1, -1), E(1, 0), SE(1, 1), S(0, 1), SW(-1, 1), W(-1, 0), NW(-1,
          -1);

    int dx;

    int dy;

    private Direction(int dx, int dy)
    {
        this.dx = dx;
        this.dy = dy;
    }
}
```

Prüfung

Zum Prüfen der Implementierung nutzen wir die 3 x 3-Verteilung – müssen aber die Randfelder entsprechend bedenken. Allerdings basiert alles auf einem `boolean[][]`. Praktischer wäre es, auf grafischen Repräsentationen zu arbeiten und diese passend konvertieren zu lassen? Betrachten wir dies als Unit Test:

```
@ParameterizedTest
@MethodSource("createBombArrayAndExpected")
public void calcBombCount(boolean[][] bombs, int[][] expected)
{
    int[][] result = Ex14_Minesweeper.calcBombCount(bombs);

    assertArrayEquals(expected, result);
}

private static Stream<Arguments> createBombArrayAndExpected()
{
    String[] bombs1 = { "*..",
                        "..*",
                        "..*" };

    String[] result1 = { "B21",
                         "13B",
                         "02B" };

    String[] bombs2 = { ".**..",
                        "*.**.",
                        "**...",
                        "*..*.",
                        "***.."};

    String[] result2 = { "2BB31",
                         "B6BB1",
                         "BB432",
                         "B64B1",
                         "BBB21"};

    return Stream.of(Arguments.of(toBoolArray(bombs1), toIntArray(result1)),
                     Arguments.of(toBoolArray(bombs2), toIntArray(result2)));
}

// Verstecken der Randfeld-Logik und der Konvertierung
static boolean[][] toBoolArray(final String[] bombs)
{
    final int width = bombs[0].length();
    final int height = bombs.length;
    final boolean[][] result = new boolean[height + 2][width + 2];

    for (int y = 0; y < height; y++)
    {
        for (int x = 0; x < width; x ++)
        {
            if (bombs[y].charAt(x) == '*')
                result[y + 1][x + 1] = true;
        }
    }
    return result;
}
```

Die Hilfsmethode `toIntArray()` sieht folgendermaßen aus:

```
static int[][] toIntArray(final String[] values)
{
    final int width = values[0].length();
    final int height = values.length;
    final int[][] result = new int[height + 2][width + 2];

    for (int y = 0; y < height; y++)
    {
        for (int x = 0; x < width; x ++)
        {
            final char currentChar = values[y].charAt(x);
            if (currentChar == 'B')
                result[y + 1][x + 1] = 9;
            else
                result[y + 1][x + 1] = Character.getNumericValue(currentChar);
        }
    }
    return result;
}
```

Betrachten wir nochmal die Hilfsmethoden: Zunächst haben wir eine textuelle Darstellung der Verteilung der Bomben, die mit `toBoolArray()` in die von der Funktionalität benötigte Array-Datenstruktur umgewandelt wird. Dabei muss man sich nicht um die Generierung der Randfelder kümmern. Die Hilfsmethode `toIntArray()` geht noch einen Schritt weiter und konvertiert die textuell vorliegenden Ziffern in die entsprechenden `int`-Werte und berücksichtigt die Repräsentation von Bomben als 'B' speziell.

Tipp: Lesbarkeit und Verständlichkeit beim Testen

Durch diese beiden Hilfsmethoden lässt sich das Erstellen der Testfälle einfach und verständlich halten. Dadurch ist die Wahrscheinlichkeit höher, dass die Tests auch noch erweitert werden. Ist dagegen das Formulieren von Unit Tests eher mühsam oder gar schwierig, so wird sich kaum jemand die Mühe machen, diese zu erweitern.

Lösung 14c (★★☆☆☆)

Schreiben Sie eine Methode `void printBoard(boolean[][], char, int[][])`, die ein Spielfeld als Punkte und Sterne sowie als Nummern und 'B' darstellen kann.

Beispiel Nachfolgend ist obiges Spielfeld der Größe 16 x 7 mit allen berechneten Werten für Bombennachbarn gezeigt:

```
B B B 4 B B 3 B 4 B B 3 B 1 0 0
3 B B 5 B 3 3 B 4 B B 4 3 4 3 2
1 3 B 4 3 3 3 3 4 4 4 4 B B B B
2 3 3 B 2 B B 4 B B 3 B B 4 4 3
B B 3 2 3 4 B 6 B 4 4 B 5 3 4 B
3 4 B 3 3 B 4 B B 5 4 B 4 B B B
1 B 3 B B 3 B 4 B B B 2 3 B B 3
```

Algorithmus Zur Darstellung nutzen wir wieder eine positionsbasierte Verarbeitung. Da wir in dieser Methode sowohl eine Ausgabe auf Basis eines `boolean[][]` als auch – sofern übergeben – die Werte der Anzahl an Bombennachbarn realisieren wollen, sind neben den für die x- und y-Richtung verschachtelten Schleifen ein paar Fallunterscheidungen vorzusehen:

```
static void printBoard(final boolean[][] bombs,
                       final char bombSymbol,
                       final int[][] solution)
{
    for (int y = 1; y < bombs.length - 1; y++)
    {
        for (int x = 1; x < bombs[0].length - 1; x++)
        {
            if (bombs[y][x])
                System.out.print(bombSymbol + " ");
            else if (solution != null && solution.length != 0)
                System.out.print(solution[y][x] + " ");
            else
                System.out.print(". ");
        }
        System.out.println();
    }
    System.out.println();
}
```

Prüfung

Kombinieren wir einmal unsere drei Methoden, um die Funktionalität in ihrer Gesamtheit zu erleben:

```
jshell> var bombs = placeBombsRandomly(16, 7, 0.4)

jshell>  printBoard(bombs, '*', new int[0][0])
* * * . * * . * . * * . * . . .
. * * . * . . * . * * . . . . .
. . * . . . . . . . . . * * * *
. . . * . * * . * * . * * . . .
* * . . . . * . * . . * . . . *
. . * . . * . * * . . * . * * *
. * . * * . * . * * * . . * * .

jshell> int[][] solution = calcBombCount(bombs)

jshell> printBoard(bombs, 'B', solution)
B B B 4 B B 3 B 4 B B 3 B 1 0 0
3 B B 5 B 3 3 B 4 B B 4 3 4 3 2
1 3 B 4 3 3 3 3 4 4 4 4 B B B B
2 3 3 B 2 B B 4 B B 3 B B 4 4 3
B B 3 2 3 4 B 6 B 4 4 B 5 3 4 B
3 4 B 3 3 B 4 B B 5 4 B 4 B B B
1 B 3 B B 3 B 4 B B B 2 3 B B 3
```

6 Datumsverarbeitung

Mit Java 8 wurde das JDK um einige Funktionalitäten zur Datumsverarbeitung erweitert. Dabei gibt es zum einen die für Menschen eher unintuitive Maschinenzeit, die linear voranschreitet und für die durch die Klasse `java.time.Instant` ein spezieller Zeitpunkt repräsentiert wird. Zum anderen existieren diverse Klassen, die besser zu menschlichen Denkweisen passen. Beispielsweise repräsentieren die Klassen `LocalDate`, `LocalTime` und `LocalDateTime` aus dem Package `java.time` Datumswerte ohne Zeitzonen in Form eines Datums, einer Zeit sowie eine Kombination daraus.

6.1 Einführung

Nachfolgend möchte ich einige Aufzählungen, Klassen und Interfaces aus verschiedenen Packages unter `java.time` vorstellen, bevor es dann zu den Übungsaufgaben geht.

6.1.1 Die Aufzählungen `DayOfWeek` und `Month`

Der Einsatz der Aufzählungen `java.time.DayOfWeek` und `java.time.Month` sorgt für gute Lesbarkeit und vermeidet Fehler, weil man typsichere Konstanten anstelle von Magic Numbers verwenden kann. Darüber hinaus sind Berechnungen mit den Aufzählungstypen möglich. Nachfolgend demonstriere ich dies, indem ich durch Aufruf von `plus()` zu einem Sonntag 5 Tage hinzuaddiere und zum Februar 13 Monate:

```
public static void main(final String[] args)
{
    final DayOfWeek sunday = DayOfWeek.SUNDAY;
    final Month february = Month.FEBRUARY;

    System.out.println(sunday.plus(5));
    System.out.println(february.plus(13));
}
```

Listing 6.1 *Ausführbar als* **'MONTHANDDAYOFWEEKEXAMPLE'**

Wie erwartet, landet man an einem Freitag bzw. im März, wenn man das Progamm MONTHANDDAYOFWEEKEXAMPLE ausführt:

```
FRIDAY
MARCH
```

6.1.2 Die Klassen `LocalDate`, `LocalTime` und `LocalDateTime`

Wie eingangs erwähnt, hat die Darstellung von Zeitangaben in Millisekunden, die zwar hilfreich für die Verarbeitung mit Computern ist, nur sehr wenig mit der menschlichen Denkweise und der Orientierung im Zeitsystem zu tun. Menschen denken bevorzugt in Zeitabschnitten oder wiederkehrenden Datumsangaben, etwa 24.12. für Heiligabend, 31.12. für Silvester usw., also Datumsangaben ohne Uhrzeit und Jahr. Manchmal benötigt man »unvollständige Zeitangaben«, wie Uhrzeiten ohne Bezug zu einem Datum, etwa 18:00 Uhr Feierabend, oder als Kombination: dienstags und donnerstags 19 Uhr Karate-Training.[1] Ähnliches mit dem vor Java 8 existierenden API auszudrücken, war recht schwierig. Schauen wir uns nun die Möglichkeiten seit JDK 8 an.

Die Klasse `LocalDate` repräsentiert eine Datumangabe, bestehend rein aus Jahr, Monat und Tag ohne Zeitinformationen. Mit der Klasse `LocalTime` wird eine Zeitangabe ohne Datumsangabe modelliert, z. B. 18:00 Uhr. Die Klasse `LocalDateTime` ist eine Kombination aus beiden. Folgendes Programm zeigt die Klassen im Einsatz und wie einfach und sprechend sich damit Datumsarithmetik realisieren lässt. Abschließend sehen wir noch die Abfrage eines Wochentags sowie die des Tags im Monat und im Jahr, die jeweils sprechende Methodennamen besitzen:

```
public static void main(final String[] args)
{
    final LocalDate michasBirthday = LocalDate.of(1971, Month.FEBRUARY, 7);
    final LocalDate barbarasBirthday = michasBirthday.plusYears(2).
                                                     plusMonths(1).
                                                     plusDays(17);
    final LocalDate lastDayInFebruary = michasBirthday.with(TemporalAdjusters.
                                                           lastDayOfMonth());

    System.out.println("michasBirthday:     " + michasBirthday);
    System.out.println("barbarasBirthday:   " + barbarasBirthday);
    System.out.println("lastDayInFebruary: " + lastDayInFebruary);

    final LocalTime atTen = LocalTime.of(10,00,00);
    final LocalTime tenFifteen = atTen.plusMinutes(15);
    final LocalTime breakfastTime = tenFifteen.minusHours(2);

    System.out.println("\natTen:              " + atTen);
    System.out.println("tenFifteen:         " + tenFifteen);
    System.out.println("breakfastTime:      " + breakfastTime);

    System.out.println("\nDay Of Week:  " + michasBirthday.getDayOfWeek());
    System.out.println("Day Of Month: " + michasBirthday.getDayOfMonth());
    System.out.println("Day Of Year:  " + michasBirthday.getDayOfYear());
}
```

Listing 6.2 Ausführbar als 'LOCALDATEANDTIMEEXAMPLE'

Im Listing sehen wir verschiedene Berechnungen mithilfe von `plusXyz()`- sowie `minusXyz()`-Methoden. Darüber hinaus haben wir die Utility-Klasse `Temporal-`

[1] Insbesondere interessiert uns dabei in der Regel nicht die Zeitzone, in der die Termine stattfinden – mit Ausnahme von Telefonterminen etwa mit Geschäftspartnern in Übersee.

`Adjusters` genutzt, in der unterschiedlichste Hilfsmethoden definiert sind. Dies ist etwa die Methode `lastDayOfMonth()` zur Ermittlung des letzten Tags im Monat, hier um den letzten Tag des Monats Februar im Jahr 1971 zu bestimmen.

Führt man das Programm LOCALDATEANDTIMEEXAMPLE aus, so erhält man folgende Ausgaben:

```
michasBirthday:     1971-02-07
barbarasBirthday:   1973-03-24
lastDayInFebruary:  1971-02-28

atTen:              10:00
tenFifteen:         10:15
breakfastTime:      08:15

Day Of Week:  SUNDAY
Day Of Month: 7
Day Of Year:  38
```

Erweiterungen in der Klasse `LocalDate` mit Java 9

Die Klasse `LocalDate` besitzt seit JDK 9 eine überladene Methode `datesUntil()`. Diese erzeugt einen `Stream<LocalDate>` zwischen zwei `LocalDate`-Instanzen und erlaubt es, optional eine Schrittweite vorzugeben.

Im nachfolgenden Beispiel verwenden wir den Geburtstag des Autors und den Heiligabend desselben Jahres zur Demonstration von Berechnungen mit der Methode `datesUntil()`:

```
public static void main(final String[] args)
{
    final LocalDate myBirthday = LocalDate.of(1971, Month.FEBRUARY, 7);
    final LocalDate christmas = LocalDate.of(1971, Month.DECEMBER, 24);

    System.out.println("Day-Stream");
    final Stream<LocalDate> daysUntil = myBirthday.datesUntil(christmas);
    daysUntil.skip(150).limit(4).forEach(System.out::println);

    System.out.println("\n3-Month-Stream");
    final Stream<LocalDate> monthsUntil =
                            myBirthday.datesUntil(christmas, Period.ofMonths(3));
    monthsUntil.limit(3).forEach(System.out::println);
}
```

Listing 6.3 *Ausführbar als* '**DATESUNTILEXAMPLE**'

Führen wir das Programm DATESUNTILEXAMPLE aus, so wird ausgehend vom 7. Februar zunächst 150 Tage in die Zukunft gesprungen, wodurch man am 7. Juli landet. Dann werden vier Werte eines Streams von Tagen ausgegeben:

```
Day-Stream
1971-07-07
1971-07-08
1971-07-09
1971-07-10
```

Zudem zeigen die zweiten Ausgaben die Vorgabe einer Schrittweite, hier drei Monate. Ausgehend vom 7. Februar werden zusätzlich zu diesem Datum noch zwei Daten in die Zukunft aufgelistet:

```
3-Month-Stream
1971-02-07
1971-05-07
1971-08-07
```

6.1.3 Die Klasse `ZonedDateTime`

Neben der Klasse `LocalDateTime` zur Repräsentation von Datum und Uhrzeit ohne Zeitzonenbezug existiert eine Klasse `java.time.ZonedDateTime`. Dieser ist eine Zeitzone zugeordnet und bei Berechnungen werden nicht nur die Zeitzone, sondern auch die Auswirkungen von Sommer- und Winterzeit berücksichtigt.

Im Listing sind verschiedene Beispiele für Berechnungen mit der Klasse `ZonedDateTime` gezeigt, im Speziellen auch ein Wechsel von Jahr, Monat und Tag in zwei Varianten sowie mit einer anderen Zeitzone:

```
public static void main(final String[] args)
{
    // Aktuelle Zeit als ZonedDateTime-Objekt ermitteln
    final ZonedDateTime someDay = ZonedDateTime.of(LocalDate.parse("2020-02-07"),
                                                   LocalTime.parse("17:30:15"),
                                                   ZoneId.of("Europe/Zurich"));

    // Die Uhrzeit ändern und in neuem Objekt speichern
    final ZonedDateTime someDayChangedTime = someDay.withHour(11).withMinute(44);

    // Neues Objekt mit komplett verändertem Datum erzeugen
    final ZonedDateTime dateAndTime = someDayChangedTime.withYear(2008).
                                                        withMonth(9).
                                                        withDayOfMonth(29);

    // Einsatz einer Monatskonstanten und wechseln der Zeitzone
    final ZonedDateTime dateAndTime2 = someDayChangedTime.withYear(2008).
                                       withMonth(Month.SEPTEMBER.getValue()).
                                       withDayOfMonth(29).
                                       withZoneSameInstant(ZoneId.of("GMT"));

    System.out.println("someDay:       " + someDay);
    System.out.println("-> 11:44:      " + someDayChangedTime);
    System.out.println("-> 29.9.2008: " + dateAndTime);
    System.out.println("-> 29.9.2008: " + dateAndTime2);
}
```

Listing 6.4 *Ausführbar als* '**ZONEDDATETIMEEXAMPLE**'

Führt man das Programm ZONEDDATETIMEEXAMPLE aus, so startet man zunächst im Jahr 2020, wechselt dann aber ins Jahr 2008. Dabei kommt es zu den nachfolgenden Ausgaben. Diese zeigen insbesondere den Einfluss von Sommer- und Winterzeit, wodurch im September 2008 die Abweichung von +02:00 angegeben wird. Worauf sich dies bezieht, erkennt man dann durch den Wechsel der Zeitzone auf GMT:

```
someDay:       2020-02-07T17:30:15+01:00[Europe/Zurich]
-> 11:44:      2020-02-07T11:44:15+01:00[Europe/Zurich]
-> 29.9.2008: 2008-09-29T11:44:15+02:00[Europe/Zurich]
-> 29.9.2008: 2008-09-29T09:44:15Z[GMT]
```

6.1.4 Die Klasse `ZoneId`

Nun wollen wir die Verarbeitung von Zeitzonen anhand eines Beispiels kennenlernen. Zunächst ermitteln wir basierend auf einigen textuellen Zeitzonenkennungen durch Aufruf von `ZoneId.of(String)` die zugehörige `ZoneId`-Instanz und konstruieren daraus jeweils ein `ZonedDateTime`-Objekt. Dann rufen wir `ZoneId.getAvailable-ZoneIds()` auf und erhalten so alle verfügbaren Zeitzonen. Mithilfe von Streams und den beiden Methoden `filter()` und `limit()` finden wir drei Kandidaten aus Europa. Das Ganze realisieren wir wie folgt:

```
public static void main(final String[] args)
{
    final Stream<String> zoneIdNames = Stream.of("Africa/Nairobi",
                                                 "Europe/Zurich",
                                                 "America/Los_Angeles");

    zoneIdNames.forEach(zoneIdName ->
    {
        final ZoneId zoneId = ZoneId.of(zoneIdName);
        var someDay = ZonedDateTime.of(LocalDate.parse("2020-04-05"),
                                       LocalTime.parse("17:30:15"),
                                       zoneId);

        System.out.println(zoneIdName + ": " + someDay);
    });

    final Set<String> allZones = ZoneId.getAvailableZoneIds();
    final Predicate<String> inEurope = name -> name.startsWith("Europe/");
    final List<String> threeFromEurope = allZones.stream().
                                         filter(inEurope).limit(3).
                                         collect(Collectors.toList());

    System.out.println("\nSome timezones in europe:");
    threeFromEurope.forEach(System.out::println);
}
```

Listing 6.5 *Ausführbar als* '**ZONEIDEXAMPLE**'

Das Programm ZONEIDEXAMPLE produziert folgende Ausgaben:

```
Africa/Nairobi: 2020-04-05T17:30:15+03:00[Africa/Nairobi]
Europe/Zurich: 2020-04-05T17:30:15+02:00[Europe/Zurich]
America/Los_Angeles: 2020-04-05T17:30:15-07:00[America/Los_Angeles]

Some timezones in europe:
Europe/London
Europe/Brussels
Europe/Warsaw
```

6.1.5 Die Klasse `Duration`

Die Klasse `java.time.Duration` erlaubt es, eine Zeitdauer in Nanosekunden festzulegen. Instanzen der Klasse `Duration` können durch Aufruf verschiedener Methoden konstruiert werden, z. B. aus Werten unterschiedlicher Zeiteinheiten[2] wie folgt:

```
public static void main(final String[] args)
{
    // Erzeugung mit ofXyz()-Methoden
    final Duration durationFromNanos = Duration.ofNanos(3);
    final Duration durationFromMillis = Duration.ofMillis(7);
    final Duration durationFromSeconds = Duration.ofSeconds(15);
    final Duration durationFromMinutes = Duration.ofMinutes(30);
    final Duration durationFromHours = Duration.ofHours(45);
    final Duration durationFromDays = Duration.ofDays(60);

    System.out.println("From Nanos:   " + durationFromNanos);
    System.out.println("From Millis:  " + durationFromMillis);;
    System.out.println("From Seconds: " + durationFromSeconds);
    System.out.println("From Minutes: " + durationFromMinutes);
    System.out.println("From Hours:   " + durationFromHours);
    System.out.println("From Days:    " + durationFromDays);
}
```

Listing 6.6 *Ausführbar als* '**DURATIONEXAMPLE**'

Führen wir das Programm DURATIONEXAMPLE aus, so kommt es zu den gezeigten Ausgaben, wobei im Speziellen folgende Dinge von Interesse sind: Zeitdifferenzen werden offenbar minimal in der Zeiteinheit Sekunden und maximal in der Zeiteinheit von Stunden abgebildet, wodurch für 60 Tage der Wert 1440 Stunden zustande kommt:

```
From Nanos:   PT0.000000003S
From Millis:  PT0.007S
From Secs:    PT15S
From Minutes: PT30M
From Hours:   PT45H
From Days:    PT1440H
```

Beim Betrachten dieser Ausgaben könnten wir durch die Stringrepräsentation von `Duration` irritiert sein. Diese mag zunächst etwas ungewöhnlich erscheinen. Sie folgt aber der Norm ISO 8601 und die Ausgabe startet immer mit dem Kürzel `PT`.[3] Danach gibt es Sektionen für Stunden (`H`), Minuten (`M`) und Sekunden (`S`). Sofern nötig, werden Millisekunden bzw. gar Nanosekunden als Dezimalzahl dargestellt.

Zudem lassen sich einfache Berechnungen mit der Methode `between()` ausführen, die eine `Duration` aus der Differenz zweier `Instant`-Objekte errechnet. Als weitere Besonderheit gibt es `with()`-Methoden, die eine neue Instanz einer `Duration` liefern, mit passend veränderten Zeitangaben. Dagegen sind zwar mehrere kaskadierende Aufrufe von `ofXyz()` möglich, sie führen allerdings dazu, dass der letzte »gewinnt«, also nur dieser ausschlaggebend ist – im nachfolgenden Abschnitt erfahren Sie mehr dazu.

[2]Zeiteinheiten mit variabler Länge, wie Monate, werden nicht unterstützt.

[3]Laut `http://en.wikipedia.org/wiki/ISO_8601#Durations` ergibt sich dies aus der historischen Benennung Period, also `P`, und das `T` steht für Time.

6.1.6 Die Klasse `Period`

Ähnlich wie die Klasse `Duration` modelliert die Klasse `java.time.Period` einen Zeitabschnitt, allerdings mit größerer Dauer. Beispiele sind »2 Monate« oder »3 Tage«. Konstruieren wir ein paar Instanzen von `Period`:

```
public static void main(final String[] args)
{
    // Erzeuge ein Period-Objekt mit 1 Jahr, 6 Monaten und 3 Tagen
    final Period oneYear_sixMonths_ThreeDays = Period.ofYears(1).withMonths(6).
                                                              withDays(3);

    // Chaining von of() arbeitet anders, als man es eventuell erwartet!
    // Ergibt ein Period-Objekt mit 3 Tagen statt 2 Monate, 1 Woche und 3 Tagen
    final Period twoMonths_OneWeek_ThreeDays = Period.ofMonths(2).ofWeeks(1).
                                                               ofDays(3);

    final Period twoMonths_TenDays = Period.ofMonths(2).withDays(10);
    final Period sevenWeeks = Period.ofWeeks(7);
    final Period threeDays = Period.ofDays(3);

    System.out.println("1 year 6 months ...:  " + oneYear_sixMonths_ThreeDays);
    System.out.println("Surprise just 3 days: " + twoMonths_OneWeek_ThreeDays);
    System.out.println("2 months 10 days:     " + twoMonths_TenDays);
    System.out.println("sevenWeeks:           " + sevenWeeks);
    System.out.println("threeDays:            " + threeDays);
}
```

Listing 6.7 *Ausführbar als* 'PERIODEXAMPLE'

Startet man das Programm PERIODEXAMPLE, so wird Folgendes ausgegeben:

```
1 year 6 months ...:  P1Y6M3D
Surprise just 3 days: P3D
2 months 10 days:     P2M10D
sevenWeeks:           P49D
threeDays:            P3D
```

Anhand des Beispiels und dessen Ausgaben lernen wir einiges über die Klasse `Period`: Zunächst ist da wieder die etwas kryptische Stringrepräsentation, die der ISO 8601 folgt. Dabei ist `P` das Startkürzel (für Period) und dann stehen `Y` für Jahre, `M` für Monate und `D` für Tage. Als Besonderheit gibt es zum einen noch die Umrechnung für Wochen: `P14D` steht für 2 Wochen und könnte durch `Period.ofWeeks(2)` erzeugt werden. Zum anderen sind auch negative Offsets erlaubt, etwa `P-2M4D`.

Neben diesen Details der Ausgabe sehen wir, dass sich Aufrufe von `ofXyz()` hintereinander ausführen lassen – es gewinnt aber der zuletzt aufgerufene, was logisch ist, wenn man weiß, dass `ofXyz()` statische Methode sind. Deshalb kann man auf diese Weise keine Zeiträume kombinieren, sondern legt einen initialen Zeitraum fest. Sollen weitere Zeitabschnitte hinzugefügt werden, so muss man dafür verschiedene `withXyz()`-Methoden nutzen. Dabei wird ein Implementierungsdetail sichtbar: Die Klasse `Period` verwaltet drei Einzelwerte, nämlich für Jahre, Monate und Tage, aber eben nicht für Wochen. Somit gibt es auch keine Methode `withWeeks()`, sondern nur eine `ofWeeks()`, die intern eine Umrechnung in Tage vornimmt.

6.1.7 Datumsarithmetik

Zur Vervollständigung unseres Wissens lernen wir komplexere Berechnungen kennen, beispielsweise um an den Monatsanfang oder um einige Tage oder gar Monate in die Zukunft oder die Vergangenheit zu springen. Praktischerweise sind diverse nützliche Operationen der Datumsarithmetik in der Utility-Klasse `TemporalAdjusters` aus dem Package `java.time.temporal` gebündelt. Im Beispiel für die Klassen `LocalDate`, `LocalTime` und `LocalDateTime` haben wir einen ersten Eindruck von den Möglichkeiten gewinnen können. Dieses Wissen wollen wir nun ausbauen.

Vordefinierte `TemporalAdjusters`

In der Utility-Klasse `TemporalAdjusters` findet man eine Menge gebräuchlicher Operationen der Datumsarithmetik. Das sind unter anderem:

- `firstDayOfMonth()`, `firstDayOfNextMonth()` und `lastDayOfMonth()` – Diese Methoden berechnen den ersten oder letzten Tag im (nächsten) Monat.
- `firstDayOfYear()`, `firstDayOfNextYear()` und `lastDayOfYear()` – Damit ermittelt man den ersten oder letzten Tag im (nächsten) Jahr.
- `firstInMonth(DayOfWeek)`, `lastInMonth(DayOfWeek)` – Springe zum ersten oder letzten als Parameter übergebenen Wochentag im Monat.
- `next(DayOfWeek)`, `nextOrSame(DayOfWeek)`, `previous(DayOfWeek)` und `previousOrSame(DayOfWeek)` – Mit diesen Methoden kann man den nächsten oder vorherigen Wochentag berechnen, etwa den nächsten Freitag. Dabei wird ggf. auch berücksichtigt, ob man sich bereits an diesem Wochentag befindet. In diesem Fall findet selbstverständlich keine Anpassung statt.

Speziellere vordefinierte `TemporalAdjusters`

Die zuvor genannten `TemporalAdjusters` sind für viele Anwendungsfälle ausreichend. Benötigt man mehr Flexibilität, so gibt es noch folgende zwei Methoden:

- `dayOfWeekInMonth(int, DayOfWeek)` – Errechnet den n-ten Wochentag im Monat. Dabei wird auch über Monatsgrenzen hinweg gesprungen, etwa, wenn man den (nicht existierenden) 7. Dienstag eines Monats ermitteln wollte. Zudem sind negative Werte erlaubt, wobei die Werte 0 und -1 eine spezielle Bedeutung tragen: 0 ermittelt den letzten gewünschten Wochentag im Vormonat, -1 den letzten gewünschten Wochentag in diesem Monat. Die negativen Werte rechnen ausgehend vom letzten Wochentag des Monats die übergebene Anzahl an Wochen zurück.
- `ofDateAdjuster(UnaryOperator<LocalDate>)` – Mithilfe dieser Methode lassen sich `TemporalAdjusters` erstellen. Die auszuführenden Berechnungen werden mithilfe eines `UnaryOperator<LocalDate>` beschrieben. Das ermöglicht viele Berechnungen, beispielsweise springt man mit dem Lambda `date -> date.plusDays(5)` fünf Tage in die Zukunft.

Beispiel

Zur Verdeutlichung schauen wir uns noch ein kurzes Beispiel an, in dem wir einige Zeitsprünge an den Anfang und das Ende des Monats sowie auf verschiedene Wochentage durchführen:

```
public static void main(final String[] args)
{
    final LocalDate michasBirthday = LocalDate.of(1971, Month.FEBRUARY, 7);

    var firstDayInFebruary =
        michasBirthday.with(TemporalAdjusters.firstDayOfMonth());
    var lastDayInFebruary =
        michasBirthday.with(TemporalAdjusters.lastDayOfMonth());
    var previousMonday =
        michasBirthday.with(TemporalAdjusters.previous(DayOfWeek.MONDAY));
    var nextFriday =
        michasBirthday.with(TemporalAdjusters.next(DayOfWeek.FRIDAY));

    System.out.println("michasBirthday:     " + michasBirthday);
    System.out.println("firstDayInFebruary: " + firstDayInFebruary);
    System.out.println("lastDayInFebruary:  " + lastDayInFebruary);
    System.out.println("previousMonday:     " + previousMonday);
    System.out.println("nextFriday:         " + nextFriday);
}
```

Listing 6.8 *Ausführbar als* **'TEMPORALADJUSTERSEXAMPLE'**

Im Listing sehen wir verschiedene Berechnungen mithilfe von `TemporalAdjusters`, etwa die Methode `lastDayOfMonth()` zur Ermittlung des letzten Tags im Monat, hier um den letzten Tag des Monats Februar im Jahr 1971 zu bestimmen. Diese werden mit `with()` auf dem jeweiligen `LocalDate` wirksam.

Führt man das Programm TEMPORALADJUSTERSEXAMPLE aus, so erhält man folgende Ausgaben:

```
michasBirthday:     1971-02-07
firstDayInFebruary: 1971-02-01
lastDayInFebruary:  1971-02-28
previousMonday:     1971-02-01
nextFriday:         1971-02-12
```

Beispiel: `TemporalAdjuster` selbst definieren

Zwar sind die Möglichkeiten der vordefinierten `TemporalAdjusters` schon recht umfangreich und dürften für diverse Anwendungsfälle ausreichen. Mitunter möchte man aber auch eigene Varianten erstellen. Das wollen wir uns anhand des Beispiels `FridayAfterMidOfMonth` anschauen. Hierbei soll ausgehend von einem `LocalDate` auf den Freitag nach Mitte des Monats gesprungen werden. Dazu ist die Methode `Temporal adjustInto(Temporal)` geeignet zu implementieren. Die einzige Hürde ist, aus dem übergebenen `Temporal` ein `LocalDate` zu ermitteln, wozu man `LocalDate.from()` nutzt. Danach muss man auf den 15. Tag im Monat springen (bzw. den 14. für Februar), was einfach durch Aufruf von `withDayOfMonth()`

zu erledigen ist. Schließlich wendet man einen der vordefinierten Adjuster mit nextOrSame(DayOfWeek) an:

```
public class FridayAfterMidOfMonth implements TemporalAdjuster
{
    @Override
    public Temporal adjustInto(final Temporal temporal)
    {
        final LocalDate startday = LocalDate.from(temporal);

        final int dayOfMonth = startday.getMonth() == Month.FEBRUARY ? 14 : 15;

        return startday.withDayOfMonth(dayOfMonth).
                        with(TemporalAdjusters.nextOrSame(DayOfWeek.FRIDAY));
    }
}
```

Es ist schon erstaunlich, wie einfach man Funktionalitäten umsetzen kann, wenn man die geeigneten APIs nutzt.

Zum Ausprobieren in der JShell benötigen wir folgende Imports:

```
jshell> import java.time.*

jshell> import java.time.temporal.*
```

Nun können wir die obige Klasse dort definieren und beispielsweise wie folgt aufrufen:

```
jshell> LocalDate feb7 = LocalDate.of(2020, 2, 7)
feb7 ==> 2020-02-07

jshell> var adjustedDay = feb7.with(new FridayAfterMidOfMonth())
adjustedDay ==> 2020-02-14

jshell> adjustedDay.getDayOfWeek()
$17 ==> FRIDAY

jshell> LocalDate mar24 = LocalDate.of(2020, 3, 24)
mar24 ==> 2020-03-24

jshell> var adjustedDay2 = mar24.with(new FridayAfterMidOfMonth())
adjustedDay2 ==> 2020-03-20

jshell> adjustedDay2.getDayOfWeek()
$22 ==> FRIDAY
```

6.1.8 Formatierung und Parsing

Die Klasse java.time.format.DateTimeFormatter ist bei der formatierten Ausgabe und beim Parsing von Datumswerten hilfreich. Neben diversen vordefinierten Formaten kann man vielfältige eigene Varianten bereitstellen. Das wird unter anderem sowohl durch die Methoden ofPattern() sowie ofLocalizedDate() als auch parse() mit Angabe eines Formats möglich. Dabei ist es praktischerweise möglich, ein komplexeres Muster zur Formatierung anzugeben und sogar auch zum Parsen zu verwenden. Das wird im folgenden Listing demonstriert – es gibt eine Vielzahl weiterer Möglichkeiten, die hier nicht alle vorgestellt werden können. Deshalb ist ein Blick in die ausführliche Dokumentation des JDKs lohnenswert.

```
public static void main(final String[] args)
{
    // Definition einiger spezieller Formatter
    final DateTimeFormatter ddMMyyyyFormat = ofPattern("dd.MM.yyyy");
    final DateTimeFormatter italiandMMMMy = ofPattern("d.MMMM y",
                                                    Locale.ITALIAN);
    final DateTimeFormatter shortGerman =
                          DateTimeFormatter.ofLocalizedDate(FormatStyle.SHORT).
                          withLocale(Locale.GERMAN);

    // Achtung: Die textuellen Teile sind in Hochkomma einzuschließen
    final String customPattern = "'Der 'dd'. Tag im 'MMMM' im Jahr 'yy'.'";
    final DateTimeFormatter customFormat = ofPattern(customPattern);

    System.out.println("Formatting:\n");
    final LocalDate february7th = LocalDate.of(1971, 2, 7);

    System.out.println("ddMMyyyyFormat: " + ddMMyyyyFormat.format(february7th));
    System.out.println("italiandMMMMy:  " + italiandMMMMy.format(february7th));
    System.out.println("shortGerman:    " + shortGerman.format(february7th));
    System.out.println("customFormat:   " + customFormat.format(february7th));


    // Parsen von Datumswerten
    System.out.println("\nParsing:\n");

    final LocalDate fromIsoDate = LocalDate.parse("1971-02-07");
    final LocalDate fromddMMyyyyFormat = LocalDate.parse("18.03.2014",
                                                       ddMMyyyyFormat);
    final LocalDate fromShortGerman = LocalDate.parse("18.03.14",
                                                    shortGerman);
    final LocalDate fromCustomFormat =
                LocalDate.parse("Der 31. Tag im Dezember im Jahr 19.",
                                customFormat);

    System.out.println("From ISO Date:        " + fromIsoDate);
    System.out.println("From ddMMyyyyFormat: " + fromddMMyyyyFormat);
    System.out.println("From short german:   " + fromShortGerman);
    System.out.println("From custom format:   " + fromCustomFormat);
}
```

Listing 6.9 *Ausführbar als* '**FORMATTINGANDPARSINGEXAMPLE**'

Das Programm FORMATTINGANDPARSINGEXAMPLE produziert folgende Ausgaben, die ein erstes Gefühl für die Formatierung und das Parsing vermitteln:

```
Formatting:

ddMMyyyyFormat:  07.02.1971
italian_dMMMMyy: 7.febbraio 1971
shortGerman:     07.02.71
customFormat:    Der 07. Tag im Februar im Jahr 71.

Parsing:

From ISO Date:       1971-02-07
From ddMMyyyyFormat: 2014-03-18
From short german:   2014-03-18
From custom format:   2019-12-31
```

6.2 Aufgaben

6.2.1 Aufgabe 1: Schaltjahre (★☆☆☆☆)

Während in unserem Kalender das Jahr gewöhnlich in 365 Tage unterteilt wird, ist dies doch astronomisch nicht ganz korrekt. Das Jahr hat eine Länge von etwa 365,25 Tagen. Aufgrund dessen muss nahezu alle 4 Jahre eine Korrektur in Form eines Schaltjahres mit 366 Tagen eingefügt werden. Dabei gibt es zwei Besonderheiten zu beachten:

- Jahre, die durch 100 teilbar sind, werden Säkularjahre genannt und sind keine Schaltjahre.
- Allerdings sind Säkularjahre, die auch durch 400 teilbar sind, doch wieder Schaltjahre.

Details finden Sie unter `https://de.wikipedia.org/wiki/Schaltjahr`. Schreiben Sie eine Methode `boolean isLeap(int)` – natürlich ohne Verwendung von `java.time.Year.isLeap()`.

Beispiele

Eingabe	Regel	Resultat
1900	Säkularjahr	kein Schaltjahr
2000	Säkularjahr, aber durch 400 teilbar	Schaltjahr
2020	durch 4 teilbar	Schaltjahr

6.2.2 Aufgabe 2: Basiswissen Date-API (★★☆☆☆)

Aufgabe 2a: Erzeugung (★☆☆☆☆)

Repräsentieren Sie Ihren Geburtstag als `LocalDate`, den Feierabend 17:30 Uhr als `LocalTime` und den jetzigen Moment als `LocalDateTime`. Modellieren Sie des Weiteren eine Zeitspanne von 1 Jahr, 10 Monaten und 20 Tagen sowie eine Dauer von 7 Stunden und 15 Minuten.

Aufgabe 2b: Zeitdauern (★★☆☆☆)

Berechnen Sie die Zeitdauer zwischen heute und Ihrem Geburtstag sowie zwischen Ihrem Geburtstag und heute.

6.2.3 Aufgabe 3: Monatslänge (★★☆☆☆)

Aufgabe 3a: Berechnungen (★☆☆☆☆)

Springen Sie ausgehend vom 2.2.2012 und vom 2.2.2014 sowie vom 4.4.2014 und vom 5.5.2014 mit der Methode `plusMonths()` der Klasse `LocalDate` einen Monat in die Zukunft und geben Sie jeweils das Datum aus.

Aufgabe 3b: Monatslänge (★★☆☆☆)

Was passiert, wenn man für die Berechnungen statt `plusMonths()` die Methode `plusDays()` nutzt: Was entspricht einem Monat? 28, 29, 30 oder 31 Tage? Wie ermittelt man die korrekte Länge eines Monats?

6.2.4 Aufgabe 4: Zeitzonen (★★☆☆☆)

Ermitteln Sie alle Zeitzonen, die mit `"America/L"` oder `"Europe/S"` starten, und befüllen Sie damit sortiert ein Set. Schreiben Sie dazu die Methode `Set<String> selectedAmericanAndEuropeanTimeZones()`.

Beispiel Das berechnete Set sollte folgende Werte enthalten:

```
[America/La_Paz, America/Lima, America/Los_Angeles, America/Louisville,
 America/Lower_Princes, Europe/Samara, Europe/San_Marino, Europe/Sarajevo,
 Europe/Saratov, Europe/Simferopol, Europe/Skopje, Europe/Sofia,
 Europe/Stockholm]
```

Tipp: Nutzen Sie die Klasse `ZoneId` und deren Methode `getAvailableZoneIds()`. Setzen Sie Streams und das Filter-Map-Reduce-Framework ein, um die zu den zuvor angegebenen Präfixen passenden Zeitzonen-IDs zu ermitteln.

6.2.5 Aufgabe 5: Zeitzonenberechnung (★★☆☆☆)

Wenn ein Flug von Zürich nach San Francisco 11 Stunden und 50 Minuten dauert und am 15.9.2019 um 13:10 Uhr startet, zu welcher Ortszeit landet man dann in San Francisco? Welcher Zeit entspricht das am Abflugort?

Beispiel Für diese Flugreise sollten folgende Ankunftszeiten ermittelt werden:

```
2019-09-16T01:00+02:00[Europe/Zurich]
2019-09-15T16:00-07:00[America/Los_Angeles]
```

Tipp: Nutzen Sie die Klasse `Duration`, um die Flugzeit zu modellieren. Die Zeitzone in San Francisco ist `"America/Los_Angeles"`. Verwenden Sie die Methode `withZoneSameInstant()` aus der Klasse `ZonedDateTime`.

6.2.6 Aufgabe 6: Berechnungen mit `LocalDate` (★★☆☆☆)

Aufgabe 6a: Freitag, der 13. (★★☆☆☆)

Berechnen Sie alle Vorkommen von Freitag, dem 13. für einen Bereich, definiert durch zwei `LocalDate`. Schreiben Sie eine allgemeingültige Methode `List<LocalDate> allFriday13th(LocalDate, LocalDate)`, wobei das Startdatum inklusive und Enddatum exklusive anzugeben ist.

Beispiel Für diese Zeitspanne vom 1.1.2013 bis einschließlich 31.12.2015 sollten folgende Datumswerte ermittelt werden:

Zeitspanne	Resultat
2013 – 2015	[2013-09-13, 2013-12-13, 2014-06-13, 2015-02-13, 2015-03-13, 2015-11-13]

Aufgabe 6b: Mehrmals Freitag, der 13. (★★☆☆☆)

In welchen Jahren gab es mehrfach Freitag, den 13.? Um diese Frage zu beantworten, berechnen Sie eine Map, in der zu jedem Jahr die entsprechenden Freitage assoziiert sind. Schreiben Sie dazu die Methode `Map<Integer, List<LocalDate>> friday13thGrouped(LocalDate, LocalDate)`.

Beispiele

Jahr	Resultat
2013	[2013-09-13, 2013-12-13]
2014	[2014-06-13]
2015	[2015-02-13, 2015-03-13, 2015-11-13]

6.2.7 Aufgabe 7: Kalenderausgabe (★★★☆☆)

Schreiben Sie eine Methode `void printCalendar(Month, int)`, die zu einem gegebenen Monat und Jahr ein passendes Kalenderblatt auf der Konsole ausgibt.

Beispiel Für den April 2020 erwarten wir folgende Ausgabe:

```
Mo Di Mi Do Fr Sa So
.. .. 01 02 03 04 05
06 07 08 09 10 11 12
13 14 15 16 17 18 19
20 21 22 23 24 25 26
27 28 29 30 -- -- --
```

Als Beispiel für ein Ende an einem Sonntag können Sie den Mai 2020 wählen. Um den Start an einem Montag zu prüfen, nutzen Sie den Juni 2020.

6.2.8 Aufgabe 8: Wochentage (★☆☆☆☆)

Aufgabe 8a: Wochentage (★☆☆☆☆)

Welcher Wochentag war der Heiligabend 2019 (24. Dezember 2019)? Welche Wochentage waren der erste und der letzte Tag im Dezember 2019?

Beispiele Folgende Wochentage sollten das Ergebnis sein:

Eingabe	Resultat
24. Dezember 2019	Dienstag
01. Dezember 2019	Sonntag
31. Dezember 2019	Dienstag

Aufgabe 8b: Datum (★☆☆☆☆)

Berechnen Sie das jeweilige Datum des ersten und letzten Freitags und Sonntags im März 2019. Schreiben Sie dazu eine Methode `Map<String, LocalDate> firstAndLastFridayAndSunday(YearMonth)`. Lernen Sie nebenbei die Klasse `YearMonth` zur Modellierung eines Jahres und Monats kennen.

Beispiel Die berechnete Map sollte folgende Werte enthalten und nach Schlüsseln sortiert sein:

```
{firstFriday=2019-03-01, firstSunday=2019-03-03,
 lastFriday=2019-03-29, lastSunday=2019-03-31}
```

Aufgabe 8c: Tag im Monat bzw. Jahr (★☆☆☆☆)

In Aufgabenteil 8b haben wir vier Datumswerte im März 2019 ermittelt. Der wievielte Tag im März war das jeweils? Und der wievielte im Jahr?

Beispiele

Eingabe	Tag im Monat	Tag im Jahr
firstFriday=2019-03-01	1	60
firstSunday=2019-03-03	3	62
lastFriday=2019-03-29	29	88
lastSunday=2019-03-31	31	90

6.2.9 Aufgabe 9: Sonntage und Schaltjahre (★★☆☆☆)

Aufgabe 9a: Sonntage

Zählen Sie die Sonntage in einem Bereich, gegeben durch zwei `LocalDate`s. Schreiben Sie dazu eine Methode `Stream<LocalDate> allSundaysBetween(LocalDate, LocalDate)`, wobei das Startdatum inklusive und das Enddatum exklusive anzugeben ist.

Beispiele

Zeitraum	Resultat
1.1.2017 – 1.1.2018	53
1.1.2019 – 7.2.2019	5

Aufgabe 9b: Schaltjahre

Zählen Sie die Anzahl der Schaltjahre in einem Bereich gegeben durch `Year`-Instanzen. Schreiben Sie dazu eine Methode `long countLeapYears(Year, Year)`, wobei das Startjahr inklusive und das Endjahr exklusive anzugeben ist.

Beispiele

Zeitraum	Resultat
2010 – 2019	2
2000 – 2019	5

6.2.10 Aufgabe 10: TemporalAdjuster (★★★☆☆)

Schreiben Sie einen `TemporalAdjuster`, der einen Datumswert auf den Anfang des jeweiligen Quartals setzt, also etwa vom 7. Februar auf den 1. Januar.

Beispiele

Eingabe	Resultat
LocalDate.of(2014, 3, 15)	2014-01-01
LocalDate.of(2014, 6, 15)	2014-04-01
LocalDate.of(2014, 9, 15)	2014-07-01
LocalDate.of(2014, 11, 15)	2014-10-01

Tipp: Schauen Sie sich ein wenig in den Klassen `Month` und `IsoFields` um.

6.2.11 Aufgabe 11: NthWeekdayAdjuster (★★★☆☆)

Schreiben Sie eine Klasse `NthWeekdayAdjuster`, die auf den n-ten Wochentag springt, z. B. den 3. Freitag. Das solle ausgehend von einem durch ein `LocalDate` gegebenen Monatsanfang geschehen. Bei größeren Werten von n, wird in die Folgemonate gesprungen.

Beispiele Überprüfen Sie diese Klasse anhand der folgenden Zeitsprünge startend am 15.08.2015:

Startdatum	Sprungziel	Resultat
15.08.2015 (2015-08-15)	2. Freitag	2015-08-14
15.08.2015 (2015-08-15)	3. Sonntag	2015-08-16
15.08.2015 (2015-08-15)	4. Dienstag	2015-08-25

6.2.12 Aufgabe 12: Payday-TemporalAdjuster (★★★☆☆)

Implementieren Sie eine Klassen `Ex12_NextPaydayAdjuster`, der den typischen Gehaltszahltag in der Schweiz errechnet. Dies ist oftmals der 25. des Monats. Fällt dieser Tag auf ein Wochenende, so gilt der Freitag davor als Auszahlungstag. Befinden wir uns nach dem Auszahlungstag, so ist dieser für den darauffolgenden Monat zu ermitteln. Als Kür gilt es noch, eine Sonderregel für die Gehaltszahlung im Dezember umzusetzen: Hierbei soll die Auszahlung dann Mitte des Monats erfolgen. Gegebenenfalls wird die Zahlung auf den darauffolgenden Montag verlegt, falls der Zahltag auf ein Wochenende fällt.

Beispiele Überprüfen Sie diese Klasse basierend auf den folgenden Datumswerten:

Eingabe	Resultat	Regel
2019-07-21	2019-07-25	normale Anpassung
2019-06-27	2019-07-25	normale Anpassung, nächster Monat
2019-08-21	2019-08-23	Freitag, falls 25. am Wochenende
2019-12-06	2019-12-16	Mitte Monat, Montag nach Wochenende
2019-12-23	2020-01-24	nächster Monat und Freitag, falls 25. am Wochenende

6.2.13 Aufgabe 13: Formatting and Parsing (★★☆☆☆)

Erzeugen Sie ein `LocalDateTime`-Objekt und geben Sie es in verschiedenen Formaten aus. Formatieren und parsen Sie es aus diesen Formaten: `dd.MM.yyyy HH`, `dd.MM.yy HH:mm`, `ISO_LOCAL_DATE_TIME`, SHORT und die US-Locale.

Beispiele Für den 27.07.2017 um 13:14:15 h sollte die Ausgabe wie folgt sein:

Formatted	Parsed	Format
27 07 2017 13	2017-07-27T13:00	dd MM yyyy HH
27.07.17 13:14	2017-07-27T13:14	dd.MM.yy HH:mm
2017-07-27T13:14:15	2017-07-27T13:14:15	ISO_LOCAL_DATE_TIME
7/27/17, 1:14 PM	2017-07-27T13:14	SHORT + Locale.US

Tipp: Nutzen Sie die Klasse `DateTimeFormatter` sowie ihre Konstanten und ihre Methoden wie `ofPattern()` und `ofLocalizedDateTime()`.

6.2.14 Aufgabe 14: Fault Tolerant Parsing (★★☆☆☆)

Bei der Auswertung von Benutzereingaben kommt es oftmals auf Fehlertoleranz an. Erstellen Sie eine Methode `Optional<LocalDate> faultTolerantParse(String, Set<DateTimeFormatter>)`, die es erlaubt, folgende Datumsformate zu parsen: `dd.MM.yy`, `dd.MM.yyyy`, `MM/dd/yyyy` sowie `yyyy-MM-dd`.

Beispiele Nachfolgende Tabelle zeigt die erwarteten Ergebnisse des Parsings für verschiedene Eingaben – beachten Sie unbedingt, dass bei zweistelligen Jahresangaben im Muster mitunter nicht das korrekte bzw. erwartete Datum erzeugt wird!

Eingabe	Resultat
'07.02.71'	2071-02-07
'07.02.1971'	1971-02-07
'02/07/1971'	1971-02-07
'1971-02-07'	1971-02-07

6.3 Lösungen

6.3.1 Lösung 1: Schaltjahre (★☆☆☆☆)

Während in unserem Kalender das Jahr gewöhnlich in 365 Tage unterteilt wird, ist dies doch astronomisch nicht ganz korrekt. Das Jahr hat eine Länge von etwa 365,25 Tagen. Aufgrund dessen muss nahezu alle 4 Jahre eine Korrektur in Form eines Schaltjahres mit 366 Tagen eingefügt werden. Dabei gibt es zwei Besonderheiten zu beachten:

- Jahre, die durch 100 teilbar sind, werden Säkularjahre genannt und sind keine Schaltjahre.
- Allerdings sind Säkularjahre, die auch durch 400 teilbar sind, doch wieder Schaltjahre.

Details finden Sie unter `https://de.wikipedia.org/wiki/Schaltjahr`. Schreiben Sie eine Methode `boolean isLeap(int)` – natürlich ohne Verwendung von `java.time.Year.isLeap()`.

Beispiele

Eingabe	Regel	Resultat
1900	Säkularjahr	kein Schaltjahr
2000	Säkularjahr, aber durch 400 teilbar	Schaltjahr
2020	durch 4 teilbar	Schaltjahr

Algorithmus Berechne die Bedingungen jeweils mit Modulo-Operationen und verknüpfe diese geeignet:

```
static boolean isLeap(final int year)
{
    final boolean everyFourthYear = year % 4 == 0;
    final boolean isSecular = year % 100 == 0;
    final boolean isSecularSpecial = year % 400 == 0;

    return everyFourthYear && (!isSecular || isSecularSpecial)
}
```

Wie schon angedeutet, besitzt die Klasse `Year` bereits eine vordefinierte Prüfung auf Schaltjahre:

```
static boolean isLeap_Jdk8(final int year)
{
    return Year.of(year).isLeap();
}
```

Prüfung

Probieren wir das Ganze einmal als Unit Test aus:

```
@ParameterizedTest(name = "isLeap({0} => {2}, Hinweis: {1}")
@CsvSource({ "1900, Säkulär, false",
             "2000, Säkular (aber 400er-Regel), true",
             "2020, jedes 4. Jahr, true" })
void testIsLeap(int year, String hint, boolean expected)
{
    boolean result = Ex01_LeapYear.isLeap(year);

    assertEquals(expected, result);
}
```

6.3.2 Lösung 2: Basiswissen Date-API (★★☆☆☆)

Lösung 2a: Erzeugung (★☆☆☆☆)

Repräsentieren Sie Ihren Geburtstag als `LocalDate`, den Feierabend 17:30 Uhr als `LocalTime` und den jetzigen Moment als `LocalDateTime`. Modellieren Sie des Weiteren eine Zeitspanne von 1 Jahr, 10 Monaten und 20 Tagen sowie eine Dauer von 7 Stunden und 15 Minuten.

Algorithmus Setzen Sie das API geeignet ein:

```
final LocalDate myBirthday = LocalDate.of(1971, 2, 7);
final LocalTime time = LocalTime.of(17, 30);
final LocalDateTime now = LocalDateTime.now();

final Period oneYear10Month20Days = Period.of(1, 10, 20);
final Duration sevenHours15Minutes = Duration.ofHours(7).plusMinutes(15);
```

Lösung 2b: Zeitdauern (★★☆☆☆)

Berechnen Sie die Zeitdauer zwischen heute und Ihrem Geburtstag sowie zwischen Ihrem Geburtstag und heute.

Algorithmus Setzen Sie das API und insbesondere die Methoden `until()` und `between()` geeignet ein:

```
final LocalDate now = LocalDate.now();
final LocalDate birthday = LocalDate.of(1971, 2, 7);

System.out.println("Using until()");
System.out.println("now -> birthday: " + now.until(birthday));
System.out.println("birthday -> now: " + birthday.until(now));
System.out.println("\nUsing Period.between()");
System.out.println("now -> birthday: " + Period.between(now, birthday));
System.out.println("birthday -> now: " + Period.between(birthday, now));
```

6.3.3 Lösung 3: Monatslänge (★★☆☆☆)

Lösung 3a: Berechnungen (★☆☆☆☆)

Springen Sie ausgehend vom 2.2.2012 und vom 2.2.2014 sowie vom 4.4.2014 und vom 5.5.2014 mit der Methode `plusMonths()` der Klasse `LocalDate` einen Monat in die Zukunft und geben Sie jeweils das Datum aus.

Algorithmus Rufe die genannte Methode geeignet auf:

```
final LocalDate february_2_2012 = LocalDate.of(2012, 2, 2);
final LocalDate february_2_2014 = LocalDate.of(2014, 2, 2);
final LocalDate april_4_2014 = LocalDate.of(2014, 4, 4);
final LocalDate may_5_2014 = LocalDate.of(2014, 5, 5);

System.out.println("2.2.12 + 1 Monat = " + february_2_2012.plusMonths(1));
System.out.println("2.2.14 + 1 Monat = " + february_2_2014.plusMonths(1));
System.out.println("4.4.14 + 1 Monat = " + april_4_2014.plusMonths(1));
System.out.println("5.5.14 + 1 Monat = " + may_5_2014.plusMonths(1));
```

Lösung 3b: Monatslänge (★★☆☆☆)

Was passiert, wenn man für die Berechnungen statt `plusMonths()` die Methode `plusDays()` nutzt: Was entspricht einem Monat? 28, 29, 30 oder 31 Tage? Wie ermittelt man die korrekte Länge eines Monats?

Algorithmus Führen wir den Aufruf von `plusDays()` für verschiedene Werte aus:

```
System.out.println("2.2.12 + 28 Tage = " + february_2_2012.plusDays(28));
System.out.println("2.2.14 + 28 Tage = " + february_2_2014.plusDays(28));
System.out.println("4.4.14 + 30 Tage = " + april_4_2014.plusDays(30));
System.out.println("5.5.14 + 31 Tage = " + may_5_2014.plusDays(31));
```

Prüfung

Mit `plusMonths()` wird immer die korrekte Länge des jeweiligen Monats (auch unter Berücksichtigung eines potenziellen Schaltjahrs) addiert. Das gilt nicht für die Methode `plusDays()`. Diese addiert die angegebene Anzahl an Tagen hinzu, wodurch man gezwungen ist, diesen Wert immer korrekt zu übergeben – dazu bietet die Klasse `Month` die Methode `length(boolean)`, alternativ existiert `LocalDate.lengthOfMonth()`. Schauen wir uns die Programmausgaben an:

```
2.2.12 + 1 Monat = 2012-03-02
2.2.14 + 1 Monat = 2014-03-02
4.4.14 + 1 Monat = 2014-05-04
5.5.14 + 1 Monat = 2014-06-05
2.2.12 + 28 Tage = 2012-03-01
2.2.14 + 28 Tage = 2014-03-02
4.4.14 + 30 Tage = 2014-05-04
5.5.14 + 31 Tage = 2014-06-05
```

6.3.4 Lösung 4: Zeitzonenberechnung (★★☆☆☆)

Ermitteln Sie alle Zeitzonen, die mit "America/L" oder "Europe/S" starten, und befüllen Sie damit sortiert ein Set. Schreiben Sie dazu die Methode `Set<String> selectedAmericanAndEuropeanTimeZones()`.

Beispiel Das berechnete Set sollte folgende Werte enthalten:

```
[America/La_Paz, America/Lima, America/Los_Angeles, America/Louisville,
 America/Lower_Princes, Europe/Samara, Europe/San_Marino, Europe/Sarajevo,
 Europe/Saratov, Europe/Simferopol, Europe/Skopje, Europe/Sofia,
 Europe/Stockholm]
```

Tipp: Nutzen Sie die Klasse `ZoneId` und deren Methode `getAvailableZoneIds()`. Setzen Sie Streams und das Filter-Map-Reduce-Framework ein, um die zu den zuvor angegebenen Präfixen passenden Zeitzonen-IDs zu ermitteln.

Algorithmus Zunächst ermitteln wir alle Zeitzonen-IDs. Danach definieren wir zwei Filterbedingungen und schließlich eine Kombination daraus. Dadurch können wir auf Basisfunktionalitäten des Stream-APIs zurückgreifen:

```
static Set<String> selectedAmericanAndEuropeanTimeZones()
{
    final Set<String> allZones = ZoneId.getAvailableZoneIds();

    final Predicate<String> inEuropeS = name -> name.startsWith("Europe/S");
    final Predicate<String> inAmericaL = name -> name.startsWith("America/L");
    final Predicate<String> europeOrAmerica = inEuropeS.or(inAmericaL);

    return allZones.stream().
                    filter(europeOrAmerica).
                    collect(Collectors.toCollection(TreeSet::new));
}
```

Prüfung

Zur Prüfung führen Sie folgenden Unit Test aus:

```
@Test
public void selectedAmericanAndEuropeanTimeZones()
{
  var expected = Set.of("America/La_Paz", "America/Lima", "America/Los_Angeles",
                 "America/Louisville", "America/Lower_Princes", "Europe/Samara",
                 "Europe/San_Marino", "Europe/Sarajevo", "Europe/Saratov",
                 "Europe/Simferopol", "Europe/Skopje", "Europe/Sofia",
                 "Europe/Stockholm");

  Set<String> result = Ex04_ZoneIds.selectedAmericanAndEuropeanTimeZones();

  assertEquals(expected, result);
}
```

6.3.5 Lösung 5: Zeitzonen (★★☆☆☆)

Wenn ein Flug von Zürich nach San Francisco 11 Stunden und 50 Minuten dauert und am 15.9.2019 um 13:10 Uhr startet, zu welcher Ortszeit landet man dann in San Francisco? Welcher Zeit entspricht das am Abflugort?

Beispiel Für diese Flugreise sollten folgende Ankunftszeiten ermittelt werden:

```
2019-09-16T01:00+02:00[Europe/Zurich]
2019-09-15T16:00-07:00[America/Los_Angeles]
```

Tipp: Nutzen Sie die Klasse `Duration`, um die Flugzeit zu modellieren. Die Zeitzone in San Francisco ist "`America/Los_Angeles`". Verwenden Sie die Methode `withZoneSameInstant()` aus der Klasse `ZonedDateTime`.

Algorithmus Zunächst konstruieren wir Objekte für Abflugtag und -zeit sowie die Zeitzone, um ein korrespondierendes `ZonedDateTime`-Objekt zu erzeugen. Danach definieren wir die Flugzeit in Form einer `Duration`. Durch eine simple Addition dieser Zeitdifferenz erhalten wir die Ankunftszeit, wie sie dann in Europa wäre. Mithilfe von `withZoneSameInstant()` und der Zeitzone `America/Los_Angeles` erhalten wir schließlich die Ankunftszeit bezogen auf die amerikanische Zeitzone:

```
public static void main(final String[] args)
{
    final LocalDate departureDate = LocalDate.of(2019, 9, 15);
    final LocalTime departureTime = LocalTime.of(13, 10);
    final ZoneId zoneEurope = ZoneId.of("Europe/Zurich");

    // Abflugzeit
    final ZonedDateTime departure = ZonedDateTime.of(departureDate,
                                        departureTime, zoneEurope);

    // Flugdauer
    final Duration flightDuration = Duration.ofHours(11).plusMinutes(50);

    // Ankunftszeit basierend auf Flugdauer (und Zeitzone)
    final ZonedDateTime arrival1 = departure.plus(flightDuration);
    final ZoneId zoneAmerica = ZoneId.of("America/Los_Angeles");
    final ZonedDateTime arrival2 = arrival1.withZoneSameInstant(zoneAmerica);

    System.out.println(arrival1);
    System.out.println(arrival2);
}
```

Prüfung

Prüfen wir die Berechnung durch einen einfachen Programmstart – und der Autor erinnert sich nochmal an den Flug :-)

```
2019-09-16T01:00+02:00[Europe/Zurich]
2019-09-15T16:00-07:00[America/Los_Angeles]
```

6.3.6 Lösung 6: Berechnungen mit `LocalDate` (★★☆☆☆)

Lösung 6a: Freitag, der 13. (★★☆☆☆)

Berechnen Sie alle Vorkommen von Freitag, dem 13. für einen Bereich, definiert durch zwei `LocalDate`. Schreiben Sie eine allgemeingültige Methode `List<LocalDate> allFriday13th(LocalDate, LocalDate)`, wobei das Startdatum inklusive und Enddatum exklusive anzugeben ist.

Beispiel Für diese Zeitspanne vom 1.1.2013 bis einschließlich 31.12.2015 sollten folgende Datumswerte ermittelt werden:

Zeitspanne	Resultat
2013 – 2015	[2013-09-13, 2013-12-13, 2014-06-13, 2015-02-13, 2015-03-13, 2015-11-13]

Algorithmus In dieser Aufgabe nutzen wir zwei Prädikate, um sowohl auf Freitag als auch auf den 13. zu testen. Um die entsprechenden zu prüfenden Tage bereitzustellen, hilft uns die mit Java 9 eingeführte Methode `datesUntil()`. Die Aufbereitung erfolgt dann mit den Standardmethoden aus dem Stream-API:

```
static List<LocalDate> allFriday13th(final LocalDate start,
                                     final LocalDate end)
{
    final Predicate<LocalDate> isFriday = day -> day.getDayOfWeek() ==
                                          DayOfWeek.FRIDAY;

    final Predicate<LocalDate> is13th = day -> day.getDayOfMonth() == 13;

    final List<LocalDate> allFriday13th = start.datesUntil(end).
                                          filter(isFriday).
                                          filter(is13th).
                                          collect(Collectors.toList());
    return allFriday13th;
}
```

Alternativ könnte man auch mit einem Freitag starten und dann `datesUntil(end, period)` mit der Periode 7 Tage aufrufen, das wäre vielleicht etwas effizienter.

Wir führen nun noch die obigen Zeilen in der JShell oder in einer `main()`-Methode mit passenden Datumswerten aus:

```
var allFriday13th = allFriday13th(LocalDate.of(2013, 1, 1),
                                  LocalDate.of(2016, 1, 1));

System.out.println("allFriday13th: " + allFriday13th);
```

Dadurch erhalten wir folgende Ausgaben (hier etwas schöner formatiert):

```
allFriday13th: [2013-09-13, 2013-12-13, 2014-06-13, 2015-02-13, 2015-03-13,
                2015-11-13]
```

Lösung 6b: Mehrmals Freitag, der 13. (★★☆☆☆)

In welchen Jahren gab es mehrfach Freitag, den 13.? Um diese Frage zu beantworten, berechnen Sie eine Map, in der zu jedem Jahr die entsprechenden Freitage assoziiert sind. Schreiben Sie dazu die Methode `Map<Integer, List<LocalDate>> friday13thGrouped(LocalDate, LocalDate)`.

Beispiele

Jahr	Resultat
2013	[2013-09-13, 2013-12-13]
2014	[2014-06-13]
2015	[2015-02-13, 2015-03-13, 2015-11-13]

Algorithmus Basierend auf der zuvor definierten Methode kann man zur Gruppierung nach Jahren wiederum das Stream-API in Form der Methode `groupingBy()` nutzen. Schließlich wollen wir die Jahre noch sortiert aufbereiten, weshalb wir das Ergebnis in eine `TreeMap<K,V>` überführen:

```
static Map<Integer, List<LocalDate>> friday13thGrouped(LocalDate start,
                                                       LocalDate end)
{
    return new TreeMap<>(allFriday13th(start, end).stream().
                         collect(Collectors.groupingBy(LocalDate::getYear)));
}
```

Prüfung

Schauen wir uns noch kurz an, wie ein zugehöriger Unit Test aussehen könnte:

```
@Test
void testAllFriday13th()
{
    final LocalDate start = LocalDate.of(2013, 1, 1);
    final LocalDate end = LocalDate.of(2016, 1, 1);

    var result = Ex06_Friday13thExample.allFriday13th(start, end);

    // Trick: Nutze Stream.of() und map(), um weniger Tipparbeit zu haben
    var expected = Stream.of("2013-09-13", "2013-12-13", "2014-06-13",
                             "2015-02-13", "2015-03-13", "2015-11-13").
                          map(str -> LocalDate.parse(str)).
                          collect(Collectors.toList());

    assertEquals(expected, result);
}
```

Die Gruppierung testen wir wie folgt:

```
@Test
void testFriday13thGrouped()
{
    final LocalDate start = LocalDate.of(2013, 1, 1);
    final LocalDate end = LocalDate.of(2016, 1, 1);

    var result = Ex06_Friday13thExample.friday13thGrouped(start, end);

    var expected = Map.of(2013, List.of(LocalDate.parse("2013-09-13"),
                                        LocalDate.parse("2013-12-13")),
                          2014, List.of(LocalDate.parse("2014-06-13")),
                          2015, List.of(LocalDate.parse("2015-02-13"),
                                        LocalDate.parse("2015-03-13"),
                                        LocalDate.parse("2015-11-13")));

    assertEquals(expected, result);
}
```

6.3.7 Lösung 7: Kalenderausgabe (★★★☆☆)

Schreiben Sie eine Methode `void printCalendar(Month, int)`, die zu einem gegebenen Monat und Jahr ein passendes Kalenderblatt auf der Konsole ausgibt.

Beispiel Für den April 2020 erwarten wir folgende Ausgabe:

```
Mo Di Mi Do Fr Sa So
.. .. 01 02 03 04 05
06 07 08 09 10 11 12
13 14 15 16 17 18 19
20 21 22 23 24 25 26
27 28 29 30 -- -- --
```

Als Beispiel für ein Ende an einem Sonntag können Sie den Mai 2020 wählen. Um den Start an einem Montag zu prüfen, nutzen Sie den Juni 2020.

Vorüberlegungen zum Algorithmus Bereits am Kalenderblatt für den April 2020 erkennt man ein paar Besonderheiten und Herausforderungen, die auf uns warten:

- Potenziell angebrochene erste und letzte Woche
- Immer am Sonntag erfolgt ein Umbruch.
- Wie bringt man Wochentage und die Anzahl an Tagen miteinander in Verbindung?

Algorithmus Zu Beginn geben wir in einer Titelzeile die Wochentage aus. Danach ermitteln wir für den Monat, mit welchem Wochentag er startet, um dann mit `skipTillFirstDayOfMonth()` ggf. einige Wochentage zu überspringen. Um die einzelnen Tage auszugeben, müssen wir die Monatslänge basierend auf den Informationen zum Schaltjahr mit `length()` berechnen. Nun kommt der Teil mit ein paar Tricks. Wir laufen alle Datumswerte ab und geben die Zahl formatiert aus. Beim Erreichen eines Sonntags geht es in der nächsten Zeile weiter. Zum Bewegen des Wochentags schreiben wir eine Hilfsmethode `calcNextWeekDay()`. Zum Abschluss sollen alle nicht mehr zu dem Monat gehörenden Tage mit der Zeichenfolge `--` markiert werden. Das ist Aufgabe der Methode `fillFromMonthEndToSunday()`:

```
static void printCalendar(final Month month, final int year)
{
    System.out.println("Mo Di Mi Do Fr Sa So ");

    LocalDate cur = LocalDate.of(year, month, 1);
    DayOfWeek firstInMonth = cur.getDayOfWeek();

    skipTillFirstDayOfMonth(firstInMonth);

    DayOfWeek currentWeekDay = firstInMonth;
    int lenghhOfMonth = month.length(Year.of(year).isLeap());
    for (int i = 1; i <= lenghhOfMonth; i++)
    {
        System.out.print(String.format("%02d", i) + " ");
        if (currentWeekDay == DayOfWeek.SUNDAY)
            System.out.println();

        currentWeekDay = nextWeekDay(currentWeekDay);
    }

     fillFromMonthEndToSunday(currentWeekDay);

    // letzter Tag nicht Sonntag, dann Umbruch
    if (currentWeekDay != DayOfWeek.MONDAY)
        System.out.println();
}
```

Kommen wir nun zu der Hilfsmethode zum Bewegen eines Wochentags auf den nächsten sowie zyklisch vom Sonntag auf einen Montag. Das kann man basierend auf der Aufzählung `DayOfWeek` und einer Modulo-Operation implementieren – noch einfacher ist es, die Methode `plus()` zu nutzen, die diese Spezialbehandlung automatisch realisiert:

```
static DayOfWeek calcNextWeekDay(final DayOfWeek nextWeekDay)
{
    return nextWeekDay.plus(1);
}
```

Verbleiben noch die Methoden zur Ausgabe der ersten und letzten nicht zum Monat gehörenden Wochentage. Für Ersteres laufen wir ausgehend von einem Montag bis zum Wochentag des ersten Tags des Monats und nutzen dazu die gezeigte Hilfsmethode:

```
static void skipTillFirstDayOfMonth(final DayOfWeek firstInMonth)
{
    DayOfWeek currentWeekDay = DayOfWeek.MONDAY;
    while (currentWeekDay != firstInMonth)
    {
        System.out.print(".. ");
        currentWeekDay = nextWeekDay(currentWeekDay);
    }
}
```

Zum Abschluss der Ausgabe des Kalenders füllen wir mit -- auf, bis wir ausgehend vom letzten Wochentag des Monats bei einem Sonntag angelangt sind:

```
static void fillFromMonthEndToSunday(final DayOfWeek currentWeekDay)
{
    DayOfWeek nextWeekDay = currentWeekDay;
    while (nextWeekDay != DayOfWeek.MONDAY)
    {
        System.out.print("-- ");
        nextWeekDay = nextWeekDay(nextWeekDay);
    }
}
```

Tipp: Hilfsmethoden und richtige Strukturierung

Wie schon einige Male demonstriert, vereinfacht es die Problemlösung (oftmals sogar deutlich), wenn man geeignete Hilfsmethoden erstellt. Das erlaubt es in der Implementierung des Algorithmus stärker auf der logischen Ebene zu verbleiben und sich weniger mit Implementierungsdetails abzulenken.

Prüfung

Kopieren Sie die Methoden in die JShell und denken Sie wieder an den Import `import java.time.*`. Danach können wir dann die drei exemplarischen Fälle einfach einmal durchspielen:

```
jshell> printCalendar(Month.APRIL, 2020)
Mo Di Mi Do Fr Sa So
.. .. 01 02 03 04 05
06 07 08 09 10 11 12
13 14 15 16 17 18 19
20 21 22 23 24 25 26
27 28 29 30 -- -- --

jshell> printCalendar(Month.MAY, 2020)
Mo Di Mi Do Fr Sa So
.. .. .. .. 01 02 03
04 05 06 07 08 09 10
11 12 13 14 15 16 17
18 19 20 21 22 23 24
25 26 27 28 29 30 31

jshell> printCalendar(Month.JUNE, 2020)
Mo Di Mi Do Fr Sa So
01 02 03 04 05 06 07
08 09 10 11 12 13 14
15 16 17 18 19 20 21
22 23 24 25 26 27 28
29 30 -- -- -- -- --
```

6.3.8 Lösung 8: Wochentage (★★☆☆☆)

Lösung 8a: Wochentage (★☆☆☆☆)

Welcher Wochentag war der Heiligabend 2019 (24. Dezember 2019)? Welche Wochentage waren der erste und der letzte Tag im Dezember 2019?

Beispiele Folgende Wochentage sollten das Ergebnis sein:

Eingabe	Resultat
24. Dezember 2019	Dienstag
01. Dezember 2019	Sonntag
31. Dezember 2019	Dienstag

Algorithmus Wir erzeugen ein korrespondierendes `LocalDate`-Objekt und ermitteln über die Methoden `getDayOfWeek()` oder `DayOfWeek.from()` den zugehörigen Wochentag. Das wiederholen wir, nachdem wir mithilfe eines passenden `TemporalAdjusters` auf den ersten bzw. letzten Tag im Dezember gesprungen sind:

```
LocalDate christmasEve = LocalDate.of(2019, 12, 24);
System.out.println("24. Dez. 2019 = " + christmasEve.getDayOfWeek());
System.out.println("24. Dez. 2019 = " + DayOfWeek.from(christmasEve));

var decemberFirst = christmasEve.with(TemporalAdjusters.firstDayOfMonth());
System.out.println("01. Dez. 2019 = " + decemberFirst.getDayOfWeek());

var decemberLast = christmasEve.with(TemporalAdjusters.lastDayOfMonth());
System.out.println("31. Dez. 2019 = " + decemberLast.getDayOfWeek());
```

Prüfung

Die obigen Zeilen geben Folgendes aus:

```
24. Dez. 2019 = TUESDAY
24. Dez. 2019 = TUESDAY
01. Dez. 2019 = SUNDAY
31. Dez. 2019 = TUESDAY
```

Vergessen Sie bitte nicht, zur Ausführung in der JShell noch folgenden Import auszuführen:

```
jshell> import java.time.temporal.*
```

Lösung 8b: Datum (★★☆☆☆)

Berechnen Sie das jeweilige Datum des ersten und letzten Freitags und Sonntags im März 2019. Schreiben Sie dazu eine Methode `Map<String, LocalDate> firstAndLastFridayAndSunday(YearMonth)`. Lernen Sie nebenbei die Klasse `YearMonth` zur Modellierung eines Jahres und Monats kennen.

Beispiel Die berechnete Map sollte folgende Werte enthalten und nach Schlüsseln sortiert sein:

```
{firstFriday=2019-03-01, firstSunday=2019-03-03,
 lastFriday=2019-03-29, lastSunday=2019-03-31}
```

Algorithmus Mit passend gewählten Methoden der Utility-Klasse `TemporalAdjusters` kann man ganz einfach entsprechende Zeitsprünge unter Angabe der gewünschten Wochentage definieren:

```
static Map<String, LocalDate>
       firstAndLastFridayAndSunday(final YearMonth yearMonth)
{
    var toFirstFriday = TemporalAdjusters.firstInMonth(DayOfWeek.FRIDAY);
    var toFirstSunday = TemporalAdjusters.firstInMonth(DayOfWeek.SUNDAY);
    var toLastFriday = TemporalAdjusters.lastInMonth(DayOfWeek.FRIDAY);
    var toLastSunday = TemporalAdjusters.lastInMonth(DayOfWeek.SUNDAY);

    var day = LocalDate.of(yearMonth.getYear(), yearMonth.getMonth(), 15);

    return new TreeMap<>(Map.of("firstFriday", day.with(toFirstFriday),
                                "firstSunday", day.with(toFirstSunday),
                                "lastFriday", day.with(toLastFriday),
                                "lastSunday", day.with(toLastSunday)));
}
```

Prüfung

Erstellen wir einen Unit Test zur Prüfung:

```
@Test
void testFirstAndLastFridayAndSunday()
{
    final YearMonth march2019 = YearMonth.of(2019, Month.MARCH);

    var expected = Map.of("firstFriday", LocalDate.of(2019, 3, 1),
                          "firstSunday", LocalDate.of(2019, 3, 3),
                          "lastFriday",  LocalDate.of(2019, 3, 29),
                          "lastSunday",  LocalDate.of(2019, 3, 31));

    var result = Ex08_WeekDays.firstAndLastFridayAndSunday(march2019);

    assertEquals(expected, result);
}
```

Lösung 8c: Tag im Monat bzw. Jahr (★☆☆☆☆)

In Aufgabenteil 8b haben wir vier Datumswerte im März 2019 ermittelt. Der wievielte Tag im März war das jeweils? Und der wievielte im Jahr?

Beispiele

Eingabe	Tag im Monat	Tag im Jahr
firstFriday=2019-03-01	1	60
firstSunday=2019-03-03	3	62
lastFriday=2019-03-29	29	88
lastSunday=2019-03-31	31	90

Algorithmus Die Aufgabenstellung ist einfach durch passende Aufrufe zu ermitteln. Damit wir zu einer ansprechenden Ausgabe kommen, verwenden wir `String.format()` mit entsprechenden Formatvorgaben:

```
static void dayOfMonthAndDayInYear(final Map<String, LocalDate> days)
{
    System.out.println("Day            Of Month / Of Year");

    for (final String key : List.of("firstFriday", "firstSunday",
                                     "lastFriday", "lastSunday"))
    {
        final LocalDate day = days.getOrDefault(key, LocalDate.now());

        System.out.println(String.format("%-12s %9d %9d",
                                         key,
                                         day.getDayOfMonth(),
                                         day.getDayOfYear()));
    }
}
```

Prüfung

Die obigen Zeilen geben Folgendes aus, wenn sie mit der in Aufgabenteil 8b berechneten Map als Eingabe aufgerufen werden:

```
Day            Of Month / Of Year
firstFriday           1        60
firstSunday           3        62
lastFriday           29        88
lastSunday           31        90
```

6.3.9 Lösung 9: Sonntage und Schaltjahre (★★☆☆☆)

Lösung 9a: Sonntage

Zählen Sie die Sonntage in einem Bereich, gegeben durch zwei `LocalDate`s. Schreiben Sie dazu eine Methode `Stream<LocalDate> allSundaysBetween(LocalDate, LocalDate)`, wobei das Startdatum inklusive und das Enddatum exklusive anzugeben ist.

Beispiele

Zeitraum	Resultat
1.1.2017 – 1.1.2018	53
1.1.2019 – 7.2.2019	5

Algorithmus Basierend auf dem Stream-API lässt sich die Aufgabenstellung recht leicht realisieren:

```
static Stream<LocalDate> allSundaysBetween(final LocalDate start,
                                           final LocalDate end)
{
    final Predicate<LocalDate> isSunday =
                               day -> day.getDayOfWeek() == DayOfWeek.SUNDAY;

    return start.datesUntil(end).filter(isSunday);
}
```

Prüfung

Für das Jahr 2017 werden 53 Sonntage ermittelt und für den 1.1.2019 bis zum 7.2.2019 sind es erwartungskonform 5, was wir durch folgenden Unit Test sicherstellen:

```
@ParameterizedTest(name = "allSundaysBetween({0}, {1}) => {2}")
@CsvSource({ "2017-01-01, 2018-01-01, 53", "2019-01-01, 2019-02-07, 5" })
void allSundaysBetween(LocalDate start, LocalDate end, int expected)
{
    var result = Ex09_CountSundays.allSundaysBetween(start, end);

    assertEquals(expected, result.count());
}
```

Einmal wieder erkennt man, wie hilfreich die in JUnit 5 integrierten Argumentkonverter sind, sodass die Datumsangaben automatisch in ein `LocalDate` gewandelt werden. Dadurch lassen sich sehr lesbare und verständliche Tests erstellen.

Lösung 9b: Schaltjahre

Zählen Sie die Anzahl der Schaltjahre in einem Bereich gegeben durch `Year`-Instanzen. Schreiben Sie dazu eine Methode `long countLeapYears(Year, Year)`, wobei das Startjahr inklusive und das Endjahr exklusive anzugeben ist.

Beispiele

Zeitraum	Resultat
2010 – 2019	2
2000 – 2019	5

Algorithmus Zwar könnten wir mit etwas Überlegen und Tricksen wieder auf die Methode `datesUntil()` zurückgreifen, doch hier wollen wir einen anderen Weg gehen. Mit dem Stream-API und der Methode `range()` lassen sich Zahlenwerte als Stream erzeugen, Nun filtern wir all diejenigen, die ein Schaltjahr sind. Danach müssen wir zum Zählen lediglich noch `count()` aus dem Stream-API aufrufen:

```
static long countLeapYears(final Year start, final Year end)
{
    return IntStream.range(start.getValue(), end.getValue()).
                     filter(Year::isLeap).
                     count();
}
```

Prüfung

Überprüfen wir die Funktionalität für den Zeitraum von 2010 bis 2019, so sollten wir zwei Schaltjahre als Ergebnis erhalten. Im Zeitraum 2000 bis 2019 sind es sogar fünf:

```
@ParameterizedTest(name = "countLeepYears({0}, {1}) => {2}")
@CsvSource({ "2010, 2019, 2", "2000, 2019, 5" })
public void countLeapYears(Year start, Year end, int expected)
{
    long result = Ex09_CountSundays.countLeapYears(start, end);

    assertEquals(expected, result);
}
```

Auch hier helfen uns die in JUnit 5 integrierten Automatismen der Argumentverarbeitung bei der Konvertierung von Zahlen in Objekte vom Typ `Year`, wodurch dieser Test schön kurz, knapp und präzise gehalten werden kann.

6.3.10 Lösung 10: TemporalAdjuster (★★★☆☆)

Schreiben Sie einen `TemporalAdjuster`, der einen Datumswert auf den Anfang des jeweiligen Quartals setzt, also etwa vom 7. Februar auf den 1. Januar.

Beispiele

Eingabe	Resultat
LocalDate.of(2014, 3, 15)	2014-01-01
LocalDate.of(2014, 6, 15)	2014-04-01
LocalDate.of(2014, 9, 15)	2014-07-01
LocalDate.of(2014, 11, 15)	2014-10-01

Tipp: Schauen Sie sich ein wenig in den Klassen `Month` und `IsoFields` um.

Algorithmus Wenn man ein wenig im Date and Time API herumforscht, dann entdeckt man vielleicht, dass es in `Month` die Methode `getLong(TemporalField)` gibt, mit deren Hilfe sich für einen Monat das Quartal ermitteln lässt. Nun kann man basierend darauf in einem Array den passenden Startmonat zum Quartal ermitteln:

```
public class Ex10_FirstDayOfQuarter implements TemporalAdjuster
{
    private static final Month[] startMonthOfQuarter = { Month.JANUARY,
                                                         Month.APRIL,
                                                         Month.JULY,
                                                         Month.OCTOBER };

    @Override
    public Temporal adjustInto(final Temporal temporal)
    {
        final int currentQuarter = getQuarter(temporal);

        final Month startMonth = startMonthOfQuarter[currentQuarter - 1];

        return LocalDate.from(temporal).
                         withMonth(startMonth.getValue()).
                         with(firstDayOfMonth());
    }

    private int getQuarter(final Temporal temporal)
    {
        return (int)Month.from(temporal).
                          getLong(IsoFields.QUARTER_OF_YEAR);
    }
}
```

Optimierter Algorithmus Die gerade gezeigte Lösung ist allgemeingültig und lässt sich an andere Anforderungen anpassen. Weiteres Experimentieren mit dem Date and Time API bringt uns zu einer vortrefflich kurzen und ebenso sprechenden Lösung:

```
public class Ex10_FirstDayOfQuarterOptimized implements TemporalAdjuster
{
    @Override
    public Temporal adjustInto(final Temporal temporal)
    {
        return LocalDate.from(temporal).with(IsoFields.DAY_OF_QUARTER, 1);
    }
}
```

Prüfung

Ein Unit Test, der die beiden Varianten nutzt, sieht wie folgt aus:

```
@ParameterizedTest(name = "move {0} to first of quarter: {1}")
@CsvSource({ "2014-03-15, 2014-01-01", "2014-06-16, 2014-04-01",
             "2014-09-15, 2014-07-01", "2014-11-15, 2014-10-01" })
void adjustToFirstDayOfQuarter(LocalDate startDate, LocalDate expected)
{
    var result = new Ex10_FirstDayOfQuarter().adjustInto(startDate);

    assertEquals(expected, result);
}

@ParameterizedTest(name = "move {0} to first of quarter: {1}")
@CsvSource({ "2014-03-15, 2014-01-01", "2014-06-16, 2014-04-01",
             "2014-09-15, 2014-07-01", "2014-11-15, 2014-10-01" })
void adjustToFirstDayOfQuarterOptimized(LocalDate startDate, LocalDate expected)
{
    var result = new Ex10_FirstDayOfQuarterOptimized().adjustInto(startDate);

    assertEquals(expected, result);
}
```

6.3.11 Lösung 11: NthWeekdayAdjuster (★★★☆☆)

Schreiben Sie eine Klasse `NthWeekdayAdjuster`, die auf den n-ten Wochentag springt, z. B. den 3. Freitag. Das solle ausgehend von einem durch ein `LocalDate` gegebenen Monatsanfang geschehen. Bei größeren Werten von n, wird in die Folgemonate gesprungen.

Beispiele Überprüfen Sie diese Klasse anhand der folgenden Zeitsprünge startend am 15.08.2015:

Startdatum	Sprungziel	Resultat
15.08.2015 (2015-08-15)	2. Freitag	2015-08-14
15.08.2015 (2015-08-15)	3. Sonntag	2015-08-16
15.08.2015 (2015-08-15)	4. Dienstag	2015-08-25

Algorithmus Wir definieren eine Klasse `Ex11_NthWeekdayAdjuster`, der wir sowohl den gewünschten Wochentag als auch dessen Zahl mitgeben, um die Anpassung auf den n-ten Wochentag vornehmen zu können. Wir erzeugen uns durch Aufruf der Methode `from(TemporalAccessor)` aus der Klasse `LocalDate` eine zum übergebenen `Temporal`-Objekt korrespondierende `LocalDate`-Instanz, die wir mit deren Methode `firstInMonth(DayOfWeek)` auf den ersten gewünschten Wochentag verschieben. Danach nutzen wir die Methode `next(DayOfWeek)`, die uns unter Angabe eines Wochentags zum nächsten befördert. Bei der Zählung müssen wir beachten, dass wir vom 4. Sonntag sprechen, aber die Zählung natürlich bei 1 startet:

```
public class Ex11_NthWeekdayAdjuster implements TemporalAdjuster
{
    private final DayOfWeek dayToAdjust;
    private final int count;

    public Ex11_NthWeekdayAdjuster(final DayOfWeek dayToAdjust, final int count)
    {
        this.dayToAdjust = dayToAdjust;
        this.count = count;
    }

    public Temporal adjustInto(final Temporal input)
    {
        final LocalDate startday = LocalDate.from(input);

        LocalDate adjustedDay =
                  startday.with(TemporalAdjusters.firstInMonth(dayToAdjust));

        for (int i = 1; i < count; i++)
        {
            adjustedDay = adjustedDay.with(TemporalAdjusters.next(dayToAdjust));
        }

        return input.with(adjustedDay);
    }
}
```

Bedenken Sie bei der Implementierung zum Sprung auf den n-ten Wochentag beim Wert 1 zu starten, weil die menschliche Denkweise (in der Regel) nicht 0-basiert ist!

Prüfung

Verifizieren wir unsere Lösung mithilfe des folgenden Unit Tests:

```
@ParameterizedTest(name = "adjusting {0} to {1}. {2} => {3}")
@CsvSource({ "2015-08-15, 2, FRIDAY, 2015-08-14",
             "2015-08-15, 3, SUNDAY, 2015-08-16",
             "2015-08-15, 4, TUESDAY, 2015-08-25" })
void adjustToFirstDayOfQuarter(LocalDate startDay, int count,
                               DayOfWeek dayOfWeek, LocalDate expected)
{
    var nthWeekdayAdjuster = new Ex11_NthWeekdayAdjuster(dayOfWeek, count);

    var result = nthWeekdayAdjuster.adjustInto(startDay);

    assertEquals(expected, result);
}
```

6.3.12 Lösung 12: Payday-TemporalAdjuster (★★★☆☆)

Implementieren Sie eine Klassen `Ex12_NextPaydayAdjuster`, der den typischen Gehaltszahltag in der Schweiz errechnet. Dies ist oftmals der 25. des Monats. Fällt dieser Tag auf ein Wochenende, so gilt der Freitag davor als Auszahlungstag. Befinden wir uns nach dem Auszahlungstag, so ist dieser für den darauffolgenden Monat zu ermitteln. Als Kür gilt es noch, eine Sonderregel für die Gehaltszahlung im Dezember umzusetzen: Hierbei soll die Auszahlung dann Mitte des Monats erfolgen. Gegebenenfalls wird die Zahlung auf den darauffolgenden Montag verlegt, falls der Zahltag auf ein Wochenende fällt.

Beispiele Überprüfen Sie diese Klasse basierend auf den folgenden Datumswerten:

Eingabe	Resultat	Regel
2019-07-21	2019-07-25	normale Anpassung
2019-06-27	2019-07-25	normale Anpassung, nächster Monat
2019-08-21	2019-08-23	Freitag, falls 25. am Wochenende
2019-12-06	2019-12-16	Mitte Monat, Montag nach Wochenende
2019-12-23	2020-01-24	nächster Monat und Freitag, falls 25. am Wochenende

Algorithmus Versuchen wir einmal, die Anforderungen schrittweise zu entwickeln. Wir beginnen mit der Anpassung eines beliebigen Zeitpunkts auf den 25. Tag des Monats.

Ermittlung des 25. eines Monats Um die gewünschte Anpassung des Wochentags zu realisieren, implementieren wir wiederum das Interface `TemporalAdjuster` und im Speziellen die Methode `adjustInto(Temporal)`. Zunächst ermitteln wir durch Aufruf der Methode `from(TemporalAccessor)` aus der Klasse `LocalDate` eine zum übergebenen `Temporal`-Objekt korrespondierende `LocalDate`-Instanz, die wir mit deren Methode `withDayOfMonth(int)` auf den 25. verschieben:

```
class Ex12_NextPaydayAdjuster implements TemporalAdjuster
{
    @Override
    public Temporal adjustInto(final Temporal temporal)
    {
        LocalDate date = LocalDate.from(temporal);

        date = date.withDayOfMonth(25);

        return temporal.with(date);
    }
}
```

Probieren wir das doch einmal in der JShell aus:

```
jshell> import java.time.*
jshell> import java.time.temporal.*

jshell> var jan31 = LocalDate.of(2015, Month.JANUARY, 31)

jshell> jan31.with(new Ex12_NextPaydayAdjuster())
$24 ==> 2015-01-25

jshell> var feb7 = LocalDate.of(2015, Month.FEBRUARY, 7);

jshell> feb7.with(new Ex12_NextPaydayAdjuster())
$26 ==> 2015-02-25
```

Wie hier gezeigt, funktioniert die Anpassung schon ziemlich gut. Es gibt aber noch eine Kleinigkeit zu bedenken: An Tagen nach dem 25. ist der nächste Zahltag nicht im selben Monat, sondern die Tage vom 26. bis zum Monatsende werden zum nächsten Monat gezählt. Somit passen wir die Berechnung wie folgt an:

```
@Override
public Temporal adjustInto(final Temporal temporal)
{
    LocalDate date = LocalDate.from(temporal);

    if (date.getDayOfMonth() > 25)
    {
        date = date.plusMonths(1);
    }
    date = date.withDayOfMonth(25);

    return temporal.with(date);
}
```

Das ist schon ein guter Schritt. Es fehlt noch die Betrachtung von Wochenenden.

Spezialkorrektur für Wochenenden Fällt ein Zahltag auf ein Wochenende, so ist der Freitag davor auszuwählen. Daraus ergibt sich die fett markierte Ergänzung:

```
@Override
public Temporal adjustInto(final Temporal temporal)
{
    LocalDate date = LocalDate.from(temporal);

    if (date.getDayOfMonth() > 25)
    {
        date = date.plusMonths(1);
    }
    date = date.withDayOfMonth(25);

    if (date.getDayOfWeek() == SATURDAY ||
        date.getDayOfWeek() == SUNDAY)
    {
        date = date.with(TemporalAdjusters.previous(FRIDAY));
    }

    return temporal.with(date);
}
```

Man sieht, wie die ursprünglich sehr einfache Methode durch die Integration der realitätsnahen Anforderungen schon ein wenig kompliziert wird – trotzdem bleibt sie aber dank dem neuen Date and Time API recht lesbar!

Spezialbehandlung für Dezember Wir integrieren nun die Spezialbehandlung für den Dezember. Dort erfolgt die Gehaltszahlung Mitte des Monat oder, falls der 15. auf ein Wochenende fällt, am darauffolgenden Montag.

Wenn wir etwas über die Problematik und die Lösung nachdenken, kommen uns möglicherweise die vordefinierten `TemporalAdjuster`-Klassen in den Sinn: Man kann hier die Methoden `nextOrSame(DayOfWeek)` sowie `previousOrSame(DayOfWeek)` und die passenden `TemporalAdjuster`-Instanzen wie folgt nutzen:

```
if (isDecember)
{
    date = date.with(TemporalAdjusters.nextOrSame(MONDAY));
}
else
{
    date = date.with(TemporalAdjusters.previousOrSame(FRIDAY));
}
```

Vollständige Realisierung Nach diesen einzelnen Schritten schauen wir zum besseren Verständnis nochmal auf die sich daraus ergebende vollständige Realisierung:

```
public class Ex12_NextPaydayAdjuster implements TemporalAdjuster
{
  @Override
  public Temporal adjustInto(final Temporal temporal)
  {
     LocalDate date = LocalDate.from(temporal);

     boolean isDecember = date.getMonth() == Month.DECEMBER;
     int paymentDay = isDecember ? 15 : 25;

     if (date.getDayOfMonth() > paymentDay)
     {
       date = date.plusMonths(1);

       // Abfragen nochmals nötig, da eventuell um einen Monat verschoben
       isDecember = date.getMonth().equals(Month.DECEMBER);
       paymentDay = isDecember ? 15 : 25;
     }

     date = date.withDayOfMonth(paymentDay);

     if (date.getDayOfWeek() == DayOfWeek.SATURDAY ||
         date.getDayOfWeek() == DayOfWeek.SUNDAY)
     {
         if (isDecember)
           date = date.with(TemporalAdjusters.nextOrSame(DayOfWeek.MONDAY));
         else
           date = date.with(TemporalAdjusters.previousOrSame(DayOfWeek.FRIDAY));
      }
      return temporal.with(date);
   }
}
```

Prüfung

Weil diese Implementierung schon recht komplex ist, empfiehlt sich dringend ein gründlicher Unit Test mit ein paar Testfällen. Nachfolgend lernen Sie, wie man mithilfe von JUnit 5 sehr aussagekräftige Tests erstellen kann. Dazu nutzen wir folgende Tricks:

- Wir verwenden einen zusätzlichen für den Testfall nicht genutzten Parameter, der Infos zum Testfall bereitstellt.
- Bisher haben wir `@CsvSource` genutzt, um kommasepariert Werte angeben zu können. Das ist hier nicht ohne Weiteres möglich, da in den Hinweistexten mit Kommas gearbeitet wird. Als Abhilfe erlaubt es `@CsvSource`, durch die Angabe von `delimiter` das gewünschte Trennzeichen vorzugeben.

```
@ParameterizedTest(name="adjustToPayday({0}) => {1}, {2}")
@CsvSource(value= { "2019-07-21; 2019-07-25; normale Anpassung",
                    "2019-06-27; 2019-07-25; normale Anpassung " +
                                             "auf nächsten Monat",
                    "2019-08-21; 2019-08-23; Freitag, falls 25. " +
                                             "am Wochenende",
                    "2019-12-06; 2019-12-16; Dezember: Mitte Monat " +
                                             "und Montag nach Wochenende",
                    "2019-12-23; 2020-01-24; nächster Monat und Freitag, " +
                                             "falls 25. am Wochenende"},
           delimiterString=";")
public void adjustInto(LocalDate startDay, LocalDate expected, String info)
{
    final TemporalAdjuster paydayAdjuster = new Ex12_NextPaydayAdjuster();

    final Temporal result = paydayAdjuster.adjustInto(startDay);

    assertEquals(expected, result);
}
```

Weil das Ganze wirklich auch den letzten Testmuffel überzeugen sollte, möchte ich noch die informative Ausgabe in Eclipse abbilden.

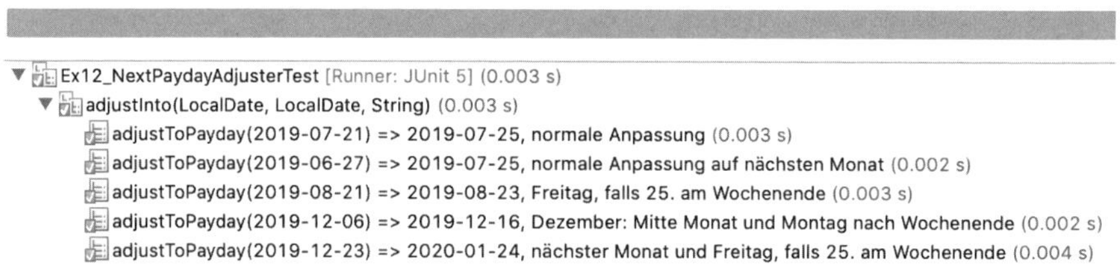

```
▼ Ex12_NextPaydayAdjusterTest [Runner: JUnit 5] (0.003 s)
  ▼ adjustInto(LocalDate, LocalDate, String) (0.003 s)
      adjustToPayday(2019-07-21) => 2019-07-25, normale Anpassung (0.003 s)
      adjustToPayday(2019-06-27) => 2019-07-25, normale Anpassung auf nächsten Monat (0.002 s)
      adjustToPayday(2019-08-21) => 2019-08-23, Freitag, falls 25. am Wochenende (0.003 s)
      adjustToPayday(2019-12-06) => 2019-12-16, Dezember: Mitte Monat und Montag nach Wochenende (0.002 s)
      adjustToPayday(2019-12-23) => 2020-01-24, nächster Monat und Freitag, falls 25. am Wochenende (0.004 s)
```

Abbildung 6-1 *Protokollierung des Unit Tests für* `Ex12_NextPaydayAdjuster`

6.3.13 Lösung 13: Formatting and Parsing (★★☆☆☆)

Erzeugen Sie ein `LocalDateTime`-Objekt und geben Sie es in verschiedenen Formaten aus. Formatieren und parsen Sie es aus diesen Formaten: `dd.MM.yyyy HH`, `dd.MM.yy HH:mm`, `ISO_LOCAL_DATE_TIME`, SHORT und die US-Locale.

Beispiele Für den 27.07.2017 um 13:14:15 h sollte die Ausgabe wie folgt sein:

Formatted	Parsed	Format
27 07 2017 13	2017-07-27T13:00	dd MM yyyy HH
27.07.17 13:14	2017-07-27T13:14	dd.MM.yy HH:mm
2017-07-27T13:14:15	2017-07-27T13:14:15	ISO_LOCAL_DATE_TIME
7/27/17, 1:14 PM	2017-07-27T13:14	SHORT + Locale.US

Tipp: Nutzen Sie die Klasse `DateTimeFormatter` sowie ihre Konstanten und ihre Methoden wie `ofPattern()` und `ofLocalizedDateTime()`.

Algorithmus Zur Formatierung und zum Parsing nutzt man die Klasse `DateTimeFormatter` und ihre vielfältigen Hilfsmethoden. Eine Hilfsmethode, die erst in das gewünschte Format wandelt und danach daraus parst wird wie folgt realisiert:

```
static void applyFormatters(final LocalDateTime base,
                            final List<DateTimeFormatter> formatters)
{
    formatters.forEach((formatter) -> {

        final String formatted = base.format(formatter);

        try
        {
            // Achtung: Fallstrick
            // TemporalAccessor parsed = formatter.parse(formatted);

            LocalDateTime parsed = LocalDateTime.parse(formatted, formatter);

            System.out.println("Formatted: " + formatted + " / " +
                               "Parsed: " + parsed);
        }
        catch (DateTimeParseException ignore)
        {

        }
    });
}
```

Dabei sehen wir als Kommentar angedeutet einen Fallstrick, auf den man gerne mal hereinfällt. Die Formatter haben eine Methode `parse()` zum Parsen, jedoch liefert diese ein allgemeines `TemporalAccessor`-Objekt und nicht die benötigte Spezialisierung.

Prüfung

Zum Ausprobieren in der JShell bedarf es neben des bekannten ersten noch eines weiteren Imports:

```
import java.time.*
import java.time.format.*
```

Dann kann man folgende Zeilen eingeben und die unterschiedlichen Formatierungen nachvollziehen:

```
jshell> var someday = LocalDateTime.of(2017, 7, 27, 13, 14, 15)
   ...>
   ...> var format1 = DateTimeFormatter.ofPattern("dd.MM.yyyy HH")
   ...> var format2 = DateTimeFormatter.ofPattern("dd.MM.yy HH:mm")
   ...> var format3 = DateTimeFormatter.ISO_LOCAL_DATE_TIME
   ...> var format4 = DateTimeFormatter.ofLocalizedDateTime(FormatStyle.SHORT,
   ...>                                                     FormatStyle.SHORT
        )
   ...>                 .withLocale(Locale.US);
   ...>
   ...> applyFormatters(someday, List.of(format1, format2,
   ...>                                  format3, format4));

Formatted: 27.07.2017 13 / Parsed: 2017-07-27T13:00
Formatted: 27.07.17 13:14 / Parsed: 2017-07-27T13:14
Formatted: 2017-07-27T13:14:15 / Parsed: 2017-07-27T13:14:15
Formatted: 7/27/17, 1:14 PM / Parsed: 2017-07-27T13:14
```

6.3.14 Lösung 14: Fault Tolerant Parsing (★★☆☆☆)

Bei der Auswertung von Benutzereingaben kommt es oftmals auf Fehlertoleranz an. Erstellen Sie eine Methode `Optional<LocalDate> faultTolerantParse(String, Set<DateTimeFormatter>)`, die es erlaubt, folgende Datumsformate zu parsen: `dd.MM.yy`, `dd.MM.yyyy`, `MM/dd/yyyy` sowie `yyyy-MM-dd`.

Beispiele Nachfolgende Tabelle zeigt die erwarteten Ergebnisse des Parsings für verschiedene Eingaben – beachten Sie unbedingt, dass bei zweistelligen Jahresangaben im Muster mitunter nicht das korrekte bzw. erwartete Datum erzeugt wird!

Eingabe	Resultat
'07.02.71'	2071-02-07
'07.02.1971'	1971-02-07
'02/07/1971'	1971-02-07
'1971-02-07'	1971-02-07

Algorithmus Das fehlertolerante Parsing besteht darin, für eine Menge an übergebenen `DateTimeFormattern` jeweils das Parsing auszuprobieren. Gibt es dabei eine Exception, so passt das Format nicht und man prüft das Ganze mit dem nächsten Formatter, solange noch weitere verfügbar sind – die für die Aufgabe benötigten Formatter werden in einer separaten Methode erstellt:

```
static Optional<LocalDate> faultTolerantParse(final CharSequence input,
                                              final Set<DateTimeFormatter>
                                                    formatters)
{
    LocalDate result = null;

    var it = formatters.iterator();
    while (result == null && it.hasNext())
    {
        var entry = it.next();
        try
        {
            result = LocalDate.parse(input, entry);
        }
        catch (DateTimeParseException ignore)
        {
            // try next
        }
    }

    return Optional.ofNullable(result);
}

static Set<DateTimeFormatter> populateFormatters()
{
    final Set<DateTimeFormatter> formatters = new LinkedHashSet<>();
    formatters.add(DateTimeFormatter.ofPattern("dd.MM.yy"));
    formatters.add(DateTimeFormatter.ofPattern("dd.MM.yyyy"));
    formatters.add(DateTimeFormatter.ofPattern("MM/dd/yyyy"));
    formatters.add(DateTimeFormatter.ofPattern("yyyy-MM-dd"));
    return formatters;
}
```

Prüfung

Wir definieren vier verschiedene zu unterstützende Datumsformate und danach einige den Formaten entsprechende Datumsnotationen. Der Test zeigt, dass Eingaben in jedem der vier Formate erfolgreich erkannt und geparst werden:

```
@ParameterizedTest(name = "faultTolerantParse({0}) expected date {1}")
@CsvSource({ "07.02.71, 2071-02-07", "07.02.1971, 1971-02-07",
             "02/07/1971, 1971-02-07", "1971-02-07, 1971-02-07" })
void faultTolerantParse(String dateAsString, LocalDate expected)
{
    var formatters = Ex14_FaultTolerantParser.populateFormatters();

    var optParsedLocalDate =
        Ex14_FaultTolerantParser.faultTolerantParse(dateAsString, formatters);

    assertTrue(optParsedLocalDate.isPresent());
    assertEquals(expected, optParsedLocalDate.get());
}
```

Schließlich wollen wir uns noch anschauen, wie sich das fehlertolerante Parsen für zwei abweichende Formate verhält. Wir erwarten, dass aufgrund des nicht passenden Formats kein `LocalDate` geliefert werden kann:

```
@ParameterizedTest(name = "faultTolerantParse({0}) expected empty")
@CsvSource({ "31-01-1940", "1940/01/31" })
void faultTolerantParseInvalidFormats(String dateAsString)
{
    var formatters = Ex14_FaultTolerantParser.populateFormatters();

    var optParsedLocalDate =
        Ex14_FaultTolerantParser.faultTolerantParse(dateAsString, formatters);

    assertTrue(optParsedLocalDate.isEmpty());
}
```

7 Basisdatenstrukturen: Listen, Sets und Maps

Im Collections-Framework werden Listen, Mengen und Schlüssel-Wert-Abbildungen durch sogenannte ***Containerklassen*** realisiert. Diese verwalten Objekte anderer Klassen. Als Basis für die Containerklassen dienen die Interfaces `List<E>`, `Set<E>` und `Map<K,V>` aus dem Package `java.util`. Die Containerklassen speichern Objektreferenzen. Somit ist die Verarbeitung primitiver Typen dort nur möglich, wenn diese in ein Wrapper-Objekt (wie `Byte`, `Integer` oder `Double`) umgewandelt werden. Durch das seit Java 5 implizite Auto-Boxing/-Unboxing geschieht dies automatisch.

7.1 Einführung

7.1.1 Das Interface `Collection`

Das Interface `java.util.Collection<E>` definiert die Basis für diverse Containerklassen, die das Interface `List<E>` bzw. `Set<E>` erfüllen. Das Interface `Collection<E>` bietet folgende Methoden, aber *keinen* indizierten Zugriff:

- `int size()` – Ermittelt die Anzahl der in der Collection gespeicherten Elemente.
- `boolean isEmpty()` – Prüft, ob Elemente vorhanden sind.
- `boolean add(E element)` – Fügt ein Element zur Collection hinzu.
- `boolean addAll(Collection<? extends E> collection)` – Ist eine auf eine Menge bezogene sogenannte ***Bulk-Operation*** (Massenoperation), die der Collection alle übergebenen Elemente hinzufügt.
- `boolean remove(Object object)` – Entfernt ein Element aus der Collection.
- `boolean removeAll(Collection<?> collection)` – Entfernt aus der Collection alle übergebenen Elemente, sofern vorhanden.
- `boolean contains(Object object)` – Prüft, ob das Element in der Collection enthalten ist.
- `boolean containsAll(Collection<?> collection)` – Prüft, ob alle angegebenen Elemente in der Collection enthalten sind.
- `boolean retainAll(Collection<?> collection)` – Behält alle Elemente der Collection bei, die in der übergebenen Collection auch enthalten sind.

Die modifizierenden Methoden wie `add()` und `remove()` liefern den Wert `true`, falls sich die Collection geändert hat, ansonsten `false`. Das ist insbesondere auch für Sets wichtig.

Tipp: Signatur von `contains()`, `containsAll()` und anderen

Eine kleine Anmerkung noch: Wieso verwenden die Methoden `contains()` `containsAll()` und `retainAll()` und auch `remove()` sowie `removeAll()` nicht den generischen Typ `E`, sondern `Object`? Laut Methodenkontrakt wird das hereingereichte Objekte mit `equals(Object)` mit den Elementen der Collection verglichen, dabei ist der Typ nur indirekt durch die Implementierung von `equals(Object)` von Bedeutung.

7.1.2 Listen und das Interface `List<E>`

Unter einer Liste versteht man eine über ihre Position geordnete Folge von Elementen – dabei sind auch Duplikate erlaubt. Das Collections-Framework definiert zur Beschreibung von Listen das Interface `List<E>`. Dieses ermöglicht einen indizierten Zugriff und unter anderem das Hinzufügen und Entfernen von Elementen. Bekannte Implementierungen sind die Klassen `ArrayList<E>` und `LinkedList<E>`.

Das Interface `List`

Das Interface `List<E>` bildet die Basis für alle Listen und bietet *zusätzlich* zu den Methoden des Interface `Collection<E>` folgende indizierte, 0-basierte Zugriffe:

- `E get(int index)` – Ermittelt das Element der Liste an der Position `index`.
- `void add(int index, E element)` – Fügt das Element `element` an der Position `index` der Liste ein.
- `E set(int index, E element)` – Ersetzt das Element an der Position `index` der Liste durch das übergebene Element `element`. Liefert das zuvor an dieser Position gespeicherte Element zurück.
- `E remove(int index)` – Entfernt das Element an der Position `index` der Liste. Liefert das gelöschte Element zurück.
- `int indexOf(Object object)` und Diese Methoden liefern die Position eines gesuchten Elements zurück. Die Gleichheit zwischen dem Suchelement und den einzelnen Elementen der Liste wird mit der Methode `equals(Object)` überprüft. Die Suche startet dabei entweder am Anfang (`indexOf(Object)`) oder am Ende der Liste (`lastIndexOf(Object)`).

7.1.3 Mengen und das Interface Set

Nachfolgend kommen wir zu Mengen und dem Interface Set<E>. Das mathematische Konzept der Mengen besagt, dass diese keine Duplikate enthalten.

Das Interface Set

Das Interface Set<E> basiert auf dem Interface Collection<E>. Im Gegensatz zum Interface List<E> sind im Interface Set<E> keine Methoden zusätzlich zu denen des Interface Collection<E> vorhanden – allerdings wird das Verhalten für die Methoden add(E) und addAll(Collection<? extends E>) derart präzisiert, dass keine Duplikate möglich sind. Das ist nötig, um Duplikatfreiheit zu garantieren, selbst dann, wenn der Menge das gleiche Objekt mehrfach hinzugefügt wird.

7.1.4 Schlüssel-Wert-Abbildungen und das Interface Map

Wenden wir uns nun dem Interface Map<K,V> zu. Implementierungen davon realisieren Abbildungen von Schlüsseln auf Werte. Häufig werden Maps auch als ***Dictionary*** oder als ***Lookup-Tabelle*** bezeichnet. Die zugrunde liegende Idee ist, jedem gespeicherten Wert einen eindeutigen Schlüssel zuzuordnen. Ein intuitiv verständliches Beispiel sind Telefonbücher, bei denen Namen auf Telefonnummern abgebildet werden. Eine Suche über einen Namen (Schlüssel) liefert meistens recht schnell eine Telefonnummer (Wert). Falls keine Rückabbildung von Telefonnummer auf Name existiert, wird das Ermitteln eines Namens zu einer Telefonnummer ziemlich aufwendig.

Das Interface Map

Maps speichern Schlüssel-Wert-Paare. Jeder Eintrag wird durch das innere Interface Map.Entry<K,V> repräsentiert, das die Abbildung zwischen Schlüsseln (Typparameter K) und Werten (Typparameter V) realisiert. Die Methoden im Interface Map<K,V> sind daher auf diese spezielle Form der Speicherung von Schlüssel-Wert-Abbildungen ausgelegt, ähneln aber denen des Interface Collection<E>. Allerdings bildet Collection<E> nicht die Basis von Map<K,V>, das vielmehr einen davon unabhängigen Basistyp darstellt.

Das Interface Map<K,V> bietet unter anderem folgende Methoden:

- V put(K key, V value) – Fügt dieser Map eine Abbildung (von Schlüssel auf Wert) als Eintrag hinzu. Falls zu dem übergebenen Schlüssel bereits ein Wert gespeichert ist, so wird dieser mit dem neuen Wert überschrieben. Die Methode gibt den zuvor mit diesem Schlüssel verbundenen Wert zurück, sofern es einen derartigen Eintrag gab, ansonsten wird null zurückgegeben.
- void putAll(Map<? extends K, ? extends V> map) – Fügt alle Einträge aus der übergebenen Map in diese Map ein. Werte bereits existierender Einträge werden, analog zur Arbeitsweise der Methode put(K,V), überschrieben.

- `V remove(Object key)` – Löscht einen Eintrag (Schlüssel und zugehörigen Wert) aus der Map. Als Rückgabe erhält man den zum Schlüssel `key` gehörenden Wert oder `null`, wenn zu diesem Schlüssel kein Eintrag gespeichert war.
- `V get(Object key)` – Ermittelt zu einem Schlüssel `key` den assoziierten Wert. Existiert kein Eintrag zu dem Schlüssel, so wird `null` zurückgegeben.
- `boolean containsKey(Object key)` – Prüft, ob der Schlüssel `key` in der Map gespeichert ist, und liefert genau dann `true`, wenn dies der Fall ist.
- `boolean containsValue(Object value)` – Prüft, ob der Wert `value` in der Map gespeichert ist, und liefert genau dann `true`, wenn dies der Fall ist.
- `void clear()` – Löscht alle Einträge der Map.
- `int size()` – Ermittelt die Anzahl der in der Map gespeicherten Einträge.
- `boolean isEmpty()` – Prüft, ob die Map leer ist.

Ergänzend zu den gerade vorgestellten Methoden gibt es noch folgende Methoden, die Zugriff auf gespeicherte Schlüssel, Werte und Einträge bieten:

- `Set<K> keySet()` – Liefert eine Menge mit allen Schlüsseln.
- `Collection<V> values()` – Liefert die Werte in Form einer Collection.
- `Set<Map.Entry<K,V>> entrySet()` – Liefert die Menge aller Einträge. Dadurch hat man sowohl Zugriff auf die Schlüssel als auch auf die Werte.

Diese drei Methoden liefern jeweils Sichten auf die Daten. Erfolgen Veränderungen in der zugrunde liegenden Map, so werden diese in den Sichten widergespiegelt. ***Beachten Sie bitte, dass Änderungen in der jeweiligen Sicht ebenfalls in die Map übertragen werden***.

Kurz möchte ich noch auf den unterschiedlichen Rückgabetyp von `keySet()` und `values()` eingehen. Die Methode `keySet()` liefert eine `Set<K>`, weil die Schlüssel in der Map eindeutig sein müssen. Die Werte dürfen mehrfach auftreten, sodass `values()` eine `Collection<V>` liefert.

7.1.5 Der Stack als LIFO-Datenstruktur

Die Datenstruktur Stack wird im JDK durch die Klasse `java.util.Stack<E>` modelliert. Ein Stack ist einem Stapel Papier bzw. einer Schreibtischablage nachempfunden, auf die man oben Dinge drauflegt und von der man jeweils Dinge nur von oben nehmen kann. Zudem ist ein Blick auf das oberste Element möglich. Darüber hinaus gibt es noch eine Größenangabe oder zumindest eine Prüfung, ob Elemente vorhanden sind. Damit ergeben sich folgende Methoden, die das API bilden:

1. `void push(E)` – Ein Element oben hinzufügen.
2. `E pop()` – Das oberste Element nehmen.
3. `E peek()` – Einen Blick auf das oberste Element werfen.
4. `boolean isEmpty()` – Prüfen, ob der Stack leer ist.

Diese vier Methoden reichen, um Stacks für diverse Aufgabenstellungen in der Praxis und für Algorithmen gewinnbringend einsetzen zu können, etwa wenn man Reihenfolgen umkehren muss. Diese Eigenschaft wird in der Informatik durch den Begriff LIFO für Last In First Out gekennzeichnet.

Beispiel

Man kann beispielsweise einige Elemente auf den Stack legen, dann auf das oberste schauen, danach dann wieder Elemente von oben abnehmen und schließlich prüfen, ob der Stack erwartungskonform leer ist:

```
final Stack<String> stack = new Stack<>();
stack.push("first");
stack.push("second");

System.out.println("PEEK: " + stack.peek());
System.out.println("POP: " + stack.pop());
System.out.println("POP: " + stack.pop());
System.out.println("ISEMPTY: " + stack.isEmpty());
```

Das liefert folgende Ausgaben:

```
PEEK: second
POP: second
POP: first
ISEMPTY: true
```

7.1.6 Die Queue als FIFO-Datenstruktur

Zum Abschluss dieser Einführung in wichtige Datenstrukturen möchte ich auf die Datenstruktur Queue, die im JDK durch das Interface `java.util.Queue<E>` modelliert wird, eingehen.

Eine Queue ist einer Warteschlange an einer Kasse nachempfunden. Die Leute stellen sich an und wer zuerst kam, wird auch zuerst bedient, was man in der Informatik als FIFO für First In First Out kennt.

Leider ist das Interface `Queue<E>` im JDK ziemlich überladen, da es von Collection abgeleitet wurde – ein ähnlicher Designfehler wie beim Stack des JDKs. In beiden Fällen wird das API mit einer Vielzahl an eigentlich irrelevanten Methoden »verschmutzt«, wodurch Fehlverwendungen vorprogrammiert sind.

Normalerweise benötigt man nur einige wenige Aktionen, um eine Warteschlange gewinnbringend zu nutzen, wie Elemente hinzufügen und wieder entnehmen. Zudem ist ein Blick auf das Element am Anfang möglich. Darüber hinaus gibt es noch eine Größenangabe oder zumindest eine Prüfung, ob Elemente vorhanden sind. Damit ergeben sich folgende Methoden, die das API bilden:

1. `void offer(E)` – Ein Element am Ende der Queue hinzufügen.
2. `E poll()` – Das Element am Anfang der Queue entnehmen.

3. `E peek()` – Einen Blick auf das Element am Anfang der Queue werfen.
4. `boolean isEmpty()` – Prüfen, ob die Queue leer ist.

Diese vier Methoden reichen, um Queues für diverse Aufgabenstellungen in der Praxis und für Algorithmen gewinnbringend einsetzen zu können, etwa wenn man rekursive Algorithmen in iterative verwandeln möchte.

Als kleine Randbemerkung noch Folgendes: Die Methodennamen zum Einfügen und Entfernen sind dem Java-API entlehnt. Würde man den Datencontainer selbst entwickeln, wären sicher `void enqueue(E)` zum Einfügen und `E dequeue()` zum Entnehmen bessere Namen, da sie das Konzept deutlicher reflektieren.

Beispiel

Man kann beispielsweise einige Elemente in die Queue einfügen, danach verarbeitet man diese, so lange es Elemente gibt. Um eine Spezialbehandlung zu zeigen, wird für den Eintrag »Michael« eine erneute Verarbeitung angestrebt. Ähnliche Idiome finden Sie in diversen Algorithmen, die Queues als Datenstruktur nutzen.

```
public static void main(final String[] args)
{
    final Queue<String> waitingPersons = new LinkedList<>();

    waitingPersons.offer("Marcello");
    waitingPersons.offer("Michael");
    waitingPersons.offer("Karthi");

    while (!waitingPersons.isEmpty())
    {
        if (waitingPersons.peek().equals("Michael"))
        {
            // Am Ende "neu anstellen" und verarbeiten
            waitingPersons.offer("Michael again");
            waitingPersons.offer("Last Man");
        }
        final String nextPerson = waitingPersons.poll();
        System.out.println("Processing " + nextPerson);
    }
}
```

Das kleine Beispielprogramm liefert folgende Ausgaben:

```
Processing Marcello
Processing Michael
Processing Karthi
Processing Michael again
Processing Last Man
```

7.2 Aufgaben

7.2.1 Aufgabe 1: Mengenoperationen (★★☆☆☆)

Aufgabe 1a: Gemeinsame Elemente (★★☆☆☆)

Ermitteln Sie die gemeinsamen Elemente zweier Collections A und B, sowohl mit als auch ohne Einsatz passender Methoden des Collections-Frameworks. Schreiben Sie eine Methode `Set<T> findCommon(Collection<T>, Collection<T>)`.

Beispiele

Eingabe A	Eingabe B	Ergebnis
[1, 2, 4, 7, 8]	[2, 3, 7, 9]	[2, 7]
[1, 2, 7, 4, 7, 8]	[7, 7, 3, 2, 9]	[2, 7]
[2, 4, 6, 8]	[1, 3, 5, 7, 9]	∅ = []

Aufgabe 1b: Mengenoperationen(★★☆☆☆)

Berechnen Sie für die zwei Mengen A und B jeweils die Differenzmengen $A - B$ und $B - A$, die Vereinigungsmenge $A \cup B$ sowie die Schnittmenge $A \cap B$.

Beispiele

Eingabe A	Eingabe B	A - B	B - A	A ∪ B	A ∩ B
[1, 2, 3, 4, 5]	[2, 4, 6, 7]	[1, 3, 5]	[6, 7]	[1, 2, 3, 4, 5, 6, 7]	[2, 4]
[2, 4, 6]	[1, 3, 5, 7]	[2, 4, 6]	[1, 3, 5, 7]	[1, 2, 3, 4, 5, 6, 7]	∅ = []

7.2.2 Aufgabe 2: List Reverse (★★☆☆☆)

Aufgabe 2a: List Reverse (★★☆☆☆)

Schreiben Sie eine Methode `List<T> reverse(List<T>)`, die eine Ergebnisliste erzeugt und die Elemente der Originalliste dort in umgekehrter Reihenfolge liefert.

Beispiele

Eingabe	Resultat
[1, 2, 3, 4]	[4, 3, 2, 1]
["A", "BB", "CCC", "DDDD"]	["DDDD", "CCC", "BB", "A"]

Aufgabe 2b: List Reverse Inplace (★★☆☆☆)

Was ändert sich, wenn man das Umdrehen der Reihenfolge inplace implementieren möchte, um bei sehr großen Datenbeständen speicheroptimal zu sein? Was sollte dann gegeben sein?

Aufgabe 2c: List Reverse ohne performanten Indexzugriff (★★☆☆☆)

Gehen wir nun davon aus, es wäre kein performanter wahlfreier Indexzugriff verfügbar. Was passiert, wenn wir eine `LinkedList<E>` in der Reihenfolge umdrehen wollen? Dort führt jeder positionsbasierte Zugriff zu einem Listendurchlauf bis zu dem gewünschten Element. Wie vermeiden Sie das?

Tipp Nutzen Sie einen Stack.

7.2.3 Aufgabe 3: Duplikate entfernen (★★☆☆☆)

Aus einer Liste sollen Sie die doppelten Einträge entfernen. Dabei gilt die Randbedingung, dass die ursprüngliche Reihenfolge bestehen bleibt. Schreiben Sie dazu eine Methode `List<T> removeDuplicates(List<T>)`.

Beispiele

Eingabe	Resultat
[1, 1, 2, 3, 4, 1, 2, 3]	[1, 2, 3, 4]
[7, 5, 3, 5, 1]	[7, 5, 3, 1]
[1, 1, 1, 1]	[1]

7.2.4 Aufgabe 4: Maximaler Gewinn (★★★☆☆)

Stellen wir uns vor, wir hätten eine zeitlich geordnete Folge von Preisen und wollten den maximalen Gewinn berechnen. Dabei gilt es zu ermitteln, zu welchem Zeitpunkt (bzw. hier Wert) idealerweise gekauft und zu welchem verkauft werden müsste. Schreiben Sie dazu eine Methode `int maxRevenue(List<Integer>)`, wobei die zeitliche Ordnung durch den Index in der Liste ausgedrückt wird.

Beispiele

Eingabe	Resultat
[255, 260, 250, 240, 228, 270, 300, 210, 245]	72
[0, 10, 20, 30, 40, 50, 60, 70]	70
[70, 60, 50, 40, 30, 20, 10, 0]	0
[]	0

7.2.5 Aufgabe 5: Längstes Teilstück (★★★☆☆)

Stellen wir uns vor, wir würden Aktienkurse oder Höhenangaben einer Strecke durch eine Liste mit Zahlen modellieren. Finden Sie dort die längste Folge von Zahlen, deren Werte aufsteigen bzw. zumindest gleich bleiben. Schreiben Sie eine Methode `List<Integer> findLongestGrowingSequence(List<Integer>)`.

Beispiele

Eingabe	Resultat
[7, 2, 7, 1, 2, 5, 7, 1]	[1, 2, 5, 7]
[7, 2, 7, 1, 2, 3, 8, 1, 2, 3, 4, 5]	[1, 2, 3, 4, 5]
[1, 1, 2, 2, 2, 3, 3, 3, 3]	[1, 1, 2, 2, 2, 3, 3, 3, 3]

7.2.6 Aufgabe 6: Eigener Stack (★★☆☆☆)

Betrachten Sie die Klasse `java.util.Stack<E>` aus dem JDK. Führen Sie eine Designanalyse durch und finden Sie mögliche Schwachstellen. Definieren Sie die grundlegenden Anforderungen an einen Stack und implementieren Sie basierend darauf eine Klasse `Ex06_Stack<E>` unter Verwendung einer `List<E>`.

7.2.7 Aufgabe 7: Wohlgeformte Klammern (★★☆☆☆)

Schreiben Sie eine Methode `boolean checkParentheses(String)`, die prüft, ob ein Folge von Klammern jeweils sauber geschachtelt ist. Dabei sollen beliebig runde, eckige und geschweifte Klammern, aber keine anderen Zeichen, akzeptiert werden.

Beispiele

Eingabe	Resultat	Kommentar
"(())"	true	
"({[]})"	true	
"((())"	false	ungerade Anzahl an Klammerzeichen
"((a)"	false	falsches Zeichen, keine Klammer
"((])"	false	keine passende Klammerung

Bonus Erweitern Sie die Lösung so, dass eine klare Zuordnung von Fehlerursachen möglich wird. Starten Sie mit folgender `enum`-Aufzählung:

```
static enum CheckResult
{
    OK, ODD_LENGTH, CLOSING_BEFORE_OPENING, MISMATCHING, INVALID_CHAR,
    REMAINING_OPENING
}
```

7.2.8 Aufgabe 8: Check Magic Triangle (★★★☆☆)

Schreiben Sie eine Methode `boolean isMagicTriangle(List<Integer>)`, die prüft, ob eine Folge von Zahlen ein magisches Dreieck bildet. Ein solches ist definiert als ein Dreieck, bei dem die jeweiligen Summen der Werte der drei Seiten alle gleich sein müssen.

Beispiele Nachfolgend ist das für je ein Dreieck der Seitenlänge drei und der Seitenlänge vier gezeigt:

```
  1         2
 6 5       8 5
2 4 3     4   9
         3 7 6 1
```

Damit ergeben sich folgende Seiten und Summen:

Eingabe	Werte 1	Werte 2
Seite 1	1 + 5 + 3 = 9	2 + 5 + 9 + 1 = 17
Seite 2	3 + 4 + 2 = 9	1 + 6 + 7 + 3 = 17
Seite 3	2 + 6 + 1 = 9	3 + 4 + 8 + 2 = 17

Tipp Stellen Sie die einzelnen Seiten des Dreiecks als Teillisten dar und nutzen Sie zur Extraktion der jeweiligen Seiten die Methode `List<E> subList(int startInclusive, int endExclusive)`.

7.2.9 Aufgabe 9: Pascal'sches Dreieck (★★★☆☆)

Schreiben Sie eine Methode `List<List<Integer>> pascal(int)`, die das Pascal´sche Dreieck in Form verschachtelter Listen berechnet. Bekanntermaßen ergibt sich jede neue Zeile aus der vorhergehenden. Falls dort mehr als zwei Elemente existieren, werden jeweils zwei Werte addiert und die Summen bilden die Werte der neuen Zeile. In jedem Fall wird vorne und hinten eine 1 hinzugefügt.

Beispiel Für den Wert 5 ergibt sich folgende Repräsentation:

```
[1]
[1, 1]
[1, 2, 1]
[1, 3, 3, 1]
[1, 4, 6, 4, 1]
```

7.2.10 Aufgabe 10: Häufigste Elemente (★★☆☆☆)

Schreiben Sie eine Methode `Map<Integer, Long> valueCount(List<Integer>)`, die ein Histogramm, also die Verteilung der Häufigkeiten der Zahlen in der übergebenen Liste, ermittelt. Schreiben Sie zudem eine Methode `Map<Integer, Long> sortByValue(Map<Integer, Long>)`, die die Map anstatt nach Schlüssel nach ihren Werten sortiert. Dabei ist eine absteigende Sortierung zu realisieren, wodurch die höchsten Werte am Anfang aufgeführt werden.

Beispiele

Eingabe	Resultat	Häufigste(s)
[1, 2, 3, 4, 4, 4, 3, 3, 2, 4]	{1=1, 2=2, 3=3, 4=4}	4=4
[1, 1, 1, 2, 2, 2, 3, 3, 3]	{1=3, 2=3, 3=3}	je nach Abfrage, logisch alle

7.2.11 Aufgabe 11: Addition von Ziffern (★★★☆☆)

Betrachten wir zwei Dezimalzahlen, die addiert werden sollen. Klingt simpel, doch für diese Aufgabenstellung sind die Zahlen interessanterweise als Liste von Ziffern repräsentiert. Schreiben Sie eine Methode `List<Integer> listAdd(List<Integer>, List<Integer>)`. Denken Sie auch an den Spezialfall, dass es einen Überlauf gibt.

Aufgabe 11a: Addition (★★★☆☆)

Im ersten Teil der Aufgabe sollen die Ziffern in der Reihenfolge ihres Vorkommens in der Liste gespeichert sein.

Beispiele

Eingabe 1	Eingabe 2	Resultat
123 = [1, 2, 3]	456 = [4, 5, 6]	579 = [5, 7, 9]
927 = [9, 2, 7]	135 = [1, 3, 5]	1062 = [1, 0, 6, 2]

Aufgabe 11b: Addition Invers (★★★☆☆)

Was ändert sich, wenn die Ziffern in umgekehrter Reihenfolge in der Liste gespeichert sind?

Beispiele

Eingabe 1	Eingabe 2	Resultat
123 = [3, 2, 1]	456 = [6, 5, 4]	579 = [9, 7, 5]
927 = [7, 2, 9]	135 = [5, 3, 1]	1062 = [2, 6, 0, 1]

7.2.12 Aufgabe 12: Compound Key (★★☆☆☆)

Stellen Sie sich vor, Sie wollten in einer Map zwei oder mehrere Werte als Key nutzen, also einen sogenannten Verbundschlüssel oder Compound Key verwenden. Ein solcher besteht beispielsweise aus zwei `int`-Werten oder aus einem `String` und einem `int`. Wie lässt sich dies erreichen?

Beispiele

Compound Key (Name, Alter)	Hobbys
(Peter, 22)	TV
(Mike, 48)	Java, Cycling, Movies

Compound Key (Monat, Jahr)	Konferenzen
(September, 2019)	ch open Zürich, Oracle Code One SF
(Oktober, 2019)	JAX London
(November, 2019)	W-JAX München

7.2.13 Aufgabe 13: List Merge (★★☆☆☆)

Gegeben seien zwei Listen mit jeweils in sich aufsteigend sortierten Zahlen, die gemäß ihrer Reihenfolge geordnet in eine Ergebnisliste überführt werden sollen. Schreiben Sie eine Methode `List<Integer> merge(List<Integer>, List<Integer>)`.

Beispiele

Eingabe 1	Eingabe 2	Resultat
1, 4, 7, 12, 20	10, 15, 17, 33	1, 4, 7, 10, 12, 15, 17, 20, 33
2, 3, 5, 7	11, 13, 17	2, 3, 5, 7, 11, 13, 17
2, 3, 5, 7, 11	7, 11, 13, 17	2, 3, 5, 7, 7, 11, 11, 13, 17
[1, 2, 3]	$\emptyset$ = []	[1, 2, 3]

7.2.14 Aufgabe 14: Excel Magic Select (★★☆☆☆)

Wenn Sie ein wenig mit Excel arbeiten, dann haben Sie bestimmt schon einmal die sogenannte Magic Selection verwendet. Diese füllt einen markierten Bereich fortlaufend mit Werten auf Basis der vorhergehenden Werte. Das funktioniert beispielsweise für Zahlen, Wochentage oder Datumsangaben. Schreiben Sie dazu eine Methode `List<Integer> generateFollowingValues(int, int)`, die das für Zahlen implementiert. Erstellen Sie eine Abwandlung davon, die für Wochentage funktioniert und folgende Signatur besitzt: `List<DayOfWeek> generateFollowingValues(DayOfWeek, int)`

Beispiele

Startwert	Anzahl	Resultat
1	7	[1, 2, 3, 4, 5, 6, 7]
5	4	[5, 6, 7, 8]
FRIDAY	8	[FRIDAY, SATURDAY, SUNDAY, MONDAY, TUESDAY, WEDNESDAY, THURSDAY, FRIDAY]

7.3 Lösungen

7.3.1 Lösung 1: Mengenoperationen (★★☆☆☆)

Lösung 1a: Gemeinsame Elemente (★★☆☆☆)

Ermitteln Sie die gemeinsamen Elemente zweier Collections A und B, sowohl mit als auch ohne Einsatz passender Methoden des Collections-Frameworks. Schreiben Sie eine Methode `Set<T> findCommon(Collection<T>, Collection<T>)`.

Beispiele

Eingabe A	Eingabe B	Ergebnis
[1, 2, 4, 7, 8]	[2, 3, 7, 9]	[2, 7]
[1, 2, 7, 4, 7, 8]	[7, 7, 3, 2, 9]	[2, 7]
[2, 4, 6, 8]	[1, 3, 5, 7, 9]	$\emptyset$ = []

Algorithmus Das Collections-Framework bietet die Methode `retainAll()`, um gemeinsame Elemente zu ermitteln – dabei muss für das Ergebnis ein neues `Set<E>` erstellt werden, damit es zu keiner Modifikation in den Original-Collections kommt:

```
static <T> Set<T> findCommon(final Collection<T> collection1,
                             final Collection<T> collection2)
{
    final Set<T> results = new HashSet<>(collection1);
    results.retainAll(collection2);

    return results;
}
```

Anstatt JDK-Methoden einzusetzen, nutzen wir nun Maps: Dort verwalten wir einen Zähler für das Enthaltensein in Collection 1 bzw. 2. Um diese passend zu befüllen, durchlaufen wir zunächst alle Elemente aus Collection 1 und tragen in die Map den Wert 1 ein. Nun durchlaufen wir alle Elemente der zweiten Collection. Mit `computeIfPresent()` erhöhen wir den Zähler, sofern für den Wert bereits ein Eintrag in der Map existiert. Dadurch erhalten alle Elemente, die in beiden Collections sind den Wert 2 und bei mehrfachem Vorkommen einen höheren Wert. Andererseits werden Elemente ausschließlich aus Collection 2 nie gespeichert. Zum Abschluss behalten wir nur die Einträge, deren Anzahl größer gleich 2 ist:

```
static <T> Set<T> findCommonNoJdk(final Collection<T> collection1,
                                  final Collection<T> collection2)
{
    final Map<T, Long> results = new HashMap<>();
    populateFromCollection1(collection1, results);
    markIfAlsoInSecond(collection2, results);

    return removeAllJustInOneCollection(results);
}

static <T> void populateFromCollection1(final Collection<T> collection1,
                                        final Map<T, Long> results)
{
    for (T elem1 : collection1)
        results.put(elem1, 1L);
}

static <T> void markIfAlsoInSecond(final Collection<T> collection2,
                                   final Map<T, Long> results)
{
    for (T elem2 : collection2)
        results.computeIfPresent(elem2, (key, value) -> value + 1);
}

static <T> Set<T> removeAllJustInOneCollection(final Map<T, Long> results)
{
    return results.entrySet().stream().filter(entry -> entry.getValue() >= 2).
                                       map(entry -> entry.getKey()).
                                       collect(Collectors.toSet());
}
```

Optimierter Algorithmus Tatsächlich kann man die Aufgabenstellung kompakter und verständlicher lösen, indem man in einer Schleife für alle Elemente aus der ersten Collection prüft, ob diese in der zweiten enthalten ist und für den Fall dann diesen Wert in die Ergebnismenge aufnimmt:

```
static <T> Set<T> findCommonTwoLoops(final Collection<T> collection1,
                                     final Collection<T> collection2)
{
    final Set<T> results = new HashSet<>();
    for (T elem1 : collection1)
    {
        for (T elem2 : collection2)
        {
            if (elem1.equals(elem2))
                results.add(elem1);
        }
    }
    return results;
}
```

Prüfung

Die Implementierungen prüfen wir durch folgende Unit Tests – hier nur für die erste Methode gezeigt, aber für alle in den Begleitsourcen verfügbar:

```
@ParameterizedTest(name = "findCommon({0}, {1}) = {2}")
@MethodSource("createCollectionsAndExpected")
void testFindCommon(Collection<Integer> col1,
                    Collection<Integer> col2, Set<Integer> expected)
{
    final Set<Integer> result = Ex01_SetOperations.findCommon(col1, col2);

    assertEquals(expected, result);
}

private static Stream<Arguments> createCollectionsAndExpected()
{
    return Stream.of(Arguments.of(List.of(1, 2, 4, 7, 8),
                                  List.of(2, 3, 7, 9), Set.of(2, 7)),
                     Arguments.of(List.of(1, 2, 7, 4, 7, 8),
                                  List.of(7, 7, 3, 2, 9), Set.of(2, 7)),
                     Arguments.of(List.of(2, 4, 6, 8),
                                  List.of(1, 3, 5, 7, 9), Set.of()));
}
```

Lösung 1b: Mengenoperationen (★★☆☆☆)

Berechnen Sie für die zwei Mengen A und B jeweils die Differenzmengen $A - B$ und $B - A$, die Vereinigungsmenge $A \cup B$ sowie die Schnittmenge $A \cap B$.

Beispiele

Eingabe A	Eingabe B	A - B	B - A	A ∪ B	A ∩ B
[1, 2, 3, 4, 5]	[2, 4, 6, 7]	[1, 3, 5]	[6, 7]	[1, 2, 3, 4, 5, 6, 7]	[2, 4]
[2, 4, 6]	[1, 3, 5, 7]	[2, 4, 6]	[1, 3, 5, 7]	[1, 2, 3, 4, 5, 6, 7]	∅ = []

Algorithmus Wir haben bereits kennengelernt, dass sich mit den Methoden des Collections-Frameworks etwa die Schnittmenge bestimmen lässt. Weiteres ist möglich: Mithilfe von `removeAll()` und `addAll()` sind Differenzmengen und Vereinigungsmengen ermittelbar.

Diese Methoden muss man nur noch geeignet aufrufen, um die Aufgabenstellung umzusetzen. Als Ausgangsbasis befüllen wir ein `HashSet<E>` mit den Werten der ersten Collection. Danach führen wir die gewünschte Aktion aus, sodass dann Elemente entfernt oder hinzugefügt werden. Unseren eigenen Methoden geben wir die sprechenden Namen `difference()`, `union()` und `intersection()`, sodass deren Verwendung intuitiv sein sollte:

```
static <T> Set<T> difference(final Collection<T> collection1,
                             final Collection<T> collection2)
{
    final Set<T> results = new HashSet<>(collection1);
    results.removeAll(collection2);
    return results;
}

static <T> Set<T> union(final Collection<T> collection1,
                        final Collection<T> collection2)
{
    final Set<T> results = new HashSet<>(collection1);
    results.addAll(collection2);
    return results;
}

static <T> Set<T> intersection(final Collection<T> collection1,
                               final Collection<T> collection2)
{
    final Set<T> results = new HashSet<>(collection1);
    results.retainAll(collection2);
    return results;
}
```

Optimierter Algorithmus Zwar sind die gerade gezeigten Implementierungen ziemlich gut verständlich und auch schön kurz, jedoch kann man sich noch an einem Detail stören: Man muss immer eine neue Ergebnis-Collection erzeugen, um zu vermeiden, dass es zu Veränderungen in den Original-Collections kommt.

Betrachten wir eine Alternative, die das Stream-API geeignet einsetzt. Während `difference()` und `intersection()` ziemlich offensichtlich mit `filter()` arbeiten, setzt `union()` die vermutlich seltener verwendete und eher unbekanntere Methode `concat()` aus dem Stream-API ein, um zwei Streams zu verknüpfen. Der resultierende Stream enthält erst alle Elemente des ersten und dann alle Elemente des zweiten Streams. Die Implementierungen sehen dann wie folgt aus:

```
static <T> Set<T> differenceV2(final Collection<T> collection1,
                               final Collection<T> collection2)
{
    return collection1.stream().
                      filter(element -> !collection2.contains(element)).
                      collect(Collectors.toSet());
}

static <T> Set<T> unionV2(final Collection<T> collection1,
                          final Collection<T> collection2)
{
    return Stream.concat(collection1.stream(), collection2.stream()).
                 collect(Collectors.toSet());
}

static <T> Set<T> intersectionV2(final Collection<T> collection1,
                                 final Collection<T> collection2)
{
    return collection1.stream().
                      filter(element -> collection2.contains(element)).
                      collect(Collectors.toSet());
}
```

Prüfung

Um die Mengenoperationen nachzuvollziehen, definieren wir je zwei Listen mit den Werten aus der Einleitung und rufen danach die Methode `performSetOperations()` auf, die die vier Mengenoperationen ausführt:

```
jshell> performSetOperations(List.of(1, 2, 3, 4, 5), List.of(2, 4, 6, 7, 8))
A: [1, 2, 3, 4, 5]
B: [2, 4, 6, 7, 8]
dif A-B: [1, 3, 5]
dif B-A: [6, 7, 8]
uni A+B: [1, 2, 3, 4, 5, 6, 7, 8]
sec A+B: [2, 4]

jshell> performSetOperations(List.of(2, 4, 6, 8), List.of(1, 3, 5, 7))
A: [2, 4, 6, 8]
B: [1, 3, 5, 7]
dif A-B: [2, 4, 6, 8]
dif B-A: [1, 3, 5, 7]
uni A+B: [1, 2, 3, 4, 5, 6, 7, 8]
sec A+B: []
```

Die Hilfsmethode implementieren wir wie folgt:

```
static void performSetOperations(final Collection<Integer> colA,
                                 final Collection<Integer> colB)
{
    System.out.println("A: " + colA);
    System.out.println("B: " + colB);
    System.out.println("dif A-B: " + difference(colA, colB));
    System.out.println("dif B-A: " + difference(colB, colA));
    System.out.println("uni A+B: " + union(colA, colB));
    System.out.println("sec A+B: " + intersection(colA, colB));
    System.out.println();
}
```

Schauen wir uns exemplarisch noch einen Testfall für die Vereinigungsmenge an – die anderen Tests implementiert man analog.

```
@ParameterizedTest(name = "unionV2({0}, {1}) = {2}")
@MethodSource("createCollectionsAndUnionExpected")
void testUnionV2(Set<Integer> colA, Set<Integer> colB,
                 Set<Integer> expectedUnion)
{
    final Set<Integer> result = Ex01_SetOperations.unionV2(colA, colB);

    assertEquals(expectedUnion, result);
}

private static Stream<Arguments> createCollectionsAndUnionExpected()
{
    return Stream.of(Arguments.of(Set.of(1, 2, 3, 4, 5), Set.of(2, 4, 6, 7, 8),
                                  Set.of(1, 2, 3, 4, 5, 6, 7, 8)),
                     Arguments.of(Set.of(2, 4, 6), Set.of(1, 3, 5, 7),
                                  Set.of(1, 2, 3, 4, 5, 6, 7)));
}
```

7.3.2 Lösung 2: List Reverse (★★☆☆☆)

Lösung 2a: List Reverse (★★☆☆☆)

Schreiben Sie eine Methode `List<T> reverse(List<T>)`, die eine Ergebnisliste erzeugt und die Elemente der Originalliste dort in umgekehrter Reihenfolge liefert.

Beispiele

Eingabe	Resultat
[1, 2, 3, 4]	[4, 3, 2, 1]
["A", "BB", "CCC", "DDDD"]	["DDDD", "CCC", "BB", "A"]

Algorithmus Eine simple Lösung besteht darin, eine Liste von hinten nach vorne zu durchlaufen und pro Position das aktuelle Element einer Ergebnisliste hinzuzufügen. Das kann man indexbasiert folgendermaßen implementieren:

```
static <T> List<T> reverse(final List<T> values)
{
    final List<T> result = new ArrayList<>();

    for (int i = values.size() - 1; i >= 0; i--)
    {
        result.add(values.get(i));
    }
    return result;
}
```

Mit `get(i)` erfolgt jeweils ein indexbasierter Zugriff. Dieser ist für `ArrayList<E>` performant mit $O(1)$, aber für `LinkedList<E>` mit $O(n)$ deutlich schlechter bezüglich der Performance. Elegant lässt das Ganze mit einem `ListIterator<T>` gestalten. Bei diesem ist zum einen die Laufzeit unabhängig von der Listenimplementierung, weil je nach konkretem Typ entweder bei `ArrayList<E>` über den Index oder bei `LinkedList<E>` über deren Knoten navigiert wird. Zum anderen lässt sich beim `ListIterator<T>` über einen Parameter die Startposition spezifizieren – nachfolgend wird für den Durchlauf vom Ende hier diese Position hinter das letzte Element gesetzt. Schließlich ist ergänzend zum normalen `Iterator<T>` mit den Methoden `hasPrevious()` und `previous()` ein Durchlauf in Rückwärtsrichtung möglich:

```
static <T> List<T> listReverseWithListIterator(final List<T> values)
{
    final List<T> result = new ArrayList<>();

    final ListIterator<T> it = values.listIterator(values.size());
    while (it.hasPrevious())
    {
        result.add(it.previous());
    }
    return result;
}
```

Lösung 2b: List Reverse Inplace (★★☆☆☆)

Was ändert sich, wenn man das Umdrehen der Reihenfolge inplace implementieren möchte, um bei sehr großen Datenbeständen speicheroptimal zu sein? Was sollte bzw. muss dann gegeben sein?

Algorithmus Basierend auf einem indizierten Zugriff läuft man vom Anfang und vom Ende ausgehend nach innen und vertauscht die Elemente:

```
// Nur performant mit indiziertem Zugriff mit O(1)
static <T> void listReverseInplace(final List<T> inputs)
{
    // laufe von links und rechts, tausche jeweils positionsbasiert die Elemente
    int left = 0;
    int right = inputs.size() - 1;

    while (left < right)
    {
        final T leftValue = inputs.get(left);
        final T rightValue = inputs.get(right);

        inputs.set(left, rightValue);
        inputs.set(right, leftValue);

        left++;
        right--;
    }
}
```

Das Ganze ist allerdings nur so lange performant, wie ein indexbasierter Zugriff mit Laufzeit $O(1)$ gegeben ist. Für eine `LinkedList<E>` gilt das nicht und deshalb wäre die gezeigte Lösung wenig performant und demnach nicht gut geeignet. Zudem muss die übergebene Liste veränderlich sein, da ansonsten die Elemente nicht durch Aufrufe von `set()` verändert werden können.

Lösung 2c: List Reverse ohne performanten Indexzugriff (★★☆☆☆)

Gehen wir nun davon aus, es wäre kein performanter wahlfreier Indexzugriff verfügbar. Was passiert, wenn wir eine `LinkedList<E>` in der Reihenfolge umdrehen wollen? Dort führt jeder positionsbasierte Zugriff zu einem Listendurchlauf bis zu dem gewünschten Element. Wie vermeiden Sie das?

Tipp Nutzen Sie einen Stack.

Algorithmus Für den Fall, dass kein performanter indizierter Zugriff gegeben ist und man trotzdem die Reihenfolge mit einer Laufzeitkomplexität von $O(n)$ umdrehen muss, bietet sich ein Stack an – genauso wie für diverse andere Algorithmen, so auch hier: Man durchläuft die Liste von vorne nach hinten und legt jeweils das aktuelle Element auf den Stack. Danach nimmt man so lange das oberste Element vom Stack und fügt dieses einer Ergebnisliste hinzu, bis der Stack leer ist:

```
static <T> List<T> listReverseWithStack(final List<T> inputs)
{
    // Idee: Durchlaufe die Liste von vorne nach hinten (performant) und
    // befülle einen Stack
    final Stack<T> allValues = new Stack<>();
    final Iterator<T> it = inputs.iterator();
    while (it.hasNext())
    {
        allValues.push(it.next());
    }

    // Entleere den Stack und befülle eine Ergebnisliste
    final List<T> result = new ArrayList<>();
    while (!allValues.isEmpty())
    {
        result.add(allValues.pop());
    }

    return result;
}
```

Diese Lösung benötigt zwar zwei Durchläufe und zusätzlichen Speicher, ist aber deutlich effizienter als die Variante mit Aufrufen der indexbasierten Methode `get()` in einer Schleife. Wieso? Wenn man eine `LinkedList<E>` nutzt, iteriert diese für jeden Indexzugriff durch ihre Elemente bis zur gewünschten Position, was in $O(n^2)$ resultiert.

Prüfung

Experimentieren wir mit den Eingabewerten aus dem Beispiel und rufen die zuvor erstellten Methoden auf:

```
@ParameterizedTest(name = "listReverse({0}) = {1}")
@MethodSource("listInputsAndExpected")
<T> void listReverse(List<T> inputs, List<T> expected)
{
    final List<T> result = Ex02_ListReverse.listReverse(inputs);

    assertEquals(expected, result);
}

@ParameterizedTest(name = "listReverseInplace({0}) = {1}")
@MethodSource("listInputsAndExpected")
<T> void listReverseInplace(List<T> inputs, List<T> expected)
{
    // Modifikation der Liste durch Wrapping ermöglichen
    final List<T> modifiableInputs = new ArrayList<>(inputs);
    Ex02_ListReverse.listReverseInplace(modifiableInputs);

    assertEquals(expected, modifiableInputs);
}

static Stream<Arguments> listInputsAndExpected()
{
    return Stream.of(Arguments.of(List.of(1, 2, 3, 4),
                                  List.of(4, 3, 2, 1)),
                     Arguments.of(List.of("A", "BB", "CCC", "DDDD"),
                                  List.of("DDDD", "CCC", "BB", "A")));
}
```

7.3.3 Lösung 3: Duplikate entfernen (★★☆☆☆)

Aus einer Liste sollen Sie die doppelten Einträge entfernen. Dabei gilt die Randbedingung, dass die ursprüngliche Reihenfolge bestehen bleibt. Schreiben Sie dazu eine Methode `List<T> removeDuplicates(List<T>)`.

Beispiele

Eingabe	Resultat
[1, 1, 2, 3, 4, 1, 2, 3]	[1, 2, 3, 4]
[7, 5, 3, 5, 1]	[7, 5, 3, 1]
[1, 1, 1, 1]	[1]

Algorithmus Kopiere zunächst die Eingabe, um Modifikationen zu ermöglichen. Durchlaufe dann die Liste von vorne nach hinten und befülle sukzessive ein Set mit den in der Liste enthaltenen Einträgen. Prüfe für jedes Element der Liste, ob dieses bereits in der Menge der gefundenen Einträge enthalten ist. Wird ein Duplikat identifiziert, so nutze die `remove()`-Methode des `Iterator`s, um dieses zu entfernen:

```
static <T> List<T> removeDuplicates(final List<T> inputs)
{
    final List<T> result = new ArrayList<>(inputs);
    final Set<T> numbers = new HashSet<>();

    final Iterator<T> it = result.iterator();
    while (it.hasNext())
    {
        final T elem = it.next();

        if (numbers.contains(elem))
            it.remove(); // Entferne Duplikat
        else
            numbers.add(elem);
    }

    return result;
}
```

Optimierter Algorithmus Vielleicht kommen wir beim Implementieren schon auf die Idee, die Duplikate ganz einfach durch das Umfüllen in ein Set zu löschen. Das funktioniert zwar, aber sowohl `HashSet<E>` als auch `TreeSet<E>` würden potenziell die Reihenfolge der Elemente durcheinanderbringen. Als Abhilfe empfiehlt sich die Klasse `LinkedHashSet<E>`, die die Einfügereihenfolge beibehält. Damit ist die Realisierung des Duplikatentfernens ein Kinderspiel:

```
static List<Integer> removeDuplicatesV2(final List<Integer> inputs)
{
    return new ArrayList<>(new LinkedHashSet<>(inputs));
}
```

Wie nahezu immer, gibt es diverse weitere Varianten. Allerdings möchte ich Ihnen noch eine letzte mit dem Stream-API zeigen. Bei dieser Implementierung nutzen wir aus, dass das Stream-API die Methode `distinct()` bietet, die Duplikate entfernt. Anschließend müssen wir nur noch das Ergebnis in eine Liste wandeln:

```
static List<Integer> removeDuplicatesV3(final List<Integer> inputs)
{
    return inputs.stream().distinct().collect(Collectors.toList());
}
```

Prüfung

Wir verwenden wieder die Werte aus dem einleitenden Beispiel, um die Implementierung zu verifizieren – die Tests für die beiden optimierten Versionen sind nachfolgend nicht gezeigt, weil sie – abgesehen vom Methodenaufruf – identisch aufgebaut sind.

```
@ParameterizedTest(name = "removeDuplicates({0}) = {1}")
@MethodSource("listInputsAndExpected")
void removeDuplicates(List<Integer> inputs, List<Integer> expected)
{
    List<Integer> result = Ex03_ListRemove.removeDuplicates(inputs);

    assertEquals(expected, result);
}

private static Stream<Arguments> listInputsAndExpected()
{
    return Stream.of(Arguments.of(List.of(1, 1, 2, 3, 4, 1, 2, 3),
                                  List.of(1, 2, 3, 4)),
                     Arguments.of(List.of(7, 5, 3, 5, 1), List.of(7, 5, 3, 1)),
                     Arguments.of(List.of(1, 1, 1, 1), List.of(1)));
}
```

7.3.4 Lösung 4: Maximaler Gewinn (★★★☆☆)

Stellen wir uns vor, wir hätten eine zeitlich geordnete Folge von Preisen und wollten den maximalen Gewinn berechnen. Dabei gilt es zu ermitteln, zu welchem Zeitpunkt (bzw. hier Wert) idealerweise gekauft und zu welchem verkauft werden müsste. Schreiben Sie dazu eine Methode `int maxRevenue(List<Integer>)`, wobei die zeitliche Ordnung durch den Index in der Liste ausgedrückt wird.

Beispiele

Eingabe	Resultat
[255, 260, 250, 240, 228, 270, 300, 210, 245]	72
[0, 10, 20, 30, 40, 50, 60, 70]	70
[70, 60, 50, 40, 30, 20, 10, 0]	0
[]	0

Algorithmus Initial ist man versucht, das Minimum und das Maximum zu ermitteln und einfach deren Differenz zurückzugeben. Nach kurzem Nachdenken wird klar, dass hier auch noch eine zeitliche Dimension existiert. Um einen Gewinn zu realisieren, muss zunächst ein Kauf und dann ein Verkauf zu einem höheren Kurs stattfinden.

Die nächste Idee besteht darin, zweimal durch die Liste zu laufen. Zunächst werden alle Minimumwerte ermittelt, indem man schaut, ob der aktuelle Wert kleiner als das aktuelle Minimum ist. Dieses wird dann in der Liste der für den Zeitpunkt gültigen Minimalwerte hinzugefügt. Im zweiten Durchlauf ermittelt man die größte Differenz durch elementweisen Vergleich. Ist der aktuelle Wert größer als der momentan gültige Minimalwert, dann ist der so erzielte Gewinn die Differenz zwischen dem aktuellen Wert und dem an der Position ermittelten Minimalwert. Der Maximalgewinn berechnet sich schließlich aus dem Maximum aus derzeitigem Maximum und dem aktuellen Gewinn. Für das obige Beispiel 1 ergibt sich demnach Folgendes:

Wert	255	260	250	240	228	270	300	210	245
Minimum	255	255	250	240	228	228	228	210	210
Differenz	0	5	0	0	0	42	72	0	35
Max. Differenz	0	5	5	5	5	42	72	72	72

Basierend auf diesen Idee formulieren wir das Ganze wie folgt in Java:

```
static int maxRevenue(final List<Integer> prices)
{
    final List<Integer> relevantMins = calcRelevantMins(prices);
    return calcMaxRevenue(prices, relevantMins);
}

static List<Integer> calcRelevantMins(final List<Integer> prices)
{
    final List<Integer> relevantMins = new ArrayList<>();

    int currentMin = Integer.MAX_VALUE;
    for (int currentPrice : prices)
    {
        currentMin = Math.min(currentMin, currentPrice);
        relevantMins.add(currentMin);
    }
    return relevantMins;
}

static int calcMaxRevenue(final List<Integer> prices,
                          final List<Integer> relevantMins)
{
    int maxRevenue = 0;
    for (int i = 0; i < prices.size(); i++)
    {
        if (prices.get(i) > relevantMins.get(i))
        {
            final int currentRevenue = prices.get(i) - relevantMins.get(i);
            maxRevenue = Math.max(maxRevenue, currentRevenue);
        }
    }
    return maxRevenue;
}
```

Optimierter Algorithmus Die gerade gezeigte Variante benötigt zwei Durchläufe. Sofern die Zugriffe in Memory erfolgen, spielt das kaum eine entscheidende Rolle für die Performance. Anders sieht es aus, wenn die Daten jedes Mal erneut etwa per REST-Call oder aus einer Datenbank ermittelt würden.

Tatsächlich lassen sich die notwendigen Aufrufe und Schleifendurchläufe reduzieren – allerdings kommt man vermutlich nur auf diese Optimierung, wenn zunächst einmal die vorherige Umsetzung implementiert wurde:

```
static int maxRevenueV2(final List<Integer> prices)
{
    int currentMin = Integer.MAX_VALUE;
    int maxRevenue = 0;

    for (int currentPrice : prices)
    {
        currentMin = Math.min(currentMin, currentPrice);
        final int currentRevenue = currentPrice - currentMin;
        maxRevenue = Math.max(maxRevenue, currentRevenue);
    }
    return maxRevenue;
}
```

Die Anweisungen in der Schleife könnte man sogar noch etwas optimieren. Wenn ein Aufruf von `min()` aufwendig wäre, dann könnte sich dieser Schritt lohnen. Als Optimierung muss entweder das Minimum (dann kann sich `maxRevenue` nicht ändern) oder der Gewinn angepasst werden, sofern sich das Minimum nicht ändert:

```
if (currentPrice < currentMin)
    currentMin = currentPrice;
else
    maxRevenue = Math.max(maxRevenue, currentPrice - currentMin);
```

Prüfung

Zur Prüfung nutzen wir wieder die Werte aus dem einleitenden Beispiel:

```
@ParameterizedTest(name = "maxRevenue({0}) = {1}")
@MethodSource("listInputsAndExpected")
void maxRevenue(List<Integer> inputs, int expected)
{
    int result = Ex04_FindMaxRevenue.maxRevenue(inputs);

    assertEquals(expected, result);
}

private static Stream<Arguments> listInputsAndExpected()
{
    return Stream.of(Arguments.of(List.of(255, 260, 250, 240, 228,
                                          270, 300, 210, 245), 72),
                     Arguments.of(List.of(0, 10, 20, 30, 40, 50, 60, 70), 70),
                     Arguments.of(List.of(70, 60, 50, 40, 30, 20, 10, 0), 0),
                     Arguments.of(List.of(), 0));
}
```

7.3.5 Lösung 5: Längstes Teilstück (★★★☆☆)

Stellen wir uns vor, wir würden Aktienkurse oder Höhenangaben einer Strecke durch eine Liste mit Zahlen modellieren. Finden Sie dort die längste Folge von Zahlen, deren Werte aufsteigen bzw. zumindest gleich bleiben. Schreiben Sie eine Methode `List<Integer> findLongestGrowingSequence(List<Integer>)`.

Beispiele

Eingabe	Resultat
[7, 2, 7, 1, 2, 5, 7, 1]	[1, 2, 5, 7]
[7, 2, 7, 1, 2, 3, 8, 1, 2, 3, 4, 5]	[1, 2, 3, 4, 5]
[1, 1, 2, 2, 2, 3, 3, 3, 3]	[1, 1, 2, 2, 2, 3, 3, 3, 3]

Algorithmus Hierbei kommt ein sogenannter ***Greedy***-Algorithmus (für gefräßig) zum Einsatz: Die Idee besteht darin, ausgehend von einem Element so lange die Nachfolger aufzusammeln, bis das nächste Element kleiner als das aktuelle ist. Man verwendet dazu eine temporäre Liste sowie eine Ergebnisliste. Beide sind initial leer und werden sukzessive gefüllt: die temporäre Liste bei jedem gelesenen Element, dass größer oder gleich dem Vorgänger ist – die Ergebnisliste immer dann, wenn ein kleinerer Nachfolgewert gefunden wurde. Falls ein Wert kleiner ist, so wird die temporäre Liste wieder zurückgesetzt und startet als eine einelementige Liste mit dem aktuellen Wert. Ist die Ergebnisliste bei einem Flankenwechsel kürzer als die temporäre Liste mit den zuvor aufgesammelten Elementen, so wird die temporäre Liste zur neuen Ergebnisliste. Dieses Vorgehen wiederholt sich, bis man am Ende der Ausgangsliste angekommen ist.

Schauen wir uns einen Ablauf für die Eingabe 1272134572 an:

Eingabe	Aktuelles Zeichen	Temporäre Liste	Ergebnisliste
1272134572	1	1	
1**2**72134572	2	12	
12**7**2134572	7	127	
127**2**134572	2	2	127
1272**1**34572	1	1	127
12721**3**4572	3	13	127
127213**4**572	4	134	127
1272134**5**72	5	1345	127
12721345**7**7	7	13457	127
127213457**2**	2	2	13457

```
static List<Integer> findLongestGrowingSequence(final List<Integer> values)
{
    List<Integer> longestSubsequence = List.of();
    List<Integer> currentSubsequence = new ArrayList<>();

    int lastValue = Integer.MIN_VALUE;

    for (int currentValue : values)
    {
        if (currentValue >= lastValue)
        {
            lastValue = currentValue;
            currentSubsequence.add(currentValue);
        }
        else
        {
            // Ende dieser Sequenz, starte neue Sequenz
            if (currentSubsequence.size() >= longestSubsequence.size())
            {
                longestSubsequence = currentSubsequence;
            }
            currentSubsequence = new ArrayList<>();
            lastValue = currentValue;
            currentSubsequence.add(currentValue);
        }
    }

    // wichtig, weil sonst die letzte Sequenz ggf. nicht betrachtet wird
    if (currentSubsequence.size() >= longestSubsequence.size())
    {
        longestSubsequence = currentSubsequence;
    }
    return longestSubsequence;
}
```

Beachten Sie unbedingt die Prüfung nach der `for`-Schleife – ansonsten würde eine letzte Sequenz nicht korrekt als Ergebnis geliefert.

Mini-Optimierung Die Prüfung kann man noch etwas optimieren. Wie man sieht, geschieht das Zuweisen des Werts sowie das Hinzufügen zur momentanen, temporären Liste in jedem Fall. Somit lassen sich diese Aktionen aus der Bedingung herauslösen und wie folgt schreiben:

```
for (int currentValue : values)
{
    if (currentValue < lastValue)
    {
        // Ende dieser Sequenz, starte neue Sequenz
        // prüfe die Länge, ggf. neue längste Sequenz
        if (currentSubsequence.size() >= longestSubsequence.size())
        {
            longestSubsequence = currentSubsequence;
        }
        currentSubsequence = new ArrayList<>();
    }

    lastValue = currentValue;
    currentSubsequence.add(currentValue);
}
```

Verfahren bei gleich langen Teilstücken Bei der Prüfung auf die längste Sequenz kann man entweder mit > oder >= vergleichen. Gibt es zwei oder mehr gleich lange Sequenzen, so wird im ersten Fall mit > die erste als Ergebnis genommen, bei >= immer die letzte.

Alternativer und optimierter Algorithmus Mitunter kann das Erzeugen temporärer Datenstrukturen eher unerwünscht sein, etwa wenn die Teilabschnitte riesig werden können. In einem solchen Fall bietet es sich an, nur die jeweiligen Indexgrenzen zu ermitteln und erst zum Ende, den entsprechenden Teil zu extrahieren. Selbst hierbei kann man auf das Erzeugen einer neuen Liste verzichten, wenn man `subList()` nutzt. Nachfolgend modellieren wir den Indexbereich für den längsten Abschnitt mithilfe des Java-14-Sprachfeatures `record`:

```
static record StartEndPair(int start, int end)
{
    int length()
    {
        return end - start;
    }
}

static List<Integer> findLongestGrowingSequenceOptimized(final List<Integer>
      values)
{
    if (values.isEmpty())
        return values;

    StartEndPair longest = new StartEndPair(0, 0);
    int startCurrent = 0;
    int endCurrent;

    for (endCurrent = 1; endCurrent < values.size(); endCurrent++)
    {
        if (values.get(endCurrent) < values.get(endCurrent - 1))
        {
            if (endCurrent - startCurrent > longest.length())
            {
                longest = new StartEndPair(startCurrent, endCurrent);
            }
            startCurrent = endCurrent;
        }
    }

    if (endCurrent - startCurrent > longest.length())
    {
        longest = new StartEndPair(startCurrent, endCurrent);
    }

    return values.subList(longest.start, longest.end);
}
```

Prüfung

Nutzen wir die Wertefolgen aus der Einleitung, um die berechneten Ergebnisse mit unseren Erwartungen zu vergleichen:

```
@ParameterizedTest(name = "findLongestGrowingSequence({0}) = {1}")
@MethodSource("listInputsAndExpected")
void findLongestGrowingSequence(List<Integer> inputs,
                                List<Integer> expected)
{
    List<Integer> result =
                  Ex05_Sequence.findLongestGrowingSequence(inputs);

    assertEquals(expected, result);
}

private static Stream<Arguments> listInputsAndExpected()
{
    return Stream.of(Arguments.of(List.of(7, 2, 7, 1, 2, 5, 7, 1),
                                  List.of(1, 2, 5, 7)),
                     Arguments.of(List.of(7, 2, 7, 1, 2, 3, 8, 1, 2, 3, 4, 5),
                                  List.of(1, 2, 3, 4, 5)),
                     Arguments.of(List.of(1, 1, 2, 2, 2, 3, 3, 3, 3),
                                  List.of(1, 1, 2, 2, 2, 3, 3, 3, 3)));
}
```

7.3.6 Lösung 6: Eigener Stack (★★☆☆☆)

Betrachten Sie die Klasse `java.util.Stack<E>` aus dem JDK. Führen Sie eine Designanalyse durch und finden Sie mögliche Schwachstellen. Definieren Sie die grundlegenden Anforderungen an einen Stack und implementieren Sie basierend darauf eine Klasse `Ex06_Stack<E>` unter Verwendung einer `List<E>`.

Designreview Die Klasse `Stack<E>` ist von der Klasse `Vector<E>` abgeleitet. Dadurch sind für die Klasse `Stack<E>` leider auch Methodenaufrufe möglich, die der Arbeitsweise eines Stacks widersprechen. Es können z. B. die Methoden `get(int)`, `indexOf(Object)` oder sogar verändernde Zugriffe aufgerufen werden, etwa `add(int, E)` oder `remove(int)`. Weiterhin existieren mehrere Methoden mit leicht unterschiedlichem Namen, die dasselbe tun, beispielsweise `empty()` und `isEmpty()`. Diese Beispiele sollen Sie für die Problematik der Implementierungsvererbung sensibilisieren.

Deutlich erkennbar werden die resultierenden Fallstricke, wenn man sowohl die Methoden der Basisklasse `Vector<E>` als auch diejenigen der Klasse `Stack<E>` benutzt. Nehmen wir an, es würden einige Elemente statt durch den Aufruf von `push(E)` durch Aufruf der Methode `add(E)` hinzugefügt. Intuitiv erwartet man ein Anfügen an letzter Position. Tatsächlich entspricht das oberste Element eines Stacks dem letzten Element der zugrunde liegenden Basisklasse `Vector<E>`.

Derartige nicht intuitiven APIs erschweren das Programmieren und lenken von der zu realisierenden Aufgabe ab. Dabei wäre eine korrekte Realisierung problemlos möglich gewesen, indem eine Referenz auf die Klasse `Vector<E>` (oder einer beliebigen Liste) und Delegation verwendet wird. Wie das geht, zeige ich im Folgenden.

Algorithmus Man kann einen Stack selbst implementieren, indem man eine Liste als Datenspeicher nutzt, jedoch nach außen keinen direkten Zugriff darauf bietet, sondern nur indirekt in Form der für einen Stack typischen Methoden:

1. `void push(E)` – Ein Element oben hinzufügen.
2. `E pop()` – Das oberste Element nehmen.
3. `E peek()` – Einen Blick auf das oberste Element werfen.
4. `boolean isEmpty()` – Prüfen, ob der Stack leer ist.

Jeder Aufruf von `push()` fügt am Listenanfang ein Element hinzu. Auf diese Weise simuliert man den Stapel. Beim Zugriff auf das oberste Element wird jeweils geprüft, ob der Stack leer ist und in diesem Fall eine `Ex06_StackIsEmptyException` ausgelöst. Ansonsten wird das oberste Element zurückgegeben:

```
public class Ex06_Stack<E>
{
    private final List<E> values = new LinkedList<>();

    public void push(final E elem)
    {
        values.add(0, elem);
    }

    public E pop()
    {
        if (isEmpty())
            throw new Ex06_StackIsEmptyException();

        return values.remove(0);
    }

    public E peek()
    {
        if (isEmpty())
            throw new Ex06_StackIsEmptyException();

        return values.get(0);
    }

    public boolean isEmpty()
    {
        return values.isEmpty();
    }

    static class Ex06_StackIsEmptyException extends RuntimeException
    {
    }
}
```

Im Gegensatz zur Klasse `Stack<E>` aus dem JDK ist unsere Implementierung nicht threadsicher. Wollte man dies für jede einzelne Methode erreichen, so könnte man jeweils ein `synchronized` ergänzen.

Prüfung

Den gerade implementierten Stack können wir mithilfe eines vordefinierten Ablaufs prüfen. Zunächst fügen wir zwei Elemente ein. Dann schauen wir mit `peek()` auf das oberste. Danach entnehmen wir mit `pop()` zweimal Elemente. Diese sollten in umgekehrter Reihenfolge zum Einfügen geliefert werden. Schließlich prüfen wir noch, ob der Stack leer ist. Weil dies der Fall ist, sollte eine nachfolgende Inspektion des obersten Elements eine `Ex06_StackIsEmptyException` auslösen:

```
Ex06_Stack<String> stack = new Ex06_Stack<>();
stack.push("first");
stack.push("second");

System.out.println("PEEK: " + stack.peek());
System.out.println("POP: " + stack.pop());
System.out.println("POP: " + stack.pop());
System.out.println("ISEMPTY: " + stack.isEmpty());
System.out.println("POP: " + stack.pop());
```

Damit kommt es zu folgenden Ausgaben:

```
PEEK: second
POP: second
POP: first
ISEMPTY: true
|  Exception REPL.$JShell$11$Ex06_Stack$StackIsEmptyException
|        at Ex06_Stack.pop (#1:21)
```

7.3.7 Lösung 7: Wohlgeformte Klammern (★★☆☆☆)

Schreiben Sie eine Methode `boolean checkParentheses(String)`, die prüft, ob ein Folge von Klammern jeweils sauber geschachtelt ist. Dabei sollen beliebig runde, eckige und geschweifte Klammern, aber keine anderen Zeichen, akzeptiert werden.

Beispiele

Eingabe	Resultat	Kommentar
"(())"	true	
"({[]})"	true	
"((())"	false	ungerade Anzahl an Klammerzeichen
"((a)"	false	falsches Zeichen, keine Klammer
"((])"	false	keine passende Klammerung

Algorithmus Durchlaufe den String von vorne nach hinten: Ist das aktuelle Zeichen eine öffnende Klammer – also eines der Zeichen (, [oder { –, so speichere dieses in einem Stack. Ist es eine schließende Klammer, so versuche diese mit der letzten öffnenden Klammer in Übereinstimmung zu bringen. Gibt es noch keine öffnende Klammer oder stimmen die Klammertypen nicht überein, so wird `false` zurückgegeben. Bei Übereinstimmung wird das nächste Zeichen gelesen. Verfahre bei öffnender Klammer wie zuvor. Ist es eine schließende Klammer, so hole das oberste Element vom Stack und vergleiche es mit dem gerade gelesenen Zeichen. Prüfe auf Übereinstimmung der Art der Klammer, also (und), [und] sowie { und }. Schauen wir uns einen Ablauf für die Eingabe (()] an:

Eingabe	Aktuelles Zeichen	Stack	Kommentar
(()]			Start
(()]	(	(	Store
(**(**)]	(	((	Store
((**)**]	)	(	Match
(()**]**	]	(	Mismatch

Die Implementierung nutzt einen Stack und führt die oben beschriebenen Prüfungen und Aktionen durch:

```
static boolean checkParentheses(final String input)
{
    // Ungerade Länge kann keine wohlgeformte Klammerung sein
    if (input.length() % 2 != 0)
        return false;

    final Stack<Character> openingParentheses = new Stack<>();

    for (int i = 0; i < input.length(); i++)
    {
        final char currentChar = input.charAt(i);
        if (isOpeningParenthesis(currentChar))
        {
            openingParentheses.push(currentChar);
        }
        else if (isClosingParenthesis(currentChar))
        {
            if (openingParentheses.isEmpty())
            {
                // Schließende vor öffnender Klammer
                return false;
            }

            final char lastOpeningParens = openingParentheses.pop();
            if (!isMatchingParenthesisPair(lastOpeningParens, currentChar))
            {
                // Unterschiedliche Klammerpaare
                return false;
            }
        }
        else
        {
            // Ungültiges Zeichen
            return false;
        }
    }

    return openingParentheses.isEmpty();
}
```

Wieder einmal empfiehlt es sich, Hilfsmethoden wie `isOpeningParenthesis(char)` auszulagern, um den eigentlichen Algorithmus auf höherer Abstraktionsebene und damit klarer formulieren und implementieren zu können. Werfen wir abschließend noch einen prüfenden Blick auf die drei Hilfsmethoden:

```
static boolean isOpeningParenthesis(final char ch)
{
    return ch == '(' || ch == '[' || ch == '{';
}

static boolean isClosingParenthesis(final char ch)
{
    return ch == ')' || ch == ']' || ch == '}';
}

static boolean isMatchingParenthesisPair(final char opening, final char closing)
{
    return (opening == '(' && closing == ')') ||
           (opening == '[' && closing == ']') ||
           (opening == '{' && closing == '}');
}
```

Kommen wir auf die Implementierung der Prüfung und die Rückgabewerte zurück. Dort sieht man verschiedene Kommentare, weshalb `true` oder `false` zurückgeliefert wird. Wäre es nicht viel intuitiver, dies mit einer geeigneten `enum`-Aufzählung als Rückgabe auszudrücken? Das schauen wir uns nach der Prüfung im Bonus an.

Prüfung

Wie üblich nutzen wir die Werte aus der Einleitung, um unsere gerade realisierte Funktionalität in Aktion zu erleben:

```
@ParameterizedTest(name = "checkParentheses(''{0}'') should be valid")
@CsvSource({ "()", "()[]{}", "[((()[]{}))]" })
void checkParentheses_ValidInput_Success(String input)
{
    boolean result = Ex07_ParenthesisExample.checkParentheses(input);

    assertTrue(result);
}

@ParameterizedTest(name = "checkParentheses(''{0}'') should be invalid")
@CsvSource({ "(()", "((})", "(()}", ")()(", "()((", "()A(" })
void checkParentheses_InvalidInputs_Should_Fail(String input)
{
    boolean result = Ex07_ParenthesisExample.checkParentheses(input);

    assertFalse(result);
}
```

Bonus

Erweitern Sie die Lösung so, dass eine verständliche Zuordnung von Fehlerursachen möglich wird. Starten Sie mit folgender `enum`-Aufzählung:

```
static enum CheckResult
{
    OK,
    ODD_LENGTH,
    CLOSING_BEFORE_OPENING,
    MISMATCHING_PARENTHESIS,
    INVALID_CHAR,
    REMAINING_OPENING
}
```

Durch Einsatz der Aufzählung lassen sich mögliche Fehlerursachen klarer kommunizieren und zudem kann man auf die Kommentare zu den Rückgabewerten im Sourcecode verzichten, da diese durch die Aufzählungswerte adäquat beschrieben werden:

```
static CheckResult checkParenthesesV2(final String input)
{
    if (input.length() % 2 != 0)
        return CheckResult.ODD_LENGTH;

    final Stack<Character> openingParens = new Stack<>();

    for (int i = 0; i < input.length(); i++)
    {
        final char currentChar = input.charAt(i);
        if (isOpeningParenthesis(currentChar))
        {
            openingParens.push(currentChar);
        }
        else if (isClosingParenthesis(currentChar))
        {
            if (openingParens.isEmpty())
                return CheckResult.CLOSING_BEFORE_OPENING;

            final char lastOpeningParens = openingParens.pop();
            if (!isMatchingParenthesisPair(lastOpeningParens, currentChar))
                return CheckResult.MISMATCHING_PARENTHESIS;
        }
        else
            return CheckResult.INVALID_CHAR;
    }

    if (openingParens.isEmpty())
        return CheckResult.OK;

    return CheckResult.REMAINING_OPENING_PARENS;
}
```

Trick: enum mit variablem Inhalt

Fast alle Java-Entwickler kennen die einfache Form von `enum`s. Recht gebräuchlich ist auch, in `enum` ein oder mehrere Attribute zu definieren. Fast immer sind diese `final` und werden einmal zugewiesen.

Wie gesehen ist die `enum`-Aufzählung als Rückgabe schon eine Verbesserung. Manchmal möchte man noch weitere Informationen zur Fehlerursache an den Aufrufer melden können. Dazu zeige ich Ihnen einen eher unbekannten Trick, der es erlaubt, statischen Enum-Werten zur Laufzeit dynamische Informationen zuzuordnen – dies ist allerdings nur für lokale Rückgaben und ohne den Einfluss von Multithreading sauber, da ansonsten Werte versehentlich verändert werden können.

```
static enum CheckResultV2
{
    ODD_LENGTH, CLOSING_BEFORE_OPENING, MISMATCHING,
    INVALID_CHAR, OK, REMAINING_OPENING;

    private String additionalInfo;

    public CheckResultV2 withInfo(String info)
    {
        this.additionalInfo = info;
        return this;
    }

    @Override
    public String toString()
    {
        return super.toString() + " / Additional Info: " + additionalInfo;
    }
}
```

Kommen wir nun zum Ergebnis-Enum. Zunächst werden verschiedene Resultate als Konstanten definiert. Der Trick der dynamischen, zur Laufzeit änderbaren Zustandsinformationen besteht darin, ein zusätzliches Attribut sowie eine korrespondierende Modifikationsmethode bereitzustellen. Mit dieser Erweiterung kann man dann an der jeweiligen Stelle etwa folgende Aufrufe tätigen:

```
return CheckResultV2.CLOSING_BEFORE_OPENING.withInfo("" + currentChar);

return CheckResultV2.MISMATCHING_PARENTHESIS.withInfo("" +
                    lastOpeningParens + " <> " + currentChar);

 return CheckResultV2.INVALID_CHAR.withInfo("" + currentChar);
```

Bitte beachten Sie sowohl die Einschränkungen bei der Verwendung als auch die Vorzüge: Wie schon angedeutet gibt es mögliche Schwierigkeiten im Kontext von Multithreading oder beim Zwischenspeichern von Ergebnissen. Deswegen ist diese Technik vor allem für lokale Ergebnisrückgaben nützlich.

7.3.8 Lösung 8: Check Magic Triangle (★★★☆☆)

Schreiben Sie eine Methode `boolean isMagicTriangle(List<Integer>)`, die prüft, ob eine Folge von Zahlen ein magisches Dreieck bildet. Ein solches ist definiert als ein Dreieck, bei dem die jeweiligen Summen der Werte der drei Seiten alle gleich sein müssen.

Beispiele Nachfolgend ist das für je ein Dreieck der Seitenlänge drei und der Seitenlänge vier gezeigt:

```
  1        2
 6 5      8 5
2 4 3    4   9
        3 7 6 1
```

Damit ergeben sich folgende Seiten und Summen:

Eingabe	Werte 1	Werte 2
Seite 1	1 + 5 + 3 = 9	2 + 5 + 9 + 1 = 17
Seite 2	3 + 4 + 2 = 9	1 + 6 + 7 + 3 = 17
Seite 3	2 + 6 + 1 = 9	3 + 4 + 8 + 2 = 17

Tipp Stellen Sie die einzelnen Seiten des Dreiecks als Teillisten dar und nutzen Sie zur Extraktion der jeweiligen Seiten die Methode `List<E> subList(int startInclusive, int endExclusive)`.

Tipp: Problemlösungsstrategien für das Jobinterview

Bei zunächst unklarer Aufgabenstellung ist es empfehlenswert, das Problem auf ein oder zwei konkrete Wertebelegungen zu reduzieren und basierend darauf die passenden Abstraktionen zu finden.

Am Beispiel des Dreiecks der Seitenlänge drei kann man die oben gezeigten Seiten bilden. Wenn man etwas nachdenkt, kommt man darauf, dass sich die Seiten jeweils mithilfe der Methode `subList()` in Form von Teillisten repräsentieren lassen. Dabei erfordert die letzte Seite jedoch eine spezielle Behandlung, da zum Schließen der Figur wieder der Wert von Position 0 beachtet werden muss, der aber kein Teil der Subliste ist. Hier bieten sich zwei alternative Tricks an: Beim ersten dupliziert man die übergebene Liste und erweitert diese um das 0-te Element:

```
final List<Integer> valuesWithLoop = new ArrayList<>(values);
// schließe das Dreieck
valuesWithLoop.add(values.get(0));

List<Integer> side1 = valuesWithLoop.subList(0, 3);
List<Integer> side2 = valuesWithLoop.subList(2, 5);
List<Integer> side3 = valuesWithLoop.subList(4, 7));
```

Beim zweiten Trick ergänzt man die dritte Seite passend – bedenken Sie für diesen Fall aber, dass die Methode `subList()` eine unveränderliche Sicht liefert, weshalb man ein Wrapping vornehmen muss, um ein Element ergänzen zu können:

```
List<Integer> side1 = values.subList(0, 3);
List<Integer> side2 = values.subList(2, 5);
List<Integer> side3 = new ArrayList<>(values.subList(4, 6)); // immutable
side3.add(side1.get(0)); // Fehler, wenn nur subList()
```

Algorithmus: Für Dreiecke mit der Seitenlänge 3 Mit dem gesammelten Vorwissen kann man eine erste Prüfung für den Spezialfall eines Dreiecks der Seitenlänge drei implementieren, indem man zunächst die Seiten ermittelt und dann die Teilsummen der dort enthaltenen Zahlen bildet und vergleicht:

```
static boolean isMagic6(final List<Integer> values)
{
    final List<Integer> valuesWithLoop = new ArrayList<>(values);
    // schließe das Dreieck
    valuesWithLoop.add(values.get(0));

    final List<Integer> side1 = valuesWithLoop.subList(0, 3);
    final List<Integer> side2 = valuesWithLoop.subList(2, 5);
    final List<Integer> side3 = valuesWithLoop.subList(4, 7);

    return compareSumOfSides(side1, side2, side3);
}
```

Das Summieren der Werte der Seiten sowie deren Vergleich haben wir in die Methode `compareSumOfSides()` ausgelagert:

```
static boolean compareSumOfSides(final List<Integer> side1,
                                 final List<Integer> side2,
                                 final List<Integer> side3)
{
    final int sum1 = sum(side1);
    final int sum2 = sum(side2);
    final int sum3 = sum(side3);

    return sum1 == sum2 && sum2 == sum3;
}
```

Wir benötigen noch eine Hilfsmethode, um die Summe der Elemente einer Liste zu berechnen. Am einfachsten lässt sich dies durch Verwendung des Stream-APIs folgendermaßen lösen:

```
static int sum(final List<Integer> values)
{
    return values.stream().mapToInt(n -> n).sum();
}
```

Zwischenprüfung Nun sollten wir die Implementierung zumindest mit einigen Werten prüfen, bevor wir uns an die Verallgemeinerung machen:

```
jshell> isMagic6(List.of(1, 5, 3, 4, 2, 6))
$55 ==> true

jshell> isMagic6(List.of(1, 2, 3, 4, 5, 6))
$56 ==> false
```

Algorithmus: Allgemeine Variante Mit dem aus dem konkreten Beispiel gewonnenen Wissen lässt sich eine allgemein gültige Variante erstellen: Die Varianz liegt in der Berechnung der Indizes für die Seiten des Dreiecks. Zudem fügen wir am Anfang der Methode noch einen Sanity Check ein. Dieser verhindert, dass wir auf potenziell invaliden Datenkonstellationen arbeiten:

```
static boolean isMagic(final List<Integer> values)
{
    if (values.size() % 3 != 0)
        throw new IllegalArgumentException("Not a triangle: " + values.size());

    final int sideLength = 1 + values.size() / 3;

    final List<Integer> valuesWithLoop = new ArrayList<>(values);
    // schließe das Dreieck
    valuesWithLoop.add(values.get(0));

    final List<Integer> side1 = valuesWithLoop.subList(0, sideLength);
    final List<Integer> side2 = valuesWithLoop.subList(sideLength - 1,
                                                       sideLength * 2 - 1);
    final List<Integer> side3 = valuesWithLoop.subList((sideLength - 1) * 2,
                                                        sideLength * 3 - 2);

    return compareSumOfSides(side1, side2, side3);
}
```

Prüfung

Prüfen wir die Implementierung mit folgendem Unit Test:

```
@ParameterizedTest(name = "isMagic({0})? {1}")
@MethodSource("listInputsAndExpected")
void isMagic(List<Integer> inputs, boolean expected)
{
    boolean result = Ex08_MagicTriangle.isMagic(inputs);

    assertEquals(expected, result);
}

private static Stream<Arguments> listInputsAndExpected()
{
    return Stream.of(Arguments.of(List.of(1, 5, 3, 4, 2, 6), true),
                     Arguments.of(List.of(1, 2, 3, 4, 5, 6), false),
                     Arguments.of(List.of(2, 5, 9, 1, 6, 7, 3, 4, 8), true),
                     Arguments.of(List.of(1, 2, 3, 4, 5, 6, 7, 8, 9), false));
}
```

Alternativer Algorithmus Basierend auf der bereits geleisteten Verallgemeinerung kann man noch einen Schritt weitergehen und auf das Extrahieren der Sublisten verzichten.

Dieser Algorithmus nutzt wieder einmal die Idee eines Positionszählers und durchläuft die Originalliste in zwei Schleifen. Die äußere repräsentiert die momentane Seite, in einer inneren Schleife wird die jeweilige Position behandelt. Dabei kommen noch zwei Tricks zum Einsatz:

1. Die Variable `pos` modelliert die aktuelle Position innerhalb der Liste. Die neue Position wird durch Addition von 1 ermittelt. Am Ende der Liste müssen wir jedoch noch einmal auf den Anfangswert der Liste zugreifen, weshalb hier eine Modulo-Operation genutzt wird.
2. Nachdem wir die Werte für eine Seite aufsummiert haben, müssen wir um eine Position zurückgehen, da ja der Endwert einer Seite des Dreiecks gleichzeitig auch der Startwert der nächsten Seite ist.

Wie gehabt fügen wir am Anfang der Methode noch einen Sanity Check ein. Dieser verhindert, dass wir auf potenziell invaliden Datenkonstellationen arbeiten:

```
static boolean isMagicV2(final List<Integer> values)
{
    if (values.size() % 3 != 0)
        throw new IllegalArgumentException("Not a triangle: " + values.size());

    final int[] sumOfSides = new int[3];

    final int sideLength = values.size() / 3 + 1;
    int pos = 0;
    for (int currentSide = 0; currentSide < 3; currentSide++)
    {
        for (int i = 0; i < sideLength; i++)
        {
            sumOfSides[currentSide] += values.get(pos);

            // Trick 1: Mit Modulo => keine Spezialbehandlung für letzten Wert
            pos = (pos + 1) % values.size();
        }

        // Trick 2: Die Seiten überlappen sich, Endfeld = nächstes Startfeld
        pos--;
    }

    return sumOfSides[0] == sumOfSides[1] && sumOfSides[1] == sumOfSides[2];
}
```

Prüfung

Die Prüfung erfolgt mit einem Unit Test analog zu dem vorherigen und wird daher nicht nochmals abgebildet.

7.3.9 Lösung 9: Pascal'sches Dreieck (★★★☆☆)

Schreiben Sie eine Methode `List<List<Integer>> pascal(int)`, die das Pascal´sche Dreieck in Form verschachtelter Listen berechnet. Bekanntermaßen ergibt sich jede neue Zeile aus der vorhergehenden. Falls dort mehr als zwei Elemente existieren, werden jeweils zwei Werte addiert und die Summen bilden die Werte der neuen Zeile. In jedem Fall wird vorne und hinten eine 1 hinzugefügt.

Beispiel Für den Wert 5 ergibt sich folgende Repräsentation:

```
[1]
[1, 1]
[1, 2, 1]
[1, 3, 3, 1]
[1, 4, 6, 4, 1]
```

Algorithmus Die Ermittlung der einzelnen Zeilen erfolgt rekursiv. Für die erste Zeile wird eine einelementige Liste mit dem Wert 1 erzeugt. Für alle anderen berechnen wir die Werte durch Aufruf einer Hilfsmethode `calcLine(List<Integer>)` auf Basis der Vorgängerzeile und fügen das Zwischenergebnis dann unserem Gesamtergebnis hinzu. Etwas irritierend könnte sein, dass beim Aufruf 1-basiert gearbeitet wird, der Listenindex aber selbstverständlich 0-basiert ist:

```
static List<List<Integer>> pascal(final int n)
{
    final List<List<Integer>> result = new ArrayList<>();
    pascal(n, result);
    return result;
}

static List<Integer> pascal(final int n, final List<List<Integer>> results)
{
   // rekursiver Abbruch
   if (n == 1)
   {
       results.add(List.of(1));
   }
   else
   {
       // rekursiver Abstieg: Berechne basierend auf Vorgängerzeile
       final List<Integer> previousLine = pascal(n - 1, results);

       final List<Integer> currentLine = calcLine(previousLine);

       results.add(currentLine);
   }

   return results.get(n - 1);
}
```

Das Berechnen der Werte einer Zeile basierend auf der Vorgängerzeile wird für alle Zeilen mit $n \geq 2$ wie folgt ausgeführt: Falls in der Liste der Vorgängerzeile mehr als 1 Wert gespeichert ist, durchläuft man diese und bildet jeweils die Summe. Zur Komplettierung der Berechnung wird vorne und hinten der Wert 1 ergänzt.

Etwas formaler kann man es wie folgt schreiben, wobei der Index der Zeilen und Spalten von 1 startet und nicht wie in Java bei 0:

$$pascal(row, col) = \begin{cases} 1 & row = 1 \text{ und } col = 1 \text{ (Spitze)} \\ 1 & \forall row \in \{1, n\} \text{ und } col = 1 \\ 1 & \forall row \in \{1, n\} \text{ und } row = col \\ pascal(row-1, col) + & \\ pascal(row-1, col-1) & \text{sonst (basierend auf Vorgänger)} \end{cases}$$

Die Implementierung erfolgt direkt und ist deutlich verständlicher als die schon in Abschnitt 3.3.9 vorgestellte rein rekursive Definition für jeden einzelnen Wert:

```
// Jede Zeile errechnet sich aus den Werten der darüber liegenden Zeile,
// flankiert von jeweils einer 1
static List<Integer> calcLine(final List<Integer> previousLine)
{
    final List<Integer> currentLine = new ArrayList<>();
    currentLine.add(1);

    for (int i = 0; i < previousLine.size() - 1; i++)
    {
        final int newValue = previousLine.get(i) + previousLine.get(i + 1);
        currentLine.add(newValue);
    }

    currentLine.add(1);
    return currentLine;
}
```

Prüfung

Zum Ausprobieren der Implementierung berechnen wir das Pascalsche Dreieck für den Wert 5 und geben dieses dann geeignet aus:

```
jshell> pascal(5).forEach(System.out::println)
[1]
[1, 1]
[1, 2, 1]
[1, 3, 3, 1]
[1, 4, 6, 4, 1]
```

Falls Sie es etwas formaler mögen: Ein passender Unit Test ist im Beispielprojekt mitgeliefert.

7.3.10 Lösung 10: Häufigste Elemente (★★☆☆☆)

Schreiben Sie eine Methode `Map<Integer, Long> valueCount(List<Integer>)`, die ein Histogramm, also die Verteilung der Häufigkeiten der Zahlen in der übergebenen Liste, ermittelt. Schreiben Sie zudem eine Methode `Map<Integer, Long> sortByValue(Map<Integer, Long>)`, die die Map anstatt nach Schlüssel nach ihren Werten sortiert. Dabei ist eine absteigende Sortierung zu realisieren, wodurch die höchsten Werte am Anfang aufgeführt werden.

Beispiele

Eingabe	Resultat	Häufigste(s)
[1, 2, 3, 4, 4, 4, 3, 3, 2, 4]	{1=1, 2=2, 3=3, 4=4}	4=4
[1, 1, 1, 2, 2, 2, 3, 3, 3]	{1=3, 2=3, 3=3}	je nach Abfrage, logisch alle

Algorithmus Basierend auf den Eingabewerten berechnen wir ein Histogramm in Form einer Map mit Häufigkeitswerten:

```
static Map<Integer, Long> valueCount(final List<Integer> values)
{
    final Map<Integer,Long> valueToCount = new TreeMap<>();

    values.forEach(value ->
    {
        valueToCount.putIfAbsent(value, 0L);
        valueToCount.computeIfPresent(value, (orig, count) -> ++count);
    });

    return valueToCount;
}
```

Alternativ können wir auch das Stream-API folgendermaßen zur Vereinfachung nutzen, allerdings mit dem Problem, dass die gewählte Identitätsabbildung (n -> n) dem Compiler leider nicht erlaubt, den Typ des Keys korrekt zu bestimmen, und deshalb hier unschönerweise `Object` genutzt wird:

```
static Map<Object, Long> valueCountWrong(final List<Integer> values)
{
   return values.stream().
                collect(Collectors.groupingBy(n -> n, Collectors.counting()));
}
```

Eine Verbesserung erzielen wir durch die Anpassung auf `Integer.valueOf(int)` sowie den statischen Import der Kollektoren und den Einsatz einer Methodenreferenz (das meiste lässt sich komfortabel mithilfe von Quick Fixes der IDEs erreichen):

```
static Map<Integer, Long> valueCountV2(final List<Integer> values)
{
    return values.stream().collect(groupingBy(Integer::valueOf, counting()));
}
```

Als letzten Schritt müssen wir die entstehende Map noch nach Wert sortieren. Praktischerweise ist dies seit Java 8 einfach mit einem vordefinierten Komparator möglich:

```
static Map<Integer, Long> sortByValue(final Map<Integer, Long> counts)
{
    return counts.entrySet().stream().
           sorted(Map.Entry.<Integer, Long>comparingByValue().reversed())
           collect(Collectors.toMap(Map.Entry::getKey,
                                    Map.Entry::getValue,
                                    (e1, e2) -> e1, LinkedHashMap::new));
}
```

Prüfung

Wie üblich nutzen wir die Werte aus der Einleitung, um unsere gerade realisierte Funktionalität mithilfe von Unit Tests zu überprüfen:

```
@ParameterizedTest(name = "valueCountV2({0}) = {1}")
@MethodSource("listInputsAndExpected")
void valueCountV2(List<Integer> inputs, Map<Integer, Long> expected)
{
    Map<Integer, Long> result = Ex10_HaeufigstesElement.valueCountV2(inputs);

    assertEquals(expected, result);
}

private static Stream<Arguments> listInputsAndExpected()
{
    return Stream.of(Arguments.of(List.of(1, 2, 3, 4, 4, 4, 3, 3, 2, 4),
                                  Map.of(1, 1L, 2, 2L, 3, 3L, 4, 4L)),
                     Arguments.of(List.of(1, 1, 1, 2, 2, 2, 3, 3, 3),
                                  Map.of(1, 3L, 2, 3L, 3, 3L)));
}

@Test
public void sortByValue()
{
    Map<Integer, Long> counts = Map.of(1, 1L, 2, 2L, 3, 3L, 4, 4L);
    Map<Integer, Long> expected = new LinkedHashMap<>();
    expected.put(4, 4L);
    expected.put(3, 3L);
    expected.put(2, 2L);
    expected.put(1, 1L);

    Map<Integer, Long> result = Ex10_HaeufigstesElement.sortByValue(counts);

    assertIterableEquals(expected.entrySet(), result.entrySet());
}
```

Zum Testen der Sortierung nach Wert müssen wir ein klein wenig tricksen. Ein Vergleich der Maps per `assertEquals()` liefert immer `true`, wenn dort die gleichen Einträge vorhanden sind – hier geht es jedoch um die Reihenfolge. Zunächst kommt man auf die Idee, mit zwei Iteratoren durch die jeweiligen `entrySet()`s zu laufen. Doch es geht besser, nämlich mit `assertIterableEquals()`. Wie gezeigt ist das Ganze nicht nur schön kurz, sondern auch noch ziemlich elegant.

7.3.11 Lösung 11: Addition von Ziffern (★★★☆☆)

Betrachten wir zwei Dezimalzahlen, die addiert werden sollen. Klingt simpel, doch für diese Aufgabenstellung sind die Zahlen interessanterweise als Liste von Ziffern repräsentiert. Schreiben Sie eine Methode List<Integer> listAdd(List<Integer>, List<Integer>). Denken Sie auch an den Spezialfall, dass es einen Überlauf gibt.

Lösung 11a: Addition (★★★☆☆)

Im ersten Teil der Aufgabe sollen die Ziffern in der Reihenfolge ihres Vorkommens in der Liste gespeichert sein.

Beispiele

Eingabe 1	Eingabe 2	Resultat
123 = [1, 2, 3]	456 = [4, 5, 6]	579 = [5, 7, 9]
927 = [9, 2, 7]	135 = [1, 3, 5]	1062 = [1, 0, 6, 2]

Algorithmus Wir beginnen mit einer Vereinfachung, nämlich, dass die Zahlen die gleiche Anzahl an Ziffern besitzen. Analog zum Addieren an der Tafel gehen wir von hinten nach vorne von Position zu Position und addieren jeweils die Ziffern. Dabei kann es einen Übertrag geben, den wir bei der folgenden Addition berücksichtigen müssen. Sofern auch am Ende noch ein Übertrag existiert, müssen wir im Ergebnis an vorderster Position den Wert 1 ergänzen.

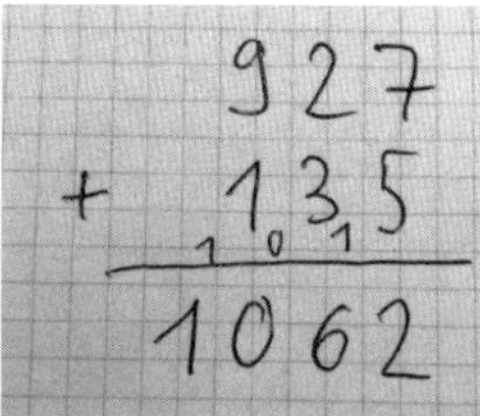

Abbildung 7-1 Beispiel einer Addition mit Überträgen

Dieses Vorgehen übertragen wir auf zwei Listen mit Ziffern und durchlaufen diese von hinten nach vorne – zu Beginn noch mit der Vereinfachung gleich langer Listen, was Spezialbehandlungen vermeidet:

```
static List<Integer> listAdd(final List<Integer> values1,
                             final List<Integer> values2)
{
    final List<Integer> result = new ArrayList<>();

    int carry = 0;
    for (int  i = values1.size() - 1; i >= 0; i--)
    {
        final int value1 = values1.get(i);
        final int value2 = values2.get(i);
        final int sum = value1 + value2 + carry;
        result.add(0, sum % 10);

        carry = sum >= 10 ? 1 : 0;
    }

    // Bei einem Übertrag vorne eine 1 hinzufügen
    if (carry == 1)
        result.add(0, 1);

    return result;
}
```

Verbesserter Algorithmus Wenn man eine allgemeingültige Addition ermöglichen möchte, muss man wieder ausgehend von hinten die Ziffern miteinander addieren. Bei ungleicher Länge kann man dann allerdings irgendwann auf keine Ziffern mehr zugreifen, weil eine Zahl eben weniger Ziffern als die andere besitzt. Der potenziell fehlschlagende Zugriff mit dem Fallback 0 ist in der Hilfsmethode `safeGetAt()` implementiert:

```
static List<Integer> listAddImproved(final List<Integer> inputs1,
                                     final List<Integer> inputs2)
{
    final List<Integer> result = new ArrayList<>();

    int carry = 0;
    int idx1 = values1.size() - 1;
    int idx2 = values2.size() - 1;

    while (idx1 >= 0 || idx2 >= 0)
    {
        final int value1 = safeGetAt(values1, idx1);
        final int value2 = safeGetAt(values2, idx2);
        final int sum = value1 + value2 + carry;
        result.add(0, sum % 10);

        carry = sum >= 10 ? 1 : 0;

        idx1--;
        idx2--;
    }

    // Bei einem Übertrag vorne eine 1 hinzufügen
    if (carry == 1)
        result.add(0, 1);

    return result;
}
```

Schauen wir uns noch kurz die Implementierung der sicheren indizierten Zugriffe an, die Zugriffe außerhalb des erlaubten Indexbereichs auf den Wert 0 abbildet:

```
static int safeGetAt(final List<Integer> inputs, final int pos)
{
    if (pos >=0 && pos < inputs.size())
        return inputs.get(pos);

    return 0;
}
```

Prüfung

Wir verifizieren mithilfe von Unit Tests, dass die Implementierung bei gegebener Zahlenfolge das gewünschte Ergebnis liefert:

```
@Test
void listAdd_for_Values1()
{
    List<Integer> result = Ex11_ListAdder.listAddImproved(List.of(1, 2, 3),
                                                          List.of(4, 5, 6));
    assertEquals(List.of(5, 7, 9), result);
}

@Test
void listAdd_for_Values2()
{
    List<Integer> result = Ex11_ListAdder.listAddImproved(List.of(9, 2, 7),
                                                          List.of(1, 3, 5));
    assertEquals(List.of(1, 0, 6, 2), result);
}
```

Betrachten wir auch den Spezialfall von Zahlen ungleicher Länge für beide Implementierungen – nur die zweite verbesserte Variante handhabt dies korrekt:

```
jshell> var result3 = listAdd(List.of(7,2,1), List.of(1,2,7,0,0,0))
result3 ==> [8, 4, 8]

jshell> var result4 = listAddImproved(List.of(7,2,1), List.of(1,2,7,0,0,0))
result4 ==> [1, 2, 7, 7, 2, 1]
```

Lösung 11b: Addition Invers (★★★☆☆)

Was ändert sich, wenn die Ziffern in umgekehrter Reihenfolge in der Liste gespeichert sind?

Beispiele

Eingabe 1	Eingabe 2	Resultat
123 = [3, 2, 1]	456 = [6, 5, 4]	579 = [9, 7, 5]
927 = [7, 2, 9]	135 = [5, 3, 1]	1062 = [2, 6, 0, 1]

Algorithmus Wenn die Reihenfolge der Ziffern in der Liste umkehrt zu derjenigen innerhalb der Zahl ist, dann vereinfacht sich einiges: Man kann dann nämlich direkt addieren und die Behandlung von Zahlen ungleicher Ziffernanzahl wird leichter. Auch hier greifen wir wieder auf die Methode `safeGetAt()` zurück. Zudem muss bei einem Überlauf nur in natürlicher Richtung hinzugefügt werden:

```
static List<Integer> listAddV2(final List<Integer> inputs1,
                               final List<Integer> inputs2)
{
    final List<Integer> result = new ArrayList<>();

    int carry = 0;
    for (int i = 0; i < inputs1.size() || i < inputs2.size(); i++)
    {
        final int value1 = safeGetAt(inputs1, i);
        final int value2 = safeGetAt(inputs2, i);
        final int sum = value1 + value2 + carry;
        result.add(sum % 10);

        carry = sum >= 10 ? 1 : 0;
    }

    // Bei einem Übertrag "vorne" eine 1 hinzufügen
    if (carry == 1)
        result.add(1);

    return result;
}
```

Prüfung

Gegeben seien zwei Zahlen in Form von Listen mit einzelnen Ziffern – dabei seien die Werte andersherum als im Auftreten in der Zahl notiert. Im Speziellen erlaubt diese Variante das Addieren unterschiedlich langer Zahlen, ohne dafür mit zwei Indexwerten hantieren zu müssen:

```
@ParameterizedTest(name = "listAddImproved({0} + {1}) = {2}")
@MethodSource("reverseOrderInputs")
void listAddImproved(List<Integer> inputs1, List<Integer> inputs2,
                     List<Integer> expected)
{
    List<Integer> result = Ex11_ListAdder.listAddImproved(inputs1, inputs2);

    assertEquals(expected, result);
}

private static Stream<Arguments> reverseOrderInputs()
{
    return Stream.of(Arguments.of(List.of(3, 2, 1), List.of(6, 5, 4),
                                  List.of(9, 7, 5)),
                     Arguments.of(List.of(7, 2, 9), List.of(5, 3, 1),
                                  List.of(2, 6, 0, 1)),
                     Arguments.of(List.of(5, 3, 1), List.of(0, 0, 0, 1, 3, 5),
                                  List.of(5, 3, 1, 1, 3, 5)));
}
```

7.3.12 Lösung 12: Compound Key (★★☆☆☆)

Stellen Sie sich vor, Sie wollten in einer Map zwei oder mehrere Werte als Key nutzen, also einen sogenannten Verbundschlüssel oder Compound Key verwenden. Ein solcher besteht beispielsweise aus zwei `int`-Werten oder aus einem `String` und einem `int`. Wie lässt sich dies erreichen?

Beispiele

Compound Key (Name, Alter)	Hobbys
(Peter, 22)	TV
(Mike, 48)	Java, Cycling, Movies

Compound Key (Monat, Jahr)	Konferenzen
(September, 2019)	ch open Zürich, Oracle Code One SF
(Oktober, 2019)	JAX London
(November, 2019)	W-JAX München

Algorithmus Definieren Sie jeweils eine passende Klasse `XyKey`, etwa für einen `String` und einen `int` die Klasse `StringIntKey` – wichtig sind insbesondere die Methoden `boolean equals(Object)` und `int hashCode()`, deren kontraktkonforme Implementierung für eine korrekte Funktionalität sorgt.[1] Damit wir später beim Debugging oder bei Ausgaben eine lesbare Darstellung erhalten, lassen wir uns von unserer IDE die Methode `String toString()` generieren und modifizieren diese leicht. Damit ergibt sich folgende Implementierung:

```
static class StringIntKey
{
    public final String strValue;
    public final int intValue;

    public static StringIntKey of(final String strValue, final int intValue)
    {
        return new StringIntKey(strValue, intValue);
    }

    private StringIntKey(final String strValue, final int intValue)
    {
        this.strValue = strValue;
        this.intValue = intValue;
    }

    @Override
    public int hashCode()
    {
        return Objects.hash(intValue, strValue);
    }
```

[1]Details finden Sie in meinem Buch »Der Weg zum Java-Profi« [2].

```
    @Override
    public boolean equals(Object obj)
    {
        if (this == obj)
            return true;
        if (obj == null)
            return false;
        if (getClass() != obj.getClass())
            return false;

        StringIntKey other = (StringIntKey) obj;
        return intValue == other.intValue &&
                Objects.equals(strValue, other.strValue);
    }

    @Override
    public String toString()
    {
        return "StringIntKey [" + strValue + " / " + intValue + "]";
    }
}
```

Prüfung

Zunächst definieren wir ein paar Verbundschlüssel, bestehend aus Name und Alter von Personen, und nutzen diese dann für eine Abbildung auf eine Liste von Hobbys:

```
public static void main(final String[] args)
{
    // Definition der Schlüssel
    final StringIntKey key1 = new StringIntKey("Peter", 22);
    final StringIntKey key2 = new StringIntKey("Mike", 48);
    final StringIntKey key3 = new StringIntKey("Tom", 33);

    // Alternative Definition
    final StringIntKey mike48 = StringIntKey.of("Mike", 48);
    final StringIntKey tom33 = StringIntKey.of("Tom", 33);
    final StringIntKey michael48 = StringIntKey.of("Michael", 48);

    // Nutzung in der Map
    final Map<StringIntKey, List<String>> personToHobbies = new HashMap<>();
    personToHobbies.put(key1, List.of("TV"));
    personToHobbies.put(key2, List.of("Java", "Cycling", "Movies"));
    personToHobbies.put(michael48, List.of("Java", "Cycling"));
    personToHobbies.put(tom33, List.of("Running", "Movies"));

    // Zugriff
    System.out.println(mike48 + " => " + personToHobbies.get(mike48));
    final StringIntKey newTom33 = StringIntKey.of("Tom", 33);
    System.out.println(newTom33 + " => " + personToHobbies.get(newTom33));
}
```

Weil die Methoden `equals()` und `hashCode()` kontraktkonform definiert sind, können wir diese beim Zugriff auf neue Schlüsselobjekte nutzen:

```
StringIntKey [Mike / 48] => [Java, Cycling, Movies]
StringIntKey [Tom / 33] => [Running, Movies]
```

Tipp: Vereinfachung mit Java 14

Mit Java 14 wurden sogenannte Records eingeführt. Damit lassen sich hervorragend Compound Keys kurz und prägnant realisieren – dabei könnte man sogar noch auf die `of()`-Methode verzichten.

```
record StringIntKey(String strValue, int intValue)
{
    public static StringIntKey of(final String strValue, final int intValue)
    {
        return new StringIntKey(strValue, intValue);
    }
}
```

Records behandle ich detailliert in meinem Buch »Java – die Neuerungen in Version 9 bis 14: Modularisierung, Syntax- und API-Erweiterungen« [3].

7.3.13 Lösung 13: List Merge (★★☆☆☆)

Gegeben seien zwei Listen mit jeweils in sich aufsteigend sortierten Zahlen, die gemäß ihrer Reihenfolge geordnet in eine Ergebnisliste überführt werden sollen. Schreiben Sie eine Methode `List<Integer> merge(List<Integer>, List<Integer>)`.

Beispiele

Eingabe 1	Eingabe 2	Resultat
1, 4, 7, 12, 20	10, 15, 17, 33	1, 4, 7, 10, 12, 15, 17, 20, 33
2, 3, 5, 7	11, 13, 17	2, 3, 5, 7, 11, 13, 17
2, 3, 5, 7, 11	7, 11, 13, 17	2, 3, 5, 7, 7, 11, 11, 13, 17
[1, 2, 3]	∅ = []	[1, 2, 3]

Algorithmus Zunächst scheint das Problem leicht lösbar – man startet bei beiden Listen am Anfang. Nun vergleicht man die Werte der jeweiligen Position, fügt den kleineren in das Ergebnis ein und erhöht jeweils die Position in der Liste, aus der das Element stammt. Das sieht dann etwa wie folgt aus:

```
static List<Integer> mergeFirstTry(final List<Integer> values1,
                                   final List<Integer> values2)
{
    final List<Integer> result = new ArrayList<>();

    int idx1 = 0;
    int idx2 = 0;

    while (idx1 < values1.size() || idx2 < values2.size())
    {
        final int value1 = values1.get(idx1);
        final int value2 = values2.get(idx2);
```

```
        if (value1 < value2)
        {
            result.add(value1);
            idx1++;
        }
        else
        {
            result.add(value2);
            idx2++;
        }
    }
    return result;
}
```

So intuitiv und gut diese Lösung scheint, sie enthält doch noch Probleme. Um diese zu erkennen, probieren wir die Methode einmal für die zweite Wertekombination aus:

```
jshell> mergeFirstTry(List.of(2, 3, 5, 7), List.of(11, 13, 17))
|  Exception java.lang.ArrayIndexOutOfBoundsException: Index 4 out of bounds for
       length 4
```

Als Quick Fix könnte man das ODER (||) gegen ein UND (&&) austauschen, wodurch es keine Probleme mehr mit Exceptions gibt, jedoch werden dann nicht mehr alle Elemente beider Liste verarbeitet, meistens je nach Werteverteilung sogar unterschiedlich viele. Das ist somit keine allgemeingültige Lösung, aber trotzdem ein guter Start. Wir müssen nur noch die Besonderheiten der in einer Liste verbleibenden Elemente geeignet abdecken. Diese werden dazu dem Ergebnis hinzugefügt:

```
static List<Integer> merge(final List<Integer> values1,
                           final List<Integer> values2)
{
    final List<Integer> result = new ArrayList<>();

    int idx1 = 0;
    int idx2 = 0;

    while (idx1 < values1.size() && idx2 < values2.size())
    {
        final int value1 = values1.get(idx1);
        final int value2 = values2.get(idx2);

        if (value1 < value2)
        {
            result.add(value1);
            idx1++;
        }
        else
        {
            result.add(value2);
            idx2++;
        }
    }

    addRemaining(result, values1, idx1);
    addRemaining(result, values2, idx2);

    return result;
}
```

Das Anfügen der restlichen Elemente lagern wir in eine Methode `addRemaining()` aus. Interessanterweise bedarf es vor deren Aufruf keiner speziellen Prüfungen – dies ist indirekt durch die Übergabe des jeweiligen Index sowie die Abbruchbedingung in der `for`-Schleife gegeben:

```
static void addRemaining(final List<Integer> result,
                         final List<Integer> values, final int idx)
{
    for (int i = idx; i < values.size(); i++)
    {
        result.add(values.get(i));
    }
}
```

Prüfung

Zum Überprüfen der Funktionalität nutzen wir wie gewöhnlich die Wertekombinationen aus der Einführung:

```
@ParameterizedTest(name = "merge({0}, {1}) = {2}")
@MethodSource("listInputsAndExpected")
void listMerge(List<Integer> inputs1, List<Integer> inputs2,
               List<Integer> expected)
{
    List<Integer> result = Ex13_ListMerger.merge(inputs1, inputs2);

    assertEquals(expected, result);
}

private static Stream<Arguments> listInputsAndExpected()
{
    return Stream.of(Arguments.of(List.of(1, 4, 7, 12, 20),
                                  List.of(10, 15, 17, 33),
                                  List.of(1, 4, 7, 10, 12, 15, 17, 20, 33)),
                     Arguments.of(List.of(2, 3, 5, 7), List.of(11, 13, 17),
                                  List.of(2, 3, 5, 7, 11, 13, 17)),
                     Arguments.of(List.of( 1, 2, 3), List.of(),
                                  List.of( 1, 2, 3)));
}
```

7.3.14 Lösung 14: Excel Magic Select (★★☆☆☆)

Wenn Sie ein wenig mit Excel arbeiten, dann haben Sie bestimmt schon einmal die sogenannte Magic Selection verwendet. Diese füllt einen markierten Bereich fortlaufend mit Werten auf Basis der vorhergehenden Werte. Das funktioniert beispielsweise für Zahlen, Wochentage oder Datumsangaben. Schreiben Sie dazu eine Methode `List<Integer> generateFollowingValues(int, int)`, die das für Zahlen implementiert. Erstellen Sie eine Abwandlung davon, die für Wochentage funktioniert und folgende Signatur besitzt: `List<DayOfWeek> generateFollowingValues(DayOfWeek, int)`

Beispiele

Startwert	Anzahl	Resultat
1	7	[1, 2, 3, 4, 5, 6, 7]
5	4	[5, 6, 7, 8]
FRIDAY	8	[FRIDAY, SATURDAY, SUNDAY, MONDAY, TUESDAY, WEDNESDAY, THURSDAY, FRIDAY]

Algorithmus Obwohl man zunächst vermuten könnte, dass dem Ganzen etwas sehr Ausgeklügeltes zugrunde liegt, stellt man beim Nachdenken über den Algorithmus doch recht schnell fest, dass man dazu lediglich eine Liste als Ergebnisdatenstruktur und eine Schleife zu deren Befüllung benötigt:

```
static List<Integer> generateFollowingValues(int currentValue,
                                             int sequenceLength)
{
    final List<Integer> result = new ArrayList<>();

    while (sequenceLength-- > 0)
    {
        result.add(currentValue);
        currentValue++;
    }
    return result;
}
```

Ähnlich einfach ist auch das Auffüllen mit Wochentagen, die sich im Gegensatz zu Zahlenwerten nach 7 Werten immer wiederholen. Zwei Dinge helfen uns dabei:

1. Alle `enum`-Aufzählungen liefern mit `values()` eine Array-Repräsentation.
2. Das Finden eines Werts (vgl. Kapitel 5 in der Einführung) sowie das zyklische Durchlaufen von Arrays, was wir in eine Hilfsmethode `nextCyclic()` auslagern.

Mit diesem Wissen wandeln wir den zuvor genutzten Algorithmus minimal ab:

```
static List<DayOfWeek> generateFollowingValues(final DayOfWeek startDay,
                                               int sequenceLength)
{
    final DayOfWeek[] allWeekDays = DayOfWeek.values();
    int currentPos = find(allWeekDays, startDay);

    final List<DayOfWeek> result = new ArrayList<>();

    DayOfWeek nextDay = startDay;
    while (sequenceLength-- > 0)
    {
        result.add(nextDay);
        nextDay = nextCyclic(allWeekDays, currentPos);
        currentPos++;
    }
    return result;
}
```

Unsere Implementierung verwendet die Suche als Array-Basisfunktionalität:

```
static <T> int find(final T[] values, final T searchFor)
{
    for (int i = 0; i < values.length; i++)
    {
        if (values[i].equals(searchFor))
            return i;
    }
    return -1;
}
```

Weil wir hier jedoch auf einem fixen Wertebereich einer Aufzählung operieren, können wir statt der obigen Methode das Ganze wie folgt abkürzen:

```
int currentPos = startDay.getValue() - 1;
```

Die zweite Methode soll das zyklische Durchlaufen eines Arrays in Vorwärtsrichtung ermöglichen, indem nach dem letzten Element wieder am Anfang gestartet wird:

```
static <T> T nextCyclic(final T[] values, final int currentPos)
{
    final int nextPos = (currentPos + 1) % values.length;

    return values[nextPos];
}
```

Vereinfachung Weil `DayOfWeek` eine Aufzählung ist, die diese Funktionalität von Hause aus bietet, schreiben wir die Methode besser wie folgt:

```
static List<DayOfWeek> generateFollowingValuesSimpler(final DayOfWeek startDay,
                                                       int sequenceLength)
{
    final List<DayOfWeek> result = new ArrayList<>();

    DayOfWeek nextDay = startDay;
    while (sequenceLength > 0)
    {
        result.add(nextDay);
        nextDay = day.plus(1);
        sequenceLength--;
    }

    return result;
}
```

Prüfung

Zum Nachvollziehen der Vervollständigung definieren wir wieder parametrisierte Tests, beispielsweise einen startend an einem Freitag, um danach acht Werte zu generieren:

```
@ParameterizedTest(name = "generateFollowingValues({0}, {1}) = {2}")
@MethodSource("simpleInputs")
void generateFollowingValues(int startValue, int sequenceLength,
                             List<Integer> expected)
{
    var result =
        Ex14_ExcelMagicSelection.generateFollowingValues(startValue,
                                                         sequenceLength);

    assertEquals(expected, result);
}

@ParameterizedTest(name = "generateFollowingValues({0}, {1}) = {2}")
@MethodSource("enumInputs")
void generateFollowingValues(DayOfWeek startValue, int sequenceLength,
                             List<DayOfWeek> expected)
{
    var result =
        Ex14_ExcelMagicSelection.generateFollowingValues(startValue,
                                                         sequenceLength);

    assertEquals(expected, result);
}

private static Stream<Arguments> simpleInputs()
{
   return Stream.of(Arguments.of(1, 7, List.of(1, 2, 3, 4, 5, 6, 7)),
                    Arguments.of(5, 4, List.of(5, 6, 7, 8)));
}

private static Stream<Arguments> enumInputs()
{
   return Stream.of(Arguments.of(DayOfWeek.MONDAY, 3,
                                 List.of(DayOfWeek.MONDAY, DayOfWeek.TUESDAY,
                                         DayOfWeek.WEDNESDAY)),
                    Arguments.of(DayOfWeek.FRIDAY, 8,
                                 List.of(DayOfWeek.FRIDAY, DayOfWeek.SATURDAY,
                                         DayOfWeek.SUNDAY, DayOfWeek.MONDAY,
                                         DayOfWeek.TUESDAY, DayOfWeek.WEDNESDAY,
                                         DayOfWeek.THURSDAY, DayOfWeek.FRIDAY)));
}
```

Tipp: Kür mit dem Stream-API

Wir haben gerade gesehen, dass hinter der Magie gar nicht so viel steckt. Tatsächlich kann man das Ganze sogar noch deutlich eleganter schreiben, wenn man das Stream-API und im Speziellen die Methode `iterate()` einsetzt, die einen unendlichen Stream, basierend auf einer Berechnungsvorschrift, erstellt. Zur Begrenzung auf die gewünschte Anzahl an Werten hilft uns `limit()`. Im ersten Fall nutzen wir einen `IntStream`, der auf dem Typ `int` operiert. Zur Umwandlung in eine Liste muss daher `boxed()` aufgerufen werden, um den `int`-Wert in einen korrespondierenden `Integer` zu wandeln:

```
static List<Integer> generateFollowingValues(final int startValue,
                                             final int sequenceLength)
{
    return IntStream.iterate(startValue, n -> n + 1).
                     limit(sequenceLength).boxed().
                     collect(Collectors.toList());
}

static List<DayOfWeek> generateFollowingValues(final DayOfWeek startDay,
                                               final int sequenceLength)
{
    return Stream.iterate(startDay, day -> day.plus(1)).
                  limit(sequenceLength).
                  collect(Collectors.toList());
}

static List<LocalDate> generateFollowingValues(final LocalDate startValue,
                                               final int sequenceLength)
{
    return Stream.iterate(startValue, day -> day.plusDays(1)).
                  limit(sequenceLength).
                  collect(Collectors.toList());
}
```

Die zugehörigen JUnit-Tests sind analog zu den vorherigen, abgesehen von der aufgerufenen Methode. Für die Methode mit `LocalDate` als Parameter wandeln wir das Testing wie folgt leicht ab:

```
@ParameterizedTest(name = "generateFollowingValuesLocalDate({0}, {1}) " +
                          "last day should be {2}")
@CsvSource({ "2020-03-13, 8, 2020-03-20", "2010-02-07, 366, 2011-02-07" })
void generateFollowingValuesLocalDate(LocalDate startValue,
                                      int sequenceLength,
                                      LocalDate expectedEndDate)
{
    var expected =
        startValue.datesUntil(startValue.plusDays(sequenceLength)).
                   collect(Collectors.toList());

    var result =
        Ex14_ExcelMagicSelection.generateFollowingValues(startValue,
                                                         sequenceLength);

    assertAll(() -> assertEquals(expected, result),
              () -> assertEquals(expectedEndDate,
                                 result.get(result.size() - 1)));
}
```

Teil II

Fortgeschrittenere und kniffligere Themen

8 Rekursion Advanced

In diesem Kapitel beschäftigen wir uns mit einigen fortgeschritteneren Aspekten rund um das Thema Rekursion. Wir starten mit der Optimierungstechnik namens Memoization. Im Anschluss schauen wir uns Backtracking als eine Problemlösungsstrategie an, die auf Versuch und Irrtum beruht und mögliche Lösungswege durchprobiert. Obwohl dies bezüglich der Performance nicht optimal ist, lassen sich damit diverse Implementierungen gut nachvollziehbar halten.

8.1 Memoization

In Kapitel 3 hatten wir bereits erkannt, dass sich mit Rekursion viele Algorithmen und Berechnungen verständlich und zugleich elegant beschreiben lassen. Allerdings war uns auch aufgefallen, dass Rekursion teilweise zu vielen Selbstaufrufen führt, die sich negativ auf die Performance auswirken können. Das gilt etwa für die Berechnung der Fibonacci-Zahlen oder die des Pascal'schen Dreiecks. Wie kann man dieses Problems Herr werden?

Dazu existiert eine nützliche Technik, die sich ***Memoization*** nennt. Diese verfolgt die gleichen Ideen wie das Caching oder Zwischenspeichern zuvor berechneter Werte. Man vermeidet dadurch mehrfache Ausführungen, indem bereits ermittelte Ergebnisse für Folgeaktionen wiederverwendet werden.

8.1.1 Memoization für Fibonacci-Zahlen

Praktischerweise kann man Memoization einem bestehenden Algorithmus oft leicht hinzufügen und muss diesen nur minimal anpassen. Das wollen wir für die Berechnung der Fibonacci-Zahlen nachvollziehen.

Wiederholen wir kurz die rekursive Definition der ***Fibonacci-Zahlen***:

$$fib(n) = \begin{cases} 1, & n = 1 \\ 1, & n = 2 \\ fib(n-1) + fib(n-2), & \forall n > 2 \end{cases}$$

Die rekursive Umsetzung in Java folgt exakt der mathematischen Definition:

```
static long fibRec(final int n)
{
    if (n <= 0)
        throw new IllegalArgumentException("n must be > 0");

    // rekursiver Abbruch
    if (n == 1 || n == 2)
        return 1;

    // rekursiver Abstieg
    return fibRec(n - 1) + fibRec(n - 2);
}
```

Wie fügt man nun Memoization hinzu? Tatsächlich ist dies nicht allzu schwierig. Wir benötigen eine Hilfsmethode, die die eigentliche Berechnungsmethode aufruft, sowie vor allem eine Datenstruktur zur Speicherung von Zwischenergebnissen. In diesem Fall nutzen wir eine Map, die an die Berechnungsmethode übergeben wird:

```
static long fibonacciOptimized(final int n)
{
    return fibonacciMemo(n, new HashMap<>());
}
```

In der ursprünglichen Methode umrahmen wir die eigentliche Berechnung mit den Aktionen zur Memoization: Bei jedem Berechnungsschritt schauen wir zuerst in der Map nach, ob bereits ein Ergebnis vorliegt, und geben dieses in dem Fall zurück. Ansonsten führen wir den Algorithmus wie zuvor aus, mit der minimalen Abwandlung, dass wir das Berechnungsergebnis in einer Variablen zwischenspeichern, um es zum Abschluss passend in der Lookup-Map hinterlegen zu können:

```
static long fibonacciMemo(final int n, final Map<Integer, Long> lookupMap)
{
    if (n <= 0)
        throw new IllegalArgumentException("n must be > 0");

    // MEMOIZATION: prüfe, ob vorberechnetes Ergebnis existiert
    if (lookupMap.containsKey(n))
        return lookupMap.get(n);

    // normaler Algorithmus mit Hilfsvariable für Resultat
    long result = 0;
    // rekursiver Abbruch
    if (n == 1 || n == 2)
        result = 1;
    // rekursiver Abstieg
    else
        result = fibonacciMemo(n - 1, lookUpMap) +
                 fibonacciMemo(n - 2, lookUpMap);

    // MEMOIZATION: speichere berechnetes Ergebnis
    lookupMap.put(n, result);
    return result;
}
```

Performance-Vergleich Führt man die beiden Varianten für die 47. Fibonacci-Zahl aus, so liefert die rein rekursive Variante auf meinem iMac 4 GHz nach etwa 7 Sekunden ein Ergebnis, die andere mit Memoization dagegen nach wenigen Millisekunden.

Anmerkungen Es sei darauf hingewiesen, dass es eine Variante der Fibonacci-Berechnung gibt, die beim Wert 0 startet. Dann gilt $fib(0) = 0$ sowie $fib(1) = 1$ und danach rekursiv $fib(n) = fib(n-1) + fib(n-2)$. Das produziert die gleiche Zahlenfolge, wie die initiale Definition, nur um den Wert für die 0 ergänzt.

Weiterhin gibt es folgende Punkte zu bedenken:

- **Datentyp** – Die berechneten Fibonacci-Zahlen können ziemlich schnell sehr groß werden, sodass selbst der Wertebereich eines `long` nicht ausreicht und sich als Typ für die Rückgabe und die Lookup-Map ein `BigInteger` anbietet.
- **Rekursiver Abbruch** – Für die Implementierung ist es eine Überlegung wert, den rekursiven Abbruch vor der Verarbeitung mit Memoization zu notieren. Das wäre vermutlich minimal performanter, aber dann lässt sich der Algorithmus nicht so klar aus dem bestehenden umformen. Gerade wenn man mit Memoization noch nicht so vertraut ist, scheint die gezeigte Variante ein wenig eingängiger.

8.1.2 Memoization für Pascal'sches Dreieck

Das Pascal'sche Dreieck ist ebenso wie die Fibonacci-Zahlen rekursiv definiert:

$$pascal(row, col) = \begin{cases} 1, & row = 1 \text{ und } col = 1 \text{ (Spitze)} \\ 1, & \forall row \in \{1, n\} \text{ und } col = 1 \\ 1, & \forall row \in \{1, n\} \text{ und } col = row \\ pascal(row-1, col) + & \\ pascal(row-1, col-1), & \text{sonst (alle anderen Positionen)} \end{cases}$$

Schauen wir uns zunächst wieder die rein rekursive Implementierung an:

```
static int pascalRec(final int row, final int col)
{
    // rekursiver Abbruch: Spitze
    if (col == 1 && row == 1)
        return 1;

    // rekursiver Abbruch: Ränder
    if (col == 1 || col == row)
        return 1;

    // rekursiver Abstieg
    return pascalRec(row - 1, col) + pascalRec(row - 1, col - 1);
}
```

Auch für die Berechnung des Pascal'schen Dreiecks durch den Einsatz von Memoization ändert sich am ursprünglichen Algorithmus kaum etwas. Wir rahmen diesen lediglich mit den Zugriffen auf die Lookup-Map und die Speicherung dort ein:

```
static int pascalOptimized(final int row, final int col)
{
    return calcPascalMemo(row, col, new HashMap<>());
}

static int calcPascalMemo(final int row, final int col,
                          final Map<IntIntKey, Integer> lookupMap)
{
    // MEMOIZATION
    final IntIntKey key = IntIntKey.of(row, col);
    if (lookupMap.containsKey(key))
        return lookupMap.get(key);

    int result;
    // rekursiver Abbruch: Spitze
    if (col == 1 && row == 1)
        result = 1;
    // rekursiver Abbruch: Ränder
    else if (col == 1 || col == row)
        result = 1;
    else
        // rekursiver Abstieg
        result = calcPascalMemo(row - 1, col, lookupMap) +
                 calcPascalMemo(row - 1, col - 1, lookupMap);

    // MEMOIZATION
    lookupMap.put(key, result);
    return result;
}
```

Bei genauerem Hinsehen fällt uns auf, dass wir für den Key keinen Standardtyp, sondern durch die zweidimensionale Auslegung eine speziellere Variante, bestehend aus Zeile und Spalte, benötigen. Wir definieren dazu folgende Klasse `IntIntKey` – etwas Ähnliches wurde schon in der Lösung zur Aufgabe 7.3.12 ab Seite 350 entwickelt.

```
class IntIntKey
{
    final int value1;
    final int value2;

    public IntIntKey(final int value1, final int value2)
    {
        this.value1 = value1;
        this.value2 = value2;
    }

    @Override
    public int hashCode()
    {
        return Objects.hash(value1, value2);
    }

    @Override
    public boolean equals(Object obj)
    {
        if (this == obj)
            return true;
        if (obj == null)
            return false;
        if (getClass() != obj.getClass())
            return false;
```

```
        IntIntKey other = (IntIntKey) obj;
        return value1 == other.value1 && value2 == other.value2;
    }

    @Override
    public String toString()
    {
        return "IntIntKey [value1=" + value1 + ", value2=" + value2 + "]";
    }
}
```

Vereinfachung mit Java 14 Mit Java 14 ist die Definition einfacher Datenbehälter-Klassen mithilfe des Schlüsselworts `record` mit der oben gezeigten Funktionalität wie folgt möglich:

```
static record IntIntKey(int value1, int value2)
{
}
```

Performance-Vergleich Um die Performance zu vergleichen, wählen wir einen Aufruf mit den Parametern für Zeile 42 und Spalte 15. Führt man diesen mit beiden Varianten aus, so benötigt die erste, rein rekursive Variante für die gewählten Werte auf einem iMac mit 4 Ghz eine ziemlich lange Laufzeit von rund 80 Sekunden, die optimierte Variante ist dagegen nach wenigen Millisekunden fertig.

Fazit

Für die beiden hier vorgestellten Beispiele führt die rein rekursive Definition jeweils zu einer Vielzahl an Selbstaufrufen und diese resultieren ohne Memoization darin, dass immer wieder die gleichen Zwischenergebnisse berechnet und verworfen werden. Das ist unnötig und kostet Performance.

Memoization ist als Abhilfe so einfach wie genial und effizient. Zudem kann man dadurch viele Probleme weiterhin elegant mithilfe eines rekursiven Algorithmus lösen, ohne jedoch die Nachteile bezüglich der Performance in Kauf nehmen zu müssen. Durch Memoization lässt sich die Laufzeit oftmals (sehr) deutlich verringern.

8.2 Backtracking

Backtracking ist eine Problemlösungsstrategie, die auf Versuch und Irrtum (trial and error) beruht und alle möglichen Lösungswege untersucht. Beim Erkennen eines Irrtums werden vorherige Schritte zurückgesetzt, daher der Name ***Backtracking***. Ziel ist es, schrittweise zu einer Lösung zu kommen. Bei einem Irrtum probiert man einen anderen Weg zur Lösung. Dadurch werden potenziell alle möglichen (und somit vielleicht auch sehr viele) Wege beschritten. Hierin liegt allerdings auch ein Nachteil, nämlich eine doch eher längere Laufzeit bis zur Problemlösung.

Um die Implementierung überschaubar zu halten, wird Backtracking oftmals in Kombination mit Rekursion genutzt, etwa für folgende Problemstellungen:

- Das n-Damen-Problem lösen
- Eine Lösung für ein Sudoku ermitteln
- Einen Ausweg aus einem als 2D-Array gegebenen Labyrinth finden

8.2.1 n-Damen-Problem

Das n-Damen-Problem ist ein Rätsel, das auf einem n x n-Spielfeld zu lösen ist. Dabei sind Damen (aus dem Schachspiel) so zu platzieren, dass sich keine zwei Damen gemäß Schachregeln schlagen können – somit dürfen andere Damen weder auf der gleichen Zeile, Spalte noch in den Diagonalen platziert sein. Exemplarisch zeige ich die Lösung für ein 4 x 4-Spielfeld, wobei die Damen durch ein 'Q' (für Queen, also in Deutsch Dame) symbolisiert sind:

```
---------
| |Q| | |
---------
| | | |Q|
---------
|Q| | | |
---------
| | |Q| |
---------
```

Algorithmus

Zur Platzierung der Damen starten wir mit einer Dame in Reihe 0 und Position 0 (obere linke Ecke). Nach jeder Platzierung wird geprüft, ob es keine Kollisionen in den Richtungen vertikal sowie diagonal links und rechts nach oben mit bereits platzierten Damen gibt. Eine Prüfung nach unten ist in keinem Fall erforderlich, da dort noch keine Damen vorhanden sein können, weil die Befüllung von oben nach unten erfolgt. Das ist auch der Grund, weshalb keine Prüfung in der Horizontalen notwendig ist.

Sofern die Position gültig ist, gehe in die nächste Reihe, probiere alle Positionen von 0 bis $n - 1$. Dieses Vorgehen wird wiederholt, bis man schließlich auch die Dame in der letzten Reihe platziert hat. Falls es beim Positionieren einer Dame ein Problem gibt, nutze Backtracking: Entferne die zuletzt platzierte Dame und versuche es an der nächstmöglichen Position erneut. Falls das Ende der Reihe ohne Lösung erreicht wurde, so ist dies eine ungültige Konstellation und es muss auch die Vorgängerdame neu platziert werden. Man sieht, dass Backtracking mitunter eine Reihe zurück nach oben geht, im Extremfall bis zur allerersten Reihe.

Backtracking am Beispiel Betrachten wir die Schritte zur Lösung, wobei auf horizontaler Ebene zum Teil einige Zwischenschritte ausgelassen und ungültige Positionen mit x markiert werden:

```
---------------      ---------------      ---------------
 Q |   |   |          Q |   |   |          Q |   |   |
---------------      ---------------      ---------------
   |   |   |          x | x | Q |            |   | Q |
---------------  =>  ---------------  =>  ---------------
   |   |   |            |   |   |          x | x | x | x
---------------      ---------------      ---------------
   |   |   |            |   |   |            |   |   |
---------------      ---------------      ---------------
=> Backtracking
```

Weil mit einer Dame in der zweiten Reihe und dritten Position keine gültige Platzierung einer Dame in der dritten Reihe gefunden werden kann, wird an der nächsten Position in der zweiten Reihe wie folgt weiterversucht, eine Lösung zu finden:

```
---------------      ---------------      ---------------
 Q |   |   |          Q |   |   |          Q |   |   |
---------------      ---------------      ---------------
 x | x | x | Q          |   |   | Q          |   |   | Q
---------------  =>  ---------------  =>  ---------------
   |   |   |          x | Q |   |            | Q |   |
---------------      ---------------      ---------------
   |   |   |            |   |   |          x | x | x | x
---------------      ---------------      ---------------
=> Backtracking
```

Auch mit der Dame an der vierten Position in der zweiten Reihe lässt sich in der Konstellation keine gültige Position für eine Dame in der dritten Reihe finden. Somit muss nicht nur eine Reihe, sondern zwei Reihen zurückgegangen werden und man startet die Suche mit der Dame in Reihe eins auf Position zwei erneut:

```
---------------      ---------------      ---------------      ---------------
   | Q |   |            | Q |   |            | Q |   |            | Q |   |
---------------      ---------------      ---------------      ---------------
 x | x | x | Q          |   |   | Q          |   |   | Q          |   |   | Q
---------------  =>  ---------------  =>  ---------------  =>  ---------------
   |   |   |            |   |   |          Q |   |   |          Q |   |   |
---------------      ---------------      ---------------      ---------------
   |   |   |            |   |   |            |   |   |          x | x | Q |
---------------      ---------------      ---------------      ---------------

=> Lösung gefunden
```

Wir sehen, dass wir durch ein paar Trial-and-Error-Schritte zu einer Lösung kommen.

Implementierung von Backtracking Den zuvor beschriebenen Algorithmus zur Lösung des n-Damen-Problems untergliedern wir wieder in einige Methoden, sodass jeweils ein Teilproblem gelöst werden kann.

Zunächst machen wir uns Gedanken, wie wir das Spielfeld modellieren wollen. Ein `char[][]` bietet sich förmlich an. Dabei repräsentiert ein 'Q' eine Dame (englisch Queen) und ein Leerzeichen ein freies Feld. Um initial ein leeres Spielfeld zu erzeugen, schreiben wir eine Methode `initializeBoard()`. Dann rufen wir die eigentliche rekursive, mit Backtracking arbeitende Methode `solveNQueens()` auf, die die Lösung inplace auf dem `char[][]` ermittelt. Wird eine solche gefunden, liefert die Hilfsmethode den Wert `true`, ansonsten `false`. Um Aufrufern eine einfache Auswertung zu ermöglichen, wrappen wir das in ein `Optional<T>`, sofern es eine Lösung gibt. Ansonsten geben wir ein leeres Optional zurück.

```
static Optional<char[][]> solveNQueens(final int size)
{
    final char[][] board = initializeBoard(size);

    // Starte die rekursive Lösungsfindung
    if (solveNQueens(board, 0))
        return Optional.of(board);

    return Optional.empty();
}
```

Kommen wir nun zur Hauptaufgabe, dem Suchen nach einer Lösung mithilfe von Rekursion und Backtracking. Wie beschrieben, geht der Algorithmus zeilenweise vor und probiert dann die jeweiligen Spalten durch.

```
static boolean solveNQueens(final char[][] board, final int row)
{
    final int maxRow = board.length;
    final int maxCol = board[0].length;

    // rekursiver Abbruch
    if (row >= maxRow)
        return true;

    boolean solved = false;
    int col = 0;
    while (!solved && col < maxCol)
    {
        if (isValidPosition(board, col, row))
        {
            placeQueen(board, col, row);

            // rekursiver Abstieg
            solved = solveNQueens(board, row + 1);

            // Backtracking, sofern keine Lösung
            if (!solved)
                removeQueen(board, col, row);
        }
        col++;
    }
    return solved;
}
```

Um den Algorithmus möglichst frei von Details und Array-Zugriffen sowie dadurch auch verständlich zu halten, realisieren wir zwei Hilfsmethoden `placeQueen()` und `removeQueen()`.

```
static void placeQueen(final char[][] board, final int col, final int row)
{
    board[row][col] = 'Q';
}

static void removeQueen(final char[][] board, final int col, final int row)
{
    board[row][col] = ' ';
}
```

Ergänzend möchte ich noch erwähnen, wie man bei Algorithmen mit Backtracking die Änderungen verarbeitet. Als eine Variante – wie hier genutzt – werden vor dem Rekursionsschritt gemachte Modifikationen wieder zurückgenommen. Als zweite Variante kann man beim Rekursionsschritt jeweils Kopien übergeben und die Änderung in der Kopie vornehmen. Dann ist kein Rückgängig machen bzw. »Löschen« mehr nötig.

Der Vollständigkeit halber ist nachfolgend noch die Implementierung der Initialisierung des Spielfelds gezeigt:

```
private static char[][] initializeBoard(final int size)
{
    final char[][] board = new char[size][size];

    for (int row = 0; row < size; row++)
    {
        for (int col = 0; col < size; col++)
        {
            board[row][col] = ' ';
        }
    }
    return board;
}
```

Was fehlt in der Implementierung noch? Wie geht es weiter?

Als Übung in Abschnitt 8.3.9 verbleibt für Sie die Aufgabe, die Methode `isValidPosition(char[][], int, int)` zu implementieren. Diese soll prüfen, ob ein Spielfeld gültig ist. Dort müssen aufgrund des gewählten Algorithmus des zeilenweisen Vorgehens und weil pro Zeile nur eine Dame platziert sein kann, lediglich mögliche Kollisionen in vertikaler und diagonaler Richtung ausgeschlossen werden.

8.3 Aufgaben

8.3.1 Aufgabe 1: Türme von Hanoi (★★★☆☆)

Beim Türme-von-Hanoi-Problem gibt es drei Türme oder Stäbe A, B und C. Zu Beginn sind mehrere gelochte Scheiben der Größe nach auf Stab A platziert, die größte zuunterst. Ziel ist es nun, den gesamten Stapel, also alle Scheiben, von A nach C zu bewegen. Dabei darf immer nur eine Scheibe nach der anderen bewegt werden und niemals eine kleinere Scheibe unter einer größeren liegen. Deswegen benötigt man den Hilfsstab B. Schreiben Sie eine Methode `void solveTowersOfHanoi(int)`, die die Lösung auf der Konsole in Form der auszuführenden Bewegungen ausgibt.

Beispiel Das Ganze sieht in etwa wie folgt aus:

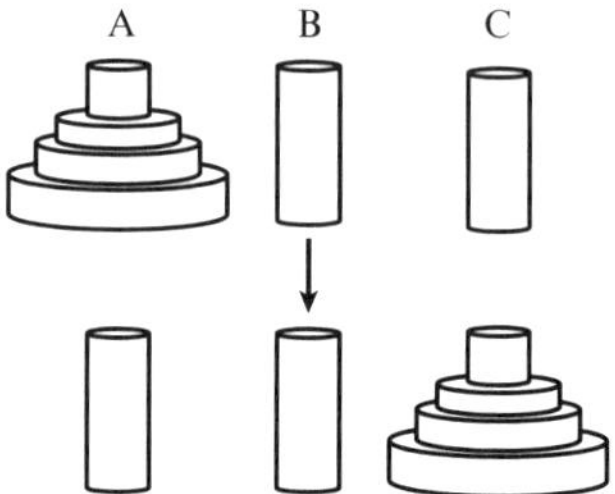

***Abbildung 8-1** Aufgabenstellung beim Türme-von-Hanoi-Problem*

Für drei Scheiben soll der folgende Lösungsweg ausgegeben werden:

```
Tower Of Hanoi 3
A -> C
A -> B
C -> B
A -> C
B -> A
B -> C
A -> C
```

Bonus Erstellen Sie eine konsolenbasierte grafische Aufbereitung. Für zwei Scheiben würde dies etwa wie folgt aussehen:

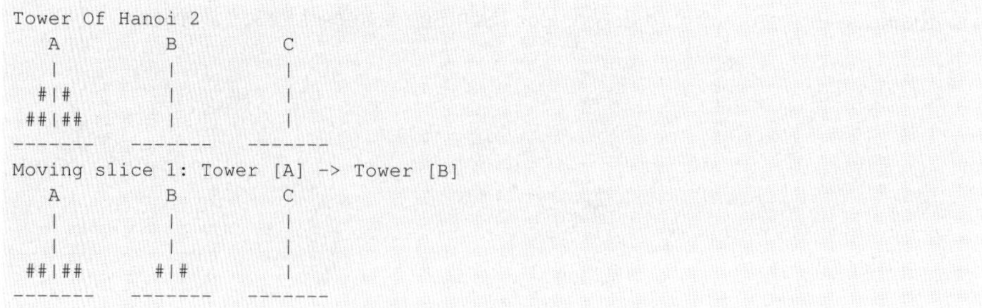

```
Tower Of Hanoi 2
   A             B             C
   |             |             |
  #|#            |             |
 ##|##           |             |
-------       -------       -------
Moving slice 1: Tower [A] -> Tower [B]
   A             B             C
   |             |             |
   |             |             |
 ##|##          #|#            |
-------       -------       -------
```

```
Moving slice 2: Tower [A] -> Tower [C]
     A          B          C
     |          |          |
     |          |          |
     |         #|#       ##|##
 -------    -------    -------
Moving slice 1: Tower [B] -> Tower [C]
     A          B          C
     |          |          |
     |          |         #|#
     |          |        ##|##
 -------    -------    -------
```

8.3.2 Aufgabe 2: Edit Distance (★★★★☆)

Berechnen Sie für zwei Strings, wie viele Änderungen diese – ohne Beachtung der Groß- und Kleinschreibung – auseinander liegen, also wie man den einen String in den anderen durch ein- oder mehrmaliges Anwenden einer beliebigen der folgenden Aktionen überführen kann:

- Ein Zeichen hinzufügen ($+$),
- ein Zeichen löschen ($-$) oder
- ein Zeichen verändern ($\rightsquigarrow$).

Schreiben Sie eine Methode `int editDistance(String, String)`, die zeichenweise die drei Aktionen testet und den anderen Teil rekursiv prüft.

Beispiele Für die gezeigten Eingaben sind folgende Modifikationen nötig:

Eingabe 1	Eingabe 2	Resultat	Aktionen
"Micha"	"Michael"	2	Micha $\underbrace{\rightarrow}_{+e}$ Michae $\underbrace{\rightarrow}_{+l}$ Michael
"Ananas"	"Banane"	3	Ananas $\underbrace{\rightarrow}_{+B}$ BAnanas $\underbrace{\rightarrow}_{-s}$ BAnana $\underbrace{\rightarrow}_{a \rightsquigarrow e}$ BAnane

Bonus (★★★☆☆) Optimieren Sie Edit Distance mit Memoization

8.3.3 Aufgabe 3: Longest Common Subsequence (★★★☆☆)

In der vorherigen Aufgabe ging es darum, wie viele Änderungen benötigt werden, um zwei gegebene Strings ineinander zu überführen. Eine weiteres interessantes Problem besteht darin, die längste gemeinsame, aber nicht unbedingt zusammenhängende Sequenz von Buchstaben zu ermitteln, die in zwei Strings in der gleichen Abfolge auftritt. Schreiben Sie eine Methode `String lcs(String, String)`, die rekursiv von hinten die Strings verarbeitet und bei zwei gleich langen Teilstücken das zweite nutzt.

Beispiele

Eingabe 1	Eingabe 2	Resultat
"ABCE"	"ZACEF"	"ACE"
"ABCXY"	"XYACB"	"AB"
"ABCMIXCHXAEL"	"MICHAEL"	"MICHAEL"
"sunday-Morning"	"saturday-Night-Party"	"suday-ig"

Bonus Nutzen Sie Memoization für Longest Common Subsequence.

8.3.4 Aufgabe 4: Weg aus Labyrinth (★★★☆☆)

In dieser Aufgabe soll der Ausweg aus einem Labyrinth gefunden werden. Dabei sei ein Irrgarten in Form eines zweidimensionalen Arrays mit Mauern, symbolisiert durch '#', und Zielpositionen (Ausgängen) in Form von 'X' gegeben. Von einer beliebigen Position aus soll ein Weg zu allen Ausgängen ermittelt werden – liegen zwei hintereinander, so wir nur der erste von beiden geliefert. Dabei kann man sich nur in die vier Himmelsrichtungen bewegen, nicht aber diagonal. Schreiben Sie eine Methode `boolean findWayOut(char[][], int, int)`, die jeden gefundenen Ausgang mit `FOUND EXIT at ...` protokolliert.

Beispiel Nachfolgend ist ein größeres Spielfeld mit vier Zielfeldern dargestellt. Die untere Abbildung zeigt jeweils die durch '.' angedeuteten Wege. Dazwischen erfolgt die Protokollierung der gefundenen Positionen der Ausgänge ausgehend von der linken oberen Ecke mit den Koordinaten x=1, y=1.

```
##################################
# #         #    #     #  #   X#X#
#  ##### #### ##   ##  #  # ###  #
#  ##  #    #  ## ##  #  #     # #
#    #  ###  # ## ##   #   ### # #
# #   ####     ##  ##     ###  # #
####   #     ####     #  # ####  #
######   #########   ##   # ###  #
##     #  X X####X #  #  # ###  ##
##################################
FOUND EXIT: x: 30, y: 1
FOUND EXIT: x: 17, y: 8
FOUND EXIT: x: 10, y: 8
##################################
#.#         #....#.....#  #...X#X#
#..##### ####.##...##..#  #.###  #
# .##  #    #..## ## .#  #..   # #
# ...#  ###..#.## ## ..#...### # #
# # ..####.....##  ##.... ###  # #
#### ..#...  #### ....#  # ####  #
######...#########...##   # ###  #
##     #..X X####X.#  #  # ###  ##
##################################
```

Durch die Ausgaben wird auch deutlich, dass zwei der mit 'X' markierten Zielfelder von der Startposition nicht ermittelt werden. Zum einen ist dies das 'X' ganz oben rechts in der Ecke, das aufgrund einer fehlenden Verbindung nicht erreichbar ist. Zum anderen ist es das untere mittlere 'X', das hinter einem anderen Ausgang liegt.

8.3.5 Aufgabe 5: Sudoku-Solver (★★★★☆)

Schreiben Sie eine Methode `boolean solveSudoku(int[][])`, die für ein als Parameter übergebenes teilinitialisiertes Spielfeld eine gültige Lösung ermittelt, sofern es eine solche gibt.

Beispiel Nachfolgend ist ein gültiges Spielfeld mit einigen Lücken gezeigt.

1	2		4	5		7	8	9
	5	6	7		9		2	3
7	8		1	2	3	4	5	6
2	1	4		6		8		7
3	6		8		7	2	1	4
	9	7		1	4	3	6	
5	3	1	6		2	9		8
6		2	9	7	8	5	3	1
9	7			3	1	6	4	2

Dieses sollte zu folgender Lösung vervollständigt werden:

1	2	3	4	5	6	7	8	9
4	5	6	7	8	9	1	2	3
7	8	9	1	2	3	4	5	6
2	1	4	3	6	5	8	9	7
3	6	5	8	9	7	2	1	4
8	9	7	2	1	4	3	6	5
5	3	1	6	4	2	9	7	8
6	4	2	9	7	8	5	3	1
9	7	8	5	3	1	6	4	2

8.3.6 Aufgabe 6: Math Operator Checker (★★★★☆)

Bei dieser Aufgabe geht es um ein mathematisch angehauchtes Rätsel: Für eine Menge von Ziffern und eine andere Menge von möglichen Operatoren sollen alle Kombinationen ermittelt werden, die einen gewünschten Wert ergeben. Dabei darf die Reihenfolge der Ziffern nicht verändert werden, aber es kann zwischen die Ziffern ein Operator aus der Menge der möglichen Operatoren eingefügt werden, jedoch nicht vor der ersten Ziffer. Schreiben Sie eine Methode `Set<String> allCombinationsWithValue(List<Integer>, int)`, die alle Kombinationen ermittelt, die zu dem als Parameter übergebenen Wert führen. Prüfen Sie diese für die Ziffern 1 bis 9 und die Operationen $+$, $-$ und auch »Zusammenfassen der Ziffern«. Starten Sie mit einer Methode `Map<String, Long> allCombinations(List<Integer>)`, die die entsprechenden Ziffern übergeben bekommt.

Beispiele Betrachten wir zwei Kombination nur für die Ziffern 1, 2 und 3:

$$\begin{aligned} 1+2+3 &= 6 \\ 1+23 &= 24 \end{aligned}$$

Insgesamt lassen sich mit diesen Ziffern diese unterschiedlichen Kombinationen bilden:

Eingabe	Resultat (`allCombinations()`)
[1, 2, 3]	{ ("12-3" : 9, "123" : 123, "1+2+3" : 6, "1+2-3" : 0, "1-2+3" : 2, "1-23" : -22, "1-2-3" : -4, "1+23" : 24, "12+3" : 15)) }

Nehmen wir an, wir wollten aus den gegebenen Ziffern 1 bis 9 und der Menge an verfügbaren Operatoren ($+$, $-$ und »Zusammenfassen«) den Wert 100 erzeugen, dann ist das z. B. wie folgt möglich:

$$1+2+3-4+5+6+78+9=100$$

Insgesamt sollten folgende Varianten ermittelt werden:

Eingabe	Resultat (`allCombinationsWithValue()`)
100	["1+23-4+5+6+78-9", "12+3+4+5-6-7+89", "123-45-67+89", "123+4-5+67-89", "123-4-5-6-7+8-9", "123+45-67+8-9", "1+2+3-4+5+6+78+9", "12+3-4+5+67+8+9", "1+23-4+56+7+8+9", "1+2+34-5+67-8+9", "12-3-4+5-6+7+89"]

Tipp In Java kann man zur Laufzeit nur mit einigen Tricks dynamische Berechnungen ausführen. Wenn man jedoch die in Java integrierte JavaScript-Engine verwendet, so lassen sich Ausdrücke ziemlich einfach evaluieren:

```
jshell> import javax.script.*

jshell> ScriptEngineManager manager = new ScriptEngineManager()

jshell> ScriptEngine jsEngine = manager.getEngineByName("js")

jshell> jsEngine.eval("7+2")
$63 ==> 9
```

Schreiben Sie eine Methode `int evaluate(String)` zur Auswertung eines Ausdrucks mit Ziffern und den Operatoren $+$ und $-$.

8.3.7 Aufgabe 7: Wassereimer-Problem (★★★☆☆)

Gegeben seien zwei Eimer mit dem Fassungsvermögen von m und n Litern. Leider sind diese Eimer ohne Markierungen oder Hinweise auf ihren Füllstand. Die Aufgabe besteht darin, x Liter abzumessen, wobei x kleiner als m oder n ist. Dabei soll am Ende der Prozedur ein Eimer dann x Liter enthalten und der andere leer sein. Schreiben Sie eine Methode `boolean solveWaterJugs(int, int, int)`, die den eingeschlagenen Lösungsweg auf der Konsole ausgibt und im Erfolgsfall `true` zurückgibt, ansonsten `false`.

Beispiele Für zwei Eimer mit einmal 4 und einmal 3 Litern Fassungsvermögen können wir auf folgende Weise 2 Liter abmessen:

Zustand	Aktion
Jug 1:0 / 2: 0	Beide Eimer initial leer
Jug 1:4 / 2: 0	Fülle Eimer 1 (unnötig, aber aufgrund des Algorithmus)
Jug 1:4 / 2: 3	Fülle Eimer 2
Jug 1:0 / 2: 3	Leere Eimer 1
Jug 1:3 / 2: 0	Schütte Eimer 2 in Eimer 1
Jug 1:3 / 2: 3	Fülle Eimer 2
Jug 1:4 / 2: 2	Schütte Eimer 2 in Eimer 1
Jug 1:0 / 2: 2	Schütte Eimer 1 aus
Solved	

Dagegen ist das Abmessen von 2 Litern mit je zwei Eimer von 4 Litern Fassungsvermögen nicht möglich.

8.3.8 Aufgabe 8: Alle Palindrom-Teilstrings (★★★★☆)

In dieser Aufgabe wollen wir zu einem gegebenen Wort ermitteln, ob darin Palindrome enthalten sind und wenn ja, welche. Schreiben Sie eine rekursive Methode `Set<String> allPalindromePartsRec(String)`, die in dem übergebenen String alle Palindrome mit mindestens zwei Buchstaben ermittelt und diese alphabetisch sortiert zurückgibt.[1]

Beispiele

Eingabe	Resultat
"BCDEDCB"	["BCDEDCB", "CDEDC", "DED"]
"ABALOTTOLL"	["ABA", "LL", "LOTTOL", "OTTO", "TT"]
"racecar"	["aceca", "cec", "racecar"]

Bonus Finden Sie unter allen Palindrom-Teilstrings den längsten. Dabei gibt es diesmal keine Forderung bezüglich maximaler Performance.

8.3.9 Aufgabe 9: n-Damen-Problem (★★★☆☆)

Beim n-Damen-Problem sollen n Damen auf einem n x n-Spielfeld so platziert werden, dass sich keine zwei Damen gemäß Schachregeln schlagen können – somit dürfen andere Damen weder auf der gleichen Zeile, Spalte noch in den Diagonalen platziert sein. Erweitern Sie dazu die in Abschnitt 8.2.1 gezeigte Lösung und implementieren Sie die Methode `boolean isValidPosition(char[][], int, int)`. Schreiben Sie zudem eine Methode `void printBoard(char[][])` zur Darstellung des Spielfelds sowie zur Ausgabe der Lösung auf der Konsole.

Beispiel Für ein 4 x 4-Spielfeld gibt es folgende Lösung, wobei die Damen durch ein 'Q' symbolisiert sind – englisch Queen für Dame.

```
---------
| |Q| | |
---------
| | | |Q|
---------
|Q| | | |
---------
| | |Q| |
---------
```

[1] Selbstverständlich sind wir in dieser Aufgabe nicht an leeren Strings und einzelnen Zeichen interessiert, obwohl diese per Definition natürlich streng genommen auch Palindrome sind.

8.4 Lösungen

8.4.1 Lösung 1: Türme von Hanoi (★★★☆☆)

Beim Türme-von-Hanoi-Problem gibt es drei Türme oder Stäbe A, B und C. Zu Beginn sind mehrere gelochte Scheiben der Größe nach auf Stab A platziert, die größte zuunterst. Ziel ist es nun, den gesamten Stapel, also alle Scheiben, von A nach C zu bewegen. Dabei darf immer nur eine Scheibe nach der anderen bewegt werden und niemals eine kleinere Scheibe unter einer größeren liegen. Deswegen benötigt man den Hilfsstab B. Schreiben Sie eine Methode `void solveTowersOfHanoi(int)`, die die Lösung auf der Konsole in Form der auszuführenden Bewegungen ausgibt.

Beispiel Das Ganze sieht in etwa wie folgt aus:

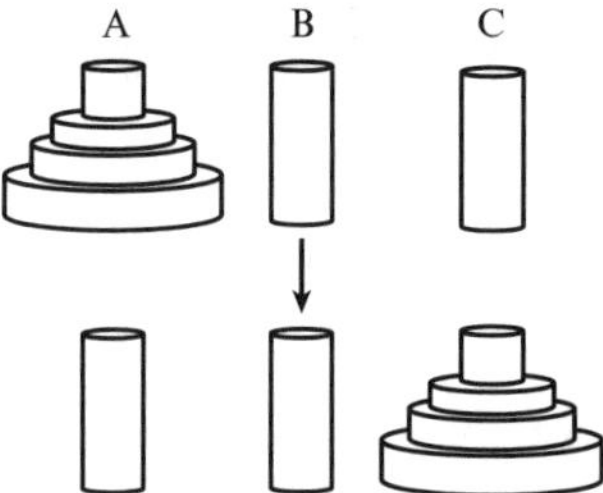

Abbildung 8-2 *Aufgabenstellung beim Türme-von-Hanoi-Problem*

Für drei Scheiben soll der folgende Lösungsweg ausgegeben werden:

```
Tower Of Hanoi 3
A -> C
A -> B
C -> B
A -> C
B -> A
B -> C
A -> C
```

Algorithmus Das Bewegen der Scheiben implementieren wir in einer Methode `void moveTower(int, char, char, char)`, der man die Anzahl der zu bewegenden Scheiben, den Ausgangsstab, den Hilfsstab und den Zielstab übergibt. Initial nutzt man n und 'A', 'B' sowie 'C' als Startparameter. Die Methode `moveTower()` zerteilt das Problem in drei kleinere Probleme:

1. Zunächst wird der um eine Scheibe kleinere Turm von der Ausgangsbasis auf den Hilfsstab transportiert.
2. Dann wird die letzte und größte Scheibe von der Quelle zum Ziel bewegt.
3. Zum Abschluss muss noch der restliche Turm vom Hilfsstab auf die Zielscheibe bewegt werden.

Als rekursiver Abbruch dient die Aktion »bewege Quelle nach Ziel«, wenn die Höhe 1 ist. Ein bisschen knifflig wird das Ganze durch das Vertauschen von Quelle, Ziel und Hilfsstab während der Aktionen.

```
void moveTower(final int n, final char source,
               final char helper, final char destination)
{
    if (n == 1)
        System.out.println(source + " -> " + destination);
    else
    {
        // bewege alle bis auf letzte Scheibe von Quelle auf Hilfsstab
        // Destination wird so zum neuen Hilfsstab
        moveTower(n - 1, source, destination, helper);

        // bewege die größte Scheibe von Quelle zum Ziel
        moveTower(1, source, helper, destination);

        // von Hilfsstab auf Ziel
        moveTower(n - 1, helper, source, destination);
    }
}
```

Damit man als Nutzer weniger Details sieht, bietet sich die Definition der folgenden Methode an:

```
void solveTowersOfHanoi(final int n)
{
    System.out.println("Tower Of Hanoi " + n);
    moveTower(n, 'A', 'B', 'C');
}
```

Zur Lösung des Problems muss die Methode mit der gewünschten Anzahl an Scheiben aufgerufen werden, etwa wie folgt:

```
jshell> solveTowersOfHanoi(3)
Tower Of Hanoi 3
A -> C
A -> B
C -> B
A -> C
B -> A
B -> C
A -> C
```

Tipp: Rekursion als Hilfsmittel

Obwohl das Problem zunächst ziemlich verzwickt klingt, lässt es sich mithilfe von Rekursion doch recht einfach lösen. An dieser Aufgabe wird nochmal deutlich, dass man Rekursion zur Reduktion der Schwierigkeit nutzt, indem ein Problem in mehrere kleinere, nicht so schwierig zu lösende Teilprobleme zerlegt wird.

Bonus: Erstellen Sie eine konsolenbasierte grafische Aufbereitung

Für zwei Scheiben könnte dies folgendermaßen aussehen:

```
Tower Of Hanoi 2
   A         B         C
   |         |         |
  #|#        |         |
 ##|##       |         |
-------   -------   -------
Moving slice 1: Tower [A] -> Tower [B]
   A         B         C
   |         |         |
   |         |         |
 ##|##      #|#        |
-------   -------   -------
Moving slice 2: Tower [A] -> Tower [C]
   A         B         C
   |         |         |
   |         |         |
   |        #|#      ##|##
-------   -------   -------
Moving slice 1: Tower [B] -> Tower [C]
   A         B         C
   |         |         |
   |         |        #|#
   |         |       ##|##
-------   -------   -------
```

Betrachten wir zunächst, wie sich der Algorithmus für grafische Ausgaben ändert: Tatsächlich bleibt dieser zur Lösungsfindung absolut gleich. Wir fügen unserer Implementierung eine Klasse `Tower` sowie eine Aktion, die wir beim Lösen in Form eines Lambdas mitgeben, hinzu. Die Methode `solveTowersOfHanoi(int)` wandeln wir derart ab, dass dort drei `Tower`-Objekte erzeugt werden und entsprechend auf dem Ausgangsturm die gewünschte Anzahl an Scheiben platziert wird:

```
void solveTowersOfHanoi(final int n)
{
    System.out.println("Tower Of Hanoi " + n);

    final Tower source = new Tower("A");
    final Tower helper = new Tower("B");
    final Tower destination = new Tower("C");

    // Achtung umgekehrte Reihenfolge: größte Scheibe zuerst
    for (int i = n; i > 0; i--)
        source.push(i);

    final Runnable action =
                    () -> printTowers(n + 1, source, helper, destination);
    action.run();

    moveTower(n, source, helper, destination, action);
}
```

Die Realisierung von `moveTower()` erhält lediglich ein `Runnable` als weiteren Parameter. Damit kann eine Aktion beim rekursiven Ende ausgeführt werden:

```
void moveTower(final int n, final Tower source, final Tower helper,
               final Tower destination, final Runnable action)
{
    if (n == 1)
    {
        final Integer elemToMove = source.pop();
        destination.push(elemToMove);

        System.out.println("Moving slice " + elementToMove +
                           ": " + source + " -> " + destination);
        action.run();
    }
    else
    {
        moveTower(n - 1, source, destination, helper, action);
        moveTower(1, source, helper, destination, action);
        moveTower(n - 1, helper, source, destination, action);
    }
}
```

Die Klasse `Tower` Machen wir uns daran, die Klasse `Tower` zu erstellen, die zur Identifikation einen String und zur Speicherung der Scheiben einen `Stack<E>` nutzt:

```
class Tower
{
    private final String name;
    private final Stack<Integer> values = new Stack<>();

    public Tower(final String name)
    {
        this.name = name;
    }

    @Override
    public String toString()
    {
        return "Tower [" + name + "]";
    }

    public void push(final Integer item)
    {
        values.push(item);
    }

    public Integer pop()
    {
        return values.pop();
    }

    ...
```

Konsolenausgabe der Türme In Kapitel 4 zu Strings haben wir in Abschnitt 4.2.16 in Aufgabe 16 eine erste Variante zum Zeichnen von Türmen kennengelernt. Das dort gewonnene Wissen nutzen wir und wandeln die Implementierung geeignet ab. Zunächst zeichnen wir den oberen Teil des Stabs mit `drawTop()`. Danach zeichnen wir die Scheiben mit `drawSlices()` und schließlich eine untere Begrenzungslinie mit `drawBottom()`:

```
static List<String> printTower(final int maxHeight)
{
    final int height = values.size() - 1;

    final List<String> visual = new ArrayList<>();

    visual.addAll(drawTop(maxHeight, height));
    visual.addAll(drawSlices(maxHeight, height));
    visual.add(drawBottom(maxHeight));

    return visual;
}

private List<String> drawTop(final int maxHeight, final int height)
{
    final List<String> visual = new ArrayList<>();
    final String nameLine = repeatCharSequence(" ", maxHeight) + name +
                            repeatCharSequence(" ", maxHeight);
    visual.add(nameLine);

    for (int i = maxHeight - height - 1; i > 0; i--)
    {
        final String line = repeatCharSequence(" ", maxHeight) + "|" +
                            repeatCharSequence(" ", maxHeight);
        visual.add(line);
    }
    return visual;
}

static List<String> drawSlices(final int maxHeight, final int height)
{
    final List<String> visual = new ArrayList<>();

    for (int i = height; i >= 0; i--)
    {
        final int value = values.get(i);
        final int padding = maxHeight - value;

        final String line = repeatCharSequence(" ", padding) +
                            repeatCharSequence("#", value) + "|" +
                            repeatCharSequence("#", value);
        visual.add(line);
    }

    return visual;
}

static String drawBottom(final int height)
{
    return repeatCharSequence("-", height * 2 + 1);
}
```

Wie schon bei anderen Aufgaben demonstriert, ist es oftmals vorteilhaft, Funktionalitäten in separate Hilfsmethoden auszulagern, hier für das Wiederholen eines Zeichens. In Java 11 nutzt man die Methode `repeat()`. Ansonsten schreibt man sich eine Hilfsmethode `repeatCharSequence()` (vgl. Abschnitt 2.3.7).

Alle Türme ausgeben Schließlich kombinieren wir die Ausgabefunktionalität in der folgenden Methode, um die drei als Listen repräsentierten Türme nebeneinander auszugeben:

```
static void printTowers(final int maxHeight,
                        final Tower source,
                        final Tower helper,
                        final Tower destination)
{
    final List<String> tower1 = source.printTower(maxHeight);
    final List<String> tower2 = helper.printTower(maxHeight);
    final List<String> tower3 = destination.printTower(maxHeight);

    for (int i = 0; i < tower1.size(); i++)
    {
        final String line = tower1.get(i) + "   " +
                            tower2.get(i) + "   " +
                            tower3.get(i);

        System.out.println(line);
    }
}
```

Prüfung

Zum Test nutzen wir folgende Eingaben, die die korrekte Funktionsweise zeigen:

```
jshell> solveHanoi(2)
Tower Of Hanoi 2
   A         B         C
   |         |         |
  #|#        |         |
 ##|##       |         |
-------   -------   -------
Moving slice 1: Tower [A] -> Tower [B]
   A         B         C
   |         |         |
   |         |         |
 ##|##      #|#        |
-------   -------   -------
Moving slice 2: Tower [A] -> Tower [C]
   A         B         C
   |         |         |
   |         |         |
   |        #|#      ##|##
-------   -------   -------
Moving slice 1: Tower [B] -> Tower [C]
   A         B         C
   |         |         |
   |         |        #|#
   |         |       ##|##
-------   -------   -------
```

8.4.2 Lösung 2: Edit Distance (★★★★☆)

Berechnen Sie für zwei Strings, wie viele Änderungen diese – ohne Beachtung der Groß- und Kleinschreibung – auseinander liegen, also wie man den einen String in den anderen durch ein- oder mehrmaliges Anwenden einer beliebigen der folgenden Aktionen überführen kann:

- Ein Zeichen hinzufügen (+),
- ein Zeichen löschen (−) oder
- ein Zeichen verändern (⤳).

Schreiben Sie eine Methode `int editDistance(String, String)`, die zeichenweise die drei Aktionen testet und den anderen Teil rekursiv prüft.

Beispiele Für die gezeigten Eingaben sind folgende Modifikationen nötig:

Eingabe 1	Eingabe 2	Resultat	Aktionen
"Micha"	"Michael"	2	Micha →(+e) Michae →(+l) Michael
"Ananas"	"Banane"	3	Ananas →(+B) BAnanas →(−s) BAnana →(a⤳e) BAnane

Algorithmus Beginnen wir zu überlegen, wie wir hier vorgehen können: Wenn beide Strings übereinstimmen, so ist die Edit Distance 0. Wenn einer der beiden Strings keine Zeichen (mehr) enthält, dann ist die Distanz zum anderen die Anzahl der Zeichen des anderen Strings – das würde mehrmaliges Einfügen der korrespondierenden Zeichen erfordern. Dies definiert den rekursiven Abbruch.

Ansonsten prüfen wir beide Strings von deren Anfang und vergleichen Zeichen für Zeichen. Sind diese gleich, so gehen wir eine Position weiter Richtung Ende des Strings. Bei Abweichung prüfen wir drei verschiedene Varianten:

1. Insert: rekursiver Aufruf für die nächsten Zeichen
2. Remove: rekursiver Aufruf für die nächsten Zeichen
3. Replace: rekursiver Aufruf für die nächsten Zeichen

```
static int editDistance(final String str1, final String str2)
{
    return editDistanceRec(str1.toLowerCase(), str2.toLowerCase());
}

static int editDistanceRec(final String str1, final String str2)
{
    // rekursiver Abbruch
    // beide stimmen überein
    if (str1.equals(str2))
        return 0;
```

```
    // wenn einer der Strings am Anfang ist und der andere
    // noch nicht, dann nimm die Länge des verbliebenen Strings
    if (str1.length() == 0)
        return str2.length();
    if (str2.length() == 0)
        return str1.length();

    // Prüfe, ob die Zeichen übereinstimmen, und dann auf zum nächsten
    if (str1.charAt(0) == str2.charAt(0))
    {
        // rekursiver Abstieg
        return editDistance(str1.substring(1), str2.substring(1));
    }
    else
    {
        // rekursiver Abstieg: Prüfe auf insert, delete, change
        final int insertInFirst = editDistanceRec(str1.substring(1), str2);
        final int deleteInFirst = editDistanceRec(str1, str2.substring(1));
        final int change = editDistanceRec(str1.substring(1), str2.substring(1));

        // Minimum aus allen drei Varianten + 1
        return 1 + minOf3(insertInFirst, deleteInFirst, change);
    }
}

static int minOf3(final int x, final int y, final int z)
{
    return Math.min(x, Math.min(y, z));
}
```

Die gezeigte Variante ist recht gut verständlich, was an sich schon ein Vorteil ist. Jedoch werden durch die Aufrufe von `substring()` ziemlich viele Teilstrings temporär erzeugt. Wie geht es besser?

Bevor wir uns Gedanken zu Optimierungen machen und diesbezüglich Änderungen im Sourcecode vornehmen, sollten wir zunächst einmal messen, ob das überhaupt notwendig ist. Zudem ist es sehr sinnvoll, Unit Tests zu erstellen, die zum einen initial prüfen, ob unsere Implementierung wie gewünscht arbeitet, und zum anderen bei den Optimierungen ein Sicherheitsnetz bilden und uns zeigen können, ob wir dadurch keine Fehler eingebaut haben.

Prüfung

Zum Nachvollziehen rufen wir die gerade erstellte Methode für einige Eingabewerte in einem Unit Test auf:

```
@ParameterizedTest(name = "edit distance between {0} and {1} is {2}")
@CsvSource({ "Micha, Michael, 2", "Ananas, Banane, 3" })
void editDistance(String input1, String input2, int expected)
{
    var result = Ex02_EditDistance.editDistance(input1, input2);

    assertEquals(expected, result);
}
```

Außerdem wollen wir einmal schauen, wie die Performance ist – weil es nur auf eine grobe Einordnung ankommt, ist hier die Genauigkeit von `currentTimeMillis()` absolut ausreichend:

```
public static void main(final String args[])
{
    final String[][] inputs_tuples = { { "Micha", "Michael"},
                                        { "Ananas", "Banane" },
                                        { "sunday-Morning",
                                          "saturday-Night" },
                                        { "sunday-Morning-Breakfast",
                                          "saturday-Night-Party" } };

    for (final String[] inputs : inputs_tuples)
    {
        final long start = System.currentTimeMillis();
        System.out.println(inputs[0] + " -> " + inputs[1] +
                           " edits: " + editDistance(inputs[0], inputs[1]));
        final long end = System.currentTimeMillis();
        System.out.println("editDist took " + (end - start) + " ms");
    }
}
```

Führen wir die obigen Zeilen aus, so kommt es mit (viel) Geduld in etwa zu folgenden Ausgaben – tatsächlich habe ich die letzte Berechnung nach einigen Minuten abgebrochen, weshalb sie hier nicht gezeigt ist:

```
Micha -> Michael edits: 2
editDist took 0 ms
Ananas -> Banane edits: 3
editDist took 1 ms
sunday-Morning -> saturday-Night edits: 9
editDist took 6445 ms
```

Die Laufzeiten nehmen deutlich zu, je stärker sich die beiden Eingaben unterscheiden. Schon beim dritten Vergleich noch recht kurzer Strings haben wir rund 6 Sekunden Laufzeit.

Machen wir uns zweistufig an eine Verbesserung. Wir schauen uns zunächst an, wie man die vielen temporären Strings vermeidet und welchen Einfluss das besitzt. Schließlich bietet sich immer auch Memoization als Optimierung an. Wie das geht, zeigt uns die Lösung der Bonusaufgabe.

Optimierter Algorithmus Eine Optimierung zur Vermeidung der Erzeugung von vielen `String`-Objekten erzielt man, indem man Positionszeiger nutzt. In diesem Fall $pos1$ und $pos2$. Als kleine Abwandlung des Algorithmus starten die Vergleiche vom Ende der Strings. Somit vergleichen wir zeichenweise vom Ende und arbeiten uns in Richtung Anfang des Strings vor. Dabei gilt:

1. Insert: rekursiver Aufruf für die nächsten Zeichen, also $pos1$ und $pos2 - 1$
2. Remove: rekursiver Aufruf für die nächsten Zeichen, also $pos1 - 1$ und $pos2$
3. Replace: rekursiver Aufruf für die nächsten Zeichen, also $pos1 - 1$ und $pos2 - 1$

Dies führt zu folgender Implementierung:

```
static int editDistance(final String str1, final String str2)
{
    return editDistance(str1.toLowerCase(), str2.toLowerCase(),
                        str1.length() - 1, str2.length() - 1);
}

static int editDistance(final String str1, final String str2,
                        final int pos1, final int pos2)
{
    // rekursiver Abbruch
    // wenn einer der Strings am Anfang ist und der andere
    // noch nicht, dann nimm die Länge des verbliebenen Strings
    if (pos1 == 0)
        return pos2;

    if (pos2 == 0)
        return pos1;

    // Prüfe, ob die Zeichen übereinstimmen, und dann auf zum nächsten
    if (str1.charAt(pos1) == str2.charAt(pos2))
    {
        // rekursiver Abstieg
        return editDistance(str1, str2, pos1 - 1, pos2 - 1);
    }
    else
    {
        // prüfe auf insert, delete, change
        final int insertInFirst = editDistance(str1, str2, pos1, pos2 - 1);
        final int deleteInFirst = editDistance(str1, str2, pos1 - 1, pos2);
        final int change = editDistance(str1, str2, pos1 - 1, pos2 - 1);

        // Minimum aus allen drei Varianten + 1
        return 1 + minOf3(insertInFirst, deleteInFirst, change);
    }
}
```

Prüfung

Der Sourcecode ist etwas komplizierter geworden. Wiederum erstellen wir einen Unit Test, der exakt so aussieht wie zuvor und dessen Ausführung zeigt, dass die obige Implementierung weiterhin die erwarteten Resultate liefert.

Schauen wir uns nun an, ob sich eine Verbesserung in der Laufzeit ergibt, und nutzen dazu das initial gezeigte Programmgerüst. Das liefert folgende Laufzeiten:

```
Micha -> Michael edits: 2
editDist took 0 ms
Ananas -> Banane edits: 3
editDist took 0 ms
sunday-Morning -> saturday-Night edits: 9
editDist took 634 ms
```

Tatsächlich ist es für den dritten Fall deutlich schneller, jedoch habe ich auch hier nach einigen Minuten die Berechnung für das vierte Wertepaar abgebrochen.

Wir erkennen, dass Mikrooptimierungen zwar Verbesserungen mit sich bringen, jedoch keine signifikante Änderung bewirken. Das diskutierte ich recht ausführlich in meinem Buch »Der Weg zum Java-Profi« [2]. Dort stelle ich auch dar, dass man Optimierungen auf höheren Ebenen, also Algorithmus, Design und Architektur, bevorzugen sollte. Hier bietet sich nun Memoization als Verbesserung im Algorithmus an.

Bonus: Optimieren Sie Edit Distance mit Memoization (★★★☆☆)

In der Einleitung hatte ich Memoization als Technik beschrieben und erwähnt, dass man oftmals eine Map als Zwischenspeicher nutzt. Weil wir das bereits kennengelernt haben, möchte ich nach einer kurzen Lösungsskizze, deren konkrete Implementierung Sie in den Sourcen des Begleitprojekts finden, eine Variante von Memoization zeigen.

Für die erste Variante kann man Memoization mit einer Map nutzen, jedoch benötigt man dann als Schlüssel einen Compound Key aus zwei Strings, was bis Java 14 zu einigem Sourcecode führt. Mit Java 14 nutzen wir einen Record:

```
record StringPair(String frist, String second)
{
}
```

Im Sourcecode sieht dies exemplarisch folgendermaßen aus:

```
// MEMOIZATION
final StringPair key = new StringPair(str1, str2);
if (memodata.containsKey(key))
    return memodata.get(key);
```

Wie wirkt sich das nun aus? Durch Einsatz von Memoization erhalten wir eine extreme Verbesserung bezüglich der Laufzeit:

```
Micha -> Michael edits: 2
editDist took 3 ms
Ananas -> Banane edits: 3
editDist took 6 ms
sunday-Morning -> saturday-Night edits: 9
editDist took 4 ms
sunday-Morning-Breakfast -> saturday-Night-Party edits: 16
editDist took 4 ms
```

Bitte bedenken Sie, dass `currentTimeMillis()` leicht ungenau ist, deswegen kann die Ausgabe bei einem Durchlauf 17 ms sein und bei einem anderen 5 ms. Wichtig ist die Größenordnung, die wir hier stark verbessert haben.

Variante für die zweite Implementierung Für die bereits optimierte Implementierung, die mit Positionen arbeitet, bietet sich zur Datenhaltung der Memoization eher ein `int[][]` an – beachten Sie bitte, dass wir das Array mit -1 vorinitialisieren. Ansonsten könnten wir keine Edit Distance von 0 für zwei Positionen erkennen.

```
static int editDistanceOptimized(final String str1, final String str2)
{
    final int length1 = str1.length();
    final int length2 = str2.length();
```

```
    var memodata = new int[length1][length2];
    for (int i = 0; i < length1; i++)
        for (int j = 0; j < length2; j++)
            memodata[i][j] = -1;

    return editDistanceWithMemo(str1.toLowerCase(), str2.toLowerCase(),
                                length1 - 1, length2 - 1, memodata);
}

static int editDistanceWithMemo(final String str1, final String str2,
                                final int pos1, final int pos2,
                                final int[][] values)
{
    // rekursiver Abbruch
    // wenn einer der Strings am Anfang ist und der andere
    // noch nicht, dann nimm die Länge des verbliebenen Strings
    if (pos1 == 0)
        return pos2;
    if (pos2 == 0)
        return pos1;

    // MEMOIZATION
    if (memodata[pos1][pos2] != -1)
        return memodata[pos1][pos2];

    int result = 0;
    // Prüfe, ob die Zeichen übereinstimmen, und dann auf zum nächsten
    if (str1.charAt(pos1) == str2.charAt(pos2))
    {
        // rekursiver Abstieg
        result = editDistanceWithMemo(str1, str2, pos1 - 1, pos2 - 1, values);
    }
    else
    {
        // prüfe auf insert, delete, change
        final int insertInFirst =
                  editDistanceWithMemo(str1, str2, pos1, pos2 - 1, values);
        final int deleteInFirst =
                  editDistanceWithMemo(str1, str2, pos1 - 1, pos2, values);
        final int change =
                  editDistanceWithMemo(str1, str2, pos1 - 1, pos2 - 1, values);
        // Minimum aus allen drei Varianten
        result = 1 + minOf3(insertInFirst, deleteInFirst, change);
    }
     // MEMOIZATION
    memodata[pos1][pos2] = result;

    return result;
}
```

Führen wir die gleichen Prüfungen wie zuvor aus, so ist diese nochmals leicht schneller als die erste Variante mit Memoization und selbst bei der letzten Berechnung der Edit Distance von 16 ist nur eine Laufzeit von einer Millisekunde ermittelbar:

```
Micha -> Michael edits: 2
editDist took 0 ms
Ananas -> Banane edits: 3
editDist took 0 ms
sunday-Morning -> saturday-Night edits: 9
editDist took 0 ms
sunday-Morning-Breakfast -> saturday-Night-Party edits: 16
editDist took 1 ms
```

8.4.3 Lösung 3: Longest Common Subsequence (★★★☆☆)

In der vorherigen Aufgabe ging es darum, wie viele Änderungen benötigt werden, um zwei gegebene Strings ineinander zu überführen. Eine weiteres interessantes Problem besteht darin, die längste gemeinsame, aber nicht unbedingt zusammenhängende Sequenz von Buchstaben zu ermitteln, die in zwei Strings in der gleichen Abfolge auftritt. Schreiben Sie eine Methode `String lcs(String, String)`, die rekursiv von hinten die Strings verarbeitet und bei zwei gleich langen Teilstücken das zweite nutzt.

Beispiele

Eingabe 1	Eingabe 2	Resultat
"ABCE"	"ZACEF"	"ACE"
"ABCXY"	"XYACB"	"AB"
"ABCMIXCHXAEL"	"MICHAEL"	"MICHAEL"
"sunday-Morning"	"saturday-Night-Party"	"suday-ig"

Algorithmus Man läuft von hinten nach vorne. Stimmen die Zeichen überein, so nimmt man das Zeichen ins Ergebnis auf. Weichen die Buchstaben ab, so muss man für die jeweiligen um ein Zeichen verkürzten Strings die Prüfung rekursiv wiederholen:

```
static String lcs(final String str1, final String str2)
{
    return lcs(str1, str2, str1.length() - 1, str2.length() - 1);
}

static String lcs(final String str1, final String str2,
                  final int pos1, final int pos2)
{
    // rekursiver Abbruch
    if (pos1 < 0 || pos2 < 0)
        return "";

    // Sind die Zeichen gleich?
    if (str1.charAt(pos1) == str2.charAt(pos2))
    {
        // rekursiver Abstieg
        return lcs(str1, str2, pos1 - 1, pos2 - 1) + str1.charAt(pos1);
    }
    else
    {
        // Ansonsten nimm einen von beiden Buchstaben weg und probiere es
        // erneut, allerdings gehört keiner von beiden Buchstaben ins Ergebnis
        final String lcs1 = lcs(str1, str2, pos1, pos2 - 1);
        final String lcs2 = lcs(str1, str2, pos1 - 1, pos2);

        if (lcs1.length() > lcs2.length())
            return lcs1;

        return lcs2;
    }
}
```

Prüfung

Zum Test nutzen wir folgende Eingaben, die die korrekte Funktionsweise zeigen:

```
@ParameterizedTest(name = "lcs({0}, {1}) = {2}")
@CsvSource({ "ABCE, ZACEF, ACE",
             "ABCXY, XYACB, AB",
             "ABCMIXCHXAEL, MICHAEL, MICHAEL" })
void lcs(String input1, String input2, String expected)
{
    var result = Ex03_LCS.lcs(input1, input2);

    assertEquals(expected, result);
}
```

Wiederum wollen wir uns anschauen, wie die Performance ist. Hierbei gilt ebenfalls, dass `currentTimeMillis()` zur Einordnung ausreichend ist:

```
public static void main(final String args[])
{
    final String[][] inputs_tuples = { { "ABCMIXCHXAEL", "MICHAEL"},
                                       { "sunday-Morning",
                                         "saturday-Night-Party" },
                                       { "sunday-Morning-Wakeup",
                                         "saturday-Night" } }; };

    for (String[] inputs : inputs_tuples)
    {
        final long start = System.currentTimeMillis();
        System.out.println(inputs[0] + " -> " + inputs[1] +
                           " lcs: " + lcs(inputs[0], inputs[1]));
        final long end = System.currentTimeMillis();
        System.out.println("lcs took " + (end - start) + " ms");
    }
}
```

Wir messen folgende Ausführungszeiten (diese werden bei Ihnen leicht abweichen):

```
ABCMIXCHXAEL -> MICHAEL lcs: MICHAEL
lcs took 1 ms
sunday-Morning -> saturday-Night-Party lcs: suday-ig
lcs took 3318 ms
sunday-Morning-Wakeup -> saturday-Night lcs: suday-ig
lcs took 6151 ms
```

Bonus: Nutzen Sie Memoization für Longest Common Subsequence

Es ergeben sich lange Laufzeiten für größere Unterschiede in den beiden Eingaben, was daran liegt, dass es sehr viele mögliche Subsequenzen gibt. Deshalb ist die pure Rekursion nicht wirklich performant. Wie geht es also besser? Erneut verwenden wir Memoization zur Performance-Optimierung. Diesmal nutzen wir zur Datenspeicherung ein `String[][]`.

```
static String lcsOptimized(final String str1, final String str2)
{
    return lcsWithMemo(str1, str2, str1.length() - 1, str2.length() - 1,
                       new String[str1.length() - 1][str2.length() - 1]);
}
```

Die eigentliche Implementierung verwendet Memoization wie folgt:

```
static String lcsWithMemo(final String str1, final String str2,
                          final int pos1, final int pos2,
                          final String[][] values)
{
    // rekursiver Abbruch
    if (pos1 < 0 || pos2 < 0)
        return "";

    // MEMOIZATION
    if (values[pos1][pos2] != null)
        return values[pos1][pos2];

    String lcs;

    // Sind die Zeichen gleich?
    if (str1.charAt(pos1) == str2.charAt(pos2))
    {
        // rekursiver Abstieg
        final char sameChar = str1.charAt(pos1);
        lcs = lcsWithMemo(str1, str2, pos1 - 1, pos2 - 1, values) + sameChar;
    }
    else
    {
        // Ansonsten nimm einen von beiden Buchstaben weg und probiere es
        // erneut, allerdings gehört keiner von beiden Buchstaben ins Ergebnis
        final String lcs1 = lcsWithMemo(str1, str2, pos1, pos2 - 1, values);
        final String lcs2 = lcsWithMemo(str1, str2, pos1 - 1, pos2, values);

        if (lcs1.length() > lcs2.length())
            lcs = lcs1;
        else
            lcs = lcs2;
    }

    // MEMOIZATION
    values[pos1][pos2] = lcs;

    return lcs;
}
```

Mit dieser Optimierung lassen sich die Laufzeiten auf wenige Millisekunden reduzieren. Starten Sie zum Test das Programm Ex03_LCSWithMemo.

8.4.4 Lösung 4: Weg aus Labyrinth (★★★☆☆)

In dieser Aufgabe soll der Ausweg aus einem Labyrinth gefunden werden. Dabei sei ein Irrgarten in Form eines zweidimensionalen Arrays mit Mauern, symbolisiert durch '#', und Zielpositionen (Ausgängen) in Form von 'X' gegeben. Von einer beliebigen Position aus soll ein Weg zu allen Ausgängen ermittelt werden – liegen zwei hintereinander, so wir nur der erste von beiden geliefert. Dabei kann man sich nur in die vier Himmelsrichtungen bewegen, nicht aber diagonal. Schreiben Sie eine Methode `boolean findWayOut(char[][], int, int)`, die jeden gefundenen Ausgang mit `FOUND EXIT at ...` protokolliert.

Beispiel Nachfolgend ist ein größeres Spielfeld mit vier Zielfeldern dargestellt. Die untere Abbildung zeigt jeweils die durch '.' angedeuteten Wege. Dazwischen erfolgt die Protokollierung der gefundenen Positionen der Ausgänge ausgehend von der linken oberen Ecke mit den Koordinaten x=1, y=1.

```
##################################
# #         #    #     #  #   X#X#
#  ##### #### ##   ##  #  # ###  #
#  ##  #    #  ## ##  #  #     # #
#    #  ###  # ## ##   #   ### # #
# #   ####     ##  ##     ###  # #
####   #     ####     #  # ####  #
######   #########   ##   # ###  #
##     #  X X####X #  #  # ###  ##
##################################
FOUND EXIT: x: 30, y: 1
FOUND EXIT: x: 17, y: 8
FOUND EXIT: x: 10, y: 8
##################################
#.#         #....#.....#  #...X#X#
#..##### ####.##...##..#  #.###  #
# .##  #    #..## ## .#  #..   # #
# ...#  ###..#.## ## ..#...### # #
# # ..####.....##  ##.... ###  # #
#### ..#...  #### ....#  # ####  #
######...#########...##   # ###  #
##     #..X X####X.#  #  # ###  ##
##################################
```

Durch die Ausgaben wird auch deutlich, dass zwei der mit 'X' markierten Zielfelder von der Startposition nicht ermittelt werden. Zum einen ist dies das 'X' ganz oben rechts in der Ecke, das aufgrund einer fehlenden Verbindung nicht erreichbar ist. Zum anderen ist es das untere mittlere 'X', das hinter einem anderen Ausgang liegt.

Algorithmus Der Algorithmus zum Auffinden eines Wegs aus einem Labyrinth schaut ausgehend von der aktuellen Position, ob es einen Weg in die vier Himmelsrichtungen gibt. Dazu werden schon besuchte benachbarte Felder mit dem Zeichen '.' markiert, so wie man es in der Realität etwa mit Steinchen machen würde. Das Ausprobieren wird so lange fortgesetzt, bis man auf ein 'X' als Lösung, eine Mauer in Form eines '#' oder ein bereits besuchtes Feld (markiert durch '.') trifft. Existiert ausgehend von einer Position keine einzige mögliche Richtung, so nutzt man Backtracking, nimmt den zuletzt eingeschlagenen Weg zurück und probiert von dort die verbliebenen anderen Wege. Das Ganze implementiert man wie folgt:

```
static boolean findWayOut(final char[][] values, final int x, final int y)
{
    if (x < 0 || y < 0 || x > values[0].length || y >= values.length)
        return false;

    // rekursiver Abbruch
    if (values[y][x] == 'X')
    {
        System.out.println(String.format("FOUND EXIT: x: %d, y: %d", x, y));
        return true;
    }
    // Mauer oder bereits besucht?
    if (values[y][x] == '#' || values[y][x] == '.')
        return false;

    // rekursiver Abstieg
    if (values[y][x] == ' ')
    {
        // markiere als besucht
        values[y][x] = '.';

        // versuche alle 4 Himmelsrichtungen
        final boolean up = findWayOut(values, x, y - 1);
        final boolean left = findWayOut(values, x + 1, y);
        final boolean down = findWayOut(values, x, y + 1);
        final boolean right = findWayOut(values, x - 1, y);

        // Backtracking, weil keine gültige Lösung
        final boolean foundAWay = up || left || down || right;
        if (!foundAWay)
        {
            // falscher Weg, somit Feldmarkierung löschen
            values[y][x] = ' ';
        }
        return foundAWay;
    }
    throw new IllegalStateException("wrong char in labyrinth");
}
```

Bitte beachten Sie, dass wir in den Methoden die natürliche Ausrichtung von x- und y-Koordinate verwenden, beim Zugriff auf das Array jedoch die Reihenfolge [y][x] lautet, weil wir in Zeilen arbeiten, wie ich es bereits in der Einführung im Kapitel zu Arrays in Abschnitt 5.1.2 besprochen habe.

Prüfung

Zum Ausprobieren definieren wir das Labyrinth aus der Einleitung. Dann rufen wir die Methode `findWayOut()` auf, die dann die zuvor gezeigten Ausgänge aus dem Labyrinth protokolliert und schließlich die Wege mit '.' visualisiert:

```
char[][] world_big = { "##################################".toCharArray(),
                       "# #         #    #     #  #   X#X#".toCharArray(),
                       "#  ##### #### ##   ##  #  # ###  #".toCharArray(),
                       "#  ##  #    #  ## ##  #  #     # #".toCharArray(),
                       "#    # ###  # ## ##   #   ### # #".toCharArray(),
                       "# #   ####     ##  ##     ###  # #".toCharArray(),
                       "####   #     ####     #  # ####  #".toCharArray(),
                       "######   #########   ##   # ###  #".toCharArray(),
                       "##     #  X X####X #  #  # ###  ##".toCharArray(),
                       "##################################".toCharArray() };

printArray(world_big);
if (findWayOut(world_big, 1, 1))
    printArray(world_big);
```

Alternative

Die gezeigte Realisierungsvariante bereitet die Wege zu den Zielfeldern grafisch ganz nett auf. Sie besitzt jedoch zwei kleinere Nachteile: Zum einen bricht sie beim Antreffen eines Ausgangs direkt ab und findet somit einen dahinter liegenden Ausgang nicht. Zum anderen wird bei mehreren Wegen zu einem Zielfeld auch mehrmals das Finden eines Ausgangs protokolliert. Letzteres könnte man recht einfach dadurch lösen, dass man alle Lösungswege in einem Set aufsammelt. Das finden Sie als Implementierung in den Begleitsourcen als Methode `findWayOutWithResultSet()`.

Möchte man alle erreichbaren Ausgänge finden, so kann man die zuvor gezeigt Methode abwandeln, sodass besuchte Felder mit einem '#' markiert werden und damit das Spielfeld zum Abschluss die Wege nicht mehr zeigt, was ein Vorteil der initialen Variante war.

```
static boolean findWayOutV2(final char[][] board,
                            final int x, final int y)
{
    if (board[y][x] == '#')
        return false;

    boolean found = board[y][x] == 'X';
    if (found)
        System.out.printf("FOUND EXIT: x: %d, y: %d%n", x, y);

    board[y][x] = '#';
    found = found | findWayOutV2(board, x + 1, y);
    found = found | findWayOutV2(board, x - 1, y);
    found = found | findWayOutV2(board, x, y + 1);
    found = found | findWayOutV2(board, x, y - 1);
    return found;
}
```

8.4.5 Lösung 5: Sudoku-Solver (★★★★☆)

Schreiben Sie eine Methode `boolean solveSudoku(int[][])`, die für ein als Parameter übergebenes teilinitialisiertes Spielfeld eine gültige Lösung ermittelt, sofern es eine solche gibt.

Beispiel Nachfolgend ist ein gültiges Spielfeld mit einigen Lücken gezeigt.

1	2		4	5		7	8	9
	5	6	7		9		2	3
7	8		1	2	3	4	5	6
2	1	4		6		8		7
3	6		8		7	2	1	4
	9	7		1	4	3	6	
5	3	1	6		2	9		8
6		2	9	7	8	5	3	1
9	7			3	1	6	4	2

Dieses sollte zu folgender Lösung vervollständigt werden:

1	2	3	4	5	6	7	8	9
4	5	6	7	8	9	1	2	3
7	8	9	1	2	3	4	5	6
2	1	4	3	6	5	8	9	7
3	6	5	8	9	7	2	1	4
8	9	7	2	1	4	3	6	5
5	3	1	6	4	2	9	7	8
6	4	2	9	7	8	5	3	1
9	7	8	5	3	1	6	4	2

Algorithmus Zur Lösung von Sudoku verwenden wir Backtracking. Wie bei anderen Backtracking-Problemstellungen kann man auch Sudoku durch schrittweisen Versuch und Irrtum lösen. In diesem Fall bedeutet das, dass man für die Leerfelder jeweils verschiedene Nummern ausprobiert. Dabei darf laut Sudoku-Regeln die momentane Ziffer weder horizontal, vertikal noch in einem 3 x 3-Block bereits existieren. Falls wir eine gültige Wertebelegung feststellen, können wir an der nächsten Position rekursiv weitermachen, um zu testen, ob wir zu einer Lösung kommen. Wird keine gefunden, dann versuchen wir das Vorgehen mit der nächsten Ziffer. Wenn jedoch keine der Ziffern von 1 bis 9 zu einer Lösung führt, dann gibt es keine Lösung.

Wir gehen in der Implementierung wie folgt vor:

1. Finde das nächste Leerfeld. Überspringe dazu alle bereits gefüllten Felder. Dies kann auch zu Zeilenwechseln führen.
2. Existiert kein Leerfeld bis zur letzten Reihe mehr, so haben wir die Lösung gefunden.
3. Ansonsten prüfen wir für das Leerfeld die Ziffern von 1 bis 9:
   (a) Gibt es einen Konflikt? Dann müssen wir die nächste Ziffer probieren.
   (b) Die Ziffer ist ein möglicher Kandidat. Wir rufen unsere Methode rekursiv für die nachfolgende Position (nächste Spalte oder sogar nächste Zeile) auf.
   (c) Liefert die Rekursion `false`, so führt diese Ziffer nicht zu einer Lösung und wir setzen Backtracking ein.

```
static boolean solveSudoku(final int[][] board)
{
    return solveSudoku(board, 0, 0);
}

static boolean solveSudoku(final int[][] board,
                           final int startRow, final int startCol)
{
    int row = startRow;
    int col = startCol;

    // 1) Überspringe so lange Felder mit Zahlen, bis zum nächsten Leerfeld
    while (row < 9 && board[row][col] != 0)
    {
        col++;
        if (col > 8)
        {
            col = 0;
            row++;
        }
    }

    // 2) Bereits alle Zeilen bearbeitet?
    if (row > 8)
        return true;

    // 3) Probiere für das aktuelle Feld alle Ziffern von 1 bis 9 durch
    for (int num = 1; num <= 9; num++)
    {
        // Setze Ziffer versuchsweise im Spielfeld
        board[row][col] = num;

        // 3a) Prüfe, ob das gesamte Spielfeld mit der Ziffer noch gültig ist
        if (isValidPosition(board))
        {
            // 3b) Rekursiver Abstieg für das Nachfolgefeld
            boolean solved = false;

            if (col < 8)
                solved = solveSudoku(board, row, col + 1);
            else
                solved = solveSudoku(board, row + 1, 0);
```

```
                // 3c) Backtracking, wenn Rekursion nicht erfolgreich
                if (!solved)
                    board[row][col] = 0;
                else
                    return true;
            }
            else
            {
                // Nächste Ziffer probieren
                board[row][col] = 0;
            }
        }
        return false;
}

static boolean isValidPosition(final int[][] board)
{
    return checkHorizontally(board) &&
           checkVertically(board) &&
           checkBoxes(board);
}
```

Schon beim Betrachten dieser Umsetzung könnten uns Zweifel kommen, ob diese Variante wirklich optimal ist, selbst ohne die Details der im Anschluss gezeigten Hilfsmethoden zu kennen. Warum? Wir prüfen bei jedem Schritt immer wieder das gesamte Spielfeld auf Gültigkeit, und das auch noch in Kombination mit Backtracking! Darauf gehe ich später detaillierter ein.

Betrachten wir zunächst die drei Methoden `checkHorizontally(int[][])`, `checkVertically(int[][])` und `checkBoxes(int[][])`. Diese haben wir bereits in Aufgabe 9 in Abschnitt 5.3.9 ab Seite 230 implementiert. Sie werden hier der Vollständigkeit halber nochmals gezeigt:

```
static boolean checkHorizontally(final int[][] board)
{
    for (int row = 0; row < 9; row++)
    {
        final List<Integer> rowValues = new ArrayList<>();
        for (int x = 0; x < 9; x++)
            rowValues.add(board[row][x]);

        if (!allDesiredNumbers(rowValues))
            return false;
    }
    return true;
}

static boolean checkVertically(final int[][] board)
{
    for (int x = 0; x < 9; x++)
    {
        final List<Integer> columnValues = new ArrayList<>();
        for (int row = 0; row < 9; row++)
            columnValues.add(board[row][x]);

        if (!allDesiredNumbers(columnValues))
            return false;
    }
    return true;
}
```

```
static boolean checkBoxes(final int[][] board)
{
    // 3 x 3-Boxen
    for (int yBox = 0; yBox < 3; yBox++)
    {
        for (int xBox = 0; xBox < 3; xBox++)
        {
            final List<Integer> boxValues = collectBoxValues(board, yBox, xBox);

            if (!allDesiredNumbers(boxValues))
                return false;
        }
    }
    return true;
}

static List<Integer> collectBoxValues(final int[][] board,
                                      final int yBox, final int xBox)
{
    final List<Integer> boxValues = new ArrayList<>();

    // innerhalb der Boxen jeweils 3 x 3 Felder
    for (int y = 0; y < 3; y++)
    {
        for (int x = 0; x < 3; x++)
        {
            boxValues.add(board[yBox * 3 + y][xBox * 3 + x]);
        }
    }
    return boxValues;
}

static boolean allDesiredNumbers(final List<Integer> allCollectedValues)
{
    final List<Integer> relevantValues = new ArrayList<>(allCollectedValues);
    relevantValues.removeIf(val -> val == 0);

    // keine Duplikate?
    final Set<Integer> valuesSet = new TreeSet<>(relevantValues);
    if (relevantValues.size() != valuesSet.size())
        return false;

    // nur 1 bis 9?
    final Set<Integer> oneToNine = Set.of(1, 2, 3, 4, 5, 6, 7, 8, 9);

    return oneToNine.containsAll(valuesSet);
}

static void printArray(final int[][] values)
{
    for (int y = 0; y < values.length; y++)
    {
        for (int x = 0; x < values[y].length; x++)
        {
            final int value = values[y][x];
            System.out.print(value + " ");
        }
        System.out.println();
    }
}
```

Prüfung

Wir prüfen diese Implementierung mit unserem Beispiel aus der Einleitung:

```
jshell> int[][] boardExample = new int[][] {
                { 1, 2, 0, 4, 5, 0, 7, 8, 9 },
                { 0, 5, 6, 7, 0, 9, 0, 2, 3 },
                { 7, 8, 0, 1, 2, 3, 4, 5, 6 },
                { 2, 1, 4, 0, 6, 0, 8, 0, 7 },
                { 3, 6, 0, 8, 9, 7, 2, 1, 4 },
                { 0, 9, 7, 0, 1, 4, 3, 6, 0 },
                { 5, 3, 1, 6, 0, 2, 9, 0, 8 },
                { 6, 0, 2, 9, 7, 8, 5, 3, 1 },
                { 9, 7, 0, 0, 3, 1, 6, 4, 2 } }

jshell> if (solveSudoku(boardExample))
   ...> {
   ...>     System.out.println("Solved: ");
   ...>     printArray(boardExample);
   ...> }
Solved:
1 2 3 4 5 6 7 8 9
4 5 6 7 8 9 1 2 3
7 8 9 1 2 3 4 5 6
2 1 4 3 6 5 8 9 7
3 6 5 8 9 7 2 1 4
8 9 7 2 1 4 3 6 5
5 3 1 6 4 2 9 7 8
6 4 2 9 7 8 5 3 1
9 7 8 5 3 1 6 4 2
```

Die Ausgabe der Lösung erfolgt innerhalb weniger Sekundenbruchteile. Das Ganze lief bisher wirklich prima. Was passiert aber, wenn das vorgegebene Spielfeld kaum Ziffern enthält, sondern sehr viele Leerfelder?

Spielfelder mit mehr Leerstellen Wenn wir die Herausforderung angehen, Spielfelder mit wenigen vorgegebenen Ziffern lösen zu wollen, dann sind viele Varianten auszuprobieren, und es kommt viel Backtracking zum Einsatz. Nehmen wir an, wir wollten etwa folgendes Spielfeld lösen:

```
final int[][] board2 = { { 6, 0, 2, 0, 5, 0, 0, 0, 0 },
                         { 0, 0, 0, 0, 0, 4, 0, 3, 0 },
                         { 0, 0, 0, 0, 0, 0, 0, 0, 0 },
                         { 4, 3, 0, 0, 0, 8, 0, 0, 0 },
                         { 0, 1, 0, 0, 0, 0, 2, 0, 0 },
                         { 0, 0, 0, 0, 0, 0, 7, 0, 0 },
                         { 5, 0, 0, 2, 7, 0, 0, 0, 0 },
                         { 0, 0, 0, 0, 0, 0, 0, 8, 1 },
                         { 0, 0, 0, 6, 0, 0, 0, 0, 0 } };
```

Das geht prinzipiell schon mit unserem Algorithmus, benötigt aber mitunter mehrere Minuten. Obwohl das ziemlich lang ist, könnten Sie in dieser Zeit schwierige Rätsel aber vermutlich noch immer nicht per Hand lösen – mit dem Computer sollte es allerdings noch schneller gehen. Was können wir also verbessern?

Sinnvolle Optimierungen

Idee 1: Optimierung der Prüfung In jedem Schritt immer das gesamte Spielfeld auf Gültigkeit zu prüfen, ist weder sinnvoll, nötig, noch performant. Als Optimierung modifizieren wir die Prüfung derart, dass jeweils nur eine einzelne Spalte, Zeile und die relevante Box geprüft werden. Dazu ist zunächst die Methode `isValidPosition()` leicht abzuwandeln, sodass sie Spalte und Zeile als Parameter erhält:

```
static boolean isValidPosition(final int[][] board,
                               final int row, final int col)
{
    return checkSingleHorizontally(board, row) &&
           checkSingleVertically(board, col) &&
           checkSingleBox(board, row, col);
}
```

Zudem erstellt man dann spezifische Prüfmethoden wie die folgende:

```
static boolean checkSingleHorizontally(final int[][] board, final int row)
{
    final List<Integer> columnValues = new ArrayList<>();

    for (int x = 0; x < 9; x++)
    {
        columnValues.add(board[row][x]);
    }

    return allDesiredNumbers(columnValues);
}
```

Mit dieser Optimierung landet man bei Laufzeiten im Bereich von wenigen Sekunden – bei komplizierten Spielfeldern zwischen 20 und 50 Sekunden. Das ist schon mal deutlich besser, aber es geht noch viel performanter.

Idee 2: Geschicktere Prüfung Wenn wir uns die Abläufe anschauen, so sehen wir, dass wir einfach alle Ziffern durchprobieren – das verstößt ein wenig gegen den gesunden Menschenverstand. Wäre es nicht sinnvoller, nur potenziell gültige Wege zu beschreiten und dazu vorab zu prüfen, ob die aktuelle Ziffer in dem Kontext überhaupt nutzbar ist? Wir können dadurch dann all diejenigen Ziffern direkt außen vor lassen, die bereits in einer Zeile, Spalte oder der Box vorhanden sind. Dazu müssen wir die Prüfung wie folgt abändern und die potenzielle Ziffer als Parameter übergeben:

```
private static boolean isValidPosition(final int[][] board,
                                       final int row, final int col,
                                       final int num)
{
    return checkNumNotInColumn(board, col, num) &&
           checkNumNotInRow(board, row, num) &&
           checkNumNotInBox(board, row, col, num);
}

static boolean checkNumNotInRow(final int[][] board,
                                final int row, final int num)
{
    for (int col = 0; col < 9; col++)
    {
        if (board[row][col] == num)
            return false;
    }

    return true;
}

static boolean checkNumNotInColumn(final int[][] board,
                                   final int col, final int num)
{
    for (int row = 0; row < 9; row++)
    {
        if (board[row][col] == num)
            return false;
    }

    return true;
}

static boolean checkNumNotInBox(final int[][] board,
                                final int row, final int col, final int num)
{
    final int adjustedRow = (row / 3) * 3;
    final int adjustedCol = (col / 3) * 3;

    for (int y = 0; y < 3; y++)
    {
        for (int x = 0; x < 3; x++)
        {
            if (board[adjustedRow + y][adjustedCol + x] == num)
                return false;
        }
    }

    return true;
}
```

Idee 3: Optimierte Reihenfolge von Setzen und Prüfen Schließlich modifizieren wir das Ausprobieren derart, dass nur nach festgestellter Zulässigkeit auch das Setzen der Ziffer auf dem Spielfeld erfolgt. Zuvor hatten wir alle Positionen durchprobiert. Das wurde zuvor in der Methode `solveSudoku()` als Schritt 3 ausgeführt:

```
def solveSudokuHelper(board, startRow, startCol):

    // ...

    solved = False

    # 3) Probiere für das aktuelle Feld alle Ziffern von 1 bis 9 durch
    for num in range(1, 10):
        board[row][col] = num

        # 3a) Prüfe, ob das gesamte Spielfeld mit der Ziffer noch gültig ist
        if isValidPosition(board, row, col, num):

...
```

Diese Prüfung hatten wir zweimal optimiert: Zunächst wurde die Methode in `isValidPosition(board, row, col)` umgebaut, sodass sie auch die Zeile und Spalte erhält. Als weitere Verbesserung übergeben wir noch die zu prüfende Nummer `isValidPosition(board, row, col, num)`.

Nun gehen wir noch einen Schritt weiter und ändern die Reihenfolge von Einsetzen des Werts und Prüfung. Dazu tauschen wir nur zwei Zeilen, nämlich die Zuweisung und das `if` mit dem Aufruf der optimierten Variante der Gültigkeitsprüfung:

```
    # 3) Probiere für das aktuelle Feld alle Ziffern von 1 bis 9 durch
    for num in range(1, 10):
        # board[row][col] = num

        # 3a) Prüfe, ob das gesamte Spielfeld mit der Ziffer noch gültig ist
        if isValidPosition(board, row, col, num):
            board[row][col] = num
```

Ergebnisse der vorgenommenen Optimierungen Durch unsere Optimierungen – die im Übrigen zu keinen Einschränkungen der Lesbarkeit oder Verständlichkeit führen – können wir uns außerdem das Ausprobieren sehr vieler, niemals zum Ziel führender Lösungswege ersparen. Selbst für komplexere Spielfelder wurden die Lösungen auf meinem iMac (i7 4 Ghz) immer in unter 1 Sekunde ermittelt.

8.4.6 Lösung 6: Math Operator Checker (★★★★☆)

Bei dieser Aufgabe geht es um ein mathematisch angehauchtes Rätsel: Für eine Menge von Ziffern und eine andere Menge von möglichen Operatoren sollen alle Kombinationen ermittelt werden, die einen gewünschten Wert ergeben. Dabei darf die Reihenfolge der Ziffern nicht verändert werden, aber es kann zwischen die Ziffern ein Operator aus der Menge der möglichen Operatoren eingefügt werden, jedoch nicht vor der ersten Ziffer. Schreiben Sie eine Methode `Set<String> allCombinationsWithValue(List<Integer>, int)`, die alle Kombinationen ermittelt, die zu dem als Parameter übergebenen Wert führen. Prüfen Sie diese für die Ziffern 1 bis 9 und die Operationen $+$, $-$ und auch »Zusammenfassen der Ziffern«. Starten Sie mit einer Methode `Map<String, Long> allCombinations(List<Integer>)`, die die entsprechenden Ziffern übergeben bekommt.

Beispiele Betrachten wir zwei Kombination nur für die Ziffern 1, 2 und 3:

$$\begin{aligned} 1+2+3 &= 6 \\ 1+23 &= 24 \end{aligned}$$

Insgesamt lassen sich mit diesen Ziffern diese unterschiedlichen Kombinationen bilden:

Eingabe	Resultat (`allCombinations()`)
[1, 2, 3]	{ ("12-3" : 9, "123" : 123, "1+2+3" : 6, "1+2-3" : 0, "1-2+3" : 2, "1-23" : -22, "1-2-3" : -4, "1+23" : 24, "12+3" : 15)) }

Nehmen wir an, wir wollten aus den gegebenen Ziffern 1 bis 9 und der Menge an verfügbaren Operatoren ($+$, $-$ und »Zusammenfassen«) den Wert 100 erzeugen, dann ist das z. B. wie folgt möglich:

$$1+2+3-4+5+6+78+9=100$$

Insgesamt sollten folgende Varianten ermittelt werden:

Eingabe	Resultat (`allCombinationsWithValue()`)
100	["1+23-4+5+6+78-9", "12+3+4+5-6-7+89", "123-45-67+89", "123+4-5+67-89", "123-4-5-6-7+8-9", "123+45-67+8-9", "1+2+3-4+5+6+78+9", "12+3-4+5+67+8+9", "1+23-4+56+7+8+9", "1+2+34-5+67-8+9"], "12-3-4+5-6+7+89"]

Tipp In Java kann man zur Laufzeit nur mit einigen Tricks dynamische Berechnungen ausführen. Wenn man jedoch die in Java integrierte JavaScript-Engine verwendet, so lassen sich Ausdrücke ziemlich einfach evaluieren:

```
jshell> import javax.script.*

jshell> ScriptEngineManager manager = new ScriptEngineManager()

jshell> ScriptEngine jsEngine = manager.getEngineByName("js")

jshell> jsEngine.eval("7+2")
$63 ==> 9
```

Schreiben Sie eine Methode `int evaluate(String)` zur Auswertung eines Ausdrucks mit Ziffern und den Operatoren $+$ und $-$.

Algorithmus Zunächst untergliedern wir das Problem auf High-Level-Ebene, indem wir alle möglichen Kombinationen durch Aufruf der Methode `allCombinations()` berechnen und dann mit `findByValue()` nach denjenigen Kombinationen suchen, deren Auswertung den Vorgabewert ergeben. Das lässt sich einfach mithilfe des Stream-APIs und einer passenden Filterbedingung ausdrücken:

```
static Set<String> allCombinationsWithValue(final List<Integer> baseValues,
                                            final int desiredValue)
{
    final Map<String, Long> allCombinations = allCombinations(baseValues);

    return findByValue(allCombinations, desiredValue);
}

static Set<String> findByValue(final Map<String, Long> results,
                               final int desiredValue)
{
    return results.entrySet().stream().
                              filter(entry -> entry.getValue() == desiredValue).
                              map(entry -> entry.getKey()).
                              collect(Collectors.toSet());
}
```

Tatsächlich kann man das Ganze nochmals beträchtlich vereinfachen, wenn man auf die mit Java 8 eingeführte Methode `removeIf()` zurückgreift:

```
static Set<String> allCombinationsWithValueShort(final List<Integer> baseValues,
                                                 final int desiredValue)
{
    final Map<String, Long> allCombinations = allCombinations(baseValues);

    allCombinations.entrySet().removeIf(entry -> entry.getValue() !=
          desiredValue);

    return allCombinations.keySet();
}
```

Die Methode `findByValue()` ist für Experimente nützlich, wenn man nur einmal die Kombinationen berechnen möchte. Diese Berechnung schauen wir uns nun an.

Zur Berechnung der Kombinationen wird die Eingabe jeweils in einen linken und einen rechten Teil aufgespalten. Dadurch ergeben sich drei zu lösende Teilprobleme, nämlich $l + r$, $l - r$ und lr, wobei l und r für den linken und rechten Teil der Eingabe stehen. Deren Ergebnis berechnen wir mit der Methode `evaluate()`. Gibt es nur noch eine Ziffer, so ist diese das Ergebnis und bildet den rekursiven Abbruch:

```
static Map<String, Long> allCombinations(final List<Integer> digits)
{
    return allCombinations(digits, 0);
}

static Map<String, Long> allCombinations(final List<Integer> digits,
                                         final int pos)
{
    // rekursiver Abbruch
    if (pos >= digits.size() - 1)
    {
        final long lastDigit = digits.get(digits.size() - 1);
        return Map.of("" + lastDigit, lastDigit);
    }

    // rekursiver Abstieg
    final Map<String, Long> results = allCombinations(digits, pos + 1);

    // Prüfe Kombinationen
    final Map<String, Long> solutions = new HashMap<>();
    results.forEach((key, value) ->
    {
        final long currentDigit = digits.get(pos);

        solutions.put(currentDigit + "+" + key,
                      evaluate("" + currentDigit + "+" + key));
        solutions.put(currentDigit + "-" + key,
                      evaluate("" + currentDigit + "-" + key));
        solutions.put(currentDigit + key,
                      evaluate("" + currentDigit + key));
    });

    return solutions;
}
```

Die Ausführung mithilfe von JavaScript realisieren wir wie folgt:

```
static long evaluate(final String expression)
{
    try
    {
        return (long) jsEngine.eval(expression);
    }
    catch (final ScriptException e)
    {
        throw new RuntimeException("unprocessable expression " + expression);
    }
}
```

Dabei muss die Variable `jsEngine` wie einleitend gezeigt entweder in der JShell definiert sein, oder in einem Java-Programm etwa als statische Variable. Denken Sie bitte an `import javax.script.*` in der JShell.

Variante mit Streams

Wie so oft gibt es viele mögliche Lösungswege. Die Aufgabe lässt sich sehr schön auch mithilfe des Stream-APIs lösen. Die Aktionen sind analog zu denen der zuvor gezeigten Variante , jedoch arbeiten wir uns diesmal von vorne nach hinten durch die Ziffern. Als Besonderheit muss man drei Mal die Streams erzeugen, um die Resultate zu berechnen. Zum Zusammenführen bietet sich dann `concat()` an:

```
static Map<String, Long> allCombinationsWithStreams(final List<Integer> digits)
{
    return allExpressions(digits).collect(Collectors.toMap(Function.identity(),
                                  Ex06_MathOperationChecker::evaluate));
}

private static Stream<String> allExpressions(final List<Integer> digits)
{
    if (digits.size() == 1)
        return Stream.of("" + digits.get(0));

    final long first = digits.get(0);
    final List<Integer> remainingDigits = digits.subList(1, digits.size());

    var resultCombine =
        allExpressions(remainingDigits).map(expr -> first + expr);
    var resultAdd =
        allExpressions(remainingDigits).map(expr -> first + "+" + expr);
    var resultMinus =
        allExpressions(remainingDigits).map(expr -> first + "-" + expr);

    return Stream.concat(resultCombine, Stream.concat(resultAdd, resultMinus));
}
```

Variante ab Java 15

Mit Java 15 wird die Unterstützung für die JavaScript-Engine aus dem JDK entfernt, somit muss man sich eine Auswertung selbst schreiben. Da hier glücklicherweise nur Addition und Subtraktion zu unterstützen sind, kann man das Ganze mit ein wenig Wissen über reguläre Ausdrücke wie folgt lösen:

```
static long evaluate(final String expression)
{
    final String[] values = expression.split("\\+|-");

    // Zahlen als Trenner nutzen:
    final String[] tmpoperators = expression.split("\\d+");

    // Leere Elemente rausfiltern, auf die wirklichen Operatoren beschränken
    final String[] operators = Arrays.stream(tmpoperators).
                                      filter(str -> !str.isEmpty()).
                                      toArray(String[]::new);

    long result = Long.parseLong(values[0]);
    for (int i = 1; i < values.length; i++)
    {
        final String nextOp = operators[i - 1];
        final long nextValue = Long.parseLong(values[i]);
```

```
        if (nextOp.equals("+"))
            result = result + nextValue;
        else if (nextOp.equals("-"))
            result = result - nextValue;
        else
            throw new IllegalStateException("unsupported operator " + nextOp);
    }
    return result;
}
```

Prüfung

Zunächst schreiben wir einen Unit Test, der für die Eingaben 1 bis 3 prüft, welche Kombinationen sich daraus bilden lassen. Zudem wollen wir noch die Funktionalität für den Ergebniswert 100 prüfen:

```
@ParameterizedTest(name = "allCombinations({0}) = {1}")
@MethodSource("digitsAndCombinations")
void allCombinations(List<Integer> digits, Map<String, Integer> expected)
{
    var result = Ex06_MathOperationChecker.allCombinations(digits);

    assertEquals(expected, result);
}

private static Stream<Arguments> digitsAndCombinations()
{
    var results = Map.ofEntries(Map.entry("12-3", 9L), Map.entry("123", 123L),
                                Map.entry("1+2+3", 6L), Map.entry("1+2-3", 0L),
                                Map.entry("1-2+3", 2L), Map.entry("1-23", -22L),
                                Map.entry("1-2-3", -4L), Map.entry("1+23", 24L),
                                Map.entry("12+3", 15L));

    return Stream.of(Arguments.of(List.of(1, 2, 3), results));
}

@ParameterizedTest(name = "allCombinationsWithValue({0}, {1}) = {2}")
@MethodSource("digitsAndCombinationsWithResult100")
void allCombinationsWithValue(List<Integer> numbers, int desiredValue,
                              Set<String> expected)
{
    var result =
        Ex06_MathOperationChecker.allCombinationsWithValue(numbers,
                                                            desiredValue);

    assertEquals(expected, result);
}

private static Stream<Arguments> digitsAndCombinationsWithResult100()
{
    var results = Set.of("1+23-4+5+6+78-9", "12+3+4+5-6-7+89", "123-45-67+89",
                         "123+4-5+67-89", "123-4-5-6-7+8-9", "123+45-67+8-9",
                         "1+2+3-4+5+6+78+9", "12+3-4+5+67+8+9",
                         "1+23-4+56+7+8+9", "1+2+34-5+67-8+9",
                         "12-3-4+5-6+7+89");

    return Stream.of(Arguments.of(List.of(1, 2, 3, 4, 5, 6, 7, 8, 9), 100,
                                  results));
}
```

8.4.7 Lösung 7: Wassereimer-Problem (★★★☆☆)

Gegeben seien zwei Eimer mit dem Fassungsvermögen von m und n Litern. Leider sind diese Eimer ohne Markierungen oder Hinweise auf ihren Füllstand. Die Aufgabe besteht darin, x Liter abzumessen, wobei x kleiner als m oder n ist. Dabei soll am Ende der Prozedur ein Eimer dann x Liter enthalten und der andere leer sein. Schreiben Sie eine Methode `boolean solveWaterJugs(int, int, int)`, die den eingeschlagenen Lösungsweg auf der Konsole ausgibt und im Erfolgsfall `true` zurückgibt, ansonsten `false`.

Beispiele Für zwei Eimer mit einmal 4 und einmal 3 Litern Fassungsvermögen können wir auf folgende Weise 2 Liter abmessen:

Zustand	Aktion
Jug 1:0 / 2: 0	Beide Eimer initial leer
Jug 1:4 / 2: 0	Fülle Eimer 1 (unnötig, aber aufgrund des Algorithmus)
Jug 1:4 / 2: 3	Fülle Eimer 2
Jug 1:0 / 2: 3	Leere Eimer 1
Jug 1:3 / 2: 0	Schütte Eimer 2 in Eimer 1
Jug 1:3 / 2: 3	Fülle Eimer 2
Jug 1:4 / 2: 2	Schütte Eimer 2 in Eimer 1
Jug 1:0 / 2: 2	Leere Eimer 1
Solved	

Dagegen ist das Abmessen von 2 Litern mit je zwei Eimer von 4 Litern Fassungsvermögen nicht möglich.

Algorithmus Zur Lösung des Wassereimer-Problems nutzen wir Rekursion mit einem Greedy-Algorithmus. Dabei hat man zu jedem Zeitpunkt folgende nächste Aktionen als Möglichkeit:

- Leere Eimer 1 vollständig.
- Leere Eimer 2 vollständig.
- Fülle Eimer 1 vollständig.
- Fülle Eimer 2 vollständig.
- Befülle Eimer 1 aus Eimer 2, bis der Ausgangseimer leer oder der zu befüllende voll ist.
- Befülle Eimer 2 aus Eimer 1, bis der Ausgangseimer leer oder der zu befüllende voll ist.

Wir probieren diese sechs Varianten schrittweise durch, bis eine davon erfolgreich ist. Dazu müssen wir jeweils testen, ob in einem der beiden Eimer die gewünschte Anzahl an Litern ist und ob der andere leer ist:

```
static boolean isSolved(final int currentJug1, final int currentJug2,
                        final int desiredLiters)
{
    return (currentJug1 == desiredLiters && currentJug2 == 0) ||
           (currentJug2 == desiredLiters && currentJug1 == 0);
}
```

Weil das Ausprobieren vieler Lösungswege ziemlich aufwendig werden kann, nutzen wir zur Optimierung die bereits bekannte Technik Memoization. Diese verhindert in diesem Fall Zyklen, also dass immer und immer wieder die gleichen Aktionen ausgeführt werden. Die bereits berechneten Füllstände werden in Form eines Compound Keys modelliert. Hier nutzen wir eine Klasse `IntIntKey` (vgl. Abschnitt 8.1.2 ab Seite 363). Zur Lösungsfindung starten wir mit zwei leeren Eimern:

```
static boolean solveWaterJugs(final int size1, final int size2,
                              final int desiredLiters)
{
    return solveWaterJugsRec(size1, size2, desiredLiters, 0, 0,
                             new HashMap<>());
}

static boolean solveWaterJugsRec(final int size1, final int size2,
                                 final int desiredLiters,
                                 final int currentJug1, final int currentJug2,
                                 final Map<IntIntKey, Boolean> alreadyTried)
{
    if (isSolved(currentJug1, currentJug2, desiredLiters))
    {
        System.out.println("Solved Jug 1:" + currentJug1 +
                           " / 2: " + currentJug2);;
        return true;
    }

    final IntIntKey key = new IntIntKey(currentJug1, currentJug2);
    if (!alreadyTried.containsKey(key))
    {
        alreadyTried.put(key, true);

        // Probiere alle 6 Varianten aus
        System.out.println("Jug 1:" + currentJug1 + " / 2: " + currentJug2);

        final int min_2_1 = Math.min(currentJug2, (size1 - currentJug1));
        final int min_1_2 = Math.min(currentJug1, (size2 - currentJug2));
        boolean result = solveWaterJugsRec(size1, size2, desiredLiters,
                                           0, currentJug2, alreadyTried) ||
                         solveWaterJugsRec(size1, size2, desiredLiters,
                                           currentJug1, 0, alreadyTried) ||
                         solveWaterJugsRec(size1, size2, desiredLiters,
                                           size1, currentJug2, alreadyTried) ||
                         solveWaterJugsRec(size1, size2, desiredLiters,
                                           currentJug1, size2, alreadyTried) ||
                         solveWaterJugsRec(size1, size2, desiredLiters,
                                           currentJug1 + min_2_1,
                                           currentJug2 - min_2_1,
                                           alreadyTried) ||
                         solveWaterJugsRec(size1, size2, desiredLiters,
                                           currentJug1 - min_1_2,
                                           currentJug2 + min_1_2,
                                           alreadyTried);
```

```
        alreadyTried.put(key, result);

        return result;
    }

    return false;
}
```

Achtung: Möglicher Fallstrick

Beim Implementieren könnte man auf die Idee kommen, einfach alle sechs Varianten unabhängig voneinander zu untersuchen, so wie man es etwa für die Ermittlung aller Ausgänge aus dem Labyrinth machen würde. Hier ist das aber falsch, weil dadurch mehrere Aktionen in einem Schritt möglich wären. Daher darf jeweils immer nur ein Schritt geprüft werden und nur im Fall eines Nichterfolgs ein anderer. Somit ist die nachfolgend gezeigte Variante nicht korrekt – sie findet zwar die Lösung, aber es werden zusätzliche, zum Teil verwirrende Schritte ausgeführt:

```
// Intuitiv, ABER FALSCH, weil so auch 2 oder mehr Schritte möglich
boolean actionEmpty1 = solveWaterJugsRec(size1, size2, desiredLiters,
                                         0, currentJug2, alreadyTried);
boolean actionEmpty2 = solveWaterJugsRec(size1, size2, desiredLiters,
                                         currentJug1, 0, alreadyTried);
boolean actionFill1 = solveWaterJugsRec(size1, size2, desiredLiters,
                                        size1, currentJug2, alreadyTried);
boolean actionFill2 = solveWaterJugsRec(size1, size2, desiredLiters,
                                        currentJug1, size2, alreadyTried);

int min_2_1 = Math.min(currentJug2, (size1 - currentJug1));
boolean actionFillUp1From2 = solveWaterJugsRec(size1, size2, desiredLiters,
                                               currentJug1 + min_2_1),
                                               currentJug2 - min_2_1);
int min_1_2 = Math.min(currentJug1, (size2 - currentJug2));
boolean actionFillUp2From1 = solveWaterJugsRec(size1, size2, desiredLiters,
                                               currentJug1 - min_1_2),
                                               currentJug2 + min_1_2);
```

Prüfung

Ermitteln wir für die Kombination aus dem Beispiel die Lösung in der JShell:

```
jshell> solveWaterJugs(4, 3, 2)
Jug 1:0 / 2: 0
Jug 1:4 / 2: 0
Jug 1:4 / 2: 3
Jug 1:0 / 2: 3
Jug 1:3 / 2: 0
Jug 1:3 / 2: 3
Jug 1:4 / 2: 2
Solved Jug 1:0 / 2: 2
$5 ==> true
```

8.4.8 Lösung 8: Alle Palindrom-Teilstrings (★★★★☆)

In dieser Aufgabe wollen wir zu einem gegebenen Wort ermitteln, ob darin Palindrome enthalten sind und wenn ja, welche. Schreiben Sie eine rekursive Methode `Set<String> allPalindromePartsRec(String)`, die in dem übergebenen String alle Palindrome mit mindestens zwei Buchstaben ermittelt und diese alphabetisch sortiert zurückgibt.[2]

Beispiele

Eingabe	Resultat
"BCDEDCB"	["BCDEDCB", "CDEDC", "DED"]
"ABALOTTOLL"	["ABA", "LL", "LOTTOL", "OTTO", "TT"]
"racecar"	["aceca", "cec", "racecar"]

Algorithmus Die Prüfung untergliedert das Problem in drei Subprobleme für Texte mindestens der Länge 2:

1. Ist der gesamte momentane Bereich ein Palindrom?
2. Ist der links verkürzte Teil ein Palindrom? (für alle Positionen von rechts)
3. Ist der rechts verkürzte Teil ein Palindrom? (für alle Positionen von links)

Zum besseren Verständnis schauen wir uns das Vorgehen für den Ausgangswert `LOTTOL` an:

```
1) LOTTOL
2) OTTOL, TTOL, TOL, OL
3) LOTTO, LOTT, LOT, LO
```

Danach geht man sowohl links als auch rechts um jeweils ein Zeichen nach innen und wiederholt die Prüfungen und dieses Verfahren, bis sich die Positionen überlappen. Für das Beispiel würde dann wie folgt weiter geprüft:

```
1) OTTO
2) TTO, TO
3) OTT, OT
```

Und schließlich bleibt im letzten Schritt nur eine Prüfung, weil die anderen Teilstrings nur noch aus einem Zeichen bestehen:

```
1) TT
2) T
3) T
```

[2]Selbstverständlich sind wir in dieser Aufgabe nicht an leeren Strings und einzelnen Zeichen interessiert, obwohl diese per Definition natürlich streng genommen auch Palindrome sind.

Wie schon mehrmals verwendet, kommt hier wieder eine zweistufige Variante zum Einsatz. Dabei wird in der ersten Methode vor allem das Ergebnisobjekt initialisiert und dann der rekursive Aufruf geeignet gestartet.

Implementieren wir basierend auf diesem schrittweisen Vorgehen die Prüfung auf Palindrom-Teilstrings wie folgt:

```
static Set<String> allPalindromeParts(final String input)
{
    final Set<String> allPalindromsParts = new TreeSet<>();
    allPalindromePartsRec(input, 0, input.length() - 1, allPalindromsParts);

    return allPalindromsParts;
}

static void allPalindromePartsRec(final String input,
                                  final int left, final int right,
                                  final Set<String> results)
{
    // rekursiver Abbruch
    if (left >= right)
        return;

    // 1) Prüfe, ob der gesamte String ein Palindrom ist
    final boolean completeIsPalindrome = isPalindromeRec(input, left, right);
    if (completeIsPalindrome)
    {
        final String newCandidate = input.substring(left, right + 1);
        results.add(newCandidate);
    }

    // 2) Prüfe von links verkürzten Text
    for (int i = left + 1; i < right; i++)
    {
        final boolean leftPartIsPalindrome = isPalindromeRec(input, i, right);
        if (leftIsPalindrome)
        {
            final String newCandidate = input.substring(i, right + 1);
            results.add(newCandidate);
        }
    }

    // 3) Prüfe von rechts verkürzten Text
    for (int i = right - 1; i > left; i--)
    {
        final boolean rightPartIsPalindrome = isPalindromeRec(input, left, i);
        if (rightIsPalindrome)
        {
            final String newCandidate = input.substring(left, i + 1);
            results.add(newCandidate);
        }
    }

    // rekursiver Abstieg
    allPalindromePartsRec(input, left + 1, right - 1, results);
}
```

Dabei nutzen wir die bereits in Abschnitt 4.2.4 in Übungsaufgabe 4 erstellte Methode `boolean isPalindromeRec(String, int, int)` zum Prüfen auf Palindrome auf Bereiche eines Strings. Diese ist hier der Vollständigkeit nochmals abgebildet:

```
static boolean isPalindromeRec(final String input,
                               final int left, final int right)
{
    // rekursiver Abbruch
    if (left >= right)
        return true;

    if (input.charAt(left) == input.charAt(right))
    {
        // rekursiver Abstieg
        return isPalindromeRec(input, left + 1, right - 1);
    }
    return false;
}
```

Obwohl der gezeigte Algorithmus recht gut nachvollziehbar ist, wirkt er doch mit den ganzen Schleifen und Indexzugriffen eher etwas unhandlich. Tatsächlich lässt sich eine sehr elegante Lösung finden.

Optimierter Algorithmus Statt die verkürzten Teilstrings alle mühsam durchzuprobieren, können wir doch viel besser unsere Methode rekursiv für einen verkürzten Teil aufrufen:

```
static void allPalindromePartsRecOpt(final String input, final int left,
                                     final int right, final Set<String> results)
{
    // rekursiver Abbruch
    if (left >= right)
        return;

    // 1) Prüfe, ob der gesamte String ein Palindrom ist
    if (isPalindromeRec(input, left, right))
        results.add(input.substring(left, right + 1;));

    // rekursiver Abstieg: 2) + 3) von links / rechts testen
    allPalindromePartsRecOpt(input, left + 1, right, results);
    allPalindromePartsRecOpt(input, left, right - 1, results);
}
```

Das Ganze lässt sich noch etwas lesbarer, dafür aber durch das Erzeugen von Teilstrings (etwas) schlechter bezüglich der Performance, gestalten:

```
static void allPalindromePartsRecV3(final String input,
                                    final Set<String> result)
{
    // rekursiver Abbruch
    if (input.length() < 2)
        return;

    // 1) Prüfe, ob der gesamte String ein Palindrom ist
    if (isPalindromeRec(input))
        result.add(input);

    // rekursiver Abstieg: 2) + 3) von links / rechts testen
    allPalindromePartsRecV3((input.substring(1), result);
    allPalindromePartsRecV3(input.substring(0, input.length() - 1), result);
}
```

Bonus: Finden Sie unter allen Palindrom-Teilstrings den längsten

Dabei gibt es diesmal keine Forderung bezüglich maximaler Performance.

Algorithmus Nachdem man alle Palindrom-Teilstrings berechnet hat, ist das Ermitteln des längsten nur eine Kleinigkeit, indem man den passenden Komparator definiert und dann das Stream-API und dessen Methode `max(Comparator<T>)` anwendet:

```
static Optional<String> longestPalindromePart(final String input)
{
    final Set<String> allPalindromeParts = allPalindromePartsRec(input);
    final Comparator<String> byLength = Comparator.comparing(String::length);

    return allPalindromeParts.stream().max(byLength);
}
```

Prüfung

Zum Test nutzen wir folgende Eingaben, die die korrekte Funktionsweise zeigen:

```
@ParameterizedTest(name = "allPalindromeParts({0}) = {1}")
@MethodSource("inputAndPalindromeParts")
void allPalindromePartsRec(String input, List<String> expected)
{
    Set<String> result = Ex08_AllPalindromeParts.allPalindromeParts(input);

    assertIterableEquals(expected, result);
}

@ParameterizedTest(name = "allPalindromePartsOpt({0}) = {1}")
@MethodSource("inputAndPalindromeParts")
void allPalindromePartsOpt(final String input, final List<String> expected)
{
    Set<String> result = Ex08_AllPalindromeParts.allPalindromePartsOpt(input);

    assertIterableEquals(expected, result);
}

private static Stream<Arguments> inputAndPalindromeParts()
{
    return Stream.of(Arguments.of("BCDEDCB",
                                  List.of("BCDEDCB", "CDEDC", "DED")),
                     Arguments.of("ABALOTTOLL",
                                  List.of("ABA", "LL", "LOTTOL", "OTTO", "TT")),
                     Arguments.of("racecar",
                                  List.of("aceca", "cec", "racecar")));
}
```

Hierbei sind zwei Dinge erwähnenswert: Zum einen soll ein sortiertes Ergebnis geprüft werden. Dazu würden wir entweder ein `TreeSet<E>` benötigen oder wir greifen auf eine `List<E>` zurück, weil wir uns die Testgestaltung einfacher machen wollen. Zudem müssen wir dann mit `assertIterableEquals()` prüfen, damit die Reihenfolge der Elemente berücksichtigt wird.

8.4.9 Lösung 9: n-Damen-Problem (★★★☆☆)

Beim n-Damen-Problem sollen n Damen auf einem n x n-Spielfeld so platziert werden, dass sich keine zwei Damen gemäß Schachregeln schlagen können – somit dürfen andere Damen weder auf der gleichen Zeile, Spalte noch in den Diagonalen platziert sein. Erweitern Sie dazu die in Abschnitt 8.2.1 gezeigte Lösung und implementieren Sie die Methode `boolean isValidPosition(char[][], int, int)`. Schreiben Sie zudem eine Methode `void printBoard(char[][])` zur Darstellung des Spielfelds sowie zur Ausgabe der Lösung auf der Konsole.

Beispiel Für ein 4 x 4-Spielfeld gibt es folgende Lösung, wobei die Damen durch ein 'Q' symbolisiert sind – englisch Queen für Dame.

```
---------
| |Q| | |
---------
| | | |Q|
---------
|Q| | | |
---------
| | |Q| |
---------
```

Algorithmus Man versucht, die Damen der Reihe nach an verschiedenen Positionen zu platzieren. Dabei starten wir mit einer Dame in Reihe 0 und Position 0 (obere linke Ecke). Nach jeder Platzierung wird geprüft, ob es keine Kollisionen in den Richtungen vertikal sowie diagonal links und rechts nach oben mit bereits platzierten Damen gibt. Eine Prüfung nach unten ist logischerweise in keinem Fall erforderlich, da dort noch keine Damen platziert sein können, weil die Befüllung von oben nach unten erfolgt. Da wir zudem zeilenweise vorgehen, ist auch keine Prüfung in der Horizontalen notwendig.

Sofern die Position gültig ist, gehe in die nächste Reihe, probiere alle Positionen von 0 bis $n - 1$. Dieses Vorgehen wird wiederholt, bis man schließlich auch die Dame in der letzten Reihe platziert hat. Falls es beim Positionieren einer Dame ein Problem gibt, nutze Backtracking: Entferne die zuletzt platzierte Dame und versuche es an der nächstmöglichen Position erneut. Falls das Ende der Reihe ohne Lösung erreicht wurde, so ist dies eine ungültige Konstellation und es muss auch die Vorgängerdame neu platziert werden. Man sieht, dass Backtracking mitunter eine Reihe zurück nach oben geht, im Extremfall bis zur allerersten Reihe.

Beginnen wir mit dem einfachen Teil, nämlich dem Rekapitulieren der Einführung und dem Erstellen des Spielfelds sowie dem Aufruf der Methode zur Lösung:

```
static Optional<char[][]> solveNQueens(final int size)
{
    final char[][] board = initializeBoard(size);

    if (solveNQueens(board, 0))
        return Optional.of(board);

    return Optional.empty();
}

private static char[][] initializeBoard(final int size)
{
    final char[][] board = new char[size][size];

    for (int row = 0; row < size; row++)
    {
        for (int col = 0; col < size; col++)
        {
            board[row][col] = ' ';
        }
    }
    return board;
}
```

Zur Modellierung des Spielfelds nutzen wir ein `char[][]` und ein 'Q' repräsentiert eine Dame, ein Leerzeichen ein freies Feld. Um den Algorithmus verständlich zu halten, verwenden wir die zwei im Anschluss gezeigten Methoden `placeQueen()` und `removeQueen()`.

```
static boolean solveNQueens(final char[][] board, final int row)
{
    final int maxRow = board.length;
    final int maxCol = board[0].length;

    // rekursiver Abbruch
    if (row >= maxRow)
        return true;

    boolean solved = false;
    int col = 0;
    while (!solved && col < maxCol)
    {
        if (isValidPosition(board, col, row))
        {
            placeQueen(board, col, row);

            // rekursiver Abstieg
            solved = solveNQueens(board, row + 1);

            // Backtracking, sofern keine Lösung
            if (!solved)
                removeQueen(board, col, row);
        }
        col++;
    }
    return solved;
}
```

Zur besseren Lesbarkeit haben wir die folgenden Methoden extrahiert:

```
static void placeQueen(final char[][] board, final int col, final int row)
{
    board[row][col] = 'Q';
}

static void removeQueen(final char[][] board, final int col, final int row)
{
    board[row][col] = ' ';
}
```

Machen wir uns nun an die Implementierung der Hilfsmethoden, zunächst derjenigen, die prüft, ob eine Konstellation gültig ist.

```
static boolean isValidPosition(final char[][] board,
                               final int col, final int row)
{
    final int maxRow = board.length;
    final int maxCol = board[0].length;

    return checkHorizontally(board, row, maxCol) &&
           checkVertically(board, col, maxRow) &&
           checkDiagonallyLeftUp(board, col, row) &&
           checkDiagonallyRightUp(board, col, row, maxCol);
}
```

Eigentlich ist die horizontale Prüfung überflüssig, da wir gerade eine neue Reihe prüfen, in der noch keine andere Dame platziert sein kann – aus Gründen der Veranschaulichung implementieren und rufen wir die Methode trotzdem auf.

Bei der Implementierung nutzen wir folgende Hilfsmethoden zum Prüfen in x- und y-Richtung:

```
static boolean checkHorizontally(final char[][] board,
                                 final int row, final int maxX)
{
    boolean xfree = true;
    for (int x = 0; x < maxX; x++)
        xfree = xfree && board[row][x] == ' ';

    return xfree;
}
```

Diese Implementierung lässt sich noch verbessern: Tatsächlich muss die Prüfung nicht alle Felder ablaufen, sondern man kann schon abbrechen, wenn ein bereits besetztes Feld gefunden wird:

```
static boolean checkHorizontally(final char[][] board,
                                 final int row, final int maxX)
{
    int x = 0;
    while (x < maxX && board[row][x] == ' ')
        x++;

    return x >= maxX;
}
```

```
static boolean checkVertically(final char[][] board,
                               final int col, final int maxY)
{
    int y = 0;
    while (y < maxY && board[y][col] == ' ')
        y++;

    return y >= maxY;
}
```

Bei den Diagonalen können wir ebenfalls optimieren: Wir müssen nicht nach unten prüfen. Da wir das Spielfeld von oben nach unten befüllen, kann unter der aktuellen Position noch keine Dame platziert sein. Somit beschränken wir uns auf die relevanten Diagonalen nach links und rechts oben:

```
static boolean checkDiagonallyRightUp(final char[][] board, final int col,
                                      final int row, final int maxX)
{
    int x = col;
    int y = row;
    boolean diagRUfree = true;
    while (diagRUfree && x < maxX && y >= 0)
    {
        diagRUfree = board[y][x] == ' ';
        y--;
        x++;
    }
    return diagRUfree;
}
```

Für die zweite Diagonalenprüfung möchte ich eine syntaktische Abwandlung für die Schleife demonstrieren. Die gerade gezeigte Variante ist zwar sehr gut verständlich, aber doch ein klein wenig lang. Die `for`-Schleife erlaubt die Definition zweier Schleifenvariablen, deren Prüfung und Veränderung. Dadurch lässt sich das diagonale Durchlaufen kompakt folgendermaßen schreiben:

```
static boolean checkDiagonallyLeftUp(final char[][] board,
                                     final int col, final int row)
{
    boolean diagLUfree = true;
    for (int y = row, x = col; y >= 0 && x >= 0; y--, x--)
        diagLUfree = diagLUfree && board[y][x] == ' ';

    return diagLUfree;
}
```

Auch das kann man noch minimal optimieren, da wir ja beim Auffinden eines besetzten Feldes direkt die Schleife abbrechen können. Dann lässt sich die `for`-Schleife weiter komprimieren, jedoch auf Kosten der Lesbarkeit und daher hier nicht gezeigt.

Am Verständlichsten empfinde ich das schon gezeigte Konstrukt mit einer `while`-Schleife, wobei man dort ggf. die Prüfung in die Bedingung der `while`-Schleife aufnehmen kann, dann muss man jedoch die Negation der Koordinatenprüfungen zurückgeben, wie wir es für `checkHorizontally()` und `checkVertically()` getan haben.

Die Ausgabe des stilisierten Schachbretts mit n x n-Feldern wird wie folgt implementiert – etwas spezieller ist hierbei nur die Berechnung der Gitter und der Querlinien:

```
static void printBoard(final char[][] values)
{
    final String line = "-".repeat(values[0].length * 2 + 1);
    System.out.println(line);
    for (int y = 0; y < values.length; y++)
    {
        System.out.print("|");
        for (int x = 0; x < values[y].length; x++)
        {
            final Object value = values[y][x];
            System.out.print(value + "|");
        }
        System.out.println();
        System.out.println(line);
    }
}
```

Prüfung

Wir berechnen für zwei unterschiedlich große Spielfelder mit `solveNQueens()` die Lösung des n-Damen-Problems. Schließlich geben wir das jeweils als Lösung ermittelte Spielfeld auf der Konsole aus:

```
public static void main(final String[] args)
{
    solveAndPrint(4);
    solveAndPrint(8);
}

private static void solveAndPrint(final int size)
{
    final Optional<char[][]> optBoards = solveNQueens(size);

    optBoards.ifPresentOrElse(board -> printBoard(board),
                              () -> System.out.println("No Solution!"));
}
```

Nachfolgend ist nur die Ausgabe für das Spielfeld der Größe 4 x 4 gezeigt:

```
---------
| |Q| | |
---------
| | | |Q|
---------
|Q| | | |
---------
| | |Q| |
---------
```

Alternativer Lösungsansatz

Während die zuvor gewählte Repräsentation als zweidimensionales Array absolut eingängig ist, existiert eine Optimierung: Weil nur je eine Dame pro Reihe platziert werden darf, lässt sich zur Modellierung des Spielfelds und der Positionierung der Damen eine Liste einsetzen, wodurch sich einiges vereinfacht. Klingt zunächst merkwürdig. Wie soll das gehen?

Zur Lösung des n-Damen-Problems benötigen wir jeweils x- und y-Koordinaten. Diese rekonstruieren wir durch folgenden Trick: Die y-Koordinate ergibt sich aus der Position in der Liste und für die x-Koordinate speichern wir einen korrespondierenden Zahlenwert in der Liste. Die Präsenz einer Dame, die zuvor durch das Zeichen 'Q' modelliert wurde, ist nun indirekt ermittelbar: Enthält die Liste an der Position der y-Koordinate einen Zahlenwert größer oder gleich 0, so ist eine Dame vorhanden.

Mit diesem Wissen können wir die Implementierung des Algorithmus an den geeigneten Stellen anpassen. Tatsächlich ändert sich an der grundsätzlichen Logik nichts, jedoch an den Methodensignaturen und der Positionsverarbeitung. Praktischerweise müssen wir vorab auch kein `char[][]` mehr erzeugen. Aber schauen wir zunächst auf den eigentlichen Algorithmus:

```
static List<Integer> solveNQueens(final int size)
{
    final List<Integer> board = new ArrayList<>();

    if (solveNQueens(board, 0, size))
        return board;

    return List.of();
}

static boolean solveNQueens(final List<Integer> board,
                            final int row, final int size)
{
    // rekursiver Abbruch
    if (row >= size)
        return true;

    boolean solved = false;
    int col = 0;
    while (!solved && col < size)
    {
        if (isValidPosition(board, col, row, size))
        {
            placeQueen(board, col, row);

            // rekursiver Abstieg
            solved = solveNQueens(board, row + 1, size);

            // Backtracking, sofern keine Lösung
            if (!solved)
                removeQueen(board, col, row);
        }
        col++;
    }
    return solved;
}
```

Zur besseren Lesbarkeit modifizieren wir folgende Methoden geeignet:

```
static void placeQueen(final List<Integer> board, final int col, final int row)
{
    board.add(col);
}

static void removeQueen(final List<Integer> board, final int col, final int row)
{
    board.remove(row);
}
```

Die Implementierung der Prüfung, ob eine Konstellation gültig ist, vereinfacht sich enorm: Für die Vertikale wird geschaut, ob die Liste bereits die gleiche Spalte enthält. Lediglich die Prüfung der Diagonalen erfolgt noch in einer separaten Hilfsmethode:

```
static boolean isValidPosition(final List<Integer> board,
                               final int col, final int row, final int size)
{
    final boolean yfree = !board.contains(col);

    return yfree && checkDiagonally(board, col, row, size);
}
```

Bei den Diagonalen nutzt man wiederum den Trick, dass die Differenz in x-Richtung der Differenz in y-Richtung entsprechen muss, damit die Damen auf einer Diagonalen liegen. Dazu müssen ausgehend von der aktuellen Position lediglich die Koordinaten berechnet und verglichen werden:

```
(x - 2, y - 2)   X       X    (x + 2, y - 2)
                  \     /
(x - 1, y - 1)     X   X      (x + 1, y - 1)
                    \ /
                     X
                   (x,y)
```

Das Ganze implementieren wir wie folgt:

```
static boolean checkDiagonally(final List<Integer> board,
                               final int col, final int row,
                               final int size)
{
    boolean diagLUfree = true;
    boolean diagRUfree = true;

    for (int y = 0; y < row; y++)
    {
        int xPosLU = col - (row - y);
        int xPosRU = col + (row - y);

        if (xPosLU >= 0)
            diagLUfree = diagLUfree && board.get(y) != xPosLU;

        if (xPosRU < size)
            diagRUfree = diagRUfree && board.get(y) != xPosRU;
    }

    return diagRUfree && diagLUfree;
}
```

Die Ausgabe des stilisierten Schachbretts mit n x n Feldern wird minimal an die neue Datenstruktur angepasst:

```
static void printBoard(final List<Integer> board, final int size)
{
    final String line = "-".repeat(size * 2 + 1);
    System.out.println(line);
    for (int y = 0; y < size; y++)
    {
        System.out.print("|");
        for (int x = 0; x < size; x++)
        {
            Object value = ' ';
            if (x == board.get(y))
                value = 'Q';

            System.out.print(value + "|");
        }
        System.out.println("\n" + line);
    }
}
```

Prüfung

Wir berechnen wiederum für zwei Spielfelder mit `solveNQueens()` die Lösung des n-Damen-Problems, die hier als Liste geliefert wird. Diesmal wird auf ein Wrapping mit einem `Optional<T>` verzichtet, weil man die Existenz einer Lösung auch geschickt mithilfe der Liste codieren kann: Ist sie leer, so gibt es keine Lösung, ansonsten enthält die Liste die Lösung. Diese wird dann auf der Konsole ausgegeben:

```
public static void main(final String[] args)
{
    solveAndPrint(4);
    solveAndPrint(8);
}

private static void solveAndPrint(final int size)
{
    final List<Integer> board = solveNQueens(size);
    if (board.isEmpty())
        System.out.println("No Solution!");
    else
        printBoard(board, size);
}
```

Die Resultate sind identisch mit den vorherigen und werden daher nicht nochmals gezeigt.

9 Binärbäume

Zwar bietet das Collections-Framework eine reichhaltige Sammlung praxisrelevanter Datenstrukturen, jedoch finden sich dort leider keine Bäume zur direkten Nutzung.[1] Diese sind allerdings für diverse Anwendungsfälle hilfreich und somit wünschenswert. Weil das Themengebiet Bäume ziemlich umfangreich ist und um den Rahmen dieses Buchs nicht zu sprengen, werden wir uns nachfolgend vor allem mit den Spezialfällen Binärbaum und binärer Suchbaum beschäftigen.

Bevor wir Bäume genauer betrachten, möchte ich einige Einsatzgebiete nennen:

- Ein Dateisystem ist hierarchisch strukturiert und lässt sich als Baum modellieren. Dabei entsprechen die Knoten den Verzeichnissen und die Blätter den Dateien.
- Mathematische Berechnungen kann man durch Bäume darstellen. Das werden wir später in einer Übungsaufgabe nachvollziehen.
- Im Bereich der Datenbanken werden sogenannte B-Bäume zur effizienten Speicherung und Suche eingesetzt.
- Beim Compilerbau nutzt man einen sogenannten Abstract Syntax Tree (AST) zur Repräsentation des Sourcecodes.

9.1 Einführung

In dieser Einführung lernen wir zunächst einige Begrifflichkeiten kennen, bevor wir uns kurz den Binärbaum sowie den Binären Suchbaum anschauen. Danach thematisiere ich das Traversieren und ein paar Eigenschaften von Bäumen. Abschließend stelle ich drei Bäume vor, die immer wieder im Text und in den Aufgaben genutzt werden.

9.1.1 Aufbau, Begrifflichkeiten und Anwendungsbeispiele

Bäume erlauben sowohl eine strukturierte Speicherung als auch einen effizienten Zugriff auf dort verwaltete Daten. Dazu sind ***Bäume*** streng hierarchisch aufgebaut und wie bei realen Bäumen wächst kein Ast wieder zurück in den Stamm. Ein Verästelungspunkt wird ***Knoten*** genannt und speichert einen Wert. Ein Knoten am Ende eines Asts wird als ***Blatt*** bezeichnet – auch dort finden sich Werte. Die verbindenden Aststücke heißen ***Kanten***. Folgende Abbildung vermittelt einen ersten Eindruck.

[1] Die Klasse `TreeMap<K, V>` ist mithilfe eines sogenannten Red-Black-Trees implementiert.

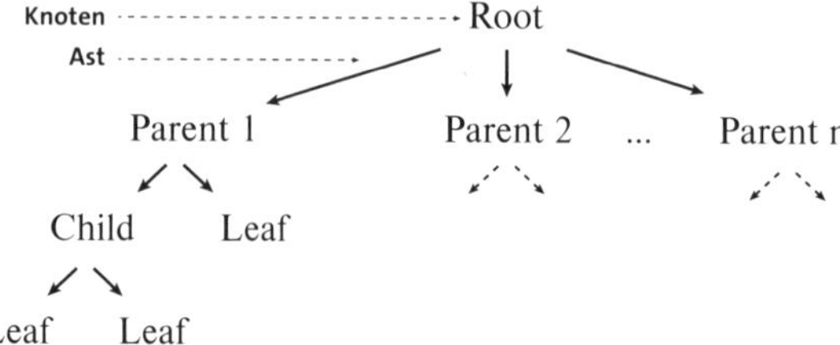

Abbildung 9-1 *Baum mit einigen Knoten und Blättern*

Die Abbildung verdeutlicht, dass Bäume aus hierarchisch angeordneten Knoten bestehen, die sich ausgehend von einer Wurzel (Root) (die sich in der Informatik interessanterweise oben befindet), in mehrere Kinder (Child) verzweigen, die wiederum beliebig viele Kindknoten besitzen können. Damit sind diese Eltern (Parent) und bilden jeweils wieder die Wurzeln von Teilbäumen. Dabei wird jeder Knoten genau durch einen anderen Knoten referenziert.

9.1.2 Binärbäume

Ein Binärbaum ist ein spezieller Baum, in dem jeder Knoten einen Wert speichert und jeder Knoten maximal zwei Nachfolger, oft left und right genannt, besitzen kann. Aufgrund dieser Einschränkung lassen sich viele Algorithmen einfacher als für allgemeine Bäume formulieren. Dadurch ist der Binärbaum in der Informatik weit verbreitet. Zudem bildet er die Basis für den im Anschluss vorgestellten binären Suchbaum.

Binärbaum im Selbstbau Ein Binärbaum lässt sich mit wenig Aufwand – hier vereinfachend ohne Datenkapselung (Information Hiding) – durch die Klasse `BinaryTreeNode<T>` selbst realisieren:

```
public class BinaryTreeNode<T>
{
    public final T item;

    public BinaryTreeNode<T> left;
    public BinaryTreeNode<T> right;

    public BinaryTreeNode(final T item)
    {
        this.item = item;
    }

    @Override
    public String toString()
    {
        return String.format("BinaryTreeNode [item=%s, left=%s, right=%s]",
                             item, left, right);
    }

    public boolean isLeaf()
    {
        return left == null && right == null;
    }
```

```
    // weitere Methoden: equals(), hashCode(), ...
}
```

Für die Beispiele dieses Buchs benötigen wir keine Modellierung des Binärbaums als eigenständige Klasse, sondern wir nutzen immer einen speziellen Knoten als Wurzel. Um die Handhabung in eigenen und vor allem komplexeren Business-Applikationen zu vereinfachen, bietet sich allerdings die Definition einer Klasse `BinaryTree<T>` an. Dort kann man zudem verschiedene nützliche Funktionalitäten bereitstellen.

9.1.3 Binärbäume mit Ordnung: binäre Suchbäume

Teilweise werden die Begriffe Binärbaum und binärer Suchbaum (Binary Search Tree, kurz: BST) synonym verwendet, was jedoch nicht korrekt ist. Ein binärer Suchbaum ist zwar ein Binärbaum, allerdings einer mit der zusätzlichen Eigenschaft, dass die Knoten gemäß ihrer Werte angeordnet sind. Dabei gilt, dass der Wert der Wurzel größer als derjenige des linken Nachfolgers und kleiner als derjenige des rechten Nachfolgers ist. Diese Bedingung gilt rekursiv für alle Teilbäume, wie es Abbildung 9-2 veranschaulicht. Demzufolge enthält ein BST keinen Wert mehrfach.

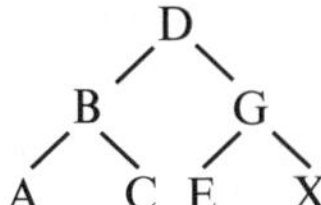

Abbildung 9-2 *Beispiel eines Binary Search Tree mit Buchstaben*

Suchen in einem BST Durch die Ordnung der Werte kann eine Suche in einem BST in logarithmischer Zeit ausgeführt werden. Dazu implementieren wir die Methode `BinaryTreeNode<T> find(BinaryTreeNode<T>, T)`. Diese sucht abhängig vom Vergleich des Werts mit dem Wert des aktuellen Knotens im jeweils passenden Teilstück des Baums weiter, bis der Wert gefunden wird. Bei Nichtvorhandensein wird `null` geliefert:

```
<T extends Comparable<T>> BinaryTreeNode<T> find(BinaryTreeNode<T> startNode,
                                                 T searchFor)
{
    // rekursiver Abbruch
    if (startNode == null)
        return null;

    // rekursiver Abstieg nach links oder rechts je nach Vergleich
    final int compareResult = startNode.item.compareTo(searchFor);
    if (compareResult < 0)
        return find(startNode.right, searchFor);
    if (compareResult > 0)
        return find(startNode.left, searchFor);

    return startNode;
}
```

Einfügen in einen BST Auch das Einfügen in einen BST lässt sich rekursiv formulieren. Das Einfügen muss bei der Wurzel starten, sodass die Größenrelation innerhalb des BSTs sichergestellt werden kann:

```
static <T extends Comparable<T>> BinaryTreeNode<T>
       insert(final BinaryTreeNode<T> root, final T value)
{
    // rekursiver Abbruch
    if (root == null)
        return new BinaryTreeNode<>(value);

    // rekursiver Abstieg nach links oder rechts je nach Vergleich
    final int compareResult = root.item.compareTo(value);
    if (compareResult > 0)
        root.left = insert(root.left, value);
    else if (compareResult < 0)
        root.right = insert(root.right, value);

    return root;
}
```

Beispiel für einen BST Die zuvor gezeigten Methoden sind auch Bestandteil der Utility-Klasse zu diesem Kapitel namens `TreeUtils`. Damit lassen sich dann BSTs recht einfach und lesbar konstruieren – nachfolgend nutzen wir den Trick »Unterstrich als Präfix«, um die Namen der Knoten möglichst sprechend gestalten zu können. Zudem benötigt man die Zuweisung an eine Variable nur dann, wenn mit dem Knoten weitergearbeitet werden soll:

```
final BinaryTreeNode<Integer> _3 = new BinaryTreeNode<>(3);
TreeUtils.insert(_3, 1).
TreeUtils.insert(_3, 2);
TreeUtils.insert(_3, 4);

TreeUtils.nicePrint(_3);
System.out.println("tree contains 2?  " + find(_3, 2));
System.out.println("tree contains 13? " + find(_3, 13));
```

Damit wird folgende Ausgabe generiert:

```
           3
     |-----+-----|
     1           4
     |--|
        2
tree contains 2?  BinaryTreeNode [item=2, left=null, right=null]
tree contains 13? null
```

Problematische Einfügereihenfolge Bitte beachten Sie, dass die Reihenfolge, in der Elemente hinzugefügt werden, große Auswirkung auf die Performance nachfolgender Aktionen wie Suchen besitzen kann. Das behandle ich kurz in Abschnitt 9.1.5 Nachfolgend zeige ich, wie schnell ein Baum zu einer Liste degeneriert:

```
final BinaryTreeNode<Integer> _4 = new BinaryTreeNode<>(4);
BinaryTreeNode.insert(_4, 3);
BinaryTreeNode.insert(_4, 2);
BinaryTreeNode.insert(_4, 1);
TreeUtils.nicePrint(_4);
```

Damit wird folgende Ausgabe generiert:

```
                   4
         |-----------|
         3
    |-----|
    2
 |--|
 1
```

> **Tipp: ASCII-Ausgabe von Bäumen**
>
> Für die Ausgabe von Bäumen in den Beispielen und Aufgaben rufe ich eine Methode `nicePrint()` auf. Deren Implementierung wird hier nicht weiter gezeigt, jedoch finden Sie die Sourcen im Begleitprojekt zum Buch.

9.1.4 Traversierungen

Beim Durchlaufen eines Baums unterscheidet man zwischen Tiefen- und Breitensuche. Nachfolgende Abbildung verdeutlicht beides.

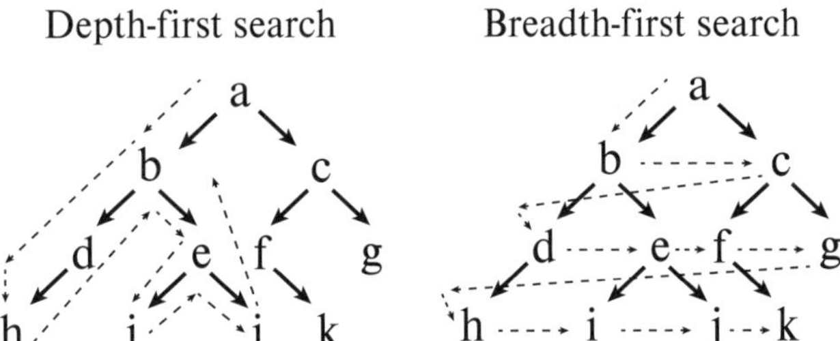

Abbildung 9-3 *Verfahren bei Tiefensuche und Breitensuche*

Bei der Tiefensuche geht man den Baum möglichst tief ab. Dies wird auch als Depth-First bezeichnet. Bei der Breitensuche bewegt man sich ausgehend von der Wurzel jeweils Ebene für Ebene durch den Baum. Deswegen spricht man auch von Levelorder oder Breadth-First.

Breitensuche (Breadth-First / Levelorder)

Für den Baum aus dem Beispiel ergibt sich dann folgende Reihenfolge beim Durchlauf durch die Ebenen von der Wurzel nach unten – die Implementierung ist Thema der Übungsaufgabe 5.

```
a b c d e f g h i j k
```

Konvertierung von Baum in Liste Ein großer Vorteil am Levelorder-Durchlauf ist seine gute Nachvollziehbarkeit und Verständlichkeit: Hat man einen Baum vor Augen, so kann man diesen Durchlauf und sein Ergebnis leicht vorhersagen. Das ist insbesondere beim Testen eine wichtige und nützliche Eigenschaft.

Nehmen wir an, wir hätten die Übungsaufgabe 5 bereits gelöst und somit die Implementierung der Methode `levelorder(BinaryTreeNode<T>, Consumer<T>)` im Zugriff. Auf deren Basis kann man folgendermaßen einen Baum in eine Liste wandeln:

```
static List<String> convertToList(final BinaryTreeNode<String> node)
{
    final List<String> result = new ArrayList<>();

    levelorder(node, result::add);

    return result;
}
```

Tiefensuche (Depth-First)

Die drei bekannten Verfahren der Tiefensuche sind Preorder, Inorder und Postorder. Dabei verarbeitet Preorder zunächst den Knoten selbst und danach diejenigen aus dem linken und dann dem rechten Teilbaum. Bei Inorder ist die Reihenfolge zunächst linker Teilbaum, dann der Knoten selbst und danach rechter Teilbaum. Postorder verarbeitet zunächst die Teilbäume links, dann rechts und schließlich den Knoten selbst. Die drei Verfahren der Tiefensuche durchlaufen den zuvor gezeigten Baum wie folgt:

```
preorder:    a b d h e i j c f k g
inorder:     h d b i e j a f k c g
postorder:   h d i j e b k f g c a
```

Die Ausgaben sind nicht ganz so intuitiv. Im Falle eines BSTs liefert der Inorder-Durchlauf die Werte der Knoten gemäß der Ordnung ihrer Werte. Das ergibt für folgenden Baum: 1 2 3 4 5 6 7.

```
          4
    |-----+-----|
    2           6
 |--+--|     |--+--|
 1     3     5     7
```

Rekursive Implementierungen der Tiefensuche Interessanterweise lassen sich diese Traversierungen leicht rekursiv implementieren. Die Aktion ist jeweils fett hervorgehoben:

```
static <T> void preorder(final BinaryTreeNode<T> currentNode)
{
    if (currentNode != null)
    {
        System.out.println(currentNode.item);
        preorder(currentNode.left);
        preorder(currentNode.right);
    }
}

static <T> void inorder(final BinaryTreeNode<T> currentNode)
{
    if (currentNode != null)
    {
        inorder(currentNode.left);
        System.out.println(currentNode.item);
        inorder(currentNode.right);
    }
}

static <T> void postorder(final BinaryTreeNode<T> currentNode)
{
    if (currentNode != null)
    {
        postorder(currentNode.left);
        postorder(currentNode.right);
        System.out.println(currentNode.item);
    }
}
```

Hinweis: Praxisrelevanz von Postorder

Postorder ist eine wichtige Form des Baumdurchlaufs, unter anderem für folgende Anwendungsfälle:

- Löschen – Beim Löschen eines Wurzelknotens eines Teilbaums muss man immer auch dafür sorgen, dass die Kindknoten korrekt gelöscht werden. Dafür bietet sich ein Postorder-Durchlauf förmlich an.
- Mathematische Ausdrücke – Zur Auswertung von mathematischen Ausdrücken in der sogenannten umgekehrten polnischen Notation (UPN)[a] ist ein Postorder-Durchlauf die geeignete Wahl.
- Berechnungen von Größen – Zur Ermittlung der Größe eines Verzeichnisses oder der Dauer eines hierarchischen Projekts ist Postorder bestens geeignet.

[a] Ein Beispiel ist der Ausdruck $(5 + 2) * 6$, der in UPN $5\ 2 + 6 *$ lautet. Interessanterweise kann bei der UPN die Klammerung entfallen, da immer diejenigen Elemente bis zum nächsten Operator passend verknüpft werden. Für komplexere Ausdrücke ist die UPN jedoch recht schlecht lesbar.

9.1.5 Balancierte Bäume und weitere Eigenschaften

Man spricht von ***balancierten Bäumen***, wenn in einem Binärbaum die Höhen der beiden Teilbäume um höchstens 1 (manchmal auch um einen anderen konstanten Wert) voneinander abweichen. Das Gegenteil ist ein ***degenerierter Baum***, der unter anderem dadurch entsteht, dass man Daten in »für den Baum ungeschickter« Weise einfügt, konkret: wenn man Zahlen geordnet in einen binären Suchbaum einfügt. Dann degeneriert der Baum zu einer linearen Liste, wie wir es in einem Beispiel in Abschnitt 9.1.3 gesehen haben.

Manchmal kann man durch eine oder mehrere Rotation(en) die Balanciertheit wiederherstellen. Nachfolgend wird für den Baum aus der Einleitung zunächst eine Rotation nach links und danach eine solche nach rechts visualisiert. In der Mitte findet sich die balancierte Ausgangslage:

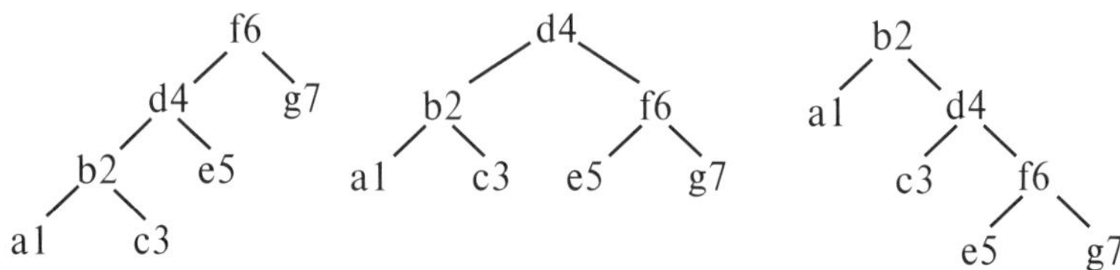

Abbildung 9-4 *Rotation nach links, Original, Rotation nach rechts*

Die Eigenschaften Ebene und Höhe

Wie eingangs angedeutet, sind Bäume hierarchisch strukturiert und bestehen aus Knoten, die optional Kindknoten besitzen und beliebig tief verschachtelt sein können. Dafür existieren die beiden Begriffe ***Ebene*** und ***Höhe***. Die Ebene wird gewöhnlich von 0 gezählt und startet bei der Wurzel und geht dann hinab bis zum tiefsten Blatt. Für die Höhe gilt Folgendes: Für einen einzelnen Knoten ist diese 1, für einen Teilbaum ist sie durch die Anzahl an Knoten auf dem Weg bis zum tiefsten Blatt bestimmt. Das Ganze ist in der folgenden Abbildung visualisiert – dabei sind einige als Child bezeichnete Knoten tatsächlich gleichzeitig auch Parent von anderen.

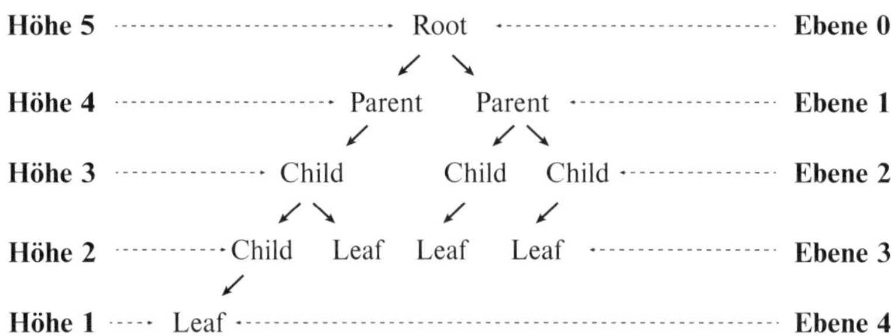

Abbildung 9-5 *Höhe eines Baums*

Die Eigenschaften Vollständigkeit und Perfektheit

Ein vollständiger Binärbaum zeichnet sich dadurch aus, dass bis auf die letzte Ebene alle anderen vollständig gefüllt sein müssen und zudem in der letzten Ebene alle Knoten so weit links wie möglich sind, also keine Lücken entstehen oder alle Knoten vorhanden sind.

Bei einem ***vollständigen Binärbaum*** dürfen auf der rechten Seite Werte fehlen (in der Algorithmik nennt man das auch »linksvoll«):

```
        4
      /   \
    2       6
   / \     /
  1   3   5
```

Sind alle Positionen belegt, dann spricht man von einem ***perfekten Baum***.

```
        4
      /   \
    2       6
   / \     / \
  1   3   5   7
```

Folgende Konstellation (hier die fehlende 5 aus dem oberen Baum) ist bei einem Binärbaum dagegen im Kontext der Vollständigkeit nicht erlaubt (da der Baum dann nicht »linksvoll« ist):

```
        4
      /   \
    2       6
   / \       \
  1   3       7
```

Versuchen wir es noch etwas formaler:

- Ein ***perfekter Binärbaum*** ist ein solcher, bei dem alle Blätter auf derselben Ebene sind, und alle Knoten jeweils zwei Nachfolger besitzen.
- Ein ***vollständiger Binärbaum*** ist ein Binärbaum, bei dem alle Ebenen vollständig gefüllt sind – mit Ausnahme der letzten, bei der Knoten fehlen dürfen, jedoch nur so weit rechts wie möglich.
- Dann findet man noch die Definition eines ***vollen Binärbaums***, was bedeutet, dass jeder Knoten entweder keine oder zwei Kinder besitzt, wie es nachfolgende Darstellung zeigt.

```
    4
  /   \
 2     6
      / \
     5   7
```

Dies ist von den dreien die schwächste Forderung. Eine grafische Verdeutlichung findet man online unter `https://www.programiz.com/dsa/complete-binary-tree`.

9.1.6 Bäume für die Beispiele und Übungsaufgaben

Weil wir nachfolgend immer wieder auf einige typische Baumstrukturen zurückgreifen, implementieren wir drei Erzeugungsmethoden in der Utility-Klasse `ExampleTrees`.

Baum mit Buchstaben und Ziffern

Zum Ausprobieren der Baumdurchläufe und weiterer Aktionen konstruieren wir einen Baum aus sieben Knoten. Dazu definieren wir Objekte vom Typ `BinaryTreeNode<T>`, die nach ihrer Erzeugung noch passend miteinander verbunden werden müssen – aus Gründen der Einfachheit sind die Beispiele hier ohne Information Hiding realisiert. Demzufolge greifen wir direkt auf die Attribute `left` und `right` zu:

```
static BinaryTreeNode<String> createExampleTree()
{
    final BinaryTreeNode<String> a1 = new BinaryTreeNode<>("a1");
    final BinaryTreeNode<String> b2 = new BinaryTreeNode<>("b2");
    final BinaryTreeNode<String> c3 = new BinaryTreeNode<>("c3");
    final BinaryTreeNode<String> d4 = new BinaryTreeNode<>("d4");
    final BinaryTreeNode<String> e5 = new BinaryTreeNode<>("e5");
    final BinaryTreeNode<String> f6 = new BinaryTreeNode<>("f6");
    final BinaryTreeNode<String> g7 = new BinaryTreeNode<>("g7");

    d4.left = b2;
    d4.right = f6;
    b2.left = a1;
    b2.right = c3;
    f6.left = e5;
    f6.right = g7;

    return d4;
}
```

Das ergibt folgenden Baum mit der Wurzel `d4`:

```
             d4
        |-----+-----|
       b2           f6
     |--+--|     |--+--|
    a1     c3   e5     g7
```

Vielleicht wundern Sie sich über die Kombination von Buchstaben und Ziffern. Ich habe das bewusst gewählt, weil sich so einige Algorithmen noch etwas leichter nachvollziehen lassen – etwa zur Reihenfolgeprüfung bei Traversierungen.

Bäume mit textuellen und richtigen Ziffern

Für einige Übungsaufgaben benötigen wir außerdem einen Baum, bei dem die Werte der Knoten nur aus Ziffern (jedoch textuell als String) bestehen. Weil wir die Variablen für die einzelnen Knoten nicht durch Ziffern benennen können, bedienen wir uns erneut des Tricks, den Variablennamen mit einem Unterstrich zu beginnen. Zur Konstruktion des Baums nutzen wir die Methode `insert()`, die den einzufügenden Wert an der für ihn passenden Stelle anordnet – das ist nur möglich, wenn wir mit einem BST und seiner Ordnung arbeiten. Wie man leicht sieht, wird das Ganze deutlich einfacher als die zuvor dargestellte händische Verknüpfung.

```
static BinaryTreeNode<String> createNumberTree()
{
    final BinaryTreeNode<String> _4 = new BinaryTreeNode<>("4");
    TreeUtils.insert(_4, "2");
    TreeUtils.insert(_4, "1");
    TreeUtils.insert(_4, "3");
    TreeUtils.insert(_4, "6");
    TreeUtils.insert(_4, "5");
    TreeUtils.insert(_4, "7");

    return _4;
}
```

Das ergibt folgenden Baum:

```
           4
     |-----+-----|
     2           6
  |--+--|     |--+--|
  1     3     5     7
```

Variante mit Ganzzahlen Der gezeigte Baum wird als Variante für Ganzzahlen wie folgt erzeugt:

```
static BinaryTreeNode<Integer> createIntegerNumberTree()
{
    final BinaryTreeNode<Integer> _4 = new BinaryTreeNode<>(4);
    TreeUtils.insert(_4, 2);
    TreeUtils.insert(_4, 1);
    TreeUtils.insert(_4, 3);
    TreeUtils.insert(_4, 6);
    TreeUtils.insert(_4, 5);
    TreeUtils.insert(_4, 7);

    return _4;
}
```

9.2 Aufgaben

9.2.1 Aufgabe 1: Tree Traversal (★★☆☆☆)

Erweitern Sie die in der Einführung vorgestellten Methoden zum Traversieren von Bäumen so, dass diese eine Aktion auf dem aktuellen Knoten während des Durchlaufs ausführen können. Fügen Sie einen `Consumer<T>` in die jeweilige Methodensignatur ein, etwa für Inorder: `void inorder(BinaryTreeNode<T>, Consumer<T>)`.

Bonus: Baum in eine Liste abfüllen Bereiten Sie die Werte der Knoten in Form einer Liste auf. Schreiben Sie dazu eine Methode `List<T> toList(BinaryTreeNode<T>)` für einen Inorder-Durchlauf. Außerdem sollen die Methoden `List<T> toListPreorder(BinaryTreeNode<T>)` und `List<T> toListPostorder(BinaryTreeNode<T>)` auf einem Pre- bzw. Postorder-Durchlauf basieren.

9.2.2 Aufgabe 2: In-, Pre- und Postorder iterativ (★★★★☆)

In der Einführung haben wir In-, Pre- und Postorder als rekursive Varianten kennengelernt. Implementieren Sie diese Art der Durchläufe iterativ.

Beispiel Verwenden Sie folgenden Baum:

```
        d4
    |-----+-----|
   b2          f6
 |--+--|     |--+--|
a1    c3    e5    g7
```

Die drei Verfahren der Tiefensuche durchlaufen diesen Baum wie folgt:

```
preorder:     d4 b2 a1 c3 f6 e5 g7
inorder:      a1 b2 c3 d4 e5 f6 g7
postorder:    a1 c3 b2 e5 g7 f6 d4
```

9.2.3 Aufgabe 3: Tree-Höhe berechnen (★★☆☆☆)

Implementieren Sie eine Methode `int getHeight(BinaryTreeNode<T>)`, um die Höhe sowohl für einen Baum als auch für Teilbäume mit einen einzelnen Knoten als Wurzel bestimmen zu können.

Beispiel Als Ausgangsbasis dient folgender Baum der Höhe 4:

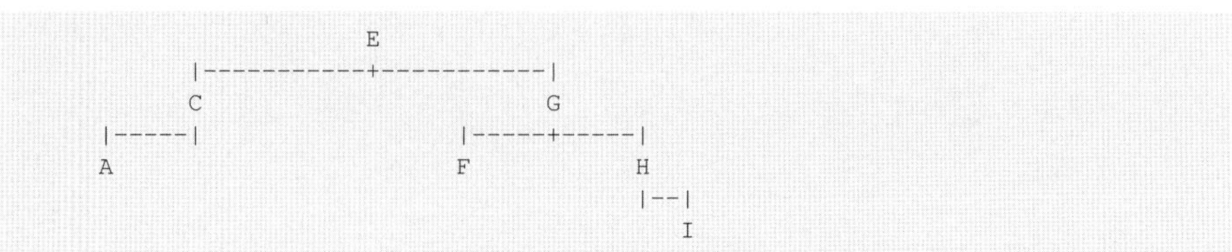

9.2.4 Aufgabe 4: Kleinster gemeinsamer Vorfahre (★★★☆☆)

Berechnen Sie für einen beliebigen binären Suchbaum den kleinsten gemeinsamen Vorfahren (Lowest Common Ancestor (LCA)) für zwei Knoten A und B. Damit ist derjenige Knoten gemeint, der Vorfahre sowohl von A als auch von B und zudem möglichst tief im Baum angesiedelt ist – die Wurzel ist immer Vorfahre von A und B. Schreiben Sie eine Methode `BinaryTreeNode<Integer> findLCA(BinaryTreeNode<Integer>, int, int)`, die neben dem Startknoten der Suche (in der Regel die Wurzel) auch einen unteren und einen oberen Grenzwert erhält, die indirekt dann die Knoten beschreiben, die diesen Werten am nächsten sind. Liegen die Grenzwerte außerhalb des Wertebereichs, so existiert kein LCA und es soll `null` geliefert werden.

Beispiel In der nachfolgenden Abbildung ist ein Binärbaum gezeigt. Wenn man den kleinsten gemeinsamen Vorfahren für die Knoten mit den Werten 1 und 5 ermittelt, so ist dies der Knoten mit dem Wert 4. In der Abbildung sind die jeweiligen Knoten eingekreist und der Vorfahre zusätzlich fett markiert.

```
                  6
        |-----------+-----------|
        ④                       7
   |-----+-----|
   2           ⑤
|--+--|
①     3
```

9.2.5 Aufgabe 5: Breadth-First (★★★☆☆)

In dieser Aufgabe sollen Sie die Breitensuche, Breadth-First oder Levelorder genannt, in Form der Methode `void levelorder(BinaryTreeNode<T>, Consumer<T>)` implementieren. Die Breitensuche startet beim übergebenen Knoten – normalerweise ist das die Wurzel – und arbeitet sich dann Ebene für Ebene durch den Baum.

Hinweis Nutzen Sie eine `Queue<E>` zur Datenhaltung der noch zu besuchenden Knoten. Die iterative Variante ist ein wenig einfacher als die rekursive.

Beispiele Für die folgenden beiden Bäume soll die Abfolge 1 2 3 4 5 6 7 (links) und M I C H A E L (rechts) als Ergebnis ermittelt werden.

```
         1                        M
   |-----+-----|            |-----+-----|
   2           3            I           C
|--+--|     |--+--|      |--+--|     |--+--|
4     5     6     7      H     A     E     L
```

9.2.6 Aufgabe 6: Level Sum (★★★★☆)

In der vorherigen Aufgabe haben wir die Breitensuche implementiert. Nun wollen wir die Werte pro Ebene eines Baums summieren. Nehmen wir dazu an, die Werte wären vom Typ Integer. Schreiben Sie eine Methode Map<Integer, Integer> levelSum(BinaryTreeNode<Integer>).

Beispiel Für den gezeigten Baum sollen die Summen der Werte der Knoten pro Ebene gebildet werden und folgendes Ergebnis liefern: {0=4, 1=8, 2=17, 3=16}.

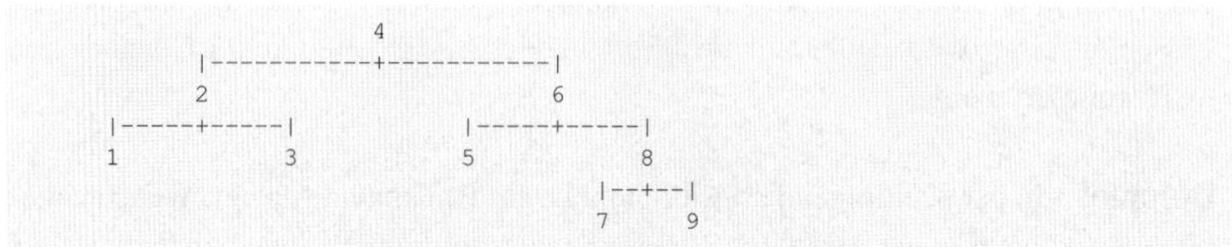

Ebene	Wert(e)	Resultat
0	4	4
1	2, 6	8
2	1, 3, 5, 8	17
3	7, 9	16

9.2.7 Aufgabe 7: Tree Rotate (★★★☆☆)

Binärbäume, insbesondere binäre Suchbäume, können zu Listen degenerieren, wenn Werte etwa nur in aufsteigender oder absteigender Reihenfolge eingefügt werden. Einer Dysbalance lässt sich entgegenwirken, indem man Teile des Baums rotiert. Schreiben Sie je eine Methode BinaryTreeNode<T> rotateLeft(BinaryTreeNode<T>) und BinaryTreeNode<T> rotateRight(BinaryTreeNode<T>), die den Baum um den als Parameter übergebenen Knoten nach links bzw. rechts rotiert.

Beispiel Nachfolgend wird eine Rotation nach links und eine nach rechts visualisiert, wobei sich die balancierte Ausgangslage in der Mitte befindet:

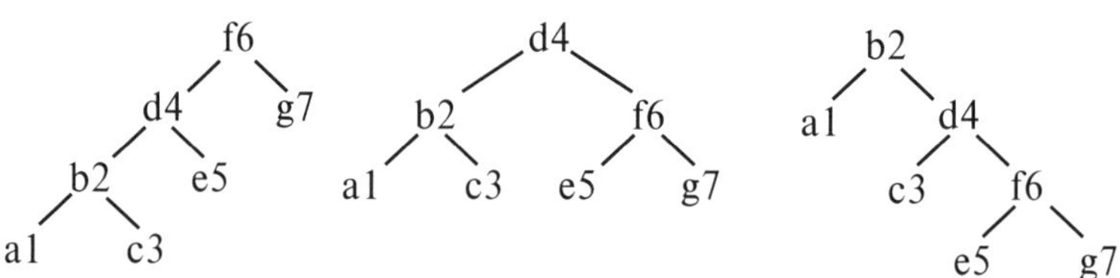

***Abbildung 9-6** Rotation nach links, Original, Rotation nach rechts*

9.2.8 Aufgabe 8: Rekonstruktion (★★★☆☆)

Aufgabe 8a: Rekonstruktion aus einem Array (★★☆☆☆)

In dieser Aufgabe wollen wir aus einem aufsteigend sortierten `int[]` einen möglichst ausgeglichenen binären Suchbaum erstellen.

Beispiel Gegeben seien beispielsweise diese `int`-Werte:

```
final int[] values = { 1, 2, 3, 4, 5, 6, 7 };
```

Dann sollte daraus folgender Baum rekonstruiert werden:

```
          4
    |-----+-----|
    2           6
 |--+--|     |--+--|
 1     3     5     7
```

Aufgabe 8b: Rekonstruktion aus In-/Preorder (★★★☆☆)

Nehmen wir an, wir hätten als Information über einen beliebigen Binärbaum die jeweils als Liste aufbereitete Abfolge der Werte in Pre- und Inorder und sollten daraus den korrespondierenden Baum rekonstruieren. Schreiben Sie eine Methode `BinaryTreeNode<T> reconstruct(List<T>, List<T>)`.

Beispiel Gegeben seien die beiden Wertefolgen der Durchläufe, aus denen wieder der im vorherigen Aufgabenteil gezeigte Baum rekonstruiert werden sollte.

```
var preorderValues = List.of(4, 2, 1, 3, 6, 5, 7);
var inorderValues = List.of(1, 2, 3, 4, 5, 6, 7);
```

9.2.9 Aufgabe 9: Math Evaluation (★★☆☆☆)

Stellen Sie sich vor, man würde mithilfe eines Baums mathematische Ausdrücke mit den vier Operatoren $+$, $-$, $/$ und $*$ modellieren und den Wert einzelner Knoten, insbesondere auch den der Wurzel, berechnen wollen. Schreiben Sie dazu eine Methode `int evaluate(BinaryTreeNode<String>)`.

Beispiel Repräsentieren Sie den Ausdruck $3 + 7 * (7 - 1)$ durch folgenden Baum, um für die Wurzel den Wert 45 zu errechnen.

```
            +
|-----------+-----------|
3                       *
                  |-----+-----|
                  7           -
                           |--+--|
                           7     1
```

9.2.10 Aufgabe 10: Symmetrie (★★☆☆☆)

Prüfen Sie, ob ein beliebiger Binärbaum symmetrisch im Aufbau ist. Schreiben Sie dazu eine Methode `boolean isSymmetric(BinaryTreeNode<T>)`. Neben der Struktur kann man auch auf Wertgleichheit prüfen.

Beispiele Zur Prüfung auf Symmetrie nutzen wir einen von der Struktur her symmetrischen Binärbaum (links) sowie einen Binärbaum, der auch bezüglich der Werte symmetrisch ist (rechts).

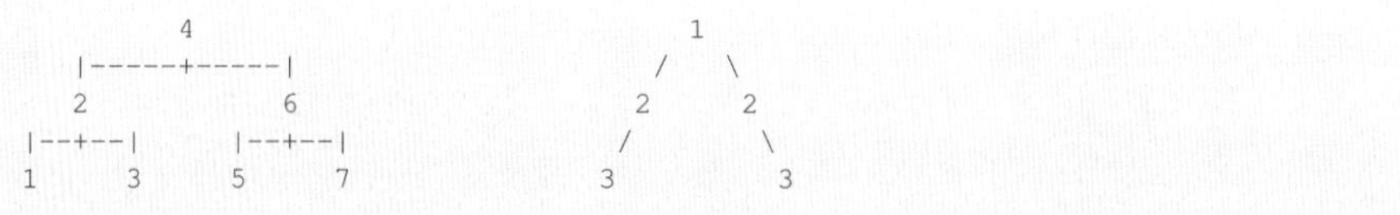

Hinweis: Die Eigenschaft Symmetrie

Bei einem symmetrischen Binärbaum sind der linke und der rechte Teilbaum wie an einer gedachten vertikalen Linie durch die Wurzel gespiegelt (durch | angedeutet):

```
      1
    / | \
   2  |  2
  /   |   \
 3    |    3
```

Je nach Definition kann für die Symmetrie auch auf einen Vergleich der Werte verzichtet werden und nur der strukturelle Aufbau als relevant zählen.

Bonus: Baum spiegeln Im Hinweiskasten hatte ich eine Spiegelachse durch die Wurzel angedeutet. Erstellen Sie eine Methode `BinaryTreeNode<T> invert(BinaryTreeNode<T>)`, die die Knoten eines Baums an dieser angedeuteten Linie durch die Wurzel spiegelt.

Beispiel Eine Spiegelung sieht wie folgt aus:

```
           4                               4
     |-----+-----|                   |-----+-----|
     2           6        =>         6           2
  |--+--|     |--+--|             |--+--|     |--+--|
  1     3     5     7             7     5     3     1
```

9.2.11 Aufgabe 11: Check Binary Search Tree (★★☆☆☆)

In dieser Aufgabe sollen Sie prüfen, ob ein beliebiger Binärbaum die Eigenschaft eines binären Suchbaums (Binary Search Tree (BST)) erfüllt, also die Werte im linken Teilbaum kleiner als die Wurzel sind und die im rechten Teilbaum größer – und das für jeden Teilbaum ausgehend von der Wurzel. Vereinfachend gehen wir von `int`-Werten aus. Schreiben Sie dazu eine Methode `boolean isBST(BinaryTreeNode<Integer>)`.

Beispiel Nutzen Sie den folgenden Binärbaum, der auch ein binärer Suchbaum ist. Würden Sie etwa auf der linken Seite die 1 durch eine höhere Zahl ersetzen, wäre das kein binärer Suchbaum mehr, der rechte Teilbaum unter der 6 aber immer noch.

```
          4
    |-----+-----|
    2           6
 |--+--|     |--+--|
 1     3     5     7
```

9.2.12 Aufgabe 12: Vollständigkeit (★★★★★)

In dieser Aufgabe sollen Sie die Vollständigkeit eines Baums prüfen. Dazu lösen Sie in den ersten beiden Aufgabenteilen zunächst die Grundlagen und wagen sich dann an die trickreichere Prüfung auf Vollständigkeit.

Aufgabe 12a: Anzahl Knoten (★☆☆☆☆)

Zählen Sie, wie viele Knoten in einem beliebigen Binärbaum enthalten sind. Schreiben Sie dazu eine Methode `int nodeCount(BinaryTreeNode<T>)`.

Beispiel Für den gezeigten Binärbaum sollte der Wert 7 ermittelt werden. Entfernt man den rechten Teilbaum, so besteht der Baum lediglich noch aus 4 Knoten.

```
          4
    |-----+-----|
    2           6
 |--+--|     |--+--|
 1     3     5     7
```

Aufgabe 12b: Prüfung auf voll / perfekt (★★☆☆☆)

Prüfen Sie, ob in einem beliebigen Binärbaum alle Knoten jeweils zwei Nachfolger bzw. Blätter haben und dieser somit voll ist. Für Perfektheit müssen alle Blätter auf der gleichen Höhe sein. Schreiben Sie je eine Methode `boolean isFull(BinaryTreeNode<T>)` und `boolean isPerfect(BinaryTreeNode<T>)`.

Beispiel Der gezeigte Binärbaum ist sowohl perfekt als auch voll. Entfernt man den Teilbaum mit der 6 als Wurzel ist er nicht mehr perfekt, aber noch voll.

```
          4
   |-----+-----|
   2           6
|--+--|     |--+--|
1     3     5     7
```

Aufgabe 12c: Vollständigkeit (★★★★☆)

In dieser Teilaufgabe sollen Sie prüfen, ob ein Baum vollständig ist, so wie es in der Einleitung definiert wurde, also ein Binärbaum, bei dem alle Ebenen voll gefüllt sind, mit der erlaubten Ausnahme auf der letzten Ebene, in der Knoten fehlen dürfen, jedoch nur mit Lücken so weit rechts wie möglich.

Beispiel Neben dem bisher verwendeten perfekten Baum ist auch der nachfolgende Baum per Definition vollständig. Wenn wir jedoch die Kinder vom Knoten H entfernen, ist der Baum nicht mehr vollständig.

```
                      F
         |-----------+-----------|
         D                       H
   |-----+-----|           |-----+-----|
   B           E           G           I
|--+--|
A     C
```

Aufgabe 12d: Vollständigkeit rekursiv (★★★★★)

In dieser letzten Teilaufgabe soll als besonderes Schmankerl folgende Herausforderung gemeistert werden: Die Prüfung ist ohne zusätzliche Datenstrukturen und rein mit Rekursion zu lösen. Das klingt zunächst kaum umsetzbar, daher gebe ich einen Tipp.

Tipp: Erarbeiten Sie sich die Lösung schrittweise. Erzeugen Sie als Hilfsdatenstruktur ein `boolean[]`, das modelliert, ob ein Knoten für eine gewisse Position existiert oder nicht. Durchlaufen Sie dann den Baum und markieren Sie die Positionen passend. Wandeln Sie diese Implementierung in eine rein rekursive ohne das `boolean[]` um.

Beispiel Wie schon zuvor ist der nachfolgende Baum per Definition vollständig.

```
                      F
         |-----------+-----------|
         D                       H
   |-----+-----|           |-----+-----|
   B           E           G           I
|--+--|
A     C
```

9.2.13 Aufgabe 13: Tree Printer (★★★★★)

In dieser Aufgabe sollen Sie die grafische Ausgabe eines Binärbaums implementieren, wie wir sie zuvor schon in den Beispielen gesehen haben.

Dazu lösen Sie in den ersten drei Aufgabenteilen zunächst die Grundlagen und wagen sich dann an die trickreichere grafische Aufbereitung von Bäumen.

Tipp Nutzen Sie ein fixes Raster von Blöcken der Breite 3. Das trägt zu einer ausgewogenen Darstellung und zur Reduktion der Komplexität deutlich bei.

Beispiel Der nachfolgende Baum sollte diverse Spezialfälle abdecken:

```
                    F
        |-----------+-----------|
        D                       H
  |-----+                       +-----|
  B                                   I
|--+--|
A     C
```

Aufgabe 13a: Breite eines Teilbaums (★★☆☆☆)

In diesem Aufgabenteil sollen Sie die maximale Breite eines Teilbaums einer gegebenen Höhe mithilfe der Methode `int subtreeWidth(int)` bestimmen. Dabei nehmen wir vereinfachend an, dass die Knoten maximal mit drei Zeichen dargestellt werden und dass zwischen diesen Knoten jeweils ein Abstand von mindestens drei Zeichen ist: Das gilt für die Blätter, wenn der Baum voll gefüllt ist. Auf höheren Ebenen ist natürlich mehr Platz zwischen den Knoten zweier Teilbäume.

Beispiele Links sehen wir einen Baums der Höhe 2 und rechts einen Baum der Höhe 3. Auf Basis des Dreier-Rasters ergeben sich 9 und 21 als Breiten.

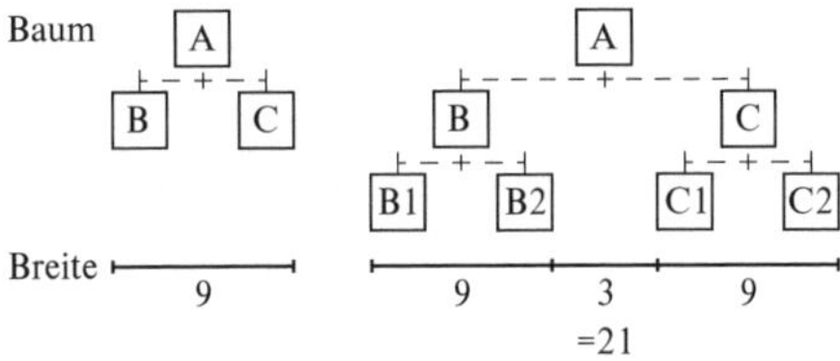

Abbildung 9-7 *Baumbreite*

Höhe	Gesamtbreite	Breite des Teilbaums
1	3	0 (kein Teilbaum existent)
2	9	3
3	21	9
4	45	21

Aufgabe 13b: Knoten zeichnen (★★☆☆☆)

Schreiben Sie eine Methode `String drawNode(BinaryTreeNode<T>, int)`, die eine grafische Ausgabe eines Knotens erstellt und dabei die übergebene Menge an Leerzeichen passend erzeugt. Der Knotenwert soll maximal dreistellig sein und mittig ausgegeben werden.

Tipp: Denken Sie daran, dass die Darstellung der Ebene darunter links mit der Zeichenfolge ' |-' startet, wenn der aktuelle Knoten einen linken Nachfolger besitzt.

Beispiel Im Beispiel ist ein einzelner Knoten mit einem Spacing von 5 Zeichen dargestellt. Zudem ist der Knotenwert mittig in einem Dreier-Kasten ausgerichtet.

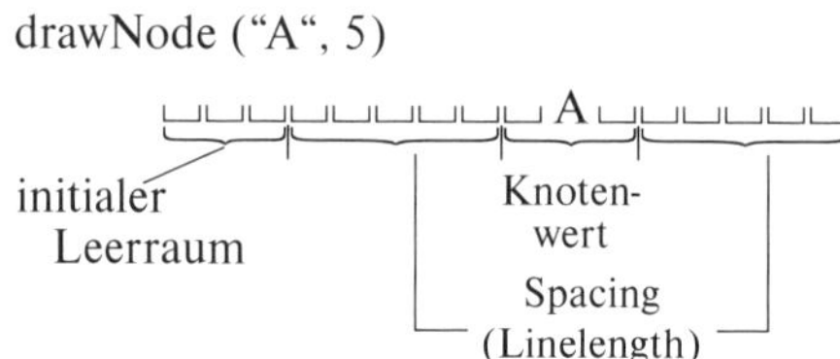

Abbildung 9-8 *Abmessungen beim Zeichnen von Knoten*

Aufgabe 13c: Verbindungslinien zeichnen (★★☆☆☆)

Schreiben Sie eine Methode `String drawConnections(BinaryTreeNode<T>, int)`, die eine grafische Ausgabe der Verbindungslinien eines Knotens zu seinen zwei Nachfolgern zeichnet und auch fehlende Nachfolger korrekt behandelt.

Tipp Die Linienlänge bezieht sich auf die Zeichen zwischen den Knotendarstellungen. Die Enden sind jeweils noch geeignet anzuhängen, ebenso wie das mittlere Verbindungsstück.

Beispiel Die nachfolgende Abbildung visualisiert alle beim Zeichnen relevanten Fälle, also mit keinem, einem und zwei Nachfolgern.

```
                     F
         |-----------+-----------|
         D                       H
   |-----+                       +-----|
   B                                   I
|--+--|
A     C
```

Nachfolgend ist nochmal eine schematische Darstellung gezeigt:

```
drawConnection (node, Linelength)

|␣|-|------|-+-|------|-|␣|
  |Linelength|   |Linelength|
|                              |
linker        Verbindung        rechtes
Start                              Ende
```

Abbildung 9-9 *Schematische Darstellung der Verbindungslinien*

Aufgabe 13d: Baumdarstellung (★★★★★)

Kombinieren Sie alle Lösungen der Aufgabenteile und ergänzen Sie die notwendigen Schritte, um einen beliebigen Binärbaum geeignet auf der Konsole ausgeben zu können. Schreiben Sie dazu eine Methode `void nicePrint(final BinaryTreeNode<T>)`.

Beispiel Die Ausgabe des im einleitenden Beispiel dargestellten Baums sollte auch durch `nicePrint()` in etwa wie folgt aussehen:

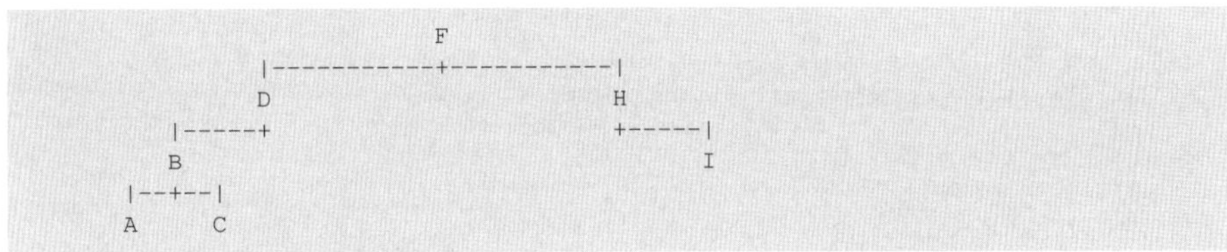

```
                     F
         |-----------+-----------|
         D                       H
   |-----+                       +-----|
   B                                   I
|--+--|
A     C
```

Prüfen Sie ihren Algorithmus auch mal mit einem richtigen Ungetüm an Baum, den Sie in den Sourcen finden, Hier ein deutlich abgespeckter Vertreter:

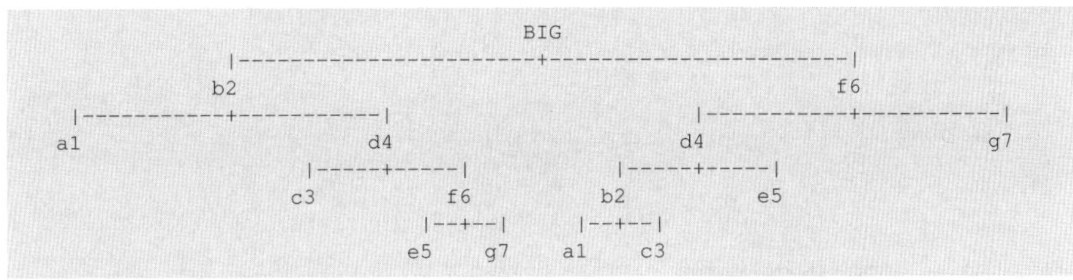

```
                                    BIG
             |-----------------------+-----------------------|
            b2                                              f6
 |-----------+-----------|                       |-----------+-----------|
a1                      d4                      d4                      g7
                   |-----+-----|           |-----+-----|
                  c3          f6          b2          e5
                            |--+--|     |--+--|
                           e5    g7    a1    c3
```

9.3 Lösungen

9.3.1 Lösung 1: Tree Traversal (★★☆☆☆)

Erweitern Sie die in der Einführung vorgestellten Methoden zum Traversieren von Bäumen so, dass diese eine Aktion auf dem aktuellen Knoten während des Durchlaufs ausführen können. Fügen Sie einen `Consumer<T>` in die jeweilige Methodensignatur ein, etwa für Inorder: `void inorder(BinaryTreeNode<T>, Consumer<T>)`.

Algorithmus Bei dieser Erweiterung erhält jede Methode zum Durchlaufen des Baums zusätzlich einen Parameter vom Typ `Consumer<T>`. Dann wird an passender Stelle statt der Konsolenausgabe die Methode `accept(T)` aufgerufen:

```
static <T> void inorder(final BinaryTreeNode<T> node,
                        final Consumer<T> action)
{
    if (node == null)
        return;

    inorder(node.left, action);
    action.accept(node.item);
    inorder(node.right, action);
}

static <T> void preorder(final BinaryTreeNode<T> node,
                         final Consumer<T> action)
{
    if (node == null)
        return;

    action.accept(node.item);
    preorder(node.left, action);
    preorder(node.right, action);
}

static <T> void postorder(final BinaryTreeNode<T> node,
                          final Consumer<T> action)
{
    if (node == null)
        return;

    postorder(node.left, action);
    postorder(node.right, action);
    action.accept(node.item);
}
```

Bonus: Baum in eine Liste abfüllen

Bereiten Sie die Werte der Knoten in Form einer Liste auf. Schreiben Sie dazu eine Methode `List<T> toList(BinaryTreeNode<T>)` für einen Inorder-Durchlauf. Außerdem sollen die Methoden `List<T> toListPreorder(BinaryTreeNode<T>)` und `List<T> toListPostorder(BinaryTreeNode<T>)` auf einem Pre- bzw. Postorder-Durchlauf basieren.

Algorithmus Statt der bisher genutzten Konsolenausgabe als Aktion erfolgt das Hinzufügen des aktuellen Werts je nach gewählter Durchlaufstrategie. Für den rekursiven Abstieg nutzt man dann `addAll()` zum Hinzufügen der Teilergebnisse und für den Wert des aktuellen Knotens die Methode `add()` aus `List<E>`:

```
static <T> List<T> toList(final BinaryTreeNode<T> startNode)
{
    if (startNode == null)
        return List.of();

    final List<T> result = new ArrayList<>();
    result.addAll(toList(startNode.left));
    result.add(startNode.item);
    result.addAll(toList(startNode.right));

    return result;
}

static <T> List<T> toListPreorder(final BinaryTreeNode<T> startNode)
{
    final List<T> result = new ArrayList<>();
    preorder(startNode, result::add);
    return result;
}

static <T> List<T> toListPostorder(final BinaryTreeNode<T> startNode)
{
    final List<T> result = new ArrayList<>();
    postorder(startNode, result::add);
    return result;
}
```

Für Pre- und Postorder nutzen wir die zuvor realisierten Durchläufe mit `Consumer<T>`, um eine Liste geeignet zu füllen. Bedenken Sie aber bitte, dass man normalerweise mit Lambdas bzw. Methodenreferenzen keine Zustandsänderungen vornehmen sollte, weil dies der funktionalen Denkweise widerspricht. Im lokalen Kontext und vor allem auch ohne Multithreading kann man hier eine Ausnahme machen.

Prüfung

Wir definieren zunächst einen Baum, führen dann einen Inorder-Durchlauf mit übergebenem `Consumer<T>` aus und befüllen danach noch zwei Listen aus dem Baum:

```
public static void main(final String[] args)
{
    final BinaryTreeNode<String> root = ExampleTrees.createExampleTree();
    TreeUtils.nicePrint(root);

    System.out.println("\nInorder with consumer: ");
    inorder(root, str -> System.out.print(str + " "));
    System.out.println();

    System.out.println("\ntpList: " + toList(root));
    System.out.println("toListPreorder: " + toListPreorder(root));
}
```

Führen wir diese `main()`-Methode aus, so erhalten wir folgende Ausgaben, die zeigen, dass unsere Implementierung das tut, was sie soll:

```
             d4
        |-----+-----|
       b2           f6
     |--+--|      |--+--|
    a1    c3     e5     g7

Inorder with consumer:
a1 b2 c3 d4 e5 f6 g7

toList: [a1, b2, c3, d4, e5, f6, g7]
toListPreorder: [d4, b2, a1, c3, f6, e5, g7]
```

9.3.2 Lösung 2: In-, Pre- und Postorder iterativ (★★★★☆)

In der Einführung haben wir In-, Pre- und Postorder als rekursive Varianten kennengelernt. Implementieren Sie diese Art der Durchläufe iterativ.

Beispiel Verwenden Sie folgenden Baum:

```
             d4
        |-----+-----|
       b2           f6
     |--+--|      |--+--|
    a1    c3     e5     g7
```

Die drei Verfahren der Tiefensuche durchlaufen diesen Baum wie folgt:

```
preorder:      d4 b2 a1 c3 f6 e5 g7
inorder:       a1 b2 c3 d4 e5 f6 g7
postorder:     a1 c3 b2 e5 g7 f6 d4
```

Vorüberlegungen zu den Algorithmen Für die iterativen Implementierungen benötigen wir jeweils eine Hilfsdatenstruktur. Das schauen wir uns nun im Detail für die drei Varianten an.

Algorithmus für Inorder (★★★☆☆) Bei der Umsetzung eines Inorder-Durchlaufs nutzen wir einen Stack zur Zwischenspeicherung später zu verarbeitender Knoten sowie eine Variable `currentNode` zur Speicherung des aktuellen Knotens. Die grundsätzliche Idee besteht darin, ausgehend von der Wurzel so lange im Baum nach links unten zu gehen und den jeweils aktuellen Knoten auf den Stack zu legen, bis man keinen Nachfolger mehr findet. Dann nimmt man den obersten Knoten vom Stack und verarbeitet diesen (durch den `Consumer<T>`) Nun macht man mit dem rechten Nachfolger weiter. Auch hier gilt: Gibt es keinen Nachfolger, so verarbeite den obersten Knoten vom Stack.

Für den Baum des Beispiels ergibt sich folgender Ablauf:

currentNode	Stack	Aktion(en)	Abstiegsrichtung
d4	[]	push d4	↙
b2	[d4]	push b2	↙
a1	[b2, d4]	push a1	↙
null	[a1, b2, d4]	pop + action a1	↘
null	[b2, d4]	pop + action b2	↘
c3	[d4]	push c3	↙
null	[c3, d4]	pop + action c3	↘
null	[d4]	pop + action d4	↘
f6	[]	push f6	↙
e5	[f6]	push e5	↙
null	[e5, f6]	pop + action e5	↘
null	[f6]	pop + action f6	↘
g7	[]	push g7	↙
null	[g7]	pop + action g7	↘
null	[]	Ende	

Basierend darauf sieht die iterative Implementierung von Inorder wie folgt aus:

```
static <T> void inorderIterative(final BinaryTreeNode<T> startNode,
                                 final Consumer<T> action)
{
    if (startNode == null)
        return;

    final Stack<BinaryTreeNode<T>> nodesToProcess = new Stack<>();
    BinaryTreeNode<T> currentNode = startNode;

    // solange noch Knoten auf dem Stack oder der aktuelle Knoten nicht null
    while (!nodesToProcess.isEmpty() || currentNode != null)
    {
        if (currentNode != null)
        {
            // Abstieg nach links
            nodesToProcess.push(currentNode);
            currentNode = currentNode.left;
        }
        else
        {
            // kein linker Nachfolger, dann aktuellen Knoten verarbeiten
            currentNode = nodesToProcess.pop();
            action.accept(currentNode.item);

            // mit rechtem Nachfolger weitermachen
            currentNode = currentNode.right;
        }
    }
}
```

Algorithmus für Preorder (★★☆☆☆) Interessanterweise ist Preorder recht einfach, weil ja immer zunächst die Wurzel eines Teilbaums und dann der linke und rechte Teilbaum verarbeitet werden. Dazu nutzen wir erneut einen Stack, den wir initial mit dem aktuellen Knoten befüllen. Solange der Stack nicht leer ist, ermitteln wir das oberste Element davon und führen zunächst die gewünschte Aktion aus. Danach legen wir den linken und den rechten Nachfolgerknoten auf den Stack, sofern diese existieren. Dabei muss man beachten, dass die Reihenfolge beim Hinzufügen entgegengesetzt zu der beim Auslesen ist. Damit der linke Teilbaum zuerst verarbeitet wird, muss man den rechten Knoten vor dem linken auf den Stack legen. Das wiederholt sich, bis der Stack leer ist. Für den Baum des Beispiels ergibt sich folgender Ablauf:

currentNode	Stack	Aktion(en)
	[d4]	Start: push d4
d4	[b2, f6]	pop + action d4, push f6, push b2
b2	[a1, c3, f6]	pop + action b2, push c3, push a1
a1	[c3, f6]	pop + action a1
c3	[f6]	pop + action c3
f6	[e5, g7]	pop + action f6, push g7, push e5
e5	[g7]	pop + action e5
g7	[]	pop + action g7
null	[]	Ende

Damit ergibt sich folgende iterative Implementierung von Preorder, die strukturell sehr ähnlich zu der rekursiven Variante ist.

```
static <T> void preorderIterative(final BinaryTreeNode<T> startNode,
                                  final Consumer<T> action)
{
    if (startNode == null)
        return;

    final Stack<BinaryTreeNode<T>> nodesToProcess = new Stack<>();
    nodesToProcess.push(startNode);

    while (!nodesToProcess.isEmpty())
    {
        final BinaryTreeNode<T> currentNode = nodesToProcess.pop();
        if (currentNode != null)
        {
            action.accept(currentNode.item);

            // damit links zuerst verarbeitet wird, hier Reihenfolge umgedreht
            nodesToProcess.push(currentNode.right);
            nodesToProcess.push(currentNode.left);
        }
    }
}
```

Um die Analogie möglichst stark zu halten, hilft uns, dass in Collections auch `null`-Werte gespeichert werden können. Dadurch können wir die `null`-Prüfung einmal beim

Entnehmen aus dem Stack ausführen und den Sourcecode ansonsten frei von Spezialbehandlungen halten.

Algorithmus für Postorder (★★★★☆) Bei Postorder nutzen wir ebenfalls einen Stack zur Zwischenspeicherung der später zu verarbeitenden Knoten. Der Algorithmus ist von den dreien aber der mit den größten Herausforderungen und kniffelig in der Umsetzung. Das liegt daran, dass bei Postorder die Traversierung zwar an der Wurzel startet, die Aktion dafür aber erst nach dem Besuch des linken und rechten Teilbaums ausgeführt werden darf. Deswegen haben wir eine interessante Änderung im Vergleich zu den vorherigen beiden Algorithmen: Wenn bei diesen ein Element vom Stack genommen wurde, dann wurde es verarbeitet und nicht nochmals »angefasst«. Bei der Postorder-Implementierung wird ein Element zweimal mit dem Stack verarbeitet und erst beim zweiten Mal auch daraus entfernt.

Dieses Mal betrachten wir zuerst den Sourcecode und danach gebe ich weitere Erklärungen:

```
static <T> void postorderIterative(final BinaryTreeNode<T> startNode,
                                   final Consumer<T> action)
{
    if (startNode == null)
        return;

    final Stack<BinaryTreeNode<T>> nodesToProcess = new Stack<>();
    BinaryTreeNode<T> currentNode = startNode;
    BinaryTreeNode<T> lastNodeVisited = null;

    while (!nodesToProcess.isEmpty() || currentNode != null)
    {
        if (currentNode != null)
        {
            // Abstieg nach links
            nodesToProcess.push(currentNode);
            currentNode = currentNode.left;
        }
        else
        {
            final BinaryTreeNode<T> peekNode = nodesToProcess.peek();
            if (peekNode.right != null && lastNodeVisited != peekNode.right)
            {
                // Abstieg nach rechts
                currentNode = peekNode.right;
            }
            else
            {
                // Verarbeitung von Sub-Wurzel oder Blatt
                lastNodeVisited = nodesToProcess.pop();
                action.accept(lastNodeVisited.item);
            }
        }
    }
}
```

Das Ganze läuft wie folgt: Wir beginnen mit dem Wurzelknoten, legen diesen auf den Stack und gehen im linken Teilbaum weiter. Dies wiederholen wir, bis wir keinen linken Nachfolger mehr finden. Nun müssen wir zum rechten Nachfolger wechseln. Erst danach darf die Wurzel bearbeitet werden. Da wir alle Knoten auf dem Stack gespeichert haben, inspizieren wir jetzt den Knoten vom Stack. Besitzt dieser keine rechten Kinder und haben wir diesen nicht gerade besucht, dann führen wir die übergebene Aktion aus und merken uns diesen Knoten als zuletzt besucht. Für den anderen Fall, dass es einen rechten Teilbaum gibt, durchlaufen wir diesen ebenfalls, wie gerade beschrieben. Dieses Vorgehen wird so lange wiederholt, bis der Stack leer ist.

currentNode	Stack	peekNode	Aktion
d4	[d4]		push d4
b2	[b2, d4]		push b2
a1	[a1, b2, d4]		push a1
null	[a1, b2, d4]	a1	action a1
null	[b2, d4]	b2	peek + right
c3	[c3, b2, d4]		push c3
null	[c3, b2, d4]	c3	action c3
null	[b2, d4]	b2	action b2
f6	[f6, d4]		push f6
e5	[e5, f6, d4]		push e5
null	[f6, d4]	e5	action e5
null	[f6, d4]	f6	peek + right
g7	[g7, f6, d4]		push g7
null	[g7, f6, d4]	g7	action g7
null	[f6, d4]	f6	action f6
null	[d4]	d4	action d4
null	[]		

Hinweis: Iterative Implementierung von Postorder

Während die Implementierungen der rekursiven Varianten der drei Traversierungen alle gleichermaßen leicht und jeweils wenig komplex sind, gilt das für die iterativen Umsetzungen in keiner Weise. Pre- und Inorder lassen sich noch mit ein wenig Nachdenken ohne größere Schwierigkeiten implementieren. Bei Postorder muss man aber schon richtig kämpfen. Es ist demnach keine Schande, dort ein paar Anläufe zu benötigen und Fehlerkorrekturen anbringen zu müssen.

Keine Sorge, es ist nicht immer so tricky: Selbst der später thematisierte Breadth-First-Durchlauf, der Ebene für Ebene traversiert, ist nach meiner Einschätzung deutlich weniger komplex zu realisieren als die iterative Postorder-Variante.

Rekursion kann in einigen Fällen der Schlüssel zur Einfachheit sein. Allerdings gibt es für viele Problemstellungen sehr verständliche iterative Varianten.

Prüfung

Wir definieren den Baum aus dem einleitenden Beispiel und durchlaufen diesen dann jeweils mit dem gewünschten Verfahren:

```
public static void main(final String[] args)
{
    final BinaryTreeNode<String> d4 = ExampleTrees.createExampleTree();
    TreeUtils.nicePrint(d4);

    System.out.println("\ninorder iterative");
    inorderIterative(d4, str -> System.out.print(str + " "));

    System.out.println("\npreorder iterative");
    preorderIterative(d4, str -> System.out.print(str + " "));

    System.out.println("\npostorder iterative");
    postorderIterative(d4, str -> System.out.print(str + " "));
}
```

Führen wir die obige `main()`-Methode aus, so erhalten wir folgende Ausgaben, die zeigen, dass unsere Implementierung das tut, was sie soll:

```
            d4
      |-----+-----|
     b2          f6
   |--+--|     |--+--|
  a1    c3    e5    g7

inorder iterative
a1 b2 c3 d4 e5 f6 g7
preorder iterative
d4 b2 a1 c3 f6 e5 g7
postorder iterative
a1 c3 b2 e5 g7 f6 d4
```

Prüfung mit Unit Test Als Unit Test zeige ich zunächst die Prüfung eines Inorder-Durchlaufs. Dazu wird beim Durchlauf der aktuelle Wert in eine Liste gefüllt und diese danach gegen die erwarteten Werte geprüft:

```
@Test
void testInorderIterative()
{
    var root = ExampleTrees.createExampleTree();
    var expected = List.of("a1", "b2", "c3", "d4", "e5", "f6", "g7");

    final List<String> result = new ArrayList<>();
    Ex02_IterativeTreeTraversals.inorderIterative(root, result::add);

    assertEquals(expected, result);
}
```

Der Vollständigkeit halber zeige ich noch die beiden Tests für Pre- und Postorder. Gerade letzteren sollte man doch genauer prüfen, da uns die Implementierung schon einiges abverlangt hat:

```
@Test
void testPreorderIterative()
{
    var root = ExampleTrees.createExampleTree();
    var expected = List.of("d4", "b2", "a1", "c3", "f6", "e5", "g7");

    final List<String> result = new ArrayList<>();
    Ex02_IterativeTreeTraversals.preorderIterative(root, result::add);

    assertEquals(expected, result);
}

@Test
void testPostOrderIterative() throws Exception
{
    var root = ExampleTrees.createExampleTree();
    var expected = List.of("a1", "c3", "b2", "e5", "g7", "f6", "d4");

    final List<String> result = new ArrayList<>();
    Ex02_IterativeTreeTraversals.postorderIterative(root, result::add);

    assertEquals(expected, result);
}
```

Es ist eine Stilfrage, ob die Erzeugung des Baums in jeder Testmethode erfolgt oder ob man dies in eine `@Before`-annotierte Setup-Methode auslagert. Bei der obigen Variante hat man immer alles im Blick, bei der Variante mit `@Before` ist die Initialisierung in eine Test-Fixture ausgelagert und müsste ggf. nur einmal angepasst werden.

Überraschungsalgorithmus

Während sich Preorder ziemlich leicht iterativ gestalten ließ, wurde es mit Inorder etwas schwieriger und mit Postorder sogar richtig knifflig.

Doch dann erhielt ich von Prof. Dr. Dominik Gruntz einen Tipp, wie man das Ganze auch iterativ stark vereinfachen kann. Besten Dank an Dominik für diesen tollen Algorithmusvorschlag. Dieser basiert darauf, dass man die Abläufe analog zu den rekursiven beibehält, jedoch in umgekehrter Reihenfolge, da man ja mit einem Stack arbeitet. Zudem integriert man künstliche neue Baumknoten:

```
static <T> void inorder(final BinaryTreeNode<T> root)
{
    final Stack<BinaryTreeNode<T>> stack = new Stack<>();
    stack.push(root);

    while (!stack.isEmpty())
    {
        final BinaryTreeNode<T> currentNode = stack.pop();
        if (currentNode != null)
        {
            if (currentNode.isLeaf())
                System.out.print(currentNode.item + " ");
            else
```

```
                {
                    stack.push(currentNode.right);
                    stack.push(new BinaryTreeNode<T>(currentNode.item));
                    stack.push(currentNode.left);
                }
            }
        }
        System.out.println();
    }
```

Und besser noch: Man kann daraus eine allgemein gültige Methode machen, die alle drei Varianten des Durchlaufs ermöglicht. Dazu definieren wir zunächst eine Aufzählung und danach eine Methode `traverse()`, die an jeweils passender Stelle im Ablauf einen derartigen künstlichen Eintrag mit einem Baumknoten vornimmt. Diese sorgen wie erwähnt dafür, dass die Bearbeitung an der richtigen Stelle erfolgt.

```
enum Order {
    PREORDER, INORDER, POSTORDER
}

static <T> void traverse(final BinaryTreeNode<T> root, final Order order)
{
    final Stack<BinaryTreeNode<T>> stack = new Stack<>();
    stack.push(root);

    while (!stack.isEmpty())
    {
        final BinaryTreeNode<T> currentNode = stack.pop();
        if (currentNode != null)
        {
            if (currentNode.isLeaf())
                System.out.print(currentNode.item + " ");
            else
            {
                if (order == Order.POSTORDER)
                    stack.push(new BinaryTreeNode<T>(currentNode.item));

                stack.push(currentNode.right);

                if (order == Order.INORDER)
                    stack.push(new BinaryTreeNode<T>(currentNode.item));

                stack.push(currentNode.left);

                if (order == Order.PREORDER)
                    stack.push(new BinaryTreeNode<T>(currentNode.item));
            }
        }
    }
    System.out.println();
}
```

Erkenntnis An diesem Beispiel kann man sehr schön nachvollziehen, dass ein gründliches Nachdenken über ein Problem zu einem einfacheren, leichter verständlichen und weniger komplexen Sourcecode führen kann. Außerdem ist es immer auch gut, wenn man eine zweite oder dritte Meinung einholt, falls eine Lösung komplexer als gewünscht ist.

9.3.3 Lösung 3: Tree-Höhe berechnen (★★☆☆☆)

Implementieren Sie eine Methode `int getHeight(BinaryTreeNode<T>)`, um die Höhe sowohl für einen Baum als auch für Teilbäume mit einen einzelnen Knoten als Wurzel bestimmen zu können.

Beispiel Als Ausgangsbasis dient folgender Baum der Höhe 4:

```
                    E
          |-----------+-----------|
          C                       G
    |-----|                 |-----+-----|
    A                       F           H
                                        |--|
                                           I
```

Algorithmus Die Berechnung der Höhe eines Baums nutzt einen rekursiven Algorithmus, der jeweils die Höhe des linken und des rechten Teilbaums ermittelt. Schließlich muss man daraus das Maximum bilden und dann noch den Wert 1 für das aktuelle Level hinzu addieren:

```
static <T> int getHeight(final BinaryTreeNode<T> node)
{
    // rekursiver Abbruch
    if (node == null)
        return 0;

    // rekursiver Abstieg
    final int leftHeight = getHeight(node.left);
    final int rightHeight = getHeight(node.right);

    return 1 + Math.max(leftHeight, rightHeight);
}
```

Prüfung

Wir konstruieren den Baum aus dem Beispiel und lassen uns dann die Höhen für einige ausgesuchte Knoten berechnen:

```
public static void main(final String[] args)
{
    final BinaryTreeNode<String> e = createHeightExampleTree();
    TreeUtils.nicePrint(e);

    printInfo(e.left, e, e.right, e.right.right.right);
}

protected static BinaryTreeNode<String> createHeightExampleTree()
{
    final BinaryTreeNode<String> e = new BinaryTreeNode<>("E");
    TreeUtils.insert(e, "C");
    TreeUtils.insert(e, "A");
    TreeUtils.insert(e, "G");
```

```
        TreeUtils.insert(e, "F");
        TreeUtils.insert(e, "H");
        TreeUtils.insert(e, "I");
        return e;
}

private static void printInfos(final BinaryTreeNode<String> c,
                               final BinaryTreeNode<String> e,
                               final BinaryTreeNode<String> g,
                               final BinaryTreeNode<String> i)
{
    System.out.println("\nHeight of root E: " + getHeight(e));
    System.out.println("Height from leftParent C:  " + getHeight(c));
    System.out.println("Height from rightParent G: " + getHeight(g));
    System.out.println("Height from rightChild I:  " + getHeight(i));
}
```

Es kommt zu folgenden Ausgaben:

```
                    E
         |-----------+-----------|
         C                       G
    |-----|                |-----+-----|
    A                      F           H
                                       |--|
                                          I


Height of root E: 4
Height from leftParent C:  2
Height from rightParent G: 3
Height from rightChild I:  1
```

9.3.4 Lösung 4: Kleinster gemeinsamer Vorfahre (★★★☆☆)

Berechnen Sie für einen beliebigen binären Suchbaum den kleinsten gemeinsamen Vorfahren (Lowest Common Ancestor (LCA)) für zwei Knoten A und B. Damit ist derjenige Knoten gemeint, der Vorfahre sowohl von A als auch von B und zudem möglichst tief im Baum angesiedelt ist – die Wurzel ist immer Vorfahre von A und B. Schreiben Sie eine Methode `BinaryTreeNode<Integer> findLCA(BinaryTreeNode<Integer>, int, int)`, die neben dem Startknoten der Suche (in der Regel die Wurzel) auch einen unteren und einen oberen Grenzwert erhält, die indirekt dann die Knoten beschreiben, die diesen Werten am nächsten sind. Liegen die Grenzwerte außerhalb des Wertebereichs, so existiert kein LCA und es soll `null` geliefert werden.

Beispiel In der nachfolgenden Abbildung ist ein Binärbaum gezeigt. Wenn man den kleinsten gemeinsamen Vorfahren für die Knoten mit den Werten 1 und 5 ermittelt, so ist dies der Knoten mit dem Wert 4. In der Abbildung sind die jeweiligen Knoten eingekreist und der Vorfahre zusätzlich fett markiert.

```
                    6
         |-----------+-----------|
```

```
          ④              7
      |-----+-----|
      2           ⑤
   |--+--|
   ①     3
```

Algorithmus Intuitiv ist man versucht, von den beiden Knoten nach oben zu gehen, bis sich die Wege kreuzen. Das ist jedoch immer dann nicht möglich, wenn keine Rückrichtung in den Knoten zum Parent existiert – so wie hier.

Es gibt aber eine verblüffend einfache Umsetzung ausgehend von der Wurzel. Von dort gehen wir wie folgt vor: Gegeben sei mit $currentValue$ der Wert des aktuellen Knotens. Zudem seien $value1$ und $value2$ die übergebenen Knotenwerte, also diejenigen der beiden Knoten der potenziellen Nachfolger. Wenn $value1$ und $value2$ kleiner als $currentValue$ sind, dann müssen wegen der Eigenschaft der Sortierung innerhalb des binären Suchbaums beide im linken Teilbaum beheimatet sein – suche dort weiter. Wenn sowohl $value1$ als auch $value2$ größer als $currentValue$ sind, dann suche rechts weiter. Ansonsten gilt $value1 < currentValue < value2$ oder $value2 < currentValue < value1$. Für diese Fälle hat man den LCA gefunden; es ist der aktuelle Knoten:

```
static BinaryTreeNode<Integer> findLCA(final BinaryTreeNode<Integer> startNode,
                                       final int value1, final int value2)
{
    // rekursiver Abbruch
    if (startNode == null)
        return null;

    final int currentValue = startNode.item;

    // rekursiver Abstieg
    if (value1 < currentValue && value2 < currentValue)
        return lca(startNode.left, value1, value2);

    if (value1 > currentValue && value2 > currentValue)
        return lca(startNode.right, value1, value2);

    // rekursiver Abbruch
    // value1 < currentValue && currentValue < value2  bzw.
    // value2 < currentValue && currentValue < value1
    return startNode;
}
```

Prüfung

Wir konstruieren den im Beispiel gezeigten Baum und rufen unsere Methode auf:

```
@ParameterizedTest(name = "findLCA({0}, {1}) = {2}")
@CsvSource({ "1, 3, 2", "1, 5, 4", "2, 5, 4",
             "3, 5, 4", "1, 7, 6" })
void findLCA(int value1, int value2, int expected)
{
    var root = createLcaExampleTree();

    var result = Ex04_LowestCommonAncestor.findLCA(root, value1, value2);

    assertEquals(expected, result.item);
}

@Test
void findLCASpecial()
{
    var root = createLcaExampleTree();

    var result = Ex04_LowestCommonAncestor.findLCA(root, 1, 2);

    assertEquals(2, result.item);
}
```

Prüft man nur die recht offensichtlichen Fälle, so funktioniert alles prima. Kommt man auf die Idee, zwei Knoten in einer Parent-Child-Beziehung, nämlich die Knoten mit den Werten 1 und 2, zu prüfen, dann wird man intuitiv den Knoten mit dem Wert 4 erwarten. Es wird aber der Knoten mit dem Wert 2 errechnet. Laut der Definition (unter anderem in Wikipedia) ist jeder Knoten auch als Nachfolger von sich selbst zu betrachten und somit ist der Knoten mit dem Wert 2 in diesem Fall tatsächlich der LCA.

Der Vollständigkeit halber sei noch die Konstruktion des Baums gezeigt:

```
static BinaryTreeNode<Integer> createLcaExampleTree()
{
    final BinaryTreeNode<Integer> _6 = new BinaryTreeNode<>(6);
    TreeUtils.insert(_6, 7);
    TreeUtils.insert(_6, 4);
    TreeUtils.insert(_6, 5);
    TreeUtils.insert(_6, 2);
    TreeUtils.insert(_6, 1);
    TreeUtils.insert(_6, 3);

    return _6;
}
```

Tipp: Abwandlung für beliebige vergleichbare Typen

Der gezeigte Algorithmus ist ein wenig tricky, aber mit etwas Nachdenken doch ziemlich gut verständlich. Ein wenig schade ist, dass wir uns hier auf einen konkreten Typ eingeschränkt haben. Schöner wäre eine allgemeingültige Variante.

Praktischerweise sind dazu lediglich wenige Änderungen nötig. Zunächst einmal definieren wir die Methode `findLCA()` generisch und fordern von den Typen, dass Sie `Comparable<T>` erfüllen. Ist dies gegeben, muss man zum Vergleich der Werte statt mit < und > für Zahlen hier mit `compareTo(T)` arbeiten.

```
static <T extends Comparable<T>> BinaryTreeNode<T>
                                 findLCA(final BinaryTreeNode<T> startNode,
                                         final T value1, final T value2)
{
    if (startNode == null)
        return null;

    final T currentValue = startNode.item;

    if (value1.compareTo(currentValue) < 0 &&
        value2.compareTo(currentValue) < 0)
    {
        return findLCA(startNode.left, value1, value2);
    }

    if (value1.compareTo(currentValue) > 0 &&
        value2.compareTo(currentValue) > 0)
    {
        return findLCA(startNode.right, value1, value2);
    }

    return startNode;
}
```

Das Ganze lässt sich leicht nachvollziehen, wenn man den mittlerweile hinlänglich bekannten Beispielbaum nach links rotiert, was diesen Baum als Basis ergibt:

```
                      f6
           |-----------+-----------|
          d4                      g7
     |-----+-----|
    b2          e5
  |--+--|
 a1    c3
```

Die Rotation und ein paar Prüfungen implementiert man wie folgt:

```
final BinaryTreeNode<String> root = ExampleTrees.createExampleTree();
final BinaryTreeNode<String> rotatedRoot = TreeUtils.rotateLeft(root);
TreeUtils.nicePrint(rotatedRoot);

System.out.println("LCA(a, c) = " + findLCA(rotatedRoot, "a", "c")); // b2
System.out.println("LCA(a, e) = " + findLCA(rotatedRoot, "a", "e")); // d4
System.out.println("LCA(b, e) = " + findLCA(rotatedRoot, "b", "e")); // d4
System.out.println("LCA(a, g) = " + findLCA(rotatedRoot, "a", "g")); // f6
```

9.3.5 Lösung 5: Breadth-First (★★★☆☆)

In dieser Aufgabe sollen Sie die Breitensuche, Breadth-First oder Levelorder genannt, in Form der Methode `void levelorder(BinaryTreeNode<T>, Consumer<T>)` implementieren. Die Breitensuche startet beim übergebenen Knoten – normalerweise ist das die Wurzel – und arbeitet sich dann Ebene für Ebene durch den Baum.

Hinweis Nutzen Sie eine `Queue<E>` zur Datenhaltung der noch zu besuchenden Knoten. Die iterative Variante ist ein wenig einfacher als die rekursive.

Beispiele Für die folgenden beiden Bäume soll die Abfolge 1 2 3 4 5 6 7 (links) und M I C H A E L (rechts) als Ergebnis ermittelt werden.

```
          1                        M
    |-----+-----|            |-----+-----|
    2           3            I           C
 |--+--|     |--+--|      |--+--|     |--+--|
 4     5     6     7      H     A     E     L
```

Algorithmus Für die Breitensuche verwenden wir eine Queue als Zwischenspeicher für später zu bearbeitende Knoten. Zunächst fügt man die Wurzel in die Queue ein. Danach verarbeitet man so lange Elemente, wie solche in der Queue vorhanden sind. Das untergliedert sich in drei Teilschritte: Als Erstes führt man die gewünschte Aktion für jedes Element aus. Danach legt man den linken und rechten Nachfolgerknoten in die Queue, sofern ein solcher existiert:

```
static <T> void levelorder(final BinaryTreeNode<T> startNode,
                           final Consumer<T> action)
{
    if (startNode == null)
        return;

    final Queue<BinaryTreeNode<T>> toProcess = new LinkedList<>();
    toProcess.offer(startNode);

    while (!toProcess.isEmpty())
    {
        final BinaryTreeNode<T> currentNode = toProcess.poll();
        if (currentNode != null)
        {
            action.accept(currentNode.item);

            toProcess.offer(currentNode.left);
            toProcess.offer(currentNode.right);
        }
    }
}
```

Um den Sourcecode möglichst frei von Spezialbehandlungen und `null`-Prüfungen zu halten, hilft uns, dass in Collections auch `null`-Werte gespeichert werden können. Dadurch können wir die `null`-Prüfung einmal beim Entnehmen aus dem Stack ausführen und müssen dies nicht beim Hinzufügen der Kindknoten prüfen.

Statt der `while`-Schleife kann man das Ganze auch durch rekursive Aufrufe lösen. Bei Interesse studieren Sie den Sourcecode im Begleitprojekt.
Verdeutlichen wir uns, wie die Abläufe im Detail sind.

Queue	Aktion
[1]	1
[3, 2]	2
[5, 4, 3]	3
[7, 6, 5, 4]	4
[7, 6, 5]	5
[7, 6]	6
[7]	7
[]	Ende

Prüfung

Wir konstruieren den Baum und rufen unsere gerade erstellte Methode auf:

```
public static void main(final String[] args)
{
    final BinaryTreeNode<String> _1 = createExampleLevelorderTree();
    TreeUtils.nicePrint(_1);

    System.out.print("\nLevelorder: ");
    levelorder(_1, str -> System.out.print(str + " "));
}

static BinaryTreeNode<String> createExampleLevelorderTree()
{
    final BinaryTreeNode<String> _1 = new BinaryTreeNode<>("1");
    final BinaryTreeNode<String> _2 = new BinaryTreeNode<>("2");
    final BinaryTreeNode<String> _3 = new BinaryTreeNode<>("3");
    final BinaryTreeNode<String> _4 = new BinaryTreeNode<>("4");
    final BinaryTreeNode<String> _5 = new BinaryTreeNode<>("5");
    final BinaryTreeNode<String> _6 = new BinaryTreeNode<>("6");
    final BinaryTreeNode<String> _7 = new BinaryTreeNode<>("7");

    _1.left = _2;
    _1.right = _3;
    _2.left = _4;
    _2.right = _5;
    _3.left = _6;
    _3.right = _7;

    return _1;
}
```

Es kommt zu folgenden Ausgaben:

```
            1
      |-----+-----|
      2           3
   |--+--|     |--+--|
   4     5     6     7

Levelorder: 1 2 3 4 5 6 7
```

Prüfung mit Unit Test Als Unit Test wird jeweils der aktuelle Wert beim Durchlauf in eine Liste gefüllt und diese danach gegen die erwarteten Werte geprüft:

```
@Test
void testLevelorder()
{
    var root = Ex05_BreadthFirst.createExampleLevelorderTree();
    var expected = List.of("1", "2", "3", "4", "5", "6", "7");

    final List<String> result = new ArrayList<>();
    Ex05_BreadthFirst.levelorder(root, result::add);

    assertEquals(expected, result);
}
```

9.3.6 Lösung 6: Level Sum (★★★★☆)

In der vorherigen Aufgabe haben wir die Breitensuche implementiert. Nun wollen wir die Werte pro Ebene eines Baums summieren. Nehmen wir dazu an, die Werte wären vom Typ `Integer`. Schreiben Sie eine Methode `Map<Integer, Integer> levelSum(BinaryTreeNode<Integer>)`.

Beispiel Für den gezeigten Baum sollen die Summen der Werte der Knoten pro Ebene gebildet werden und folgendes Ergebnis liefern: {0=4, 1=8, 2=17, 3=16}.

```
                  4
      |-----------+-----------|
      2                       6
|-----+-----|           |-----+-----|
1           3           5           8
                                 |--+--|
                                 7     9
```

Ebene	Wert(e)	Resultat
0	4	4
1	2, 6	8
2	1, 3, 5, 8	17
3	7, 9	16

Algorithmus Der Breadth-First-Durchlauf bildet eine gute Basis. Was uns zur Lösung noch fehlt, ist eine geeignete Datenstruktur und eine Möglichkeit, die momentane Ebene zu bestimmen. Mit etwas Überlegung kommen wir darauf, eine Map als Ergebnisdatenstruktur zu verwenden. Als Schlüssel dient die aktuelle Ebene. Den Wert bildet eine im Anschluss gezeigte Klasse `Pair<BinaryTreeNode<Integer>, Integer>`. Wir durchlaufen den Baum wie bei Levelorder. Zum Bestimmen des Levels tricksen wir: Da wir von der Wurzel (eines Teilbaums) starten, können wir hier Level 0 annehmen. Jeder Wechsel in eine tiefere Ebene erhöht den Wert. Nun müssen wir diesen nur noch passend im Zugriff haben. Dazu nutzen wir den zweiten Wert aus `Pair<BinaryTreeNode<Integer>, Integer>`. Somit wissen wir immer, auf welcher Ebene der aktuell bearbeitete Knoten liegt. Mit den beiden Methoden `putIfAbsent()` und `computeIfPresent()` aus dem Interface `Map<K,V>` lässt sich dann das Summieren einfach formulieren:

```
static Map<Integer, Integer> levelSum(final BinaryTreeNode<Integer> startNode)
{
    if (startNode == null)
        return Map.of();

    final Map<Integer, Integer> result = new TreeMap<>();

    final Queue<Pair<BinaryTreeNode<Integer>, Integer>> toProcess =
                                                        new LinkedList<>();
    toProcess.offer(new Pair<>(startNode, 0));

    while (!toProcess.isEmpty())
    {
        final Pair<BinaryTreeNode<Integer>, Integer> current = toProcess.poll();

        final BinaryTreeNode<Integer> currentNode = current.first;
        final int nodeValue = currentNode.item;
        final int level = current.second;

        result.putIfAbsent(level, 0);
        result.computeIfPresent(level, (key, value) -> value + nodeValue);

        if (currentNode.left != null)
            toProcess.offer(new Pair<>(currentNode.left, level + 1));

        if (currentNode.right != null)
            toProcess.offer(new Pair<>(currentNode.right, level + 1));
    }

    return result;
}
```

Als Hilfsdatenstruktur definieren wir uns ein Wertepaar minimalistisch wie folgt – das ist möglich, weil dieses lediglich in der Queue genutzt wird, ohne Vergleiche oder andere Aktionen auszuführen. Ansonsten sollten wir `equals()` und `hashCode()` geeignet implementieren. Noch besser wäre der Einsatz der Records aus Java 14.[2]

[2]Weitere Informationen finden Sie in meinen Büchern »Der Weg zum Java-Profi« [2] und »Java - die Neuerungen in Version 9 bis 14« [3].

```
static class Pair<T1, T2>
{
    final T1 first;
    final T2 second;

    public Pair(final T1 left, final T2 right)
    {
        this.first = left;
        this.second = right;
    }
}
```

Algorithmus mit Tiefensuche Interessanterweise lässt sich das Ganze auch problemlos mithilfe von Tiefensuche implementieren, und zwar unabhängig von der Art des Durchlaufs:

```
tatic Map<Integer, Integer> levelSumDepthFirst(final BinaryTreeNode<Integer>
      root)
{
    final Map<Integer, Integer> result = new TreeMap<>();

    traverseDepthFirst(root, 0, result);

    return result;
}

static void traverseDepthFirst(final BinaryTreeNode<Integer> currentNode,
                               final int level,
                               final Map<Integer, Integer> result)
{
    if (currentNode != null)
    {
        // PREORDER
        //result.put(level, result.getOrDefault(level, 0) + currentNode.item);
        traverseDepthFirst(currentNode.left, level + 1, result);

        // INORDER
        result.put(level, result.getOrDefault(level, 0) + currentNode.item);

        traverseDepthFirst(currentNode.right, level + 1, result);

        // POSTORDER
        //map.result(level, result.getOrDefault(level, 0) + currentNode.item);
    }
}
```

Als Datenstruktur nutzen wir eine Map, deren Schlüssel die Ebene ist. Gibt es zu der Ebene schon einen Eintrag, so wird der Wert des aktuellen Knotens hinzugezählt. Ansonsten wird über den Trick mit `getOrDefault()` für einen Startwert von 0 gesorgt.

Prüfung

Konstruieren wir wie gewohnt den Baum aus dem Beispiel und rufen die gerade implementierte Methode auf:

```
public static void main(final String[] args)
{
    final BinaryTreeNode<Integer> root = createExampleLevelSumTree();
    TreeUtils.nicePrint(root);

    final Map<Integer, Integer> result = levelSum(root);
    System.out.println("\nlevelSum: " + result);
}

static BinaryTreeNode<Integer> createExampleLevelSumTree()
{
    final BinaryTreeNode<Integer> _4 = new BinaryTreeNode<>(4);
    TreeUtils.insert(_4, 2);
    TreeUtils.insert(_4, 1);
    TreeUtils.insert(_4, 3);
    TreeUtils.insert(_4, 6);
    TreeUtils.insert(_4, 5);
    TreeUtils.insert(_4, 8);
    TreeUtils.insert(_4, 7);
    TreeUtils.insert(_4, 9);
    return _4;
}
```

Dann erhalten wir folgende Ausgaben:

```
                       4
            |-----------+-----------|
            2                       6
      |-----+-----|           |-----+-----|
      1           3           5           8
                                       |--+--|
                                       7     9
levelSum: {0=4, 1=8, 2=17, 3=16}
```

Prüfung mit Unit Test Als Unit Test lässt sich dies auch recht einfach formulieren. Dabei nutzen wir hier die Collection-Factory-Methode `Map.ofEntries()`, weil sonst die Unterscheidung zwischen Key und Value bei den Angaben deutlich erschwert wäre, wie es durch die Kommentarzeile angedeutet ist:

```
@Test
public void testLevelSum()
{
    var root = Ex06_LevelSum.createExampleLevelSumTree();
    var expected = Map.ofEntries(Map.entry(0, 4), Map.entry(1, 8),
                                 Map.entry(2, 17), Map.entry(3, 16));

    var resultBreadthFirst = Ex06_LevelSum.levelSum(root);
    var resultDepthFirst = Ex06_LevelSum.levelSumDepthFirst(root);

    assertAll(() -> assertEquals(expected, resultBreadthFirst),
              () -> assertEquals(expected, resultDepthFirst));
}
```

9.3.7 Lösung 7: Tree Rotate (★★★☆☆)

Binärbäume, insbesondere binäre Suchbäume, können zu Listen degenerieren, wenn Werte etwa nur in aufsteigender oder absteigender Reihenfolge eingefügt werden. Einer Dysbalance lässt sich entgegenwirken, indem man Teile des Baums rotiert. Schreiben Sie je eine Methode `BinaryTreeNode<T> rotateLeft(BinaryTreeNode<T>)` und `BinaryTreeNode<T> rotateRight(BinaryTreeNode<T>)`, die den Baum um den als Parameter übergebenen Knoten nach links bzw. rechts rotiert.

Beispiel Nachfolgend wird eine Rotation nach links und eine nach rechts visualisiert, wobei sich die balancierte Ausgangslage in der Mitte befindet:

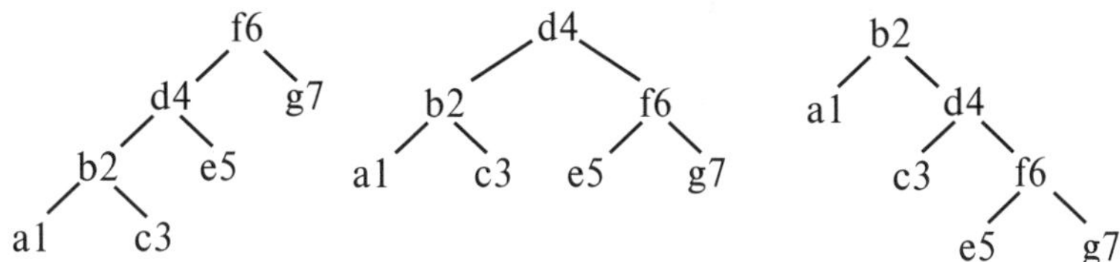

Abbildung 9-10 *Rotation nach links, Original, Rotation nach rechts*

Algorithmus Zunächst könnte man vor der erwarteten, tatsächlich aber nur vermeintlichen Komplexität des Unterfangen zurückschrecken. Generell ist es eine gute Idee, das Ganze an einem einfachen Beispiel – wie dem obigen – gedanklich durchzuspielen. Recht schnell wird einem dann klar, dass weitaus weniger Knoten betroffen und Aktionen nötig sind, als vermutlich erwartet. Um die jeweilige Rotation auszuführen, muss man tatsächlich nur die Wurzel und den linken bzw. rechten Nachbarn sowie eine spezifische Ebene tiefer betrachten:

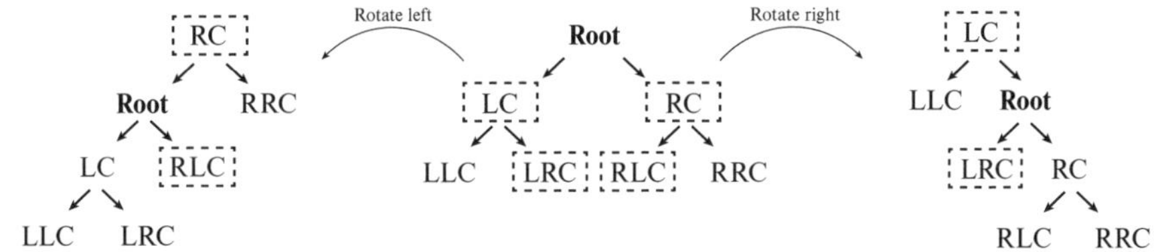

Abbildung 9-11 *Betroffene Knoten bei Rotationen*

Dieses Schaubild verdeutlicht, dass wir lediglich zwei Verbindungen im Baum »umhängen« müssen, um die Rotation zu vollziehen. Um dies besser verstehen zu können, sind die relevanten Knoten entsprechend benannt: In der Abbildung steht LC und RC für Left Child und Right Child, LLC und LRC dann für Left Left Child und Left Right Child sowie RLC und RRC für Right Left Child und Right Right Child.

Mit diesen Vorüberlegungen folgt die Implementierung der Rotationen exakt dem durch die Grafiken verdeutlichten Ablauf:

```
static <T> BinaryTreeNode<T> rotateLeft(final BinaryTreeNode<T> rootNode)
{
    if (rootNode.right == null)
        throw new IllegalStateException("can't rotate left, no valid root");

    final BinaryTreeNode<T> rc = rootNode.right;
    final BinaryTreeNode<T> rlc = rootNode.right.left;
    rootNode.right = rlc;
    rc.left = rootNode;

    return rc;
}

static <T> BinaryTreeNode<T> rotateRight(final BinaryTreeNode<T> rootNode)
{
    if (rootNode.left == null)
        throw new IllegalStateException("can't rotate right, no valid root");

    final BinaryTreeNode<T> lc = rootNode.left;
    final BinaryTreeNode<T> lrc = rootNode.left.right;
    rootNode.left = lrc;
    lc.right = rootNode;

    return lc;
}
```

Bedenken Sie bitte, dass diese Methoden die Referenzen der Teilbäume verändern und somit Auswirkungen auf zuvor zwischengespeicherte Knoten haben: Die Wurzel ist dann auf einmal nicht mehr die Wurzel, sondern eine Ebene tiefer angesiedelt.

Prüfung

Wir definieren zunächst den mittleren Baum aus dem Beispiel, rotieren ihn zum einen nach links und zum anderen zweimal nach rechts, was dann einer einfachen Rotation nach rechts ausgehend von der Mitte entsprechen sollte:

```
public static void main(final String[] args)
{
    final BinaryTreeNode<String> root = ExampleTrees.createExampleTree();
    TreeUtils.nicePrint(root);

    System.out.println("\nRotate left");
    var leftRotatedRoot = rotateLeft(root);
    TreeUtils.nicePrint(leftRotatedRoot);

    System.out.println("\nRotate right");
    var rightRotatedRoot = rotateRight(rotateRight(leftRotatedRoot));
    TreeUtils.nicePrint(rightRotatedRoot);
}
```

Zunächst wird der Baum unrotiert ausgegeben:

```
            d4
      |-----+-----|
     b2          f6
  |--+--|     |--+--|
 a1    c3    e5    g7
```

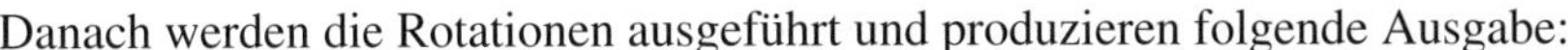

Danach werden die Rotationen ausgeführt und produzieren folgende Ausgabe:

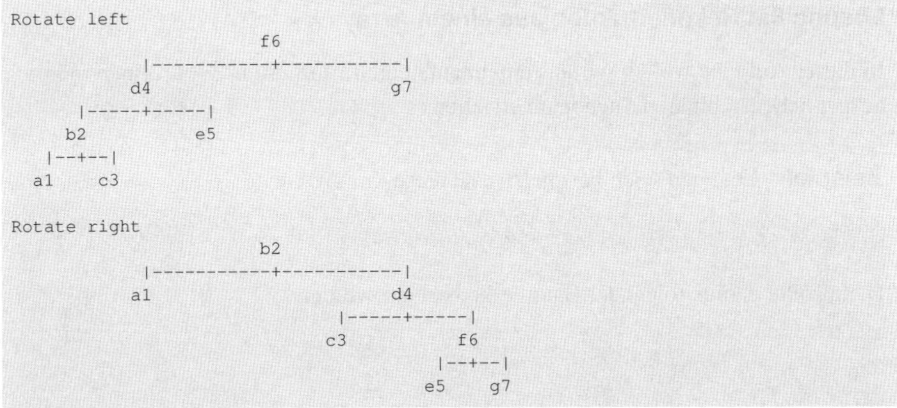

```
Rotate left
                         f6
           |-----------+-----------|
           d4                      g7
      |-----+-----|
      b2          e5
   |--+--|
   a1    c3

Rotate right
                         b2
           |-----------+-----------|
           a1                      d4
                             |-----+-----|
                             c3          f6
                                      |--+--|
                                      e5    g7
```

Prüfung mit Unit Test Überlegen wir einmal, wie wir das Ganze mittels Unit Tests prüfen könnten. Wieder kommt es auf die richtige Idee und Datenstruktur an. Schwierig und aufwendig wäre es, die entstehenden Bäume strukturell auf Übereinstimmung zu prüfen. Viel einfacher geht es, wenn wir das Ergebnis eines Durchlaufs mit den erwarteten Werten vergleichen. Aber Achtung: Dabei dürfen wir nicht den Inorder-Durchlauf nehmen, da dieser unabhängig von der Struktur des Baums immer die gleiche Knotenreihenfolge produziert! Hier bieten sich entweder ein Preorder- oder Postorder- oder besser noch ein Levelorder-Durchlauf an. Letzterer besitzt den großen Vorteil, dass sich die Reihenfolge leicht anhand der grafischen Baumdarstellung erschließen lässt und er sich somit am besten für den Unit Test eignet, weil dieser dadurch nachvollziehbar und verständlich bleibt – das hatten wir eingangs in Abschnitt 9.1.4 schon als Methode `convertToList()` implementiert.

```
@Test
void testRotateLeft()
{
    final BinaryTreeNode<String> root = ExampleTrees.createExampleTree();
    var expected = List.of("f6", "d4", "g7", "b2", "e5", "a1", "c3");

    var leftRotatedRoot = Ex07_RotateBinaryTree.rotateLeft(root);
    final List<String> result = convertToList(leftRotatedRoot);

    assertEquals(expected, result);
}

@Test
void testRotateRight()
{
    final BinaryTreeNode<String> root = ExampleTrees.createExampleTree();
    var expected = List.of("b2", "a1", "d4", "c3", "f6", "e5", "g7");

    var rightRotatedRoot = Ex07_RotateBinaryTree.rotateRight(root);
    final List<String> result = convertToList(rightRotatedRoot);

    assertEquals(expected, result);
}
```

9.3.8 Lösung 8: Rekonstruktion (★★★☆☆)

Lösung 8a: Rekonstruktion aus einem Array (★★☆☆☆)

In dieser Aufgabe wollen wir aus einem aufsteigend sortierten `int[]` einen möglichst ausgeglichenen binären Suchbaum erstellen.

Beispiel Gegeben seien beispielsweise diese `int`-Werte:

```
final int[] values = { 1, 2, 3, 4, 5, 6, 7 };
```

Dann sollte daraus folgender Baum rekonstruiert werden:

```
            4
     |-----+-----|
     2           6
  |--+--|     |--+--|
  1     3     5     7
```

Algorithmus Einen binären Suchbaum aus einem aufsteigend sortierten Array zu rekonstruieren, ist gar nicht so schwierig: Aufgrund der Sortierung können wir jeweils das Array halbieren und den Wert in der Mitte als Basis für den neuen Knoten nutzen. Den linken und rechten Teilbaum konstruieren wir rekursiv aus dem linken bzw. rechten Teil des Arrays. Die Halbierung setzen wir so lange fort, bis das Teilarray nur noch die Größe 0 oder 1 hat:

```
static BinaryTreeNode<Integer> reconstruct(final int[] values)
{
    // rekursiver Abbruch
    if (values.length == 0)
        return null;

    final int midIdx = values.length / 2;

    final int midValue = values[midIdx];
    final BinaryTreeNode<Integer> newNode = new BinaryTreeNode<>(midValue);

    // rekursiver Abbruch
    if (values.length == 1)
        return newNode;

    // rekursiver Abstieg
    final int[] leftPart = Arrays.copyOfRange(values, 0, midIdx);
    final int[] rightPart = Arrays.copyOfRange(values, midIdx + 1,
                                               values.length);

    newNode.left = reconstruct(leftPart);
    newNode.right = reconstruct(rightPart);

    return newNode;
}
```

Man könnte die Abfrage auf die Länge 1 in der Mitte der Methode weglassen, ohne dass sich die Funktionalität ändert. Die Methode würde dann einfach zweimal für ein leeres

Array aufgerufen und dadurch direkt terminieren. Ich fand diese Sonderbehandlung etwas verständlicher, aber das ist Geschmackssache.

Prüfung

Wir wollen unsere Implementierung in Aktion erleben und geben ein beliebiges, aber passend sortiertes Array mit `int`-Werten vor. Damit rufen wir unsere Methode auf, die als Ergebnis die Wurzel des Baums liefert. Schließlich überprüfen wir, ob der Baum tatsächlich vollständig und korrekt konstruiert wurde, indem wir verschiedene Informationen auf der Konsole ausgeben:

```
public static void main(final String[] args)
{
    final int[][] inputs = { { 1, 2, 3, 4, 5, 6, 7 },
                             { 1, 2, 3, 4, 5, 6, 7, 8 } };

    for (int[] values : inputs)
    {
        final BinaryTreeNode<Integer> root = reconstruct(values);
        printInfo(root);
    }
}
```

Die Ausgabemethode ist einfach zu implementieren:

```
private static void printInfo(final BinaryTreeNode<Integer> root)
{
    TreeUtils.nicePrint(root);

    System.out.println("Root:  " + root);
    System.out.println("Left:  " + root.left);
    System.out.println("Right: " + root.right);
    System.out.println();
}
```

Folgende gekürzte Ausgaben zeigen, dass die beiden Bäume korrekt rekonstruiert wurden:

```
            4
      |-----+-----|
      2           6
   |--+--|     |--+--|
   1     3     5     7
Root:  BinaryTreeNode [item=4, left=BinaryTreeNode [item=2, ..
Left:  BinaryTreeNode [item=2, left=BinaryTreeNode [item=1, ...
Right: BinaryTreeNode [item=6, left=BinaryTreeNode [item=5, ...

                        5
            |-----------+-----------|
            3                       7
      |-----+-----|           |-----+-----|
      2           4           6           8
   |--|
   1
Root:  BinaryTreeNode [item=5, left=BinaryTreeNode [item=3, ...
Left:  BinaryTreeNode [item=3, left=BinaryTreeNode [item=2, ...
Right: BinaryTreeNode [item=7, left=BinaryTreeNode [item=6, ...
```

Prüfung mit Unit Test Für den Unit Test nutzen wir erneut einen Levelorder-Durchlauf, um die Rekonstruktion zu verifizieren:

```
@Test
void testReconstructFromIntArray()
{
    final int[] inputs = { 1, 2, 3, 4, 5, 6, 7 };

    var expected = List.of(4, 2, 6, 1, 3, 5, 7);

    var resultRoot = Ex08_ReconstructTree.reconstruct(inputs);
    var result = convertToList(resultRoot);

    assertEquals(expected, result);
}
```

Die Konvertierung eines Baums in eine Liste wurde schon in Abschnitt 9.1.4 implementiert und ist hier zum leichteren Nachvollziehen nochmals gezeigt:

```
private List<String> convertToList(final BinaryTreeNode<String> node)
{
    final List<String> result = new ArrayList<>();
    Ex05_BreadthFirst.levelorder(node, result::add);
    return result;
}
```

Lösung 8b: Rekonstruktion aus In-/Preorder (★★★☆☆)

Nehmen wir an, wir hätten als Information über einen beliebigen Binärbaum die jeweils als Liste aufbereitete Abfolge der Werte in Pre- und Inorder und sollten daraus den korrespondierenden Baum rekonstruieren. Schreiben Sie eine Methode `BinaryTreeNode<T> reconstruct(List<T>, List<T>)`.

Beispiel Gegeben seien die beiden Wertefolgen der Durchläufe, aus denen wieder der im vorherigen Aufgabenteil gezeigte Baum rekonstruiert werden sollte.

```
var preorderValues = List.of(4, 2, 1, 3, 6, 5, 7);
var inorderValues = List.of(1, 2, 3, 4, 5, 6, 7);
```

Hier in der Lösung nochmals dargestellt:

```
          4
    |-----+-----|
    2           6
 |--+--|     |--+--|
 1     3     5     7
```

Algorithmus Um die Notwendigkeit zweier Eingaben und den Algorithmus besser zu verstehen, schauen wir uns exemplarisch noch einmal die Werte eines Pre- und Inorder-Durchlaufs mit fett markiertem Wert der Wurzel an:

```
Preorder    4 2 1 3 6 5 7
Inorder     1 2 3 4 5 6 7
```

Der Preorder-Durchlauf beginnt immer mit der Wurzel, somit können wir basierend auf dem ersten Wert zunächst die Wurzel erzeugen. Durch eine Suche nach dem Wert der Wurzel in der Wertefolge des Inorder-Durchlaufs finden wir die Aufteilung in linken und rechten Teilbaum heraus: Alles, was in Inorder links von der Position des Werts der Wurzel ist, bildet die Werte des linken Teilbaums. Analog gilt dies für die Werte rechts davon und den rechten Teilbaum. Damit ergeben sich folgende Sublisten:

```
left:   1 2 3
right:  5 6 7
```

Um unsere Methode rekursiv aufrufen zu können, müssen wir die korrespondierenden Wertefolgen für Preorder finden. Wie geht man da vor?

Betrachten wir dazu nochmal genauer die Werte eines Pre- und Inorder-Durchlaufs. Durch scharfes Hinschauen erkennen wir folgendes Muster:

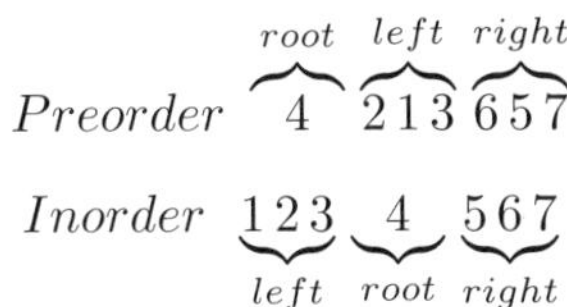

$$Preorder\ \overbrace{4}^{root}\ \overbrace{2\,1\,3}^{left}\ \overbrace{6\,5\,7}^{right}$$

$$Inorder\ \underbrace{1\,2\,3}_{left}\ \underbrace{4}_{root}\ \underbrace{5\,6\,7}_{right}$$

Mit diesem Wissen können wir den Algorithmus wie folgt implementieren, wobei wir von der Methode `List.subList()` profitieren, um die passenden Teilstücke aus dem Original zu generieren und für den rekursiven Abstieg zu nutzen:

```
static <T> BinaryTreeNode<T> reconstruct(final List<T> preorderValues,
                                         final List<T> inorderValues)
{
    if (preorderValues.size() != inorderValues.size())
        throw new IllegalStateException("inputs differ in length");

    // rekursiver Abbruch
    if (preorderValues.size() == 0 || inorderValues.size() == 0)
        return null;

    final T rootValue = preorderValues.get(0);
    final BinaryTreeNode<T> root = new BinaryTreeNode<>(rootValue);

    // rekursiver Abbruch
    if (preorderValues.size() == 1 && inorderValues.size() == 1)
        return root;

    // rekursiver Abstieg
    final int index = inorderValues.indexOf(rootValue);

    // linker und rechter Teil für Preorder
    root.left = reconstruct(preorderValues.subList(1, index + 1),
                            inorderValues.subList(0, index));
    root.right = reconstruct(preorderValues.subList(index + 1,
                                                    preorderValues.size()),
                             inorderValues.subList(index + 1,
                                                   inorderValues.size()));

    return root;
}
```

Auch hier könnte die Abfrage auf die Länge 1 in der Mitte der Methode weglassen, ohne dass sich die Funktionalität ändert. Die Methode würde dann einfach zweimal für ein leeres Array aufgerufen und dadurch direkt terminieren. Ich fand diese Sonderbehandlung etwas verständlicher, aber das ist Geschmackssache.

Prüfung

Zum Nachvollziehen der Rekonstruktion geben wir die passenden Wertefolgen als drei verschachtelte Listen in einem `Stream<Arguments>` vor. Wie gehabt extrahiert JUnit aus diesen Eingaben automatisch jeweils die Pre- und Inorder-Werte und das Ergebnis in Form eines Levelorder-Durchlaufs. Dass diese Form eine gute Nachvollziehbarkeit auf Basis der grafischen Repräsentation bietet, habe ich bereits motiviert – daher geben wir ausnahmsweise die Bäume auch im Unit Test auf der Konsole aus:

```
@ParameterizedTest(name = "reconstruct(pre={0}, in={2}) => levelorder: {2}")
@MethodSource("preInorderAndResult")
void testReconstructFromLists(List<Integer> preorderValues,
                              List<Integer> inorderValues,
                              List<Integer> expectedLevelorder)
{
    var resultRoot = Ex08_ReconstructTree2.reconstruct(preorderValues,
                                                       inorderValues);
    TreeUtils.nicePrint(resultRoot);

    var result = convertToList(resultRoot);

    assertEquals(expectedLevelorder, result);
}
```

```
private static Stream<Arguments> preInorderAndResult()
{
    return Stream.of(Arguments.of(List.of(4, 2, 1, 3, 6, 5, 7),
                                  List.of(1, 2, 3, 4, 5, 6, 7),
                                  List.of(4, 2, 6, 1, 3, 5, 7)),
                     Arguments.of(List.of(5, 4, 2, 1, 3, 7, 6, 8),
                                  List.of(1, 2, 3, 4, 5, 6, 7, 8),
                                  List.of(5, 4, 7, 2, 6, 8, 1, 3)));
}
```

Somit kommt es während der Ausführung des Unit Tests zu den folgenden Ausgaben des jeweils erzeugten Baums, die die korrekte Rekonstruktion untermauern:

```
            4
      |-----+-----|
      2           6
   |--+--|     |--+--|
   1     3     5     7
                        5
            |-----------+-----------|
            4                       7
      |-----|                 |-----+-----|
      2                       6           8
   |--+--|
   1     3
```

Tipp: Wissenswertes zur Rekonstruktion

Interessanterweise lässt sich mithilfe des gezeigten Algorithmus jeder Binärbaum rekonstruieren, unabhängig davon, ob er auch ein binärer Suchbaum ist, also seine Knoten einer Ordnung folgen. Aber es wird noch bemerkenswerter: Für den Fall, dass die Werte des Preorder-Durchlaufs einem binären Suchbaum entstammen, kann man diesen lediglich basierend darauf wie folgt rekonstruieren:

```
static <T extends Comparable<T>>
       BinaryTreeNode<T> reconstruct(final List<T> preorderValues)
{
    // rrekursiver Abbruch
    if (preorderValues.isEmpty())
        return null;

    final T rootValue = preorderValues.get(0);
    final BinaryTreeNode<T> root = new BinaryTreeNode<>(rootValue);

    // Filterung
    final List<T> leftValues = new ArrayList<>(preorderValues);
    leftValues.removeIf(value -> value.compareTo(rootValue) >= 0);

    final List<T> rightValues = new ArrayList<>(preorderValues);
    rightValues.removeIf(value -> value.compareTo(rootValue) <= 0);

    // ekursiver Abbstieg
    root.left = reconstruct(leftValues);
    root.right = reconstruct(rightValues);

    return root;
}
```

Das Ganze ist möglich, weil bei einem binären Suchbaum für die Werte des Preorder-Durchlaufs gilt, dass zuerst der Wert der Wurzel auftritt, danach direkt darauffolgend die Werte, die kleiner als die Wurzel sind, und schließlich diejenigen des rechten Teilbaums, die zudem auch größer als der Wert der Wurzel sind. Diese Bedingung gilt auch rekursiv. Mithilfe zweier Filterbedingungen lassen sich so alle Werte des linken bzw. rechten Teilbaums einfach – wie oben gezeigt – extrahieren und als Eingabe für den rekursiven Aufruf nutzen.

Probieren Sie die Rekonstruktion doch einmal mit folgender `main()`-Methode aus:

```
public static void main(final String[] args)
{
    var root1 = reconstruct(List.of(4, 2, 1, 3, 6, 5, 7));
    TreeUtils.nicePrint(root1);

    var root2 = reconstruct(List.of(5, 4, 2, 1, 3, 7, 6, 8));
    TreeUtils.nicePrint(root2);
}
```

Sie erhalten dann die schon im Unit Test gezeigten Ausgaben der Bäume.

9.3.9 Lösung 9: Math Evaluation (★★☆☆☆)

Stellen Sie sich vor, man würde mithilfe eines Baums mathematische Ausdrücke mit den vier Operatoren $+$, $-$, $/$ und $*$ modellieren und den Wert einzelner Knoten, insbesondere auch den der Wurzel, berechnen wollen. Schreiben Sie dazu eine Methode `int evaluate(BinaryTreeNode<String>)`.

Beispiel Repräsentieren Sie den Ausdruck $3 + 7 * (7 - 1)$ durch folgenden Baum, um für die Wurzel den Wert 45 zu errechnen.

```
                  +
        |-----------+-----------|
        3                       *
                     |-----+-----|
                     7           -
                              |--+--|
                              7     1
```

Algorithmus Interessanterweise lässt sich die Aufgabenstellung mit der in Java 14 finalen Syntaxerweiterung bei `switch` sehr einfach und übersichtlich durch rekursiven Aufruf in Verbindung mit den passenden Operatoren wie folgt lösen:

```
static int evaluate(final BinaryTreeNode<String> node)
{
    final String value = node.item;

    return switch (value) {
    case "+" -> evaluate(node.left) + evaluate(node.right);
    case "-" -> evaluate(node.left) - evaluate(node.right);
    case "*" -> evaluate(node.left) * evaluate(node.right);
    case "/" -> evaluate(node.left) / evaluate(node.right);
    default -> Integer.valueOf(value);
    };
}
```

Prüfung

Konstruieren wir den Baum aus dem Beispiel und rufen die obige Methode auf:

```
public static void main(final String[] args)
{
    final BinaryTreeNode<String> plus = new BinaryTreeNode<>("+");
    final BinaryTreeNode<String> _3 = new BinaryTreeNode<>("3");
    final BinaryTreeNode<String> mult = new BinaryTreeNode<>("*");
    final BinaryTreeNode<String> _7 = new BinaryTreeNode<>("7");
    final BinaryTreeNode<String> minus = new BinaryTreeNode<>("-");
    final BinaryTreeNode<String> _1 = new BinaryTreeNode<>("1");

    plus.left = _3;
    plus.right = mult;
    mult.left = _7;
    mult.right = minus;
    minus.left = _7;
    minus.right = _1;
```

```
    TreeUtils.nicePrint(plus);
    System.out.println("+: " + evaluate(plus));
    System.out.println("*: " + evaluate(mult));
    System.out.println("-: " + evaluate(minus));
}
```

Führen wir diese `main()`-Methode aus, so erhalten wir zum einen die Ausgabe des Baums als auch die Ergebnisse der ausgewählten einzelnen Knoten:

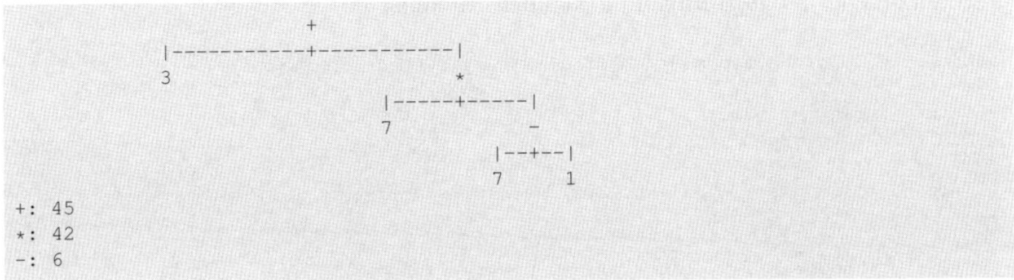

```
                       +
           |-----------+-----------|
           3                       *
                             |-----+-----|
                             7           -
                                      |--+--|
                                      7     1
+: 45
*: 42
-: 6
```

9.3.10 Lösung 10: Symmetrie (★★☆☆☆)

Prüfen Sie, ob ein beliebiger Binärbaum symmetrisch im Aufbau ist. Schreiben Sie dazu eine Methode `boolean isSymmetric(BinaryTreeNode<T>)`. Neben der Struktur kann man auch auf Wertgleichheit prüfen.

Beispiele Zur Prüfung auf Symmetrie nutzen wir einen von der Struktur her symmetrischen Binärbaum (links) sowie einen Binärbaum, der auch bezüglich der Werte symmetrisch ist (rechts).

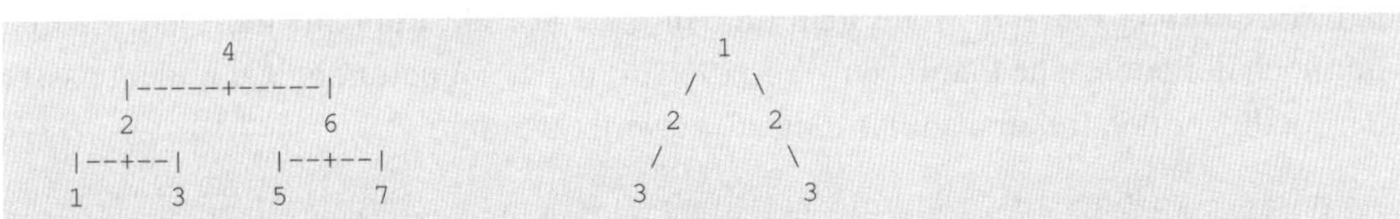

```
          4                              1
    |-----+-----|                       / \
    2           6                      2   2
 |--+--|     |--+--|                  /     \
 1     3     5     7                 3       3
```

Hinweis: Die Eigenschaft Symmetrie

Bei einem symmetrischen Binärbaum sind der linke und der rechte Teilbaum wie an einer gedachten vertikalen Linie durch die Wurzel gespiegelt (durch | angedeutet):

```
     1
   / | \
  2  |  2
 /   |   \
3    |    3
```

Je nach Definition kann für die Symmetrie auch auf einen Vergleich der Werte verzichtet werden und nur der strukturelle Aufbau als relevant zählen.

Algorithmus Erneut profitieren wir bei den Algorithmen für Bäume von einem guten Basiswissen bezüglich Rekursion. Ein Knoten mit keinem Nachfolgerknoten ist immer symmetrisch. Besitzt ein Knoten lediglich einen Nachfolger, so kann der Baum nicht symmetrisch sein. Demnach ist nur noch der Fall für zwei Nachfolgerknoten zu betrachten. Dabei müssen die jeweiligen linken und rechten Teilbäume spiegelverkehrt sein. Dazu prüft man rekursiv, ob der rechte Teilbaum des linken und der linke Teilbaum des rechten Knotens strukturell zueinander passen, ebenso wie der linke Teilbaum des rechten und der rechte Teilbaum des linken Knotens:

```
static <T> boolean isSymmetric(final BinaryTreeNode<T> parent)
{
    if (parent == null)
        return true;

    return isSymmetric(parent.left, parent.right);
}

static <T> boolean isSymmetric(final BinaryTreeNode<T> left,
                               final BinaryTreeNode<T> right)
{
    if (left == null && right == null)
        return true;
    if (left == null || right == null)
            return false;

    // Beide Teilbäume hinabsteigen
    return isSymmetric(left.right, right.left) &&
           isSymmetric(left.left, right.right);
}
```

Erweiterter Algorithmus: Werte-Symmetrie Tatsächlich ist die Erweiterung auf Wertprüfung einfach, wenn man die Aufgabe korrekt implementiert hat. Es muss nur noch der boolesche Parameter `checkValue` in der Signatur ergänzt und an passender Stelle vor dem rekursiven Abstieg ausgewertet werden:

```
static <T> boolean isSymmetric(final BinaryTreeNode<T> left,
                               final BinaryTreeNode<T> right,
                               final boolean checkValue)
{
    if (left == null && right == null)
        return true;
    if (left == null || right == null)
            return false;

    // Prüfe die Werte
    if (checkValue && !left.item.equals(right.item))
        return false;

    return isSymmetric(left.right, right.left, checkValue) &&
           isSymmetric(left.left, right.right, checkValue);
}
```

Prüfung

Wir konstruieren die beiden Bäume aus der Einführung und rufen unsere gerade erstellte Methode auf. Der erste Baum ist ein bereits bekannter Vertreter, der andere wird explizit für dieses Beispiel mit `createSymmetricNumberTree()` erstellt. Dafür erzeugen wir eine Wurzel und dann den symmetrischen Aufbau mit Knoten mit den Werten 2 und 3. Danach wird der Knoten mit dem Wert 4 hinzugefügt, was dann die Symmetrie zerstört:

```
public static void main(final String[] args)
{
    final BinaryTreeNode<String> root = ExampleTrees.createNumberTree();
    TreeUtils.nicePrint(root);
    System.out.println("symmetric: " + isSymmetric(root));

    final BinaryTreeNode<String> root2 = createSymmetricNumberTree();
    TreeUtils.nicePrint(root2);
    System.out.println("symmetric: " + isSymmetric(root2));

    // Modifizierter Baum: Füge eine 4 hinzu
    root2.right.left = new BinaryTreeNode<>("4");
    TreeUtils.nicePrint(root2);
    System.out.println("symmetric: " + isSymmetric(root2));
}

static BinaryTreeNode<String> createSymmetricNumberTree()
{
    final BinaryTreeNode<String> root = new BinaryTreeNode<>("1");
    root.left = new BinaryTreeNode<>("2");
    root.right = new BinaryTreeNode<>("2");
    root.left.left = new BinaryTreeNode<>("3");
    root.right.right = new BinaryTreeNode<>("3");
    return root;
}
```

Führen wir diese `main()`-Methode aus, so erhalten wir die erwarteten Ergebnisse:

```
           4
     |-----+-----|
     2           6
  |--+--|     |--+--|
  1     3     5     7
symmetric: true
           1
     |-----+-----|
     2           2
  |--|           |--|
  3                 3
symmetric: true
           1
     |-----+-----|
     2           2
  |--|        |--+--|
  3           4     3
symmetric: false
```

Bonus: Baum spiegeln

Im Hinweiskasten hatte ich eine Spiegelachse durch die Wurzel angedeutet. Erstellen Sie eine Methode `BinaryTreeNode<T> invert(BinaryTreeNode<T>)`, die die Knoten eines Baums an dieser angedeuteten Linie durch die Wurzel spiegelt.

Beispiel Eine Spiegelung sieht wie folgt aus:

```
             4                          4
       |-----+-----|              |-----+-----|
       2           6      =>      6           2
    |--+--|     |--+--|        |--+--|     |--+--|
    1     3     5     7        7     5     3     1
```

Algorithmus Zunächst könnte man wieder einmal annehmen, dass die Aufgabenstellung schwierig zu lösen ist. Aber tatsächlich ist sie mithilfe von Rekursion viel leichter umzusetzen, als man es initial denkt.

Der Algorithmus läuft ausgehend von der Wurzel hinab und vertauscht jeweils den linken und rechten Teilbaum. Dazu speichern wir diese Teilbäume in einer temporären Variablen und weisen diese dann der jeweils anderen Seite zu. Das ist wirklich schon alles!

```java
static <T> BinaryTreeNode<T> invert(final BinaryTreeNode<T> startNode)
{
    if (startNode == null)
        return null;

    final BinaryTreeNode<T> invertedRight = invert(startNode.right);
    final BinaryTreeNode<T> invertedLeft = invert(startNode.left);

    startNode.left = invertedRight;
    startNode.right = invertedLeft;

    return startNode;
}
```

Prüfung

Wir konstruieren den linken Baum aus der Einführung und rufen unsere gerade erstellte Methode auf.

```java
public static void main(final String[] args)
{
    final BinaryTreeNode<String> root = ExampleTrees.createNumberTree();
    final BinaryTreeNode<String> newRoot = invert(root);
    TreeUtils.nicePrint(newRoot);
}
```

Führen wir diese `main()`-Methode aus, so erhalten wir die erwartete Spiegelung:

```
          4
    |-----+-----|
    6           2
 |--+--|     |--+--|
 7     5     3     1
```

9.3.11 Lösung 11: Check Binary Search Tree (★★☆☆☆)

In dieser Aufgabe sollen Sie prüfen, ob ein beliebiger Binärbaum die Eigenschaft eines binären Suchbaums (Binary Search Tree (BST)) erfüllt, also die Werte im linken Teilbaum kleiner als die Wurzel sind und die im rechten Teilbaum größer – und das für jeden Teilbaum ausgehend von der Wurzel. Vereinfachend gehen wir von `int`-Werten aus. Schreiben Sie dazu eine Methode `boolean isBST(BinaryTreeNode<Integer>)`.

Beispiel Nutzen Sie den folgenden Binärbaum, der auch ein binärer Suchbaum ist. Würden Sie etwa auf der linken Seite die 1 durch eine größere Zahl ersetzen, wäre das kein binärer Suchbaum mehr, der rechte Teilbaum unter der 6 aber immer noch.

```
          4
    |-----+-----|
    2           6
 |--+--|     |--+--|
 1     3     5     7
```

Algorithmus Aus der Aufgabenstellung erkennen wir eine rekursive Auslegung. Ein Baum mit nur einem Knoten ist immer ein binärer Suchbaum. Gibt es einen linken oder rechten Nachfolger oder gar beide, so prüfen wir von diesen die Werte auf Einhaltung der Größenrelation und rekursiv deren Nachfolger, sofern existent.

```
static boolean isBST(final BinaryTreeNode<Integer> node)
{
    // rekursiver Abbruch
    if (node == null)
        return true;

    if (node.isLeaf())
        return true;

    // rekursiver Abstieg
    boolean isLeftBST = true;
    boolean isRightBST = true;
    if (node.left != null)
        isLeftBST = node.left.item < node.item && isBST(node.left);

    if (node.right != null)
        isRightBST = node.right.item > node.item && isBST(node.right);

    return isLeftBST && isRightBST;
}
```

Anmerkung: Vergleichen anderer Typen

Für einen generischen Typ `T` müsste dieser `Comparable<T>` erfüllen und wir würden statt mit > und < die Methode `compareTo(T)` zum Vergleich aufrufen.

Prüfung

Wir konstruieren den Baum aus dem Beispiel und rufen unsere gerade erstellte Methode auf. Zudem führen wir zwei Modifikationen durch und prüfen erneut:

```
public static void main(final String[] args)
{
    final BinaryTreeNode<Integer> _4 = ExampleTrees.createIntegerNumberTree();
    TreeUtils.nicePrint(_4);

    final BinaryTreeNode<Integer> _2 = _4.left;
    final BinaryTreeNode<Integer> _6 = _4.right;

    // Verändere den Baum links auf falsche und rechts auf korrekte Weise
    _2.left = new BinaryTreeNode<>(13);
    _6.right = null;

    TreeUtils.nicePrint(_4);
    System.out.println("isBST(_4): " + isBST(_4));
    System.out.println("isBST(_2): " + isBST(_2));
    System.out.println("isBST(_6): " + isBST(_6));
}
```

Führen wir diese `main()`-Methode aus, so erhalten wir sowohl die Ausgabe des Baums als auch die Ergebnisse für ausgewählte einzelne Knoten, ob diese für sich betrachtet einen binären Suchbaum darstellen.

Wenn wir jedoch mutwillig im linken Teilbaum einen größeren Wert (z. B. 13) speichern, ist weder der gesamte Baum noch derjenige Teil mit dem Knoten 2 als Wurzel ein BST. Für den rechten Teilbaum gilt: Löscht man den Knoten mit dem Wert 7, so bleibt der rechte Teilbaum mit dem Knoten mit dem Wert 6 als Wurzel trotzdem noch ein BST.

```
           4
     |-----+-----|
     2           6
  |--+--|     |--+--|
  1     3     5     7
isBST(_4): true
isBST(_2): true
isBST(_6): true

           4
     |-----+-----|
     2           6
  |--+--|     |--|
 13     3     5
isBST(_4): false
isBST(_2): false
isBST(_6): true
```

9.3.12 Lösung 12: Vollständigkeit (★★★★★)

In dieser Aufgabe sollen Sie die Vollständigkeit eines Baums prüfen. Dazu lösen Sie in den ersten beiden Aufgabenteilen zunächst die Grundlagen und wagen sich dann an die trickreichere Prüfung auf Vollständigkeit.

Lösung 12a: Anzahl Knoten (★☆☆☆☆)

Zählen Sie, wie viele Knoten in einem beliebigen Binärbaum enthalten sind. Schreiben Sie dazu eine Methode `int nodeCount(BinaryTreeNode<T>)`.

Beispiel Für den gezeigten Binärbaum sollte der Wert 7 ermittelt werden. Entfernt man den rechten Teilbaum, so besteht der Baum lediglich noch aus 4 Knoten.

```
            4
      |-----+-----|
      2           6
   |--+--|     |--+--|
   1     3     5     7
```

Algorithmus Der Algorithmus ist wirklich extrem einfach, wenn man ihn rekursiv formuliert. Jeder Knoten zählt 1. Dann fährt man mit der Zählung sowohl in dessen linkem als auch rechtem Teilbaum fort und addiert deren Ergebnis, bis man auf ein Blatt trifft:

```
static <T> int nodeCount(final BinaryTreeNode<T> startNode)
{
    if (startNode == null)
        return 0;

    return 1 + nodeCount(startNode.left) + nodeCount(startNode.right);
}
```

Lösung 12b: Prüfung auf voll / perfekt (★★☆☆☆)

Prüfen Sie, ob in einem beliebigen Binärbaum alle Knoten jeweils zwei Nachfolger bzw. Blätter haben und dieser somit voll ist. Für Perfektheit müssen alle Blätter auf der gleichen Höhe sein. Schreiben Sie je eine Methode `boolean isFull(BinaryTreeNode<T>)` und `boolean isPerfect(BinaryTreeNode<T>)`.

Beispiel Der gezeigte Binärbaum ist sowohl perfekt als auch voll. Entfernt man den Teilbaum mit der 6 als Wurzel ist er nicht mehr perfekt, aber noch voll.

```
            4
      |-----+-----|
      2           6
   |--+--|     |--+--|
   1     3     5     7
```

Algorithmus Die Prüfung, ob ein Baum voll ist, fällt nicht so schwer, wenn man dies rekursiv formuliert. Man prüft für jeden Knoten, ob dieser keine oder zwei Nachfolger hat. Ansonsten kann es kein voller Baum sein:

```
static <T> boolean isFull(final BinaryTreeNode<T> currentNode)
{
    if (currentNode == null)
        return true;

    return isFull(currentNode.left, currentNode.right);
}

static <T> boolean isFull(final BinaryTreeNode<T> leftNode,
                          final BinaryTreeNode<T> rightNode)
{
    if (leftNode == null && rightNode == null)
        return true;

    if (leftNode != null && rightNode != null)
        return isFull(leftNode) && isFull(rightNode);

    return false;
}
```

Das ist schon ein guter Anfang. Basierend darauf bedarf es einiger kleinerer Erweiterungen, um die Perfektheit prüfen zu können. Zunächst müssen wir die Höhe des Gesamtbaums, also ausgehend von der Wurzel, bestimmen. Danach gehen wir ganz ähnlich wie bei `isFull()` vor, jedoch muss jeder Knoten nun zwingend zwei Nachfolger besitzen. Der rekursive Abbruch muss etwa früher, nämlich auf der Ebene der Blätter erfolgen. Für diese müssen wir nun prüfen, ob sie auf der korrekten Höhe sind. Dabei stolpern wir darüber, dass die Höhe eines Blatts 1 ist. Deswegen benötigen wir noch die Ebene, auf der sie sich befinden. Dazu tricksen wir mit einem zusätzlichen Parameter `currentLevel` in unserer Methode. Damit ergibt sich folgende Implementierung:

```
static <T> boolean isPerfect(final BinaryTreeNode<T> parent)
{
    if (parent == null)
        return true;

    final int height = Ex03_TreeHeight.getHeight(parent);

    return isPerfect(parent.left, parent.right, height, 1);
}

static <T> boolean isPerfect(final BinaryTreeNode<T> leftNode,
                             final BinaryTreeNode<T> rightNode,
                             final int height, final int currentLevel)
{
    if (leftNode == null || rightNode == null)
        return false;

    if (leftNode.isLeaf() && rightNode.isLeaf())
        return onSameHeight(leftNode, rightNode, height, currentLevel);

    return isPerfect(leftNode.left, leftNode.right, height, currentLevel + 1) &&
           isPerfect(rightNode.left, rightNode.right, height, currentLevel + 1);
}
```

```
static <T> boolean onSameHeight(final BinaryTreeNode<T> leftNode,
                                final BinaryTreeNode<T> rightNode,
                                final int height, final int currentLevel)
{
    return Ex03_TreeHeight.getHeight(leftNode) + currentLevel == height &&
           Ex03_TreeHeight.getHeight(rightNode) + currentLevel == height;
}
```

Prüfung

Wir konstruieren den Baum mit Zahlen aus der Einführung und rufen unsere gerade erstellten Methoden auf. Zudem führen wir eine Modifikation durch, indem wir den Verweis auf den rechten Teilbaum löschen. Dann rufen wir die Methoden erneut auf:

```
public static void main(final String[] args)
{
    final BinaryTreeNode<String> _4 = ExampleTrees.createNumberTree();
    printInfo(_4);

    // Modifiziere den Baum
    _4.right.left = null;
    _4.right.right = null;
    printInfo(_4);
}

protected static void printInfo(final BinaryTreeNode<String> root)
{
    TreeUtils.nicePrint(root);
    System.out.println("#nodes:  " + nodeCount(root));
    System.out.println("isFull?: " + isFull(root));
    System.out.println("isPerfect?: " + isPerfect(root));
    System.out.println();
}
```

Führen wir diese `main()`-Methode aus, so erhalten wir die erwarteten Ergebnisse:

```
            4
      |-----+-----|
      2           6
   |--+--|     |--+--|
   1     3     5     7
#nodes:  7
isFull?: true
isPerfect?: true

            4
      |-----+-----|
      2           6
   |--+--|
   1     3
#nodes:  5
isFull?: true
isPerfect?: false
```

Lösung 12c: Vollständigkeit (★★★★☆)

In dieser Teilaufgabe sollen Sie prüfen, ob ein Baum vollständig ist, so wie es in der Einleitung definiert wurde, also ein Binärbaum, bei dem alle Ebenen voll gefüllt sind, mit der erlaubten Ausnahme auf der letzten Ebene, in der Knoten fehlen dürfen, jedoch nur mit Lücken so weit rechts wie möglich.

Beispiel Neben dem bisher verwendeten perfekten Baum ist auch der nachfolgende Baum per Definition vollständig. Wenn wir jedoch die Kinder vom Knoten H entfernen, ist der Baum nicht mehr vollständig.

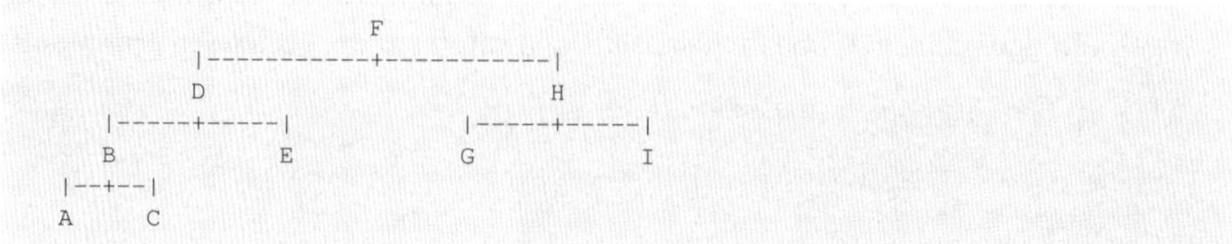

Algorithmus Zunächst scheint dies eine ziemlich knifflige Aufgabe zu sein, auf jeden Fall deutlich komplizierter als die zuvor gezeigten »Prüfungen«. Wenn wir nochmals die Definition anschauen, soll der Baum jeweils paarweise Nachfolger enthalten. Zudem darf es keine Lücken im Baum geben, also keinen Knoten mit fehlendem linken Nachfolger, aber mit einem rechten Nachfolger. Falls der Baum nicht voll gefüllt ist, so dürfen nur Blätter von rechts fehlen. Bei genauerer optischer Betrachtung fällt auf, dass man Ebene für Ebene ablaufen könnte und dann nur in der letzten Ebene Knoten fehlen dürfen.

Jetzt kommt uns der Levelorder-Durchlauf in den Sinn. Diesen nutzen wir hier und ergänzen lediglich ein paar Prüfungen: Jeder Knoten, den wir uns anschauen, darf keinen rechten Nachfolger ohne linken besitzen. Zudem prüfen wir, ob wir zwischenzeitlich einen fehlenden Knoten entdeckt haben. Wie kann es dazu kommen? Das ist immer dann möglich, wenn wir die Nachfolger eines Knotens der Queue hinzufügen wollen, es jedoch nur einen linken oder rechten Nachfolger gibt. Dies wird durch das Flag `missingNode` ausgedrückt. Wurde also ein fehlender Nachfolger entdeckt, dann dürfen die danach verarbeiteten Knoten nur noch Blätter sein.

```
static <T> boolean levelorderIsComplete(final BinaryTreeNode<T> startNode)
{
    if (startNode == null)
        return false;

    final Queue<BinaryTreeNode<T>> toProcess = new LinkedList<>();
    toProcess.offer(startNode);

    // Indikator, dass ein Knoten nicht zwei Nachfolger hat
    boolean missingNode = false;

    while (!toProcess.isEmpty())
    {
        final BinaryTreeNode<T> current = toProcess.poll();

        // Nur Nachfahren auf der rechten Seite
        if (current.left == null && current.right != null)
            return false;

        // Wenn zuvor ein fehlender Knoten entdeckt wurde,
        // dann darf der nächste nur ein Blatt sein
        if (missingNode && !current.isLeaf())
            return false;

        // Nimm Subelemente auf, markiere, falls nicht vollständig
        if (current.left != null)
            toProcess.offer(current.left);
        else
            missingNode = true;

        if (current.right != null)
            toProcess.offer(current.right);
        else
            missingNode = true;
    }

    // Alle Knoten erfolgreich getestet
    return true;
}
```

Prüfung

Wir konstruieren den Baum aus dem Beispiel und rufen unsere gerade erstellte Methode auf. Zudem führen wir eine Modifikation durch, indem wir die Blätter unter dem Knoten H entfernen. Dann prüfen wir erneut:

```
public static void main(final String[] args)
{
    final BinaryTreeNode<String> F = createCompletenessExampleTree();
    TreeUtils.nicePrint(F);
    System.out.println("levelorderIsComplete? " + levelorderIsComplete(F));

    // Modifikation: entferne Blätter unter H
    F.right.left = null;
    F.right.right = null;
    TreeUtils.nicePrint(F);
    System.out.println("levelorderIsComplete? " + levelorderIsComplete(F));
}

protected static BinaryTreeNode<String> createCompletenessExampleTree()
{
    final BinaryTreeNode<String> F = new BinaryTreeNode<>("F");
    TreeUtils.insert(F, "D");
    TreeUtils.insert(F, "H");
    TreeUtils.insert(F, "B");
    TreeUtils.insert(F, "E");
    TreeUtils.insert(F, "A");
    TreeUtils.insert(F, "C");
    TreeUtils.insert(F, "G");
    TreeUtils.insert(F, "I");
    return F;
}
```

Führen wir diese `main()`-Methode aus, so erhalten wir die erwarteten Ergebnisse:

```
                        F
            |-----------+-----------|
            D                       H
      |-----+-----|           |-----+-----|
      B           E           G           I
   |--+--|
   A     C
levelorderIsComplete? true
                        F
            |-----------+-----------|
            D                       H
      |-----+-----|
      B           E
   |--+--|
   A     C
levelorderIsComplete? false
```

Lösung 12d: Vollständigkeit rekursiv (★★★★★)

In dieser letzten Teilaufgabe soll als besonderes Schmankerl folgende Herausforderung gemeistert werden: Die Prüfung ist ohne zusätzliche Datenstrukturen und rein mit Rekursion zu lösen. Das klingt zunächst kaum umsetzbar, daher gebe ich einen Tipp.

Tipp: Erarbeiten Sie sich die Lösung schrittweise. Erzeugen Sie als Hilfsdatenstruktur ein `boolean[]`, das modelliert, ob ein Knoten für eine gewisse Position existiert oder nicht. Durchlaufen Sie dann den Baum und markieren Sie die Positionen passend. Wandeln Sie diese Implementierung in eine rein rekursive ohne das `boolean[]` um.

Beispiel Wie schon zuvor ist der nachfolgende Baum per Definition vollständig.

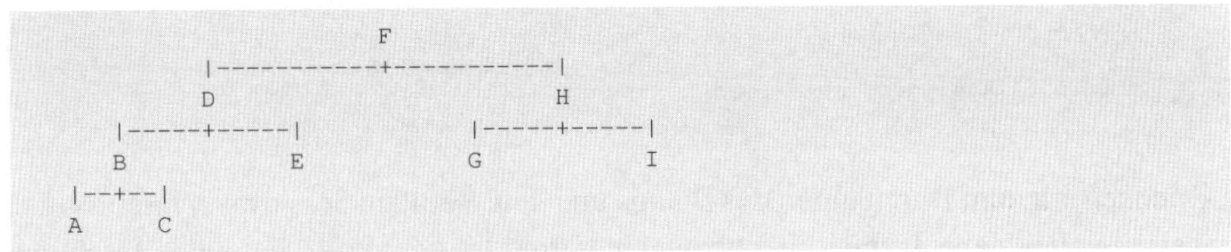

```
                    F
         |-----------+-----------|
         D                       H
   |-----+-----|           |-----+-----|
   B           E           G           I
|--+--|
A     C
```

Algorithmus Tatsächlich klingt die Aufgabenstellung kaum schaffbar, aber deshalb ist es ja auch eine sehr schwierige Aufgabe. Wie so oft, lohnt es sich, zunächst einmal eine Variante zu entwickeln, die noch nicht alle geforderten Eigenschaften erfüllt, und diese schrittweise zu verfeinern. Wir beginnen mit den Ideen aus dem Tipp.

Die Idee ist folgende: Wir durchlaufen den Baum und markieren für jeden Knoten, der existiert, genau dies in einem `boolean[]`. Dabei nummerieren wir die Positionen gemäß Levelorder von links nach rechts und oben nach unten durch. Um die Position des aktuellen Knotens im Array zu ermitteln, nehmen wir folgende Berechnung vor: Für Position i besitzt der linke Nachfolger die Position $i * 2 + 1$ und der rechte Nachfolger hat Position $i * 2 + 2$.[3] Folgende Abbildung 9-12 verdeutlicht dies.

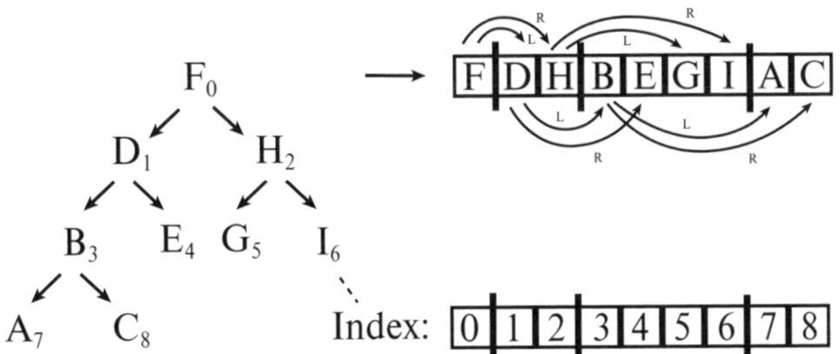

Abbildung 9-12 *Abbildung Baum auf Array*

[3]Die Berechnung wird noch etwas einfacher, wenn man der Wurzel den Index 1 gibt, dann besitzen die Kinder die Positionen $2i$ und $2i + 1$.

Nun müssen wir noch wissen, wie groß das Array sein muss. Theoretisch kann es maximal 2^{height} Elemente enthalten. Bei sehr tiefen und dadurch ausladenden Bäumen könnten aber auch viele Blätter gar nicht existieren. Als Speicheroptimierung zählen wir daher zunächst die Anzahl der Knoten, um die tatsächlich benötigte Größe zu ermitteln – dabei hilft uns Übungsaufgabe 12a. Danach durchlaufen wir alle Elemente des Baums mithilfe der Methode `traverseAndMark()`. Zum Schluss fassen wir die Daten mit `allAssigned()` zusammen:

```
static <T> boolean isComplete(final BinaryTreeNode<T> startNode)
{
    final int nodeCount = nodeCount(startNode);

    final boolean[] nodeExists = new boolean[nodeCount];

    // Jetzt durchlaufen wir den Baum von der Wurzel nach unten
    traverseAndMark(startNode, nodeExists, 0);

    return allAssigned(nodeExists);
}
```

Kommen wir zum Durchlaufen des Baums und dem Befüllen des Arrays. Interessanterweise spielt es dabei keine Rolle, ob man hier Pre-, In- oder Postorder nutzt. Wichtig ist nur, dass die Positionen gemäß der genannten Berechnungsvorschrift ermittelt werden:

```
static <T> void traverseAndMark(final BinaryTreeNode<T> startNode,
                                final boolean[] nodeExists, final int pos)
{
    // rekursiver Abbruch
    if (startNode == null)
        return;
    if (pos >= nodeExists.length)
        return;

    // Aktion
    nodeExists[pos] = true;

    // rekursiver Abstieg
    traverseAndMark(startNode.left, nodeExists, pos * 2 + 1);
    traverseAndMark(startNode.right, nodeExists, pos * 2 + 2);
}
```

Schließlich müssen wir prüfen, ob es im Array eine Position gibt, die nicht mit `true` belegt ist. In diesem Fall wäre es kein vollständiger Baum. Das ermittelt nachfolgende Methode:

```
private static boolean allAssigned(final boolean[] nodeExists)
{
    for (boolean exists : nodeExists)
        if (!exists)
            return false;

    return true;
}
```

Tipp: Warum `allAssigned()` so Old School?

Schaut man nur flüchtig auf die Methode `allAssigned()`, so ist man geneigt, diese durch folgendes deutlich elegantere Konstrukt zu ersetzen:

```
private static boolean allAssigned(final boolean[] nodeExists)
{
    return Arrays.stream(nodeExists).noneMatch(value -> value == false);
}
```

So schön es wäre, es kompiliert leider nicht, weil `Arrays.stream()` nicht für `boolean[]` definiert ist.

Puh, das war bisher ein ganz schönes Stück Arbeit und man musste sich schon einiger Tricks bedienen. Positiv sei angemerkt, dass dieser Algorithmus funktioniert. Das zeige ich später zusammen mit dem rein auf rekursive Verarbeitung umgestellten Algorithmus, der auf diesen Ideen basiert.

Negativ ist jedoch, dass wir je nach Größe des Baums einiges an zusätzlichem Speicher benötigen. Schauen wir, wie wir dies durch die rein rekursive Variante vermeiden.

Rekursiver Algorithmus Unser Ziel ist es, auf das Array zu verzichten und nur noch rekursiv zu arbeiten. Deshalb bietet sich als Ausgangspunkt die Methode `traverseAndMark()` an. Wenn wir kein Array als Datenspeicher nutzen dürfen, benötigen wir die Anzahl der Knoten als Parameter. Anstatt jeweils rekursiv das Array zu befüllen, ruft sich die Methode einfach selbst auf:

```
public static <T>  boolean isCompleteRec(final BinaryTreeNode<T> startNode)
{
    return isCompleteRec(startNode, 0, nodeCount(startNode));
}

public static <T> boolean isCompleteRec(final BinaryTreeNode<T> startNode,
                                        final int pos, final int nodeCount)
{
    if (startNode == null)
        return true;
    if (pos >= nodeCount)
        return false;

    if (!isCompleteRec(startNode.left, 2* pos + 1, nodeCount))
        return false;

    if (!isCompleteRec(startNode.right, 2* pos + 2, nodeCount))
        return false;

    return true;
}
```

Ohne die Zwischenschritte wäre es – zumindest mir – extrem schwergefallen, die Aufgabenstellung rekursiv zu formulieren, da sich der Trick der Logik in der Positionsberechnung und Prüfung kaum ohne das Array im Hinterkopf herleiten lässt. Es ist schon beeindruckend, was diese wenigen Zeilen leisten.

Prüfung

Erneut konstruieren wir den Baum und modifizieren ihn nach erfolgter Prüfung:

```
public static void main(final String[] args)
{
    final BinaryTreeNode<String> F = createCompletenessExampleTree();
    TreeUtils.nicePrint(F);
    System.out.println("isComplete? " + isComplete(F));
    System.out.println("isCompleteRec? " + isCompleteRec(F));

    // Modifikation: entferne Blätter unter H
    F.right.left = null;
    F.right.right = null;
    TreeUtils.nicePrint(F);
    System.out.println("isComplete? " + isComplete(F));
    System.out.println("isCompleteRec? " + isCompleteRec(F));
}

protected static BinaryTreeNode<String> createCompletenessExampleTree()
{
    final BinaryTreeNode<String> F = new BinaryTreeNode<>("F");
    TreeUtils.insert(F, "D");
    TreeUtils.insert(F, "H");
    TreeUtils.insert(F, "B");
    TreeUtils.insert(F, "E");
    TreeUtils.insert(F, "A");
    TreeUtils.insert(F, "C");
    TreeUtils.insert(F, "G");
    TreeUtils.insert(F, "I");
    return F;
}
```

Führen wir diese `main()`-Methode aus, so erhalten wir die erwarteten Ergebnisse – zudem sind diese für die Methodenvariationen konsistent:

```
                        F
            |-----------+-----------|
            D                       H
      |-----+-----|           |-----+-----|
      B           E           G           I
   |--+--|
   A     C
isComplete? true
isCompleteRec? true
                        F
            |-----------+-----------|
            D                       H
      |-----+-----|
      B           E
   |--+--|
   A     C
isComplete? false
isCompleteRec? false
```

9.3.13 Lösung 13: Tree Printer (★★★★★)

In dieser Aufgabe sollen Sie die grafische Ausgabe eines Binärbaums implementieren, wie wir sie zuvor schon in den Beispielen gesehen haben.

Dazu lösen Sie in den ersten drei Aufgabenteilen zunächst die Grundlagen und wagen sich dann an die trickreichere grafische Aufbereitung von Bäumen.

Tipp Nutzen Sie ein fixes Raster von Blöcken der Breite 3. Das trägt zu einer ausgewogenen Darstellung und zur Reduktion der Komplexität deutlich bei.

Beispiel Der nachfolgende Baum sollte diverse Spezialfälle abdecken:

```
                  F
      |-----------+-----------|
      D                       H
|-----+                       +-----|
B                                   I
|--+--|
A     C
```

Lösung 13a: Breite eines Teilbaums (★★☆☆☆)

In diesem Aufgabenteil sollen Sie die maximale Breite eines Teilbaums einer gegebenen Höhe mithilfe der Methode `int subtreeWidth(int)` bestimmen. Dabei nehmen wir vereinfachend an, dass die Knoten maximal mit drei Zeichen dargestellt werden und dass zwischen diesen Knoten jeweils ein Abstand von mindestens drei Zeichen ist: Das gilt für die Blätter, wenn der Baum voll gefüllt ist. Auf höheren Ebenen ist natürlich mehr Platz zwischen den Knoten zweier Teilbäume.

Beispiele Links sehen wir einen Baums der Höhe 2 und rechts einen Baum der Höhe 3. Auf Basis des Dreier-Rasters ergeben sich 9 und 21 als Breiten.

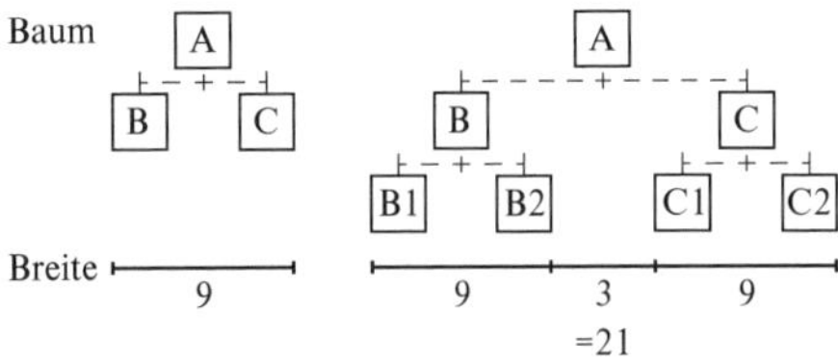

Abbildung 9-13 *Baumbreite*

Höhe	Gesamtbreite	Breite des Teilbaums
1	3	0 (kein Teilbaum existent)
2	9	3
3	21	9
4	45	21

Algorithmus In der Grafik erkennen wir, dass in der untersten Ebene eines Binärbaums maximal 2^n Knoten vorhanden sein können, mit n als Höhe des Baums. Weil wir die maximale Breite bestimmen wollen und – um den Rahmen nicht zu sprengen – auch von variablen Breiten der Knoten absehen wollen, ergibt sich für eine Höhe $height$ die Gesamtbreite wie folgt:

$$maxNumOfLeaves * leafWidth + (maxNumOfLeaves - 1) * spacing$$

Darauf basiert folgende Implementierung – ein wenig tricky ist vielleicht die letzte Berechnung. Wir müssen einmal das Spacing abziehen und durch zwei dividieren, da wir ja nur die maximale Breite eines Teilbaums ermitteln wollen:

```
static int subtreeWidth(final int height)
{
    if (height <= 0)
        return 0;

    final int leafWidth = 3;
    final int spacing = 3;

    final int maxNumOfLeaves = (int) Math.pow(2, height - 1);
    final int widthOfTree = maxNumOfLeaves * leafWidth +
                            (maxNumOfLeaves - 1) * spacing;
    final int widthOfSubtree = (widthOfTree - spacing) / 2;

    return widthOfSubtree;
}
```

Lösung 13b: Knoten zeichnen (★★☆☆☆)

Schreiben Sie eine Methode `String drawNode(BinaryTreeNode<T>, int)`, die eine grafische Ausgabe eines Knotens erstellt und dabei die übergebene Menge an Leerzeichen passend erzeugt. Der Knotenwert soll maximal dreistellig sein und mittig ausgegeben werden.

Tipp: Denken Sie daran, dass die Darstellung der Ebene darunter links mit der Zeichenfolge ' |-' startet, wenn der aktuelle Knoten einen linken Nachfolger besitzt.

Beispiel Im Beispiel ist ein einzelner Knoten mit einem Spacing von 5 Zeichen dargestellt. Zudem ist der Knotenwert mittig in einem Dreier-Kasten ausgerichtet.

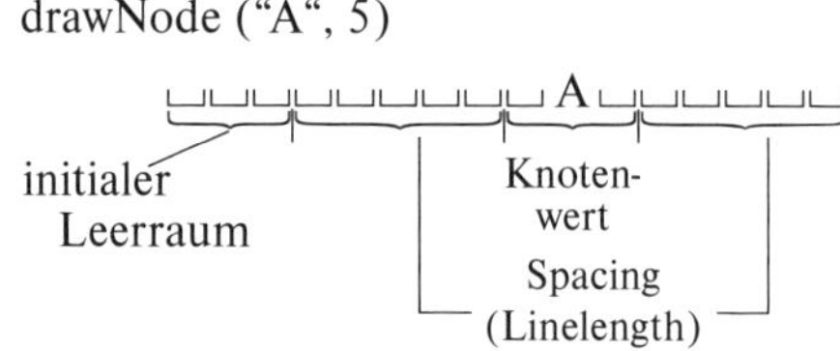

__Abbildung 9-14__ Abmessungen beim Zeichnen von Knoten

Algorithmus Wie üblich ist es eine gute Idee, die Komplexität durch Untergliedern in mehrere kleinere Teilaufgaben zu reduzieren. Mithilfe eine Methode `spacing(int)` erzeugen wir den benötigten Abstand sowohl links als auch rechts von der Knotendarstellung. Deren Aufbereitung prüft zunächst die Sonderfälle kein Knoten oder kein Wert im Knoten, dann entspricht dies grafisch einem Freiraum von drei Zeichen. Ansonsten füllen wir den in einen String gewandelten Wert mit Leerzeichen auf, falls dieser kürzer als drei Zeichen ist. Ist er länger, beschneiden wir den Text auf drei Zeichen. Das geschieht in der Methode `String stringifyNodeValue(BinaryTreeNode<T>)`. Weil nachfolgende Zeilen bei Existenz eines linken Nachfolgers mit dem Text ' |-' beginnen, fügen wir vorne an unsere Stringrepräsentation noch drei Leerzeichen ein:

```
static <T> String drawNode(final BinaryTreeNode<T> currentNode,
                           final int lineLength)
{
    String strNode = "   ";
    strNode += spacing(lineLength);
    strNode += stringifyNodeValue(currentNode);
    strNode += spacing(lineLength);

    return strNode;
}

static <T> String stringifyNodeValue(final BinaryTreeNode<T> node)
{
    if (node == null || node.item == null)
        return "   ";

    final String nodeValue = "" + node.item;
    if (nodeValue.length() == 1)
        return " " + nodeValue + " ";
    if (nodeValue.length() == 2)
        return nodeValue + " ";

    return nodeValue.substring(0, 3);
}

static String spacing(final int lineLength)
{
    return " ".repeat(lineLength);
}
```

Lösung 13c: Verbindungslinien zeichnen (★★☆☆☆)

Schreiben Sie eine Methode `String drawConnections(BinaryTreeNode<T>, int)`, die eine grafische Ausgabe der Verbindungslinien eines Knotens zu seinen zwei Nachfolgern zeichnet und auch fehlende Nachfolger korrekt behandelt.

Tipp Die Linienlänge bezieht sich auf die Zeichen zwischen den Knotendarstellungen. Die Enden sind jeweils noch geeignet anzuhängen, ebenso wie das mittlere Verbindungsstück.

Beispiel Die nachfolgende Abbildung visualisiert alle beim Zeichnen relevanten Fälle, also mit keinem, einem und zwei Nachfolgern.

```
                       F
            |-----------+-----------|
            D                       H
      |-----+                       +-----|
      B                                   I
   |--+--|
   A     C
```

Nachfolgend ist nochmal eine schematische Darstellung gezeigt:

```
drawConnection (node, Linelength)

|␣|–|– – – – – –|– + –|– – – – – –|–|␣|
|    |Linelength|      |Linelength|     |

linker          Verbindung         rechtes
Start                                 Ende
```

__Abbildung 9-15__ Schematische Darstellung der Verbindungslinien

Algorithmus Beim Zeichnen der Verbindungslinien unterhalb eines Knotens sind alle drei Varianten mit und ohne linken bzw. rechten Nachfolger abzudecken. Noch ein klein wenig interessanter ist es, dass ein nicht vorhandener Knoten auch eine entsprechende Ausgabe von Leerzeichen produzieren muss. Das wird benötigt, wenn auf der linken Seite keine Kinder sind. Ansonsten würden die Knoten auf der rechten Seite nicht korrekt eingerückt.

Wir untergliedern das Zeichnen in drei Teile. Als Erstes bereiten wir mit `drawLeftConnectionPart()` den linken Teil der Ausgabe auf. Danach erstellen wir in `drawJunction(node)` den Verbindungspunkt unter Beachtung aller Spezialfälle. Schließlich wird mit `drawRightConnectionPart()` noch der rechte Teil aufbereitet:

```
static <T> String drawConnections(final BinaryTreeNode<T> currentNode,
                                  final int lineLength)
{
    if (currentNode == null)
       return "   " + spacing(lineLength) + "   " + spacing(lineLength) + "   ";

    String connection = drawLeftConnectionPart(currentNode, lineLength);
    connection += drawJunction(currentNode);
    connection += drawRightConnectionPart(currentNode, lineLength);
    return connection;
}

static <T> String drawLeftConnectionPart(final BinaryTreeNode<T> currentNode,
                                         final int lineLength)
{
    if (currentNode.left == null)
        return "   " + spacing(lineLength);

    return " |-" + drawLine(lineLength);
}
```

```
static <T> String  drawJunction(final BinaryTreeNode<T> currentNode)
{
    if(currentNode.left == null && currentNode.right == null)
        return "   ";
    else if (currentNode.left == null)
        return " +-";
    else if (currentNode.right == null)
        return "-+ ";

    return "-+-";
}

static <T> String drawRightConnectionPart(final BinaryTreeNode<T> currentNode,
                                          final int lineLength)
{
    if (currentNode.right == null)
         return spacing(lineLength) + "   ";

    return drawLine(lineLength) + "-| ";
}

static String drawLine(int lineLength)
{
    return "-".repeat(lineLength);
}
```

Lösung 13d: Baumdarstellung (★★★★★)

Kombinieren Sie alle Lösungen der Aufgabenteile und ergänzen Sie die notwendigen Schritte, um einen beliebigen Binärbaum geeignet auf der Konsole ausgeben zu können. Schreiben Sie dazu eine Methode `nicePrint(node)`.

Beispiel Die Ausgabe des im einleitenden Beispiel dargestellten Baums sollte auch durch `nicePrint()` in etwa wie folgt aussehen:

```
                     F
         |-----------+-----------|
         D                       H
   |-----+                       +-----|
   B                                   I
|--+--|
A     C
```

Prüfen Sie Ihren Algorithmus auch mal mit einem richtigen Ungetüm an Baum, den Sie in den Sourcen finden. Hier ein deutlich abgespeckter Vertreter:

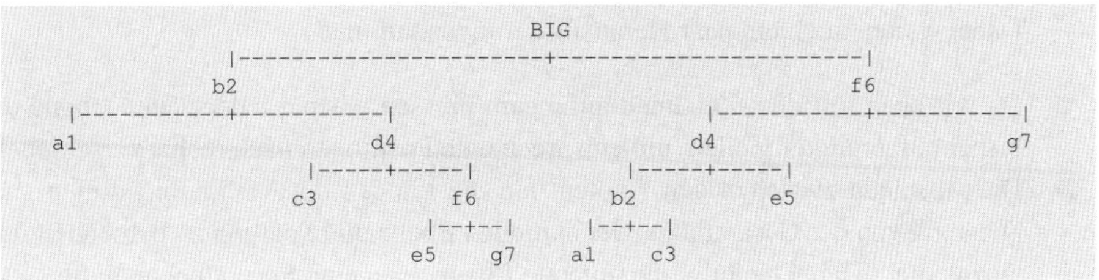

```
                                    BIG
              |-----------------------+-----------------------|
            b2                                              f6
  |-----------+-----------|                       |-----------+-----------|
a1                      d4                      d4                      g7
                    |-----+-----|           |-----+-----|
                  c3          f6          b2          e5
                            |--+--|     |--+--|
                            e5    g7    a1    c3
```

Algorithmus In der vorherigen Aufgabe haben Sie kennengelernt, wie man Binärbäume auf Arrays abbilden kann. Hier muss das sogar noch leicht abgewandelt werden, da in dem Baum im Gegensatz zur Vollständigkeit an beliebigen Stellen auch Knoten fehlen können. Zur Größenberechnung des Arrays benötigen wir die Höhe des Baums. Diese ist auch wichtig, um die entsprechenden Abstände und Linienlängen zu berechnen. Dabei hilft dann auch noch der Trick, die maximale Breite eines Teilbaums zu bestimmen und geeignet zu nutzen.

Diese genannten Ideen kann man aufgreifen, um sich ein passendes Array zu erstellen, in dem verstreut die Knoten hinterlegt sind. Dabei helfen die folgenden Methoden:

```
static <T> List<BinaryTreeNode<T>>
           fillNodeArray(final BinaryTreeNode<T> startNode)
{
    final int height = Ex03_TreeHeight.getHeight(startNode);
    final int maxNodeCount = (int) Math.pow(2, height);

    final List<BinaryTreeNode<T>> nodes =
          new ArrayList<>(Collections.nCopies(maxNodeCount, null));

    traverseAndMark(startNode, nodes, 0);

    return nodes;
}

static <T> void traverseAndMark(final BinaryTreeNode<T> startNode,
                                final List<BinaryTreeNode<T>> nodes,
                                final int pos)
{
    // rekursiver Abbruch
    if (startNode == null)
        return;
    if (pos >= nodes.size())
        return;

    // Aktion
    nodes.set(pos, startNode);

    // rekursiver Abstieg
    traverseAndMark(startNode.left, nodes, pos * 2 + 1);
    traverseAndMark(startNode.right, nodes, pos * 2 + 2);
}
```

Zum Zeichnen wird dann Ebene für Ebene durch den Baum und das Array gewandert und die grafische Repräsentation aufbereitet. Das hat allerdings den Nachteil, dass sehr ausladende Bäume auch ziemlich viel zusätzlichen Speicher beim Zeichnen benötigen, da sie ja als Array bzw. Liste vorgehalten werden.

Dabei warten noch ein paar Herausforderungen auf uns:

- Da wir oben mit dem Zeichnen anfangen, müssen wir bei jeder neuen Ebene die bisher aufbereiteten Zeilen, um entsprechende Positionen nach rechts verschieben.
- Die Abstände zwischen den Knoten und die Längen der Verbindungslinien sind abhängig von der Gesamthöhe, der aktuellen Ebene und Position zu berechnen und einzuhalten. Dabei benötigt die unterste Ebene noch eine Spezialbehandlung.

Nachfolgende Abbildung verdeutlicht das Raster und die unterschiedlichen Abstände zwischen den Knoten pro Ebene und von einer Ebene zur nächsten

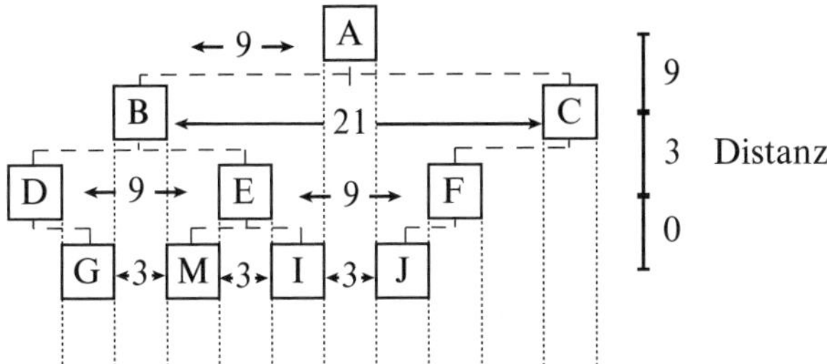

Abbildung 9-16 *Abstände zwischen den Knoten*

Die zugehörige Implementierung profitiert durch den Einsatz der Hilfsmethoden:

```
static <T> void nicePrintV1(final BinaryTreeNode<T> startNode)
{
    if (startNode == null)
        return;

    final int treeHeight = Ex03_TreeHeight.getHeight(startNode);
    final List<BinaryTreeNode<T>> allNodes = fillNodeArray(startNode);

    int offset = 0;
    final List<String> lines = new ArrayList<>();
    for (int level = 0; level < treeHeight; level++)
    {
        final int lineLength = subtreeWidth(treeHeight - 1 - level);

        // Vorgängerzeilen nach rechts einrücken
        for (int i = 0; i < lines.size(); i++)
        {
            lines.set(i, "   " + spacing(lineLength) + lines.get(i));
        }

        final int nodesPerLevel = (int) Math.pow(2, level);
        String nodeLine = "";
        String connectionLine = "";

        for (int pos = 0; pos < nodesPerLevel; pos++)
        {
            final BinaryTreeNode<T> currentNode = allNodes.get(offset + pos);

            nodeLine += drawNode(currentNode, lineLength);
            nodeLine += spacingBetweenNodes(treeHeight, level);
            connectionLine += drawConnections(currentNode, lineLength);
            connectionLine += spacingBetweenConnections(treeHeight, level);
        }

       lines.add(nodeLine.stripTrailing());
       lines.add(connectionLine.stripTrailing());

        // Spring im Array weiter
        offset += nodesPerLevel;
    }

    lines.forEach(System.out::println);
}
```

Zusätzlich benötigen wir noch zwei Methoden, um den Abstand zwischen den Knoten bzw. für die Verbindungslinien bereitzustellen:

```
static String spacingBetweenNodes(final int treeHeight, final int level)
{
    final int spacingLength = subtreeWidth(treeHeight - level);
    String spacing = " ".repeat(spacingLength);
    if (spacingLength > 0)
        spacing += "   ";
    return spacing;
}

static String spacingBetweenConnections(final int treeHeight, final int level)
{
    final int spacingLength = subtreeWidth(treeHeight - level);
    return " ".repeat(spacingLength);
}
```

Speicheroptimierter Algorithmus Nachfolgend möchte ich eine Variante vorstellen, die keinen zusätzlichen Speicher benötigt, sondern mit einem Levelorder-Durchlauf die grafische Repräsentation des Baums aufbereitet. Dabei nutzen wir eine Liste mit einzelnen Zeilen, wobei sich solche mit Knoten und Verbindungslinien abwechseln. Die zuvor gezeigte Variante empfinde ich etwas klarer, insbesondere benötigt nachfolgende Version die Spezialbehandlung des Wechsels der Ebenen, was in der ersten Version natürlicher geschieht.

Insgesamt ist es aber weiterhin ein klarer Levelorder-Durchlauf, dessen Aktion in diesem Fall etwas umfangreicher ist:

```
static <T> void nicePrint(final BinaryTreeNode<T> startNode)
{
    if (startNode == null)
        return;

    final int treeHeight = Ex03_TreeHeight.getHeight(startNode);
    final List<String> lines = new ArrayList<>();

    int level = 0;
    String nodeLine = "";
    String connectionLine = "";

    final Queue<Pair<BinaryTreeNode<T>, Integer>> toProcess = new LinkedList<>()
        ;
    toProcess.offer(new Pair<>(startNode, 0));

    while (!toProcess.isEmpty() && level < treeHeight)
    {
        // Levelorder
        final Pair<BinaryTreeNode<T>, Integer> current = toProcess.poll();
        final BinaryTreeNode<T> currentNode = current.first;
        final int nodelevel = current.second;

        // Aktion
        int lineLength = subtreeWidth(treeHeight - 1 - level);

        // Wechsel in der Ebene
        if (level != nodelevel)
```

```
            {
                level = nodelevel;
                lineLength = subtreeWidth(treeHeight - 1 - level);

                lines.add(nodeLine.stripTrailing());
                lines.add(connectionLine.stripTrailing());
                nodeLine = "";
                connectionLine = "";

                // Vorgängerzeilen nach rechts einrücken
                for (int i = 0; i < lines.size(); i++)
                {
                    lines.set(i, "    " + spacing(lineLength) + lines.get(i));
                }
            }

            nodeLine += drawNode(currentNode, lineLength);
            nodeLine += spacingBetweenNodes(treeHeight, level);
            connectionLine += drawConnections(currentNode, lineLength);
            connectionLine += spacingBetweenConnections(treeHeight, level);

            // Levelorder
            if (currentNode != null)
            {
                toProcess.offer(new Pair<>(currentNode.left, level + 1));
                toProcess.offer(new Pair<>(currentNode.right, level + 1));
            }
            else
            {
                // künstliche Platzhalter für korrektes Layout
                toProcess.offer(new Pair<>(null, level + 1));
                toProcess.offer(new Pair<>(null, level + 1));
            }
        }

        lines.forEach(System.out::println);
    }
```

Der Verzicht auf die Hilfsdatenstruktur führt zu einer komplexeren Realisierung und man muss künstliche `null`-Knoten als Platzhalter hinzufügen, damit bei fehlendem linken Knoten die Bäume korrekt gezeichnet werden. Dadurch würde der Levelorder-Durchlauf nicht mehr terminieren, da ja immer neue Knoten hinzukommen. Um das zu verhindern, wird nicht nur die Queue, sondern auch das aktuelle Level abgefragt.

Prüfung

Wir haben jetzt einiges entwickelt, nun wollen wir auch die Früchte unserer Arbeit sehen. Dazu nutzen wir die Bäume aus dem einleitenden Beispiel. Am ersten Baum lässt sich die prinzipielle Arbeitsweise gut erkennen. Der zweite ist eine Kombination aus den bisherigen Beispielbäumen, jedoch nach links und rechts rotiert und unter einer neuen Wurzel mit dem Wert `BIG` vereint:

```
protected static BinaryTreeNode<String> createTreePrintExampleTree()
{
    final BinaryTreeNode<String> F = new BinaryTreeNode<>("F");
    TreeUtils.insert(F, "D");
    TreeUtils.insert(F, "H");
    TreeUtils.insert(F, "B");
    TreeUtils.insert(F, "A");
    TreeUtils.insert(F, "C");
    TreeUtils.insert(F, "I");
    return F;
}

protected static BinaryTreeNode<String> createBigTree()
{
    var d4a = ExampleTrees.createExampleTree();
    var d4b = ExampleTrees.createExampleTree();
    var BIG = new BinaryTreeNode<>("BIG");
    BIG.left = Ex07_RotateBinaryTree.rotateRight(d4a);
    BIG.right = Ex07_RotateBinaryTree.rotateLeft(d4b);
    return BIG;
}
```

Diese ergeben folgende Bäume:

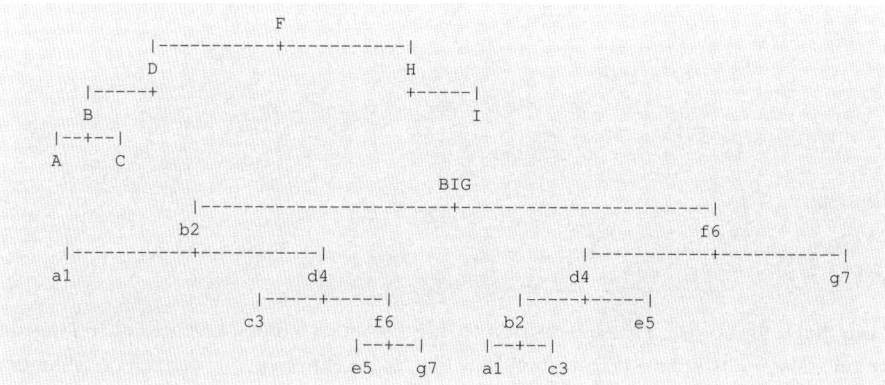

```
                    F
         |-----------+-----------|
         D                       H
   |-----+                       +-----|
   B                                   I
|--+--|
A     C
                                   BIG
             |-----------------------+-----------------------|
            b2                                              f6
 |-----------+-----------|                       |-----------+-----------|
a1                     d4                       d4                      g7
                   |-----+-----|           |-----+-----|
                 c3          f6          b2          e5
                            |--+--|     |--+--|
                           e5    g7    a1    c3
```

Wenn Sie einmal sehen wollen, wie schön wirklich ausladende Bäume dargestellt werden, dann rufen Sie die Methode einmal für folgendes Konstrukt auf:

```
protected static BinaryTreeNode<String> createMonsterTree()
{
    final var mon = new BinaryTreeNode<>("MON");
    mon.left = createBigTree();
    mon.right = createBigTree();
    return mon;
}
```

Im Begleitprojekt finden Sie eine Doppelkombination dieses »Monsterbaums«, den ich spaßeshalber auf den Namen KingKong getauft habe.

10 Suchen und Sortieren

Suchen und Sortieren sind zwei elementare Themen der Informatik im Bereich der Algorithmen und Datenstrukturen. Das Collections-Framework setzt beide mit effizienten Implementierungen um und nimmt einem dadurch viel Arbeit ab. Allerdings ist das Verständnis der zugrunde liegenden Algorithmen doch hilfreich, um die am besten passende Variante für einen Anwendungsfall wählen zu können. Das Thema Suchen stelle ich hier nur einführend vor und verweise für eine detailliertere Behandlung auf mein Buch »Der Weg zum Java-Profi« [2]. In diesem Kapitel widmen wir uns vorrangig einigen essenziellen Sortierverfahren, weil dabei einige algorithmische Tricks gelernt werden können.

10.1 Einführung Suchen

Beim Verwalten von Daten muss man immer mal wieder auch nach Elementen suchen, etwa nach Kunden mit dem Vornamen »Carsten« oder nach einer Rechnung zu einem bestimmten Bestelldatum.

10.1.1 Suchen in Collections und Arrays

Praktischerweise besitzen alle Containerklassen Methoden, mit denen man nach Elementen suchen kann, und auch solche, um zu prüfen, ob Elemente in einer Collection enthalten sind.

Suchen mit `contains()`

Wenn Containerklassen über den allgemeinen Typ `Collection<E>` angesprochen werden, so lässt sich durch Aufruf der Methode `contains(Object)` ermitteln, ob ein gewünschtes Element vorhanden ist. Darüber hinaus kann man mit `containsAll(Collection<?>)` prüfen, ob eine Menge von Elementen enthalten ist. Dabei wird über die Elemente der Collection iteriert, und jedes einzelne wird basierend auf `equals(Object)` auf Gleichheit mit dem übergebenen Element bzw. den übergebenen Elementen geprüft. Für Maps existieren korrespondierende Methoden `containsKey(Object)` und `containsValue(Object)`.

Tipp: Signatur von `contains()`

Eine Anmerkung noch: Wieso verwendet `contains()` nicht den generischen Typ, sondern `Object`? Laut Methodenkontrakt wird das hereingereichte Objekt eines beliebigen Typs mittels `equals(Object)` mit den Elementen der Collection verglichen. Aufgrund der Signatur von `equals(Object)` ist der konkrete Typ nur indirekt durch die Implementierung und deren interne Typprüfung von Bedeutung.

Suchen mit `indexOf()` und `lastIndexOf()`

Für Listen gibt es ergänzend zur Prüfung auf Existenz mit `contains(Object)` die Methoden `indexOf(Object)` und `lastIndexOf(Object)`, um die Position eines gesuchten Elements zu ermitteln. Die erste Methode beginnt mit der Suche am Anfang einer Liste und die zweite beginnt an deren Ende. Auf diese Weise kann, sofern vorhanden, entweder das erste oder das letzte Vorkommen ermittelt werden. Wird kein Element gefunden, so ist die Rückgabe -1. Gleichheit wird wiederum durch `equals(Object)` überprüft.

Suchen in Arrays selbst programmieren

Wie gerade gesehen, bieten die Interfaces `Collection<E>` und `List<E>` verschiedene Suchen, etwa nach Enthaltensein oder nach Index. Leider gibt es nichts Gleichartiges in der Hilfsklasse `java.util.Arrays`. Jedoch ist es ziemlich einfach, diese Funktionalitäten für Arrays selbst zu realisieren. Weil thematisch passend, fügen wir sie auch in der in Kapitel 5 entwickelten Klasse `ArrayUtils` ein.

Die Implementierung für eine indexbasierte Suche liefert entweder die Position des gewünschten Elements oder den Wert -1 für nicht gefunden. Wir implementieren das Ganze exemplarisch für den Typ `int[]`. Die Suche sieht – einmal ausgehend vom Anfang und einmal vom Ende des Arrays – wie folgt aus:

```
static int indexOf(final int[] values, final int searchFor)
{
    for (int pos = 0; pos < values.length; pos++)
    {
        if (values[pos] == searchFor)
            return pos;
    }
    return -1;
}

static int lastIndexOf(final int[] values, final int searchFor)
{
    for (int pos = values.length - 1; pos >= 0; pos--)
    {
        if (values[pos] == searchFor)
            return pos;
    }
    return -1;
}
```

Basierend auf der indizierten Suche lässt sich eine Methode `contains(int[], int)` für den Typ `int[]` analog zu der für `Collection<E>` sehr leicht selbst erstellen:

```
static boolean contains(final int[] values, final int searchFor)
{
    return indexOf(values, searchFor) != -1;
}
```

10.1.2 Binärsuche mit `binarySearch()`

Neben den gerade genannten Suchmethoden, die iterativ so lange alle Elemente der Datenstruktur betrachten, bis sie fündig geworden sind, wird für die Datenstrukturen Array und `List<E>` im JDK eine effiziente Suche, die sogenannte ***Binärsuche***, angeboten. ***Diese setzt allerdings zwingend sortierte Daten voraus*** – idealerweise durch die Wahl einer entsprechenden Datenstruktur wie beispielsweise eines `TreeSet<E>`s, das die Elemente immer sortiert hält. Wenn man Daten explizit erst sortieren muss, dann ist der Vorteil gegenüber einer linearen Suche gerade bei kleinen Datenbeständen kaum gegeben.

Bei größeren Datenvolumina ist die logarithmische Laufzeit einer Binärsuche allerdings deutlich besser als diejenige einer linearen Suche: Die geringe Laufzeit wird dadurch erreicht, dass der Algorithmus die jeweils zu verarbeitenden Bereiche halbiert und danach im passenden Teilstück weitersucht. Der beschriebene Ablauf bei der Binärsuche wird im JDK durch die überladene Methode `binarySearch()` in den Utility-Klassen `Arrays` bzw. `Collections` realisiert. Abbildung 10-1 stellt den prinzipiellen Ablauf dar, wobei aussortierte Teilstücke grau markiert sind.

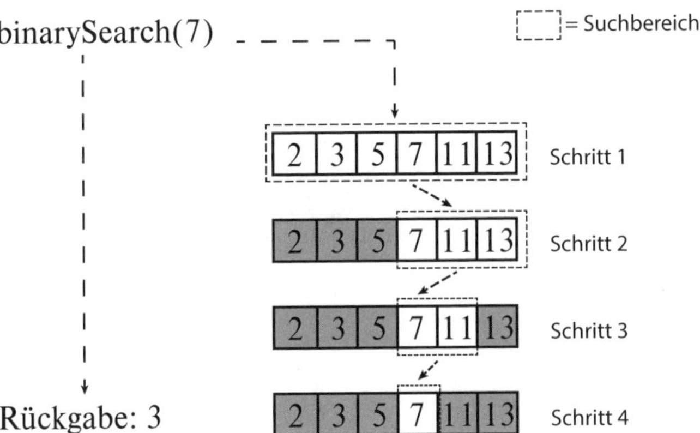

Abbildung 10-1 *Schematischer Ablauf bei der Binärsuche*

In der Abbildung zeigt der Pfeil im ersten Schritt zwischen die Elemente – je nach Implementierung von `binarySearch()` wird bei gerader Anzahl das zur Mitte direkt benachbarte linke bzw. rechte Element zum Vergleich genutzt.

10.2 Einführung Sortieren

In diesem Abschnitt stelle ich Ihnen einige Sortieralgorithmen vor, die die Grundlage für die späteren Übungsaufgaben bilden.

10.2.1 Insertion Sort

Insertion Sort kann man sich am besten mit dem Sortieren der eigenen Karten in der Hand bei einem Kartenspiel vorstellen. Man beginnt auf der linken Seite, nimmt dann immer die nächste rechts benachbarte Karte und fügt diese passend in den bereits sortierten linken Teil ein, wodurch in der Regel einige Karten nach rechts wandern. Bei diesem Vorgehen kann man die erste Karte überspringen, da sie für sich betrachtet sortiert ist, und somit mit der zweiten Karte starten. Schauen wir uns das für die Zahlenfolge 4, 2, 7, 9, 1 an — dazu ist das jeweilige neu einzusortierende Element markiert und der links bereits sortierte Teil vom unsortierten Teil rechts mit || abgetrennt:

```
4 || ② 7 9 1

2 4 || ⑦ 9 1

2 4 7 || ⑨ 1

2 4 7 9 || ①

1 2 4 7 9
```

Im Beispiel startet man mit dem Wert 2. Für jede Zahl muss man die korrekte Einfügeposition ermitteln. Dafür gibt es die nachfolgend beschriebenen zwei Varianten.

Einfügeposition bestimmen

Ausgehend von der aktuellen Position läuft man so lange nach links, wie die Vergleichswerte größer sind. Alternativ kann man auch von vorne beginnen und so lange eine Position nach rechts gehen, wie die verglichenen Werte kleiner sind:

```
static int findInsertPosFromCurrent(final int[] numbers, final int currentPos)
{
    int insertPos = currentPos;
    while (insertPos > 0 && numbers[insertPos - 1] > numbers[currentPos])
        insertPos--;

    return insertPos;
}

static int findInsertPosFromStart(final int[] numbers, final int currentPos)
{
    int insertPos = 0;
    while (insertPos < currentPos && numbers[insertPos] < numbers[currentPos])
        insertPos++;

    return insertPos;
}
```

Tipp: Stabiles Sortieren

Wenn beim Sortieren für Elemente gleichen Werts deren ursprüngliche Reihenfolge in der Collection bestehen bleibt, dann spricht man von ***stabilem Sortieren***. Das ist oftmals eine zu bevorzugende Eigenschaft, weil ggf. mit den Elementen verknüpfte Daten so nicht in der Reihenfolge durcheinanderkommen.

Für das Beispiel führt die Variante `findInsertPosFromCurrent(int[], int)` zu einem stabilen Sortierverfahren, die zweite dagegen nicht. Ersetzt man dort jedoch das < durch <=, so wird das resultierende Sortierverfahren ebenfalls stabil:

```
while (insertPos < currentPos && numbers[insertPos] <= numbers[currentPos])
```

Das liegt daran, dass dadurch ein zuletzt gefundenes gleiches Element immer hinter allen gleichen Elementen angeordnet wird.

Sortieren durch Einfügen

Nachdem man die korrekte Einfügeposition für einen Wert kennt, müssen noch alle Werte (bis zur Position des aktuell betrachteten Werts) um eine Position nach rechts geschoben werden. Schließlich wird der Wert an der gefundenen Position eingefügt:

```
static void insertionSort(final int[] numbers)
{
    for (int currentPos = 1; currentPos < numbers.length; currentPos++)
    {
        final int currentVal = numbers[currentPos];
        final int insertPos = findInsertPosFromCurrent(numbers, currentPos);

        moveRight(numbers, currentPos, insertPos);

        numbers[insertPos] = currentVal;
    }
}

static void moveRight(final int[] numbers,
                      final int currentPos, final int insertPos)
{
    int movePos = currentPos;
    while (movePos > insertPos)
    {
        numbers[movePos] = numbers[movePos - 1];
        movePos--;
    }
}
```

Im Listing ist eine gut nachvollziehbare Realisierung gezeigt, die auf Verständlichkeit und nicht auf Geschwindigkeit setzt. Tatsächlich kann man einige Aktionen geschickt miteinander verbinden und so die mehrfachen Durchläufe vermeiden. In der Übungsaufgabe 4 geht es später um genau diese Optimierung.

10.2.2 Selection Sort

Selection Sort ist ein weiteres intuitiv verständliches Verfahren mit zwei Varianten: Eine basiert auf dem Minimum und die andere auf dem Maximum. Bei der Minimum-Variante wird das zu sortierende Array von vorne nach hinten durchlaufen und dabei in jedem Schritt das Minimum aus dem noch unsortierten Teilbereich ermittelt. Dieses wird nach vorne bewegt, indem es mit dem aktuellen Element vertauscht wird. Dadurch wächst der sortierte Bereich von vorne und es verkleinert sich der verbliebene noch unsortierte Bereich. Für die Variante mit Maximum durchläuft man die zu sortierenden Daten von hinten nach vorne, ordnet das jeweilige Maximum hinten ein, sodass der sortierte Bereich von hinten wächst.

Zum besseren Verständnis wollen wir das für eine kleine Wertemenge nachvollziehen — dazu ist das jeweilige aktuelle Minimum bzw. Maximum speziell markiert und der sortierte vom unsortierten Teil mit || abgetrennt. Man erkennt gut, wie der sortierte Teil wächst.

```
       MIN                   MAX
       ->                     <-
       || 4 2 7 9 ①         4 2 7 ⑨ 1 ||

1:     1 || ② 7 9 4         4 2 ⑦ 1 || 9

2:     1 2 || 7 9 ④         ④ 2 1 || 7 9

3:     1 2 4 || 9 ⑦         1 ② || 4 7 9

4:     1 2 4 7 || 9         1 || 2 4 7 9
```

Nachfolgend ist die Implementierung der Variante für das Minimum gezeigt:

```
static void selectionSortMin(final int[] values)
{
    for (int i = 0; i < values.length - 1; i++)
    {
        int minIdx = i;

        // Finde Minimum
        for (int j = i + 1; j < values.length; j++)
        {
            if (values[j] < values[minIdx])
                minIdx = j;
        }

        // Tausche aktuellen Wert mit Minimum
        int tmp = values[minIdx];
        values[minIdx] = values[i];
        values[i] = tmp;
    }
}
```

Wenn man Algorithmen nur auf dieser Low-Level-Ebene anschaut, fällt meistens das Verständnis und Nachvollziehen schwer. Natürlich müssen die endgültigen, in Frameworks eingesetzten Algorithmen möglichst optimal sein. Dazu benötigt man Abschätzungen mit der O-Notation, die auf der Low-Level-Ebene einfacher durchführbar sind als auf der High-Level-Ebene, da dann sämtliche Konstrukte inklusive aufgerufener Methoden betrachtet werden müssen. Jedoch ist es zum Lernen und zum Einstieg viel geeigneter, zunächst verständlich zu programmieren und dann in weiteren Schritten an der Optimierung zu arbeiten.

Meinung: Starte mit Verständlichkeit

Wie lässt sich Selection Sort auf höherer Abstraktionsebene beschreiben? Dazu greifen wir auf einige Hilfsmethoden zurück, die wir zu Arrays erstellt haben: Zum einen in der Einführung die Methode `swap()` zum Vertauschen von Elementen, zum anderen die Methode `findMinPos()` zum Auffinden der Position des kleinsten Elements, was als Übungsaufgabe 12 in Abschnitt ?? ab Seite ?? erstellt wurde. Durch deren Nutzung wird der eigentliche Ablauf nahezu sofort ersichtlich: Wir durchlaufen das Array von vorne und suchen jeweils das Minimum des verbleibenden Teils und tauschen dieses mit dem Wert der aktuellen Position:

```
static void selectionSortMinReadable(final int[] values)
{
    for (int curIdx = 0; curIdx < values.length - 1; curIdx++)
    {
        final int minIdx = findMinPos(values, curIdx, values.length);

        swap(values, minIdx, curIdx);
    }
}
```

Zum leichteren Ausprobieren mit der JShell sind hier die beiden, in der Klasse `ArrayUtils` definierten Hilfsmethoden nochmals abgebildet:

```
static int findMinPos(int[] values, int startPos, int endPos)
{
    int minPos = startPos;
    for (int i = startPos + 1; i < endPos; i++)
    {
        if (values[i] < values[minPos])
            minPos = i;
    }
    return minPos;
}

static void swap(final int[] values, final int pos1, final int pos2)
{
    final int temp = values[pos1];
    values[pos1] = values[pos2];
    values[pos2] = temp;
}
```

Probieren wir das mal in der JShell aus:

```
jshell> int[] values = { 4, 2, 7, 9, 1 };

jshell> selectionSortMinReadable(values)

jshell> values
values ==> int[5] { 1, 2, 4, 7, 9 }
```

10.2.3 Merge Sort

Merge Sort basiert auf einem Divide-and-Conquer-Ansatz und zerteilt rekursiv das zu sortierende Array in immer kleiner werdende Subarrays mit etwa der Hälfte der ursprünglichen Größe, bis diese nur noch aus einem oder ggf. keinem Element bestehen. Danach werden die Subarrays wieder vereint. In diesem Merge-Schritt erfolgt das Sortieren durch die passende, auf den jeweiligen Werten basierende Zusammenführung. Die Abläufe kann man sich wie folgt verdeutlichen:

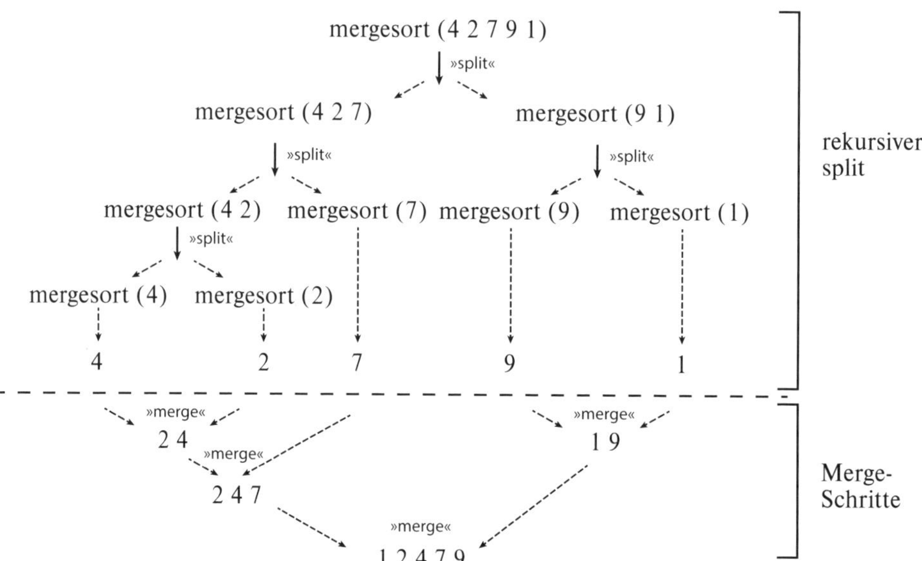

***Abbildung 10-2** Ablauf bei Merge Sort*

Der Algorithmus des Aufsplittens lässt sich rekursiv und gut verständlich – allerdings auch etwas ineffizient – implementieren, sofern man neue Arrays erzeugen darf. Dabei kommt die Realisierung der Methode `merge(int[], int[])` zum Einsatz, die bereits in der Übungsaufgabe 11 in Abschnitt 5.3.11 ab Seite 240 erstellt wurde:

```
static int[] mergesort(final int[] toSort)
{
    // Rekursiver Abbruch: Länge 0 (nur wenn initial leeres Array) oder 1
    if (toSort.length <= 1)
        return toSort;

    // Rekursiver Abstieg: teile in zwei Hälften
    final int midPos = toSort.length / 2;
    final int[] left = Arrays.copyOfRange(toSort, 0, midPos);
    final int[] resultLeft = mergesort(left);

    final int[] right = Arrays.copyOfRange(toSort, midPos, toSort.length);
    final int[] resultRight = mergesort(right);

    // Verbinde die Teilresultate zu größerem sortierten Array
    return merge(resultLeft, resultRight);
}
```

Tipp: Analogie aus dem realen Leben führt zu Optimierung

Auch für Merge Sort lässt sich wieder die Analogie zum Sortieren von Karten eines Kartenspiels nutzen. Wenn man einen ziemlich großen Stapel an Karten sortieren muss, kann man diesen in viele, deutlich kleinere Stapel aufteilen, diese für sich sortieren und danach sukzessive vereinigen. Statt jedoch die Stapel bis auf eine Karte zu reduzieren, bietet es sich an, die kleineren Stapel mit einem anderen Verfahren zu sortieren, oftmals mit Insertion Sort, das für kleine, idealerweise fast geordnete Arrays eine Laufzeit von $O(n)$ besitzt. Das kann man zum Feintunen verwenden, Genialerweise ist dies bei Merge Sort kinderleicht:

```
static int[] mergesortWithInsertionsort(final int[] toSort)
{
    // Rekursiver Abbruch inklusive Mini-Optimierung
    if (toSort.length < 5)
    {
        InserionSortExample.insertionSort(toSort);
        return toSort;
    }

    // Rekursiver Abstieg: Teile in zwei Hälften
    final int midPos = toSort.length / 2;
    final int[] left = Arrays.copyOfRange(toSort, 0, midPos);
    final int[] resultLeft = mergesort(left);

    final int[] right = Arrays.copyOfRange(toSort, midPos, toSort.length);
    final int[] resultRight = mergesort(right);

    // Verbinde die Teilresultate zu größerem sortiertem Array
    return merge(resultLeft, resultRight);
}
```

Abschließend möchte ich noch darauf hinweisen, dass die Grenze, ab wann man auf Insertion Sort wechseln sollte, hier recht willkürlich auf den Wert 5 festgesetzt wurde. Vermutlich sind Werte zwischen 10 und 20 Elemente ziemlich praxistauglich, jedoch sollte man dann auf das Wissen von Algorithmen-Profis zurückgreifen, die für Laufzeiten mathematisch fundierte Abschätzungen erstellen.

10.2.4 Quick Sort

Ebenso wie Merge Sort basiert auch Quick Sort auf einem Divide-and-Conquer-Ansatz und zerteilt das zu sortierende Array in immer kleiner werdende Subarrays. Dabei wird ein spezielles Element (***Pivot*** genannt) ausgewählt, das die Gruppierung bzw. Bearbeitung festlegt. Der Einfachheit halber kann man das erste Element des zu sortierenden Teilbereichs als Pivot-Element wählen – andere Varianten sind aber denkbar. Bei Quick Sort erfolgt das Sortieren basierend auf diesem Pivot-Element, indem man alle Elemente des Teilbereichs gemäß ihrem Wert links (kleiner oder gleich) bzw. rechts (größer) vom Pivot anordnet. Dadurch ist das Pivot-Element an der korrekten Stelle einsortiert. Nun wird das Ganze rekursiv für die linken und rechten Teile wiederholt, bis die Teilbereiche nur noch aus einem Element bestehen. Die Abläufe zeigt folgende Abbildung.

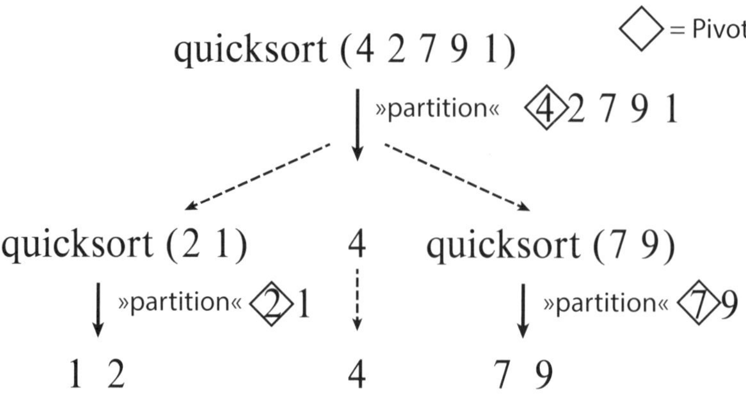

Abbildung 10-3 *Ablauf bei Quick Sort*

Beginnen wir mit einer Umsetzung für Listen, da dies leichter zugänglich und verständlich ist. Dadurch lassen sich das Aufgliedern in kleinere und größere Elemente einfach implementieren und auch das spätere Zusammenfügen der Ergebnisse der rekursiven Teilberechnungen ist leicht. Die gesamte Implementierung ist bewusst nicht auf Geschwindigkeit, sondern Verständlichkeit optimiert.

Zur Partitionierung sammelt man in je einer Liste alle Elemente, die kleiner oder gleich bzw. die größer als der Wert des Pivot-Elements sind. Dazu nutzt man das Stream-API und folgenden Trick: Wir wandeln die ursprüngliche Liste in einen `Stream<Integer>`, überspringen das erste Element, da dieses das Pivot-Element ist, und wenden dann jeweils passende `Predicate<Integer>`s an.

```
static List<Integer> quicksort(final List<Integer> values)
{
    // rekursiver Abbruch
    if (values.size() <= 1)
        return values;

    // Aufsammeln kleiner gleich / größer als Pivot
    final Integer pivot = values.get(0);
    final List<Integer> belowOrEquals = collectAll(values.stream().skip(1),
                                                   cur -> cur <= pivot);
    final List<Integer> aboves = collectAll(values.stream().skip(1),
                                            cur -> cur > pivot);

    // rekursiver Abstieg
    final List<Integer> sortedLowersPart = quicksort(belowOrEquals);
    final List<Integer> sortedUppersPart = quicksort(aboves);

    // Zusammenfügen
    final List<Integer> result = new ArrayList<>();
    result.addAll(sortedLowersPart);
    result.add(pivot);
    result.addAll(sortedUppersPart);

    return result;
}
```

Das Aufsammeln von Elementen und Anwenden der `Predicate<Integer>`s wird durch die Hilfsmethode `collectAll()` schließlich sehr einfach mit `filter()` und `collect()` aus dem Stream-API wie folgt realisiert:

```
static List<Integer> collectAll(final Stream<Integer> values,
                                final Predicate<Integer> condition)
{
    return values.filter(condition).collect(Collectors.toList());
}
```

Für Listen sowie nicht auf Performance optimiert ist das Ganze recht intuitiv. Deutlich unhandlicher wird es, wenn man die Partitionierung für Arrays inplace, also direkt im Originalarray selbst, realisieren möchte. Davon dürfen Sie sich später in Form der Übungsaufgabe 5 überzeugen. Den prinzipiellen Ablauf schauen wir uns nun an.

Inplace-Umsetzung für Arrays

Der grundsätzliche Algorithmus lässt sich wie folgt implementieren, wobei die Realisierung der Partitionierung – wie schon erwähnt – eine Übungsaufgabe sein wird:

```
static void quicksort(final int values[])
{
    quicksort(values, 0, values.length - 1);
}

public static void quicksort(final int values[], final int begin, final int end)
{
    // rekursiver Abbruch
    if (begin >= end)
        return;

    final int partitionIndex = partition(values, begin, end);

    // rekursiver Abstieg
    quicksort(values, begin, partitionIndex - 1);
    quicksort(values, partitionIndex + 1, end);
}
```

Tipp: Vermeidung von Seiteneffekten durch Kopie

Soll das ursprüngliche Array nicht verändert werden, so kann man zunächst eine Kopie davon erstellen und danach dann die Inplace-Methode aufrufen:

```
static int[] quicksortWithCopy(final int[] values)
{
    final int[] copy = Arrays.copyOf(values, values.length);

    quicksort(copy);

    return copy;
}
```

10.2.5 Bucket Sort

Bucket Sort ist ein interessantes Sortierverfahren, dessen Algorithmus ich nachfolgend nur skizziere, da die Implementierung Thema der Übungsaufgabe 7 ist.

Bucket Sort ist ein zweistufiges Verfahren zum Sortieren der Daten. Zunächst werden die Werte in speziellen Containern (den sogenannten Buckets) gesammelt. Danach werden diese Werte dann passend in ein sortiertes Array überführt. Damit der Algorithmus möglich ist, müssen die zu sortierenden Elemente eine begrenzte Wertemenge besitzen. Das gilt etwa für Altersangaben von Personen, wo wir einen Wertebereich von 0 bis 150 annehmen können.

```
int[] ages = { 10, 50, 22, 7, 42, 111, 50, 7 };
```

Durch diese Festlegung auf eine maximale Anzahl an unterschiedlichen Werten lassen sich korrespondierend viele Behälter, die Buckets, nutzen, um die Werte bzw. genauer deren Häufigkeit zu speichern. Für jeden möglichen Wert wird ein Bucket vorgesehen.

Schritt 1: Verteilung auf Buckets Nun wird die Ausgangsmenge an Daten durchlaufen und deren Auftreten in den Buckets vermerkt. Exemplarisch für die obigen Altersangaben ergibt sich folgende Verteilung:

```
bucket[7] = 2
bucket[10] = 1
bucket[22] = 1
bucket[42] = 1
bucket[50] = 2
bucket[111] = 1
```

Schritt 2: Aufbereitung des sortierten Ergebnisses In einem letzten Schritt werden die Buckets von vorne durchlaufen und die jeweiligen Werte in das Resultat so oft eingefügt, wie deren Anzahl im Bucket hinterlegt ist. Damit entsteht diese Sortierung:

```
int[] result = { 7, 7, 10, 22, 42, 50, 50, 111 };
```

10.2.6 Schlussgedanken

Viele der intuitiv gut zu erfassenden Algorithmen wie Insertion Sort und Selection Sort haben allerdings den Nachteil, dass sie in der Regel eine Laufzeit von $O(n^2)$ besitzen. Insertion Sort verfügt jedoch über eine positive und bemerkenswerte Besonderheit, sofern die Ausgangsdaten (nahezu) sortiert vorliegen: Dann wird Insertion Sort mit $O(n)$ extrem performant.

Quick Sort und Merge Sort sind in der Regel mit einer Laufzeit von $O(n \cdot log(n))$ sehr performant, allerdings besitzen diese auch eine höhere Komplexität des Sourcecodes, insbesondere wenn dort inplace gearbeitet wird. Dies ist für Frameworks und größere Datenbestände sehr wichtig für die Performance. Potenziell ungünstig ist es dagegen bei Merge Sort, viele Kopien von Teilbereichen zu erstellen. Ähnliches gilt für Quick Sort und dessen Partionierung. Für beides gibt es aber Varianten, dic dies inplace erledigen. Interessanterweise sind die jeweiligen Teilungen der zu sortierenden Teilbereiche per Rekursion ziemlich einfach zu formulieren, jedoch ist der Teil zur Partitionierung bzw. zum Mergen dann komplexer und schwieriger zu implementieren, insbesondere wenn man inplace arbeitet. Für Merge Sort finden Sie ein Beispiel im mitgelieferten Eclipse-Projekt, für Quick Sort dürfen Sie sich in der Übungsaufgabe 6 daran versuchen.

Verbleibt noch Bucket Sort. Dieser Algorithmus läuft mitunter sogar in linearer Laufzeit, allerdings ist er im Gegensatz zu den anderen vorgestellten Sortierverfahren nicht allgemeingültig, da er die schon genannte Restriktion der Einschränkung der möglichen Wertemenge besitzt.

10.3 Aufgaben

10.3.1 Aufgabe 1: Contains All (★★☆☆☆)

Analog zur Methode `boolean containsAll(Collection<?>)` aus dem JDK für den Typ `Collection<E>` soll eine Methode `boolean containsAll(int[], int...)` für Arrays erstellt werden, die prüft, ob alle als Var Args übergebenen Werte in dem Array vorhanden sind.

Beispiele

Eingabe	Suchwerte	Resultat
[0, 1, 2, 3, 4, 5, 6, 7, 8, 9]	[7, 2]	true
[0, 1, 2, 3, 4, 5, 6, 7, 8, 9]	[5, 11]	false

10.3.2 Aufgabe 2: Partitionierung (★★★☆☆)

Die Aufgabenstellung besteht darin, eine gemischte Folge der Buchstaben A und B in einem einzigen Durchlauf passend zu sortieren bzw. so anzuordnen, dass alle As vor den Bs auftreten. Das kann man auch auf drei Buchstaben ausweiten.

Beispiele

Eingabe	Resultat
"ABAABBBAAABBBA"	"AAAAAAABBBBBBB"
"ABACCBBCAACCBBA"	"AAAAABBBBBCCCCC"

Aufgabe 2a: Partitionierung von zwei Buchstaben (★★☆☆☆)

Schreiben Sie eine Methode `String partition2(String)`, die eine als `String` oder `char[]` gegebene Folge der zwei Buchstaben A und B in die geordnete Folge bringt, bei der alle As vor den Bs auftreten.

Aufgabe 2b: Partitionierung von drei Buchstaben (★★★☆☆)

Schreiben Sie eine Methode `String partition3(String)`, die eine als `String` gegebene Folge von drei Buchstaben A, B und C in die geordnete Folge bringt, bei der alle As vor den Bs und diese wiederum vor den Cs auftreten. Statt mit Buchstaben kann man sich dies für Farben einer Flagge vorstellen. Dann ist es unter dem Namen »Dutch Flag Problem« bekannt.

10.3.3 Aufgabe 3: Binärsuche (★★☆☆☆)

Aufgabe 3a: Binärsuche rekursiv (★★☆☆☆)

Schreiben Sie eine rekursive Methode `boolean binarySearch(int[], int)`, die in einem sortierten Array nach dem gewünschten Wert sucht.

Beispiele

Eingabe	Suchwert	Resultat
[1, 2, 3, 4, 5, 7, 8, 9]	5	true
[1, 2, 3, 4, 5, 7, 8, 9]	6	false

Aufgabe 3b: Binärsuche iterativ (★★☆☆☆)

Wandeln Sie die rekursive Methode in eine iterative Methode mit abgeänderter Signatur `int binarySearchIterative(int[], int)` um. Liefern Sie statt `true` bzw. `false` die Position des Suchwerts bzw. -1 für nicht gefunden.

Beispiele

Eingabe	Suchwert	Position
[1, 2, 3, 4, 5, 7, 8, 9]	5	4
[1, 2, 3, 4, 5, 7, 8, 9]	6	-1

10.3.4 Aufgabe 4: Insertion Sort (★★☆☆☆)

In der Einführung in Abschnitt 10.2.1 hatte ich eine vereinfachte, gut nachvollziehbare Realisierung von Insertion Sort gezeigt. In dieser Aufgabenstellung geht es darum, das Ganze zu optimieren, indem nun das Auffinden der Einfügeposition und das dafür nötige Tauschen und Einfügen in einem Rutsch erfolgen. Schreiben Sie eine optimierte Version von `int[] insertionSort(int[])`.

Beispiel

Eingabe	Resultat
[7, 2, 5, 1, 6, 8, 9, 4, 3]	[1, 2, 3, 4, 5, 6, 7, 8, 9]

10.3.5 Aufgabe 5: Selection Sort (★★☆☆☆)

Schreiben Sie eine Variante von Selection Sort, die statt des Minimums das Maximum nutzt und folgende Signatur besitzt: `void selectionSortMaxInplace(int[])`.

Was ist zu modifizieren, damit der Sortieralgorithmus die Originaldaten unverändert lässt und ein neues sortiertes Array zurückgibt? Schreiben Sie dazu eine Methode `int[] selectionSortMaxCopy(int[])`.

Beispiel

Eingabe	Resultat
[7, 2, 5, 1, 6, 8, 9, 4, 3]	[1, 2, 3, 4, 5, 6, 7, 8, 9]

10.3.6 Aufgabe 6: Quick Sort (★★★☆☆)

Quick Sort habe ich in der Einführung in Abschnitt 10.2.4 beschrieben. Während sich die Implementierung der Aufteilung in zwei Bereiche mit Werten kleiner gleich bzw. größer als das Pivot-Element mithilfe von Listen sehr verständlich realisieren lässt, ist das für Arrays herausfordernder. Nun soll die Partitionierung mit der Methode `int partition(int[], int, int)` umgesetzt werden. Nachfolgend ist noch einmal der bereits bestehende, aufrufende und inplace arbeitende Sourcecode abgebildet:

```
static int[] quicksort(final int values[])
{
    quickSort(values, 0, values.length - 1);
    return values;
}

static void quicksort(final int values[], final int begin, final int end)
{
    // rekursiver Abbruch
    if (begin >= end)
        return;

    final int partitionIndex = partition(values, begin, end);

    // rekursiver Abstieg
    quicksort(values, begin, partitionIndex - 1);
    quicksort(values, partitionIndex + 1, end);
}
```

Beispiele

Eingabe	Resultat
[5, 2, 7, 1, 4, 3, 6, 8]	[1, 2, 3, 4, 5, 6, 7, 8]
[5, 2, 7, 9, 6, 3, 1, 4, 8]	[1, 2, 3, 4, 5, 6, 7, 8, 9]
[5, 2, 7, 9, 6, 3, 1, 4, 2, 3, 8]	[1, 2, 2, 3, 3, 4, 5, 6, 7, 8, 9]

10.3.7 Aufgabe 7: Bucket Sort (★★☆☆☆)

In der Einführung in Abschnitt 10.2.5 wurde der Algorithmus von Bucket Sort beschrieben. In dieser Aufgabe soll eine Methode `int[] bucketSort(int[], int)` erstellt werden, die dieses Sortierverfahren für ein `int[]` und einen erwarteten Maximalwert implementiert.

Beispiel

Eingabe	Maximalwert	Resultat
[10, 50, 22, 7, 42, 111, 50, 7]	150	[7, 7, 10, 22, 42, 50, 50, 111]

10.3.8 Aufgabe 8: Suche in rotierten Daten (★★★★☆)

In dieser Aufgabenstellung sind in einer gegebenen sortierten Folge von Ganzzahlwerten zwei Suchprobleme zu lösen. Die Herausforderung besteht darin, dass die Werte zwar geordnet, aber in sich rotiert sind, sodass das kleinste Element eben nicht vorne und das größte nicht hinten in den Daten zu finden ist (außer im Spezialfall einer Rotation um 0 Positionen).

Tipp Prüfen Sie unbedingt auch den Spezialfall einer Rotation von 0 bzw. einem Vielfachen der Länge des Arrays, was wieder einer Rotation um den Wert 0 entspräche.

Aufgabe 8a: Flankenwechsel effizient (★★★★☆)

Schreiben Sie eine Methode `int findFlankPos(int[])`, die eine in einer gegebenen sortierten Folge von n Ganzzahlwerten, etwa 25, 33, 47, 1, 2, 3, 5, 11, effizient in logarithmischer Zeit, also $O(log(n))$, die Position des Flankenwechsel, bestimmt. Schreiben Sie zwei auf `int findFlankPos(int[])` basierende Methoden `int minValue(int[])` und `int maxValue(int[])`, die gemäß ihrem Namen das Minimum bzw. Maximum aus der gegebenen sortierten, aber rotierten Wertefolge ermitteln.

Beispiele

Eingabe	Flankenposition	Minimum	Maximum
[25, 33, 47, 1, 2, 3, 5, 11]	3	1	47
[5, 11, 17, 25, 1, 2]	4	1	25
[6, 1, 2, 3, 4, 5]	1	1	6
[1, 2, 3, 4, 5, 6]	0 (Spezialfall)	1	6

Aufgabe 8b: Binärsuche in rotierten Daten (★★★★☆)

Schreiben Sie eine Methode `int binarySearchRotated(int[], int)`, die in einer gegebenen sortierten Folge von Ganzzahlwerten, etwa der Zahlenfolge 25, 33, 47, 1, 2, 3, 5, 11, effizient nach einem übergebenen Wert sucht und dessen Position oder -1 bei Nichtenthaltensein liefert.

Beispiele

Eingabe	Flankenposition	Suchwert	Ergebnis
[25, 33, 47, 1, 2, 3, 5, 11]	3	47	2
[25, 33, 47, 1, 2, 3, 5, 11]	3	3	5
[25, 33, 47, 1, 2, 3, 5, 11]	3	13	-1
[1, 2, 3, 4, 5, 6, 7]	0 (Spezialfall)	5	4
[1, 2, 3, 4, 5, 6, 7]	0 (Spezialfall)	13	-1

10.4 Lösungen

10.4.1 Lösung 1: Contains All (★★☆☆☆)

Analog zur Methode `boolean containsAll(Collection<?>)` aus dem JDK für den Typ `Collection<E>` soll eine Methode `boolean containsAll(int[], int...)` für Arrays erstellt werden, die prüft, ob alle als Var Args übergebenen Werte in dem Array vorhanden sind.

Beispiele

Eingabe	Suchwerte	Resultat
[0, 1, 2, 3, 4, 5, 6, 7, 8, 9]	[7, 2]	true
[0, 1, 2, 3, 4, 5, 6, 7, 8, 9]	[5, 11]	false

Algorithmus In Abschnitt 10.1.1 wurde die Methode `boolean contains(int[], int)` realisiert. Für unsere Implementierung rufen wir diese wiederholt auf, und zwar für alle zur Prüfung auf Enthaltensein übergebenen Elemente:

```
static boolean containsAll(final int[] values, final int... searchFor)
{
    for (int current : searchFor)
    {
        if (!ArrayUtils.contains(values, current))
            return false;
    }
    return true;
}
```

Prüfung

Definieren wir ein `int[]` mit den Zahlen von 0 bis 9 und prüfen, ob dort die Werte 7 und 2 sowie 5 und 11 vorhanden sind:

```
@ParameterizedTest(name = "containsAll({0}, {1}) => {2}")
@MethodSource("createInputsAndExpected")
void containsAll(int[] values, int[] searchvalues, boolean expected)
{
    boolean result = Ex01_ContainsAll.containsAll(values, searchvalues);

    assertEquals(expected, result);
}

private static Stream<Arguments> createInputsAndExpected()
{
    final int[] values = { 0, 1, 2, 3, 4, 5, 6, 7, 8, 9 };
    final int[] searchValues1 = { 7, 2 };
    final int[] searchValues2 = { 5, 11 };

    return Stream.of(Arguments.of(values, searchValues1, true),
                     Arguments.of(values, searchValues2, false));
}
```

10.4.2 Lösung 2: Partitionierung (★★★☆☆)

Die Aufgabenstellung besteht darin, eine gemischte Folge der Buchstaben A und B in einem einzigen Durchlauf passend zu sortieren bzw. so anzuordnen, dass alle As vor den Bs auftreten. Das kann man auch auf drei Buchstaben ausweiten.

Beispiele

Eingabe	Resultat
"ABAABBBAAABBBA"	"AAAAAAABBBBBBB"
"ABACCBBCAACCBBA"	"AAAAABBBBBCCCCC"

Lösung 2a: Partitionierung von zwei Buchstaben (★★☆☆☆)

Schreiben Sie eine Methode `String partition2(String)`, die eine als `String` oder `char[]` gegebene Folge der zwei Buchstaben A und B in die geordnete Folge bringt, bei der alle As vor den Bs auftreten.

Algorithmus Obwohl man zunächst versucht ist, alle möglichen Positionen miteinander zu vergleichen, existiert doch eine extrem pfiffige und performante Lösung, die die Aufgabenstellung in einem Durchlauf löst. Man arbeitet mit zwei Positionszeigern low und $high$, die die vordere und hintere Position, in diesem Fall des gültigen Bereichs gegeben durch das hinterste As und des vorderste Bs, markieren. Beim Auffinden eines As wird die Position der As erhöht. Bei einem B wird dieses nach hinten getauscht und der Positionszeiger der Bs verringert, wodurch sich der bereits korrekt aufgeteilte Bereich ausdehnt.

```
static String partition2(final String charValues)
{
    return partition2(charValues.toCharArray());
}

static String partition2(final char[] charValues)
{
    int low = 0;
    int high = charValues.length - 1;

    while (low <= high)
    {
        if (charValues[low] == 'A')
            low++;
        else
        {
            ArraysUtils.swap(charValues, low, high);

            high--;
        }
    }
    return new String(charValues);
}
```

Weil beim Tauschen auch ein B nach vorne gelangen kann, darf der untere Positionszeiger nicht verändert werden. Bei einem der nächsten Schritte wird das B dann wieder nach hinten gelangen. Durch diesen trickreichen Algorithmus ist man in der Lage, in einem einzigen Durchlauf alle As vor den Bs anzuordnen.

Lösung 2b: Partitionierung von drei Buchstaben (★★★☆☆)

Schreiben Sie eine Methode `String partition3(String)`, die eine als `String` gegebene Folge von drei Buchstaben A, B und C in die geordnete Folge bringt, bei der alle As vor den Bs und diese wiederum vor den Cs auftreten. Statt mit Buchstaben kann man sich dies für Farben einer Flagge vorstellen. Dann ist es unter dem Namen »Dutch Flag Problem« bekannt.

Algorithmus Die Erweiterung von zwei auf drei Buchstaben (oder Farben) setzt ähnliche Ideen wie zuvor ein, jedoch mit ein paar weiteren Tricks und Spezialbehandlungen. Man beginnt wieder am Anfang des Arrays, nutzt jedoch die drei Positionsmarker low, mid und $high$. Zu Anfang befinden sich diese für das erste und mittlere Zeichen auf der Position 0, der für $high$ auf der Endposition. Findet man ein A, so verschiebt sich die Position für low und mid um eins nach rechts. Zuvor muss noch das letzte Zeichen aus dem unteren Bereich mit dem aktuellen (mittleren) vertauscht werden. Liest man ein B, so wird nur die mittlere Position in Richtung Ende verschoben. Ist das aktuelle Zeichen ein C, so muss dieses nach hinten getauscht werden. Die Positionsmarkierung für den oberen Bereich wird dann um 1 verringert.

```
static String partition3(final String input)
{
    final char[] charValues = input.toCharArray();
    int low = 0;
    int mid = 0;
    int high = charValues.length - 1;

    while (mid <= high)
    {
        if (charValues[mid] == 'A')
        {
            ArraysUtils.swap(charValues, low, mid);

            low++;
            mid++;
        }
        else if (charValues[mid] == 'B')
            mid++;
        else
        {
            ArraysUtils.swap(charValues, mid, high);

            high--;
            // low, mid müssen unverändert bleiben, weil ja auch ein B oder C
            // nach vorne getauscht werden kann
        }
    }
    return new String(charValues);
}
```

Prüfung

Zum Überprüfen der Funktionalität nutzen wir zwei Strings, bestehend aus einer gemischten Folge der Buchstaben A und B bzw. A, B und C:

```
@Test
public void testPartition2()
{
    final String result = Ex02_FlagPartitioning.partition2("ABAABBBAAABBBA");

    assertEquals("AAAAAAABBBBBBB", result);
}

@Test
public void testPartition3()
{
    final String result = Ex02_FlagPartitioning.partition3("ABACCBBCAACCBBA");

    assertEquals("AAAAABBBBBCCCCC", result);
}
```

10.4.3 Lösung 3: Binärsuche (★★☆☆☆)

Lösung 3a: Binärsuche rekursiv (★★☆☆☆)

Schreiben Sie eine rekursive Methode `boolean binarySearch(int[], int)`, die in einem sortierten Array nach dem gewünschten Wert sucht.

Beispiele

Eingabe	Suchwert	Resultat
[1, 2, 3, 4, 5, 7, 8, 9]	5	true
[1, 2, 3, 4, 5, 7, 8, 9]	6	false

Algorithmus Teile das Array in zwei Hälften. Bestimme den Wert in der Mitte und schaue, ob in der unteren oder oberen Hälfte weiter gesucht werden muss. Das lässt sich aufgrund der gegebenen Sortierung leicht feststellen:

$$
\begin{array}{lll}
Wert_{mitte} & == Suchwert & \Rightarrow \text{ gefunden, Ende} \\
Wert_{mitte} & < Suchwert & \Rightarrow \text{ oben weiter suchen} \\
Wert_{mitte} & > Suchwert & \Rightarrow \text{ unten weiter suchen}
\end{array}
$$

Die Umsetzung in Java folgt strikt der Beschreibung – wie üblich muss man an den Grenzen des Arrays besonders darauf achten, keine Flüchtigkeitsfehler zu machen:

```
static boolean binarySearch(final int[] sortedValues, final int searchValue)
{
    final int midPos = sortedValues.length / 2;

    // Rekursiver Abbruch
    if (searchValue == sortedValues[midPos])
        return true;

    if (sortedValues.length > 1) // es gibt noch mindestens 2 Zahlen
    {
        if (searchValue < sortedValues[midPos])
        {
            // Rekursiver Abstieg: suche im unteren Bereich weiter
            final int[] lowerHalf = Arrays.copyOfRange(sortedValues, 0, midPos);

            return binarySearch(lowerHalf, searchValue);

        }
        if (searchValue > sortedValues[midPos])
        {
            // Rekursiver Abstieg: suche im oberen Bereich weiter
            final int[] upperHalf = Arrays.copyOfRange(sortedValues,
                                        midPos + 1, sortedValues.length);

            return binarySearch(upperHalf, searchValue);
        }
    }
    return false;
}
```

Optimierter Algorithmus Die gezeigte Lösung ist nicht wirklich optimal, da zum Weitersuchen ständig Teile des ursprünglichen Arrays kopiert werden. Das Ganze lässt sich unter Zuhilfenahme zweier Indexvariablen komplett ohne das potenziell aufwendige Kopieren von Arrays gestalten – folgende Lösung ist sicher zu bevorzugen:

```
static boolean binarySearchOptimized(final int[] values, final int searchValue)
{
    return binarySearchOptimized(values, searchValue, 0, values.length - 1);
}

static boolean binarySearchOptimized(final int[] values, final int searchValue,
                                     final int left, final int right)
{
    if (right >= left)
    {
        final int midIdx = (left + right) / 2;

        if (searchValue == values[midIdx])
            return true;

        // Rekursiver Abstieg: suche im unteren / oberen Bereich weiter
        if (searchValue < values[midIdx])
           return binarySearchOptimized(values, searchValue, left, midIdx - 1);
        else
           return binarySearchOptimized(values, searchValue, midIdx + 1, right);
    }
    return false;
}
```

Lösung 3b: Binärsuche iterativ (★★☆☆☆)

Wandeln Sie die rekursive Methode in eine iterative Methode mit abgeänderter Signatur `int binarySearchIterative(int[], int)` um. Liefern Sie statt `true` bzw. `false` die Position des Suchwerts bzw. -1 für nicht gefunden.

Beispiele

Eingabe	Suchwert	Position
[1, 2, 3, 4, 5, 7, 8, 9]	5	4
[1, 2, 3, 4, 5, 7, 8, 9]	6	-1

Algorithmus Basierend auf der gerade gezeigten rekursiven Variante lässt sich die iterative Umsetzung recht einfach herleiten. Dabei nutzen wir zwei Positionsmarker $left$ und $right$ für links und rechts, die initial am Anfang und Ende (Position 0 und $length - 1$) starten. Diese beide Marker bestimmen die jeweiligen Indexgrenzen, in denen weiter gesucht werden muss. Zunächst vergleichen wir den Wert in der Mitte mit dem gesuchten. Bei Gleichheit geben wir den Index zurück. Ansonsten halbieren wir das Suchgebiet und fahren fort, bis entweder die Suche erfolgreich ist oder aber sich der linke und rechte Positionsmarker überkreuzen:

```
static int binarySearchIterative(final int[] values, final int searchValue)
{
    int left = 0;
    int right = values.length - 1;

    while (right >= left)
    {
        int midIdx = (left + right) / 2;

        if (searchValue == values[midIdx])
            return midIdx;

        if (searchValue < values[midIdx])
            right = midIdx - 1;
        else
            left = midIdx + 1;
    }

    return -1;
}
```

Prüfung

Zum Test nutzen wir folgende Eingaben, die die korrekte Funktionsweise zeigen:

```
@ParameterizedTest(name = "searching in {0} for {1} => {2}")
@MethodSource("createInputsAndExpected")
void containsAll(int[] values, int searchFor, boolean expected)
{
    boolean result = Ex03_BinarySearch.binarySearch(values, searchFor);

    assertEquals(expected, result);
}

private static Stream<Arguments> createInputsAndExpected()
{
    final int[] values = { 1, 2, 3, 4, 5, 7, 8, 9 };

    return Stream.of(Arguments.of(values, 5, true),
                     Arguments.of(values, 6, false));
}

@Test
void binarySearchIterative_should_return_pos()
{
    final int[] values = { 1, 2, 3, 4, 5, 7, 8, 9 };

    int result = Ex03_BinarySearch.binarySearchIterative(values, 5);

    assertEquals(4, result);
}

@Test
void binarySearchIterative_no_value()
{
    final int[] values = { 1, 2, 3, 4, 5, 7, 8, 9 };

    int result = Ex03_BinarySearch.binarySearchIterative(values, 6);

    assertEquals(-1, result);
}
```

Zur Auflockerung wollen wir einmal den Unit Test und seine Ausführung in der IDE anschauen:

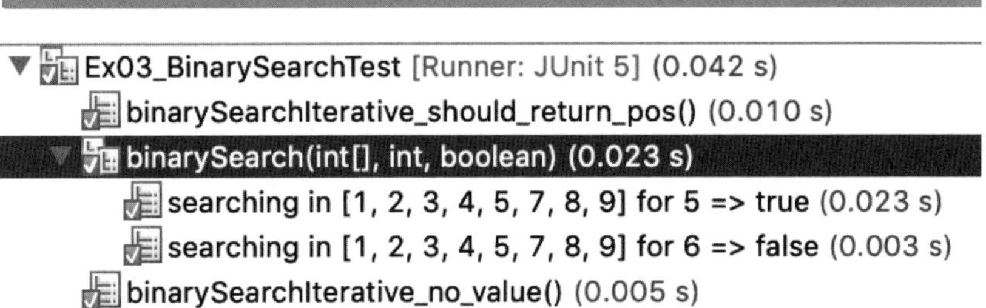

Abbildung 10-4 *Resultate der Testausführung für Binary Search*

10.4.4 Lösung 4: Insertion Sort (★★☆☆☆)

In der Einführung in Abschnitt 10.2.1 hatte ich eine vereinfachte, gut nachvollziehbare Realisierung von Insertion Sort gezeigt. In dieser Aufgabenstellung geht es darum, das Ganze zu optimieren, indem nun das Auffinden der Einfügeposition und das dafür nötige Tauschen und Einfügen in einem Rutsch erfolgen. Schreiben Sie eine optimierte Version von `int[] insertionSort(int[])`.

Beispiel

Eingabe	Resultat
[7, 2, 5, 1, 6, 8, 9, 4, 3]	[1, 2, 3, 4, 5, 6, 7, 8, 9]

Algorithmus Für alle Elemente durchlaufen wir folgende Vorgehensweise, exemplarisch für die Wertefolge 24**3**17 beschrieben: Wenn wir die 3 als einzusortierenden Wert betrachten, müssen wir ausgehend von der Position so lange mit dem linken Nachbarn tauschen, wie dessen Wert größer als der aktuelle ist und wir noch nicht ganz vorne im Array angekommen sind – in diesem Fall tauscht man die 3 nur mit der 4. Als Nächstes muss die 1 bis ganz nach vorne getauscht werden. Schließlich ist die 7 schon an der richtigen Position:

```
static void insertionSort(final int[] values)
{
    for (int i = 1; i < values.length; i++)
    {
        // Prüfe, ob aktuelles Element größer als Vorgänger
        int currentIdx = i;
        while (currentIdx > 0 && values[currentIdx - 1] > values[currentIdx])
        {
            swap(values, currentIdx - 1, currentIdx);
            currentIdx--;
        }
    }
}
```

Prüfung

Wir verifizieren mithilfe eines Unit Tests, dass die Implementierung bei der gegebenen Zahlenfolge das gewünschte Ergebnis liefert:

```
@Test
void testInsertionSort()
{
    final int[] values = { 7, 2, 5, 1, 6, 8, 9, 4, 3 };
    final int[] expected = { 1, 2, 3, 4, 5, 6, 7, 8, 9 };

    Ex04_InsertionSort.insertionSort(values);

    assertArrayEquals(expected, values);
}
```

10.4.5 Lösung 5: Selection Sort (★★☆☆☆)

Schreiben Sie eine Variante von Selection Sort, die statt des Minimums das Maximum nutzt und folgende Signatur besitzt: `void selectionSortMaxInplace(int[])`.

Was ist zu modifizieren, damit der Sortieralgorithmus die Originaldaten unverändert lässt und ein neues sortiertes Array zurückgibt? Schreiben Sie dazu eine Methode `int[] selectionSortMaxCopy(int[])`.

Beispiel

Eingabe	Resultat
[7, 2, 5, 1, 6, 8, 9, 4, 3]	[1, 2, 3, 4, 5, 6, 7, 8, 9]

Algorithmus Das zu sortierende Array wird von hinten nach vorne durchlaufen und das jeweils größte Element nach hinten an die aktuelle Position bewegt. Durch Aufruf der Methode `findMaxPos()` ermitteln wir die Position des Maximums aus dem verbleibenden unsortierten Teilbereich – diese Methode wurde als Lösung der Übungsaufgabe 12 in Abschnitt 5.3.12 ab Seite 244 erstellt. Im Anschluss wird das Element entsprechend nach hinten bewegt, indem es mit dem aktuellen Element vertauscht wird. Auf diese Weise verkleinert sich der verbliebene, noch nicht sortierte Teilbereich, bis dieser nur noch aus dem vordersten, Element besteht:

```
static void selectionSortMaxInplace(final int[] values)
{
    for (int i = values.length - 1; i > 0 ; i--)
    {
        final int maxPos = ArraysUtils.findMaxPos(values, 0, i + 1);

        ArraysUtils.swap(values, maxPos, i);
    }
}
```

Die Methode mit der Kopierfunktionalität ist trivial zu implementieren, wenn man die vorherige Methode erstellt hat:

```
static int[] selectionSortMaxCopy(final int[] values)
{
    final int[] copy = Arrays.copyOf(values, values.length);

    selectionSortMaxInplace(copy);

    return copy;
}
```

Prüfung

Wir verifizieren mithilfe eines Unit Tests, dass die Implementierung bei der gegebenen Zahlenfolge das gewünschte Ergebnis liefert:

```
@Test
void selectionSortMaxInplace()
{
    final int[] values = { 7, 2, 5, 1, 6, 8, 9, 4, 3 };
    final int[] expected = { 1, 2, 3, 4, 5, 6, 7, 8, 9 };

    Ex05_SelectionSort.selectionSortMaxInplace(values);

    assertArrayEquals(expected, values);
}
```

10.4.6 Lösung 6: Quick Sort (★★★☆☆)

Quick Sort habe ich in der Einführung in Abschnitt 10.2.4 beschrieben. Während sich die Implementierung der Aufteilung in zwei Bereiche mit Werten kleiner gleich bzw. größer als das Pivot-Element mithilfe von Listen sehr verständlich realisieren lässt, ist das für Arrays herausfordernder. Nun soll die Partitionierung mit der Methode `int partition(int[], int, int)` umgesetzt werden. Nachfolgend ist noch einmal der bereits bestehende, aufrufende und inplace arbeitende Sourcecode abgebildet:

```
static void quicksort(final int values[])
{
    quicksort(values, 0, values.length - 1);
}

static void quicksort(final int values[], final int begin, final int end)
{
    // rekursiver Abbruch
    if (begin >= end)
        return;

    final int partitionIndex = partition(values, begin, end);

    // rekursiver Abstieg
    quicksort(values, begin, partitionIndex - 1);
    quicksort(values, partitionIndex + 1, end);
}
```

Beispiele

Eingabe	Resultat
[5, 2, 7, 1, 4, 3, 6, 8]	[1, 2, 3, 4, 5, 6, 7, 8]
[5, 2, 7, 9, 6, 3, 1, 4, 8]	[1, 2, 3, 4, 5, 6, 7, 8, 9]
[5, 2, 7, 9, 6, 3, 1, 4, 2, 3, 8]	[1, 2, 2, 3, 3, 4, 5, 6, 7, 8, 9]

Algorithmus Ein Array (oder ein Teilbereich eines Arrays) wird durch Übergabe des unteren Start- und oberen Schlussindex in zwei Teilfelder aufgeteilt, indem ein Wert an einer speziellen Position (z. B. vorderstes Element) als Pivot-Element gewählt wird. Nun werden die beiden Teilbereiche so umgeordnet, dass sich in dem unteren alle Elemente mit Werten kleiner als das oder gleich dem Pivot-Element und im oberen Bereich alle mit einem Wert größer als das Pivot-Element befinden. Hierbei bewegen sich die beiden Indizes $leftIndex$ und $rightIndex$ jeweils nach innen, so lange die Bedingungen $values[leftIndex] <= pivot$ für links und $pivot < values[rightIndex]$ für rechts gelten. Wird ein unpassend eingeordnetes Element auf der linken Seite gefunden, so beginnt die Prüfung auf der rechten Seite. Wird auch hier ein unpassend eingeordnetes Element gefunden, so werden die beiden getauscht. Das wiederholt sich, so lange sich die Positionsmarker nicht überkreuzen. Zum Schluss muss noch das Element von der Position $rightIndex$ mit dem Pivot-Element vertauscht werden. Dabei gibt es noch den Spezialfall, dass das Array nur zwei Elemente groß ist. Dann muss man zusätzlich sicherstellen, dass der rechte Wert tatsächlich größer als derjenige des Pivots ist:

```
static int partition(final int[] values, final int left, final int right)
{
    final int pivot = values[left];

    int leftIndex = left + 1;
    int rightIndex = right;

    while (leftIndex < rightIndex)
    {
        // Bewege die Position leftIndex nach rechts, so lange Wert
        // kleiner gleich Pivot und linke Grenze kleiner als rechte Grenze
        while (values[leftIndex] <= pivot && leftIndex < rightIndex)
        {
            leftIndex++;
        }

        // Bewege die Position righIndex nach links, so lange Wert größer als
        // Pivot und rechte Grenze größer oder gleich linke Grenze
        while (pivot < values[rightIndex] && rightIndex >= leftIndex)
        {
            rightIndex--;
        }

        if (leftIndex < rightIndex)
            ArrayUtils.swap(values, leftIndex, rightIndex);
    }

    // Spezialfall 2-elementiges Array mit falscher Sortierung, aber kein
    // Durchlauf (wg. leftIndex == rightIndex) sowie Normalfall ganz am Ende
    if (values[rightIndex] < pivot)
        ArrayUtils.swap(values, left, rightIndex);

    return rightIndex;
}
```

Prüfung

Definieren wir die drei Arrays aus den einleitenden Beispielen und prüfen damit unsere Implementierung von Quick Sort:

```
@ParameterizedTest(name = "{0} should be sorted to {1}")
@MethodSource("createInputAndExpected")
void testQuicksort(int[] values, int[] expected)
{
    // inplace
    Ex06_Quicksort.quicksort(values);

    assertArrayEquals(expected, values);
}

private static Stream<Arguments> createInputAndExpected()
{
  return Stream.of(Arguments.of(new int[] { 5, 2, 7, 1, 4, 3, 6, 8 },
                              new int[] { 1, 2, 3, 4, 5, 6, 7, 8 }),
                   Arguments.of(new int[] { 5, 2, 7, 9, 6, 3, 1, 4, 8 },
                              new int[] { 1, 2, 3, 4, 5, 6, 7, 8, 9 }),
                   Arguments.of(new int[] { 5, 2, 7, 9, 6, 3, 1, 4, 2, 3, 8 },
                              new int[] { 1, 2, 2, 3, 3, 4, 5, 6, 7, 8, 9 }));
}
```

10.4.7 Lösung 7: Bucket Sort (★★☆☆☆)

In der Einführung in Abschnitt 10.2.5 wurde der Algorithmus von Bucket Sort beschrieben. In dieser Aufgabe soll eine Methode `int[] bucketSort(int[], int)` erstellt werden, die dieses Sortierverfahren für ein `int[]` und einen erwarteten Maximalwert implementiert.

Beispiel

Eingabe	Maximalwert	Resultat
[10, 50, 22, 7, 42, 111, 50, 7]	150	[7, 7, 10, 22, 42, 50, 50, 111]

Algorithmus Bucket Sort ist einer der am einfachsten zu implementierenden Sortieralgorithmen und zudem mit linearer Laufzeit einer der schnellsten – allerdings mit der Voraussetzung eines begrenzten Wertebereichs.

Zunächst erzeugt man alle Buckets, die die Anzahl an Werten speichern. Danach realisiert man Bucket Sort in zwei Schritten:

1. Man durchläuft alle Eingabewerte und teilt diese den korrespondierenden Buckets zu. Gibt es mehrere gleiche Elemente, so muss man den Zähler erhöhen.
2. Im finalen Schritt werden dann basierend auf den Zählerwerten die Werte rekonstruiert.

Das beschriebene Vorgehen bildet man wie folgt in Java ab:

```
static int[] bucketSort(final int[] values, final int expectedMax)
{
    final int[] buckets = new int[expectedMax + 1];
    collectIntoBuckets(values, buckets);

    final int[] results = new int[values.length];
    fillResultFromBuckets(buckets, results);

    return results;
}
```

Damit ist der Algorithmus in seinen Grundzügen beschrieben, es verbleibt lediglich die Implementierung der beiden Hilfsmethoden, die aber auch direkt erfolgt. Zum Berechnen der Anzahl der jeweiligen Zahlen läuft man durch das ursprüngliche Array und erhöht einfach den Zähler im entsprechenden Bucket:

```
static void collectIntoBuckets(final int[] values, final int[] buckets)
{
    for (int current : values)
    {
        buckets[current]++;
    }
}
```

Nur ein ganz klein wenig komplexer ist das Generieren der Lösung, basierend auf den Mengenangaben in den Buckets. Dazu durchläuft man alle Buckets. Ist an Index i eine Menge größer als 0 verzeichnet, so muss dieser Indexwert so oft wie dort angegeben in das Ziel kopiert werden – hier durch die `while`-Schleife gelöst. Separat müssen wir nur noch die Position im Zielarray mitführen:

```
static void fillResultFromBuckets(final int[] buckets, final int[] results)
{
    int resultPos = 0;
    for (int i = 0; i < buckets.length; i++)
    {
        int count = buckets[i];

        while (count > 0)
        {
            results[resultPos] = i;

            count--;
            resultPos++;
        }
    }
}
```

Prüfung

Wir schreiben eine kurze Testmethode, um unsere Implementierung von Bucket Sort mit einigen Werten zu prüfen:

```
@Test
void testBucketSort()
{
    final int[] values = { 10, 50, 22, 7, 42, 111, 50, 7 };
    final int max = 150;
    final int[] expected = { 7, 7, 10, 22, 42, 50, 50, 111 };

    final int[] result = Ex07_BucketSort.bucketSort(values, max);

    assertArrayEquals(expected, result);
}
```

10.4.8 Lösung 8: Suche in rotierten Daten (★★★★☆)

In dieser Aufgabenstellung sind in einer gegebenen sortierten Folge von Ganzzahlwerten zwei Suchprobleme zu lösen. Die Herausforderung besteht darin, dass die Werte zwar geordnet, aber in sich rotiert sind, sodass das kleinste Element eben nicht vorne und das größte nicht hinten in den Daten zu finden ist (außer im Spezialfall einer Rotation um 0 Positionen).

Tipp Prüfen Sie unbedingt auch den Spezialfall einer Rotation von 0 bzw. einem Vielfachen der Länge des Arrays, was wieder einer Rotation um den Wert 0 entspräche.

Lösung 8a: Flankenwechsel effizient (★★★★☆)

Schreiben Sie eine Methode `int findFlankPos(int[])`, die eine in einer gegebenen sortierten Folge von n Ganzzahlwerten, etwa 25, 33, 47, 1, 2, 3, 5, 11, effizient in logarithmischer Zeit, also $O(log(n))$, die Position des Flankenwechsel, bestimmt. Schreiben Sie zwei auf `int findFlankPos(int[])` basierende Methoden `int minValue(int[])` und `int maxValue(int[])`, die gemäß ihrem Namen das Minimum bzw. Maximum aus der gegebenen sortierten, aber rotierten Wertefolge ermitteln.

Beispiele

Eingabe	Flankenposition	Minimum	Maximum
[25, 33, 47, 1, 2, 3, 5, 11]	3	1	47
[5, 11, 17, 25, 1, 2]	4	1	25
[6, 1, 2, 3, 4, 5]	1	1	6
[1, 2, 3, 4, 5, 6]	0 (Spezialfall)	1	6

Vorüberlegungen zum Algorithmus Beginnen wir mit der Brute-Force-Variante der linearen Suche, um später unsere optimierte Version dagegen prüfen zu können. Bei der Suche müssen wir lediglich für jedes Element von vorne nach hinten prüfen, ob der Nachfolger eines Werts kleiner als das momentane Element ist:

```
static int findFlankPosSimple(final int[] values)
{
    for (int i = 0; i < values.length; i++)
    {
        final int nextIdx = (i + 1) % values.length;
        if (values[i] > values[nextIdx])
            return nextIdx;
    }
    throw new IllegalStateException("should never reach here!");
}
```

Natürlich ist beim Durchlaufen auch der Spezialfall zu berücksichtigen, dass der Flankenwechsel ganz am Ende des Arrays stattfindet, dann hat man ein nicht rotiertes Array als Ausgangsbasis.

Algorithmus Wie können wir denn nun vorgehen, damit wir logarithmische Laufzeit erreichen? Dazu nutzen wir aus, dass die Wertefolge sortiert ist und sich dann dem Gedanken der Binärsuche folgend die Suchbereiche immer halbieren lassen. Weil eine Rotation vorliegt, müssen wir dabei aber bezüglich der Indizes etwas aufpassen.

Es sind drei Vergleiche auszuführen:

- Fall A: Mit dem Vorgänger: Ist dieser größer, so haben wir den Flankenwechsel gefunden.
- Fall B: Mit dem ganz linken Element: Ist dieses größer als das aktuelle Element, dann muss der Flankenwechsel irgendwo dazwischen geschehen. Die rechte Hälfte können wir ausschließen.
- Fall C: Mit dem ganz rechten Element: Ist dieses kleiner, so muss der Flankenwechsel auf der rechten Seite stattfinden, die linke Hälfte können wir ausschließen.

Ganz zu Anfang muss noch der Sonderfall des nicht rotierten Ausgangsdatenbestands adäquat abgeprüft werden. Das lässt sich dadurch feststellen, dass der Wert ganz links kleiner als der ganz rechts ist.

Mit diesen Vorüberlegungen entsteht folgende Implementierung:

```
static int findFlankPos(final int[] values)
{
    return findFlankPosRec(values, 0, values.length - 1);
}

static int findFlankPosRec(final int[] values, final int left, final int right)
{
    final int midPos = left + (right - left) / 2;
    final int midValue = values[midPos];

    // Spezialfall keine Rotation
    if (values[left] < values[right])
        return 0;
```

```
    // Fall A: Wert links davon ist größer, dann haben wir Flankenwechsel
    int prevIndex = midPos - 1;
    if (prevIndex < 0)
        prevIndex = values.length - 1;

    if (values[prevIndex] > midValue)
        return midPos;

    if (values[left] > midValue)
    {
        // Fall B: Flankenwechsel muss links liegen, da erster Wert
        // größer als in der Mitte
        return findFlankPosRec(values, left, midPos + 1);
    }
    if (values[right] < midValue)
    {
        // Fall C: Flankenwechsel muss rechts liegen, da letzter Wert
        // kleiner als in der Mitte
        return findFlankPosRec(values, midPos + 1, right);
    }

    throw new IllegalStateException("should never reach here!");
}
```

Basierend auf dieser Methode schreiben wir die Methoden zur Bestimmung von Minimum und Maximum ganz einfach wie folgt mit dem Wissen, dass die Position des Flankenwechsels das Minimum enthält und die Position des Maximums eine Position links davon ist. Für eine Rotation um 0 muss noch eine kleine Korrektur erfolgen:

```
static int minValue(final int[] values)
{
    final int flankpos = findFlankPos(values);
    return values[flankpos];
}

static int maxValue(final int[] values)
{
    int flankpos = findFlankPos(values);
    // bei Rotation 0 hinter das Ende setzen
    if (flankpos == 0)
        flankpos = values.length;
    return values[flankpos - 1];
}
```

Prüfung

Wir prüfen die Ermittlung des Flankenwechsels durch folgenden parametrisierten Test – insbesondere auch den Spezialfall nicht rotierter Eingabewerte. Ebenso prüfen wir die beiden Methoden zur Bestimmung des Minimums und Maximums:

```
@ParameterizedTest(name = "findFlankPos({0}) => {2}")
@MethodSource("createInputAndExpected")
void findFlankPos(int[] values, int expected)
{
    int flankpos = Ex08_RotatedSearch.findFlankPos(values);

    assertEquals(expected, flankpos);
```

```
}

private static Stream<Arguments> createInputAndExpected()
{
    return Stream.of(Arguments.of(new int[] { 25, 33, 47, 1, 2, 3, 5, 11 }, 3),
                     Arguments.of(new int[] { 6, 7, 1, 2, 3, 4, 5 }, 2),
                     Arguments.of(new int[] { 1, 2, 3, 4, 5, 6, 7 }, 0));
}

@ParameterizedTest(name = "minmax({0}) => min: {1} / max: {2}")
@MethodSource("createInputAndExpectedMinAndMax")
void minmax(int[] values, int expectedMin, int expectedMax)
{
    int min = Ex08_RotatedSearch.minValue(values);
    int max = Ex08_RotatedSearch.maxValue(values);

    assertAll(() -> assertEquals(expectedMin, min),
              () -> assertEquals(expectedMax, max));
}

private static Stream<Arguments> createInputAndExpectedMinAndMax()
{
    return Stream.of(Arguments.of(new int[] { 25, 33, 47, 1, 2, 3, 5, 11 }, 1,
          47),
                     Arguments.of(new int[] { 6, 7, 1, 2, 3, 4, 5 }, 1, 7),
                     Arguments.of(new int[] { 1, 2, 3, 4, 5, 6, 7 }, 1, 7));
}
```

Lösung 8b: Binärsuche in rotierten Daten (★★★★☆)

Schreiben Sie eine Methode `int binarySearchRotated(int[], int)`, die in einer gegebenen sortierten Folge von Ganzzahlwerten, etwa der Zahlenfolge 25, 33, 47, 1, 2, 3, 5, 11, effizient nach einem übergebenen Wert sucht und dessen Position oder -1 bei Nichtenthaltensein liefert.

Beispiele

Eingabe	Flankenposition	Suchwert	Ergebnis
[25, 33, 47, 1, 2, 3, 5, 11]	3	47	2
[25, 33, 47, 1, 2, 3, 5, 11]	3	3	5
[25, 33, 47, 1, 2, 3, 5, 11]	3	13	-1
[1, 2, 3, 4, 5, 6, 7]	0 (Spezialfall)	5	4
[1, 2, 3, 4, 5, 6, 7]	0 (Spezialfall)	13	-1

Algorithmus Nachdem man den Flankenwechsel effizient in $O(log(n))$ ermitteln kann, gibt es für nicht ganz so große Arrays die Möglichkeit der Array-Erweiterung, bei der man den vorderen Teil des Arrays ausschneidet und am Ende des Arrays anhängt und dafür dann die schon in der Übungsaufgabe 3 entwickelte Binärsuche aufruft:

```
25 | 27 | 33 | 2 | 3 | 5     =>    | 2 | 3 | 5 | 25 | 27 | 33
```

Dieses Vorgehen verursacht aber einiges an Aufwand. Wie geht es besser?

Dazu passen wir die Binärsuche so an, dass eine untere und obere Grenze angegeben wird. Wir greifen die Idee der Array-Erweiterung auf, gestalten diese jedoch virtuell. Schauen wir uns dies am Beispiel für die Suche nach der 47 in der Zahlenfolge aus der Aufgabenstellung an:

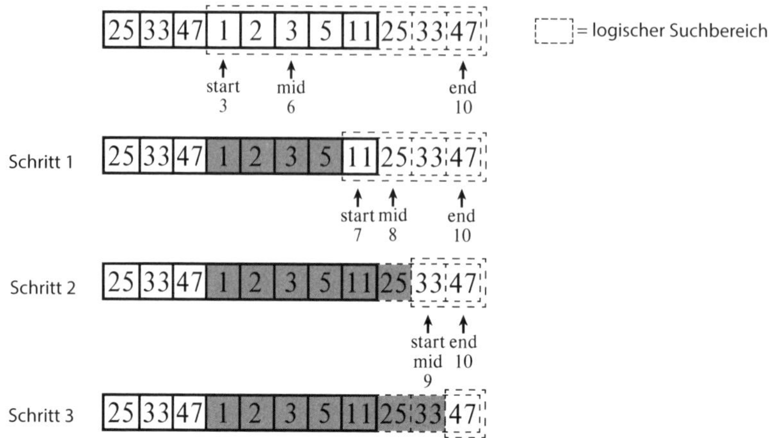

Abbildung 10-5 *Ablauf bei Rotated Binary Search*

Basierend auf diesen Vorgedanken gehen wir bei der Binärsuche folgendermaßen vor: Zunächst ermitteln wir die Position des Flankenwechsels und nutzen diesen, um unseren Suchwertebereich vorzugeben. Nun führen wir eine ganz normale Binärsuche aus, jedoch greifen wir zum Modulo-Operator, um den erweiterten Wertebereich wieder in die Array-Grenzen zu bringen und basierend darauf den Vergleichswert zu ermitteln:

```
static int binarySearchRotated(final int[] values, final int searchFor)
{
    final int flankpos = findFlankPos(values);

    return binarySearchRotatedHelper(values, searchFor,
                                     flankpos, flankpos - 1 + values.length);
}

static int binarySearchRotatedHelper(final int[] values, final int searchFor,
                                     final int start, final int end)
{
    if (start > end)
        return -1;

    final int midPos = start + (end - start) / 2;
    final int midValue = values[midPos % values.length];

    if (midValue == searchFor)
        return adjustedMid;

    if (searchFor < midValue)
    {
        return binarySearchRotatedHelper(values, searchFor,
                                         start, midPos - 1);
    }
```

```
    if (searchFor > midValue)
    {
        return binarySearchRotatedHelper(values, searchFor,
                                         midPos + 1, end);
    }
    throw new IllegalStateException("should never reach here!");
}
```

Prüfung

Zum Überprüfen der Funktionalität nutzen wir die Wertekombinationen aus dem einführenden Beispiel:

```
@ParameterizedTest(name = "binarySearchRotated({0}) => {2}")
@MethodSource("createInputsAndExpected")
void binarySearchRotated(int[] values, int searchFor, int expected)
{
    int flankpos = Ex08_RotatedSearch.binarySearchRotated(values, searchFor);

    assertEquals(expected, flankpos);
}

private static Stream<Arguments> createInputsAndExpected()
{
    int[] inputs1 = { 25, 33, 47, 1, 2, 3, 5, 11 };
    int[] inputs2 = { 1, 2, 3, 4, 5, 6, 7 };

    return Stream.of(Arguments.of(inputs1, 47, 2),
                     Arguments.of(inputs1, 3, 5),
                     Arguments.of(inputs1, 13, -1),
                     Arguments.of(inputs2, 5, 4),
                     Arguments.of(inputs2, 13, -1));
}
```

11 Schlusswort und ergänzende Literatur

Nun, am Ende dieses Übungsbuchs angelangt, kommen wir zu einem Fazit. Außerdem präsentiere ich Ihnen noch zwei Knobelaufgaben, bevor wir danach einen Blick auf ergänzende Literatur werfen.

11.1 Schlusswort

Durch die Lektüre dieses Buchs und vor allem auch durch das Lösen und Implementieren der Übungsaufgaben sollten Sie einen guten Erfahrungsschatz gewonnen haben. Mit diesem Wissen müssten sich jetzt diverse Aufgaben aus der täglichen Praxis etwas einfacher erledigen lassen. Am meisten profitiert man natürlich, wenn man die vorgestellten Lösungen nicht nur nachvollzieht, sondern auch etwas experimentiert und abwandelt.

11.1.1 Gelerntes pro Kapitel

Rekapitulieren wir noch einmal, was in den einzelnen Kapiteln und Themengebieten vermittelt wurde und was Sie gelernt haben sollten.

Mathematisches Das Kapitel zum mathematischen Basiswissen führt den Modulo-Operator ein, der ganz wesentlich ist, beispielsweise für die Extraktion von Ziffern und bei der Berechnung von Prüfsummen. Die Übungen zur Kombinatorik haben gezeigt, wie man durch kleine Tricks die Laufzeit leicht um eine Größenordnung reduzieren kann. Auch die Primzahlen bieten einige interessante Facetten, etwa Varianten zu deren Berechnung. Das gestaltet sich im Nachhinein viel einfacher, als vielleicht zunächst gedacht. Generell sollte bei jeder Problemstellung grob der Algorithmus und die Vorgehensweise verstanden werden, denn dann verliert beispielsweise selbst die Zerlegung in Primfaktoren ihren möglichen Schrecken.

Rekursion Im einführenden Kapitel zu Rekursion wurden die Grundlagen für ein gutes Verständnis gelegt. Viele Übungsaufgaben haben Ihre Kenntnisse erweitert. Zudem konnten Sie das erworbene Basiswissen gewinnbringend in den darauffolgenden Kapiteln einsetzen. Ein Paradebeispiel dafür sind verschiedene Algorithmen auf Bäumen, die sich oft leicht rekursiv formulieren lassen – iterativ ist beispielsweise ein Postorder-Durchlauf schon herausfordernd, mit Rekursion dagegen sehr einfach.

Wir haben aber auch erkannt, dass die einfache Rekursion nicht nur Vorteile bringt, sondern manchmal durch lange Laufzeiten einiges an Geduld erfordert. Im Fortgeschrittenenkapitel zu Rekursion haben Sie mit Memoization und Backtracking Ihren Werkzeugkasten entscheidend erweitert. Dadurch ließen sich die Performance steigern sowie unterhaltsame und amüsante Knobelaufgaben lösen, etwa für Sudoku-Rätsel oder das n-Damen-Problem. Auch war es möglich, einen Ausweg aus einem Labyrinth zu finden. All das erforderte zwar etwas mehr Programmieraufwand, war jedoch ohne allzu große Komplexität umzusetzen.

Strings Zeichenketten sind aus nahezu keinem Programm wegzudenken. Neben einfachen Aufgaben zur Palindrom-Prüfung oder dem Umdrehen einer Zeichenfolge ließen sich einige Aufgaben durch den Einsatz geeigneter Hilfsdatenstrukturen deutlich vereinfachen, etwa die Prüfung auf wohlgeformte Klammern, die Umwandlung eines Worts in Morsecode und einiges mehr. Generell merkt man bereits hier, dass das Lösen von Problemen umso leichter fällt, desto mehr Basiswissen man in verschiedenen Bereichen besitzt.

Arrays Ebenso wie Strings gehören Arrays in vielen Programmen zu Basisbausteinen. Insbesondere ist es wichtig, die tückischen Off-by-one-Fehler zu vermeiden. In diesem Kapitel wurden kleinere Hilfsmethoden erstellt, die, passend eingesetzt, Algorithmen verständlicher machen können. Für zweidimensionale Arrays haben wir unter anderem kennengelernt, wie man Richtungen geschickt modelliert und dies etwa zum Füllen von Flächen mit Mustern nutzen kann. Als herausfordernde Aufgabenstellungen wurden der Spiraldurchlauf sowie das Löschen und das Befüllen eines Jewels- bzw. Minesweeper-Spielfelds thematisiert. Schließlich haben wir eine Funktionalität zum Zusammenführen von Arrays entwickelt. Diese ist für Merge Sort ein elementarer Bestandteil.

Datumsverarbeitung Während die Verarbeitung von Datumswerten vor Java 8 eher umständlich war, wird diese durch das Date and Time API angenehm. Neben den Grundlagen zum API haben Sie Berechnungen kennengelernt, im Speziellen die vielfältigen Möglichkeiten mit den auf `TemporalAdjuster` basierenden »Zeitmaschinen«. Auch die Ausgabe eines Kalenderblatts ließ sich durch die richtige Aufteilung in Hilfsmethoden verständlich umsetzen.

Basisdatenstrukturen Dieses Kapitel vertiefte das Wissen zu grundlegenden Datenstrukturen wie Listen, Sets und Maps. In Business-Applikationen ist deren Kenntnis essenziell. Aber nicht nur einzeln, sondern vor allem auch in Kombination lassen sich damit viele Aufgabenstellungen geeignet lösen, etwa das Löschen von Duplikaten aus Listen. Darüber hinaus trainiert beispielsweise die Aufgabe zum magischen Dreieck das abstrakte Denken. Ein kleines Schmankerl war, die Autovervollständigung von Excel selbst zu programmieren. Es ist schon überraschend, wie elegant man das realisieren kann.

Binärbäume Das wohl komplexeste Themengebiet in diesem Buch sind die Binärbäume. Da sie nicht durch das Collections-Framework bereitgestellt werden, sind sie vermutlich nicht jedem Java-Entwickler so vertraut. Weil man damit aber viele Problemstellungen elegant lösen kann, gab dieses Kapitel eine Einführung und die Übungsaufgaben halfen, Binärbäume und ihre Möglichkeiten kennenzulernen. Neben verblüffend einfachen Dingen wie der Rotation, lassen sich beispielsweise mathematische Berechnungen sehr smart als Binärbaum darstellen und verarbeiten. Etwas zum Knobeln waren sicher die Ermittlung des kleinsten gemeinsamen Vorfahrens und vor allem die Prüfung auf Vollständigkeit eines Binärbaums.

Suchen und Sortieren Zwar wird man heutzutage kaum noch einen Such- oder Sortieralgorithmus selbst programmieren, es ist aber für das algorithmische Verständnis hilfreich, sich einmal damit beschäftigt zu haben. Während naive Umsetzungen häufig eine Laufzeit von $O(n^2)$ besitzen, kann man dies mit Merge Sort und Quick Sort in der Regel auf $O(n \cdot log(n))$ reduzieren. Ganz besonders interessant ist, wie sich ein fixer Wertebereich auswirken kann. Dann spielt nämlich Bucket Sort mit einer Laufzeit von $O(n)$ seine Stärken aus.

11.1.2 Bedenkenswertes

Bei der Darstellung der Lösungen habe ich ab und an bewusst mal einen Irrweg oder eine suboptimale Brute-Force-Variante gezeigt, um dann den Lerneffekt zu demonstrieren, wenn an einer Verbesserung gearbeitet wird. Auch im Berufsalltag wird man vielfach bevorzugt iterativ vorgehen, weil die Anforderungen vielleicht nicht 100 % präzise sind, sich neue Wünsche ergeben usw. Deswegen bietet es sich förmlich an, erst einmal mit einer verständlichen Umsetzung der Aufgabenstellung zu beginnen, die sich im Nachhinein noch recht problemlos modifizieren lässt. Dann ist es oft sogar in Ordnung, einen noch nicht optimalen Lösungsweg einzuschlagen, der aber das Problem konzeptionell korrekt behandelt.

Gedanken zur Wartbarkeit

Zudem beobachtet man Folgendes: Sourcecode wird in der Regel viel häufiger gelesen als geschrieben. Denken Sie an Ihren Berufsalltag. Normalerweise starten Sie nicht auf der grünen Wiese, sondern erweitern ein bestehendes System um etwas Funktionalität oder fixen einen Bug. Dabei werden Sie es schätzen, wenn der ursprüngliche Programmautor verständliche Lösungswege und Programmkonstrukte gewählt hat sowie idealerweise sogar noch Unit Tests als Sicherheitsnetz existieren.

Kommen wir zur Entwicklung zurück. Machen Sie sich unbedingt vorab einige Gedanken, anstatt direkt mit dem Implementieren zu beginnen. Je strukturierter und präziser Sie ein Problem durchdrungen haben, desto klarer wird auch Ihre Umsetzung: Nachdem es einmal »Klick gemacht« hat und der »Groschen gefallen« ist, ist es oft kein allzu großer Schritt mehr, eine verständliche, gut strukturierte Lösung zu erstellen oder zu verbessern. Beginnt man jedoch zu früh mit einer Umsetzung rein als Sourcecode, so endet dies leider viel zu häufig in einem Desaster und einem Scheitern. Dann verbleibt einiges eher halbgar und Ergänzungen lassen sich kaum sinnvoll integrieren.

Ich möchte nochmals darauf hinweisen, dass mir beim Programmieren vor allem Nachvollziehbarkeit und damit eine später vereinfachte Wartbarkeit wichtig sind. Dies erreicht man im Allgemeinen durch kleine, möglichst verständliche Bausteine. Mit der ggf. (und vermutlich nur) minimal schlechteren Performance sowie der geringeren Kompaktheit kann man oftmals besser leben als mit einer ziemlich sicher auftretenden schlechten Wartbarkeit.

Gedanken zu Performance

Bedenken Sie bitte, dass in der heutigen Zeit verteilter Applikationen der Einfluss einzelner Anweisungen oder nicht optimierter Methoden für die Performance kaum ins Gewicht fallen. Dagegen können sich zu häufige oder zu feingranulare REST-Aufrufe oder Datenbankzugriffe viel gravierender auf die Ausführungszeit auswirken, als ein nicht bis ins letzte optimierter Algorithmus. Meine Aussagen gelten vor allem für die selbst geschriebenen Funktionalitäten in Business-Applikationen. Für Frameworks und Algorithmen, die Millionen von Aufrufen (oder mehr) erfahren, ist die innere Schönheit dagegen potenziell weniger wichtig als deren Performance. Es wird wohl immer ein gewisser Interessenskonflikt zwischen den beiden Polen existieren: entweder kompakt und Performance-optimiert oder verständlich, dafür manchmal etwas langsamer.

Vorteile durch Unit Test

Selbst wenn man lediglich einfache Programme erstellt, bemerkt man immer wieder folgenden Sachverhalt: Prüft man die Implementierungen von Algorithmen rein auf Basis der Konsolenausgaben, so verbleiben oftmals unbemerkt Fehler – insbesondere für Sonderfälle, Grenzwerte usw. Zudem wird man ohne unterstützende Unit Tests eher weniger über die Schnittstellen der Klassen und die Signaturen der Methoden nachdenken. Genau das hilft aber, die Handhabbarkeit für andere zu erhöhen. Seit JUnit 5 macht das Schreiben von Unit Tests richtig Spaß und geht zügig von der Hand. Das liegt vor allem an den angenehmen und hilfreichen parametrisierten Tests.

Durch die Lektüre dieses Buchs und das Nachvollziehen der Lösungen sollten Sie neben Ihren Fähigkeiten bezüglich der behandelten Themengebiete auch ein Gespür für das Unit Testing gewonnen haben. Mehr noch: Beim Entwickeln von Lösungen gibt es ein Gefühl der Sicherheit, wenn die Unit Tests erfolgreich sind.

11.2 Knobelaufgaben

Nachdem Sie sich mit unterschiedlichsten Programmierrätseln beschäftigt haben, stelle ich Ihnen zum Abschluss noch zwei Knobelaufgaben vor, die zwar nichts direkt mit dem Programmieren zu tun haben, bei deren Lösung lässt sich aber insbesondere noch einiges bezüglich Problemlösungsstrategien lernen lässt. Manchmal scheint etwas zunächst unmöglich und dann gibt es doch eine verblüffend einfache Lösung. Wenn Sie mögen, versuchen Sie sich an folgenden Knobelaufgaben:

- Goldsäcke – Fälschung entdecken
- Pferderennen – schnellste drei Pferde ermitteln

11.2.1 Goldsäcke – Fälschung entdecken

In diesem Rätsel geht es um 10 Goldsäcke, die mit jeweils 10 Münzen gefüllt sind, die wiederum je 10 g schwer sind. Somit sollte jeder Goldsack 100 g wiegen.

***Abbildung 11-1** Goldsäcke*

Nun hat aber ein Trickbetrüger in einem Sack die Goldmünzen gegen Fälschungen ausgetauscht, die mit 9 g statt 10 g pro Münze etwas leichter sind. Finden Sie den Goldsack, der die Fälschungen enthält, mit nur einmaligem Wiegen. Dabei dürfen Sie aber verschieden viele Münzen aus beliebigen Säcken nehmen und gemeinsam wiegen.

Lösung

Zunächst klingt diese Aufgabe nahezu unmöglich, da mehrmaliges Wiegen und Vergleichen nicht erlaubt sind. Mit etwas Grübeln kommt man dann vielleicht auf folgenden Trick: Wir reihen die Säcke auf und nummerieren diese von 1 bis 10. Nun arbeiten wir positionsbasiert und legen jeweils so viele Münzen aus dem korrespondierenden Sack, wie es seiner Position entspricht, und wiegen dann alle gemeinsam, wie es nachfolgende Abbildung zeigt:

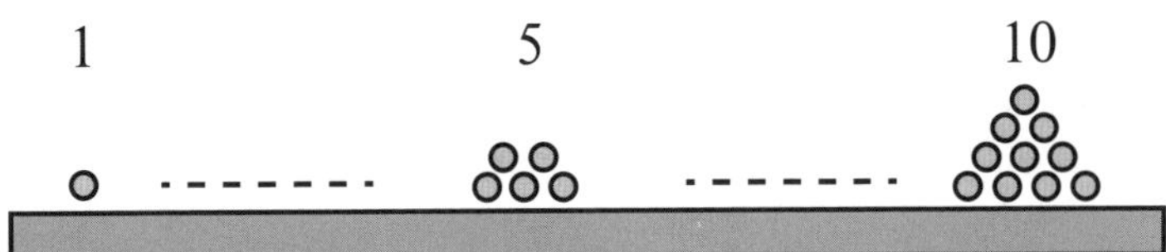

***Abbildung 11-2** Goldstücke wiegen*

Ohne Fälschungen wäre das Ergebnis wie folgt:

$$\begin{aligned}
& 1 \times 10 + 2 \times 10 + 3 \times 10 + 4 \times 10 + 5 \times 10 + 6 \times 10 + 7 \times 10 + 8 \times 10 + 9 \times 10 + 10 \times 10 \\
= & \ 10 + 20 + 30 + 40 + 50 + 60 + 70 + 80 + 90 + 100 \\
= & \ 550
\end{aligned}$$

Nehmen wir an, in Sack 5 wären die Fälschungen, und betrachten das Ergebnis:

$$\begin{aligned}
& 1 \times 10 + 2 \times 10 + 3 \times 10 + 4 \times 10 + \mathbf{5} \times \mathbf{9} + 6 \times 10 + 7 \times 10 + 8 \times 10 + 9 \times 10 + 10 \times 10 \\
= & \ 10 + 20 + 30 + 40 + \mathbf{45} + 60 + 70 + 80 + 90 + 100 \\
= & \ 545
\end{aligned}$$

Nehmen wir nun an, in Sack 2 wären die Fälschungen, und ermitteln das Ergebnis:

$$\begin{aligned}
& 1 \times 10 + \mathbf{2} \times \mathbf{9} + 3 \times 10 + 4 \times 10 + 5 \times 10 + 6 \times 10 + 7 \times 10 + 8 \times 10 + 9 \times 10 + 10 \times 10 \\
= & \ 10 + \mathbf{18} + 30 + 40 + 50 + 60 + 70 + 80 + 90 + 100 \\
= & \ 548
\end{aligned}$$

Demnach können wir aufgrund der Differenz zu 550 den jeweiligen Sack identifizieren:

$$550 - gewogenes\ Gewicht \quad = \quad Position$$

11.2.2 Pferderennen – schnellste drei Pferde ermitteln

Bei dieser Knobelaufgabe geht es um die Lösung des folgenden Rätsels: Uns werden 25 Rennpferde zum Verkauf angeboten und wir wollen die drei schnellsten erwerben. Zwar gibt es eine Rennbahn mit Platz für maximal fünf Pferde, jedoch haben wir weder eine Stoppuhr noch eine andere Möglichkeit der Zeitmessung. Allerdings kann man die Pferde bei Rennen gegeneinander antreten lassen und Sie dürfen die Reihenfolge notieren. Wie ermitteln wir unter diesen Restriktionen nun die schnellsten drei und wie gehen wir vor? Wie viele Rennen mit welchen Pferden müssen wir maximal veranstalten?

Als Vereinfachung nehmen wir hier an, dass die Pferde durch die Rennen nicht erschöpft sind, bei jedem Rennen exakt gleich schnell laufen und dass außerdem kein Pferd gleich schnell wie ein anderes ist (genau wie bei einem Foto-Finish gibt es immer eine Reihenfolge).

Lösung

Auch hier muss man zunächst ziemlich nachdenken, um durch ein geschicktes Ausschlussverfahren die richtigen Rennen zu veranstalten, und davon möglichst wenige. Tatsächlich sind lediglich sieben Rennen notwendig, um die schnellsten drei Pferde zu ermitteln. Wie geht man dazu vor?

Schritt 1 Zunächst lassen wir jeweils fünf Pferde in fünf Rennen gegeneinander antreten und ermitteln somit die Gewinner aus diesen Rennen. Zur besseren Nachvollziehbarkeit bekommen alle Pferde eine Nummer zwischen 1 und 25, die normalerweise nichts über die Platzierung aussagt – nachfolgend nutze ich die Nummer zur besseren Unterscheidbarkeit, man könnte die Pferde genauso gut mit A, B, C, ... benennen, dann würde man aber weitere Unterscheidungen für die Sieger der Rennen benötigen.

Wir ermitteln so die Gewinner aus allen fünf Rennen und können per Ausschlussverfahren direkt alle Pferde auf den jeweiligen Plätzen 4 und 5 aus unserer Wahl für die nächsten Rennen entfernen:

Rennen \ Platz	1	2	3	4	5
Rennen 1	(1)	2	3	4	5
Rennen 2	(6)	7	8	9	10
Rennen 3	(11)	12	13	14	15
Rennen 4	(16)	17	18	19	20
Rennen 5	(21)	22	23	24	25

Ausschluss →

1	2	3	~~4~~	~~5~~
6	7	8	~~9~~	~~10~~
11	12	13	~~14~~	~~15~~
16	17	18	~~19~~	~~20~~
21	22	23	~~24~~	~~25~~

Abbildung 11-3 *Rennen 1 bis 5 beim Pferderennen*

Damit verbleiben 15 Pferde, und wenn man diese miteinander vergleichen wollte, wären nach diesen fünf Rennen noch mindestens drei Rennen nötig. Laut meiner Aussage reichen aber insgesamt sieben Rennen, sodass nur noch zwei Rennen erlaubt sind. Demnach müssen wir die zu vergleichende Anzahl an Pferden noch geeignet reduzieren.

Schritt 2 Damit deutlich weniger als 15 Pferde für die weitere Auswahl übrig bleiben, müssen wir ein weiteres Rennen durchführen, nämlich eines mit allen Siegern. Wieso? Bislang wissen wir lediglich etwas über die Pferde innerhalb der Gruppen selbst, nicht jedoch zwischen den Gruppen. Um über die relativen Verhältnisse der Geschwindigkeiten der Sieger eine Aussage zu erhalten, lassen wir diese gegeneinander antreten – auch hierbei können die letzten beiden nicht mehr zu den schnellsten drei Pferden gehören:

Abbildung 11-4 *Rennen der Sieger*

Damit kann man aber automatisch sowohl die Pferde mit den Nummern 17 und 18 (langsamer als das Pferd mit der Nummer 16) als auch diejenigen mit den Nummern 22 und 23 (langsamer als das Pferd mit der Nummer 21) als Kandidaten eliminieren.

Schritt 3 Zunächst markieren wir die Ausschlüsse in einer Matrix und dann kombinieren wir das gewonnene Wissen, um mit dem nächsten Ausschluss beginnen zu können. Dazu fügen wir eine »>-Notation« für »schneller als« in die Matrix der Pferde ein. Weil Pferd 1 auch im Rennen der Sieger gewonnen hat, sind wir nun ganz sicher, dass das Pferd 1 auf jeden Fall das schnellste ist.

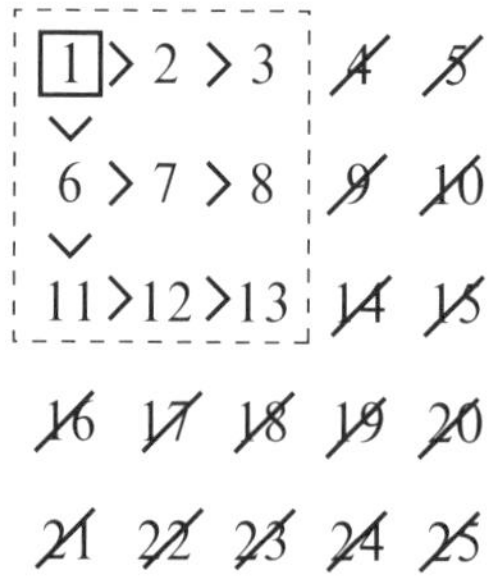

1 > 2 > 3 4 5
6 > 7 > 8 9 10
11 > 12 > 13 14 15
16 17 18 19 20
21 22 23 24 25

***Abbildung 11-5** Beste 9 beim Pferderennen*

Allerdings sind immer noch neun Pferde übrig – genauer eigentlich nur noch acht Kandidaten, da Pferd 1 das schnellste ist. Das spräche für mindestens noch zwei weitere Rennen. Lassen Sie uns nun ein wenig überlegen: Wir kennen die Reihenfolgen durch die vorherigen Rennen. Da wir nur die schnellsten drei ermitteln wollen, scheiden die Pferde mit den Nummern 8, 12 und 13 aus und es verbleiben nun fünf Pferde, nämlich die mit den Nummern 2, 3, 6, 7 und 11.

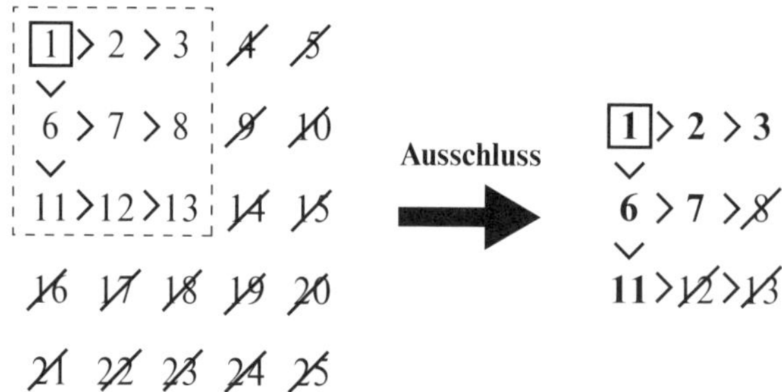

***Abbildung 11-6** Finaler Ausschluss beim Pferderennen*

Somit müssen wir nur noch die anderen Pferde (also 2, 3, 6, 7 und 11) gegeneinander antreten lassen und haben mit dem Gewinner und Zweiplatztierten dann das gesamtzweite und -dritte Pferd. Damit ergeben sich folgende mögliche Kombinationen als Endergebnis:

- 1, 2, 3
- 1, 2, 6
- 1, 6, 2
- 1, 6, 7
- 1, 6, 11

11.3 Ergänzende Literatur

In diesem Buch ging es mir vor allem darum, Ihnen ein paar Programmier- und Knobelaufgaben und eine kurzweilige Zeit beim Lösen zu bieten. Wenn die Aufgaben für Sie größtenteils gut lösbar waren, dann finden Sie nachfolgend verschiedene Bücher als ergänzende Lektüre.

Interessanterweise stößt man bei der Beschäftigung mit einem Thema immer wieder auch auf bisher unbekannte Literatur. Einige haben mich inspiriert und ich möchte sie Ihnen als Empfehlung ans Herz legen. Die Bücher habe ich thematisch gruppiert und hoffe, Ihnen einen guten Anhaltspunkt für weitere Schritte zu bieten.

Einstieg in Algorithmen und Datenstrukturen

Zum Einstieg in Algorithmen und Datenstrukturen gibt es diverse Bücher. Folgende kann ich Ihnen zur Komplettierung oder für eine andere Betrachtungsweise empfehlen:

- »**Grokking Algorithms**« [13] von Aditya Y. Bhargava
  Ein kleines, aber feines Buch, das einen gut lesbaren, nachvollziehbaren und unterhaltsamen Einstieg bietet, der durch viele Abbildungen bereichert wird. Die Beispiele sind allerdings in Python.
- »**A Common-Sense Guide to Data Structures and Algorithms**« [12] von Jay Wengrow
  Ein wunderbares, gut verständliches Buch zum Einstieg in Algorithmen und Datenstrukturen. Durch die umfangreichen Abbildungen lassen sich die Abläufe bei Algorithmen leicht nachvollziehen. Auch hier sind die Beispiele in Python.
- »**Problem Solving in Data Structures & Algorithms Using Java**« [4] von Hemant Jain
  Von den hier aufgelisteten Büchern ist dieses das umfangreichste und geht in Bezug auf die vorgestellten Themen weit über die vorherigen hinaus. Es bietet jedoch weniger erklärende Abbildungen und ist nicht ganz so intuitiv wie die anderen geschrieben. Dieses Buch erleichtert das (direkte) Nachvollziehen der Lösungen, weil Java zur Implementierung genutzt wird.

Grundlagenbücher

Wenn Sie die Thematik der Algorithmen und Datenstrukturen eher wissenschaftlich und von der Pike auf lernen wollen und es etwas formaler mögen, dann werfen Sie doch einen Blick in eines der folgenden Bücher:

- »**Algorithmen**« [9] von Robert Sedgewick
  Mit diesem Buch erhalten Sie einen gut lesbaren und nachvollziehbaren Einstieg in die Thematik. Es hat mich schon in meinem Studium begleitet.
- »**Data Structures and Algorithms with Object-Oriented Design Patterns in Java**« [8] von Bruno R. Preiss
  Dieses Buch liefert einen fundierten Überblick über gebräuchliche Datenstrukturen und zeigt, wie man diese mit Java umsetzen kann. Weil es aus dem Jahr 2000 ist, wird noch ohne Generics gearbeitet. Trotzdem ist es bezüglich Java und Datenstrukturen mein Favorit.
- »**Data Structures & Problem Solving Using Java**« [11] von Mark Allen Weiss
  Einen etwas praxisbezogeneren Ansatz als das vorherige Buch bietet dieses von Mark Allen Weiss. Durch das Erscheinungsjahr 2010 nutzt es modernere Konzepte wie Generics für die Implementierung der Datenstrukturen.

Spezialisierung auf Interviewfagen

Neben den zuvor genannten Grundlagenbüchern existieren einige, die sich vor allem auf Interviewfragen oder kleine Programmieraufgaben konzentrieren:

- »**Top 30 Java Interview Coding Tasks**« [10] von Matthew Urban
  Haben Sie nicht viel Zeit und sind weniger an Hintergrundinformationen interessiert, so ist diese kurze Broschüre bestimmt etwas für Sie. Hier werden Unit Tests zur Überprüfung der Implementierung verwendet, leider basierend auf JUnit 4 statt auf dem neueren JUnit 5.
- »**Daily Coding Problem**« [6] von Alex Miller und Lawrence Wu
  Dies ist ein weiteres Buch, dass eine ganze Menge an Informationen und auch Aufgabenstellungen inklusive Lösungen zu Algorithmen und Datenstrukturen bereitstellt. Es legt den Fokus auf kleine Programmieraufgaben für jeden Tag und basiert auf Python.

Ergänzendes für das Jobinterview bei den Top-Firmen

Für die Vorbereitung zum Jobinterview bei einer der Top-Firmen, namentlich Amazon, Apple, Facebook, Google und Microsoft, empfehle ich Ihnen ergänzend zu meinem Buch noch nachfolgend aufgelistete Bücher. Diese gehen teilweise etwas mehr in die Tiefe und bieten noch kniffligere Aufgaben oder mehr Hintergrundwissen. Zudem beschreiben alle auch den Interviewprozess an sich und wie man sich geeignet vorbereitet.

- »**Cracking the coding interview**« [5] - von Gayle Laakmann McDowell
  Dabei handelt es sich um ein großartiges Buch von einer extrem kompetenten Autorin. Allerdings empfiehlt sich die vorherige Lektüre eines Buchs über Algorithmen, damit man den Ausführungen besser folgen kann. Der Schwierigkeitsgrad einzelner Aufgaben ist zum Teil doch recht herausfordernd.
- »**Programming Interviews Exposed**« [7] von John Mongan, Noah Kindler und Eric Giguère
  Dieses Buch behandelt neben Algorithmen und Datenstrukturen auch Themen wie Concurrency, Design Patterns und Datenbanken. Es enthält weniger Aufgaben, aber sehr gute Erklärungen. Die Lösungen werden in unterschiedlichen Sprachen präsentiert.
- »**Elements of Programming Interviews in Java**« [1] von Adnan Aziz, Tsung-Hsien Lee und Amit Prakash
  Dieses Buch deckt viele verschiedene Themenbereiche ab, insbesondere Datenstrukturen und Algorithmen.

Teil III

Anhang

A Schnelleinstieg JShell

In diesem Buch werden diverse Beispiele direkt auf der Konsole ausprobiert. Der Grund besteht vor allem darin, dass Java seit Version 9 die interaktive Kommandozeilenapplikation JShell als REPL bietet, das wir in diesem Anhang kurz kennenlernen wollen.

A.1 Java + REPL => `jshell`

In das JDK wurde mit Java 9 das Tool `jshell` integriert. Dieses erlaubt einen interaktiven Arbeitsstil und das Ausführen kleinerer Sourcecode-Schnipsel, wie man es bereits aus verschiedenen anderen Programmiersprachen in ähnlicher Form kennt. Man spricht dabei auch von REPL (Read-Eval-Print-Loop). Dadurch wird es möglich, etwas Java-Sourcecode zu schreiben und Dinge schnell auszuprobieren, ohne dafür die IDE starten und ein Projekt anlegen zu müssen.[1] Über das Ausmaß des Gewinns lässt sich sicherlich streiten. Überaus praktisch ist jedoch, dass die Angabe eines Semikolons bei Eingaben in der `jshell` optional ist. Für erste Experimente und ein Prototyping ist es von noch größerem Vorteil, dass man sich nicht um die Behandlung von Exceptions, nicht einmal Checked Exceptions, kümmern muss.[2] Das werden wir später noch sehen.

Einführendes Beispiel

Starten wir die `jshell` und probieren einige Aktionen und Berechnungen aus. Dabei dient mal wieder eine Abwandlung eines Hello-World-Beispiels als Startpunkt:

```
> jshell
|  Welcome to JShell -- Version 13
|  For an introduction type: /help intro

jshell> System.out.println("Hello JShell")
Hello JShell
```

[1]Nahezu jeder (professionelle) Entwickler hat – zumindest während der Arbeit – seine IDE sowieso fast immer geöffnet und könnte durch eine `main()`-Methode Ähnliches erreichen, allerdings mit dem Vorteil von direktem Syntax-Check und Auto-Complete.

[2]Genauer: Beides gilt nur für die Kommandos in der `jshell`, nicht jedoch, wenn man dort Methoden oder Klassen definiert. Dann muss auch weiterhin ein Semikolon genutzt und müssen Exceptions behandelt werden.

Danach addieren wir zwei Zahlen:

```
jshell> 2 + 2
$1 ==> 4
```

Anhand der Ausgabe sehen wir, dass die `jshell` das Berechnungsergebnis einer Shell-Variablen zuweist, die mit `$` beginnt, hier `$1`.

Auch die Definition eigener Methoden ist wie folgt möglich:

```
jshell> int add(int a, int b) {
   ...> return a + b;
   ...> }
|  created method add(int,int)
```

Praktischerweise erkennt die `jshell`, dass die Anweisungen nicht vollständig sind und noch weitere Eingaben in einer Folgezeile benötigt werden. Erst danach erfolgt die gezeigte Meldung »`created method add(int,int)`«.

Nach Abschluss der Definition kann man eine solche Methode dann wie erwartet aufrufen und als Besonderheit auch auf das zuvor berechnete und zwischengespeicherte erste Ergebnis folgendermaßen mit `$1` zugreifen:

```
jshell> add(3, $1)
$3 ==> 7
```

Weitere Kommandos und Möglichkeiten

Das Kommando `/vars` listet die derzeit definierten Variablen auf:

```
jshell> /vars
|    int $1 = 4
|    int $3 = 7
```

Das Kommando `/methods` zeigt definierte Methoden, hier die gerade erstellte Methode `add()`:

```
jshell> /methods
|    add (int,int)int
```

Außerdem bietet die `jshell` eine Historie der Befehle, was nützlich sein kann, um ein vorheriges Kommando wiederholt auszuführen. Mit `/!` lässt sich das letzte Kommando nochmals ausführen. Mit `/list` erhält man eine Übersicht, aus der mit `/<nr>` das <nr>te Kommando ausgeführt werden kann:

```
jshell> /list

   1 : System.out.println("Hello JShell")
   2 : 2+2
   3 :  int add(int a, int b) {
       return a+b;
       }
   4 : add(3, $1)
```

Folgende Tastaturkürzel erleichtern in der `jshell` das Editieren und Navigieren:

- Ctrl + A / E – Springt an den Anfang / das Ende einer Zeile.
- ↑ / ↓ – Mit den Cursortasten kann man durch die Historie der Befehle navigieren.
- `/reset` – Löscht die Befehlshistorie.

Nicht immer ist uns jede mögliche Variante von Aufrufen geläufig, daher ist die Tab-Completion recht praktisch, die ähnlich wie in einer IDE eine Reihe möglicher Vervollständigungen präsentiert:

```
jshell> String.
CASE_INSENSITIVE_ORDER   class         copyValueOf(     format(       join(
       valueOf(

jshell> Class.
class         forName(
```

Syntaktische Besonderheiten und Java-9-Featues nutzen

Folgende Anweisung

```
jshell> Thread.sleep(500)
```

demonstriert gleich zwei Dinge: Zum einen erkennen wir, dass wie bisher auch hier auf die Angabe eines Semikolons für Anweisungen in der `jshell` verzichtet werden kann, und zum anderen muss die von `Thread.sleep()` ausgelöste `Interrupted-Exception` nicht behandelt werden.

Auch die Definition von Listen, Mengen und Maps ist möglich und mit den neuen Collection-Factory-Methoden sogar recht komfortabel:

```
jshell> List<Integer> numbers = List.of(1,2,3,4,5,6,7)
numbers ==> [1, 2, 3, 4, 5, 6, 7]

jshell> Set<String> names = Set.of("Tim", "Mike", "Max")
names ==> [Tim, Max, Mike]

jshell> Map<String, Integer> nameToAge = Map.of("Tim", 41, "Mike", 42)
nameToAge ==> {Tim=41, Mike=42}
```

Nach diesen Definitionen wollen wir uns nochmals die Variablen anschauen:

```
jshell> /vars
|    int $1 = 4
|    int $3 = 7
|    List<Integer> numbers = [1, 2, 3, 4, 5, 6, 7]
|    Set<String> names = [Tim, Max, Mike]
|    Map<String, Integer> nameToAge = {Tim=41, Mike=42}
```

Komplexere Aktionen

Neben den gezeigten recht trivialen Aktionen erlaubt die `jshell` auch komplexere Berechnungen und sogar die Definition von Klassen.

Einbinden anderer JDK-Klassen Standardmäßig sind in der `jshell` nur Typen aus dem Modul `java.base` zugreifbar, was aber für diverse Java-Gehversuche oftmals ausreichend ist. Möchte man aber Klassen etwa aus Swing oder JavaFX nutzen, so benötigen wir einen Import, beispielsweise `import javax.swing.*` für die Typen wie `JFrame` usw. Ohne diesen Imports erhalten wir folgende Fehlermeldung:

```
jshell> new JFrame("Hello World")
|  Error:
|  cannot find symbol
|    symbol:   class JFrame
|  new JFrame("Hello World")
|      ^----^
```

Deswegen beginnen wir nun mit dem Import:

```
import javax.swing.*

jshell> new JFrame("Hello World")
$2 ==> javax.swing.JFrame[frame0,0,23,0x0,invalid,hidden,layout=java.awt.
      BorderLayout,title=Hello World,resizable,normal,defaultCloseOperation=
      HIDE_ON_CLOSE,rootPane=javax.swing.JRootPane[,0,0,0x0,invalid,layout=javax.
      swing.JRootPane$RootLayout,alignmentX=0.0,alignmentY=0.0,border=,flags
      =16777673,maximumSize=,minimumSize=,preferredSize=],rootPaneCheckingEnabled
      =true]

$2.setSize(200, 50)
$2.show()
```

Mit der obigen Kommandofolge wird dann ein Fenster der Größe 200 x 50 erzeugt und angezeigt. Es sollte in etwa wie in Abbildung A-1 aussehen.

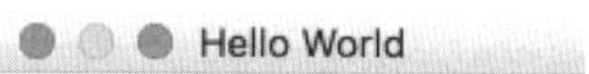

Abbildung A-1 *Einfaches Swing-Fenster gestartet aus der* `jshell`

Beenden der JShell

Schließlich kann man die `jshell` mit `/exit` beenden.

Tipp: Die `jshell` und einige Besonderheiten

Nicht unterstützte Schlüsselwörter Das Schlüsselwort `final` wird durch die `jshell` nicht unterstützt – das gilt ebenso für `public` und `static`.

```
jshell> final URI uri = new URI("https://www.oracle.com/index.html");
|  Warning:
|  Modifier 'final' not permitted in top-level declarations, ignored
|  final URI uri = new URI("https://www.oracle.com/index.html");
|  ^---^
uri ==> https://www.oracle.com/index.html
```

B Kurzeinführung JUnit 5

JUnit ist ein in Java geschriebenes Framework, das beim Erstellen und bei der Automatisierung von Testfällen unterstützt. Es ist leicht erlernbar und nimmt viel Arbeit beim Schreiben und Verwalten von Testfällen ab. Insbesondere muss nur die Logik für die Testfälle selbst implementiert werden. Dabei unterstützt das Framework durch eine Vielzahl an Methoden, mit denen Testbehauptungen aufgestellt und ausgewertet werden können.

B.1 Schreiben und Ausführen von Tests

B.1.1 Beispiel: Ein erster Unit Test

Zum Testen einer Applikationsklasse wird normalerweise eine korrespondierende Testklasse geschrieben. Häufig beginnt man zur Absicherung wichtiger Funktionalität eigener Klassen damit, zunächst einige zentrale Methoden durch Tests zu überprüfen. Das sollte schrittweise ausgeweitet werden. Testfälle formuliert man in Form spezieller Testmethoden, die mit der Annotation `@Test` markiert sein müssen und keinen Rückgabetyp definieren dürfen. Ansonsten werden sie von JUnit nicht als Testfall betrachtet und bei der Testausführung ignoriert.

Schauen wir uns ein einfaches erstes Beispiel an, das lediglich das Gesagte verdeutlicht, aber noch keine Funktionalität testet, sondern nur ein Grundgerüst bildet:

```
import static org.junit.jupiter.api.Assertions.*;

import org.junit.jupiter.api.Test;

class FirstTestWithJUunit5
{
    @Test
    void test()
    {
        fail("Not yet implemented");
    }
}
```

Im Listing werden die Annotation `@Test` aus dem Package `org.junit.jupiter.api` sowie die Methoden aus der Klasse `org.junit.jupiter.api.Assertions` importiert. Letztere werden statisch importiert, um eine kürzere Notation und bessere Lesbarkeit beim Aufruf der Testmethoden zu erreichen.

B.1.2 Grundlagen zum Schreiben und Ausführen von Tests

Wir lernen nun Methoden zur Auswertung von Bedingungen kennen:

- **Auswertung von Bedingungen** – Die Klasse `Assertions` stellt eine Menge von Prüfmethoden bereit, mit denen Bedingungen formuliert und dadurch Zusicherungen über den zu testenden Sourcecode geprüft werden können:
  - Die überladenen Methoden `assertTrue()` und `assertFalse()` erlauben es, boolesche Bedingungen zu prüfen. Erstere Methode geht davon aus, dass eine Bedingung erfüllt ist. Für `assertFalse()` gilt das Gegenteil.
  - Mit den überladenen Methoden `assertNull()` bzw. `assertNotNull()` können Objektreferenzen auf `null` bzw. ungleich `null` geprüft werden.
  - Die überladene Methode `assertEquals()` prüft entweder zwei Objekte auf inhaltliche Gleichheit (Aufruf von `equals(Object)`) oder zwei Variablen primitiven Typs auf Gleichheit. Aufgrund möglicher Rundungsungenauigkeiten bei Berechnungen für die Typen `float` und `double` lässt sich bei deren Prüfung eine maximale Abweichung vom erwarteten Wert angegeben.
  - Die überladenen Methoden `assertSame()` bzw. `assertNotSame()` prüfen Objektreferenzen auf Gleichheit bzw. Ungleichheit gemäß `==`.
  - Über `fail()` kann man einen Testfall bewusst fehlschlagen lassen. Dies ist mitunter nützlich, um auf eine unerwartete Situation reagieren zu können.
  - Mit JUnit 5 lässt sich mithilfe der Methode `assertThrows()` sehr elegant prüfen, ob eine erwartete Exception ausgelöst wird.

Folgendes Listing zeigt einige der vorgestellten Methoden im Einsatz, wobei verschiedene Testmethoden in diesem Beispiel bewusst Fehler provozieren:

```
import static org.junit.jupiter.api.Assertions.*;

import org.junit.jupiter.api.Test;

import java.util.List;

public class JUnit5ExampleTest
{
    @Test
    public void testAssertTrue()
    {
        final List<String> names = List.of("Max", "Moritz", "Tom");

        assertTrue(names.size() > 2);
    }

    @Test
    public void testAssertFalse()
    {
        final List<Integer> primes = List.of(2, 3, 5, 7);

        // Hier wird bewusst ein Fehler provoziert
        assertFalse(primes.isEmpty());
    }
```

```
    @Test
    public void testAssertNull()
    {
        assertNull(null);
    }

    @Test
    public void testAssertNotNull()
    {
        // Hier wird bewusst ein Fehler provoziert
        assertNotNull(null, "Unexpected null value");
    }

    @Test
    public void testAssertEquals()
    {
        assertEquals("EXPECTED", "expected".toUpperCase());
    }

    @Test
    public void testAssertEqualsWithPrecision()
    {
        assertEquals(2.75, 2.74999, 0.1);
    }

    @Test
    public void testFailWithExceptionJUnit5()
    {
        assertThrows(java.lang.NumberFormatException.class, () ->
        {
            // Hier wird bewusst ein Fehler provoziert
            final int value = Integer.parseInt("Fehler simulieren!");
        });
    }
}
```

Listing B.1 *Ausführbar als* '**JUNIT5EXAMPLETEST**'

Prüfung mehrerer Asserts mit `assertAll()`

Bei der Formulierung von Testfällen sind immer mal wieder mehrere Bedingungen zu prüfen, wie etwa die einzelnen Bestandteile einer Adresse. Mit JUnit 5 lässt sich diese semantische Klammer und die Ausführung aller Asserts durch die Methode `assertAll()` ausdrücken:

```
@Test
void assertAachenZipAndCityAndCountry()
{
    final Address address = // ...

    assertAll("Adressbestandteile",
              () -> assertEquals(52070, address.getZipCode()),
              () -> assertEquals("Aachen", address.getCity()),
              () -> assertEquals("Deutschland", address.getCountry()));
}
```

- **Testausführung** – JUnit ist in gängige IDEs integriert. Das erlaubt die Ausführung von Tests direkt aus der IDE heraus. Tests lassen sich entweder über ein Kontextmenü oder über Buttons im GUI ausführen. Dabei kommt es zu einer Ausgabe ähnlich zu der in Abbildung B-1. Ein roter Balken zeigt Fehler an. Im Idealfall sieht man ein »beruhigendes« Grün, das den erfolgreichen Abschluss aller Testfälle meldet.

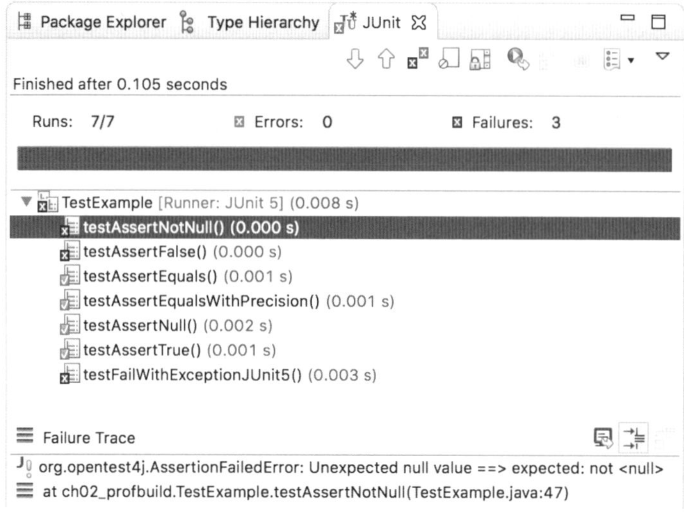

Abbildung B-1 *Testausführung aus dem GUI der IDE*

MoreUnit

JUnit ist gut in Eclipse integriert und Testfälle lassen sich nicht nur ausführen, sondern sogar debuggen. Allerdings gibt es noch Raum für Verbesserungen: Beispielsweise sind die Tastaturkürzel zum Ausführen von Unit Tests (ALT+SHIFT+X,T) recht unhandlich. Um dieses und weitere Problemen kümmert sich das Eclipse-Plugin MoreUnit. Es steht frei im Eclipse Marketplace zur Installation bereit und bietet folgende Features:

- MoreUnit bietet Tastaturkürzel zum Ausführen (CTRL+R) und zum Hin-und-her-Wechseln zwischen Implementierung und Unit Test einer Klasse (CTRL+J). Existiert kein Test, so wird mit CTRL+J ein Dialog zum Anlegen eines korrespondierenden Unit Tests angeboten.
- Man erhält eine Icon-Dekoration, sodass man direkt im Package Explorer durch einen kleinen grünen Punkt sieht, ob zu einer Klasse ein Test existiert.
- Beim Refaktorisieren werden Klassen und korrespondierende Testklassen automatisch synchron zueinander verschoben oder umbenannt.

B.1.3 Behandlung erwarteter Exceptions mit `assertThrows()`

Manchmal sollen Testfälle das Auftreten von Exceptions während der Abarbeitung prüfen und ein Ausbleiben würde einen Fehler darstellen. Ein Beispiel ist der bewusste Zugriff auf ein nicht existentes Element eines Arrays. Eine `ArrayIndexOutOfBoundsException` sollte die Folge sein. Um erwartete Exceptions im Testfall so zu behandeln, dass diese einen Testerfolg und keinen Fehlschlag darstellen, besitzt man verschiedene Alternativen.

Seit JUnit 5 dient die Methode `assertThrows()` zur Verarbeitung von Exceptions. Sie schlägt fehl (produziert einen Testfehler), wenn die ausgeführte Methode nicht die erwartete Exception auslöst. Zudem gibt die Methode die ausgelöste Exception zurück, sodass man noch weitere Prüfungen vornehmen kann, beispielsweise, ob im Text der Exception die gewünschten und erwarteten Informationen bereitgestellt werden.

```
public class AssertThrowsTest
{
    @Test
    public void arrayIndexOutOfBoundsExceptionExpected()
    {
        var numbers = new int[] { 1, 2, 3, 4, 5, 6, 7 };

        final Executable action = () ->
        {
            numbers[1_000] = 13;
        };

        assertThrows(ArrayIndexOutOfBoundsException.class, action);
    }

    @Test
    public void illegalStateExceptionWithMessageTextExpected()
    {
        final String errorMsg = "XYZ is not initialized";

        final Executable action = () ->
        {
            throw new IllegalStateException(errorMsg,
                                            new IOException("IO"));

        };

        final IllegalStateException exception =
                                   assertThrows(IllegalStateException.class,
                                                action);
        assertEquals(errorMsg, exception.getMessage());
        assertEquals(IOException.class, exception.getCause().getClass());
    }
}
```

Listing B.2 *Ausführbar als* '**ASSERTTHROWSTEST**'

Im zweiten Testfall sehen wir, wie einfach man nun auch auf die Inhalte der ausgelösten Exceptions zugreifen kann, etwa um den Text oder andere Details überprüfen zu können.

B.2 Parametrisierte Tests mit JUnit 5

Teilweise muss man eine Vielzahl an Wertebelegungen testen. Würde man für jede davon eine eigene Testmethode erstellen, so würde dies die Testklasse ziemlich aufblähen und unübersichtlich machen. Um das eleganter zu lösen, gibt es verschiedene Varianten. Alle davon haben ihre spezifischen Stärken und Schwächen.

Nachfolgend nehmen wir an, es sollen Berechnungen für festdefinierte Wertebereiche oder für eine ausgesuchte Menge an Eingaben geprüft werden.[1]

Einführung in parametrisierte Tests mit JUnit 5

Mit JUnit 5 ist die Definition von parametrisierten Tests ziemlich einfach. Beginnen wir mit dem Fall, dass wir lediglich Parameter für unsere Testmethoden vorgeben und das Ergebnis nicht mit übergeben wollen. Das ist immer dann praktisch, wenn nur eine Bedingung zu prüfen ist, etwa ob ein String nicht leer ist oder eine Zahl eine Primzahl darstellt. Beides könnte man für eine kleine Menge an vorgegebenen Eingaben mithilfe der Annotations `@ParameterizedTest` sowie `@ValueSource` wie folgt realisieren:

```
import org.junit.jupiter.params.ParameterizedTest;
import org.junit.jupiter.params.provider.ValueSource;

// Es werden zur Demonstration ein paar Fehler produziert
public class FirstParameterizedTest
{
    @ParameterizedTest(name = "run {index}: ''{0}'' is not empty")
    @ValueSource(strings = { "Tim", "Tom", "", "Mike" })
    void isNotEmpty(String value)
    {
        assertFalse(value.isEmpty());
    }

    @ParameterizedTest(name = "run {index}: {0} is a prime")
    @ValueSource(ints = { 1, 2, 3, 4, 5, 6, 7 })
    void ensureIsPrime(int value)
    {
        assertTrue(MathUtils.isPrime(value));
    }
}
```

Im Listing sehen wir, dass jeder parametrisierte Test mit `@ParameterizedTest` annotiert werden muss. Als Parameter kann man im Attribut `name` einen String mit Platzhaltern verwenden. Dabei bedeuten die Platzhalter Folgendes: `{index}` entspricht dem Index in den Testdaten, und `{0}`, `{1}`, `{2}` usw. referenzieren die Parameter bzw. die entsprechenden Datenelemente – häufiger wird es auch mehrere Eingaben geben, wie wir es im Anschluss sehen werden. Zudem muss der Testgenerator wissen, welche Ein-

[1] Bei einer (sehr) großen Anzahl an Werten ist es keine gute Idee, für alle diese eine Prüfung vorzunehmen, da dies die Ausführungsdauer der Unit Tests oftmals deutlich verlängert – ohne jedoch einen (größeren) Mehrwert zu bringen. Insbesondere hier empfiehlt sich der Einsatz von Repräsentanten aus Äquivalenzklassen, wodurch sich die Zahl der Testfälle drastisch reduzieren sollte. Für Details verweise ich auf mein Buch »Der Weg zum Java-Profi« [2].

gaben zu prüfen sind. Das kann unter anderem per `@ValueSource` spezifiziert werden, im Beispiel mit den Spezialisierungen für Strings bzw. `int`-Werte. Zudem gibt es vordefinierte Varianten für `long` und `double`.

Schauen wir uns kurz an, wie sich das Ganze auswirkt: Für jeden angegebenen Parameter wird ein eigener Testfall erstellt und ausgeführt. Wie das dann in Eclipse aussieht, zeigt Abbildung B-2. Bedenken Sie bitte, dass zu Demonstrationszwecken ein paar Testfehler eingebaut wurden.

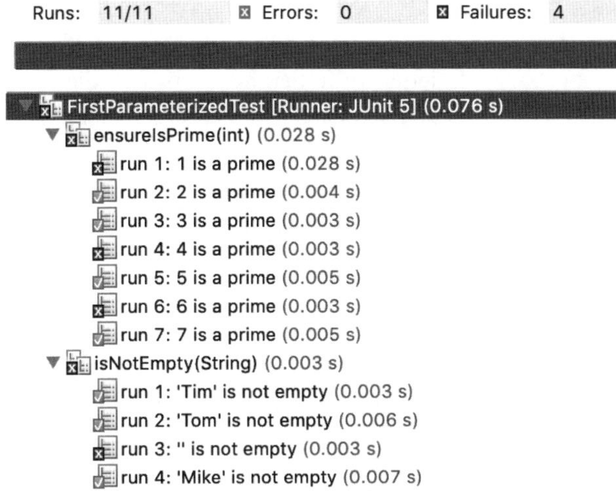

Abbildung B-2 *Parametrisierte Testfälle des Programms* FIRSTPARAMETERIZEDTEST

Praxisnähere parametrisierte Tests

Bei fast allen Tests benötigt man in der Praxis aber ein Tupel aus Eingaben und Ergebnissen. Dabei hilft die Annotation `@CsvSource`. Hier kann man jeweils in sich geschlossene kommaseparierte Angaben für die gewünschten Kombinationen der jeweiligen Eingaben bzw. Parameter für die Testmethode machen. Sinnvollerweise repräsentiert der erste oder bevorzugt der letzte dann das erwartete Ergebnis – nutzt man den letzten Parameter, so folgt dies besser der (europäischen) Denkweise von links nach rechts.

Nachfolgend zeige ich eine mögliche Parametrierung für das Umkehren eines Strings:

```
@ParameterizedTest(name = "reverse({0}) => {1}")
@CsvSource({ "ABCD, DCBA", "OTTO, OTTO", "PETER, RETEP" })
void testReverse(final String input, final String expectedOutput)
{
    final String result = Ex03_ReverseStringV1.reverse(input);

    assertEquals(expectedOutput, result);
}
```

Ein weiteres Beispiel ist die Addition zweier Werte mitsamt des erwarteten Ergebnisses. Hier erkennt man, dass die textuellen Werte automatisch in die von den Parametern genutzten Typen konvertiert werden:

```
@ParameterizedTest(name = "{index}: {0} + {1} = {2}")
@CsvSource({ "1, 1, 2", "2, -2, 0", "3, 4, 7" })
void testAdd(int first, int second, int expected)
{
    int sum = first + second;

    assertEquals(expected, sum);
}
```

Genialerweise gibt es vordefinierte Konvertierungen, etwa für die Typen aus dem Date and Time API, und man kann damit verständliche Tests schreiben. Hier ist dies für die Ermittlung des ersten Tags im Quartal gezeigt:

```
@ParameterizedTest
@CsvSource({ "2014-03-15, 2014-01-01", "2014-06-16, 2014-04-01",
             "2014-09-15, 2014-07-01", "2014-11-15, 2014-10-01"})
void adjustToFirstDayOfQuarter(LocalDate startDate, LocalDate expected)
{
    final Temporal result = new Ex10_FirstDayOfQuarter().adjustInto(startDate);

    assertEquals(expected, result);
}
```

JUnit Parameterized Tests mit `@MethodSource`

Es verbleibt noch eine potenzielle Schwierigkeit bei der Angabe der Werte. Manchmal wird die textuelle Angabe der Werte unübersichtlich oder ist vielleicht sogar nicht möglich, etwa für Listen. Nachfolgend ist das für eine Liste von Eingabewerten sowie ein erwartetes Ergebnis gezeigt. Dafür gibt es eine andere Form der Bereitstellung der Daten in Form eines `Stream<Arguments>`, der von einer statischen Methode zurückgeliefert wird. Den Methodennamen spezifiziert man dann mit `@MethodSource` – leider ist dies nur textuell möglich, aber trotzdem sehr intuitiv.

```
@ParameterizedTest(name = "removeDuplicates({0}) = {1}")
@MethodSource("listInputsAndExpected")
void removeDuplicates(List<Integer> inputs, List<Integer> expected)
{
    List<Integer> result = Ex02_ListRemove.removeDuplicates(inputs);

    assertEquals(expected, result);
}

static Stream<Arguments> listInputsAndExpected()
{
    return Stream.of(Arguments.of(List.of(1, 1, 2, 3, 4, 1, 2, 3),
                                  List.of(1, 2, 3, 4)),
                     Arguments.of(List.of(1, 3, 5, 7),
                                  List.of(1, 3, 5, 7)),
                     Arguments.of(List.of(1, 1, 1, 1),
                                  List.of(1)));
}
```

C Schnelleinstieg O-Notation

In diesem Buch verwende ich mitunter zum Einordnen der Laufzeitverhalten von Algorithmen die sogenannte O-Notation. Diese erlaubt eine formalere Betrachtung und Einordnung der Komplexität von Algorithmen.

C.1 Abschätzungen mit der O-Notation

Zur Abschätzung und Beschreibung der Komplexität von Algorithmen und damit zur Einordnung ihres Zeitverhaltens wäre es unpraktisch, immer Messungen vornehmen zu müssen. Außerdem spiegeln Messungen lediglich das Laufzeitverhalten unter gewissen Randbedingungen der Hardware (Prozessortakt, Speicher usw.) wider.

Um Folgen von Designentscheidungen unabhängig von solchen Details und auf einer abstrakteren Ebene einordnen zu können, verwendet man in der Informatik die sogenannte ***O-Notation***, die die obere Schranke für die Komplexität eines Algorithmus angibt. Dazu möchte man folgende Frage beantworten können: »Wie verhält sich ein Programm, wenn statt 1.000 Eingabewerten beispielsweise 10.000 oder 100.000 Eingabewerte verarbeitet werden?« Zur Beantwortung dieser Frage müssen die einzelnen Schritte eines Algorithmus betrachtet und klassifiziert werden. Ziel ist es, die Berechnung der Komplexität zu formalisieren, um Auswirkungen von Veränderungen an der Anzahl der Eingabedaten auf die Programmlaufzeit abschätzen zu können.

Betrachten wir folgende `while`-Schleife als einführendes Beispiel:

```
int i = 0;                      // O(1)
while (i < n)                   // O(n)
{
    createPersonInDb(i);        // O(1)
    i++;                        // O(1)
}
```

Jede einzelne Anweisung wird mit der Komplexität $O(1)$ bewertet. Die Schleife selbst erhält aufgrund der n Ausführungen des Schleifenrumpfs die Komplexität $O(n)$ zugeordnet.[1] Rechnet man diese Werte zusammen, dann sind die Kosten für die Abarbeitung des Programms folglich: $O(1) + O(n) * (O(1) + O(1)) = O(1) + O(n) * 2$. Für eine

[1] Die Bedeutung der Notation wird auf der nächsten Seite mit der Vorstellung von Beispielen für weitere Komplexitätsklassen verständlicher. Eine weiterführende Darstellung finden Sie unter `http://www.linux-related.de/index.html?/coding/o-notation.htm`.

Abschätzung der Komplexität spielen konstante Summanden und Faktoren keine Rolle. Nur die höchste Potenz von n ist von Interesse. Somit kommt man für das abgebildete Programmstück auf eine Komplexität von $O(n)$. Diese Vereinfachung ist zulässig, da für größere Werte von n der Einfluss von Faktoren und kleineren Komplexitätsklassen unbedeutend ist. Für das Verständnis der Betrachtungen in den folgenden Abschnitten sollte diese informelle Definition ausreichend sein.

Nachfolgend möchte ich noch zwei Sätze von Robert Sedgewick, die die O-Notation charakterisieren, aus seinem Standardwerk »Algorithmen« [9] zitieren: »[...] ist die O-Schreibweise ein nützliches Hilfsmittel, um obere Schranken für die Laufzeit anzugeben, die von den Einzelheiten der Eingabedaten und der Implementation unabhängig sind.« Und weiter heißt es dort: »Die O-Schreibweise erweist sich als äußerst nützlich, indem sie Analytikern hilft, Algorithmen nach ihrer Leistungsfähigkeit zu klassifizieren, und indem sie Entwickler von Algorithmen bei der Suche nach den »besten« Algorithmen unterstützt.«

C.1.1 Komplexitätsklassen

Um das Laufzeitverhalten verschiedener Algorithmen miteinander vergleichen zu können, reichen in der Regel sieben unterschiedliche Komplexitätsklassen aus. Folgende Aufzählung nennt die jeweilige Komplexitätsklasse und einige Beispiele dazu:

- $O(1)$ – Die konstante Komplexität liefert eine von der Anzahl der Eingabedaten n unabhängige Laufzeit. Diese Komplexität repräsentiert häufig ***eine Anweisung*** oder eine einfache Berechnung, die aus einigen Berechnungsschritten besteht.
- $O(log(n))$ – Bei der logarithmischen Komplexität kommt es zu einer Verdopplung der Laufzeit, wenn die Eingabedatenmenge n quadriert wird. Ein bekanntes Beispiel für diese Komplexität ist die ***Binärsuche***.
- $O(n)$ – Bei der linearen Komplexität wächst die Laufzeit proportional zur Anzahl der Elemente n. Dies ist bei einfachen Schleifen und Iterationen der Fall, etwa bei einer ***Suche in einem Array*** oder einer Liste.
- $O(n*log(n))$ – Diese Komplexität ist eine Kombination aus linearem und logarithmischem Wachstum. Einige der schnellsten ***Sortieralgorithmen*** (z. B. Mergesort) besitzen diese Komplexität.
- $O(n^2)$ – Die quadratische Komplexität führt bei einer Verdopplung der Menge der Eingabedaten n bereits zu einer Vervierfachung der Laufzeit. Bei einer Verzehnfachung der Eingabedaten kommt es schon zu einem Verhundertfachen der Laufzeit. In der Praxis findet man diese Komplexität bei ***zwei ineinander verschachtelten `for`- oder `while`-Schleifen***. Einfache Sortieralgorithmen haben normalerweise diese Komplexität.
- $O(n^3)$ – Bei der kubischen Komplexität kommt es bei einer Verdopplung von n bereits zu einer Verachtfachung der Laufzeit. Die naive ***Multiplikation von Matrizen*** ist ein Beispiel für diese Komplexitätsklasse.

- $O(2^n)$ – Die exponentielle Komplexität führt bei einer Verdopplung von n zu einer Quadrierung der Laufzeit. Das klingt zunächst wenig. Bei einer Verzehnfachung steigt die Laufzeit aber um den Faktor 20 Milliarden! Die exponentielle Komplexität tritt häufig bei ***Optimierungsproblemen*** auf, etwa dem sogenannten Problem des Handlungsreisenden (***Traveling-Salesman-Problem***), bei dem es darum geht, den kürzesten Weg zwischen verschiedenen Städten zu ermitteln und dabei alle Städte zu besuchen. Um dem Problem der exorbitanten Laufzeit Herr zu werden, verwendet man Heuristiken, die zwar nicht die optimale Lösung, sondern nur eine Annäherung daran ermitteln, dafür aber eine viel geringere Komplexität und deutlich kürzere Laufzeit besitzen.

Tabelle C-1 zeigt eindrucksvoll, welche Auswirkungen die genannten Komplexitätsklassen für verschiedene Mengen von Eingabedaten n besitzen:[2]

Tabelle C-1 *Auswirkungen verschiedener Zeitkomplexitäten*

n	$O(log(n))$	$O(n)$	$O(n * log(n))$	$O(n^2)$	$O(n^3)$
10	1	10	10	100	1.000
100	2	100	200	10.000	1.000.000
1.000	3	1.000	3.000	1.000.000	1.000.000.000
10.000	4	10.000	40.000	100.000.000	1.000.000.000.000
100.000	5	100.000	500.000	10.000.000.000	1.000.000.000.000.000
1.000.000	6	1.000.000	6.000.000	1.000.000.000.000	1.000.000.000.000.000.000

Anhand der dargestellten Werte bekommt man ein Gefühl für die Auswirkungen unterschiedlicher Komplexitäten: Bis etwa $O(n * log(n))$ sind die Komplexitätsklassen günstig. Optimal und wünschenswert, wenn auch für viele Algorithmen nicht erreichbar, sind die Komplexitäten $O(1)$ und $O(log(n))$. Bereits $O(n^2)$ ist für größere Eingabemengen in der Regel nicht mehr günstig, kann aber bei einfachen Berechnungen und kleineren Werten für n problemlos eingesetzt werden.

Hinweis: Einfluss der Eingabedaten

Einige Algorithmen verhalten sich abhängig von den Eingabedaten unterschiedlich. Für Quicksort ergibt sich im durchschnittlichen Fall eine Komplexität von $n * log(n)$, die aber im Extremfall auf n^2 ansteigen kann. Da die O-Notation den »Worst Case« beschreibt, wird Quicksort eine Komplexität von $O(n^2)$ zugeordnet.

[2] Dabei wird die Zeitkomplexität $O(2^n)$ nicht dargestellt, weil deren Wachstum zu stark ist, um es sinnvoll ohne den Einsatz von 10er-Potenzen auszudrücken.

C.1.2 Komplexität und Programmlaufzeit

Mögen die durch eine spezielle O-Komplexität errechneten Zahlen für eine Menge von Eingabewerten n manchmal auch abschreckend sein, so sagen diese jedoch nichts über die konkrete Ausführungszeit aus, sondern nur über deren Wachstum bei einer Vergrößerung der Eingabemenge. Wie bereits anhand des einführenden Beispiels deutlich wird, macht die O-Notation keine Aussage über die Dauer einzelner Berechnungsschritte: Das Inkrement `i++` und der Datenbankzugriff `createPersonInDb(i)` wurden jeweils mit $O(1)$ bewertet, obwohl der Datenbankzugriff auf die Ausführungszeit bezogen um mehrere Größenordnungen teurer als das Inkrement ist.

Für »normale« Anweisungen ohne Zugriffe auf externe Systeme, wie Dateisystem, Netzwerk oder Datenbank, also Additionen, Zuweisungen usw., ist der Einfluss von n bei heutigen Computern für typische Business-Appllkationen mit Benutzerinteraktionen vielfach nicht ausschlaggebend: Die Auswirkungen auf die tatsächliche Laufzeit fallen für kleine n (< 1000) bei den Komplexitäten $O(n)$ bzw. $O(n^2)$ und sogar manchmal noch bei $O(n^3)$ heutzutage kaum wirklich störend ins Gewicht – das heißt jedoch nicht, dass man nicht möglichst optimale Algorithmen verwenden sollte. Vielmehr gilt im Umkehrschluss: Man kann auch mit einer ersten funktional korrekten Umsetzung starten und diese in Produktion bringen. Die optimierte Variante lässt sich dann einige Zeit später ausrollen.

Insgesamt möchte ich nochmals betonen, dass auch mehrfach ineinander verschachtelte Schleifen mit der Komplexität $O(n^2)$ oder $O(n^3)$ absolut gesehen oftmals viel schneller ausgeführt werden als einige Datenbankabfragen über ein Netzwerk mit der Komplexität $O(n)$. Ähnliches gilt für eine Suche in einem Array ($O(n)$) und einen Zugriff auf ein Element einer hashbasierten Datenstruktur ($O(1)$). Für kleine n kann die Berechnung der Hashwerte länger dauern als eine lineare Suche. Je größer allerdings n wird, desto mehr wirkt sich die schlechtere Komplexitätsklasse auf die tatsächliche Laufzeit aus.

Literaturverzeichnis

[1] Adnan Aziz, Tsung-Hsien Lee und Amit Prakash. *Elements of Programming Interviews in Java*. 2015.

[2] Michael Inden. *Der Weg zum Java-Profi*. dpunkt.verlag, 4. Auflage, 2017.

[3] Michael Inden. *Java - die Neuerungen in Version 9 bis 14: Modularisierung, Syntax- und API-Erweiterungen*. dpunkt.verlag, 2020.

[4] Hemant Jain. *Problem Solving in Data Structures & Algorithms Using Java*. 2. Auflage, 2018.

[5] Gayle Laakmann McDowell. *Cracking the coding interview*. CareerCup, 6. Auflage, 2016.

[6] Alex Miller und Lawrence Wu. *Daily Coding Problem*. 2019.

[7] John Mongan, Noah Kindler und Eric Giguère. *Programming Interviews Exposed*. Wrox, 4. Auflage, 2018.

[8] Bruno R. Preiss. *Data Structures and Algorithms with Object-Oriented Design Patterns in Java*. Wiley, 2000.

[9] Robert Sedgewick. *Algorithmen*. Addison-Wesley, 1992.

[10] Matthew Urban. *Top 30 Java Interview Coding Tasks*. net-boss, 2018.

[11] Mark Allen Weiss. *Data Structures and Problem Solving Using Java*. Pearson, 4. Auflage, 2010.

[12] Jay Wengrow. *A Common-Sense Guide to Data Structures and Algorithms*. The Pragmatic Programmers, 2017.

[13] Aditya Y. Bhargava. *Grokking Algorithms*. Manning, 2016.

Index